Kristine Jaath

City|Trip PLUS

BERLIN MIT POTSDAM

Nicht verpassen!

Karte S. 3

1 Brandenburger Tor [J5]
Berlins Wahrzeichen war früher Symbol für die Teilung des Landes und ist inzwischen Inbegriff für die Überwindung von Grenzen (s. S. 27).

10 Reichstag [J5]
Steigt man dem Bundestag aufs Dach, kann man von der gläsernen Kuppel aus einen herrlichen Rundblick über die Dächer der Hauptstadt genießen (s. S. 37).

15 Unter den Linden [K5]
Berlins Prachtboulevard präsentiert sich als Abfolge herausragender Bauwerke vom preußischen Klassizismus bis in die Gegenwart (s. S. 42).

38–43 Museumsinsel [L4/L5]
6000 Jahre Kunst und Kultur der Menschheitsgeschichte im Herzen der Stadt – von der UNESCO zum Weltkulturerbe erklärt (s. S. 58).

56 Alexanderplatz [M4]
Mythos der Moderne, berühmter Verkehrsknotenpunkt, Weltstadtplatz – überragt von der silbernen Kugel des Fernsehturms (s. S. 79).

57 Gendarmenmarkt [K5]
Berlins wohl schönster Platz mit dem Schinkelschen Schauspielhaus, eingerahmt von gleich zwei Domen (s. S. 84).

81 Hackesche Höfe [L4]
Das quirlige Viertel rund um die Hackeschen Höfe – Deutschlands größtes zusammenhängendes Hofareal – bietet schicke Läden, Galerien und eine hohe Gastronomiedichte (s. S. 108).

93 Potsdamer Platz [J6]
Hier, in der pulsierenden „Stadt in der Stadt", steht Entertainment im Rampenlicht (s. S. 117).

115 117 Tauentzienstraße und Kurfürstendamm [F7/E7]
Vom Kaufhaus des Westens über die Kaiser-Wilhelm-Gedächtniskirche bis zum Kurfürstendamm lädt die Flaniermeile des alten Westens zum Bummeln, Schauen und Shoppen ein (s. S. 139 u. S. 140).

172 Park Sanssouci [bl]
Die „sorgenfreie" Schlösser- und Gartenlandschaft Potsdams ist einzigartig und zählt zum UNESCO-Welterbe (s. S. 220).

Leichte Orientierung mit dem cleveren Nummernsystem

Die Sehenswürdigkeiten sind im Text und im Kartenmaterial mit derselben **magentafarbenen ovalen Nummer** 1 markiert. Alle anderen Lokalitäten wie Geschäfte, Restaurants usw. tragen ein **Symbol und eine fortlaufende rote Nummer** (1). Die Liste aller Orte befindet sich auf Seite 375, die Zeichenerklärung auf Seite 384.

BERLIN: HAUPTSTADT DER SPIONE
Besuchen Sie die Erlebnis-Ausstellung über die Welt der Spionage
DEUTSCHES SPIONAGE MUSEUM
GERMAN SPY MUSEUM
Leipziger Platz 9, 10117 Berlin, S U BUS Potsdamer Platz,
Täglich 10 – 20 Uhr, www.deutsches-spionagemuseum.de

Berlin auf einen Blick

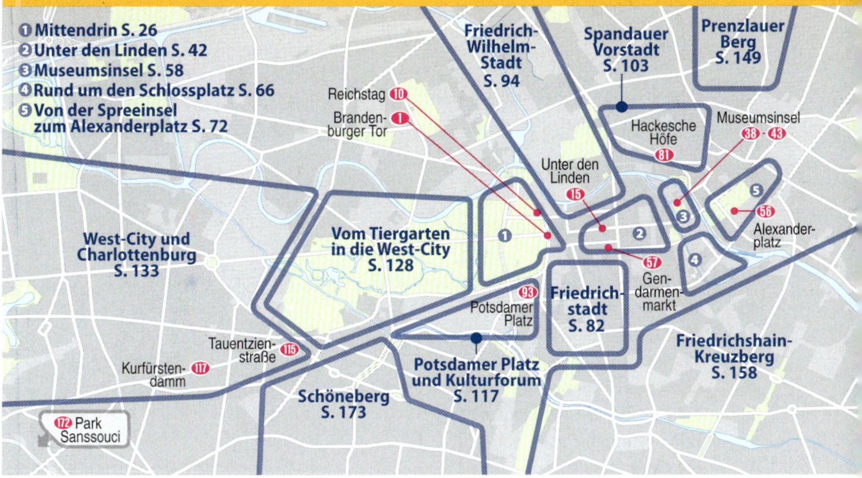

Inhalt

13 Berlin entdecken

14 Berlin, wie haste dir verändert!
16 Willkommen in Berlin
17 Das gibt es nur in Berlin
18 Berlin an einem Tag
20 Kurztrip nach Berlin
23 Berlin in fünf Tagen

26 Mittendrin – rund um Brandenburger Tor und Regierungsviertel

27 1 Brandenburger Tor ★★★ [J5]
28 Das Brandenburger Tor
29 2 Pariser Platz ★★★ [J5]
30 3 Hotel Adlon ★ [J5]
31 4 Akademie der Künste ★ [J5]
31 5 DZ-Bank ★ [J5]
31 6 Amerikanische Botschaft ★ [J5]
35 7 Denkmal für die ermordeten Juden Europas ★★★ [J5]
36 8 Sowjetisches Ehrenmal ★ [J5]
36 9 Denkmal für die im Nationalsozialismus ermordeten Sinti und Roma Europas ★ [J5]
37 10 Reichstag ★★★ [J5]
38 Der Reichstag – dem deutschen Volke

40 ⑪ Parlamentsgebäude ★ [J4]
40 ⑫ Bundeskanzleramt ★ [I4]
40 ⑬ Haus der Kulturen der Welt ★★ [I4]
41 ⑭ Hauptbahnhof ★ [I4]

42 ⑮ Preußens Paradestraße – Unter den Linden ★★★ [K5]

44 ⑯ Unter den Linden/Ecke Friedrichstraße ★ [K5]
45 ⑰ Gouverneurshaus ★ [K5]
45 ⑱ Altes Palais ★ [K5]
45 ⑲ Staatsbibliothek ★ [K5]
45 ⑳ Forum Fridericianum ★★★ [L5]
45 ㉑ Humboldt-Universität – Prinz-Heinrich-Palais ★★ [L5]
47 ㉒ Reiterstandbild Friedrichs des Großen ★★ [K5]
47 ㉓ Alte Bibliothek ★★ [K5]
47 ㉔ Versunkene Bibliothek ★ [L5]
48 ㉕ Hotel de Rome ★ [L5]
48 ㉖ St.-Hedwigs-Kathedrale ★★ [L5]
48 ㉗ Staatsoper Unter den Linden ★★★ [L5]
52 ㉘ Prinzessinnenpalais ★★ [L5]
53 ㉙ Kronprinzenpalais ★★ [L5]
53 ㉚ Stadtkommandantur ★ [L5]
53 ㉛ Schinkelsche Bauakademie ★ [L5]
53 ㉜ Friedrichswerdersche Kirche ★★★ [L5]
54 ㉝ Auswärtiges Amt ★ [L5]
54 ㉞ Neue Wache ★★★ [L5]
55 ㉟ Maxim-Gorki-Theater ★ [L5]
55 ㊱ Zeughaus/ Deutsches Historisches Museum ★★★ [L5]
56 Umbauarbeiten
57 ㊲ Schloßbrücke ★★ [L5]

58 Museumsinsel – die Akropolis von Spree-Athen

59 Die Museen auf der Museumsinsel
60 ㊳ Altes Museum ★★★ [L4]
61 ㊴ Lustgarten ★★ [L5]
61 ㊵ Neues Museum ★★★ [L4]
63 ㊶ Alte Nationalgalerie ★★★ [L4]
63 ㊷ Bode-Museum ★★★ [L4]
64 ㊸ Pergamonmuseum ★★★ [L4]

Stadtspaziergänge

32 Durch das Zentrum der „Berliner Republik"
49 Vom Brandenburger Tor zum Alexanderplatz
86 Die Friedrichstraße hinab
104 Kreuz und quer durch die Spandauer Vorstadt
123 Vom Potsdamer Platz durch den Tiergarten zum Zoo
136 Über Ku'damm und Tauentzien
152 Prenzlberg – zwischen Lifestyle, Kult und Mauerweg
163 Kreuz und quer durch den Kreuzberger Kiez

66 Rund um den Schloßplatz
66 44 Berliner Dom ★★★ [L4]
68 45 Stadtschloss – Palast der Republik – Humboldt-Forum ★★★ [L5]
68 Abschied von Erichs Lampenladen
70 Neues Schloss in altem Gewand
72 46 Staatsratsgebäude ★ [L5]

72 Auferstanden aus Ruinen – von der Spreeinsel zum Alexanderplatz
73 47 Marx-Engels-Forum ★ [M5]
73 48 Rotes Rathaus ★ [M5]
74 49 Neptunbrunnen ★ [M4]
74 50 St. Marienkirche ★★ [M4]
75 51 Fernsehturm ★★★ [M4]
76 52 Nikolaikirche ★★★ [M5]
77 53 Knoblauchhaus ★ [M5]
77 54 Ephraim-Palais ★ [M5]
78 55 Märkisches Ufer ★ [M5]
79 56 Alexanderplatz ★★★ [M4]

82 Südlich der Linden – die Friedrichstadt
83 Wo Lukullus in Berlin abstieg
84 57 Gendarmenmarkt ★★★ [K5]
85 58 Französischer Dom ★★★ [K5]
85 59 Deutscher Dom ★★★ [K5]
85 60 Konzerthaus Berlin/Schinkelsches Schauspielhaus ★★★ [K5]
88 61 Friedrichstraße ★★ [K6]
88 62 Quartier 207–205/Friedrichstadtpassagen ★ [K5]
89 63 Checkpoint Charlie ★★ [K6]
90 64 Jüdisches Museum ★★★ [L7]
91 65 Topographie des Terrors ★★ [K6]

92 66 Berliner Mauer ★★ [K6]
92 67 Martin-Gropius-Bau ★★ [J6]
93 68 Berliner Abgeordnetenhaus/Preußischer Landtag ★ [J6]
93 69 Deutscher Bundesrat/Preußisches Herrenhaus ★ [J6]
93 70 Anhalter Bahnhof ★ [J7]

94 Nördlich der Linden – Friedrich-Wilhelm-Stadt
94 71 Bahnhof Friedrichstraße/Tränenpalast ★★ [K4]
95 72 Admiralspalast ★ [K4]
96 73 Berliner Ensemble ★ [K4]
96 74 Deutsches Theater ★ [J4]
96 75 Friedrichstadt-Palast ★ [K4]
97 76 Charité ★ [J3]
97 77 Französischer und Dorotheenstädtischer Friedhof ★★ [K3]
98 Geschichtsmeile Wilhelmstraße
100 78 Museum für Naturkunde ★★ [J3]
101 79 Hamburger Bahnhof – Museum für Gegenwart ★★ [J3]
101 80 Gedenkstätte Berliner Mauer ★★ [K2]

103 Nordöstlich der Linden – Spandauer Vorstadt
108 81 Hackesche Höfe ★★ [L4]
109 82 Haus Schwarzenberg ★ [L4]
110 83 Sophienstraße ★ [L3]
110 84 Sophienkirche ★ [L4]
111 85 Große Hamburger Straße ★★ [L3]
111 86 Jüdischer Friedhof ★ [L4]
111 87 The Missing House ★ [L4]
112 88 Auguststraße ★ [L3]
113 89 Neue Synagoge und Centrum Judaicum ★★ [L4]
114 90 Heckmannhöfe ★ [L3]
114 Die mutigen Frauen in der Rosenstraße
115 91 Postfuhramt ★ [K4]
116 92 Künstlerruine Tacheles ★ [K3]

117 Tiergarten – Potsdamer Platz und Kulturforum
117 93 Potsdamer Platz ★★★ [J6]
117 94 Daimler-City ★★ [J6]
118 95 Sony Center ★★★ [J6]
119 96 Beisheim Center ★ [J6]
119 97 Kulturforum ★★★ [I6]
120 98 Philharmonie und Kammermusiksaal ★★ [I6]
120 Mythos Potsdamer Platz

122 ⑲ Musikinstrumenten-Museum ★★ [I6]
122 ⑳ Staatsbibliothek ★ [I6]
122 101 Neue Nationalgalerie ★★★ [I6]
126 Staatliche Museen am Kulturforum
127 102 Kulturforum ★★ [I6]
127 103 Bendlerblock ★ [I6]
127 104 Bauhaus-Archiv/Museum für Gestaltung ★ [H6]

128 Vom Tiergarten in die West-City
128 105 Tiergarten ★★ [H5]
131 106 Siegessäule ★★★ [H5]
131 107 Schloss Bellevue ★ [H5]
131 108 Rosa-Luxemburg-Denkmal ★ [G6]
132 109 Neuer See ★ [G5]
132 110 Zoo Berlin/Zoologischer Garten ★★ [F6]

133 West-City und Charlottenburg
134 111 Bahnhof Zoo ★ [F6]
135 112 Bikinihaus ★ [F6]
139 113 Kaiser-Wilhelm-Gedächtnis-Kirche ★★★ [F6]
139 114 Europa-Center ★★ [F7]
139 115 Tauentzienstraße ★★ [F7]
140 116 Kaufhaus des Westens (KaDeWe) ★★ [G7]
140 117 Kurfürstendamm ★★ [E7]
140 118 Fasanenstraße ★ [E7]
142 119 Schloss Charlottenburg ★★★ [C4]
144 120 Schlosspark ★★★ [C4]
145 121 Museen am Standort Charlottenburg ★★ [C4]
145 Messe Berlin
146 122 Funkturm auf dem Messegelände ★★ [A6]
147 123 Haus des Rundfunks ★ [A6]
147 124 Olympiagelände ★★

149 Prenzlauer Berg
151 125 Rund um den Kollwitzplatz ★ [N2]
151 126 Synagoge ★ [N2]
151 127 Jüdischer Friedhof ★★ [M2]
154 128 Kulturbrauerei ★ [M1]
155 Gentrifizierung eines Stadtviertels
157 129 Zionskirche ★ [M2]
157 130 Jüdischer Friedhof Weißensee ★★ [R1]

158 **Friedrichshain-Kreuzberg**
158 131 Karl-Marx-Allee ★ [P5]
159 132 Volkspark Friedrichshain ★ [O3]
161 133 RAW-Gelände ★ [Q6]
161 134 Eastside Gallery ★★★ [P7]
162 135 Oberbaumbrücke ★★ [P7]
166 Planet x-Berg
168 136 Görlitzer Park ★ [O8]
168 137 Oranienstraße ★ [N7]
169 138 Bethanien ★ [N7]
170 139 Neues Kreuzberger Zentrum ★ [N7]
170 140 Kreuzberg 61 ★ [J9]
171 141 Deutsches Technikmuseum ★★★ [J8]
172 142 Gleisdreieckpark ★ [I7]

173 **Schöneberg**
173 143 Heinrich-von-Kleist-Park ★ [H8]
173 144 Rathaus Schöneberg ★ [G9]

175 **Außenbezirke entdecken**

176 **Dahlem**
176 145 Jagdschloss Grunewald ★★
176 146 Domäne Dahlem ★ [B12]
177 147 Botanischer Garten und Botanisches Museum ★★★ [B12]

178 **Spandau**
178 148 Altstadt Spandau ★ [Karte I]
180 149 Zitadelle ★★★ [Karte I]
182 150 Fort Hahneberg ★

182 **Tegel**

185 **Pankow**
185 151 Schloss Schönhausen ★★

186 **Lichtenberg**
186 152 Stasi-Museum ★
186 153 Zentralfriedhof Friedrichsfelde ★★
186 154 Tierpark ★★

Karten und Pläne

Spandau 180
Tegel 183
Köpenick 190
Am Müggelsee 193
Wannsee bis Glienicker Brücke 198
Potsdam, Überblick 212
Potsdam, Innenstadt 214
Berlin um 1840 310
Aufteilung Berlins 1945 314
Nahverkehrsplan Berlin 382

187 Marzahn
187 (155) Gärten der Welt ★
189 (156) Kienbergpark ★

189 Köpenick
190 (157) Altstadt Köpenick ★ [Karte III]
191 Der Hauptmann von Köpenick
192 (158) Strandbad Müggelsee ★ [Karte IV]

195 An der Havel entlang zur Glienicker Brücke
195 (159) Grunewaldturm ★
196 (160) Strandbad Wannsee ★★ [Karte V]
197 (161) Liebermann-Villa ★ [Karte V]
197 (162) Haus der Wannseekonferenz ★★ [Karte V]
200 (163) Pfaueninsel ★★★ [Karte V]
200 (164) Blockhaus Nikolskoe und St.-Peter-und-Paul-Kirche ★ [Karte V]
202 (165) Schloss und Park Glienicke ★★★ [Karte V]
204 (166) Jagdschloss Glienicke ★ [Karte V]
206 (167) Glienicker Brücke ★ [Karte V]

207 Potsdam entdecken

208 Potsdam – Perle der Mark

209 Spaziergang durch die historische Innenstadt
209 Potsdam mit Bus und Tram
210 (168) Potdamer Stadtschloss ★★ [em]
211 (169) Alter Markt ★★ [em]
216 (170) Neuer Markt ★★ [em]
219 (171) Holländisches Viertel ★★ [el]

220 (172) Park Sanssouci ★★★ [bl]
220 (173) Schloss Sanssouci ★★★ [cl]
220 (174) Bildergalerie ★★★ [cl]
221 (175) Neue Kammern ★★★ [cl]
221 (176) Historische Mühle/ Besucherzentrum ★ [cl]
222 (177) Obeliskportal und Friedenskirche ★★★ [cl]
223 (178) Orangerie ★★★ [bl]
223 (179) Drachenhaus und Belvedere ★ [al]
223 (180) Neues Palais ★★★ [al]
225 (181) Schloss und Park Charlottenhof ★★★ [bm]

Historische Stadtansichten

An vielen Stellen im Buch finden Sie Verweise auf historische Abbildungen zu den beschriebenen Sehenswürdigkeiten und Stätten. Diese Zeitzeugen ermöglichen einen spannenden Vergleich zum heutigen Stadtbild. Sie können einfach online über unsere kostenlose Web-App (s. S. 373) aufgerufen werden. Geben Sie dort im Feld „Extra-Infos im Buch" die jeweilige Bildnummer ein.

226 Vom Krongut Bornstedt zur Russischen Kolonie Alexandrowka

226 182 Krongut Bornstedt ★ [bk]
226 183 Ruinenberg ★ [ck]
227 184 Russische Kolonie Alexandrowka ★ [ek]
228 185 Belvedere auf dem Pfingstberg ★★★ [ej]

228 Vom Neuen Garten bis zum Filmpark Babelsberg

228 186 Neuer Garten ★★★ [fj]
229 187 Marmorpalais ★★★ [fk]
230 188 Schloss Cecilienhof ★★ [fj]
230 189 Sacrow ★★ [hi]
231 190 Park und Schloss Babelsberg ★★★ [hl]
233 191 Filmpark Babelsberg ★
233 Praktische Infos Potsdam

235 Berlin erleben

236 Berlin für Kunst- und Museumsfreunde
247 Sightseeing mit den Buslinien 100 und 200
248 Berlin für Architekturinteressierte
250 Berlin für Genießer
258 Gaumenkitzel à la Berlin: Currywurst und Döner
261 Schluss mit dem blauen Dunst
263 Berlin am Abend
267 Berliner Spätis
280 Berlin für Shoppingfans
287 Berlin zum Träumen und Entspannen
289 Berlin mit Kindern
293 Zur richtigen Zeit am richtigen Ort
295 Karneval an der Spree

297 Berlin verstehen

298 Berlin – ein Porträt
303 Von den Anfängen bis zur Gegenwart
306 Der Flötenspieler von Sanssouci – Friedrich der Große
316 Die Mauer
319 Leben in der Stadt
324 Eene kleene Abschweifung zu't Jemüt vonne balinüsche Einjesessene
326 Tempelhofer Feld – Wiesenmeer in der Steinwüste
328 Der Unvollendete: Berlins Pannenflughafen
330 Berlin wächst – die Wohnungsnot auch

331 Praktische Reisetipps

332 An- und Rückreise
333 Stinker müssen draußen bleiben!
336 Barrierefreies Reisen
337 Diplomatische Vertretungen
337 Informationsquellen
338 Berlin preiswert
340 Meine Literaturtipps
342 Internet
342 Lesben
343 Notfälle
343 Post
343 Radfahren
346 Schwule
347 Sicherheit
348 Stadttouren
352 Unterkunft
358 Verkehrsmittel
364 Wetter und Reisezeit

365 Anhang

366 Register
373 Berlin mit PC, Smartphone & Co.
374 Die Autorin
374 Impressum
375 Liste der Karteneinträge

Zeichenerklärung

★★★ nicht verpassen
★★ besonders sehenswert
★ wichtig für speziell interessierte Besucher

[A1] Planquadrat im Kartenmaterial. Orte ohne diese Angabe liegen außerhalb unserer Karten. Ihre Lage kann aber wie die aller Ortsmarken mithilfe der begleitenden Web-App angezeigt werden (s. S. 373).

Vorwahlen

- Die Vorwahl für Berlin lautet 030.
- Die Vorwahl für Deutschland ist 0049.

Updates zum Buch

www.reise-know-how.de/citytrip-plus/berlin19

ÖPNV-Angaben

Zu allen Sehenswürdigkeiten sind für die bequeme Erreichbarkeit die jeweiligen S- und/oder U-Bahnlinien mit ihren Stationen angegeben. Ist eine S-Bahnlinie ohne Liniennummer vermerkt, fährt sie auf der Stadtbahntrasse durch das Zentrum Berlins, auf der gut zwei Drittel aller Linien verkehren.

Befindet sich eine Sehenswürdigkeit weiter als fünf Minuten Fußweg von der nächsten S- oder U-Bahnstation entfernt, ist zusätzlich eine Bus- bzw. Tram-Verbindung angegeben.

Weltweit gilt Berlin als ein Sehnsuchtsort – kreativ, offen, kosmopolitisch, schräg. In kaum einer Stadt lebt es sich ungezwungener als in der Spree-Metropole, die jährlich 40.000 bis 50.000 Neubürger begrüßt. Berlin wächst. Die Ämter sind unterbesetzt, es herrscht Wohnungsnot und Baustellenchaos. Trotzdem lieben alle Berlin! Wie ein Chamäleon wechselt die deutsche Hauptstadt von Jahr zu Jahr ihr Erscheinungsbild, sodass sie sich immer wieder neu entdecken lässt.

Neues Schloss in altem Glanz

Innerhalb kürzester Zeit ist im Herzen Berlins das 1950 gesprengte Stadtschloss neu aus dem Boden gewachsen. Ab Ende 2019 werden dort kostbare Sammlungen außereuropäischer Kunst gezeigt. Bis dahin ist das neue alte Schloss Baustelle – aber auch die lohnt bereits einen Blick (s. S. 68).

Radikal regional

Vom Sternerestaurant bis zum Food Market sind ökologisch und fair produzierte Lebensmittel aus der Region angesagt. Anders Essen ist Trend. Auf den Tisch kommt, was in der Jahreszeit wächst und nach Berlin und Brandenburg schmeckt (siehe beispielsweise Nobelhart & Schmutzig, S. 251).

Die Platte ist grün

Ob Tiergarten, Tempelhofer Feld oder Grunewald – Berlin ist unglaublich grün. Ein besonderer Hingucker sind die Gärten der Welt im Plattenbau-Bezirk Marzahn-Hellersdorf. Berlins erste und einzige Seilbahn verschafft einen Überblick über die 43 Hektar blühende Landschaft (s. S. 187).

293be Abb.: kj

BERLIN ENTDECKEN

Berlin, wie haste dir verändert!

Einer der berühmtesten Sätze, die jemals über die Spreemetropole geschrieben wurden, stammt aus der Feder von Karl Scheffler, seines Zeichens Publizist und Kunstkritiker, der 1910 formulierte: **Berlin sei „dazu verdammt, immerfort zu werden und nie zu sein“.** Und in der Tat, auch über ein Jahrhundert später lässt sich die deutsche Hauptstadt kaum treffender charakterisieren. Diese Stadt, die nie fertig wird, sondern sich permanent neu erfindet und ständig neu definiert.

406be Abb.: kj

Under reconstruction: Berlins historisches Stadtschloss entsteht neu

Vorseite: Über den Dächern Berlins – die gläserne Kuppel auf dem Reichstagsgebäude (10)

Man lege einmal folgende **drei Berlin-Bilder** nebeneinander: Die **1980er-Jahre:** Berlin ist geteilte Stadt, hier der eingemauerte Westteil mit Ku'damm-Glitzer und Kreuzberg-Punk, da die Hauptstadt der DDR, prachtvoll Unter den Linden, realsozialistisch das neue Zentrum und Grau in Grau alles drumherum. Die **1990er-Jahre:** Zwischen Potsdamer Platz, Hauptbahnhof und Friedrichstraße entsteht eine komplett neue Stadtmitte (!), während sich die maroden Altbaukieze im ehemaligen Ostteil in Abenteuerspielplätze für eine kreative Subkultur verwandeln. Gegensätze von Anarchischem und neuem „Metropolitan Style“, Kaputnik-Schuppen und Glaspalast, Abrissbirne und Rekonstruktion bilden das neue Berlin-Programm.

Dieses kulminiert in den **„Nuller-Jahren“**, als die Spree-Metropole zu einer der weltweit angesagtesten Partyhochburgen aufsteigt – im berühmten Berlin-Slogan „arm, aber sexy.“ Immer mehr Kreative aus aller Welt lockt der Berlin-„Spirit“ an – dieses Unfertige, Formbare in einer Stadt voller Möglichkeiten. Es folgen ihnen die Spekulanten und Immobilienentwickler. Die zahlreichen Zwischennutzer, Off-Galeristen und Strandbaristas, die in günstig gemieteten Läden spannende innovative Impulse setzten, müssen weichen, denn die letzten innerstädtischen Brachen werden teuer bebaut, Altbauten luxussaniert und Industrieruinen in Showrooms und Lofts umfunktioniert.

Wer diese drei Berlin-Bilder nebeneinander legt, wird – wenn er es nicht besser wüsste – meinen, er habe es jedes Mal mit einer anderen Stadt zu tun.

Seit dem Mauerfall 1989 sind über 3 Millionen Menschen neu nach Berlin gezogen – und über 2,7 Millionen weggezogen. Das ist fast ein kompletter Bevölkerungsaustausch, und der hat an der Spree Tradition! **Migration** ist seit der Stadtgründung im 13. Jahrhundert eine der tragenden Säulen Berlins. Einwanderung hat die Stadt geprägt und kontinuierlich bereichert, von den Hugenotten im 17. Jahrhundert bis zu den Menschen heute, die aus aller Welt kommen und mit Berlin Freiheit und einen guten Start in die Zukunft verbinden.

Die einzige echte Berliner Konstante lautet deshalb, dass diese Stadt immerfort „wird". Berlin bedeutet Weltoffenheit und Wandlungsfähigkeit, Ideenreichtum und Experimentierfreudigkeit, Vielfalt und Multikulturalität. Alles verändert sich ständig. Und genau das macht die deutsche Hauptstadt, in all ihren bunten Facetten, von Jahr zu Jahr immer wieder von Neuem entdeckens- und erlebenswert.

Das Bikinihaus **112** *und das 118 Meter hohe Zoofenster-Hochhaus (s. S. 135) bilden Anziehungspunkte in der Berliner West-City*

Willkommen in Berlin

Berlin – das sind viele Städte. Und wenn es so etwas wie einen typischen Charakter der Spree-Metropole gibt, dann wohl den, dass sie ständig in Bewegung ist. Kaum eine Stadt der westlichen Welt hat sich innerhalb weniger Jahrzehnte so rasant und so radikal verändert. Nicht nur dass West- und Ostberlin als zwei 40 Jahre lang getrennte Millionenstädte verschiedener Gesellschafts- und Wirtschaftssysteme quasi über Nacht wieder zusammenwuchsen, dafür doppelte Strukturen abgeschafft, neue Wege beschritten und allerlei neue Verbindungen ausprobiert werden mussten. Auch eine neue Vision von Berlin musste gefunden werden – und außerdem ein neues Innenstadtzentrum.

Sollte es die City der alten Halbstadt West rund um Zoo 110 und Kurfürstendamm 117 sein? Oder die Schlossinsel im Herzen des ehemaligen Ostberlin, wo sich anstelle des längst abgerissenen Palasts der Republik heute das rekonstruierte Berliner Stadtschloss 45 erhebt? Der Alexanderplatz 56, einst das Prestigeprojekt sozialistischer Metropolenarchitektur, wo im Herbst 1989 das Ende der DDR eingeläutet wurde? Oder vielleicht der Potsdamer Platz 93, das am ehemaligen Mauerstreifen mit zwei aus dem Boden gestampften Mini-Privatstädten entstandene Symbol für das nachwendische „Neue Berlin"?

Darüber hinaus reklamieren zwölf Bezirke für sich, jeweils Stadtzentrum zu sein. Und tatsächlich verfügt ein jeder Bezirk, von der Spandauer Altstadt zur Altstadt von Köpenick, von der Berliner Straße in Pankow zur Berliner Straße in Zehlendorf, über eine eigene Innenstadt. Überdies ist mal der eine, mal der andere Kiez angesagt. War eben noch der Hackesche Markt „the place to be", ist es einen Augenblick später womöglich der Mauerpark oder der Wrangelkiez. Was heute beschrieben wird, ist morgen schon wieder passé, denn **Schnelllebigkeit ist Berliner Programm.**

Doch lassen sich bei allem Wandel auch Kontinuitäten ausmachen. Dazu gehört als unangefochtene Nummer 1 aller Flaniermeilen der **Prachtboulevard Unter den Linden** 15 zwischen Museumsinsel und Brandenburger Tor. An der Paradestraße im Herzen Berlins sind die meisten historisch bedeutenden Bauwerke aneinandergereiht.

Kurz vor dem Brandenburger Tor kreuzt als Nord-Süd-Achse die **Friedrichstraße** 61 die Linden. Das Aushängeschild des „Neuen Berlin" wurde nach der Wiedervereinigung von einer internationalen Architekten-Elite geplant. Neben einigen Restbeständen postmoderner DDR-Baukultur zeigte sich in den 1990er-Jahren zwischen Bahnhof Friedrichstraße und dem ehemaligen innerstädtischen Grenzkontrollpunkt Checkpoint Charlie erstmals das neue Gesicht der Stadt.

Die **Bummelmeile des Westens** bilden die **Tauentzienstraße** 115 und der **Kurfürstendamm** 117. Hier steht nicht so sehr die schöne Architektur und umso mehr Shopping im Vordergrund. Dazwischen erheben sich an der ehemaligen Nahtstelle zwischen West und Ost die Bürotürme am **Potsdamer Platz** 93 und dehnt sich rund um den altehrwürdigen Reichstag 10 das **neue Regierungsviertel** aus.

Um diesen innersten Stadtkern lassen sich die nächstwichtigen Quartiere und Stadtviertel Schicht um Schicht von innen nach außen erkunden: nördlich der

Museumsinsel rund um die Hackeschen Höfe 81 das **schicke Leben in Mitte** und entlang der Kastanienallee [M2] der **Lifestyle im Prenzlauer Berg.** Östlich vom Alexanderplatz repräsentiert die denkmalgeschützte Architektur in der Karl-Marx-Allee 131 den Aufbruch der DDR in eine **sozialistische Zukunft**, während sich gleich in der Nachbarschaft im **Friedrichshainer Kiez** Hostels, Kneipen und Klubs für junge Gäste aus aller Welt aneinanderreihen (s. S. 160).

Das **Kreuzberger Leben** findet im südlichen Wrangelkiez an der Spree, im alten „Kreuzberg 36" entlang der Oranienstraße 137 und im bessergestellten „Kreuzberg 61" 140 im Bergmannkiez statt. Im **guten alten Westen** laden der traditionsreiche Schwulenkiez rund um den Schöneberger Nollendorfplatz [H7] und gediegen zwischen Ku'damm 117 und Schloss Charlottenburg 119 **alte Gründerzeitviertel** zum Spaziergang ein.

Dabei darf man sich über die **Entfernungen** nicht täuschen lassen. Mit einem Blick auf den Stadtplan scheinen die Sehenswürdigkeiten zwar alle relativ nah beieinander zu liegen, die Wirklichkeit sieht aber anders aus. **Fußmärsche** zwischen 30 Minuten und einer Stunde von A nach B, beispielsweise zwischen Museumsinsel und Brandenburger Tor, sind nicht die Ausnahme, sondern die Regel und gehören zum gängigen Besichtigungsprogramm. Die Attraktionen über weitere Distanzen hinweg kann man bequem mit U- und S-Bahnen, Bussen und Straßenbahnen erreichen, weshalb sich in jedem Fall, selbst bei einem nur ein- bis zweitägigen Aufenthalt, ein Mehrtagesticket der Berliner Verkehrsbetriebe (s. S. 361) oder ein vergleichbares touristisches Angebot lohnt.

Immer mehr im Kommen ist das Erkunden der Spree-Metropole **mit dem Rad.** Ob als Fahrrad im 1-Personen-Betrieb oder als Teilnehmer einer geführten Radl-Sightseeing-Tour, die Fahrradverleiher (s. S. 344) schießen wie die Pilze aus dem Boden. Berlin auf zwei Rädern erfreut sich größter Beliebtheit, denn es ermöglicht, die Stadt binnen kürzester Zeit weiträumig erfahren zu können und sie dabei trotzdem hautnah mitzuerleben.

Das gibt es nur in Berlin

- ***Badeschiff:*** *im Sommer im Pool in der Spree schwimmen (s. S. 167)*
- ***Karneval der Kulturen:*** *kunterbunte Umzugsparade von Menschen aus aller Welt daheim in Berlin, umrahmt von einem viertägigen fröhlichen Fest (immer zu Pfingsten, s. S. 294)*
- ***Nofretete:*** *Die weltberühmte Büste der ägyptischen Königin ist im Neuen Museum 40 auf der Museumsinsel zu sehen.*
- ***Schnellster Fahrstuhl Europas:*** *Mit Tempo 30 saust er am Potsdamer Platz 25 Stockwerke zur schönen Aussicht hinauf (s. S. 118).*
- ***Trabi-Safari:*** *Ob Standardstinkerchen, Cabriolet oder Stretch-Trabi – im Knattermobil auf einer geführten Tour die Hauptstadt entdecken ist Kult (s. S. 348).*
- ***Unterwelten:*** *Führungen in den Untergrund zu vergessenen Bunkeranlagen, U-Bahn-Gewölben oder auch Fluchttunneln aus der Mauerzeit zeigen Berlin aus einer außergewöhnlichen Perspektive (s. S. 351).*

Berlin an einem Tag

Für Berlin-Besucher, die nur wenig Zeit im Gepäck mitgebracht haben, stehen – ganz nach dem Motto: das Wichtigste zuerst – die herausragendsten Sehenswürdigkeiten zwischen „Alex" und „Ku'damm" auf dem Programm. Auf spannende Eindrücke am Wegesrand muss aber selbst bei einer Besichtigung der Spree-Metropole im Turbogang niemand verzichten.

Morgens

Zum Start in den Tag bietet sich der **Alexanderplatz** 56 an. Zahlreiche S- und U-Bahn-, Bus- und Tramlinien kreuzen hier und machen den Platz, dem Alfred Döblin in seinem gleichnamigen Großstadtroman von 1929 ein literarisches Denkmal setzte, zu einem der wichtigsten Knotenpunkte des öffentlichen Personennahverkehrs in der östlichen City. Überragt wird der „Alex" vom **Fernsehturm** 51, dem mit 368 Metern vom Fuß bis zur Spitze höchsten Gebäude der Stadt. Von seiner Aussichtsplattform in über 200 Meter Höhe genießt man einen grandiosen Rundumblick auf das endlose Häusermeer. Im Stockwerk darüber dreht sich in der Silberkugel ein Restaurant zweimal pro Stunde um die eigene Achse, wo man zur Fernsicht ein gepflegtes Frühstück einnehmen kann (Fernsehturm geöffnet ab 9 Uhr, in der Winterzeit ab 10 Uhr).

Weiter geht es rechter Hand mit der mittelalterlichen **St. Marienkirche** 50, linker Hand mit dem **Roten Rathaus** 48 – Sitz des Regierenden Bürgermeisters – und dem sprudelnden **Neptunbrunnen** 49 vor der Nase in Richtung **Museumsinsel.** Diese nimmt den nördlichen Teil der Spreeinsel ein und zählt mit ihren fünf weltberühmten Museen – **Altes Museum** 38, **Neues Museum** 40, **Alte Nationalgalerie** 41, **Pergamonmuseum** 43, **Bodemuseum** 42 – zum UNESCO-Weltkulturerbe. Kaum weniger Aufmerksamkeit verdienen der **Berliner Dom** 44 in der Nachbarschaft und gegenüber das neue Berliner Stadtschloss, das unter dem Namen **Humboldt-Forum** 45 im Stil des historischen Stadtschlosses wiederersteht.

Über die Schloßbrücke 37 hinweg eröffnet sich anschließend Berlins **Prachtboulevard Unter den Linden.** Rechts folgen auf das barocke **Zeughaus** 36 mit dem Deutschen Historischen Museum die Schinkelsche **Neue Wache** 34 und das **Prinz-Heinrich-Palais** 21, heute repräsentatives Hauptgebäude der Humboldt-Universität. Links fällt der Blick auf die rekonstruierte **Stadtkommandantur** 30, an die sich **Kronprinzenpalais** 29, **Prinzessinnenpalais** 28 und die **Deutsche Staatsoper Unter den Linden** 27 anschließen.

Prinz-Heinrich-Palais, Lindenoper und außerdem das monumentale Reiterstandbild Friedrichs des Großen sind Teil des bereits im 18. Jahrhundert konzipierten **Forum Fridericianum** 20, ebenso die **Alte Bibliothek** 23 und die katholische **St.-Hedwigs-Kathedrale** 26, die das Forum im Süden beschließt.

Routenverlauf im Stadtplan
Die hier beschriebene Tagestour ist mit einer farbigen Linie im City-Faltplan eingezeichnet.

Vom Gotteshaus aus lohnt ein kurzer Abstecher zum **Gendarmenmarkt 57**, den mit Französischem Dom, Schinkelschem Schauspielhaus (Konzerthaus) und Deutschem Dom schönsten Platz in Berlin. In wenigen Schritten über die Behrenstraße ist er erreicht. Und wer hier bereits Lunch machen möchte, findet rund um den Gendarmenmarkt mit dem Borchardt (s. S. 253), Aigner (s. S. 83) oder Lutter & Wegner (s. S. 253) eine Reihe sehr schicker Restaurants.

Mittags

Nicht ganz so teuer lassen sich leckere Happen französischer Küche an einer der Theken der Galeries Lafayette in den **Friedrichstadtpassagen 62** probieren. Gleich um die Ecke vom Gendarmenmarkt präsentiert sich in der Friedrichstraße die Architektur des wiedervereinigten Berlin exemplarisch mit den **Quartieren 205 bis 207.** Durch die Friedrichstadtpassagen werden sie unterirdisch miteinander verbunden.

Zurück Unter den Linden sind es nur noch wenige Hundert Meter bis zum **Pariser Platz 2** mit dem berühmtesten aller Berliner Wahrzeichen, dem **Brandenburger Tor 1** – Symbol für die deutsche Teilung und Wiedervereinigung. Die anderen bedeutenden Gebäude am Platz, darunter die **Akademie der Künste 4** oder das vornehme **Hotel Adlon 3**, dürfen nicht unerwähnt bleiben.

Einen Katzensprung nördlich erhebt sich der **Reichstag 10**, seit 1999 Sitz des Deutschen Bundestags. Um die gläserne Reichstagskuppel zu erklimmen, von wo aus man eine kleine Einsicht in den Plenarsaal und eine großartige Aussicht über die Dächer der Hauptstadt hat, muss man sich allerdings vorher anmelden (s. S. 37).

Südlich vom Brandenburger Tor dehnt sich in Form eines weitläufigen Stelenfelds das **Denkmal für die ermordeten Juden Europas 7** aus. Gleich gegenüber erheben sich das gläserne Sony Center, die Daimler-City und das Kollhoff-Hochhaus am **Potsdamer Platz 93**, dem wohl kühnsten Berliner Bauprojekt in der Nachwendezeit.

Fünf Stationen sind es von dort mit der U-Bahn-Linie 2 bis zum Wittenbergplatz, von wo aus sich das Herz der Berliner West-City öffnet: die Kaufhausparade an der **Tauentzienstraße 115**, das **Europa-Center 114**, die **Kaiser-Wilhelm-Gedächtnis-Kirche 113** und schließlich der **Kurfürstendamm 117**. Ein kleiner Bummel über den Ku'damm lässt sich sehr schön nur wenige Hundert Meter nördlich am Charlottenburger Savigny-Platz abschließen. Dort lädt eine große Auswahl an Lokalen zum Aufenthalt ein.

Abends

Das kulturelle Angebot ist enorm. Für Freunde der ernsten Musik kommt vielleicht eine Aufführung in einem der drei großen **Opernhäuser** (s. S. 275), im **Konzerthaus 60** oder in der **Philharmonie** in Betracht (s. S. 273).

Wer eher die leichte Muse (s. S. 276) bevorzugt, dem seien der **Friedrichstadtpalast 75** oder das **Theater des Westens** (s. S. 276) empfohlen.

Führend unter den Berliner **Sprechbühnen** (s. S. 276) sind das Berliner Ensemble, das Deutsche Theater, die Volksbühne und das Hebbel am Ufer. In jedem Fall sollte man aber **rechtzeitig Karten reservieren!**

Kurztrip nach Berlin

Vom Brandenburger Tor bis zum Alexanderplatz und vom Potsdamer Platz durch den Tiergarten zum Kurfürstendamm lassen sich die wichtigsten Sehenswürdigkeiten im Stadtzentrum entspannt in zwei Tagen erwandern. Zahlreiche Schlenker hier und da vertiefen die Sicht auf die Stadt.

1.Tag

Morgens: Regierungsviertel

Im Herzen Berlins liegen im Spreebogen zwischen Brandenburger Tor 1 und Hauptbahnhof 14 die eindrucksvollen Regierungsgebäude des wiedervereinigten Deutschland. Im **Regierungsviertel** mit Reichstag 10 und Bundeskanzleramt 12, mit Botschaften und Medienhäusern sowie mit herausragenden Orten des Erinnerns und des Gedenkens wird aber nicht nur große Politik gemacht. Auch auf der touristischen Landkarte nimmt das Areal der Macht einen Spitzenplatz unter den wichtigsten Berliner Sehenswürdigkeiten ein. Allen voran die berühmte **Glaskuppel über dem Reichstag** – bedeutendes Wahrzeichen der Spreemetropole – zieht zahlreiche Besucher aus dem In- und Ausland an.

› **Spaziergang** durch das Viertel s. S. 32

Das Brandenburger Tor 1: Symbol der deutschen Einheit und wichtigstes Wahrzeichen Berlins

Nachmittags: Unter den Linden

Zwischen Pariser Platz 2 und dem Areal östlich der Spreeinsel verläuft Berlins **Paradeboulevard Unter den Linden.** Auf gut einem Flanierkilometer vereint er eine Fülle von Berlins bedeutendsten Sehenswürdigkeiten, vom Brandenburger Tor 1 über das Forum Fridericianum 20 bis hin zu den weltberühmten Museumsbauten auf der **Museumsinsel** (s. S. 58).

Daran schließt sich zum **Alexanderplatz** 56 das **alte Herz Ostberlins,** ehemals Zentrum der Hauptstadt der DDR, mit zwei weitläufigen Platzanlagen, St. Marienkirche 50, Rotem Rathaus 48 und dem romantisch-putzigen Nikolaiviertel (s. S. 75) an. Überragt wird das gesamte Areal von der silbernen Kugel des **Fernsehturms** 51, dem (noch) höchsten Gebäude Berlins, in das man hinauffahren und wo man eine atemberaubende Rundumsicht auf die deutsche Hauptstadt genießen kann.

› **Spaziergang** durch das Viertel s. S. 49

Abends

Hunderte Gaststätten mit Tausenden Sitzplätzen werden allein in der kleinen **Spandauer Vorstadt** rund um die **Hackeschen Höfe** 81 gezählt. Beim Bummel durch das beliebte Ausgehviertel wird deshalb bestimmt jeder sein persönliches Lieblingslokal finden.

Außerdem sind allabendlich Oper, Konzerte und Musicals, Inszenierungen der führenden Berliner Sprechbühnen, einer großen Anzahl Off-Bühnen und weiter Kabarett und Comedy angesagt. Zum Eintauchen ins vierzehntägige Berliner Abendprogramm helfen die beiden Stadtzeitungen „Zitty" und „Tipp" weiter.

› **Spaziergang** durch das Viertel s. S. 104

2. Tag

Morgens: Potsdamer Platz und Tiergarten

Das rot geklinkerte Kollhoff-Hochhaus und der Sony-Turm sind die markanten Wegmarken am **Potsdamer Platz** 93. In der Nachbarschaft zählen das **Kulturforum** 97 mit seinen bedeutenden Museen – darunter Mies van der Rohes Neue Nationalgalerie 101, Hans Scharouns Philharmonie und Kammermusiksaal 98 zu den kulturellen Highlights der Stadt.

Davor breitet sich weitläufig der grüne **Tiergarten** 105 aus. Vom Potsdamer Platz über den Großen Stern mit der Siegessäule 106 bis zum Zoologischen Garten 110 verbindet er die historische preußische Residenzstadt mit dem jüngeren Berliner Westen.

› **Spaziergang** durch das Viertel s. S. 123

EXTRATIPP

Berlin im Schnelldurchlauf

› Einen hervorragenden Einstieg in die Stadt bieten die Sightseeingtouren der Busunternehmen mit dem „City-Circle-Tour"-Logo (s. S. 348).

› Stadtfahrten mit den Bussen der Berliner Verkehrsbetriebe (BVG) **Linie 100 und 200** decken zum Preis eines Einzelfahrscheins zwischen Zoologischer Garten und Alexanderplatz ebenfalls eine große Zahl bedeutender Sehenswürdigkeiten ab, allerdings nur zum Schauen, ohne Stadtbilderklärung (s. S. 348).

› Eine weitere schöne Sicht auf die Stadt eröffnen die **Ausflugsdampfer,** die auf ein- bis anderthalbstündiger Fahrt die Berliner Innenstadt aus der Wasserperspektive erschließen (s. S. 349).

294be Abb.: kj

Die markante Turmruine der Kaiser-Wilhelm-Gedächtnis-Kirche 113 ist Mahnmal gegen den Krieg und herausragendes Wahrzeichen Westberlins

Nachmittags: West-City

Die spannendsten Sehenswürdigkeiten der West-City – ob Kaufhaus des Westens 116, Kaiser-Wilhelm-Gedächtnis-Kirche 113 oder Europa-Center – lassen sich bei einem ausgiebigen Bummel über die **Tauentzienstraße** 115 und anschließend Westberlins Paradeboulevard, den **Kurfürstendamm** 117, entdecken. Breite Gehwege unter Platanen und elegante Schaufensterauslagen zieren die pulsierende West-City-Lebensader. 2016 feierte der Ku'damm seinen 130. Geburtstag und zeigt mit seinen Edelmarken, Luxusdesignern und Topgalerien, dass er beileibe noch nicht zum alten Eisen gehört.

› **Spaziergang** durch das Viertel s. S. 137

Abends

Nicht weniger angesagt als die Spandauer Vorstadt sind die Kieze in Prenzlauer Berg, Charlottenburg oder Friedrichshain-Kreuzberg. Die junge Web-Boheme zieht es abends in den **Prenzlauer Berg** in den Kiez zwischen Kollwitzplatz 125, Kulturbrauerei 128 und Kastanienallee. Etabliert in Kunst und Kultur zeigt sich das Publikum in den Bars und Restaurants rund um den **Savignyplatz** in Charlottenburg (s. S. 141). Partymäßig geht es in Friedrichshain zwischen Ostkreuz und RAW-Gelände 133 zu. Und wer einmal autonome Kreuzberger Luft schnuppern möchte, sollte einen gastronomischen Streifzug durch den Kiez zwischen Kottbusser Tor [N7] und Schlesischem Tor [P7] unternehmen.

Kulturell steht abends vielleicht ein Jazz- oder Popkonzert an (s. S. 274)? Oder Kabarett, Kleinkunst und Brettlbühne (s. S. 279)? Die Zwei-Wochen-Zeitschriften „Zitty" und „Tipp" geben einen Überblick über das aktuelle Programm.

Berlin in fünf Tagen

Für die Gestaltung der ersten beiden Tage siehe „Berlin an einem Wochenende“.

3. Tag

An einem dritten Tag in Berlin lassen sich wahlweise die einen oder anderen Innenstadtviertel mit ihren Sehenswürdigkeiten und typischen Atmosphären erkunden: die quirlige Spandauer Vorstadt; auf den Spuren der jüngeren deutschen Geschichte die westliche Friedrichstadt; gediegen der alte Westen zwischen Zoologischem Garten und Schloss Charlottenburg; jung, kreativ und schick der Prenzlauer Berg; zwischen realsozialistischer Architektur und Partyhochburg Friedrichshain; und legendär für lange Nächte, Multikulti und Klubkultur Kreuzberg.

Spandauer Vorstadt

In der Spandauer Vorstadt, im Kiez zwischen Hackeschen Höfen 81 und Oranienburger Straße, Torstraße und Alexanderplatz 56, mischen sich **Business, Künstler, Bohemiens und Touristen.** Das jüdische Leben, das rund um die **Neue Synagoge** 89 einst das Stadtviertel prägte, ist wieder zurückgekehrt. Historische Baudenkmale wie die **Sophienkirche** 84 – außergewöhnlich für das preußische Berlin von einem Barockturm gekrönt – oder die legendäre Künstlerruine **Tacheles** 92 prägen das Bild ebenso wie hoch gehandelte Kunstgalerien, Top-Restaurants und extravagante Modedesigner. Sie alle machen den berühmten „Mitte-Schick“ aus, das lässige Flair in Berlins alter Mitte.

› **Spaziergang** durch das Viertel s. S. 104

Westliche Friedrichstadt

Zwischen Bahnhof Friedrichstraße 71 und Checkpoint Charlie 63 verläuft die **Friedrichstraße** 61 als **zentrale Schlagader** der Friedrichstadt. Gehobene Restaurants und spektakuläre Konsumtempel wie die Quartiere 207–205 62 mit den Galeries Lafayette oder um die Ecke der Gendarmenmarkt 57, dessen klassizistisches Ensemble von Französischem Dom, Deutschem Dom und Schinkelschem Schauspielhaus ihn zum schönsten aller Berliner Plätze macht, warten auf einen Besuch. Der Admiralspalast 72 erinnert daran, dass die Friedrichsstraße einmal eine berühmte Amüsiermeile war, der Tränenpalast 71 daran, dass am Bahnhof Friedrichstraße zur Mauerzeit für die Menschen aus Ostberlin Endstation war.

› **Spaziergang** durch das Viertel s. S. 86

Schloss Charlottenburg mit Museen

Ein glanzvoller Höhepunkt des preußischen Berlin ist das Schloss Charlottenburg 119. „Hier finde ich mein Versailles wieder“, hatte einst Napoleon ausgerufen. Die kostbaren Räumlichkeiten sind eine ausführliche Besichtigung wert. Anschließend bietet sich entspanntes **Lustwandeln im grünen Schlosspark** an und dort ein Blick auf das schöne Park-Meublement mit Mausoleum, Belvedere und Neuem Pavillon. Dem Schloss gegenüber dehnt sich der **Museumsstandort Charlottenburg** 121 aus. Das Bröhan-Museum (Kunst des Jugendstils, Art déco und Funktionalismus), das Museum Berggruen mit der Sammlung „Picasso und seine Zeit“ und das Museum Scharf-Gerstenberg mit herausragender Kunst des Surrealismus verdienen Aufmerksamkeit.

Prenzlauer Berg

Viel Atmosphäre bietet ein Spaziergang durch den Prenzlauer Berg. Wo zwischen Kollwitzplatz 125 und Kulturbrauerei 128 zu DDR-Zeiten die oppositionelle Kunst- und Kulturszene wirkte und sich nach der Wende eine junge Subkulturszene entwickelte, dehnt sich heute eines der teuersten innerstädtischen Wohnviertel aus. Zwischen Schönhauser Straße, Kastanienallee und Mauerpark hat sich das **bunte quirlige Flair**, das einmal den Ruf vom „Prenzlberg" als alternative Kunst- und Kulturschmiede begründete, dagegen bewahrt.

350be Abb.: kj

Entlang der Bernauer Straße lassen sich zwischen Mauerpark und Nordbahnhof noch ein paar Brachen erkennen. Früher zogen sich dort Mauer und Todesstreifen entlang, welche die Stadtteile Wedding und Prenzlauer Berg bzw. Mitte brutal voneinander trennten. Heute verläuft hier der Parcour der **Gedenkstätte Berliner Mauer** 80.

› **Spaziergang** durch das Viertel s. S. 152

Friedrichshain-Kreuzberg

Lokal-Matadore kommen im bunten Multikultibezirk Friedrichshain-Kreuzberg auf ihre Kosten. Von der Kneipen-Parade rund um den Boxhagener Platz (s. S. 160) und der Partyszenerie rund um die Oberbaumbrücke über Görlitzer Park 136, Oranienstraße 137 und Kottbusser Tor bis nach Kreuzberg 61 140 sind die Nächte im 160-Nationen-Bezirk immer noch lang. Sehenswürdigkeiten gibt es natürlich auch, allen voran die **Eastside Gallery** 134 und die **Oberbaumbrücke** 135, die seit dem Mauerfall die Stadtteile Friedrichshain hüben und Kreuzberg drüben wieder miteinander verbindet.

› **Spaziergang** durch das Viertel s. S. 163

4. Tag: Außenbezirke

Dass Berlin nicht nur Häusermeer und Steinwüste ist, lässt sich am schönsten bei einem **Tagesausflug in die grünen Außenbezirke** erkunden. Im Nordwesten wartet **Spandau** mit der Zitadel-

‹ Die Eastside Gallery 134 am Spreeufer in Friedrichshain ist Berlins längster erhaltener Mauerabschnitt und eine der größten Open-Air-Galerien der Welt

252be Abb.: kj

le 149 und Fort Hahneberg 150 auf einen Besuch. Im Südosten sind in **Köpenick** die Altstadt 157 und Schloss Köpenick mit Kunstgewerbemuseum (s. S. 240) sowie Berlins „größte Badewanne", der Müggelsee mit dem gleichnamigen Strandbad 158, eine Entdeckung wert.

Im **Südwesten** dehnt sich zwischen Wannsee und Potsdam **„Preußisch Arkadien"** aus. Die berühmte Schlösser- und Gartenlandschaft mit der Pfaueninsel 163 sowie Schloss und Park Glienicke 165 geht nahtlos nach Potsdam über und zählt als eine der beeindruckendsten Kulturlandschaften Deutschlands zugleich zum Weltkulturerbe der Menschheit.

5. Tag: Potsdam

Ein Besuch der brandenburgischen Landeshauptstadt **Potsdam** bildet einen weiteren Höhepunkt im Besichtigungsprogramm – darf man doch mit Fug und Recht sagen, dass die zweite Residenz der preußischen Herrscher neben Berlin eine der schönsten Städte in Deutschland ist. Brandenburgs Kurfürsten, preußische Könige und deutsche Kaiser ließen sich prachtvolle Residenzen erbauen, darunter weltberühmt **Schloss und Park Sanssouci** 172, der **Neue Garten** 186 mit seinen Schlössern und **Schloss und Park Babelsberg** 190, die alle zum UNESCO-Weltkulturerbe zählen.

Kaum weniger eindrucksvoll sind die barocke und klassizistische **historische Innenstadt** (s. S. 209) zwischen Brandenburger Tor und dem wiederaufgebauten Stadtschloss 168 am Alten Markt sowie die Viertel der Einwanderer, die seit 1685 als Glaubensflüchtlinge in die Preußenresidenz kamen: das **Holländische Viertel** oder die **Kolonie Alexandrowka** 184. Der **Pfingstberg** 185 mit berauschender Fernsicht, der **Filmpark Babelsberg** 191 oder das Krongut **Bornstedt** 182 sind weitere unter den zahlreichen Attraktionen, die die bildschöne Havel-Metropole bieten kann.

Potsdam begrüßt seine Besucher majestätisch mit Stadtschloss 168, Marstall und St. Nikolaikirche

Mittendrin – rund um Brandenburger Tor und Regierungsviertel

An der ehemaligen Nahtstelle zwischen West und Ost erhebt sich Berlins Wahrzeichen par excellence – früher Symbol für die Teilung der Welt, heute für die Überwindung von Grenzen. Rund um das Brandenburger Tor hat sich zwischen Spreebogen und der Straße Unter den Linden die wiedervereinigte Bundesrepublik Deutschland ihre neuen Paläste gebaut.

Überblick

Im **Stadtteil Mitte** schlägt das Herz Berlins. Hier befinden sich die historischen, politischen und kulturellen Brennpunkte der Spree-Metropole. An seinen Achsen vom Brandenburger Tor bis zum Alexanderplatz, von der Oranienburger Straße bis zur südlichen Friedrichstraße reiht sich auf engstem Raum eine Fülle bedeutender Sehenswürdigkeiten dicht an dicht aneinander.

In Mitte liegt die **Keimzelle Berlins.** Auf der Spreeinsel und gegenüber am östlichen Flussufer begann im 13. Jahrhundert mit den Städten Cölln und Berlin die Geschichte der Stadt. Diesseits und jenseits einer Furt durch die Spree bildeten sie den innersten Kern, um den sich im Verlauf der Jahrhunderte eine in unregelmäßigen Sprüngen beinahe ringförmig wachsende Stadt legte: zunächst im Westen die kurfürstlichen Neugründungen **Friedrichswerder** unmittelbar westlich der Spreeinsel, **Dorotheenstadt** rund um die Straße Unter den Linden und **Friedrichstadt** im Einzugsbereich der Friedrichstraße südlich der Linden. Sie wurden 1709, acht Jahre nach der Gründung des Königreichs Preußen, von Friedrich I. (1657–1713) mit der Doppelstadt Berlin-Cölln zur königlich-preußischen Residenzstadt Berlin zusammengefasst.

Außerhalb der Stadtmauern wuchsen derweil die **Vorstädte:** im Norden Berlin-Cöllns die Spandauer Vorstadt und, weiter im Uhrzeigersinn, nordöstlich die Königsstadt, östlich die Stralauer Vorstadt sowie südöstlich die Köpenicker Vorstadt (Luisenstadt). Zusammen mit Friedrichswerder, Dorotheen- und Friedrichsstadt im Westen schlossen sie den ersten Ring um den Altberliner Stadtkern.

Der Soldatenkönig Friedrich Wilhelm I. (1688–1740) ließ ihn 1734–1736 unter Einbeziehung weiter unbebauter Flächen von einer sechs Meter hohen Zollmauer, einer „**Akzisemauer**" umziehen. Diese aus Ziegelsteinen aufgebaute Besteuerungslinie beschrieb noch bis weit ins 19. Jahrhundert hinein die Berliner Stadtgrenze: Sie verlief vom Brandenburger Tor über das Rosenthaler und Schönhauser Tor im Norden der Stadt nach Osten zum Frankfurter Tor und von dort weiter nach Süden zum Schlesischen und Halleschen Tor, um über das Potsdamer Tor zum Ausgangspunkt zurückzukehren. Ihr Verlauf deckt sich größtenteils mit den derzeitigen Stadtteilgrenzen von **Alt-Mitte** (nicht zu verwechseln mit dem Großbezirk Mitte, zu dem außerdem die Stadtteile Tiergarten und Wedding gehören). Abgesehen vom Westen Friedrichshains und dem Norden von Kreuzberg entspricht Alt-Mitte in seiner Ausdehnung mithin etwa der historischen kurfürstlichen, später königlich-preußischen Residenzstadt Berlin. Bis 1861 war die Mitte von heute identisch mit ganz Berlin. Erst danach legte sich mit den Eingemeindungen der Orte Wedding, Gesundbrunnen, Moabit, dem Norden Schönebergs und Tempelhofs ein zweiter Ring um den ersten.

Es wundert daher nicht, dass es im alten Herzen der Stadt den **größten Reichtum an Sehenswürdigkeiten** zu entdecken gibt, an Historischem ebenso wie an im Entstehen Begriffenem, an klassischer Hochkultur wie Avantgardistischem oder Szenigem, an geballter Scheußlichkeit wie formvollendeter Schönheit, an Vergangenem und an Zukünftigem, das im zweiten Jahrzehnt des dritten Jahrtausends gerade Gestalt annimmt.

1 Brandenburger Tor ★★★ [J5]

Auch wenn es mittlerweile nur noch eines unter zahlreichen Bauwerken am Pariser Platz ist – die erste Erwähnung gebührt dem Brandenburger Tor, weltweit bekanntes Wahrzeichen der Spree-Metropole, Symbol für die Teilung und Wiedervereinigung der Stadt, des Lands und des ganzen Kontinents.

Das einzige noch vorhandene Berliner Stadttor entstand zwischen 1788 und 1791 in der Form, wie wir es heute sehen: als ein von zwei Flügelbauten begleiteter **frühklassizistischer Sandsteinbau** mit fünf Tordurchfahrten, entworfen nach Art der Propyläen auf der Athener Akropolis – das bedeutendste Werk des Baumeisters Carl Gotthard Langhans (1732–1793).

Das Dach auf dem Torbau wird von der **Quadriga** gekrönt, dem in Kupfer getriebenen Viergespann mit der Siegesgöttin Viktoria als Wagenlenkerin, das 1789 der große Bildhauer des preußischen Klassizismus, Johann Gottfried Schadow, entwarf. 1790–1793 vom Kupferschmied Emanuel Jury ausgeführt, fand die fünf Meter hohe Skulpturengruppe anschlie-

041be Abb.: kj

Die Quadriga mit der Siegesgöttin Viktoria als Wagenlenkerin krönt das Brandenburger Tor

ßend ihren Platz auf dem Tor. Nach der Zerstörung im Zweiten Weltkrieg wurde das Brandenburger Tor 1956–1958 originalgetreu wieder aufgebaut und die Quadriga mithilfe eines Gipsabgusses des Originals rekonstruiert.

Im südlichen Torhaus ist eine **Berlin Tourist Info** von visitBerlin für Berlin-Besucher untergebracht, im nördlichen Torhaus bietet der **Raum der Stille** einen Platz der Einkehr und des besinnungsvollen Verweilens.

Das Brandenburger Tor

Dank seiner bevorzugten Lage zwischen der Straße Unter den Linden und dem Tiergarten war das Brandenburger Tor – das einzig erhaltene von ursprünglich 18 Berliner Stadttoren – schon immer nicht nur von hervorragender städtebaulicher Funktion, sondern hatte stets auch eine ***hohe symbolhafte Bedeutung.*** *„Friedenstor" nannte man es nach seiner Fertigstellung 1791 und krönte es 1793 mit der* ***Quadriga,*** *Johann Gottfried Schadows ehernem, von einer Friedensgöttin gelenktem Viergespann. Den Blick ostwärts zum Stadtschloss gewandt, wachte die Wagenlenkerin über die Linden und den betriebsamen Verkehr zu ihren Füßen, wo, von zwei Flügelhäuschen für Wache und Zoll eingerahmt, die Fuhrwerke der Händler ebenso wie die Equipagen der feinen Gesellschaft links und rechts durch die vier Durchfahrten zwischen den dorischen Säulen hindurchrollten. Die mittlere, fünfte, etwas breitere Durchfahrt war ausschließlich der königlichen Familie vorbehalten.*

Der Frieden sollte jedoch nicht lange währen. Nach der Eroberung Berlins durch napoleonische Truppen wurde Madame samt Gespann 1806 als Siegesbeute nach Paris entführt und kehrte erst 1814, nach der Niederlage Napoleons, auf ihren angestammten Platz zurück – bereichert um einen Preußischen Adler und das von Karl Friedrich Schinkel entworfene Eiserne Kreuz als den beiden Insignien, die rasch zum Inbegriff des preußisch-deutschen Militarismus aufstiegen. Die wohlgesonnene Friedensgöttin war zu einer Siegesgöttin mutiert – der stolzen Viktoria.

Vor den Augen Viktorias spielten sich ***zahlreiche Höhepunkte und ebenso die finstersten Stunden deutscher Geschichte*** *ab: Truppen paradierten zur Reichsgründung, zu Kaisers Geburtstag und marschierten unter dem Jubel der Bevölkerung 1914 in den Ersten Weltkrieg hinaus. Am 30. Januar 1933 zogen anlässlich Hitlers Ernennung zum Reichskanzler braune SA-Horden im Gleichschritt mit brennenden Fackeln durch das Brandenburger Tor. Der Maler Max Liebermann (1847–1935), der das nördlich an das Tor grenzende Palais bewohnte und dem gespenstischen Spektakel von seinem Atelierfenster aus beiwohnte, kommentierte: „Ich kann gar nicht so viel fressen, wie ich kotzen möchte", zog die Vorhänge zu und öffnete sie bis zu seinem Tod zwei Jahre später nicht mehr.*

Schon 1942 machte man vorsorglich einen Gipsabguss von der Quadriga, mit dessen Hilfe man 1956–1958 das im Krieg zerstörte Original neu in Kupfer treiben konnte. Wie die meisten historischen Bauwerke im Herzen Berlins ist auch die Quadriga eine Rekonstruktion. 1958 wurde

Extrabild 1 (s. S. 10): Brandenburger Tor und Pariser Platz im Jahr 1852

- S1, S2, U55 Brandenburger Tor
- **Berlin Tourist Info,** tgl. 9.30–19 Uhr, Nov.–März nur bis 18 Uhr
- **Raum der Stille,** März–Oktober 11–18 Uhr, November/Februar 11–17 Uhr, Dezember/Januar 11–16 Uhr

die neue alte Dame auf das wiederaufgebaute Brandenburger Tor verbracht – ohne Eisernes Kreuz und Preußischen Adler.

Drei Jahre später wurde die Mauer gebaut. Mitten im Todesstreifen, vom Tiergarten durch das Betonmauermonster abgesperrt und der gesamte Pariser Platz rundum in Schutt und Asche versunken, avancierte das Brandenburger Tor in dieser Erscheinung 1961 innerhalb weniger Wochen für die nächsten 28 Jahre zum ***Symbol für die tödliche deutsch-deutsche Grenze,*** *für die Teilung Deutschlands, ja für die Teilung der Welt.*

Seit dem Mauerfall gilt es umgekehrt wie kein anderes Bauwerk als das Wahrzeichen schlechthin für das ungeteilte Berlin. Die Bilder der im November 1989 vor dem Brandenburger Tor auf der Vorlandmauer tanzenden Menschen gingen rund um den Erdball. Und am 3. Oktober 1990 fanden hier die Feierlichkeiten zur Wiedervereinigung statt. Dabei entgingen der wagenlenkenden Kupferlady zwar die Tränen, die der damalige deutsche Kanzler dazu vergoss – sie befand sich bis 1991 in Restaurierung –, doch hat die Viktoria seitdem viele weitere bunte Feste und grandiose Feuerwerke gesehen. Sie trägt auch wieder den Preußischen Adler und den Siegerkranz mit Schinkels Eisernem Kreuz. Wollen wir hoffen, dass sie diesmal besser damit umzugehen versteht.

2 Pariser Platz ★★★ [J5]

Der rund anderthalb Hektar große, quadratische Platz gehört zu den herausragenden repräsentativen Orten Berlins.

Im Rahmen der zweiten barocken Stadterweiterung 1734–1736 ließ König Friedrich Wilhelm I. (1688–1740) das damals **„Quarré“** genannte Geviert zusammen mit dem weiter südlich gelegenen achteckigen „Oktogon“ (Leipziger Platz) und dem runden „Rondell“ (Mehringplatz) anlegen und Berlin von einer sechs Meter hohen Zollmauer umziehen. Wer sich der Stadt von Westen oder Südwesten her näherte und durch das Hallesche Tor, das Potsdamer Tor oder das Brandenburger Tor nach Berlin einzog, dem eröffneten sich die Plätze Rondell, Oktogon oder Quarré als **würdevolle Entrées** in die preußische Residenzstadt.

Ursprünglich umgab das Quarré eine einheitliche barocke Umbauung, wobei das Brandenburger Tor, das den Platz nach Westen hin zum Tiergarten abschloss, in jener Zeit nicht mehr als ein schmuckloses Loch in der Zollmauer war. Die klassizistische Toranlage, die später zu Berlins bekanntestem Wahrzeichen wurde, sollte erst ein halbes Jahrhundert später ab 1788 erstehen.

In den Befreiungskriegen gegen Napoleon wurde der quadratische Platz nach der Eroberung von Paris 1814 durch preußische Truppen in „Pariser Platz“ umbenannt. Längst war er zur **schicken Adresse für Adel und hohe Militärs** avanciert. Wer etwas auf sich hielt, baute an

Verkehrsanbindung Pariser Platz

- S1, S2, U55 Brandenburger Tor

Extrabild 2 (s. S. 10): Das Brandenburger Tor (Aussehen von 1735 bis 1788)

diesem exponierten Ort und beschäftigte die berühmtesten preußischen Baumeister. Bis zur Zerstörung im Zweiten Weltkrieg umgaben die geschlossene Anlage, die die Berliner schlicht **„Gute Stube"** nannten, prachtvolle Botschaften und Adelspalais.

Nach der Teilung Berlins 1945 und der Gründung der DDR 1949 wurden die verbliebenen Kriegsruinen auf dem Geviert abgerissen. Nur das Brandenburger Tor wurde rekonstruiert und lag, wie der gesamte nun öde Pariser Platz, seit dem Mauerbau 1961 im Todesstreifen.

Nach der Wiedervereinigung 1990 entbrannte eine heiße **Debatte über die Neugestaltung des Platzes** an der Nahtstelle zwischen West und Ost im Herzen Berlins. Originalgetreue Rekonstruktion oder zeitgenössische Neubebauung hießen die beiden Pole der Auseinandersetzung. Schließlich entschied man sich für den Mittelweg einer „kritischen Rekonstruktion". Angelehnt an das historische Vorbild sollte ein moderner **„Salon der Republik"** entstehen.

Mitte der 1990er-Jahre begannen die Bauarbeiten, die Namen der Beteiligten lesen sich wie eine VIP-Liste der **international renommierten Architektengilde:** Frank Gehry, Günter Behnisch, Meinhard von Gerkan, Josef Paul Kleihues und andere mehr entwarfen unter der Knute der gestrengen Berliner Bauvorgaben – zentimetergenauer Aufbau und Höhe der Gebäude, Lochfassade mit maximal 50 Prozent Fenster- und Türenanteil, Fassadenfarbe u.v.m. – ein jeder sein eigenes Schlösschen. Nichts mag sich recht in das andere fügen. Gleichwohl sind viele voll des Lobs über die am Pariser Platz gelungene Balance zwischen Tradition und Moderne, während die Kritiker dieser „kritischen Rekonstruktion" heute schon wieder von den „Bausünden der 1990er-Jahre" sprechen.

3 Hotel Adlon ★ [J5]

Die **legendäre Luxusherberge** ist beinahe originalgetreu wiedererstanden. 1905 erfolgte in der Südostecke des Pariser Platzes der erste Spatenstich, zwei Jahre und 20 Millionen Goldmark später war das mondäne Hotel des Gastronomen Lorenz Adlon fertiggestellt und sorgte fortan für die standesgemäße Unterbringung der Vornehmen, Schönen und Reichen der Welt zu Gast in Berlin. Zur feierlichen Eröffnung 1907 berichtete die „Vossische Zeitung": „Während des gestrigen Tages hatten Kaiser, Kaiserin, Prinzessinnen und Prinzen den prächtigen Hotelbau besichtigt und Herrn Adlon ihre Anerkennung des hier Geschaffenen in ehrendster Weise ausgesprochen."

Das wiedererrichtete Adlon setzt diese Tradition mit großem Erfolg fort. Genau 90 Jahre nach seiner Eröffnung wurde es 1997 am historischen Ort vom Bundespräsidenten neu eingeweiht. 2005 kürte es die Vereinigung „The Leading Hotels of the World" zum besten Hotel in Europa, 2007 folgte der ruhmreiche dritte Platz unter den 100 besten Hotels auf der Welt. 2017 wurde es vom renommierten Luxus-Reisemagazin „Condé Nast Traveller" auf die Gold List der besten europäischen Hotels gehoben.

Ein Blick in die Lobby, ein Drink an der Bar oder ein Imbiss im Restaurant liegt aber auch für normalsterbliche Einkommensbezieher im Bereich ihrer Möglichkeiten und lohnt zum Atmosphäre-Schnuppern auf jeden Fall.

Extrabild 3 (s. S. 10): Das Hotel Adlon um 1925

4 Akademie der Künste ★ [J5]

Unmittelbar an das Adlon schließt sich die **Glasfront** der neuen Akademie der Künste an. Am Ort der kriegszerstörten alten Akademie der Künste errichtete der Stuttgarter **Günter Behnisch** (1922–2010) den Neubau im Sinne einer „antiberlinischen Störung". Was auch immer der Stararchitekt damit gemeint hatte – ob die altertümliche Berliner Traufhöhenregel oder die gestrengen Vorgaben der Berliner Planungsbehörden, die jedem fantasievollen Entwurf unverzüglich ein enges Korsett anlegen. Indem Behnisch der Akademie eine nahezu durchgehende Glasfront verpasste, setzte er sich einfach über die Vorschriften hinweg.

Im Mai 2000 war Grundsteinlegung, im Mai 2005 übergab man das Bauwerk mit großem Staatsakt seiner Bestimmung, die schöne Kunst zu fördern und zu unterstützen. Dem Publikum stehen Passage, Bistro, Buchhandlung, Lesesaal und Ausstellungshallen offen.

› Tel. 200571000, www.adk.de, Ausstellungen in den Sälen je nach Programm, Ausstellungen auf der Brücke und in der Passage zur Behrenstraße tgl. 10–20 Uhr

5 DZ-Bank ★ [J5]

Das Bankgebäude wurde 1996 bis 1999 nach Entwürfen von Frank Gehry errichtet. Die für den gefeierten kanadisch-kalifornischen Architekten ungewöhnlich schlichte Außengestaltung ist den konservativen Berliner Bauvorschriften geschuldet. Umso spektakulärer fällt das Innere aus: Über hundert Edelstahlplatten formen über mehrere Geschosse hinweg eine Skulptur, die die Halle des Geldinstituts wie einen Wal aussehen lässt.

6 Amerikanische Botschaft ★ [J5]

Die letzte Lücke in der Häuserfront am Brandenburger Tor schloss mit der Einweihung im Frühjahr 2008 die Amerikanische Botschaft. 1957 war die kriegszerstörte alte US-Botschaft am Platz abgerissen worden und bis zum Mauerfall lag das Grundstück im Todesstreifen.

1995 gewann das kalifornische Architektenbüro Moore, Rubel, Yudell mit seiner Idee einer gläsernen Kuppel auf dem Dach, die nachts weithin strahlen sollte, den Architektenwettbewerb. Anschließend rangen Amerikaner und Berliner Senat jahrelang um die vom State Department geforderten exorbitanten Sicherheitsvorkehrungen. Beispielsweise sollte das Gelände rund um die Botschaft weiträumig abgesperrt werden. Schließlich gelang der Kompromiss: Damit der Pariser Platz auf seiner gesamten Fläche weiter frei zugänglich bleibt, wurden versenkbare Betonpoller und andere Maßnahmen für die Öffentlichkeit nahezu unsichtbar umgesetzt.

Weitere Gebäude am Pariser Platz

Die Zwillingsgebäude, die rechts und links das Brandenburger Tor flankieren, entstanden 1992 bis 1999 unter der Ägide des Berliner Architekten Josef Paul Kleihues in Anlehnung an die 1945 zerstörten klassizistischen Vorgängerbauten: südlich das **Haus Sommer**, nördlich das **Haus Liebermann**, in dessen Vorgänger der Maler Max Liebermann wohnte.

Im Nordwestwinkel, in Richtung Reichstag, beschließt das **Palais am Pariser Platz** das alte Quarré. Ihm folgen auf der Nordflanke die von Meinhard von Gerkan entworfene **Dresdner Bank**, die **Französische Botschaft** sowie Büro- und Geschäftshäuser.

Spaziergang 1: durch das Zentrum der „Berliner Republik“

Direkt an der Spree im Herzen der Stadt erstrecken sich eindrucksvoll die Regierungsbauten des wiedervereinigten Deutschland. Doch wird im Epizentrum der „Berliner Republik“ nicht nur Politik gemacht. Das ***Parlaments- und Regierungsviertel*** *mit Reichstag und Bundeskanzleramt, mit Botschaften und Presseorganen ebenso wie mit seinen Orten des Erinnerns und des Gedenkens ist längst ein Besuchermagnet.*

Ausgangspunkt für den Spaziergang ist der ***Pariser Platz*** *❷, der von Banken und Botschaften umkränzte „Salon der Republik“, den das* ***Brandenburger Tor*** *❶ im Westen beschließt. Mit Blick auf das berühmteste Wahrzeichen aller Berliner Wahrzeichen liegen linkerhand, grünspanbedacht, das Luxushotel Adlon ❸ und die gläsern-luftige Akademie der Künste ❹, gefolgt von der DZ-Bank ❺ und schließlich der Amerikanischen Botschaft ❻. Auf der rechten Seite am Platz ist mit der Französischen Botschaft ein weiterer ehemaliger Alliierter an seinen historischen Standort vor dem Zweiten Weltkrieg zurückgekehrt.*

Die Briten als die dritten Westalliierten im Bunde haben ihre neue Botschaft zwischen1998 und 2000 - ebenfalls am historischen Ort - um die Ecke in der Wilhelmstraße errichtet. Einmal kurz den Blick nach Osten auf den Boulevard Unter den Linden ⓯ und im Hintergrund die Silberkugel des Fernsehturms (51) gewandt, geht der Spaziergang gleich rechts vom Pariser Platz in die ***Wilhelmstraße*** *[J5] hinein. Vom 19. Jahrhundert an bis zum Ende des Hitler-Reichs war die Straßenschlucht von Regierungsbehörden, Diplomaten- und Adelspalais geprägt und stieg in dieser Form zum Synonym für Regierungsmacht auf. Im Zweiten Weltkrieg dem Erdboden gleich gemacht, präsentiert sie sich heute als spannende* ***Geschichtsmeile*** *(s. S. 98). Der Abschnitt der Wilhelmstraße hinunter zur Behrenstraße ist zur Sicherheit der Britischen Botschaft für den Autoverkehr gesperrt. So hat man als Fußgänger einmal eine ganze Straßenbreite für sich, um kurz darauf an der* ***Behrenstraße,*** *der historischen „Bankermeile“, gleich wieder rechts abzubiegen.*

An der Behrenstraße liegt vor dem Tiergartenrand das ***Denkmal für die ermordeten Juden Europas*** *❼. Auf 19.000 Quadratmetern dehnen sich die Betonstelen der auch kurz „Holocaust-Mahnmal“ genannten Gedenkstätte aus. Im Süden wird das Stelenfeld durch die* ***Ministergärten*** *begrenzt, die Landesvertretungen der deutschen Bundesländer. Südwestlich klettern der Sony-Tower und das Kollhoff-Hochhaus am* ***Potsdamer Platz*** *(93) in den Himmel empor.*

Rechts in die Ebertstraße hinein ist wenige Minuten später der Platz des 18. März westlich vor dem Brandenburger Tor erreicht. Nur einen Steinwurf entfernt ragt mächtig die gläserne Kuppel über dem Reichstagsgebäude auf. Der Schwarze-Limousinen-Park an seiner Ostflanke zeigt an, ob gerade Sitzungswoche des Bundestags ist. In der Nachbarschaft bietet das neubarocke ehemalige Reichstagspräsidentenpalais seit 1999 als ***Parlamentarische Gesellschaft*** *Raum für Abgeordnetentreffen. Mit Blick rechts in*

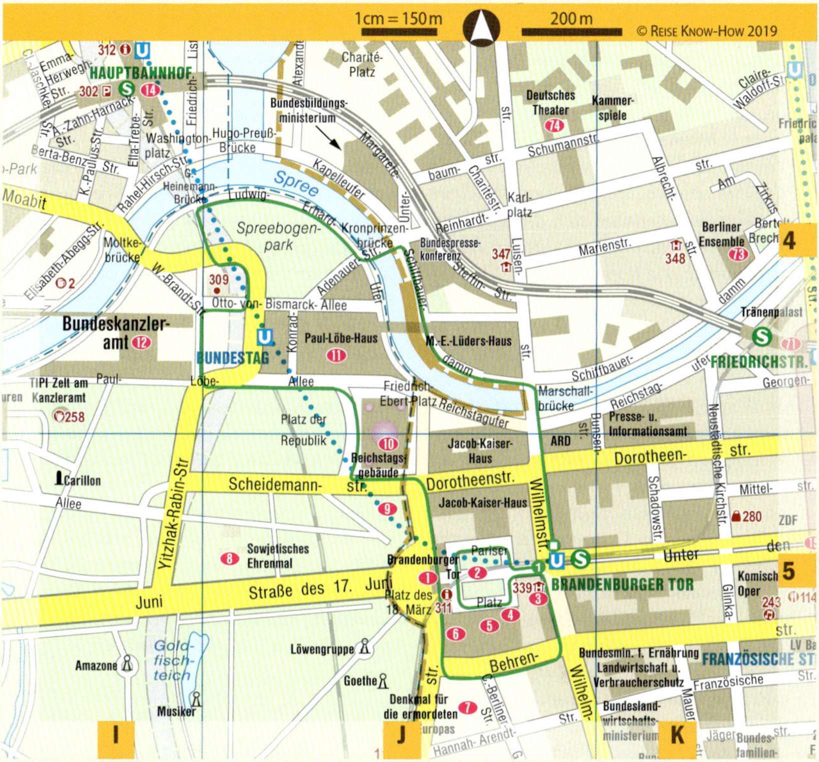

- ❶ [J5] Brandenburger Tor S. 27
- ❷ [J5] Pariser Platz S. 29
- ❸ [J5] Hotel Adlon S. 30
- ❹ [J5] Akademie der Künste S. 31
- ❺ [J5] DZ-Bank S. 31
- ❻ [J5] Amerikanische Botschaft S. 31
- ❼ [J5] Denkmal für die ermordeten Juden Europas S. 35
- ❽ [J5] Sowjetisches Ehrenmal S. 36
- ❾ [J5] Denkmal für die im Nationalsozialismus ermordeten Sinti und Roma Europas S. 36
- ❿ [J5] Reichstag S. 37
- ⓫ [J4] Parlamentsgebäude S. 40
- ⓬ [I4] Bundeskanzleramt S. 40
- ⓮ [I4] Hauptbahnhof S. 41

Alle weiteren Karteneinträge s. S. 375.

die Dorotheenstraße hinein, sieht man den Gebäudekomplex des **Jakob-Kaiser-Hauses.** *Oberirdisch durch zwei Brücken über die Straße miteinander verbunden und unterirdisch darüber hinaus mit dem Reichstag, beherbergt es vor allem Abgeordnetenbüros und Sitzungsräume. Die kurze Distanz zwischen Brandenburger Tor und Reichstag lässt sich auch über den Simsonweg überbrücken. Im Grünstreifen dort befindet sich das* **Denkmal für die im Nationalsozialismus ermordeten Sinti und Roma Europas** 9.

Für die Besichtigung der berühmten Glaskuppel über dem **Reichstag** 10 *muss man sich vorher schriftlich anmelden oder alternativ sehr lange Wartezeiten vor der Servicestelle (Südseite Reichstagsgebäude neben dem Berlin-Pavillon) in Kauf nehmen (s. S. 37). Das Warten lässt sich verkürzen, indem man seinen Blick schweifen lässt: westlich auf das geschwungene Dach vom* **Haus der Kulturen der Welt** 13, *nördlich davon auf den mächtigen Klotz des* **Bundeskanzleramts** 12, *ihm gegenüber auf das* **Paul-Löbe-Haus** 11, *in dem die Bundestagsausschüsse tagen, und oben am Scheitel des Spreebogens die beiden gläsernen Türme des* **Hauptbahnhofs** 14. *Folgt man diesen als Wegmarke nach Norden, zwischen Bundeskanzleramt und Paul-Löbe-Haus das so genannte „Band des Bundes" (s. S. 40) durchschreitend, fällt der Blick links am Rande des Spreebogenparks auf die* **Schweizerische Botschaft.** *Bereits seit 1919 dient das gründerzeitliche Stadtpalais den Eidgenossen als diplomatische Vertretung. Als einziges am Platz überstand es unbeschadet den Zweiten Weltkrieg und erhielt 1995 einen modernen Erweiterungsbau. Am Spreeufer bietet sich in der schönen Jahreszeit der* **Capital Beach** *mit Liegestühlen, Snacks und Erfrischungsgetränken für einen kleinen Zwischenstopp an.*

Zurück Richtung Pariser Platz geht es nun ein Stück am Flussufer entlang. Entweder über das westliche Reichstagsufer, der Spree folgend zwischen Paul-Löbe-Haus und **Marie-Elisabeth-Lüders-Haus** *hindurch – allerdings ist der Weg während der Sitzungswochen des Deutschen Bundestags meist gesperrt. Oder über den Schiffbauerdamm am östlichen Spreeufer entlang. Hierfür kann man zwischen zwei Brücken wählen: Mit dem Einweihungsdatum 1994 ist die* **Kronprinzenbrücke** *[J4] einer der ersten Brückenschläge Ost-West nach der Wende gewesen. Ihr rechts zur Seite duckt sich in lichtem Türkis die* **Bundestags-Kita,** *während sich gegenüber am Ostufer mit schwarz-grau-türkisfabenem Fassadenschmuck das Gebäude der* **Bundespressekonferenz** *erhebt. Die 1949 als Zusammenschluss der Parlamentskorrespondenten gegründete Vierte Gewalt im Staat stellt Journalisten Räume zum Arbeiten und für Pressekonferenzen zur Verfügung.*

Wenige Meter südlich sind Paul-Löbe-Haus und Marie-Elisabeth-Lüders-Haus über die Spree hinweg durch einen Fußgängersteg miteinander verbunden. Spätestens hier sollte man, sofern das Reichstagsufer gesperrt ist, die Flussseite wechseln. Von dort führt der Weg weiter zur Marschallbrücke. Diese nach Süden hin überquert und schnell noch einen Blick auf das **ARD-Hauptstadtstudio** *geworfen, gelangt man binnen weniger Minuten die Wilhelmstraße hinunter zurück zum Pariser Platz.*

7 Denkmal für die ermordeten Juden Europas ★★★ [J5]

Wenige Fußminuten südlich vom Brandenburger Tor dehnt sich mitten im Herz der Hauptstadt auf 19.000 Quadratmetern das Denkmal für die ermordeten Juden Europas aus. Das Stelenfeld des New Yorker Architekten Peter Eisenman, kurz auch **„Holocaust-Mahnmal"** genannt, dient als zentraler Ort der Erinnerung und des Gedenkens an die sechs Millionen jüdische Opfer des nationalsozialistischen Terrors.

Von der ersten Idee, ein zentrales Mahnmal zu errichten, das die Journalistin Lea Rosh 1988 öffentlich anregte, gingen seiner Erbauung **viele Jahre der Diskussionen und hitzigen Debatten** um Form und Gestaltung voraus. Im Juni 1999 entschied der Bundestag schließlich, den mittlerweile mehrfach überarbeiteten Entwurf Peter Eisenmans zu verwirklichen. 2003 war Baubeginn, 2005 wurde das Denkmal feierlich eingeweiht.

2711 unterschiedlich hohe Betonstelen sind auf dem ungleichmäßig abgesenkten Gelände im Raster angeordnet, in ihrer wellenförmigen Gestalt von jedem Standort aus anders wahrnehmbar. Ohne Eingang, ohne Ausgang, als Erfahrungsraum von allen vier Seiten begehbar. Schlicht, nicht überwältigend und ohne jede Erklärung. Denn „Ausmaß und Maßstab des Holocaust machen jeden Versuch, ihn mit traditionellen Mitteln zu repräsentieren, unweigerlich zu einem aussichtslosen Unterfangen", so Eisenman 1998.

Ergänzend widmet sich in der südöstlichen Ecke des Areals der unterirdische **Ort der Information** der Herkunft, dem Leben und dem Schicksal der Opfer. Um die unfassbare Anzahl von sechs Millionen ermordeten Menschen in den Bereich des Vorstellbaren zu rücken, werden im „Raum der Dimensionen" mithilfe eines umlaufenden Bands die jüdischen Opferzahlen aller Länder Europas zum Ausdruck gebracht. Der „Raum der Fa-

⊻ Das Holocaust-Mahnmal ist eines der bedeutenden Denkmäler Berlins

042be Abb.: kj

milien" zeichnet 15 jüdische Familienschicksale nach. Der „Raum der Orte" führt den Betrachter anhand historischer Filmdokumente und Fotografien zu über 200 Vernichtungsstätten des NS-Terrors – Gettos, Konzentrations- und Vernichtungslager –, während im „Raum der Namen" Kurzbiografien der Opfer verlesen und zeitgleich ihre Namen und Lebensdaten an die Wand projiziert werden. Könnte an alle sechs Millionen Holocaust-Opfer in dieser Weise erinnert werden, würde die Lesung sechs Jahre, sieben Monate und siebenundzwanzig Tage andauern. Die Liste der Namen stellte die Jerusalemer Gedenkstätte Yad Vashem zur Verfügung.

› **Stelenfeld** (24 Stunden frei zugänglich): südlich vom Brandenburger Tor zwischen Cora-Berliner-, Hannah-Arendt- und Ebertstraße, S1, S2, U55 Brandenburger Tor, Bus M41

› **Ort der Information:** Cora-Berliner-Str. 1, 10117 (Mitte), www.stiftung-denkmal.de, Tel. 2639430, geöffnet: April–Sept. Di.–So. 10–20 Uhr, Okt.–März Di.–So. 10–19 Uhr, freier Eintritt

8 Sowjetisches Ehrenmal ★ [J5]

Westlich vom Brandenburger Tor erhebt sich an der Straße des 17. Juni das aus Gesteinstrümmern der Hitlerschen Reichskanzlei erbaute, im Oktober 1945 eingeweihte Sowjetische Ehrenmal. Es gedenkt der vielen Millionen Menschen, die durch den deutschen Eroberungskrieg in der UdSSR ums Leben kamen, und ehrt die 20.000 Soldaten der Roten Armee, die im Kampf um Berlin fielen. Im grimmigen Blutvergießen wurde das Gelände zwischen Reichstag, Brandenburger Tor und Wilhelmstraße als Letztes erobert, danach war der Zweite Weltkrieg zu Ende.

Schätzungsweise 2500 Rotarmisten begrub man hinter dem Ehrenmal auf dem Areal, das lange Zeit nur von Staatsangehörigen der UdSSR betreten werden durfte. Es handelte sich um **exterritoriales Gelände,** eine sowjetische Exklave im britischen Sektor in Westberlin, vor der es insbesondere nach dem Mauerbau 1961 immer wieder zu **Übergriffen von erbosten Westberlinern** auf das russische Wachbataillon kam. Nachdem 1970 sogar Schüsse abgegeben worden waren, wurde die Straße des 17. Juni im letzten Abschnitt vor der Mauer für den Kraftfahrverkehr gesperrt und weiträumig gesichert. Nach dem Abzug der Roten Armee 1994 wurde das Ehrenmal an Berlin übergeben.

› S1, S2, U55 Brandenburger Tor

9 Denkmal für die im Nationalsozialismus ermordeten Sinti und Roma Europas ★ [J5]

Bereits 1992 wurde die Gedenkstätte von der Bundesregierung beschlossen, und weitere 20 Jahre Debatte um das „Wie" und „An welchem Standort" gingen ins Land, bis sie 2012 in Anwesenheit von Bundespräsident und Bundeskanzlerin eingeweiht werden konnte. Mitten im Herzen der Hauptstadt erstreckt sich die Anlage nach dem Entwurf des israelischen Künstlers Dani Karavan im Grünstreifen unmittelbar **gegenüber der Reichstag-Südflanke,** fast genau vor dem Brandenburger Tor. Ein kreisrundes, mit dunklem Wasser gefülltes Becken mit zwölf Metern Durchmesser zu ebener Erde versinnbildlicht einen „endlos tiefen" Grund, Symbol des Lebens, der Trauer und der Erinnerung an die rund 500.000 im Nationalsozialismus ermor-

EXTRATIPP

Homosexuellen-Denkmal

Gleich gegenüber dem Holocaust-Mahnmal, wo die Hannah-Arendt-Straße in die Ebertstraße einmündet, steht am Tiergartenrand seit 2008 das Denkmal für die im Nationalsozialismus verfolgten Schwulen und Lesben. Der 4,70 Meter lange und 1,90 Meter breite, leicht **schräge Betonkubus** der Künstler Michael Elmgreen und Ingar Dragset würdigt die unzähligen Verfolgten und Tausenden im Dritten Reich ermordeten Homosexuellen. Durch ein kleines Fenster in der Vorderseite des Kubus fällt der Blick auf ein Video, das als Endlosschleife zwei sich küssende Männer zeigt.

★1 [J5] **Denkmal für die im Nationalsozialismus verfolgten Homosexuellen,** www.stiftung-denkmal.de

deten Sinti und Roma. Auf dem Brunnenrand ist das Gedicht „Auschwitz" des italienischen Rom Santino Spinelli eingelassen. Milchglastexttafeln am Rande des Beckens informieren chronologisch über den Völkermord.

› S1, S2, U55 Brandenburger Tor

10 Reichstag ★★★ [J5]

Seit dem Umzug des **Deutschen Bundestags** 1999 vom Rhein an die Spree finden die Plenarsitzungen der Bundestagsabgeordneten im Berliner Reichstagsgebäude statt. Den Grundstein zur Errichtung des von Paul Wallot (1841–1912) entworfenen, rechteckigen Neorenaissancepalasts legte 1884 Kaiser Wilhelm I. persönlich. Zehn Jahre später eröffnete der mit einer mächtigen Kuppel geschmückte Parlamentsbau und erlebte fortan eine wechselvolle Geschichte: 1918 proklamierte Philipp Scheidemann

EXTRAINFO

Besuch der Reichstagskuppel rechtzeitig anmelden!

Um die Reichstagskuppel zu besichtigen, ist eine vorherige Anmeldung zwingend nötig. Sie ist bis zu zwei Monate im Voraus möglich, entweder online unter www.bundestag.de/besucher oder mit der Post: Deutscher Bundestag, Besucherdienst, Platz der Republik 1, 11011 Berlin.

Spontan Entschlossene haben die Möglichkeit, sich bei der Serviceaußenstelle des Besucherdienstes (Südseite Reichstagsgebäude neben dem Berlin-Pavillon, April–Okt. tgl. 8–20 Uhr, Nov.–März tgl. 8–18 Uhr, stets lange Warteschlange) auf gut Glück anzumelden. Sollten noch Platzkapazitäten vorhanden sein, erhält man sein Ticket entweder noch für den selben oder für einen der beiden nachfolgenden Tage.

Die Kuppel-Besuchszeiten sind tgl. 8–24 Uhr, letzter Einlass 21.45 Uhr, der Eintritt ist kostenlos.

von einem Fenster des Reichstags aus die Republik, im Februar 1933 ging das Gebäude einen Monat nach Hitlers Ernennung zum Reichskanzler in Flammen auf, in der Nachkriegszeit verlief seit der Teilung Berlins an seiner Ostseite die Mauer, 1954 sprengte man die kriegsbeschädigte Kuppel, am 3. Oktober 1990 fanden hier die Feierlichkeiten zur Wiedervereinigung statt.

Zwischen 1995 und 1999 wurde das Gebäude nach einem Entwurf des britischen Architekten Lord Norman Foster innen vollständig umgebaut und außen mit einer **weithin sichtbaren gläsernen Kuppel** versehen. Am 23.05.1999 nahm der Deutsche Bundestag zur Wahl des

Der Reichstag – dem deutschen Volke

„SM“ Wilhelm II. fand es gar nicht lustig, dass er als Monarch mit absolutem, göttlichem Herrschaftsanspruch 1894 der Eröffnung des deutschen Parlamentsgebäudes beiwohnen musste. Zehn Jahre vorher hatte sein Großvater, Kaiser Wilhelm I., den Grundstein für den von Paul Wallot entworfenen Reichstag gelegt. Zwanzig Jahre später, 1914, schickte Wilhelm II. seine stolzen Soldaten auf die Felder der Ehre zum Totschießen und Sichtotschießenlassen und 1916, als das Töten noch immer kein Ende nahm, wurde zur Aufmunterung und als Dankeschön die Inschrift „Dem deutschen Volke“ am Giebel über dem Säulenportal des Reichstagsgebäudes angebracht. Am 9. November 1918 - Wilhelm II. brach gerade zu seiner Flucht nach Holland auf - proklamierte der Sozialdemokrat Philipp Scheidemann (1865-1939) von einem Fenster des Reichstags aus die Republik, welche nach heillosen Wirren jedoch nur 15 Jahre später schon wieder unterging.

Einen Monat nach Hitlers Ernennung zum Reichskanzler brannte am 27. Februar 1933 das Reichstagsgebäude. Der in den Geschichtsbüchern sogenannte „Reichstagsbrand“ lieferte den Nationalsozialisten den Vorwand für das Außerkraftsetzen zahlreicher Grundrechte der Weimarer Verfassung. Die Ereignisse der darauf folgenden zwölf Jahre sind zur Genüge bekannt: Ermächtigungsgesetz, Gleichschaltung, Liquidierung des Rechtsstaats, Aufbau des diktatorischen Terrorregimes, Anzetteln des Zweiten Weltkriegs, millionenfacher Völkermord, Holocaust, schließlich der eigene Untergang. Am 30. April 1945 wurde auf der Kuppel des Reichstags nach erbitterten Kämpfen die Rote Fahne der Sowjetunion gehisst. Damit war der Zweite Weltkrieg zu Ende, Nazideutschland besiegt.

„Ihr Völker der Welt“, appellierte der Westberliner Bürgermeister Ernst Reuter während der sowjetischen Blockade drei Jahre später im Angesicht von 350.000 Menschen vor dem zerbombten Reichstagsgebäude. „Schaut auf diese Stadt und erkennt, dass ihr diese Stadt und dieses Volk nicht preisgeben könnt!“

1954 wurde die marode Reichstagskuppel gesprengt und 1957 der Wiederaufbau des kriegszerstörten Gebäudes beschlossen - jedoch ohne Kuppel und im Inneren in deutlich schlichterer Form - als Sitz eines gesamtdeutschen Parlaments für den Fall einer möglichen deutschen Wiedervereinigung.

1971 war der neue alte Reichstag fertiggestellt, in dem man jedoch bis auf wenige Fraktions- und Ausschusssitzungen den parlamentarischen Betrieb nicht aufnahm. Einerseits durften die BRD-Abgeordneten in den Räumlichkeiten in Westberlin ohnedies keine Beschlüsse von bundespolitischer Relevanz fassen, andererseits hatte die „Ostseite“ den Reichstag, so unmittelbar vor der Mauer gelegen, vom Gebälk bis zu den Fundamenten verwanzt. So brachte man unter seinem Dach die permanente Bundesausstellung „Fragen an die deutsche Geschichte“ unter, die zu Mauerzeiten fester Bestandteil jeder Westberliner Sightseeingtour war. 1996 zog sie in leicht veränderter Konzeption in den Deutschen Dom am Gendarmenmarkt um.

043be Abb.: kj

Am 3. Oktober 1990 fanden im altehrwürdigen Wallot-Bau die Feierlichkeiten zur deutschen Wiedervereinigung statt, womit sich die Konturen seiner zukünftigen Bestimmung bereits abzeichneten: Ein Dreivierteljahr später, im Juni 1991, erfolgte mit knapper Mehrheit der Bundestagsbeschluss, den Regierungssitz nach Berlin zu verlegen. Ein letztes Mal war es „Dem deutschen Volke" bis Mitte der 1990er-Jahre vergönnt, vor dem Reichstag auf dem weitläufigen Platz der Republik Würstchen zu grillen und Fußball zu spielen.

Zu Christos spektakulärer Reichstagsverhüllung 1995 feierten die Berliner mit Gästen und Besuchern aus aller Welt noch einmal einen ganzen Sommer lang, bis sich das Hohe Haus im Herbst selben Jahres, von des Künstlers Silberhaut wieder befreit, in eine gigantische Baustelle verwandelte.

Der Reichstag wurde vollständig entkernt und nach dem Entwurf des britischen Architekten Norman Foster als Sitz des deutschen Bundestags komplett neu aufgebaut. Dieses Mal wieder mit einer Kuppel, die als Reminiszenz an den alten Wallot-Entwurf entstand und seit 1998 den neuen deutschen Bundestag und historischen Reichstag krönt. Es ist eine gläserne Kuppel, lichtdurchflutet und durchsichtig, unter der sich das Bundestagsplenum versammelt, eine weithin sichtbare, futuristische Glashaube, die sich über dem alten Reichstagsgemäuer erhebt und inzwischen seit Langem ein Berliner Wahrzeichen ist.

Extrabild 4 (s. S. 10): Das Reichstagsgebäude Ende des 19. Jahrhunderts

Bundespräsidenten im Reichstagsgebäude zu Berlin seine Arbeit auf – mit der beeindruckenden Foster-Kuppel, unter der sich das Plenum des deutschen Bundestags versammelt, als einem der neuen Wahrzeichen Berlins.

Ein Besuch der **Reichstagskuppel** zählt darum gleich in doppelter Hinsicht zu den Sightseeing-Höhepunkten. In luftiger Höhe genießt man einen **fantastischen Rundumblick** auf die Dächer der Spree-Metropole. Die ganze Stadt liegt einem zu Füßen – ebenso wie die Volksvertreter, die unterhalb sichtbar im Plenarsaal ihre Debatten austragen.

› **Reichstagsgebäude/Deutscher Bundestag,** Platz der Republik, U55 Bundestag oder Brandenburger Tor, Bus 100

11 Parlamentsgebäude ★ [J4]

In Nachbarschaft zum Reichstagsgebäude entstanden bis Ende 2003 drei große Blöcke mit Arbeitsräumen für Bundesverwaltung, Ausschüsse und Abgeordnete: östlich des Reichstags das **Jakob-Kaiser-Haus,** am jenseitigen Spreeufer das **Marie-Elisabeth-Lüders-Haus** und nördlich das **Paul-Löbe-Haus.** Die Gebäude sind unterirdisch miteinander verbunden, um den Volksvertretern den raschen Wechsel vom Plenarsaal in die Ausschüsse und ihre Büros zu ermöglichen. Überirdisch sind Marie-Elisabeth-Lüders- und Paul-Löbe-Haus Bestandteile des 1992 von den Berliner Architekten Axel Schultes und Charlotte Frank so konzipierten **„Band des Bundes“.** Über die Spree und den ehemaligen Mauerverlauf hinweg verbindet es West und Ost miteinander und beginnt mit dem Bundeskanzleramt als westlichstem Punkt.

› U55 Bundestag, Bus M85, 100

12 Bundeskanzleramt ★ [I4]

2001 war Schlüsselübergabe, und schnell hatte der von Schultes und Frank entworfene **Monumentalkubus** bei den Berlinern seine spöttischen Spitznamen weg: „Waschmaschine“, „Elefantenklo“ oder auch, in Anspielung auf seinen Bauherrn Helmut Kohl, schlicht „Kohlosseum“.

Zum Zeitpunkt der Einweihung war der Einheitskanzler bereits seit drei Jahren abgewählt und sein Nachfolger Gerhard Schröder zog in die Dienstwohnung im Kanzleramt ein. Neben dieser sowie den Büros für den Bundeskanzler beherbergt das Leitungsgebäude, das 36 Meter hoch zwischen zwei niedrigeren Trakten für die Verwaltung aufragt, außerdem die Büros der Staatsminister, den Kabinettssaal sowie Konferenzräume. Kanzlerin Angela Merkel mochte sich mit der Dienstwohnung so nah am Arbeitsplatz nicht so recht anfreunden und wohnt weiterhin in einem hübschen klassizistischen Gebäude gegenüber der Museumsinsel.

› U55 Bundestag, Bus M85, 100

13 Haus der Kulturen der Welt ★★ [I4]

Wenige Schritte südwestlich vom Bundeskanzleramt spiegelt sich das kühn geschwungene Dach der alten Kongresshalle, heute Haus der Kulturen der Welt, im Wasser der Spree. Das einer nach vorne weit geöffneten Riesenmuschel gleichende und deshalb auch **„Schwangere Auster“** genannte Bauwerk des Architekten Stubbins war der amerikanische Beitrag zur Internationalen Bauausstellung 1957. Es galt aufgrund der **bautechnisch**

371be Abb.: kj

Wegen seiner ungewöhnlichen Form wird das Haus der Kulturen der Welt von den Berlinern auch „Schwangere Auster" genannt

gewagten Dachkonstruktion als richtungsweisend in der modernen Architektur. 1980 stürzte das Spannbetondach kurz vor einer Veranstaltung ein und begrub einen Redakteur des Senders Freies Berlin unter sich. Eine Gedenktafel erinnert an ihn.

Nach dem Wiederaufbau wurde die Schwangere Auster 1989 ihrer neuen Bestimmung als Haus der Kulturen der Welt übergeben. Seitdem finden genau an dem Ort, an dem sich die Berliner zur Kaiserzeit „In den Zelten" amüsierten, unter dem geschwungenen Dach **multikulturelle Veranstaltungen** statt: Musik und Literatur, Tanz, Theater und Ausstellungen aus aller Welt zu Gast in Berlin. Als Podium für zeitgenössische internationale Produktionen ist das Haus der Kulturen der Welt heute ein weltweit anerkanntes Zentrum des globalen Kunst- und Kulturaustauschs.

Vor dem Gebäude wurde 1987 zur 750-Jahr-Feier Berlins die zehn Tonnen schwere Bronzeskulptur **Large Divided Oval: Butterfly** aufgestellt, die letzte große Arbeit des britischen Bildhauers Henry Moore (1898–1986). Ebenfalls seit der 750-Jahr-Feier erklingt nebenan im 42 m hohen Turm an der John-Foster-Dulles-Allee täglich um 12 und um 18 Uhr das **Carillon.** Mit 68 Glocken, die einen Tonumfang von fünfeinhalb Oktaven umfassen, zählt es zu den größten Glockenspielen dieser Art in Europa. Von Mai bis September erschallen immer sonntags um 15 Uhr vom Turm herab Glockenkonzerte im Park. Im Anschluss an die Konzerte finden Turmführungen statt (Erw. 8 €, erm. 4 €).

› **Haus der Kulturen der Welt,** John-Foster-Dulles-Allee 10, Tel. 397870, www.hkw.de, S Hauptbahnhof, U55 Bundestag, Bus 100

14 Hauptbahnhof ★ [I4]

Seit 2006 bildet der neue Hauptbahnhof Berlins Tor zur Welt. Als **größter Kreuzungsbahnhof Europas** liegt er nur wenige Schritte vom Reichstagsgebäude und Kanzleramt entfernt und ist durch seine beiden 46 m hohen Bügelbauten schon aus der Ferne leicht auszumachen. Zwischen den Bügeln spannt sich die 321 m lange gläserne Halle der in Ost-West-Richtung verlaufenden Stadtbahn, die auf 180 m Länge wiederum die Bahnhofshalle in Nord-Süd-Richtung kreuzt. Insgesamt wurden für den gläsernen Eisenbahntempel, den Meinhard von Gerkan entwarf, rund zehn Milliarden Euro verbaut.

› **Berlin Tourist Info im Hauptbahnhof,** Eingang Europaplatz, im Erdgeschoss, S und U55 Hauptbahnhof, tgl. 8–21 Uhr

KLEINE PAUSE

Zollpackhof

Rund um eine hohe alte Kastanie mit Blick auf das Kanzleramt im Biergarten am Spreeufer in der schönen Jahreszeit deftig-bayerisch speisen und dazu ein kühles Augustiner genießen, während die Ausflugsdampfer auf dem Wasser vorüberziehen – an der Moltke-Brücke, wenige Schritte vom Hauptbahnhof 14, ist das möglich.

2 [I4] **Zollpackhof,** Elisabeth-Abegg-Straße 1, 10557 (Moabit), S Hauptbahnhof, Tel. 33099720, www.zollpackhof.de, tgl. ab 10 Uhr

15 Preußens Paradestraße – Unter den Linden ★★★ [K5]

„Solang noch Untern Linden die alten Bäume blühn, kann nichts uns überwinden. Berlin bleibt doch Berlin!" Diesen Gassenhauer nach einer Weise von Walter Kollo aus der Revue „Drunter und drüber" sang man Mitte der 1920er-Jahre, während man hutlüpfend und kopfnickend den repräsentativen Prachtboulevard im Schatten der Lindenbäume hinauf- und hinabflanierte.

Dabei hätten es ursprünglich eigentlich Nussbäume sein sollen! 1647 ließ der Große Kurfürst den schmalen Reitweg, der damals vom Stadtschloss durch den urwaldähnlichen Tiergarten über die Feldmark Lietzow (Charlottenburg) zur Festung Spandau führte, mit mehreren Reihen Nussbäumen und Linden bepflanzen. Doch mit „Unter den Nüssen" wollte es nichts Rechtes werden. Die Nussbäume vertrugen den märkischen Sandboden nicht und gingen bald darauf ein, nur die Linden gediehen.

Nach der Konstituierung des Königreichs Preußen 1701 machte man sich dann daran, die Straße für den königlichen Pendelverkehr auszubauen, denn eine Preußische Meile (rund 7,5 Kilometer) entfernt von Berlin entstand in Lietzow das großartige Schloss, das König Friedrich I. für seine Frau Sophie Charlotte in Auftrag gegeben hatte. Im Zuge dessen entwickelte sich rund um die Linden die Dorotheenstadt (benannt nach der zweiten Gemahlin des Großen Kurfürsten) zum „Quartier des Nobles", dem **vornehmen Wohnviertel des Adels.**

Unter Friedrich II. (reg. 1740–1786) begann schließlich der Ausbau der Straße Unter den Linden zum prunkvollen Boulevard. Ein **beeindruckender Reigen preußischer Architektur** entstand, der im

Extrabild 5 (s. S. 10): Die Lindenallee (heute Unter den Linden) im Jahr 1691

Verlauf der nächsten Jahrhunderte vom Barock über den Schinkelschen Klassizismus bis hin zum wilhelminischen Historismus der Gründerzeit alle möglichen Baustile in sich vereinte.

Die **Reichsgründung** 1871 zog einen **hektischen Bauboom** nach sich. Man mauerte und zimmerte, was die Statik und der Berliner Sandboden hielten, stockte auf oder baute gleich neu, größer, höher, pompöser. Rund um die Leipziger Straße und die südliche Friedrichstraße entstanden großzügige Kaufläden, Passagen und Warenhäuser, südlich der Linden und dort vornehmlich in der Behrenstraße wuchsen die Bankpaläste in Windeseile in den Himmel empor, in der nördlichen Friedrichstraße und Unter den Linden reihten sich Cafés und vornehme Hotels. Der Verkehr brauste, das Leben pulsierte tagsüber und auch in den Abend- und Nachtstunden, wenn sich in den Amüsierbetrieben ein reges Vergnügungsleben entfaltete. Der Emporkömmling Berlin schickte sich an, zu den traditionsreichen Weltstädten aufzuschließen – und die Linden/Ecke Friedrichstraße wurden zum Sinnbild dafür. „Hier ist der Brennpunkt des vornehmen Verkehrs in Berlin. Zwischen den zwei Ufern von prachtvollen Häusern, Palästen und Hotels, auf der eigentlichen Promenade in der Mitte, auf den Reit- und Fahrwegen und den beiden Trottoirs treibt die heitere Muße der Bevölkerung in unaufhaltsamem Strome dahin“, beschrieb 1876 Robert Springer die quecksilbrige Atmosphäre.

Nach der Zerstörung im Zweiten Weltkrieg wurde der Prachtboulevard mit seinen bedeutendsten Bauwerken in einer **unglaublichen Aufbauleistung der DDR** in den 1950er- und 1960er-Jahren rekonstruiert – damals ergänzt um eine sozialistische Spielart und heute eine zeitgenössische Architektur unserer Tage. Ein Bummel Unter den Linden bedeutet also nicht nur, anderthalb Kilometer Großstadtboulevard zwischen Pa-

⌃ Blick vom Berliner Dom **44** *auf die Straße unter den Linden, im Hintergrund die Türme am Potsdamer Platz*

riser Platz und Museumsinsel in Augenschein zu nehmen. Es ist zugleich ein Defilee vorbei an 300 Jahren preußischer bzw. deutscher und vor allem Berliner Geschichte und Baugeschichte.

Vom Pariser Platz zum Forum Fridericianum

Den Abschnitt zwischen Wilhelm- und Glinkastraße [K5] dominiert auf der Südseite der Linden die **Botschaft der Russischen Föderation.** Anstelle der alten, 1765 erbauten und im Krieg zerstörten Russischen bzw. Sowjetischen Botschaft wurde sie 1950–1953 im typischen stalinschen Zuckerguss-Stil von einem Architektenkollektiv um Anatoli Stryshewski errichtet.

Von dort nur ein paar Schritte in die Glinkastraße hinein, ist die **Komische Oper** (s. S. 275) erreicht. Von der schlichten Nachkriegsfassade darf man sich nicht über ihr elegantes Inneres hinwegtäuschen lassen. Eine Gedenktafel erinnert an einen der großen Theatermacher des 20. Jahrhunderts: Walter Felsenstein, der die Komische Oper 1947 gründete und ihr bis 1975 als Intendant und Chefregisseur vorstand.

Gegenüber der Russischen Botschaft nimmt der Neubaukomplex des **Deutschen Bundestags** (Sitzungssäle, Abgeordnetenbüros, Verwaltung) die gesamte nördliche Straßenfront Unter den Linden zwischen Schadowstraße [K5] und Neustädtischer Kirchstraße ein. In der Schadowstraße lebte im Haus Nr. 10/11 der Berliner Bildhauer und Meister des preußischen Klassizismus, Johann Gottfried Schadow (1764–1850), von dessen Hand u. a. die Quadriga mit Siegesgöttin Viktoria auf dem Brandenburger Tor 1 stammt.

An der Neustädtischen Kirchstraße/ Ecke Unter den Linden schließt sich an das **Haus Pietsch** mit dem sachlich designten Café Einstein der 1910/1911 errichtete **Zollernhof** mit dem ZDF-Hauptstadtstudio an.

Verkehrsanbindung

› S1, S2, U55 Brandenburger Tor, Bus TXL, 100, 200

16 Unter den Linden/ Ecke Friedrichstraße ★ [K5]

Von den Vorkriegsbauten hat Unter den Linden/Ecke Friedrichstraße als Einziges das 1936 erbaute **Haus der Schweiz** unbeschadet die Zeit überstanden. Es zählt somit zu den wenigen noch originalen Gebäuden am Boulevard.

Ihm auf der Südostseite quer gegenüber erhebt sich das **Lindencorso.** 1877 wurde dort das legendäre Café Bauer eröffnet, in dem zum Mokka nach türkischer Art sage und schreibe 600 europäische Tageszeitungen auslagen, so erzählt man es sich jedenfalls. An der Stelle des kriegszerstörten Gebäudes entstand 1964–1966 das DDR-Lindencorso, das mit fast 1000 Plätzen in Restaurants, Cafés und Tanzbars an die Gastronomietradition anknüpfte. 1993 wurde es abgerissen, um einem zeitgenössischen BRD-Lindencorso mit Raum für eine Autopräsentation, Büros und Geschäften zu weichen.

Wo sich einst das 1828 vom österreichischen Zuckerbäcker Kranzler eröffnete Tortenparadies Café Kranzler befand, schmückt das prominente **Lu-**

xushotel **Westin Grand** seine bis 1987 errichtete, historisierende DDR-Platte mit den typischen Accessoires weltläufiger Nobelherbergen.

› S1, S2, U55 Brandenburger Tor, S und U6 Friedrichstraße, Bus TXL, 100, 200

17 Gouverneurshaus ★ [K5]

Zwischen Charlottenstraße und Bebelplatz steht das 1721 fertiggestellte Gouverneurshaus. Ursprünglich in der Rathausstraße beheimatet, wurde es dort 1963/1964 abgetragen und in die Kriegslücke eingefügt, die das zerstörte Niederländische Palais 1945 Unter den Linden hinterlassen hatte. In der Vergangenheit fungierte es unter anderem als Gouverneurssitz. Heute sind in seinen Mauern Einrichtungen der Humboldt-Universität untergebracht.

18 Altes Palais ★ [K5]

Das nach Plänen von Carl Ferdinand Langhans errichtete klassizistische Stadtpalais schließt sich ans Gouverneurshaus an. Es entstand 1834–1837 für den damaligen preußischen Prinzen und späteren ersten deutschen Kaiser Wilhelm I. (1797–1888). In den 1880er-Jahren zeigte sich seine Majestät gerne am Fenster, was das **elegante zweigeschossige Stadtpalais** in ganz Preußen bei den Untertanen bekannt machte. Im Kriegsjahr 1943 zerstört und danach wieder aufgebaut, dient es seither der Humboldt-Universität als Stätte des Wissens.

19 Staatsbibliothek ★ [K5]

Gegenüber thront auf der Nordseite der Linden die 1903–1914 von Ernst von Ihne errichtete ehemalige Preußische Staatsbibliothek. Mit den Beständen der Neuen Staatsbibliothek West am Kulturforum 100 zur „Staatsbibliothek zu Berlin – Preußischer Kulturbesitz" vereint, bildet sie heute die größte wissenschaftliche Bibliothek im deutschsprachigen Raum.

› Tel. 2660, http://staatsbibliothek-berlin.de, Mo.–Fr. 9–21, Sa. 10–19 Uhr

20 Forum Fridericianum ★★★ [L5]

Rund um den Bebelplatz sollte nach dem Willen von König Friedrich dem Großen (reg. 1740–1786) ab 1741 ein **neues Geisteszentrum und künstlerischer Mittelpunkt Preußens** mit zahlreichen Prunkbauten entstehen. Wenn das monumentale Projekt auch ein Torso blieb, vier Gebäude wurden in der 46-jährigen Regierungszeit Friedrichs verwirklicht, die seither zu den schönsten Sehenswürdigkeiten Unter den Linden zählen: zunächst die Staatsoper, auf die als weitere Bauten des Forum-Ensembles die St.-Hedwigs-Kathedrale, die Alte Bibliothek und schließlich das Prinz-Heinrich-Palais, heute Hauptgebäude der Humboldt-Universität, folgten.

› Bus TXL, 100, 200

21 Humboldt-Universität – Prinz-Heinrich-Palais ★★ [L5]

Das heutige Hauptgebäude der Humboldt-Universität entstand ab 1748 als Stadtresidenz für den Bruder Friedrichs des Großen, Prinz Heinrich von Preußen. Die Pläne dafür, die möglicherweise auf ersten Entwürfen Knobelsdorffs fußen, lieferte Johann Boumanns d. Ä., der auch die Bauleitung übernahm. Nach Unterbrechung der Arbeiten während des Siebenjährigen Kriegs konnte das spätbarocke Prinzendomizil 1766 fertiggestellt werden. Kaum ein halbes Jahrhundert

Extrabild 6 (s. S. 10): Unter den Linden zwischen 1890 und 1900

später diente es bereits der frisch gegründeten Berliner Universität.

Diese wurde 1809 auf Initiative des liberalen preußischen **Bildungsreformers und Sprachwissenschaftlers Wilhelm von Humboldt** (1767–1835) ins Leben gerufen. Nach ihrem Stifter, König Friedrich Wilhelm III., erhielt sie den Namen Friedrich-Wilhelm-Universität. Erster Direktor war der große Philosoph des deutschen Idealismus, Johann Gottlieb Fichte (1762–1814). Zahlreiche weitere berühmte Gelehrte und Wissenschaftler wirkten hier, darunter die Philosophen Hegel, Schelling und Schleiermacher, die Mediziner Rudolf Virchow, Robert Koch und Ferdinand Sauerbruch oder die Physiker Max Planck, Lise Meitner und Albert Einstein.

Die Wiedererrichtung des traditionsreichen Universitätsgebäudes nach dem Krieg erfolgte ab 1946, anschließend wurde die Alma Mater Berolinensis nach ihrem Gründer in Humboldt-Universität umbenannt. Als Antwort auf die fortan marxistisch-leninistische Ausrichtung eröffnete zwei Jahre später in Westberlin die Freie Universität.

1990 wurden Ideologie und führende Köpfe abermals ausgetauscht und die Humboldt-Uni stieg – nicht zuletzt dank

Altehrwürdige Alma Mater Berolinensis: Das Prinz-Heinrich-Palais dient bereits seit Anfang des 19. Jahrhunderts als Hauptgebäude der Humboldt-Universität 21

046be Abb.: kj

ihrer zentralen Innenstadtlage – zur **beliebtesten Berliner Hochschule** auf. Derzeit studieren rund 33.000 Studenten an der ältesten der insgesamt vier Berliner Universitäten, bewacht von den Standbildern der Brüder Alexander und Wilhelm von Humboldt an ihrem Haupteingang.

› www.hu-berlin.de

22 Reiterstandbild Friedrichs des Großen ★★ [K5]

Zwischen Prinz-Heinrich-Palais und gegenüber Altem Palais und Alter Bibliothek steht mitten auf der Straße Unter den Linden verkehrsumtost das 13,5 Meter hohe **Hauptwerk von Christian Daniel Rauch** (1777–1857). 1830 begann der große Bildhauer des preußischen Klassizismus mit den Planungen für das Reiterstandbild Friedrichs des Großen. Von 1839 bis 1851 dauerte die Realisierung.

Seitdem machte der „Alte Fritz", mit Krückstock auf seinem Lieblingspferd reitend, allerlei mit: Die Taubenwelt erwies Seiner Majestät nicht den geringsten Respekt und bekleckerte munter seinen ehernen Dreispitz, die Steigbügel klaute man ihm und 1950 landete Friedrich schließlich, samt Pferd in Einzelteile zerlegt, im Potsdamer Schlosspark von Sanssouci. Erst im Zuge der Rückbesinnung der DDR-Führung auf Berlins preußische Tradition fand die Figur 1980 auf seinen dann um einige Meter verschobenen Sockel zurück und steht, in den 1990er-Jahren frisch restauriert und abermals um acht Meter versetzt, nun wieder an ihrem ursprünglichen Ort. Dem 600 Kilogramm schweren Reiterstandbild zu Hufen bevölkern vorneweg des Königs Generäle das Postament – die preußischen Dichter und Denker jener Zeit, darunter Lessing und Kant, müssen dagegen mit einem Platz unter dem Pferdeschweif Vorlieb nehmen.

23 Alte Bibliothek ★★ [K5]

Dass die Alte Bibliothek an der Westflanke des Bebelplatzes wie der Michaelertrakt der Wiener Hofburg aussieht, ist kein Zufall. Das Gebäude – von den Berlinern **wegen der geschwungenen Form seinerzeit „Kommode" genannt** – wurde 1775–1780 nach einem Entwurf aus der Feder von Georg Christian Unger errichtet, und zwar auf der Grundlage eines bereits um 1725 geschaffenen Plans des österreichischen Baumeisters Fischer von Erlach. Kurioserweise war die Berliner Kopie sogar weitaus früher fertiggestellt als das Wiener Original.

Das Haus beherbergte die über 150.000 Bände umfassende Preußische Staatsbibliothek, die, bevor sie aus allen Nähten zu platzen drohte, 1914 nach gegenüber in die neu eröffnete Staatsbibliothek umzog. Heute ist unter dem Dach der „Kommode" die Juristische Fakultät der Humboldt-Universität untergebracht.

24 Versunkene Bibliothek ★ [L5]

Inmitten des kopfsteingepflasterten Bebelplatzes befindet sich seit 1995 die Versunkene Bibliothek des israelischen Künstlers Micha Ullmann. Eine in den Boden eingelassene, einen Quadratmeter große Glasscheibe und darunter ein leerer weißer Raum mit leeren weißen Regalen, in denen 20.000 Bücher Platz finden könnten, **erinnern an die unheilvolle Bücherverbrennung**, die die SA und die nationalsozialistische Studentenorganisationen am 10. Mai 1933 auf dem damals noch „Opernplatz" genannten Geviert abhielten. Die Werke von Alfred Döblin, Sigmund Freud, Heinrich Heine, Erich Kästner, Heinrich und Thomas Mann, Karl Marx, Carl von Ossietzky, Erich Maria Remarque, Kurt Tucholsky, Arnold Zweig und vieler anderer als „undeutsch" verfemter Autoren gingen in Flammen auf. Rohheit und Barbarei hatten damit nicht nur symbolhaft Einzug gehalten.

25 Hotel de Rome ★ [L5]

Seit 1889 beschließt die Fassade der ehemaligen Dresdner Bank im Süden den Bebelplatz. Die 1923 auf das Bankgebäude aufgesetzten Geschosse entfernte man bei der Rekonstruktion nach dem Zweiten Weltkrieg wieder, anschließend zog die DDR-Staatsbank in das Haus ein. Ab 2004 in zweijähriger Arbeit aufwendig umgebaut und luxussaniert, eröffnete 2006 in seinen Mauern das 5-Sterne-Edelhotel de Rome. Der alte Tresorraum nun Wellnessbereich mit Swimmingpool, die ehemalige Kassenhalle ein Ballsaal und in der Vorstandsetage vornehme Suiten, ist das Haus heute eine **innenarchitektonische Augenweide.** Restaurant und Bar stehen auch Nicht-Hotelgästen offen.

› Tel. 4606090, www.roccofortehotels.com

26 St.-Hedwigs-Kathedrale ★★ [L5]

Am Bebelplatz förmlich in die Ecke gedrängt, ist das Gotteshaus dennoch unschwer an seiner **imposanten, 40 Meter im Durchmesser messenden Kuppel** zu erkennen. Johann Boumann d. Ä. erbaute es 1747–1773 nach Knobelsdorff-Plänen im Stil des römischen Pantheons für die nach den Schlesischen Kriegen einwandernden katholischen Schlesier. St. Hedwig ist seit 1930 Kathedrale des Erzbistums Berlin. Das schlichte Innere stammt aus der Zeit nach dem Wiederaufbau 1952–1963.

› www.hedwigs-kathedrale.de, Mo.–Mi. und Fr./Sa. 10–17, Do. 11–17, So. 13–17 Uhr

27 Staatsoper Unter den Linden ★★★ [L5]

Es ist das älteste Bauwerk des Forums Fridericianum – und mit dem Musentempel, der damals noch „Königliche Oper" hieß, schuf Georg Wenzeslaus von Knobelsdorff (1699–1753) in dreijähriger Bautätigkeit 1741–1743 sogleich einen Superlativ: Das **einem korinthischen Tempel nachempfundene Opernhaus** war die erste nicht in ein Schloss integrierte, sondern als Baukörper frei stehende Spielstätte Deutschlands. Darüber hinaus wurde die Oper als **eine der größten und modernsten jener Zeit** in Europa gerühmt. Zahlreiche große Namen standen den Orchestern vor, von Felix Mendelssohn Bartholdy über Giacomo Meyerbeer und Richard Strauss bis heute Daniel Barenboim. Doch zunächst ereilte das Haus das Schicksal vieler anderer Theaterstätten jener Zeit vor der Erfindung des elektrischen Lichts. Genau 100 Jah-

EXTRATIPP

Pierre Boulez Saal

Falls man keine Karten für die Staatsoper 27 bekommt: Der Pierre Boulez Saal fast nebenan ist Spielstätte für hochkarätige Kammerorchester, Ensembles und Solokünstler. Frank Gehry und Daniel Barenboim, Star-Architekt und Star-Dirigent, initiierten den 2017 eingeweihten Konzertsaal im ehemaligen Kulissendepot der Staatsoper.

3 [L5] **Pierre Boulez Saal,** Französische Straße 33d, U6 Französische Straße, Tel. 47997411, https://boulezsaal.de

Spaziergang 2: vom Brandenburger Tor zum Alexanderplatz

Östlich vom Pariser Platz (2) beginnt Berlins **Paradeboulevard Unter den Linden.** Auch wenn der Spaziergang vom Brandenburger Tor (1) bis zum „Alex" zurzeit eher einem Bummelparcours „Über den Baustellen" gleicht, lohnt sich der Weg allemal. Denn er vereint eine große Zahl herausragender Berliner Sehenswürdigkeiten auf engem Raum.

Die ersten Meter Unter den Linden in Richtung Alexanderplatz sind von Bundestagsgebäuden gerahmt, an die sich unübersehbar in stalinscher Zuckergussarchitektur die **Russische Botschaft** (s. S. 44) anschließt. Am Zollernhof mit dem ZDF-Hauptstadtstudio vorbei sind die Linden/Ecke Friedrichsstraße schnell erreicht (16).

Danach folgen die Sehenswürdigkeiten Schlag auf Schlag: Gouverneurshaus (17), Altes Palais (18), gegenüber die Staatsbibliothek (19) und schließlich das **Forum Fridericianum** (20) mit St.-Hedwigs-Kathedrale (26), Alter Bibliothek (23), Reiterdenkmal Friedrichs des Großen (22), Humboldt-Universität (21) und Staatsoper Unter den Linden (27).

Die nördliche Straßenseite zwischen Forum und Spreekanal füllen die Schinkelsche Neue Wache (34) und das Zeughaus (36) mit dem Deutschen Historischen Museum. Die südliche Straßenseite zieren das Prinzessinnenpalais (28), das Kronprinzenpalais (29) und schließlich die Stadtkommandantur (30). Im Hintergrund erhebt sich am Kupfergraben die Musterfassade der Schinkelschen Bauakademie (31), dahinter die beiden grazilen Türmchen der Friedrichswerderschen Kirche (32), und auch die Glasfront des Auswärtigen Amts (33) lässt sich in der Ferne erkennen.

An der Schloßbrücke (37) angelangt, dehnt sich vor den Augen des Spaziergängers die **Spreeinsel** aus. Ihren nördlichen Teil nimmt die **Museumsinsel** ein, deren Ensemble aus Altem Museum (38), Neuem Museum (40), Alter Nationalgalerie (41), Pergamonmuseum (43) und Bode-Museum (42) seit 1999 Weltkulturerbe der Menschheit ist. Überragt wird es vom imposanten **Berliner Dom** (44), während südlich davon auf dem Schlossplatz gerade das alte **Berliner Stadtschloss** (45) neu entsteht. Voraussichtlich Ende 2019 soll es eingeweiht werden.

Über die Spreebrücke und am **Marx-Engels-Forum** (47) vorbei dehnt sich östlich der Spandauer Straße der große **Platz ohne Namen** aus. Hier befand sich die kriegszerstörte Berliner Altstadt, an die die St. Marienkirche (50) als eines der ältesten Berliner Gotteshäuser noch erinnert. Davor plätschert der Neptunbrunnen (49). Möchte man noch einen Blick auf die Nikolaikirche (52), Berlins ältesten Sakralbau, werfen, lohnt sich ein kurzer Abstecher rechts am Roten Rathaus (48) vorbei ins **Nikolaiviertel** (s. S. 75).

Über dieser Szenerie ragt die silberne Kugel des **Fernsehturms** (51) auf. Von ihrer Aussichtsplattform in 200 Metern Höhe genießt man eine wahrlich atemberaubende Sicht auf die Hauptstadt. Vom Fernsehturm aus ist schließlich nur noch der Stadtbahnbogen mit den Gleisen von

Fern- und S-Bahn zu unterqueren, schon ist man am ***Alexanderplatz*** **56***, dem Ziel des Spaziergangs, angelangt.*

- 15 [K5] Preußens Paradestraße – Unter den Linden S. 42
- 16 [K5] Unter den Linden/ Ecke Friedrichstraße S. 44
- 17 [K5] Gouverneurshaus S. 45
- 18 [K5] Altes Palais S. 45
- 19 [K5] Staatsbibliothek S. 45

20 [L5] Forum Fridericianum S. 45

21 [L5] Humboldt-Universität – Prinz-Heinrich-Palais S. 45

22 [K5] Reiterstandbild Friedrichs des Großen S. 47

23 [K5] Alte Bibliothek S. 47

24 [L5] Versunkene Bibliothek S. 47

25 [L5] Hotel de Rome S. 48

26 [L5] St.-Hedwigs-Kathedrale S. 48

27 [L5] Staatsoper Unter den Linden S. 48

28 [L5] Prinzessinnenpalais S. 52

29 [L5] Kronprinzenpalais S. 52

Alle weiteren Karteneinträge s. S. 375.

385be Abb.: kj

re nach ihrer Errichtung brannte die Linden-Oper 1843 bis auf die Grundmauern nieder. Anschließend wurde sie von Carl Ferdinand Langhans (1782–1869) wieder aufgebaut. Im Zweiten Weltkrieg restlos zerstört und 1952–1955 nach Plänen von Richard Paulick (1903–1979) in der Knobelsdorff-Variante rekonstruiert, präsentieren sich die Heiligen Hallen nach siebenjähriger Grundsanierung und Modernisierung seit 2018 als High-Tech-Bühne im Rokoko-Kleid.

› www.staatsoper-berlin.de

28 Prinzessinnenpalais ★★ [L5]

Das Barockpalais entstand 1733 durch die Zusammenlegung zweier kurz vorher errichteter Häuser. 1810/1811 ließ es König Friedrich Wilhelm III. erweitern und durch einen Übergang über die Oberwallstraße mit seinem Stadtdomizil, dem Kronprinzenpalais 29, verbinden. Anschließend zogen seine Töchter, die Prinzessinnen Alexandrine, Charlotte und Luise ein. Nach der Zerstörung im Zweiten Weltkrieg baute der bedeutende DDR-Architekt Richard Paulick das Palais 1962 bis 1964 nach alten Plänen wieder auf. Unter dem Namen **Opernpalais** und vor allem dank der leckeren Torten im dortigen Operncafé erlangte es weit über die DDR hinaus Berühmtheit.

2013 bis 2017 von der Deutschen Bank saniert und innen komplett entkernt, präsentiert das Geldhaus das Prinzessinnenpalais seit seiner Wiedereröffnung im Herbst 2018 unter dem Namen **Palais Populaire.** 750 Quadratmeter dienen als Ausstellungsfläche für die wertvolle bankeigene Sammlung der **Gegenwartskunst.** Außerdem finden Kultur-, Digital-, Sportsponsoring-Events und Klubnächte statt. Einen neuen Gastronomiebetrieb gibt es auch.

› www.db-palaispopulaire.de, Bus 100, 200, Mi.–Mo. 9–19, Do. bis 21 Uhr

Der Bebelplatz mit Staatsoper 27 und St.-Hedwigs-Kathedrale 26

29 Kronprinzenpalais ★★ [L5]

In dem 1663 erbauten, 1733 für Kronprinz Friedrich, den späteren Friedrich den Großen, zur Stadtresidenz umgewandelten Gebäude wurde **mehrfach deutsche Geschichte geschrieben.** 1856/57 von Johann Heinrich Strack ein letztes Mal umgebaut und aufgestockt, kam hier 1859 der letzte deutsche Kaiser, Wilhelm II., zur Welt. 1919 zog die Abteilung Moderne Kunst der Nationalgalerie in die ehemals königlichen Gemäuer ein.

Da vom Kronprinzenpalais, im Zweiten Weltkrieg völlig zerstört, keine Baupläne mehr existierten, wurde es 1968/69 von Richard Paulick nach alten Stichen **mühevoll rekonstruiert** und fungierte im Anschluss an seinen Wiederaufbau als Gästehaus des DDR-Ministerrats. 1990 erfolgte im Kronprinzenpalais die Unterzeichnung des deutsch-deutschen Einigungsvertrags. Heute dient es als Veranstaltungsstätte.

› Bus 100, 200

30 Stadtkommandantur ★ [L5]

Kein einziger Stein war 1945 vom Haus mit der vornehmen Adresse Unter den Linden 1 übrig geblieben. Jahrzehntelang klaffte anstelle der gegen 1650 errichteten, später klassizistisch umgestalteten Stadtkommandantur eine Lücke. An der Jahrtausendwende begannen dann im Auftrag der Bertelsmann AG die Bauarbeiten zur neuen alten Kommandantur. **Innen modern und außen mit der klassizistischen Hülle** des letzten Umbaus von 1873/74 wiedererrichtet, konnte die Berlin-Repräsentanz des Gütersloher Medienkonzerns 2003 eingeweiht werden.

› Bus 100, 200

31 Schinkelsche Bauakademie ★ [L5]

In seiner Verbindung von Funktionalität, Konstruktion und Materialästhetik war das von Karl Friedrich Schinkel entworfene Backsteingebäude **wegweisend für die moderne Architektur.** 1832–1836 errichtet und im Zweiten Weltkrieg stark beschädigt, musste es 1962 dem Neubau des DDR-Außenministeriums weichen. Dieser wurde 1995 ebenfalls wieder abgerissen und Fördervereine engagierten sich fortan für die Wiedererrichtung der Bauakademie am historischen Ort.

Als Werbung für die originalgetreue Rekonstruktion ließ der „Bildungsverein Bauwerk“ an der ehemaligen Nordostecke der Bauakademie 2002 eine **Musterfassade** wiedererstehen. Auf Initiative des Fördervereins Bauakademie wurde sie 2004 um eine komplette Attrappe des historischen Gebäudes ergänzt, die seither eindrucksvoll dokumentiert, um welches Stück glänzende Architektur Berlin reicher wäre. Und in der Tat, es hat funktioniert! 2017 stellte das Bundesbauministerium 62 Millionen Euro für die Wiedererrichtung der Schinkelschen Architektur-Ikone bereit und schrieb einen Wettbewerb für die künftige Nutzung aus. Im Jahr 2023 soll Eröffnung sein.

› www.foerderverein-bauakademie.de, Bus 100, 200

32 Friedrichswerdersche Kirche ★★★ [L5]

Das zwischen 1824 und 1830 errichtete Gotteshaus stammt ebenfalls vom Reißbrett Karl-Friedrich-Schinkels (1781–1841). Wie später bei der Bauakademie, bewies der große preußische Baumeis-

118be Abb.: kj

ter schon mit dem eleganten Backsteingebäude sein Gespür für die Verbindung von Altem und Neuem, Innovation und Tradition, Form und Material. Der Saalbau am ehemaligen Werderschen Markt war die **erste neugotische Kirche Berlins.** Im Zweiten Weltkrieg schwer beschädigt, wurde sie 1982–1987 rekonstruiert und ist seitdem Teil der Nationalgalerie. Sie beheimatete die Skulpturensammlung des deutschen Klassizismus: bedeutende Bildhauerkunst des frühen 19. Jahrhunderts, insbesondere Werke der Berliner Meister Johann Gottfried Schadow und Christian Daniel Rauch.

Seit 2012 ist sie nun geschlossen – Opfer einer **rücksichtslosen Verkaufs- und Baupolitik.** Durch den Neubau von Luxuswohnungen keine zehn Meter entfernt sackte das Kirchenschiff ab und muss seitdem innen mit Gerüsten abgestützt werden. Die Schäden sind, wie es aussieht, irreversibel, und ob die Friedrichswerdersche Kirche – ein Hauptwerk der deutschen Neugotik – dauerhaft erhalten werden kann, ist ungewiss.

› Bus 100, 200

33 Auswärtiges Amt ★ [L5]

Der Friedrichswerderschen Kirche gegenüber befindet sich südlich am Werderschen Markt das mit Natursteinplatten verkleidete **alte Reichsbankgebäude.** 1934–1939 für die Reichsbank erbaut, diente es ab 1958 als Sitz des Zentralkomitees der SED. **Um einen davorgesetzten Neubau erweitert,** beherbergt es seit dem Regierungsumzug das Auswärtige Amt der Bundesrepublik Deutschland. Das neue Gebäude nach Plänen der Architekten Thomas Müller und Ivan Reimann entstand in zweijähriger Bauzeit für rund 168 Millionen D-Mark. Im November 1999 war es fertiggestellt.

› Bus 100, 200

34 Neue Wache ★★★ [L5]

Die Nordseite der Linden ziert gegenüber von Staatsoper und Prinzessinnenpalais Karl Friedrich Schinkels 1816–1818 nach dem Vorbild eines römischen Kastells entstandene Neue Wache. Sie ist das früheste Berliner Werk des großen Baumeisters Preußens und zugleich ein **Hauptwerk des deutschen Klassizismus.** Bis zum Ende der Monarchie 1918 war in dem grazilen Gebäude mit den sechs dorischen Säulen genau 100 Jahre lang die königliche Wache untergebracht.

Danach begann seine **Karriere als Mahnmal:** zunächst Ehrenmal der Gefallenen im Ersten Weltkrieg, ab 1960 Mahnmal für die Opfer des Faschismus

Die Friedrichswerdersche Kirche 32

und Militarismus und seit 1993 Zentrale Gedenkstätte der Bundesrepublik für die Opfer von Krieg und Gewaltherrschaft. Seitdem nimmt das Zentrum des leeren Raumes eine große Kopie der berühmten **„Pietà" von Käthe Kollwitz** ein – das Original steht im Käthe-Kollwitz-Museum (s. S. 243) in der Fasanenstraße.

› Bus 100, 200, tgl. 10–18 Uhr

35 Maxim-Gorki-Theater ★ [L5]

Hinter der Neuen Wache und zusätzlich vom Kastanienwäldchen verdeckt, steht die ehemalige „Singakademie". Goethefreund Carl Friedrich Zelter, seit 1800 Leiter der Singakademie, veranlasste den Bau des **klassizistischen Musentempels** nach einem Schinkel-Entwurf. 1827 eröffnet, stieg der Konzertsaal schnell zu einem **Mittelpunkt des preußischen Kultur- und Geisteslebens** auf. Die Pianistin Clara Schumann und der Teufelsgeiger Paganini gastierten, Mendelssohn-Bartholdy und Liszt konzertierten, Schlegel hielt hier Vorlesungen ab und Alexander von Humboldt berichtete von seinen Forschungsreisen. Seit dem Wiederaufbau 1952 ist das Haus Spielstätte des Maxim-Gorki-Theaters.

› Am Festungsgraben 2, Bus 100, 200, Tel. 20221115, www.gorki.de

36 Zeughaus/Deutsches Historisches Museum ★★★ [L5]

Es ist das **schönste erhaltene Barockgebäude Berlins.** Sein Bau 1695–1730 wurde von den seinerzeit wichtigsten preußischen Architekten geplant und beaufsichtigt: Johann Arnold Nehring, der zugleich für den Schlossbau in Lietzow (Charlottenburg) zuständig war, nach dessen Tod Martin Grünberg, dann der berühmte Baumeister und Bildhauer Andreas Schlüter (um 1660–1714) – den man nach einem Jahr Bautätigkeit allerdings wieder hinauswarf, nachdem nahebei der von ihm entworfene Münzturm am Stadtschloss eingestürzt war – und schließlich ab 1706 Jean de Bodt.

Vom glücklosen Andreas Schlüter stammen die **22 Masken sterbender Krieger** im Zeughaus-Lichthof, deren Gesichtszüge so schmerzlich die Verwundbarkeit des Menschen anmahnen. Dabei versetzen sie einen gleichzeitig in Staunen. Denn derart den Krieg anklagende Bauplastiken ausgerechnet in einem Zeughaus zu finden, das von seinen ersten Tagen bis zur Reichsgründung 1871 durchgehend ein Waffen- und Munitionsdepot war, ist bestimmt nicht der Regelfall. Von Berliner Bürgern während der Märzrevolution 1848 gestürmt, wurde die Waffenkammer im Anschluss an die Reichsgründung im Auftrag Kaiser Wilhelms I. in eine „Ruhmeshalle der brandenburgisch-preußischen Armee" umgewandelt, später ließ Hitler seine braunen Horden im Hof aufmarschieren. 1944/1945 ging das Gebäude bei alliierten Bombenangriffen in Flammen auf.

Mit der Vollendung des Wiederaufbaus im Jahr 1952 erhielt das Zeughaus seine neue Bestimmung. Das Museum für Deutsche Geschichte zog ein und erklärte die Geschichte der Deutschen im marxistisch-leninistischen Lichte. Pünktlich zur Wiedervereinigung 1990 übernahm die bundesrepublikanische Interpretation der Ereignisse, das **Deutsche Historische Museum**, die Räumlichkeiten. Nach jahrelangen Um- und Restaurierungsarbeiten zeigt es seit 2006 die viel besuchte **Dauerausstellung „Deutsche**

Extrabild 7 (s. S. 10): Zeughaus und Neue Wache im Jahr 1852

Umbauarbeiten

Eigentlich hätte alles schon längst fertig sein sollen. Aber Berlin wäre nicht Berlin und seine Gäste würden die Stadt womöglich gar nicht mehr wiedererkennen, würde sie sich ihnen auf einmal ganz ohne Großbaustellen präsentieren. Also entschloss man sich, für zwei Jahrzehnte den Spaten gleich dort anzusetzen, wo sich die allermeisten Berlin-Besucher tummeln: auf dem Prachtboulevard Unter den Linden 15.

2004/2005 wurde der Bebelplatz aufgewühlt, um rund um die Versunkene Bibliothek 24 Autostellplätze unter der Erde zu schaffen. Bis 2006 wurden vor dem Forum Fridericianum 20 unter den Augen des „Alten Fritz" der Fahrdamm verengt, die Bürgersteige auf bis zu elf Meter verbreitert und auch der Mittelstreifen komplett umgestaltet.

Für eine grundlegende Sanierung war die Staatsoper Unter den Linden 27 von 2010 bis 2017 eingerüstet. Das Prinzessinnenpalais 28 in der Nachbarschaft, ab 2014 Sanierungsfall, wurde ebenfalls 2017 vom Gerüst befreit. Wo nur wenige Schritte entfernt im Herzen der Stadt auf dem Schloßplatz noch bis 2008 der Palast der Republik aus DDR-Zeiten stand, erhebt sich heute das rekonstruierte, riesige Berliner Stadtschloss 45. Ende 2019 soll seine Einweihung gefeiert werden.

Unter dem Asphalt gräbt man zurzeit die Erweiterung der „Kanzler-U-Bahn" Unter den Linden ins Erdreich ein. Damals noch von Bundeskanzler Kohl als Projekt durchgesetzt, wird die U55 in einer 2,2 km langen Tunnelröhre voraussichtlich ab 2020 den Hauptbahnhof 14 mit dem Alexanderplatz 56 verbinden. Der erste Abschnitt vom Hauptbahnhof zum Brandenburger Tor 1 ging bereits im August 2009 in Betrieb. 2012 war Baubeginn für die Stationen Unter den Linden/Friedrichstraße und Museumsinsel. Bereits seit September 2010 wird auf dem östlichen Abschnitt zwischen Schloßplatz und Rotem Rathaus 48 gebuddelt.

Im Jahr 2017 sollte das U-Bahn-Projekt eigentlich fertiggestellt sein. Doch Berlin wäre, wie gesagt, nicht Berlin, wenn es mit seinen Unternehmungen auf einmal im Zeitrahmen bliebe. Und wer jetzt denkt, der BER (s. S. 328), das berühmt-berüchtigte Endlosprojekt, das einmal ein Flughafen werden soll, sei nicht mehr zu toppen, kennt die Entwicklungsgeschichte der U55 noch nicht. An der Verlängerung der U5 vom Alexanderplatz zum Brandenburger Tor wurde mit Unterbrechungen 75 Jahre (!) geplant. Erst im Jahr 2008 begannen die Ausschreibungen.

Geschichte in Bildern und Zeugnissen", die mit rund 7000 ausgewählten Exponaten ein lebendiges Bild von 1500 Jahren deutscher Geschichte nachzeichnet.

An der Zeughaus-Nordflanke erhebt sich zwischen Zeughaus und Palais am Festungsgraben der **lichtdurchflutete Erweiterungsbau** des chinesischstämmigen New Yorker Stararchitekten **Ieoh Ming Pei** (*1917), zu dessen spektakulären Arbeiten beispielsweise die Glaspyramide im Hof des Louvre zählt. 2003 eröffnet, ergänzt der Neubau die Dauerausstellung im Zeughaus um weitere 2700 Quadratmeter für Sonderausstellungen.

386be Abb.: kj

Vor dem Zeughaus findet am Kupfergraben samstags und sonntags ein touristischer **Kunstmarkt** statt.

› **Deutsches Historisches Museum** (Zeughaus und Pei-Bau), www.dhm.de, Tel. 203040, tgl. 10–18 Uhr, Erw. 8 €, erm. 4 €, unter 18 Jahre freier Eintritt. Der Lichthof (Schlüter-Hof) kann kostenlos besichtigt werden. Zum Pei-Bau gelangt man entweder über das Zeughaus oder durch den Haupteingang der neuen Ausstellungshalle, Hinter dem Gießhaus 3.

› S Hackescher Markt, Bus 100, 200

⌃ *Ältestes Gebäude Unter den Linden mit modernem Anbau: das Zeughaus* 36

37 Schloßbrücke ★★ [L5]

„Hundebrücke" hieß die hölzerne Zugbrücke zwischen Spreeinsel und Festland in den Tagen des Großen Kurfürsten im 17. Jh., weil man hier die Hundemeute für die herrschaftliche Jagd im Tiergarten versammelte. „Hundebrücke" wurden auch ihre Nachfolgebauten genannt, bis 1822 die Grundsteinlegung zur steinernen neuen Brücke nach Schinkel-Plänen stattfand. 1824 war sie fertiggestellt und heißt seitdem Schloßbrücke.

Die acht von Schinkel entworfenen **Figurengruppen aus weißem Carrara-Marmor**, die Götter und Helden des klassischen griechischen Altertums darstellen und auf hohen Sockeln über den steinernen Brückenpfeilern stehen, wurden ab 1842 geformt und 1857 vollendet.

› Bus 100, 200

050be Abb.: kj

Museumsinsel – die Akropolis von Spree-Athen

Den nördlichen Teil der Spreeinsel im Herzen Berlins bildet die berühmte Museumsinsel. In über 100 Jahren, von 1823 bis 1930, entstanden auf der von König Friedrich Wilhelm IV. zur „Freistätte für Kunst und Wissenschaft" ausgerufenen Inselhälfte fünf herausragende Museumsbauten – eine Tempelstadt für die Musen, deren Mauern 6000 Jahre Kunst und Kultur der Menschheitsgeschichte beherbergen und die heute zum Weltkulturerbe zählt.

Nachdem 1830 das von Karl Friedrich Schinkel entworfene **Alte Museum** eröffnet hatte, entwickelte 1841 sein Schüler Friedrich August Stüler auf königlichen Geheiß eine erste Gesamtkonzeption für die Inselbebauung. Bis 1876 waren nach Stülers Plänen das **Neue Museum** und die **Alte Nationalgalerie** fertiggestellt. Durch den Bau der Stadtbahntrasse 1882, die man über die nördliche Inselspitze führte, ergab sich eine neue räumliche Situation, an der sich in der Folge die Entwürfe für das 1904 eingeweihte **Bode-Museum** und zuletzt 1930 das **Pergamonmuseum** orientierten. So entstand in einem Jahrhundert ein **einmaliges Museumsensemble, eine Verbeugung vor der Kunst**, an dem jede Generation jeweils mit ihren eigenen Vorstellungen und wesentlichen Stilmitteln mitwirkte.

Bereits Anfang des Zweiten Weltkriegs 1939 begann man mit der Auslagerung der enormen Kunstschätze. Bis 1944 waren die Sammlungen zum Schutz vor den Bombenangriffen deutschlandweit in Bunkern und Salzstöcken verschwunden. Sie blieben infolge der deutschen Teilung für die nächsten 40 Jahre auseinandergerissen. Zwar veranlasste die DDR-Führung schon in den 1950er-Jahren die Wiedererrichtung von vier der

⌃ *Das Alte Museum* 38 *mit Lustgarten*

Extrabild 8 (s. S. 10): Blick auf das Alte Museum im 19. Jahrhundert

Die Museen auf der Museumsinsel

- **Altes Museum** 38: weltweit bedeutende Antikensammlung mit Skulpturen, Schmuck, Bronzen, Vasen der griechischen, etruskischen, römischen Epoche; geöffnet: Di.–So. 10–18 Uhr, Do. 10–20 Uhr
- **Neues Museum** 40: Ägyptisches Museum und Papyrussammlung mit Kunstwerken des alten Ägyptens, darunter die Büste der Nofretete; Museum für Vor- und Frühgeschichte mit archäologischen Sammlungen der Alten Welt von Steinzeit bis Mittelalter, darunter Heinrich Schliemanns Troja-Ausgrabungen; geöffnet: tgl. 10–18 Uhr, Do. 10–20 Uhr
- **Alte Nationalgalerie** 41: ebenso umfangreiche wie wertvolle Sammlung internationaler und deutscher Malerei und Skulptur des 19. Jahrhunderts; geöffnet: Di.–So. 10–18 Uhr, Do. 10–20 Uhr
- **Bode-Museum** 42: Museum für Byzantinische Kunst mit einer hochrangigen Sammlung spätantiker und byzantinischer Werke; einzigartige Skulpturensammlung mit Objekten vom frühen Mittelalter bis Ende 18. Jahrhundert; Münzkabinett; geöffnet: Di.–So. 10–18 Uhr, Do. 10–20 Uhr
- **Pergamonmuseum** 43: Antikensammlung mit griechischen und römischen Skulpturen sowie herausragend dem Pergamonaltar und dem römischen Markttor von Milet; Vorderasiatisches Museum mit dem Ischtartor und der Prozessionsstraße von Babylon; Museum für Islamische Kunst mit der Prunkfassade des jordanischen Wüstenschlosses „Mschatta“, geöffnet: tgl. 10–18 Uhr, Do. 10–20 Uhr; wegen Sanierung kann es bis 2023 zur zeitweiligen Schließung einzelner Abteilungen kommen; Teile des Pergamonaltars sind solange gegenüber in einem temporären Ausstellungsneubau zu sehen (s. S. 64).
- **Adresse:** Bodestraße 1–3 bzw. Am Lustgarten, 10178 (Mitte)
- **Verkehrsanbindung:** S Hackescher Markt, Bus TXL, 100, 200
- **Infos:** Tel. 266424242 (Mo.–Fr. 9–16 Uhr), www.smb.museum
- **Hauskarten** für das Alte Museum kosten 10 €, ermäßigt 5 €, für Alte Nationalgalerie, Neues Museum, Bodemuseum und Pergamonmuseum 12 €, ermäßigt 6 €. Möchte man mehrere Museen auf einmal besuchen, sind **Standortkarten** günstiger (für den Standort Museumsinsel 18 €/erm. 9 €), die mit wenigen Ausnahmen für alle Museen der Stiftung Preußischer Kulturbesitz (s. S. 236) an einem der berlinweit vier Standorte am Tag des Besuchs gelten. Für Menschen unter 18 Jahre, Sozialgeld- und Arbeitslosengeld-II-Bezieher ist der Eintritt kostenlos.
- **Besondere Einlass-Regelungen:** Bei spektakulären **Sonderausstellungen** mit großem Andrang können je nach Museum unterschiedliche **Zeitfenster-Verfahren** zur Anwendung kommen. Beispielsweise wird mit dem Ticketerwerb an der Tageskasse eine individuelle Einlassnummer vergeben, deren Fortschritt man in der „virtuellen Schlange“ im Internet mitverfolgen kann. Oder es wird rechtzeitig per SMS-Service über die persönliche Einlasszeit informiert. Oder der Kauf einer Eintrittskarte ist nur online für einen ausgewählten Tag mit einem bestimmten Einlass-Zeitfenster möglich. Welches Verfahren zur Anwendung kommt, hängt letztlich vom Museum, der Ausstellung und dem Publikumsandrang ab. Deshalb ist es ratsam, sich rechtzeitig zu informieren.
- **Info-Tel.** 266424242 (Mo.–Fr. 9–16 Uhr), www.smb.museum

fünf kriegszerstörten Museumsbauten. Doch die **Zusammenführung der Kunstschätze** konnte erst nach der Wiedervereinigung auf den Weg gebracht werden, erschwert durch den Umstand, dass sich kostbare Bestände wie Teile der Ausgrabungen Heinrich Schliemanns in Troja oder der Schatz von Eberswalde noch als „Beutekunst" in Russland befinden.

1999 beschloss der Stiftungsrat der Stiftung Preußischer Kulturbesitz einen **Masterplan Museumsinsel** für die aufwendige Restaurierung und Modernisierung der „Berliner Akropolis". Für gut zwei Milliarden Euro werden unter der Gesamtleitung des Architekten David Chipperfield die Bauwerke auf der Insel bis 2023 saniert und nach dem Vorbild des Pariser Louvre und der Vatikanischen Museen in Rom räumlich und thematisch zu einem gemeinsamen Museumskomplex zusammengefasst. Eine unterirdische **„Archäologische Promenade"** wird die einzelnen Museen miteinander verbinden, bereichert um ein **zentrales Eingangsgebäude** vor dem Neuen Museum am Kupfergraben, das nach Chipperfields Entwürfen entsteht. Der neue Hauptzugang mit Kassen, Cafés, Shops und Vortragsräumen wird den Namen **James-Simon-Galerie** tragen, nach dem großzügigsten Mäzen, den die Staatlichen Museen zu Berlin jemals hatten. Zahlreiche Kunstwerke und Sammlungen sind dem finanziellen Engagement von James Simon (1851–1931) zu verdanken, darunter die weltberühmte Büste der ägyptischen Königin Nofretete (Teil der Sammlung des Ägyptischen Museums, im Neuen Museum zu sehen).

Noch im Jahr 1999 wurde die Berliner Museumsinsel, unter Berücksichtigung des Masterplans für die Sanierung, von der UNESCO als „einzigartiges Ensemble von Museumsbauten" gewürdigt und zum **Weltkulturerbe der Menschheit** erklärt.

051be Abb.: kj

38 Altes Museum ★★★ [L4]

Das **erste und älteste Bauwerk des Museenensembles** ist das mit 18 ionischen Säulen der Straße Unter den Linden zugewandte Alte Museum. Ab 1823 wurde es nach Plänen Karl Friedrich Schinkels erbaut und war zu seiner Eröffnung 1830 neben dem Kasseler Fridericianum und der Münchner Pinakothek einer der ersten der Öffentlichkeit zugänglichen Museumsbauten in Deutschland. Damals

Wertvolle antike Skulpturen haben im Kuppelsaal im Zentrum des Alten Museums ihren Platz

„Königliches Museum" und vom Volksmund schlicht „Museum" genannt, erhielt es seinen Namen „Altes Museum" erst nach dem Neubau des Neuen Museums ab Mitte des 19. Jahrhunderts.

Mit seiner **säulengeschmückten weitläufigen Vorhalle**, seiner an das römische Pantheon angelehnten großen **Rotunde** und der repräsentativen Treppenanlage, die man in solcher Form bisher nur in Herrschaftsbauten antraf, zählt das Alte Museum zu den Meisterwerken des Klassizismus und bildet zugleich einen **Höhepunkt im Schaffen Karl Friedrich Schinkels.**

Den Zweiten Weltkrieg überdauerte es ausgebrannt und schwer beschädigt. 1958 begannen die Rekonstruktionsarbeiten, 1966 war der Wiederaufbau vollbracht. Bei laufendem Betrieb bis 2011 behutsam für die Besucherströme des 21. Jahrhunderts aufpoliert, zeigt es die **Antikensammlung** mit griechischer Kunst und Kultur von der kretischen und mykenischen Epoche bis in hellenistische Zeit sowie Kunst der Etrusker und antiken Römer.

39 Lustgarten ★★ [L5]

Vor der 87 Meter langen Südfront des Alten Museums dehnt sich der Lustgarten aus. **Ursprünglich ein Küchen- und Kräutergarten** am Stadtschloss, wurde die Grünanlage erstmals auf Befehl des Soldatenkönigs Friedrich Wilhelm I. (1688–1740) eingeebnet und zum öden Exerzierplatz umfunktioniert. Noch 1822, ein Jahr vor Baubeginn des Alten Museums, fragte Heinrich Heine angesichts der kahlen Fläche ironisch: „Wo aber ist der Garten?" – Er feierte seine Wiederauferstehung nach der Fertigstellung des Alten Museums, nun als streng geometrische Anlage nach Plänen des Gartenbaumeisters Peter Joseph Lenné (1789–1866). Ein knappes Jahrhundert später wurde sie abermals abgeräumt, seinerzeit von den Nazis, die das Lustgartengelände für pompöse Aufmärsche benötigten. 1998 rollte man dann wieder Rasen aus und seither gedeiht in Anlehnung an den alten Lenné-Entwurf anstelle von Pflasterstein zum dritten Mal Grün.

Die **Granitschale** mit fast sieben Meter Durchmesser vor der Museums-Freitreppe wurde bis 1834 in siebenjähriger Arbeit von Gottlieb Christian Cantian aus einem Findling gehauen.

40 Neues Museum ★★★ [L4]

Nachdem das Alte Museum bereits ein Jahrzehnt nach seiner Eröffnung vor Kunst aus allen Nähten platzte, machte man sich Anfang der 1840er-Jahre an die Planung eines neuen Museums. König Friedrich Wilhelm IV. beauftragte damit seinen Hofbaurat, den Schinkel-Schüler **Friedrich August Stüler** (1800–1866). Im Herbst 1841 wurden die ersten Gründungspfähle gerammt, im Frühjahr 1843 war Grundsteinlegung. Ab Mitte 1847 erfolgte die Innenausmalung durch Wilhelm von Kaulbach und andere bedeutende Künstler des Berliner Klassizismus. 1854 war das Bauwerk als zweiter Tempel für die Künste auf der Museumsinsel vollendet.

Gegen Ende des Zweiten Weltkriegs zerstörten es Feuer- und Sprengbomben so stark, dass es die nächsten vierzig Jahre als Ruine verblieb und nicht wieder hergestellt wurde. Erst 1985 begannen die Sicherungsarbeiten. Darüber hinaus mussten die alten Gründungspfähle

051be Abb.: kj

ersetzt werden – eine ungemein schwierige Arbeit, die insgesamt bis 1994 andauerte. Drei Jahre darauf beauftragte die Stiftung Preußischer Kulturbesitz den Londoner Architekten **David Chipperfield** mit dem **233 Millionen Euro teuren Wiederaufbau.** 2003 begannen die Bauarbeiten und 2007 wurde, heiß umstritten, das Richtfest gefeiert.

In Anbetracht der großen Zerstörung – teils fehlen komplette Gebäudeabschnitte – lautete die strittige Frage: **Historische Rekonstruktion oder zeitgenössische Architektur?** Viele Berliner wünschten sich eine originalgetreue Kopie des Stülerschen Bauwerks. Denn dieses war weit mehr als nur ein Dach über dem Kopf für die Kunst, sondern selbst ein Gesamtkunstwerk. Es stellte nicht nur Kunst des Altertums aus, sondern bettete sie durch eine von antik bis exotisch anmutende Innengestaltung in einen sinnlich erlebbaren Rahmen ein. Vor allem dass Stülers berühmter Treppenaufgang und die ihn begleitenden Wandbilder Kaulbachs nicht wieder original hergestellt wurden, löste Verärgerung aus. Sogar eine Bürgerinitiative mit Prominenten aus Film, Funk und Fernsehen gründete sich.

Doch es blieb dabei, die Wiederherstellung des Neuen Museums erfolgte ohne Nachbildungen. Die Wunden, die der Krieg schlug, sollten sichtbar bleiben. Vorhandenes wurde restauriert, Fragmente, wie sie die Zeit überdauerten, wurden gewürdigt und die Tausende von Bausteinen, die jahrzehntelang vielerorts lagerten, wurden sorgfältig integriert. Einen **„harten baulichen Dialog zwischen Vergangenheit und Gegenwart“** nannte die taz Chipperfields Wiederaufbau.

Seit der Wiedereröffnung 2009 präsentiert das Neue Museum das **Ägyptische Museum und Papyrussammlung** mit Werken des alten Ägyptens vorwiegend aus der Zeit um 1400 v. Chr. und im südlichen Kuppelsaal dem Star der Sammlung: der **weltberühmten Büste der Königin Nofretete.** Außerdem beherbergt das Haus Teile der **Antikensammlung** und das **Museum für Vor- und Frühgeschichte,** das über 100.000 archäologische Zeugnisse der Alten Welt von der Steinzeit bis ins Mittelalter ausstellt – darunter Schätze von Heinrich Schliemanns legendären Troja-Grabungen.

Säulengang des Kolonnadenhofs am Neuen Museum 40

Giebelschmuck auf dem Dach der Alten Nationalgalerie 41

41 Alte Nationalgalerie ★★★ [L4]

Als drittes Gebäude auf der Museumsinsel schloss sich nach Altem und Neuem Museum mit zehnjähriger Bauzeit 1866–1876 die Alte Nationalgalerie an. Abermals zeichnete Friedrich August Stüler für die Entwürfe verantwortlich. In **Form eines korinthischen Tempels** sollte das Museum entstehen. Doch seine Verwirklichung durfte der Baumeister nicht mehr erleben, er verstarb im Jahr vor dem ersten Spatenstich.

Bis zum nationalsozialistischen Bildersturm beherbergte die Alte Nationalgalerie neben Malerei des 18. und 19. Jahrhunderts eine der weltweit bedeutendsten Sammlungen der Moderne. Deren Exponate wurden teils zur unheilvollen Ausstellung „Entartete Kunst“ nach München fortgebracht und anschließend verschleudert, ein anderer Teil ging während der Auslagerung im Zweiten Weltkrieg in Flammen auf. Der große Bestand deutscher und internationaler **Malerei des 19. Jahrhunderts** konnte dagegen gerettet werden und ist heute an seinem angestammten Ort wieder vereint.

Nach einer **Generalsanierung** 1998 bis 2001 feierte man die Wiedereröffnung der altehrwürdigen Hallen. Seitdem dienen sie Meisterwerken des Klassizismus und der Romantik, des deutschen und französischen Impressionismus. Außerdem ist Malerei der Gründerzeit und des Historismus sowie der Sezession und des Symbolismus zu sehen.

Weitere Standorte der Nationalgalerie befinden sich am Kulturforum Potsdamer Platz 102, am Hamburger Bahnhof 79 sowie am Standort Charlottenburg 121 im Westen der Stadt.

42 Bode-Museum ★★★ [L4]

Im Stil des späten Historismus erhebt sich das Bode-Museum als viertes Bauwerk auf der Museumsinsel. Auf einem dreieckigen Grundriss wurde es mit einer **mächtigen Kuppel** 1897–1904 vom Hofarchitekten Ernst Eberhard von Ihne als „Kaiser-Friedrich-Museum“ auf die nördliche Inselspitze gesetzt und nach seiner Rekonstruierung in den 1950er-Jahren nach dem Berliner Museenpapst Bode benannt.

Arnold Wilhelm Bode (1845–1929) ist einer der Erfinder des modernen wissenschaftlichen Museumswesens. 1872 begann er seine Karriere als Direktorialassistent an den Königlich Preußischen Museen, seit 1890 hatte er in

049be Abb.: kj

EXTRAINFO

Ausweichquartier

Bis voraussichtlich 2023 wird das **Pergamonmuseum** 43 abschnittweise saniert und um eine Archäologische Promenade sowie einen gläsernen vierten Flügel erweitert. Teile der Antikensammlung sind solange im benachbarten Alten Museum 38 untergebracht, der Saal mit dem berühmten Pergamonaltar bleibt über die gesamte Bauzeit hinweg geschlossen.

Ausschnitte des Altars kann man seit Spätherbst 2018 in einem **temporären Ausstellungsneubau** direkt gegenüber dem Museum bewundern. Der Neubau wird durch das **Pergamon-Panorama** des Künstlers Yadegar Asisi komplettiert, das die antike Stadt Pergamon in Form eines imposanten 360°-Rundbilds wieder aufleben lässt.

Der Südflügel des Pergamonmuseums mit Ischtar-Tor, Prozessionsstraße und Markttor von Milet sowie das Museum für Islamische Kunst sind während der Sanierung weiter geöffnet.

Personalunion die Leitung der Skulpturensammlung und der Gemäldegalerie inne und führte – ab 1905 Generaldirektor der Staatlichen Museen – die Berliner Sammlungen zu Weltruhm.

Nach einer **umfassenden Restaurierung** 2000–2005, die 152 Millionen Euro verschlang, konnte das Bode-Museum im Herbst 2006 wieder eröffnen. Schwelgerisch sind die alten Prunkräume wiedererstanden: 64 Säle, die durch fast 2000 Jahre Kulturgeschichte der Menschheit führen.

Hinter der 16 Meter hohen Basilika, die den Innenraum der florentinischen Kirche San Francesco al Monte nachahmt, gruppieren sich labyrinthisch die einzelnen Ausstellungsräume. Sie bergen die **größte Skulpturensammlung Europas:** Bildhauerkunst, Porträtbüsten, Schnitzereien und Retabeln vom europäischen Mittelalter über die frühe Neuzeit bis 1800, darunter so wertvolle Stücke wie die Lindenholzskulpturen von Tilman Riemenschneider, Werke des florentinischen Bildhauers der Frührenaissance Donatello oder die barocke „Tänzerin" von Antonio Canova.

Das ebenfalls im Bode-Museum beheimatete **Museum für Byzantinische Kunst** präsentiert eine erstrangige Sammlung spätantiker weströmischer Kunst sowie byzantinische Werke aus Konstantinopel und dem Byzantinischen Reich vom 4. bis zum 15. Jahrhundert. Die **Münzsammlung** unter dem Dach des Bode-Museums darf sich rühmen, die größte der Welt zu sein.

43 Pergamonmuseum ★★★ [L4]

Dem Engagement Bodes ist schließlich auch das fünfte und jüngste Museum auf der Insel zu verdanken. Um die zahlreichen Ausgrabungen deutscher Altertumsforscher aufnehmen zu können, drängte er auf die Errichtung eines weiteren Gebäudes. So entstand mit mehrfachen Unterbrechungen zwischen 1910 und 1930 unter den Architekten Alfred Wessel und Ludwig Hoffmann zwischen Neuem Museum und Bode-Museum das Pergamonmuseum.

Das Ischtar-Tor im Pergamonmuseum

Extrabild 9 (s. S. 10): Die Kurfürstenbrücke um 1900

Die Dreiflügelanlage vereint unter ihrem Dach das **Vorderasiatische Museum**, das **Museum für Islamische Kunst** sowie die Architektursäle und den Skulpturentrakt der **Antikensammlung.** Großartigstes Exponat in der Antikensammlung ist der im letzten Drittel des 19. Jh. wieder aufgefundene **Pergamonaltar.** Das Meisterwerk hellenistischer Bau- und Skulpturenkunst ließ König Eumenes II. um 170 v. Chr. im kleinasiatischen Pergamon errichten. Ein Drittel des monumentalen Altars, seine fast 20 Meter breite Freitreppe und die originalen Friese, die den Kampf der Götter gegen die Giganten zeigen, wurden im Maßstab 1:1 in Berlin wieder aufgebaut.

Zu den aufsehenerregenden Rekonstruktionen der Antikensammlung zählt außerdem das aus dem 2. Jahrhundert stammende, fast dreißig Meter hohe römische **Markttor von Milet,** das man 1903 bei Grabungen fand und 1925–1929 im Pergamonmuseum wiedererrichtete.

Glanzstücke des Vorderasiatischen Museums sind die prunkvolle **Prozessionsstraße in Babylon** (um 580 v.Chr.) sowie das **Ischtar-Tor** und die **Thronsaalfassade** von König Nebukadnezar II. (604–562 v.Chr.). Im Museum für Islamische Kunst gehört die 33 Meter lange und 5 Meter hohe **Fassade des jordanischen Wüstenschlosses von Mschatta** aus dem 8. Jahrhundert zu den besonderen Höhepunkten.

Noch bis 2023 wird das Pergamonmuseum **abschnittweise saniert** und um eine Archäologische Promenade sowie einen gläsernen vierten Flügel erweitert. Dazu werden zeitweilig einzelne Abteilungen geschlossen, der **Pergamonaltar** ist bis auf Weiteres gar nicht zu sehen, nur Teile des Altars sind in einem Ausweichquartier zu bewundern (s. links). Insgesamt steht das Haus dem Publikum aber weiterhin offen.

400 be Abb.: fo © Svist625

052be Abb.: kj

Rund um den Schloßplatz

44 Berliner Dom ★★★ [L4]

Der wuchtige neubarocke Granit- und Sandsteinbau ist das größte evangelische Gotteshaus Deutschlands. Mit seiner Hauptfassade dem Lustgarten und dem Alten Museum zugewandt, fungierte es sinnbildhaft als Bindeglied zwischen hier Kunst und dort Kaisertum – dem Dom gegenüber am Schloßplatz stand bis zu seiner Sprengung 1950 das gigantische Berliner Stadtschloss.

Ein erster Sakralbau erhob sich bereits Anfang des 14. Jahrhunderts am Platz. Mitte des 18. Jahrhunderts wich er einer Kirche nach Entwürfen König Friedrichs II. mit Unterstützung seines Baumeisters Knobelsdorff. 1816–1821 verlieh ihr Karl Friedrich Schinkel ein preußisch-klassizistisches Antlitz.

Infolge der Reichsgründung entsprach das Gotteshaus dann nicht mehr dem kaiserlichen Repräsentationsbedürfnis und wurde abgerissen. An seiner Stelle wuchs zwischen 1894 und 1905 im überbordenden Neubarock die von Julius Carl Raschdorff entworfene, 114 Meter hohe, **monumentale Hof- und Grabkirche der Hohenzollern** empor.

Im Zweiten Weltkrieg schwer beschädigt, reduzierte man die Höhe des Sakralbaus bei seiner Rekonstruktion ab 1975 auf bescheidenere 98 Meter. Die ehemals der Nordfassade vorgelagerte,

⌃ *Kaisers Glanz und Gloria: Wilhelminischer Pomp kennzeichnet die Architektur des Berliner Doms* 44

kriegszerstörte Denkmalkirche wurde überhaupt nicht mehr aufgebaut. Dem ungeachtet blieb der Berliner Dom bis heute das **größte evangelische deutsche Gotteshaus.** Und auch der übertriebenen Kunstauffassung von Bauherr „SM", wie die Berliner Seine Majestät Kaiser Wilhelm II. (reg. 1888–1918) gerne abkürzten, kann man im Inneren noch ansichtig werden.

Den Höhepunkt in der vor goldverbrämtem Zierrat glänzenden **Predigtkirche,** der Hauptkirche des Doms, die man durch die Säulenvorhalle betritt, bildet die **74 Meter hohe Kuppel.** Sie ist mit acht eindrucksvollen Mosaiken des Lieblingsmalers Kaiser Wilhelms und Hauptrepräsentanten der wilhelminischen Malerei, Anton von Werner, geschmückt. Zur **wertvollen Innenausstattung** gehören die vergoldete Altarwand mit den 12 Aposteln nach einem Entwurf Karl Friedrich Schinkels, davor der 1850 vom Schinkel-Schüler Friedrich August Stüler geschaffene Altartisch aus weißem Marmor sowie hinter dem Altar verborgen das Marmortaufbecken von Christian Daniel Rauch (1777–1857). Die reich dekorierte Eichenholzkanzel links vom Altarraum wurde nach einem Entwurf Otto Raschdorffs 1907 vollendet.

Gegenüber der **Kaiserempore** mit dem preußischen Königswappen stellt die 1905 eingeweihte **Orgel** des Hoforgelbaumeisters Wilhelm Sauer ein weiteres Prunkstück dar. Mit 7269 Pfeifen und 113 Registern ist sie die größte in Deutschland. Unterhalb der Orgelempore sind die **barocken Prachtsarkophage** des Großen Kurfürsten Friedrich Wilhelm (1620–1688) und seiner zweiten Gemahlin Dorothea von Holstein-Glücksburg (1636–1869) ausgestellt.

Unter der Südempore lohnen die von Andreas Schlüter (um 1660–1714) geschaffenen, kostbaren Särge des ersten preußischen Königspaars Friedrich I. (1657–1713) und Sophie Charlotte (1668–1705) einen Blick. Nebenan befindet sich der Eingang zur vergleichsweise schlichten **Tauf- und Traukirche,** deren wertvollstes Stück das Altargemälde Carl Begas' d. Ä. von 1820 darstellt. In ihrer Nachbarschaft steigt das vollständig aus Marmor bestehende **Kaiserliche Treppenhaus** auf. Als Wand- und Deckenschmuck begleiten es dreizehn Temperabilder von Albert Hertel, die aus dem Leben Jesu Christi erzählen.

Für das gemeine Volk ist dagegen die schmucklose „Beamtentreppe" gedacht. Sie führt zum **Dom-Museum,** das anhand von Zeichnungen, Skizzen und Modellen die annähernd hundertjährige Planungs- und Entstehungsgeschichte des Sakralbaus und seiner Vorgänger erzählt. Von dort geht es weitere 267 Stufen auf einer abenteuerlich engen Treppe zum **Kuppelumgang** hinauf, von dem aus man, fünfzig Meter oberhalb des Straßenniveaus, einen **herrlichen Rundumblick** auf die Berliner Dächer genießen kann.

Tief unter dem Straßenniveau sind in der **Hohenzollerngruft,** der Krypta der einstigen Hofkirche, auf 1300 m² fast hundert Särge und Sarkophage aufgebahrt, in denen Angehörige, Fürsten und Könige der Hohenzollernfamilie ruhen.

› Tel. 20269136, www.berlinerdom.de, S Hackescher Markt, Bus TXL, 100, 200, Mo.–Sa. 9–20 Uhr, So. 12–20 Uhr (Okt.–Ende März bis 19 Uhr), keine Besichtigung zu Gottesdiensten, Konzerten und Veranstaltungen, Erw. 7 €, erm. 5 €. Bis zu drei Kinder unter 18 Jahren können kostenlos mit.

45 Stadtschloss – Palast der Republik – Humboldt-Forum ★★★ [L5]

An dem Ort im Zentrum der Spreeinsel in der Mitte Berlins, wo von 1973 bis 2008 der Palast der Republik aus DDR-Zeiten stand und sich heute das Humboldt-Forum erhebt, erstreckte sich bis zu seiner Sprengung 1950 das monumentale Berliner Stadtschloss. Über 500 Jahre lang war es das Maß aller Dinge, die Koordinate, an der die Geschicke Berlins zusammenliefen und von wo aus die Spreemetropole in die Welt ausstrahlte. „Das Stadtschloss bildet den Mittelpunkt für Berlins wichtigste historische und politische Erinnerung", schrieb Robert Sprin-

Abschied von Erichs Lampenladen

*„Erichs Lampenladen" nannte man den 180 Meter langen, mit orangefarbenen Glasfronten geschmückten **Palast der Republik** wegen seiner illustren Innenbeleuchtung. Nach der Wiedervereinigung 1990 gingen die Lichter aus und die ästhetisch wie politisch hochgradig symbolgeladene Frage lautete: Dekonstruktion oder Rekonstruktion? Abriss oder Instandsetzung? Denn wie so viele 1970er-Jahre-Gebäude war auch der Palast der Republik massiv asbestbelastet.*

*Im Anschluss an die darum unvermeidliche Sanierung - 720 Tonnen Spritzasbest wurden entfernt - blieb von ihm nicht viel mehr als ein Stahlskelett und rohes Mauerwerk übrig. Und so stand er dann da, als **schaurig-schöne Ruine,** und stieg in dieser Gestalt zum **Kultobjekt** auf.*

Während die Köpfe von Architekten und Stadtplanern über Bebauungsplänen und Nutzungskonzepten zu rauchen begannen und der „Förderverein Berliner Schloss" den Palast nach Christo-Manier ringsum in eine Barockfassade aus Plastikbahnen verpackte, bliesen die Gegner des Stadtschloss-Wiederaufbaus zum Sturm. Junge Künstler, Architekten, Schriftsteller, Film- und Musikschaffende zogen ein und kreierten ein Zwischennutzungskonzept, das den „Palazzo Prozzo" zwischen frei liegenden Stahlträgern und blinden Fensterscheiben zu einer der angesagtesten Off-Stätten für Ausstellungen, Theater, Musik und Performances machte. Für den Erhalt des Palasts der Republik wurde zur Bundestagswahl 2005 sogar eigens eine Partei gegründet.

055be Abb.: kj

Extrabild 10 (s. S. 10): Das Berliner Stadtschloss zwischen 1890 und 1900

ger 1876 in seinem Reiseführer „Berlin. Die deutsche Kaiserstadt“ über das gleichermaßen mächtige wie symbolträchtige Bauwerk.

Den Grundstein zu der in ihren ersten Tagen **„Zwing Cölln“** genannten Feste legte 1443 der zweite Hohenzollerngraf über die Mark, Friedrich II. Eisenzahn (1413–1471). Dessen bescheidene Hütte ließ Kurfürst Joachim II. (1505–1571) kaum 100 Jahre später gleich wieder einreißen, um seinem Baumeister Kaspar Theiß ausreichend Platz für die Realisierung eines neuen, prachtvollen Renaissanceschlosses zu verschaffen. Dieses diente dann gewissermaßen als Grundstock für die zahlreichen gewaltigen Erweiterungsbauten, die sich in den folgenden Jahrhunderten anschlossen.

Nach der letzten großen Erweiterung 1708–1723 bedeckte der Hohenzollernpalast eine Fläche von fast 200 Meter Länge und 120 Meter Breite – womit er **zum größten profanen Barockbau nördlich der Alpen** avancierte. Bauherr König Friedrich I. (1657–1713), berühmt für seine Prunk- und Verschwendungssucht, hatte dazu eigens den „Michelangelo des Nordens“, **Andreas Schlüter,** 1699 zum Hofbaumeister berufen. Als aber dessen soeben errichteter, 120 Meter hoher Münzturm einzustürzen drohte und wieder abgetragen werden musste, jagte man Schlüter 1706 mit Schimpf und Schande davon.

Nachfolger wurde sein schärfster Konkurrent **Johann Eosander von Göthe,** der den Neigungen seines Königs zu monumentalem Pomp in nichts nachstand. 1708 begannen die Arbeiten am Erweiterungsbau, mit dem sich die Ausmaße des Stadtschlosses annähernd verdoppelten. Den Mittelpunkt bildete fortan das prachtvolle, dem antiken römischen Triumphbogen des Septimus Severus nachempfundene **Eosanderportal** als neuer Schlosseingang. Über eine riesige Säulengalerie sollte der Neubau

Doch ihr Engagement für die symbolische Besetzung der Mitte Deutschlands blieb vergebens. Anknüpfend an den Bundestagsbeschluss von 2002 bestätigte im Januar 2006 die große Mehrheit der Parlamentarier, gegen die Stimmen lediglich von Grünen und Linkspartei, die Wiedererstehung der alten Preußenfeste im Retrolook – und damit den ***Abriss*** *der asbestsanierten Palastruine im Herzen Berlins. Das Schicksal von Erichs Lampenladen war besiegelt. Im Frühjahr 2006 begannen die Abrissarbeiten.*

Für die Ewigkeit bauen hat sich somit einmal mehr als Trugschluss erwiesen. Kaum eine Stadt verkörpert das deutlicher als die deutsche Hauptstadt Berlin, in der Aufbau, Umbau und Abbruch seit Jahrhunderten an der Tagesordnung sind. Zwischennutzungen sollte man deshalb vielleicht nicht länger nur als Interimslösung verstehen, sondern sie vielmehr zum wahren Kontinuitätsprinzip in der Spree-Metropole erklären. Denn ganz offensichtlich ist nicht das Vollkommene, das Vollendete, sondern – wie zuletzt beim Palast der Republik vor der Demontage – die Zwischennutzung der vitale Zustand, die Lebensader Berlins.

Der Palast der Republik kurz vor dem Abriss

Extrabild 11 (s. S. 10): Der Schlossplatz in den 1920er-Jahren

Neues Schloss in altem Gewand

2002 beschloss der Deutsche Bundestag den Wiederaufbau des Berliner Stadtschlosses (45). Als Museums-, Wissenschafts-, Kultur- und Begegnungsort sollte die historische Preußenfeste wiedererstehen und den Namen „Humboldt-Forum" tragen – programmatisch nach den Brüdern Alexander und Wilhelm von Humboldt benannt: nach Wilhelm (1767–1835), dem Geisteswissenschaftler und Staatsmann, und Alexander (1769–1859), dem Naturwissenschaftler und Forschungsreisenden.

Ein internationaler Architektenwettbewerb wurde ausgeschrieben, den 2008 der Italiener Franco Stella gewann. 2013 war Grundsteinlegung, Ende 2019 soll das Stadtschloss feierlich eingeweiht werden.

Aber auch vorher gibt es schon etwas zu sehen: Die Baugerüste sind großteils gefallen und das neue alte Schloss erstrahlt mit barocker Fassade. Der berühmte Schlüterhof, ursprünglich 1698 bis 1706 entstanden, war bereits erstmals zu den Tagen der offenen Baustelle im Spätsommer 2018 zu bewundern.

Und was kommt rein in die über 40.000 Quadratmeter Ausstellungsfläche? Die beiden tragenden Säulen sollen die Sammlungen der außereuropäischen Kunst der Stiftung Preußischer Kulturbesitz sein. Das Ethnologische Museum und das Asiatische Museum werden mit ihren Schätzen vom Standort Dahlem auf die Schlossinsel umziehen und zusammen mit den Beständen der Museumsinsel einen einzigartigen Reigen der Weltkultur bilden.

Die größten Ausstellungsstücke der Dahlemer Museen zogen bereits 2018 um: Südseeboote und -häuser oder die Höhlenmalereien der Seidenstraße, für die man eigens Öffnungen in der Schlossfassade gelassen hat. Im Frühjahr 2019 sollen die anderen 25.000 Exponate folgen.

Und noch ein paar Zahlen: 1000 Veranstaltungen pro Jahr sind im Humboldt-Forum geplant. 60 Millionen Euro soll der Schloss-Betrieb für die erwarteten drei bis vier Millionen Besucher pro anno kosten – bei freiem Eintritt in die Dauerausstellungen in den ersten drei Jahren. So ist es zumindest versprochen.

404be Abb.: kj

Extrabild 12 (s. S. 10): Der Neue Markt 1852

mit dem älteren Schlüterhof verbunden werden; und letztlich ist es nur dem Ableben Seiner Majestät 1713 zu verdanken, dass der Umfang des Schlosses nicht noch weiter ausgriff. Darüber hinaus stand das junge Königreich Preußen, auch infolge des Schlossbaus, vor dem Bankrott und der Nachfolger auf dem Thron, Soldatenkönig Friedrich Wilhelm I., machte sich an die Sanierung der Staatsfinanzen.

Bis 1716 wurde die Lücke geschlossen, die noch zwischen Eosanderportal und Schlüterbau klaffte. Abschließend setzte man 1850 die von Friedrich August Stüler entworfene **Kuppel** auf das Portal an der Westfront und widmete sich fortan, bis zum Ende des Kaiserreichs 1918, nur noch dem prachtvollen Innenausbau.

Im Bombenhagel des Zweiten Weltkriegs wurde die Hohenzollernresidenz fast völlig zerstört. Die Entscheidung, ob die Ruine wieder aufgebaut oder vollends abgerissen werden sollte, fällten nach Gründung der DDR die neuen Machthaber in Ostberlin in dem Sinne, wie es der SED-Generalsekretär Walter Ulbricht 1950 verlautbaren ließ: „Das Zentrum unserer Hauptstadt, der Lustgarten und das Gebiet der jetzigen Schlossruine, müssen zu dem großen Demonstrationsplatz werden, auf dem der Kampfwille und Aufbauwille unseres Volkes Ausdruck findet."

Trotz anhaltender internationaler Proteste wurde das Stadtschloss als Inbegriff des preußischen Militarismus 1950 in monatelanger Arbeit gesprengt. Auf

405be Abb.: kj

dem nun großen, weiten, öden Geviert baute man anschließend eine gewaltige Tribüne auf, vor der die Volksmassen mit „Winkelementen" aufmarschieren und ihren obersten Einheitsparteigenossen zujubilieren sollten. Ab 1973 entstand dann in nur zwei Jahren Bautätigkeit der **Palast der Republik**, das Sinnbild par excellence für den Aufstieg wie auch den Niedergang der Deutschen Demokratischen Republik: bis 1990 Sitz der DDR-Volkskammer und zugleich multifunktionales Kulturzentrum mit Tanz- und Konzertvergnügen, Gastronomie und zahlreichen weiteren Freizeiteinrichtungen. Im Frühjahr 2006 begann der Abriss, 2008 war der „Rück-

Modell vom Berliner Stadtschloss (45) *um das Jahr 1900*

Das neue Stadtschloss ist noch nicht ganz fertig

bau" beendet. Noch im selben Jahr starteten die vorbereitenden Arbeiten zum **Wiederaufbau des historischen Berliner Stadtschlosses.**

2013 erfolgte der erste Spatenstich für die Schloss-Rekonstruktion, die in den nächsten Jahren auf dem weitläufigen Grundriss der untergegangenen Hohenzollernresidenz emporwuchs. Unter dem Namen **Humboldt-Forum** wird sie nach der Einweihung Ende 2019 die **Sammlungen außereuropäischer Kunst** der Stiftung Preußischer Kulturbesitz präsentieren und als Kultur- und Veranstaltungszentrum dienen. Kostenpunkt für den Stadtschloss-Wiederaufbau nach einem Entwurf des Italieners Franco Stella: 615 Millionen Euro. Den Löwenanteil trägt der Bund, außerdem steuern das Land Berlin und der Förderverein Berliner Stadtschloss Mittel und Spenden bei, damit Barockfassaden und Kuppel wieder originalgetreu wie im 18. Jahrhundert erstrahlen. Die schlichte Ostfassade über der Spree zeigt sich dagegen zeitgenössisch.

46 Staatsratsgebäude ★ [L5]

An der Südflanke des Schloßplatzes erhebt sich das ehemalige Staatsratsgebäude der DDR. In das 1964 eingeweihte Haus ist das **Portal IV des Berliner Stadtschlosses eingefügt**, von dem aus **Karl Liebknecht** am 9. November 1918 die sozialistische Republik Deutschland ausrief.

Bis zur Fertigstellung des Neubaus im Tiergarten diente das Staatsratsgebäude als provisorisches Bundeskanzleramt. Seit Herbst 2005 ist es Sitz der renommierten European School of Management and Technology.

› Bus TXL, 100, 200

Auferstanden aus Ruinen – von der Spreeinsel zum Alexanderplatz

„Auferstanden aus Ruinen und der Zukunft zugewandt" – kaum irgendwo wurde die DDR-Nationalhymne augenfälliger in Szene gesetzt als östlich der Spreeinsel zwischen Karl-Liebknecht-Straße und Karl-Marx-Allee. Im Krieg nahezu vollständig ausgelöscht, entstand hier das neue Berlin – Hauptstadt der DDR.

Anders als die Museumsinsel und die Straße Unter den Linden wurde das Gebiet von der Spree bis zum Alexanderplatz nicht rekonstruiert und blieb auf weiter Fläche unbebaut. Die **repräsentative Leere** umgab man mit modernen Wohnobjekten, welche die neue Zeit verkörperten, und diese wiederum „mit einer großzügigen Verkehrslösung für die Berliner Innenstadt". De facto bedeutete das vielspurige Asphaltbänder und vielgeschossige Plattenbauten.

Aber auch die romantische Seite sollte nicht fehlen. Noch kurz vor dem Ende der DDR bereicherte man das Hauptstadtzentrum um ein idyllisches Stückchen Alt-Berlin und ließ an der Spree das alte **Nikolaiviertel** wiedererstehen.

Das Marx-Engels-Bronzedenkmal von Ludwig Engelhardt (1986)

Vom Marx-Engels-Forum zum Fernsehturm

47 Marx-Engels-Forum ★ [M5]

1986, drei Jahre vor dem DDR-Zusammenbruch, wurde die Grünanlage am östlichen Spree-Ufer fertiggestellt. Den Mittelpunkt der sternenartig auf einen zentralen Kreis zulaufenden Wege zierten die **Standbilder** der beiden Begründer des wissenschaftlichen Sozialismus **Karl Marx** (1818–1883) und **Friedrich Engels** (1820–1895). Ihre bronzenen Abbilder (Marx sitzt, Engels steht) waren vorwärts nach Osten gewandt und von jeweils zwei mal zwei Metallstelen mit Motiven aus dem sozialistischen Arbeiterleben umkränzt.

Seit September 2010 wird rund um den Platz nun für die Erweiterung der U-Bahn-Linie 55 gebuddelt. Dafür wurden Marx und Engels eigens vom Sockel gehoben und Richtung Karl-Liebknecht-Straße, Ecke Liebknechtbrücke versetzt. Dort blicken die beiden erstmals in ihrer Berliner Denkmal-Geschichte nicht mehr nach Osten, sondern westwärts über die Spree auf das Stadtschloss. Nach Abschluss der Bauarbeiten sollen sie an ihren alten Standort zurückkehren.

48 Rotes Rathaus ★ [M5]

Östlich der Spandauer Straße eröffnet sich der bis zum Alexanderplatz reichende, allüberall vom Fernsehturm überragte, weitläufige **Platz ohne Namen**, an dem sich rechts zur Seite unübersehbar das Rote Rathaus erhebt. 1861–1869 erbaute man es nach Plänen von Hermann Friedrich Waesemann **im oberitalienischen Neorenaissancestil in rotem Klinkerstein.** Der Name „Rotes Rathaus" ist also keineswegs ideologischer, sondern rein materieller Natur. Von Inbetriebnahme an war es bis zu seiner Zerstörung im Zweiten Weltkrieg Sitz des Berliner Magistrats, nach seinem Wiederaufbau 1950–1958 wurde es Wirkungsstätte des Magistrats der Hauptstadt der DDR und ist seit der Wiedervereinigung Sitz des Gesamtberliner Senats, der Berliner Landesregierung.

Sehenswert ist der an den Balkonbrüstungen des Hauptgeschosses entlanglaufende, über 200 Meter lange Relieffries, die **„Steinerne Chronik"**, die mit 36 Terrakottatafeln aus der Geschichte Berlins von der Stadtgründung bis 1871 erzählt.

054be Abb.: kj

49 Neptunbrunnen ★ [M4]

Vor dem Rathaus plätschert der knapp 70 Jahre ältere Neptunbrunnen von Reinhold Begas (1831–1911). Das im Jahre 1891 vollendete Hauptwerk des Berliner Bildhauers und Rauch-Schülers stand ursprünglich vor dem Stadtschloss am Schloßplatz und wurde erst nach seiner Restaurierung 1969 hierher verbracht. In poliertem Granit spucken Tritonen, Putten und allerlei Meeresgetier Wasserfontänen, über denen dick und bräsig Neptun mit seinem Dreizack thront.

Den Beckenrand um die stolze Gottheit herum flankieren vier ebenso üppig barocke wie knapp bekleidete Damen, die die vier Hauptflüsse des damaligen Deutschen Reichs vorstellen und zwischen denen sich heute im Sommer vor allem kleine Kinder nach den ausufernden Strapazen einer Berliner Besichtigungstour ein erfrischendes kurzes Kneipp-Bad gönnen.

50 St. Marienkirche ★★ [M4]

Die einsam auf weiter Pflasterflur emporragende St. Marienkirche gibt ein sichtachsenbezüglich recht schräges Bild auf dem Platz ab, egal aus welchem Blickwinkel man sie betrachtet. Einst stand der langgestreckte, dreischiffige gotische Hallenbau inmitten eines dichten Gassengewirrs rund um die in der zweiten Hälfte des 13. Jahrhunderts gegründete Neustadt von Alt-Berlin. Seit den Bombennächten im Zweiten Weltkrieg gibt es diese Neustadt nicht mehr und stattdessen drei- bis vierspurige Straßenfluchten, die den jungen Platz ohne Namen umziehen – was auch die **verquere Stellung** der überkommenen St. Marienkirche erklärt.

Um 1270 wurde mit ihrem Bau begonnen, damit ist sie zusammen mit der nicht weit entfernten Nikolaikirche 52 die **älteste noch erhaltene Kirche Berlins.** 1893–1894 umfassend umgebaut, sind dennoch zahlreiche Stücke ihrer wertvollen Innenausstattung erhalten. So die Marmorkanzel (1702/03) von Andreas Schlüter, die rekonstruierte Wagner-Orgel von 1721/1722 und im nördlichen Joch der Turmhalle der um 1485 auf die Wand gebrachte **Totentanz**, ein rund 22 Meter langes Fresko, das in 28 Szenen den Sensenmann zeigt, wie er die geistlichen und weltlichen Stände zum tödlichen Reigen bittet.

› www.marienkirche-berlin.de, tgl. 10–18 Uhr, Jan.–März nur bis 16 Uhr

354be Abb.: kj

51 Fernsehturm ★★★ [M4]

Den buchstäblichen Höhepunkt auf dem namenlosen Platz bildet der Berliner Fernsehturm. Nach vierjähriger Bauarbeit 1969 fertiggestellt, ist er mit 368 Metern das höchste Bauwerk der Stadt und zugleich einer der höchsten Funktürme der Welt.

„Telespargel" oder auch **„Rache des Papstes"** wird er genannt, da bei Sonnenschein über seine gesamte silberglänzende Stahlkugel hinweg ein strahlendes christliches Kreuz erscheint, was der Sozialistischen Einheitspartei zu DDR-Zeiten gar nicht gefiel.

Vom Sockel aus saust der Fahrstuhl zum Café-Restaurant in 207 Meter Höhe hinauf. Das Restaurant dreht sich zweimal pro Stunde um seine eigene Achse, sodass man sich in 30 Minuten – ohne einen einzigen Schritt laufen zu müssen – einen hervorragenden Überblick über die Millionenstadt verschaffen kann. Im Stockwerk unter dem Restaurant befindet sich eine **Aussichtsplattform** (mit Sky-Bar), die sich bei klarem Wetter absolut lohnt: Die Sicht reicht dann beinahe 40 Kilometer weit.

› **Fernsehturm,** März–Okt. tgl. 9–0 Uhr, Nov.–Feb. 10–0 Uhr, www.tv-turm.de, Erw. 15,50 €, Kinder 4–14 Jahre 9,50 €. Die üblichen langen Warteschlangen lassen sich mit einem vorgebuchten Online-Ticket umgehen: Erw. 19,50 €, mit Fensterplatz im Restaurant 23,50 €, Kinder 12 €.

› **Restaurant** tgl. 10–0 Uhr

056be Abb.: kj

St. Nikolai war seinerzeit die erste steinerne Kirche Berlins

Der Fernsehturm – höchstes Bauwerk der Stadt

Alt-Berlin um St. Nikolai

Vom Nikolaiviertel kann man sich nur noch mit viel Fantasie vorstellen, dass das kleine Karree zwischen Spree, Rotem Rathaus und Molkenmarkt bis Mitte der 1980er-Jahre eine öde Trümmerwüste war. Das von Berlinern wie Touristen gleichermaßen für putzig befundene, aus nur fünf Kopfsteinpflastergassen bestehende Viertelchen gab es bis zu diesem Zeitpunkt nicht – wenngleich es heute hier oder da aussieht, als trüge es bald ein halbes Jahrtausend auf dem Buckel.

Extrabild 13 (s. S. 10): Nikolaikirchgasse, um 1885

Verkehrsanbindung

› S Hackescher Markt und S Alexanderplatz, Bus 100, 200, TXL

Die größtenteils im 18. Jahrhundert für gut situierte Bürger erbauten Wohnhäuser rund um die Poststraße und den Nikolaikirchplatz wurden **im Zweiten Weltkrieg völlig zerstört** und erst zur Berliner 750-Jahr-Feier 1987 wiedererrichtet. Man rekonstruierte die schönsten Gebäude originalgetreu, die Lücken dazwischen füllte man mit antikisierenden Plattenbauten, pflasterte die Sträßlein und versah sie mit schmiedeeisernen Kandelabern. So stellte sich der Sozialismus Romantik vor und lag damit vollkommen richtig.

In den letzten verbliebenen DDR-Jahren avancierte das Nikolaiviertel rasch zur beliebten **Touristenattraktion** – und blieb es bis heute. Von Antik über Souvenirs bis Kitsch und auch Kunsthandwerklichem wie KPM-Porzellan, Bunzlauer Keramik und Plauener Spitze bieten die Geschäfte eine bunte Auswahl an Mitbringseln an. Die Restaurants und Lokale tischen von Altberliner Küche über Pasta und Pizza bis Neu-International alles auf, was Herz und Magen begehren. Und mit ein bisschen Glück gerät einem sogar ein echter Berliner Traditionsverein vor die Linse, der in historischen Kostümen und mit Pickelhauben bewehrt vor der Nikolaikirche zum Platzkonzert aufspielt.

› S Alexanderplatz, U2, U5, U8 Alexanderplatz, U2 Klosterstraße, Bus 100, 200, TXL, M48

EXTRATIPP

Zille sein Milljöh

Das vom Urenkel des berühmten „Milljöh"-Zeichners **Heinrich Zille** (1858–1929) im Nikolaiviertel unterhaltene Zille-Museum (s. S. 244) zeigt Skizzen, Lithografien und Entwürfe mit Motiven aus den Arbeiterviertel-Hinterhöfen der Kaiserzeit sowie – dem großen Publikum noch weitgehend unbekannt – Zilles dokumentarische Fotoarbeiten. Sie gelten als Meilenstein in der Geschichte der modernen Fotografie.

52 Nikolaikirche ★★★ [M5]

Die 1981–1987 rekonstruierte Nikolaikirche ist der älteste Sakralbau Berlins. Schon vierzehn Jahre bevor die Stadt erstmalig Erwähnung fand, begann man um 1230 an dieser Stelle mit der Errichtung einer spätromanischen Feldsteinbasilika.

Noch im 13. Jahrhundert wurde sie mit himmelstürmenden Pfeilern zu einer **frühgotischen Hallenkirche** umgebaut und hatte um 1380 fast schon die Form erreicht, wie wir sie heute vor Augen haben. Nur die ursprünglich unsymmetrische Einturmfassade wurde im Zuge der Restaurierung 1876–1878 durch eine neugotische Doppelturmfassade ersetzt. In den Jahren 1657 bis 1666 wirkte hier Paul Gerhardt (1607–1667) als Pastor. Seinen Namen kennen heute viele nicht mehr, aber seine Lieder – wohl die schönsten der evangelischen Kirchenlieddichtung – werden noch immer gesungen: „Nun ruhen alle Wälder", „Befiehl du deine Wege", „Geh aus mein Herz und suche Freud".

Das Gotteshaus als **Abteilung des Stadtmuseums** präsentiert u. a. Paul-Gerhardt-Liedtexte, frühe Berliner Stadtgeschichte und als bedeutendes Baudenkmal vor allem sich selbst: seine 800-jährige Kirchengeschichte und eigene historische Kostbarkeiten, darunter Fragmente des 1876 eingerissenen Hochaltars und das lange Zeit verloren geglaubte **Zinntaufbecken** von 1563.

› Nikolaikirchplatz, tgl. 10–18 Uhr, Erw. 5 €, erm. 3 €, bis 18 Jahre frei, jeden 1. Mi. im Monat freier Eintritt für alle

53 Knoblauchhaus ★ [M5]

Rechterhand vom Nikolaikirchportal ist im Knoblauchhaus eine weitere **Abteilung des Stadtmuseums** untergebracht. In der 1759–1761 erbauten Stadtvilla wird die Geschichte der ehemaligen Hausherren, der vornehmen Berliner Familie Knoblauch, erzählt. Ihre **großbürgerlich ausgestatteten Wohnräume** mit Gemälden, Möbeln, Porzellan, Fotografien u. v. m., die Familienmitglieder dem Museum im Knoblauchhaus schenkten, lassen die Atmosphäre des Biedermeier in der ersten Hälfte des 19. Jahrhunderts noch einmal aufleben. Ferner sind wechselnde Ausstellungen zur Kulturgeschichte des 19. Jahrhunderts zu sehen.

› Poststr. 23, Di.–So. 10–18 Uhr, Eintritt frei

54 Ephraim-Palais ★ [M5]

Am Spreeufer, an der Ecke zum verkehrsumtosten Mühlendamm, steht das 1762–1766 im zierreichen Rokoko für den Bankier Friedrichs II., Veitel Heine Ephraim, erbaute, sich mit vergoldeten schmiedeeisernen Balkonen schmückende Stadtpalais. Es gilt als **eines der schönsten historischen Bürgerhäuser** in Berlin und wurde deshalb für die Erwei-

Das Ephraim-Palais zählt zu den Schmuckstücken im Nikolaiviertel

terung des Mühlendamms 1935 auch nicht abgerissen, sondern sorgfältig in seine Einzelteile zerlegt und im Westen der Spree-Metropole eingelagert. In dieser Form überdauerte es den Krieg als eines von wenigen Gebäuden gewissermaßen „original". 1983 wanderten die knapp 2500 Palais-Einzelpäckchen in einer spektakulären Austauschaktion zwischen Westberliner Senat und Ostberliner Magistrat nach langem Streit über die Mauer zurück.

Um etwa 20 Meter versetzt wurde das Haus anschließend am (fast) alten Standort wiedererrichtet. Seine Räumlichkeiten bilden heute den Rahmen für **Wechselausstellungen zur Berliner Kunst- und Kulturgeschichte.**

› Poststr. 16, Di. und Do.–So. 10–18, Mi. 12–20 Uhr, Erw. 7 €, erm. 5 €, bis 18 Jahre kostenlos, jeden 1. Mi. im Monat freier Eintritt für alle

Zwischen Molkenmarkt und Alex

Es ist kaum noch vorstellbar, dass ausgerechnet an der großräumigen Verkehrskreuzung, wo die acht Spuren des Mühlendamms mit der sechsspurigen Spandauer Straße zusammenstoßen, die Berliner Geschichte ihren Anfang nahm: Rund um den Molkenmarkt entwickelte sich im 13. Jahrhundert die Stadt.

Weithin sichtbar ragt in der Nachbarschaft der fast 90 Meter hohe Kuppelturm des **Alten Stadthauses** auf. 1902–1911 wurde das Vierflügelgebäude nach Plänen von Ludwig Hoffmann zur Entlastung des Roten Rathauses ausgeführt. Zu DDR-Zeiten beherbergte es den Ministerrat der sozialistischen deutschen Republik, heute dient es der Senatsverwaltung für Inneres.

Zur Grunerstraße hin schließt sich die **Ruine der Franziskaner-Klosterkirche** aus dem 13. Jahrhundert an, bis zur Zerstörung im Zweiten Weltkrieg eines der bedeutendsten mittelalterlichen Bauwerke Berlins. 1574 richtete man in den Klostermauern das erste Gymnasium in der Mark Brandenburg ein. Nach der grauen Tracht der Franziskanermönche wurde es „Gymnasium zum Grauen Kloster" genannt.

Gegenüber erhebt sich in der Littenstraße der 1896–1904 erbaute **Justizpalast,** heute Landgericht und Amtsgericht Mitte. Aufmerksamkeit verdient seine hoch überwölbte Empfangshalle mit prachtvollen, doppelläufigen Jugendstiltreppen.

Um die Ecke sind in der Waisenstraße neben Resten der mittelalterlichen Stadtumwallung einige wenige Häuser der alten inneren Stadtmauerbebauung erhalten, darunter das traditionsreiche **Gasthaus Zur letzten Instanz** aus dem Jahr 1621. Im ältesten Restaurant Berlins genießt man herzhafte Kost, vom deftigen „Anwaltsfrühstück" bis hin zur „Zeugenaussage" in Form von Berliner Eisbein mit Sauerkraut und Erbspüree.

› S und U2, U5, U8 Alexanderplatz, U2 Klosterstraße

› **Gasthaus Zur letzten Instanz,** Waisenstr. 14, www.zurletzteninstanz.com, Di.–Sa. 12–1, So. 12–22 Uhr

•**4** [M5] **Altes Stadthaus**

•**5** [M5] **Franziskaner-Klosterkirche**

55 Märkisches Ufer ★ [M5]

Nicht zu verwechseln mit dem Bezirk Neukölln im Süden Berlins, entstand die Gegend um das Märkische Ufer – früher **Neucölln am Wasser** genannt – schon im

Mittelalter und unterstand dem Magistrat der Stadt Cölln auf der Spreeinsel. An die einst grachtenartige Bebauung des westlichen Flussarms erinnert eine **Zeile spätbarocker und klassizistischer Häuser** aus dem 18. Jahrhundert, die das Märkische Ufer südlich der Spreeinsel schmückt. Unter dem Motto „Berlin ist aus dem Kahn gebaut“ schaukeln dort an der Mühlendammschleuse zahlreiche alte Schiffe im **Historischen Hafen.** Dampf- und Motorschlepper, Maßkähne und Stoßboote legen Zeugnis von 200 Jahren märkischer Binnenschifffahrt ab.

› **Historischer Hafen,** Märkisches Ufer/Ecke Inselstraße, tgl. Mai–Oktober, Ausstellungskahn Renate-Angelika Di.–So. 11–18 Uhr

Nur wenige Flussmeter entfernt schaut am Köllnischen Park der rote Backsteinturm des **Märkischen Museums** (s. S. 241) in den Himmel hinauf. Halb malerische Raubritterburg, halb altehrwürdiger Sakralbau, sind Ähnlichkeiten des in den Jahren 1901 bis 1907 von Ludwig Hoffmann im Stil norddeutscher Backsteingotik errichteten Gebäudes mit anderen Bauwerken in der Mark Brandenburg beabsichtigt. Der Bergfried der Wittstocker Bischofsburg diente als Vorbild für den Turm. Für die gotischen Maßwerkgiebel stand die Katharinenkirche in Brandenburg/Stadt Pate. Unter dem riesigen Walmdach sind umfangreiche Sammlungen zur Berliner Stadt- und Kulturgeschichte untergebracht.

› **Märkisches Museum,** Am Köllnischen Park 5, Di.–So. 10–18 Uhr, Erw. 5 €, erm. 4 €, bis 18 Jahre kostenlos, jeden 1. Mi. im Monat Eintritt frei
› U2 Märkisches Museum

56 Alexanderplatz ★★★ [M4]

Der Alexanderplatz ist eine Legende – zuerst Viehmarkt und Exerzierplatz, dann Verkehrsknotenpunkt, Weltstadtplatz, schließlich Zentrum der Hauptstadt der DDR. Das SED-Regime ließ mit seiner Architektur die Überlegenheit des Sozialismus für die Ewigkeit in Beton gießen – und wurde auf eben diesem Platz am 4. November 1989 mit der größten Demonstration, die die DDR je gesehen hatte, kurzerhand weggefegt.

Seit seinem Bestehen ist der Alexanderplatz ein sperriges, schwierig handhabbares Gebilde, das sich bislang jedem Versuch mit Erfolg widersetzte, es repräsentativ aufzuhübschen. **„Ochsenplatz“** hieß der von Manufakturen und planlos errichteten Häusern umgebene Viehmarkt bis zum Jahr 1805, als er anlässlich einer Visite von Zar Alexander I. beim Preußenkönig Friedrich Wilhelm III. in „Alexanderplatz“ umgetauft wurde. Anfang der 1870er-Jahre schüttete man den alten Festungsgraben zu und errichtete das Viadukt, auf dem fortan die Berliner Stadtbahn fahren sollte. Diese wurde 1882 zusammen mit dem Bahnhof Alexanderplatz eingeweiht. Schnell entwickelte sich der „Alex“ zum herausragenden **Verkehrsknotenpunkt** für den Osten der Stadt. Fernbahnen und S-Bahnen, Omnibusse sowie die „Elektrische“ mit zahlreichen Linien kreuzten die Wege. Von 1904 bis 1911 wuchs das Warenhaus Tietz aus dem Boden empor, mit der auf 250 Metern damals längsten Kaufhausfassade der Welt. Zwei Jahre später ging unterirdisch die U-Bahn-Linie A in Betrieb, bis 1928 kamen weitere Untergrundbahnen hinzu.

Extrabild 14 (s. S. 10): Markt auf dem Alexanderplatz, Aufnahme aus dem Jahr 1889

057be Abb.: kj

Es entstand eine abgründige, irrgartene, flirrend-verwirrend über- und untereinander geschichtete Szenerie mit treppauf, treppab verborgenen Schmuddelecken hinter blasskühl gekachelten Fluchten, durch die sich die Menschenmassen hektisch von Bahnhof zu Umsteigebahnhof drängten, so wie sie der Berliner Armenarzt und Schriftsteller Alfred Döblin (1878–1957) in seinem Roman „Berlin Alexanderplatz" von 1929 beschrieb. Eine glücklose, halbseidene Welt. Endstation für Gestrandete, zwischen Hurenwinkeln, Jazzrhythmen und Schlachthausgeruch in den fadenscheinigen Glanz Tausender Großstadtlichter getaucht. Umgürtet von den Wohnvierteln der Armen und Ärmsten und ständig dem drohenden Verkehrsinfarkt ausgesetzt. Weshalb man den alten Alex zum Ausklang der 1920er-Jahre durch eine „radikale Abwrackung" wegräumte.

Streng nach den Vorgaben des Stadtbaurats Martin Wagner, die für den Alexanderplatz ein **weltstädtisches Rondell** mit sternenförmig einmündenden Straßen und rundum Einheitsbebauung vorsahen, wurde ein Architekturwettbewerb ausgeschrieben, aus dem der Entwurf von Peter Behrens (1868–1940) er-

Berlin-Alexanderplatz: Das ehemalige Zentrum der sozialistischen Hauptstadt ist heute Shoppingmeile

Extrabild 15 (s. S. 10): Der Alexanderplatz Anfang des 20. Jahrhunderts

folgreich hervorging. Bereits Anfang der 1930er-Jahre waren das **Alexanderhaus und Berolinahaus** fertiggestellt – die beiden einzigen Gebäude aus jener Zeit, die bis heute noch stehen.

Nach dem Krieg und dessen Zerstörungen wagte man abermals einen radikalen Neuanfang, nun buchstabengetreu nach den „Grundsätzen für die Neugestaltung der Berliner Innenstadt“, dem sogenannten „Aufbaugesetz“ aus dem Jahr 1950. Unter Einbeziehung des alten Behrens-Plans entstand hufeisenförmig, nach Osten geöffnet, unter Federführung verschiedener Architektenkollektive zwischen 1964 und 1971 der neue DDR-Alexanderplatz, mit 80.000 Quadratmetern Fläche viermal so groß wie der Vorkriegsplatz.

1969 öffneten sich die Türen des **Centrum-Warenhauses** (heute Kaufhof), damals der größte Konsumtempel der DDR. Im selben Jahr übergab man auf dem Platz außerdem Erich Johns (geb. 1932) **Urania-Weltzeituhr** der Öffentlichkeit. Das 16 Tonnen schwere, insgesamt gut 10 Meter hohe Bauwerk „ersetzt den Stundenzeiger durch einen Stundenring, der die Stunden, gekennzeichnet durch die Farben des Goetheschen Farbkreises, durch die 24 Zeitzonen wandern lässt“, wie John sein rätselhaftes Riesen-Chronometer selbst beschrieb. „Die Tafeln der Zeitzonen ermöglichen die schriftliche Darstellung von mehr als 150 Orten im Erdkreis. Das darüber kreisende Planetensystem lässt unseren Zeitbezug zu dem Geschehen im Weltraum deutlich werden, fungiert hier mit dem durch einen Ring gekennzeichneten Saturn aber als Minutenzeitgeber. Eine Umdrehung – eine Minute.“

Ebenfalls 1969 wurde Walter Womackas (1925–2010) **Brunnen der Völkerfreundschaft** eingeweiht, der dank seiner aus Kupfer, Keramik und Emaille bestehenden Aufbauten bei den älteren Berlinern liebevoll „Nuttenbrosche“ heißt. Vom Künstler Womacka, einem der bedeutendsten Vertreter des sozialistischen Realismus, stammt auch der meterhohe Bilderfries, der das **Haus des Lehrers** – 1964 nach Plänen Hermann Henselmanns östlich des Alex realisiert – auf 125 Metern umläuft und Szenen aus dem DDR-Gesellschaftsleben darstellt.

Mit der Einweihung des 120 Meter hohen **Interhotel Stadt Berlin** (heute Hotel Park Inn) 1970 und dem Haus der Elektroindustrie 1971 nördlich vom Platz war der neue Alex vollendet. Im **Park Inn** befindet sich eine große städtische Touristeninformation (s. S. 338).

Ab 2005 wurde der Platz abermals aufgewühlt. Denn einen „Vorposten der Mongolei“, wie nach der Wiedervereinigung der führende Stadtplaner Dieter Hoffmann-Axthelm konstatierte, oder gar

EXTRATIPP

On the Top

Einen nicht weniger atemberaubenden, aber erheblich preisgünstigeren Panoramablick auf Berlin als der Fernsehturm 51 bietet die Dachterrasse mit Bar in der 40. Etage des Hotels Park Inn, wochenends von April bis November bereichert um tollkühne Base-Flying-Stürze aus luftigen 125 Metern in die Tiefe.

6 [M4] **Hotel Park Inn,** Alexanderplatz 7, www.parkinn-berlin.de, im Sommerhalbjahr tgl. 12–22, sonst 12–18 Uhr, Eintritt 4 €

eine „mongolische Steppe“ (Zeit-Redakteur Klaus Hartung) wollte man in der neuen Hauptstadt natürlich nicht sehen. Die Pläne von Kollhoff & Timmermann, die aus einem Bauwettbewerb 1993 siegreich hervorgingen und 13 Wolkenkratzer in „klarer strenger Ordnung“ vorsahen, lagen wegen Finanzmangel lange Zeit auf Eis. Stattdessen entstanden umso mehr Einkaufsflächen, darunter 2004–2007 das betonschwere, altrosafarbene Shoppingmonument Alexa.

Mittlerweile hat man infolge zunehmenden Wohnflächenmangels die Hochhauspläne wieder aus der Schublade gezogen. Bis zu neun Wolkenkratzer sollen am Alex eine „Stadtkrone“ bilden, mit dem 150 Meter hohen **Hines-Turm** nach Plänen des Star-Architekten Frank Gehry im Mittelpunkt, dem dann höchsten Wohngebäude der Stadt.

- •7 [M4] **Alexanderhaus**
- •8 [M4] **Berolinahaus**
- •9 [N4] **Haus des Lehrers**
- › S und U2, U5, U8 Alexanderplatz

Südlich der Linden – die Friedrichstadt

Zwischen Gendarmenmarkt, Checkpoint Charlie und Berliner Abgeordnetenhaus pulsiert der Großstadtbetrieb. Die Friedrichstraße als zentrale Lebensader der Friedrichstadt zeigt sich weltläufig mit Nachwende-Architektur, Läden, Boutiquen und täglichem Verkehrsinfarkt.

Gegen Ende des 17. Jahrhunderts ließ Kurfürst Friedrich III., der spätere Preußenkönig Friedrich I., südlich der Straße Unter den Linden die Friedrichstadt anlegen. Die **Schachbrettmusterstadt** war die dritte fürstliche Neugründung vor den alten Bastionen Berlin-Cöllns.

Unter seinem Sohn, dem Soldatenkönig Friedrich Wilhelm I., erfolgte ihre Erweiterung dergestalt, dass sie teils weit über das bis dato bebaute Gebiet hinaus mit einer **Akzisemauer** umzogen wurde. Hinein in die Stadt füllten sich dank der Zolleinkünfte, die an den Toren erhoben

408be Abb.: kj

wurden, schnell die Schatztruhen des Königs, und hinaus aus der Stadt verhinderte die sechs Meter hohe Mauer das Ausbüxen manches kriegsmüden Soldaten.

Von den drei neuen großen Plätzen, die bei den wichtigsten Toren entstanden, nimmt man an, dass sie der Soldatenkönig wahrscheinlich als Aufmarschplätze für seine Regimenter geplant hatte: neben dem „Quarré" (Pariser Platz) am Brandenburger Tor südlich davon das achteckige „Oktogon" (Leipziger Platz) sowie das wegen seiner runden Aufmachung sogenannte „Rondell" (Mehringplatz) am Südende der Friedrichstraße. Als 1740 Friedrich II. den Thron bestieg, war die in eine stattliche Anzahl beinahe gleich großer Karrees (die heutigen „Quartiere") eingeteilte Stadt so gut wie fertiggestellt und man konnte sich ihrem Ausbau und ihrer Verschönerung widmen.

Den größten Bauboom erlebte die Friedrichstadt im letzten Drittel des 19. Jahrhunderts. Der nach dem Deutsch-Französischen Krieg auf das just gegründete Deutsche Reich niedergehende Milliardenregen löste vor allem südlich der Linden ein **hektisches Gründerfieber** aus. Von ihrer ursprünglichen Anlage her eine Wohnstadt, wandelte sich die Friedrichstadt innerhalb weniger Jahre zum wichtigsten Berliner Geschäftszentrum. Rund um die Behrenstraße ließ sich in repräsentativen Bank- und Kontorhäusern die Großfinanz nieder, in der Leip-

[<] Der Gendarmenmarkt (57) gilt als der schönste Platz Berlins, hier im Bild das Konzerthaus und der Französische Dom

Wo Lukullus in Berlin abstieg

Der Gendarmenmarkt ist ein ebenso feines wie teures Pflaster, wo neben Apollo, dem Gott der Künste, auch immer Lukullus, der Patron der feinen Küche, regiert. Rundum haben sich zahlreiche ausgesuchte Restaurants niedergelassen - fast jedes davon eine Sehenswürdigkeit für sich.

Nördlich am Platz lädt in der Französischen Straße 47 ***Borchardt*** *(s. S. 253) zwischen Marmorsäulen zu ausgewählten Tafelfreuden ein. Schräg gegenüber serviert in der Französischen Straße 25 das* ***Aigner*** *in original Wiener K.-u.-k.-Interieur deutsch-österreichische De-luxe-Küche. Gaumenkitzel der deutschen und europäischen Küche bietet das* ***Refugium*** *im Gewölbe des Französischen Doms (58). Nahebei, in der Taubenstraße 30, verwöhnt die* ***Brasserie*** *in gediegenem Art déco die Gäste mit französischer Küche.*

An der Westseite vom Gendarmenmarkt schlemmt man im Traditionslokal ***Lutter & Wegner*** *(s. S. 253). In der 1811 hier am Ort eröffneten Weinstube des königlichen Hoflieferanten betrank sich seinerzeit der Dichter E. T. A. Hoffmann mit dem Hofschauspieler Ludwig Devrient. Am Haus ist eine Gedenktafel für E. T. A. Hoffmann angebracht, der hier von 1815 bis zu seinem Tod 1822 lebte.*

› ***Aigner,*** *www.aigner-gendarmenmarkt.de*
› ***Brasserie,*** *www.brasserieamgendarmenmarkt.de*
› ***Refugium,*** *www.restaurant-refugium.de*

ziger Straße wuchsen Konsumtempel, Ladenpassagen und Galerien aus dem Boden, in der Friedrichstraße schillerten Vergnügnungsetablissements in Nachbarschaft zu halbseidenen Kaschemmen. Westlich davon siedelten sich in der Wilhelmstraße am Tiergartenrand Diplomatie und Ministerien an, sodass ein Regierungsviertel entstand.

Beinahe alles wurde im Zweiten Weltkrieg zerstört. Von der Leipziger Straße existierte nichts mehr, weshalb man für die Neubebauung mit gewaltigen Wohntürmen 1969–1975 zwischen Charlottenstraße [K5] und Spittelmarkt [L6] wahrlich nichts abreißen musste. Wo sich in der Wilhelmstraße die Barockpalais der verschiedenen Ministerien befanden, bezogen nun getreue SED-Kader ihre im postmodernen Plattenbaustil errichteten Privilegiertenwohnungen – exklusiv mit Blick auf Mauer, Sperranlagen und hinüber in das feindliche Ausland.

Der **Gendarmenmarkt**, damals in „Platz der Akademie" umbenannt, wurde dagegen ab Mitte der 1970er-Jahre sorgfältig rekonstruiert. So blieb Berlin eine seiner schönsten klassizistischen Perlen erhalten, viele sagen sogar die schönste im gesamten ehemaligen Preußen.

57 Gendarmenmarkt ★★★ [K5]

Von den schlanken Kuppeln des Französischen und des Deutschen Doms überragt und inmitten dem Schinkelschen Schauspielhaus, ist er fraglos einer der schönsten Plätze Berlins. Currybuden und Spätis wird man rundum nicht finden, dafür umso mehr Spitzenrestaurants. Der ursprünglich Ende des 17. Jahrhunderts nach Plänen von Johann Arnold Nehring angelegte Platz zählt zu den vornehmsten Adressen der Hauptstadt.

In den 30er-Jahren des 18. Jahrhunderts beschloss der Soldatenkönig, hier am Markt das preußische Kürassierregiment unterzubringen, die *gens d'armes,* die 1736 Quartier bezogen und 1799 dem Geviert ihren Namen verliehen. 1950 in „Platz der Akademie" umgetauft, erhielt der Gendarmenmarkt nach der Wiedervereinigung 1991 seinen angestammten Namen zurück.

› U6 Französische Straße und Stadtmitte

Die Kuppel, französisch „dôme", hat dem Französischen Dom seinen Namen gegeben

Extrabild 16 (s. S. 10): Blick auf den Gendarmenmarkt um 1900

58 Französischer Dom ★★★ [K5]

Das 1701–1705 für die aus Frankreich geflohenen Hugenotten erbaute Gotteshaus heißt eigentlich **Französische Friedrichstadtkirche** und ist gar kein Dom. Die ersten 80 Jahre lang war sie „barhäuptig“ und bekam dann zwischen 1780 und 1785 – wie auch der Deutsche Dom gegenüber – einen **Turmbau mit goldverzierter Kuppel** (franz. *dôme*). Daraufhin avancierten beide Gemeindekirchen im Berliner Volksmund flugs zu „Domen“.

Zum 200-jährigen Jubiläum 1905 innen prunklos neubarock umgestaltet, im Zweiten Weltkrieg zerstört und ab 1977 wiedererrichtet, teilen sich den Französischen Dom heute die deutschsprachige Hugenottengemeinde, die französischsprachige *Communauté protestante francophone* und die Evangelische Kirchengemeinde in der Friedrichstadt. Das **Hugenottenmuseum** zeigt Wissenswertes zur Geschichte der französischen Glaubensflüchtlinge und des Französischen Doms. Von der Aussichtsballustrade unterhalb der Turmkuppel aus genießt man einen schönen Blick auf die Mitte Berlins.

› **Französische Friedrichstadtkirche,** Eingang über Charlottenstraße, Di.–So. 12–17 Uhr; Turmkuppel und Museum sind **wegen Sanierung bis voraussichtlich Sommer 2019 geschlossen,** http://franzoesischer-dom.de

59 Deutscher Dom ★★★ [K5]

Auf der Südseite am Platz erhielten die deutschen Calvinisten ihre Kirche. 1708 wurde sie nach Plänen von Martin Grünberg nach siebenjähriger Bauzeit eingeweiht und 1780 bis 1785 wie ihr Zwilling, der Französische Dom 58, um eine Turmkuppel aus der Feder des Baumeisters Carl von Gontard bereichert. Nach dem Zweiten Weltkrieg Ruine, folgte ab 1977 ein langjähriger Wiederaufbau und nach der Wiedervereinigung eine umfangreiche Restaurierung. 1996 öffneten sich schließlich erneut die Kirchenportale. Gegenwärtig ist die Ausstellung des deutschen Bundestags „Wege – Irrwege – Umwege. Die Entwicklung der parlamentarischen Demokratie in Deutschland“ zu sehen.

› Deutscher Dom, Mai–Sept. Di.–So. 10–19 Uhr, Okt.–April Di.–So. 10–18 Uhr

60 Konzerthaus Berlin/ Schinkelsches Schauspielhaus ★★★ [K5]

Deutscher und Französischer Dom prägen zusammen mit dem klassizistischen Schinkelschen Schauspielhaus, heute Konzerthaus Berlin, die Silhouette des Platzes. Der von Carl Gotthard Langhans errichtete Vorgängerbau, der das Deutsche Nationaltheater unter Leitung des großen Iffland beheimatete, wurde 1817 ein Raub der Flammen. An seiner Stelle entstand zwischen 1819 und 1821 nach einem Entwurf Karl Friedrich Schinkels der neue **prunkvolle Theaterbau mit ionischer Säulenhalle,** repräsentativer Freitreppe und einem von Christian Daniel Rauch geschaffenen Apollo auf einem Greifengespann zum krönenden Abschluss.

Hier wurde **Theatergeschichte** geschrieben. 1919–1930 führte Leopold Jeßner (1878–1945) die Bühne zu Weltruhm. Nach seiner Emigration 1933 übernahm „Mephisto“ Gustaf Gründgens (1899–1963) unter den Nationalsozialisten die Leitung und führte das Haus, bis es im Zweiten Weltkrieg in Schutt und Asche versank. In den 1970er-Jahren wieder aufgebaut,

Spaziergang 3: die Friedrichstraße hinab

Nachwendische Büroarchitektur, schicke Stores und dazu urbane Blechkarawanenmusik sind die Begleiter auf einem Bummel die Friedrichstraße hinunter. Startpunkt ist der ***Bahnhof Friedrichstraße*** *71, an dessen Nordflanke sich, der Spree zugewandt, das Spree-Dreieck erhebt. Das braune Hochhaus, das die ZDF-Sendung „Aspekte" nach seiner Fertigstellung 2009 zum „hässlichsten Neubau Berlins" kürte, steht an der Stelle, für die Ludwig Mies van der Rohe 1921 seinen legendären gläsernen „Wabe"-Turm entworfen hatte, und möchte an diesen erinnern. Es überschattet die wahre Sehenswürdigkeit am Platz: den kleinen* ***Tränenpalast*** *71, wo zur Berliner Teilungszeit die Grenzabfertigung von „hüben" nach „drüben" stattfand.*

Gegenüber vom Spree-Dreieck fällt die Art-déco-Fassade des ***Admiralspalasts*** *72 ins Auge, während nach der Unterquerung der Stadtbahntrasse das Internationale Handelszentrum in den Blick gerät. Das weiße Hochhaus spielt seit seiner Eröffnung 1978 eine Rolle im weltweiten Geschäftsleben.*

Anschließend wird Unter den Linden 15 gekreuzt, rechts mit Blick auf das ***Brandenburger Tor*** *1, links auf den* ***Fernsehturm*** *51. Shops und Restaurants wechseln sich fortan ab, und Ecke Französische Straße [K5] links eingebogen, ist der* ***Gendarmenmarkt*** *57 in wenigen Schritten erreicht. Mit seinem Ensemble aus* ***Französischem Dom*** *58,* ***Schinkelschem Schauspielhaus*** *60 und* ***Deutschem Dom*** *59 zählt er zu den schönsten Plätzen Berlins. Nach seiner Umrundung bietet sich, zurück an der Französischen Straße, ein Bummel durch die Konsumtempel der* ***Quartiere 207–205*** *62 an. Von der runden Glasfassade der Galeries Lafayette bis zum postmodernen Quartier 205 sind sie durch die* ***Friedrichstadtpassagen*** *unterirdisch miteinander verbunden.*

Etwa 300 Meter weiter ist der ***Checkpoint Charlie*** *63 erreicht. Wer diesem touristischen Rummelplatz entfliehen möchte, kann in der Zimmerstraße, Ecke Wilhelmstraße entweder mit einem* ***Fesselballon*** *(s. S. 351) in die Luft steigen oder die* ***Geschichtsmeile Wilhelmstraße*** *(s. S. 98) hinunterspazieren und anhand von Informationstafeln den deutschen Regierungszentralen vom Kaiserreich bis zum Dritten Reich nachgehen.*

Vom Checkpoint aus die Wilhelmsstraße gekreuzt, dehnt sich die ***Topographie des Terrors*** *65 aus. Am Originalstandort thematisiert das Museum drinnen und draußen die Verbrechen der Nazi-Terrororganisationen. Dahinter schließen sich der für spektakuläre Ausstellungen berühmte* ***Martin-Gropius-Bau*** *67 und diesem gegenüber das* ***Berliner Abgeordnetenhaus*** *68 an. Ein letztes Stück authentische Berliner Mauer ist dort noch erhalten und um die Ecke, in der Erna-Berger-Straße sogar noch ein* ***DDR-Grenzturm*** *von 1966.*

Den südlichen Abschnitt die Friedrichstraße hinunter spaziert man an der Kreuzung Friedrich-, Ecke Rudi-Dutschke-Straße [K6] vom Bezirk Mitte nach ***Kreuzberg*** *hinein. Plötzlich wechselt die Szenerie. Die Konsumtempel weichen Sozialbauten, Kreuzbergs Nordwesten zählt zu den ärmsten Regionen Berlins. Hier endet die Friedrichstraße am kreisrunden Mehringplatz [K7], dessen Form dem historischen „Rondell", wie es einst der preußische König Friedrich Wilhelm I. anlegen ließ, nachempfunden ist. Vom U-Bahnhof Hallesches Tor aus gelangt man mit der U1/U3 (Ost-West) und der U6 (Nord-Süd) in alle vier Himmelsrichtungen.*

- 15 [K5] Preußens Paradestraße – Unter den Linden S. 42
- 16 [K5] Unter den Linden/ Ecke Friedrichstraße S. 44
- 57 [K5] Gendarmenmarkt S. 84
- 58 [K5] Französischer Dom S. 85
- 59 [K5] Deutscher Dom S. 85
- 60 [K5] Konzerthaus Berlin/ Schinkelsches Schauspielhaus S. 85
- 61 [K6] Friedrichstraße S. 88
- 62 [K5] Quartier 207–205/ Friedrichstadtpassagen S. 88
- 63 [K6] Checkpoint Charlie S. 89
- 65 [K6] Topographie des Terrors S. 91
- 66 [K6] Berliner Mauer S. 92
- 67 [J6] Martin-Gropius-Bau S. 92
- 68 [J6] Berliner Abgeordnetenhaus/ Preußischer Landtag S. 93
- 94 [J6] Daimler-City S. 117

Alle weiteren Karteneinträge s. S. 375.

kehrte das 1935 von den Nazis entfernte **Schillerdenkmal** von Reinhold Begas 1987 an den Platz vor dem Konzerthaus zurück.

› www.konzerthaus.de, Konzertaufführungen (s. S. 273)

61 Friedrichstraße ★★ [K6]

„Für jedes anständig empfindende Gemüt hatte dieses lärmend brandende Treiben in der Friedrichstraße etwas ungemein Abstoßendes", schrieb 1919 der Journalist und Arzt Isidor Kastan angesichts des Amüsierbetriebs, der die Straßenschlucht insbesondere in den „Goldenen Zwanzigern" zur Legende machte. „Die unverhüllte Schamlosigkeit, die nackte Rohheit machten sich hier breit", entrüstete er sich. Und tatsächlich wogte ein nächtliches Menschenmeer in der Vergnügungsmeile zwischen Oranienburger Tor und Halleschem Tor in todschicken Hotels und dunklen Hinterzimmerspelunken. Das Leben pulsierte in erstklassigen Restaurants wie in Boulettenbratereien. Gefeierte Künstler gaben in Kabaretts und Varietés ihre Couplets und akrobatische Nummern zum Besten. Und wem der Schritt auf die große Bühne nicht gelang, der verdingte sich als Charge oder ging nachts einer fragwürdigen Tätigkeit nach.

Nach der Zerstörung im Zweiten Weltkrieg dauerte der Wiederaufbau der Friedrichstraße bis in die 1980er-Jahre an. Noch kurz vor der Wende hatte die DDR postmoderne Häuserzeilen errichten lassen. Sie wurden nach der Wiedervereinigung sofort wieder abgerissen, um Büro- und Geschäftsgebäuden im Stil einer „historisch-kritischen Rekonstruktion" zu weichen. Vergnügungspaläste, Kaschemmen und Straßencafés, die einst den legendären Ruf der Friedrichstraße begründeten, wird man dagegen keine mehr finden. Die neue Mehrwertarchitektur orientiert sich am anspruchsvollen Konsumenten.

› U2 Stadtmitte, U6 Stadtmitte und Französische Straße

62 Quartier 207–205/ Friedrichstadtpassagen ★ [K5]

Über drei Karrees zwischen Französischer Straße und Mohrenstraße hinweg und unterirdisch durch die Friedrichstadtpassagen miteinander verbunden, entstanden 1996/97 die Quartiere 207, 206 und 205. Das nach Plänen von Jean Nouvel errichtete **Quartier 207**, das das französische Kaufhaus **Galeries Lafayette** beherbergt, ist unschwer an seiner durchgehend gläsernen Fassade zu erkennen. Die Pointe im Inneren sind die riesigen trichterförmigen, lichtbrechenden Glaskegel, um die herum sich die Geschosse mit den Verkaufsflächen gruppieren.

Würfelmuster in Beige und Braun zieren das **Quartier 206** zwischen Jägerstraße und Taubenstraße, dessen Lichthof mit Marmormosaiken in Form edel designter Art-déco-Anmutungen besticht. Haute-Couture-Boutiquen lohnen den Blick.

Das **Quartier 205**, das die Mohrenstraße südlich beschließt, bietet dagegen die üblichen Bekleidungsketten, womit es gewissermaßen der Proletarier der drei Friedrichstadtpassagenquartiere ist.

Checkpoint Charlie: früher tödliche deutsch-deutsche Grenze, heute Spaß für Touristen

Die Friedrichstraße entlang

Auf dem Weg Richtung Checkpoint Charlie ragen am Ende der verkehrserschütterten Leipziger Straßenschlucht westlich als Fluchtpunkte die Hochhäuser am Potsdamer Platz 93 in den Himmel hinauf. Östlich kratzen Anfang der 1970er-Jahre hochgezogene Wohnplattenbauten die Wolken.

An der Bezirksgrenze von Mitte nach Kreuzberg erinnert der Name **Mauerstraße** noch an die Akzisemauer des Soldatenkönigs, die von hier zum Rondell verlief. Dass genau an dieser Stelle am 13. August 1961 erneut eine Mauer errichtet wurde, diesmal als tödliche Demarkationslinie, betrachten viele als Ironie der Geschichte. Doch hat dies ursächlich mit der Grenzziehung durch die Alliierten zu tun, die ihren Sektorenverlauf auch an historischen Gegebenheiten orientierten.

63 Checkpoint Charlie ★★ [K6]

Am Checkpoint Charlie („Charlie" für „C"; „B" wie „Bravo" für den Kontrollpunkt Dreilinden nach Westberlin, vor der Transitstrecke durch die DDR Richtung Westberlin in Helmstedt damals der Checkpoint „Alpha") passierten während der Berliner Teilungszeit die alliierten Streitkräfte, Ausländer, Diplomaten und Botschaftsangehörige die hermetisch abgeriegelte Grenze. Die Westberliner mussten über einen anderen Übergang in die DDR einreisen, Westdeutsche hatten abermals einen anderen Kontrollpunkt zu benutzen. Am 28. Oktober 1961 standen sich am Checkpoint Charlie amerikanische und sowjetische Panzer gegenüber – und beinahe wäre ein neuer Weltkrieg ausgelöst worden.

Heute erinnern nur noch wenige originale Accessoires an die fast 30 Jahre

059be Abb.: kj

währenden grotesken Verhältnisse: die alte **dreisprachige Warntafel** *„You are leaving the American sector“* und eine kleine **alliierte Kontrollbaracke**, die der Betreiber des Mauermuseums im Jahr 2000 mitten auf der Kreuzberger Seite der Friedrichstraße aufstellen ließ. In ihrer Nachbarschaft präsentiert das **Mauermuseum am Checkpoint Charlie** Bilder und Geschichten rund um die Mauer. Bis mindestens Ende 2018 ist an der Ecke Friedrich-/Zimmerstraße außerdem in einer **„Black Box“** auf 200 Quadratmetern Fläche eine Ausstellung zur Ost-West-Konfrontation und zu Berlin im Kalten Krieg zu sehen. Gegenüber präsentiert der Kreuzberger Künstler Yadegar Asisi in einer Stahlrotunde ein spektakuläres **Panoramabild**, das auf 900 Quadratmetern einen authentischen Blick über die Berliner Mauer hinweg von Kreuzberg (Westberlin) nach Mitte (Ostberlin) an einem fiktiven Herbsttag in den 1980er-Jahren vermittelt. Den ehemaligen Mauerverlauf am Checkpoint Charlie zeichnet eine doppelläufige Pflastersteinreihe nach.

- **Mauermuseum am Checkpoint Charlie,** Friedrichstr. 43–45, tgl. 9–22 Uhr
- **Black Box Kalter Krieg,** Friedrichstr. 47/ Ecke Zimmerstr., tgl. 10–18 Uhr
- **Asisi-Panometer,** Friedrichstraße 205, tgl. 10–18 Uhr

KLEINE PAUSE

Garten im Jüdischen Museum

Eine grüne Oase im Großstadtbetrieb. Auf Bierbänken im Kies, an Bistrotischen unter Platanen oder einfach in Liegestühlen im Gras lässt es sich mit Blick auf den spektakulären Museumsbau herrlich Sonne tanken, entspannen, durchatmen. Traditionelle jüdische Küche, Snacks, Kuchen und Erfrischungen bietet das **Café Schmus** an (nicht koscher), man muss aber nicht zwangsweise konsumieren, sondern kann einfach auch nur den schönen Garten genießen.

Der Besuch ist nicht abhängig vom Erwerb eines Tickets für das Museum. Die Sicherheitsschleuse muss man aber trotzdem passieren.

64 Jüdisches Museum ★★★ [L7]

Es liegt bereits auf der Kreuzberger, also der ehemals Westberliner Seite der Friedrichstadt. In Nachbarschaft zu dem sonnengelben barocken Kollegienhaus von 1735, das dem Jüdischen Museum als Haupteingang dient, erhebt sich der **silberne Museumsneubau nach Plänen von Daniel Libeskind** in Form eines zerborstenen Davidsterns. Das gefeierte Bauwerk gehört zu den beliebtesten Berliner Museen. Neben zahllosen Menschen, die sich für die jüdische Geschichte und Kultur in Deutschland interessieren, zieht es außerdem Architekturfreunde aus aller Welt an.

Das Museum zeigt eine Vielzahl von Exponaten, historische Dokumente, Bilder und Texte, Kunst-, Kultus- und Gebrauchsgegenstände, die die jüdische und deutsch-jüdische Geschichte erzählen, jüdische Kultur in Deutschland sowie die religiösen Traditionen des Judentums vorstellen.

Gegenüber auf der anderen Straßenseite wurde in der ehemaligen Blumengroßmarkthalle 2012 feierlich die **W. Michael Blumenthal Akademie** des Jüdischen Museums eingeweiht. Ebenfalls nach Libeskind-Plänen, umhüllt die 1965 errichtete Hallenkonstruktion nach Art eines Haus-im-Haus-Prinzips drei geneigte

296be Abb.: kj

Kuben sowie einen „Garten der Diaspora“ und bietet Platz für Seminarräume, Archive und weitere Ausstellungsflächen.

› **Jüdisches Museum,** Lindenstr. 9–14, U1, U3, U6 Hallesches Tor, Bus M29, M41, 248, Tel. 25993300, www.jmberlin.de, Museum tgl. 10–20 Uhr, Akademie Mo./Mi. 10–19, Di.–Fr. 10–18 Uhr, Erw. 8 €, erm. 3 €, unter 6 Jahren Eintritt frei

65 Topographie des Terrors ★★ [K6]

Auf dem Areal zwischen Anhalterstraße, Wilhelmstraße und Niederkirchnerstraße dehnt sich das ehemalige „Prinz-Heinrich-Gelände“ aus. Dort befanden sich 1933–1945 die **mächtigsten Einrichtungen des nationalsozialistischen Terrorapparats:** der Sicherheitsdienst der SS und die Geheime Staatspolizei (Gestapo), ab 1939 mit der Reichskriminalpolizei zum Reichssicherheitshauptamt zusammengefasst, sowie die Reichsführung SS. Verfolgung und Völkermord wurden von hier aus stabsmäßig organisiert und Regimegegner im Gestapo-Gefängnis zu Tode gefoltert. Heute nimmt die Topographie des Terrors mit **Freilichtausstellungen** und einem **Museumsgebäude** im Zentrum der betont schmucklosen Anlage die weite Fläche ein.

Dem vorausgegangen waren ein mehr als 20-jähriges Provisorium und ein noch längerer Streit über den Umgang mit dem kriegszerstörten, geschichtlich so schwer belasteten Areal. Nach dem Mauerbau verkam es zur Brache und eine in den 1980er-Jahren gegründete Bürgerinitiative wurde nicht müde, immer wieder auf die historische Bedeutung des Orts hinzuweisen. „Inmitten der Stadt/

Ein letztes Stück original erhaltene Berliner Mauer begrenzt den Außenbereich der Topographie des Terrors. Hinten links sieht man den Martin-Gropius-Bau 67 und gegenüber das Berliner Abgeordnetenhaus 68.

klaffende Erde/Reste gekachelter Keller/Folterwerkstätten/zur Erzeugung/von Heimatkunde", wie ihn Günter Kunert in seinem Gedicht „Prinz-Albrecht-Straße" beschrieb.

1987 eröffnete zur Westberliner 750-Jahr-Feier eine erste Dokumentation des NS-Terrors auf dem Gelände. 1993 ging der Schweizer Peter Zumthor aus einem internationalen Architektenwettbewerb für ein Museumsgebäude als Sieger hervor. Sein spektakulärer Entwurf scheiterte jedoch an den explodierenden Kosten und technischen Realisierungsproblemen. Der Bau blieb ein Torso und wurde wieder abgerissen.

Den zweiten Anlauf gewann 2005 die Berliner Architektin Ursula Wilms. Ihr eingeschossiger, in eine nackte graue Metallfassade gehüllter Museumsneubau bietet seit seiner Einweihung 2010 Raum für die Dauerausstellung „Topographie des Terrors. Gestapo, SS und Reichssicherheitshauptamt in der Wilhelm- und Prinz-Albrecht-Straße". Darüber hinaus zeigt der Ausstellungsgraben an der Niederkirchnerstraße an freigelegten Fundamenten entlang der Schreckenseinrichtungen „Berlin 1933–1945. Zwischen Propaganda und Terror" im Freien.

„Es ist kein Zufall", wie der Direktor der Stiftung Topographie des Terrors, Andreas Nachama, damals anlässlich der feierlichen Einweihung formulierte, „dass die SS hier Quartier genommen hat, inmitten des Regierungsviertels. Der Terror war öffentlich, war Teil des Systems."

› Niederkirchnerstr. 8, S1, S2 Anhalter Bahnhof oder Potsdamer Platz, U2 Potsdamer Platz, U6 Kochstraße, Bus M29, M41, Außengelände tgl. ab 10 Uhr bis Einbruch der Dunkelheit (spätestens 20 Uhr), Dokumentationsgebäude tgl. 10–20 Uhr, Eintritt frei

66 Berliner Mauer ★★ [K6]

Zwar ziemlich zerklopft, aber authentisch, blieb eines der **letzten originalen Mauerstücke** auf etwa 200 Metern Länge an der Niederkirchnerstraße erhalten. Dass es im Freudentaumel der Wiedervereinigung nicht wie die restlichen 155 Kilometer, die Westberlin 1961–1989 umzingelten, abgerissen wurde, ist dem Einsatz zahlreicher internationaler Initiativen zu verdanken. Vor arglosen Mauerspechten, die das Mahnmal für ein kleines Souvenir weiter abpickeln könnten, wird es mit einem Metallzaun geschützt.

› S und U2 Potsdamer Platz, U6 Kochstraße, Bus M29, M41

67 Martin-Gropius-Bau ★★ [J6]

1877–1881 wurde das Gebäude von Martin Gropius und Heino Schmieden **im Stil italienischer Renaissancepalazzi** als Kunstgewerbemuseum errichtet. Nach seiner Restaurierung diente es ab 1981 als Domizil der Berlinischen Galerie, des Werkbund-Archivs und der Jüdischen Abteilung des Berlin-Museums – und genau vor seinem Eingangsportal verlief bis 1989 die Mauer. (Das Gebäude selbst stand in West-Berlin).

1999 öffnete der Gropius-Bau nach einer erneuten umfangreichen Sanierung wieder seine Tore und präsentiert seitdem **spektakuläre Wechselausstellungen.**

› Niederkirchnerstraße 7, S und U2 Potsdamer Platz, Bus M41, Tel. 254860, www.gropiusbau.de, Mi.–Mo. 10–19 Uhr

Der Martin-Gropius-Bau ist berühmt für seine hochkarätigen Ausstellungen

68 Berliner Abgeordnetenhaus/ Preußischer Landtag ★ [J6]

Das Gebäude, in dem ab 1919 die Preußische Landesversammlung zusammentrat, entstand 1892–1899 nach Plänen von Friedrich Schulze. Im Anschluss an den Wiederaufbau ab 1947 fungierte es, unmittelbar an der Sektorengrenze, unter dem Vorsitzenden des DDR-Ministerrats Otto Grotewohl als Regierungssitz. Seit 1993 tagt in seinen Mauern das Berliner Abgeordnetenhaus, das Landesparlament des Bundeslands Berlin.

› Niederkirchnerstraße 5, S und U2 Potsdamer Platz, Bus M41

372be Abb.: kj

69 Deutscher Bundesrat/ Preußisches Herrenhaus ★ [J6]

Prachtvoller noch als der Preußische Landtag fiel Friedrich Schulzes 1899–1903 erbautes, neubarockes Preußisches Herrenhaus aus. Es schließt nördlich an das Abgeordnetenhaus an und öffnet sich mit seiner Hauptfront zur Leipziger Straße.

Bis 1918 versammelte sich in seinen Räumlichkeiten die erste Kammer des Preußischen Landtags. Zu ihr zählten die volljährigen Hohenzollernprinzen, Vertreter des Hochadels und Großgrundbesitzes sowie weitere vom preußischen König, in Personalunion Kaiser des Deutschen Reichs, berufene Mitglieder. In der Nazizeit war das Haus Teil des Reichsluftfahrtministeriums, ab 1950 residierte dort die Akademie der Wissenschaften der DDR. Im Herbst 2000 schließlich zog der deutsche Bundesrat in das herrschaftliche Gebäude ein.

› Leipziger Straße 3, S und U2 Potsdamer Platz, Bus M48, 200, 347

70 Anhalter Bahnhof ★ [J7]

Südwestlich des untergegangenen Regierungsviertels des Deutschen Reichs erhebt sich am Askanischen Platz mit den **Kriegstrümmern des Anhalter Bahnhofs** ein weiterer historischer Überrest und erzählt sein „Es war einmal“: Seit Eröffnung 1880 menschenverstopfter Bahnhof nach Süden, einzigartige Hoteldichte rundum, rastloser Verkehr, dann 1945 schwere Kriegsschäden, 1952 schließlich Stilllegung, 1959 bis auf die **Portalruine** geschleift und heute ein Denkmal – das ist seine Geschichte.

› S1, S2 Anhalter Bahnhof

362be Abb.: kj

Am Bahnhof Friedrichstraße säumen Restaurants das Spreeufer

Nördlich der Linden – Friedrich-Wilhelm-Stadt

Kunst und Wissenschaft prägen das Viertel zwischen nördlicher Friedrichstraße und Humboldthafen. 1726 ließ Soldatenkönig Friedrich Wilhelm I. ein Pesthaus vor den Toren Berlins zur Lehr- und Forschungsstätte ausbauen und nannte sie „Charité". Ferdinand Sauerbruch und Rudolf Virchow wirkten dort, wo heute weithin sichtbar auf dem Universitätscampus das Charité-Hochhaus in den Himmel aufragt. 1738 erteilte Friedrich Wilhelm I. den Schiffbauern die Genehmigung, westlich der Weidendammbrücke ihre Werkstätten einzurichten; und seit Anfang des 20. Jahrhunderts strahlt der **Ruf der Friedrich-Wilhelm-Stadt als Theaterschmiede** mit dem Berliner Ensemble am Schiffbauerdamm oder dem Deutschen Theater weit über die Grenzen Berlins hinaus. Die Namen Max Reinhardt, Helene Weigel und Bertolt Brecht sind unwiderruflich mit dem Stadtteil verbunden.

Der Name Friedrich-Wilhelm-Stadt geht auf Friedrich Wilhelm III. (1770–1840) zurück, in dessen Regierungszeit man ab 1827 mit der planmäßigen Bebauung begann.

71 Bahnhof Friedrichstraße/ Tränenpalast ★★ [K4]

Der Bahnhof Friedrichstraße ist **für viele Menschen mit dunklen Stunden verbunden.** Bis zum Mauerbau am 13. August 1961 liefen an diesem zentralen innerstädtischen Verkehrsknotenpunkt die Gleise von Fernbahn, S- und U-Bahnen zusammen. Danach war hier Endstation. Quasi über Nacht wurde aus dem Durchgangs- ein in zwei Teile zerschnittener Sackbahnhof: ein Teil davon der streng bewachte Westbereich für Reisen von und nach Westberlin und nach Westdeutschland, Bahnsteig A für Fernzüge, Bahnsteig B für die S-Bahn. Hermetisch abgeriegelt, durfte diese West-Enklave von DDR-Bürgern unterhalb des Rentenalters nicht betreten werden. Die Einwohner der Hauptstadt der DDR benutzten den anderen Teil des Bahnhofs, der nur von Osten her zugänglich war.

Im Untergrund ratterten die Züge der U-Bahn-Linie 6, die auf ihrer Strecke zwischen Wedding und Kreuzberg verrammelte Geisterbahnhöfe passierte – mit einem einzigen Zwischenstopp am U-Bahnhof Friedrichstraße. Dort konnten die Valuta-Wessis ohne Grenzkontrollen die Waggons zum Umsteigen verlassen, um auf ihrem Weg zur S-Bahn Richtung Bahnhof Zoo in einem Intershop entlang der verschmuddelten labyrinthischen Schleusengänge verbilligt Rauchwaren und Alkoholika zu erstehen und (illegal) nach Westberlin zu schmuggeln.

Oberirdisch im S- und Fernbahnhofbereich hielten derweil die Soldaten der Grenztruppen der DDR, in zehn Meter Höhe an den Stirnseiten der Glaskuppel postiert, breitbeinig ihre Kalaschnikows im Anschlag. Bis wenige Minuten vor Abfahrt wurden die Züge durchsucht und Hunde unter ihnen hindurchgejagt, nicht um den Klassenfeind zu verschrecken, sondern um sozialistische Mitbürger an der Republikflucht zu hindern.

Für die Einreise in die Hauptstadt der DDR wurden die Westberliner wiederum in eine 1962 gebaute, gesonderte Grenzabfertigungshalle geschleust, in der es mit Ablaufen der Einreiseerlaubnis erbarmungslos Punkt 0 Uhr Abschied von den Freunden und Verwandten von „drüben" zu nehmen galt. Unzählige Tränen wurden dabei vergossen, weshalb der trapezförmige Pavillon zwischen Bahnhof und Spreeufer den Namen **Tränenpalast** trägt. Pünktlich zum 50. Jahrestag des Berliner Mauerbaus eröffnete 2011 dort am historischen Ort die **Ausstellung „Alltag der deutschen Teilung"**. Von der Stiftung „Haus der Geschichte der Bundesrepublik" wurden dafür zahlreiche Originaldokumente und Zeitzeugen-Interviews rund um das DDR-Grenzregime bis zur Wiedervereinigung zur Verfügung gestellt. Eine authentische Grenzkabine kann besichtigt werden und auch das grässliche Türschlossschnarren – manch einer erinnert sich noch mit Schaudern daran – ist wieder zu hören.

› Reichstagsufer 17, Tel. 46777790, www.hdg.de, S und U6 Friedrichstraße, Di.–Fr. 9–19, Sa./So. 10–18 Uhr, Eintritt frei

72 Admiralspalast ★ [K4]

Als Relikt aus den 1920er-Jahren hat er den Zeiten getrotzt. Im letzten Drittel des 19. Jahrhunderts erbaut, zog in den **Amüsiertempel** 1910 eine Eislaufarena ein. Es folgten Café, Kino, Tanzsaal, Bar, Restaurant, Luxusbad, 1922 ein Revuetheater und Anfang der 1930er-Jahre ein Operettenbetrieb. 1946 tagte im Admiralspalast der **Vereinigungsparteitag von KPD und SPD** zur Sozialistischen Einheitspartei, 1955 zog das Metropol-Theater in die altehrwürdigen Mauern ein. Bereits zwei Jahre zuvor hatte sich das **politisch-satirische Kabarett Distel** gegründet, das bis heute an dieser traditionsreichen Stätte gegen den Berliner Politbetrieb stichelt.

› Friedrichstr. 101, S und U6 Friedrichstraße, Tram M1, 12, Tel. 22507000, www.mehr.de

Extrabild 17 (s. S. 10): Der Bahnhof Friedrichstraße um 1900

73 Berliner Ensemble ★ [K4]

1892 eröffnete die Spielstätte mit dem komischen „Hut“ obenauf am Schiffbauerdamm, und seitdem wird dort **Theatergeschichte geschrieben.** Soeben erst eingeweiht, sorgte das „Neue Theater am Schiffbauerdamm“ gleich 1893 mit der Uraufführung von Gerhart Hauptmanns „Die Weber“ für einen handfesten Theaterskandal.

1903 übernahm der große Regisseur **Max Reinhardt** (1873–1943) das Haus. Unter seiner Leitung bis 1905 wurden der Orchesterraum und die Drehbühne eingebaut und es fanden weltweit Aufsehen erregende Inszenierungen statt. Trotz Reinhardts Weggang an das Deutsche Theater kam es in der Folgezeit zu nicht weniger spektakulären Ereignissen, u.a. wurde hier 1928 Bertolt Brechts und Kurt Weills „Dreigroschenoper“ welturaufgeführt.

Nach der Rückkehr **Bertolt Brechts** (1898–1956) und **Helene Weigels** (1900–1971) 1949 aus dem Exil riefen die Eheleute das Berliner Ensemble ins Leben, 1954 bezog die Truppe das Haus am Schiffbauerdamm. Nach Brechts Tod führte die Weigel das BE bis zu ihrem Lebensende weiter und auch im Anschluss – zunächst unter einem streitbaren Intendantenkollektiv, dann unter dem großen Heiner Müller – blieb man der **Tradition des politischen Theaters** treu.

› Bertolt-Brecht-Platz 1, S und U6 Friedrichstraße, Tram M1, 12, Tel. 28408155, www.berliner-ensemble.de

Der Friedrichstadt-Palast – Berlins Nr. 1 für großartiges Entertainment

74 Deutsches Theater ★ [J4]

1883 ging in der Schumannstraße 13a erstmals der Vorhang auf, ab 1905 feierte das Theater unter Max Reinhardt bis zu dessen Emigration 1933 glänzende Erfolge und wurde zum **Inbegriff für Regie- und Schauspielkunst.** Mit Thomas Langhoff als Chef wurde das Haus nach 1991 mehrmals zum Theater des Jahres gekürt.

› Schumannstraße 13a, U6 Oranienburger Tor, Bus 147, www.deutschestheater.de, Tel. 28441225

75 Friedrichstadt-Palast ★ [K4]

Hinter dem Berliner Ensemble stand Am Zirkus 1 zwischen Bertolt-Brecht-Platz und Reinhardtstraße bis 1985 der nicht weniger berühmte Friedrichstadtpalast. Die von Hans Poelzig für Max Reinhardt zum „Großen Schauspielhaus“ umgestaltete Markthalle musste geschlossen und abgerissen werden, da im morastigen Untergrund die Gründungspfähle verfault waren. Dennoch sollte Ostberlin nicht auf ein Revuetheater verzichten. Schon 1984 eröffnete nur einen Steinwurf entfernt an der Einmündung der Reinhardtstraße in die Friedrichstraße der neue Friedrichstadt-Palast, eine **orientalisch anmutende Betonorgie,** der deshalb sogleich der Spitzname „Aserbaidschanischer Hauptbahnhof“ verpasst wurde. In Europas größtem Revuetheater brilliert inmitten einer farbenfrohen Ausstattung mit schillernden Kostümen besonders die **famose Girlreihe,** die einen Abend im Friedrichstadt-Palast zum unvergesslichen Augenschmaus macht.

› Friedrichstraße 107, U6 Oranienburger Tor, www.show-palace.eu, Tel. 23262326

76 Charité ★ [J3]

Von herausragender Bedeutung für die Entwicklung der Friedrich-Wilhelm-Stadt wie für die Wissenschaft erwies sich die **Gründung eines Pestkrankenhauses** 1710 außerhalb der damaligen Stadtumwallung – in der Mark Brandenburg wütete in jenen Jahren der Schwarze Tod. Aus der Gründung ging noch im 18. Jahrhundert die Charité hervor. In dem berühmtesten deutschen Universitätsklinikum wirkten **bahnbrechende Medizinpioniere** wie Christoph Martin Hufeland (1762–1836), Rudolf Virchow (1821–1902), Robert Koch (1843–1910) und Ferdinand Sauerbruch (1875–1951). Der Universitätscampus der Charité nimmt ein gutes Drittel der gesamten Friedrich-Wilhelm-Stadt ein, überragt vom 1981/82 errichteten Charité-Hochhaus als weithin sichtbarem „Wahrzeichen" der Friedrich-Wilhelm-Stadt.

› Charitéplatz 1, S Hauptbahnhof, Bus 147, www.charite.de

77 Französischer und Dorotheenstädtischer Friedhof ★★ [K3]

Seit dem späten 18. Jahrhundert lagen vor dem Oranienburger Tor mehrere Gottesacker im freien Gelände. Davon erhalten blieben die 1762 angelegten Friedhöfe der Dorotheenstädtischen und Friedrichswerderschen Gemeinde sowie der ihnen zur Chausseestraße hin vorgelagerte Friedhof der französischen reformierten Gemeinde.

Bert Brecht und Helene Weigel, Heiner Müller und der große Mime Bernhard Minetti (1905–1998) liegen auf dem Dorotheenstädtischen Friedhof begraben, nur einen kleinen Spaziergang von ihren Wirkungsstätten entfernt. In ihrer Nachbarschaft finden sich die **mit wundervollen Grabmälern geschmückten Ruhestätten zahlreicher weiterer bedeutender Persönlichkeiten:** die Bildhauer Johann Gottfried Schadow und Christian Daniel Rauch, der Baumeister Karl Friedrich Schinkel, die Philosophen Fichte und

355be Abb.: jg

Extrabild 18 (s. S. 10): Die Charité um 1740

Geschichtsmeile Wilhelmstraße

Von postmodernen Plattenbauten flankiert, verläuft die Wilhelmstraße [K6/7] nahe dem Brandenburger Tor schnurgerade nach Süden. Bereits Anfang des 18. Jahrhunderts ließ der Adel in dieser hervorragenden Lage seine Stadtpalais erbauen. Und bis zum Untergang des Dritten Reichs ballte sich hier die ***deutsche Regierungsgewalt.*** *Ab Anfang des 19. Jahrhunderts zogen zunächst preußische Ministerien in die Adelspalais ein, nach der Reichsgründung 1871 Kanzlei, Ministerien und Behörden des Deutschen Reichs und 1933–1945 zahlreiche Ministerien und Parteidienststellen Nazi-Deutschlands. Die „Wilhelmstraße" war wie die Londoner Downing Street, der Kreml oder der Elysée-Palast ein* ***Synonym für Regierung.*** *In den Bombennächten des Zweiten Weltkriegs wurde sie ausgelöscht. Fast nichts ist aus der Vorkriegszeit übrig geblieben – statt dessen stehen dort rund 30 gläsernen Informationstafeln, die auf der Geschichtsmeile Wilhelmstraße am Ort der untergegangenen Gebäude über deren Geschichte informieren.*

So befand sich unter der alten Anschrift Wilhelmstraße 68 (heute Nr. 60), wenige Schritte vom Pariser Platz entfernt, im 1901 im Stil des italienischen Frühbarock errichteten Gebäude zunächst das ***Preußische Kultusministerium.*** *Unter den Nazis war dort das Reichsministerium für Wissenschaft, Erziehung und Volksbildung untergebracht, später quartierte sich das DDR-Ministerium für Volksbildung unter Margot Honecker ein. Nach der Wiedervereinigung sind in das Gebäude Büros des Deutschen Bundestags eingezogen.*

Das heutige Ministerium für Ernährung und Landwirtschaft (Nr. 54), das damals unter der Hausnummer 64 firmierte, beherbergte nach seiner Errichtung 1900–1918 das Geheime Zivilkabinett Wilhelms II. und diente in der Weimarer Republik als Wohnung und ***Amtssitz des preußischen Ministerpräsidenten.*** *1932/33 lebte Konrad Adenauer als Präsident des Preußischen Staatsrates hier. In der Nazizeit war das Haus Amtssitz von Hitler-Stellvertreter Rudolf Hess bzw. ab 1941 von dessen Nachfolger Bormann. 1970–1990 befand sich in seinen Räumen der Staatsverlag der DDR.*

Gegenüber erhob sich auf der Westseite der Wilhelmstraße unter der Nummer 73 das 1735–1737 erbaute, spätere ***Reichspräsidentenpalais.*** *Das dreiflügelige Barockgebäude fungierte von 1919 bis 1933 als Residenz des Reichspräsidenten und in der Nazi-Zeit als Präsidialkanzlei Hitlers.*

Im benachbarten, 1799 errichteten Palais mit der Hausnummer 74 (heute auf Höhe Nr. 84) befand sich bis zum Ende des Kaiserreichs das Reichsamt des Inneren. Anschließend übernahm das Auswärtige Amt, das bereits in den Hausnummern 75 und 76 arbeitete. Nr. 76 wurde ab 1862 zudem von Reichskanzler Otto von Bismarck und seiner Familie bewohnt, bis sie 1878 in die benachbarte, prachtvolle ***Reichskanzlei*** *in der Wilhelmstraße 77 umzogen. Im 1930 fertiggestellten Erweiterungsbau ließ sich anschließend Adolf Hitler Wohn- und Büroräume einrichten.*

Heute erblickt man Ecke Wilhelmstraße/An der Kolonnade anstelle der alten Reichskanzlei als stählernes „Denkzei-

chen" - schemenhaft und in der Dunkelheit strahlend - die 17m hohe Silhouette von **Georg Elser** *(1903-1945). Auf den Tag 72 Jahre nach dessen missglücktem Attentat auf Hitler im Münchner Bürgerbräukeller am 8. November 1939 wurde dem Widerstandskämpfer mit der Einweihung des Denkmal von Ulrich Klages diese späte Ehrung zuteil.*

Voßstraße 1-19 lautete die Postadresse der nach Entwürfen Albert Speers über eine Straßenfront von 420 Meter bis 1939 errichteten **Neuen Reichskanzlei** *Ecke Wilhelmstraße/Voßstraße. Von Anbeginn teils mit Luftschutzbunkern unterkellert, legte man 1943 einen zusätzlichen unterirdischen Luftschutzraum mit direkter Verbindung zu Hitlers Privaträumen in der alten Reichskanzlei an - der Führerbunker, in dem der millionenfache Massenmörder 1945 sein klägliches Ende beging.*

Sämtliche Gebäude an der westlichen Wilhelmstraße wurden im Krieg schwer beschädigt und zwischen 1949 und 1951 abgerissen. Teilweise erhalten blieb der am früheren Wilhelmplatz von der Straße zurückgesetzte **Gebäudekomplex des berüchtigten Reichsministeriums für Volksaufklärung und Propaganda** *(Nr. 8-9, nach aktueller Zählweise Nr. 49). Vor 1933 arbeitete an dieser Stelle in einem kleinen Palais die Pressestelle des Auswärtigen Amts. Nachdem Joseph Goebbels das Haus übernommen hatte, musste infolge der immens wachsenden Mitarbeiterzahl - 1939 waren es 2000 Bedienstete - ständig angebaut werden, bis das Gebäude schließlich das gesamte Karree bis zur Mauerstraße verschlang. Das Palais brannte 1945 aus, die Erweiterungsbauten bestehen dagegen größtenteils noch. Das Bundesministerium für Arbeit und Soziales hat dort das schwierige Erbe angetreten.*

Südlich der Kreuzung mit der Leipziger Straße nimmt unübersehbar ein weiterer im Nationalsozialismus entstandener gigantischer Koloss die gesamten 250 Meter Straßenlänge bis zur Niederkirchnerstraße ein (ehemals Nr. 81-85). Nach Plänen von Ernst Sagebiel 1936 nach nur zweijähriger Bautätigkeit fertiggestellt, zog das **Reichsluftfahrtministerium** *unter Hermann Göring in das Ungetüm ein. Doch auch der Widerstand gegen das Nazi-Regime hatte hier eine Zelle. Bis zur Enttarnung wirkten im Haus Mitglieder der Widerstandsgruppe „Rote Kapelle". Eine kleine Gedenkstätte im Eingangsbereich des heutigen Bundesfinanzministeriums erinnert daran.*

Im Festsaal des mit 112.000 Quadratmeter Bruttogeschossfläche wahrlich riesenhaften Gebäudes wurde nach dem Krieg am 7. Oktober 1949 die DDR gegründet. Anschließend diente das Haus dem Ministerrat und anderen maßgeblichen DDR-Behörden, weshalb es den Namen **„Haus der Ministerien"** *erhielt.*

Nach der Wiedervereinigung beherbergte es 1991-1995 die Treuhandanstalt und trägt bereits seit 1992, in Erinnerung an die Ermordung ihres ersten Präsidenten, den Namen **Detlev-Rohwedder-Haus.** *Seit dem Umzug der Bundesregierung vom Rhein an die Spree 1999 bieten die über 2000 Büroräume und beinahe sieben Kilometer Flure, die der fünf- bis siebengeschossige Stahlbetonskelettbau sein eigen nennt, Unterkunft für den* **Bundesfinanzminister** *und seine Behörde.*

EXTRATIPP

Brecht-Weigel-Gedenkstätte

Mit Blick auf die großen Geister, die auf dem Dorotheenstädtischen Friedhof 77 begraben sind, lebte das Künstler-Ehepaar Bertolt Brecht und Helene Weigel ab 1953 im Haus direkt nebenan. Ein Teil ihrer Räumlichkeiten ist original erhalten. Führungen finden Di.–Sa. ab 10, So. ab 11 Uhr im halb- bis einstündigen Rhythmus statt.

•39 [K3] **Brecht-Weigel-Gedenkstätte,** Chausseestraße 125, U6 Naturkundemuseum, Tel. 200571844, www.adk.de/de/archiv/gedenkstaetten/brecht-weigel-gedenkstaette, Erw. 5 €, erm. 2,50 €

356be Abb.: jg

Hegel, die Schriftsteller Heinrich Mann, Anna Seghers, Johannes R. Becher und Arnold Zweig, die Komponisten Hanns Eisler und Paul Dessau und viele bedeutende Persönlichkeiten des deutschen Kultur- und Geisteslebens mehr.

Auf dem kleineren, 1780 für die Berliner Hugenotten eingeweihten Französischen Friedhof liegen der Zeichner und Kupferstecher Daniel Chodowiecki (1726–1801) und der berühmte Hofschauspieler Ludwig Devrient (1784–1832).

› Chausseestraße 126, U6 Oranienburger Tor oder Naturkundemuseum, Tram M6, 12, http://stiftung-historische-friedhoefe.de, März/Okt. tgl. 8–18 Uhr, April/Sept. tgl. 8–19 Uhr, Mai–Aug. tgl. 8–20 Uhr, Feb./Nov. 8–17 Uhr, Dez./Jan. tgl. 8–16 Uhr, Eintritt frei

78 Museum für Naturkunde ★★ [J3]

Das 1889 eröffnete Haus zählt zu den bedeutendsten Naturkundemuseen der Welt. Neben umfangreichen mineralogischen, geologischen, paläontologischen und zoologischen Kollektionen sind im Lichthof unter der hohen Glaskuppel mehrere Dinosaurierskelette zu sehen, unter ihnen das Glanzstück des Museums: der viel bestaunte *Brachiosaurus brancai.* 1905 wurden die Überreste dieses Vorzeitgiganten, der vor 150 Millionen Jahren durch das Jura stapfte, im Süden Tansanias entdeckt. Mit über 15 Meter Länge und exakt 13,27 Meter Höhe ist es das **weltweit größte Di-**

Im Museum für Naturkunde gibt es faszinierende uralte Knochen zu sehen

Der Hamburger Bahnhof – Tempel für zeitgenössische Kunst

no-Skelett, das je Platz in einem Museum fand.

Die jüngste Attraktion hört auf den Namen „Tristan Otto“ und ist ein **66 Millionen Jahre alter Tyrannosaurus Rex.** Noch bis mindestens Ende 2018 (mit Aussicht auf Verlängerung) werden seine gut erhaltenen Knochen im Naturkundemuseum zu sehen sein.

› Invalidenstr. 43, U6 Naturkundemuseum, www.museumfuernaturkunde.berlin, Tel. 8891408591, Di.-Fr. 9.30-18 Uhr, Sa./So. 10-18 Uhr, Erw. 8 €, erm. 5 €

79 Hamburger Bahnhof – Museum für Gegenwart ★★ [J3]

Jenseits der Brücke über den Berlin-Spandauer-Schifffahrtskanal liegt kurz vor dem gläsernen Hauptbahnhof der 1846 eröffnete Hamburger Bahnhof. Bis 1884 fungierte der klassizistische Kopfbahnhof als Endstation für die Berlin-Hamburger-Eisenbahn, bereits seit 1904 wird das Gebäude für Ausstellungen genutzt. Heute ist in den Hallen auf 10.000 m² Fläche das **Museum für Gegenwart der Nationalgalerie** untergebracht. Es präsentiert zeitgenössische Malerei und Bildhauerei, Raum- und Lichtinstallationen, Grafik, Foto, Video und Multimedia von den **1960er-Jahren bis in die Gegenwart.** Den Grundstock bildet die umfangreiche **Sammlung des Mäzens Erich Marx,** die Werke u. a. von Beuys, Kiefer, Lichtenstein, Rauschenberg, Twombly und Warhol zeigt. Seit 2004 ist im ehemaligen Bahnhofsgebäude und in den benachbarten Rieck-Hallen ferner die umstrittene **Flick Collection** zu sehen, die umfangreiche Privatsammlung von Kunst des 20. und 21. Jahrhunderts des NS-Großindustriellen-Erben Friedrich Christian Flick.

› Invalidenstraße 50-51, S Hauptbahnhof oder U6 Naturkundemuseum, Tel. 266424242, www.smb.museum, Di./Mi./Fr. 10-18 Uhr, Do. 10-20 Uhr, Sa./So. 11-18 Uhr, Erw. 14 €, erm. 7 €

80 Gedenkstätte Berliner Mauer ★★ [K2]

Wie kaum ein anderer Ort an der alten Berliner Sektorengrenze wurde die **Bernauer Straße zum Inbegriff aller persönlichen Mauerdramen:** Fenstersprünge aus den oberen Stockwerken im August 1961, während die DDR-Grenztruppen im Erdgeschoss bereits die Fenster vermauerten; von Hand gegrabene Tunnel unter Mauer und Todestreifen hindurch 1962 und 1964, die rund 100 Menschen zur Flucht in den westlichen Wedding verhalfen; schließlich das berühmte Foto mit dem Volksarmeesoldat Conrad Schumann, der am 15. August 1961 an der Bernauer Straße über den

063be Abb.: kj

Stacheldraht in den Westen sprang – Bilder, die um die Welt gingen.

Fast überall wurde das Betonungetüm, das die Stadt fast vier Jahrzehnte lang teilte, nach der Wiedervereinigung abgeräumt. In der Bernauer Straße aber blieb ein gut **200 Meter langer Mauerabschnitt original erhalten.** Wo also könnte ein geeigneterer Ort für eine Gedenkstätte sein?

Auf 1,4 km Länge verläuft die zentrale Gedenkstätte Berliner Mauer zwischen dem S-Bahnhof Nordbahnhof (westlich) und dem Mauerpark (östlich) an der Bernauer Straße auf dem ehemaligen Mauer- und Todesstreifen. Die Erinnerungsmeile beginnt am Nordbahnhof, wo 2009 das **Besucherzentrum** eröffnete und seitdem neben Infoflyern, Büchern und anderen Medien einen Dokumentarfilm zur Geschichte der Berliner Mauer präsentiert.

Gegenüber deutet auf der anderen Straßenseite eine lockere Reihe rostiger Stahlstelen, die sich mit originalen Mauerteilen abwechselt, den alten Grenzverlauf an. Auf dem einstigen Todesstreifen dahinter erinnert ein **Freilichtparcours** mit zahlreichen Stationen und Texttafeln an die Ereignisse, die Flüchtlinge und die Opfer.

Etwa auf Höhe des Sophienfriedhofs schließt sich der **authentische Mauerabschnitt** an. Mit erhaltenem Wachturm vor der Ackerstraße ist er als **Denkmal** gestaltet: Vorne verstellen die Mauer und seitwärts meterhohe Stahlwände zu ebener Erde den Blick in die einst tödliche Anlage. Sie lässt sich deshalb am besten vom **Aussichtsturm des Dokumentationszentrums** gegenüber an der Bernauer Straße in Augenschein nehmen. 1965 wurde das Gebäude auf Westberliner Seite als neues Gemeindehaus für die evangelische Versöhnungsgemeinde errichtet. Seit 1998 steht es mit Ausstellungen, Foto- und Filmdokumenten zur Berliner Mauer Besuchern offen.

Bereits im Jahr 1995 erhielt die Versöhnungsgemeinde, deren unermüdlichem Engagement der Erhalt des Mauerstücks an der Bernauer Straße ebenso wie die Errichtung der Gedenkstätte

388be Abb.: kj

wesentlich zu verdanken ist, ihr altes Grundstück im ehemaligen Todesstreifen zurück. Dort hatten DDR-Grenztruppen 1985 die alte Versöhnungskirche gesprengt. Auf ihren Fundamenten steht heute, von Holzlamellen ummantelt, die kleine **Versöhnungskapelle.** Im ovalen Innern birgt sie den geretteten Altar aus dem alten Gotteshaus.

Wenige Schritte östlich erhebt sich Ecke Strelitzer Straße eine fast zwölf Meter hohe Stahlkonstruktion, die an einen 1990 abgerissenen DDR-Grenzturm erinnert. Auf den beiden letzten Abschnitten zwischen Ruppiner und Wolliner Straße erfährt man vieles über den Mauerbau und die Rolle der Mauer in der Politik, über den Kalten Krieg, Fluchtversuche und den Alltag der Grenzsoldaten. **Ecke Ruppiner Straße** wurde jene berühmte Szene auf Film gebannt, die den jungen Soldat Conrad Schumann in den Tagen des Mauerbaus 1961 beim Sprung über den Stacheldraht zeigt. Den Schlusspunkt der Ausstellung bildet der Mauerpark an der Grenze zum Prenzlauer Berg.

> Besucherzentrum: Bernauer Str. 119, Dokumentationszentrum: Bernauer Str. 111, beide Di.–So 10–18 Uhr, www.berliner-mauer-gedenkstaette.de. Außenanlagen Tag und Nacht zugänglich, Eintritt frei.
> S1, S2, S86 Nordbahnhof, U8 Bernauer Straße, Tram M10

[<] *Das erhaltene kleine Original-Mauerstück mit Wachturm und Todesstreifen an der Bernauer Straße ist heute als Denkmal gestaltet*

Nordöstlich der Linden – Spandauer Vorstadt

Weithin sichtbar strahlen die goldenen Kuppeln der Neuen Synagoge über der Spandauer Vorstadt, die im 18. Jahrhundert nördlich Alt-Berlins zwischen Spree und Oranienburger Straße, Rosenthaler Straße und Schönhauser Tor entstand. Die ersten Siedler auf dem sumpfigen Boden waren Bauern und Tagelöhner, später Dienstboten und kleine Handwerker, gefolgt von Arbeitern, die sich in den Textilmanufakturen verdingten.

1820 wurden bereits die ersten berüchtigten **Berliner Mietskasernen** mit ihren engen, dunklen, dicht hintereinander gedrängten Hinterhöfen hochgezogen – und sie füllten sich schnell, sehr schnell. Mit einsetzender Industrialisierung und schließlich in der Gründerzeit errichtete man für die aus der Provinz in die Reichshauptstadt strömenden Menschen solche Wohnhäuser im Großmaßstab. In den lichtlosen feuchten Ein-Raum-Küche-Klo-auf-halber-Treppe-Ritzen im dritten oder vierten Hinterhof drängelten sich häufig zehnköpfige Proletarierfamilien. Oft war Schmalhans Küchenmeister in dem Stadtviertel, das die in der glänzenden Residenzstadt Ungelittenen aufnahm: Minderbemittelte, Arme, Kranke, Katholiken und Juden.

Armut war das Charakteristikum im **Sophienviertel** rund um die Sophienkirche [L4], wo viele hauptsächlich jüdische Wohlfahrtseinrichtungen entstanden, Armenhäuser und Suppenküchen, Schulen und Hospitäler. Eine Ausnahme bildete die Oranienburger Straße, die Anfang des 19. Jahrhunderts zu einer vornehmen Adresse ausgebaut wurde.

Spaziergang 4: kreuz und quer durch die Spandauer Vorstadt

Auf den Spuren von Downtown-Kulties und Mitte-Hipstern führt der Spaziergang einmal kreuz und quer durch die Spandauer Vorstadt. Ausgangspunkt ist der S-Bahnhof Hackescher Markt [L4], den man in Richtung Rosenthaler Straße verlässt und auf den ***Hackeschen Markt*** *hinaustritt. Immer samstags verwandelt sich der von Lokalen gesäumte Platz tatsächlich in einen kleinen Markt. Zwischen den Obst- und Gemüseständen kann man dann sogar ein paar echten Berlinern begegnen.*

Wenige Meter sind es von dort bis zu den ***Hackeschen Höfen*** *81, Berlins berühmtestem Hofareal, das man durch die Tordurchfahrt gleich am Anfang der Rosenthaler Straße betritt. Mode- und Schmuckdesign, Kunst- und Konzeptläden bilden über acht Höfe hinweg den Auftakt zum typischen Mitte-Mix aus schick shoppen und spannendem Sightseeing-Programm. Die Spandauer Vorstadt ist ein Einkaufsbummelparadies. Anders aber als beispielsweise am Kurfürstendamm oder in der Friedrichstraße, die mit großflächigen Ladengeschäften aufwarten, lädt die Spandauer Vorstadt mit vielen kleinen Stores und Labels zum Suchen und Entdecken ein, durchaus auch im hochpreisigen Bereich.*

Direkt neben den Hackeschen Höfen erinnert das ***Haus Schwarzenberg*** *82 in der Rosenthaler Straße daran, wie das ganze Viertel vor der Sanierung einmal ausgesehen hat. Wenige Schritte später geht es links in die* ***Sophienstraße*** *83 hinein, eine ehemalige Handwerkergasse, deren Pflaster heute Spezialitätengeschäfte und Anwaltskanzleien säumen.*

Zu den historischen Sehenswürdigkeiten zählen die Sophiensäle (s. S. 110) und die ***Sophienkirche*** *84, die man – selten in Berlin – an ihrem barocken Kirchtum ausmachen kann. In den Sophie-Gips-Höfen (s. S. 110) lässt sich im zweiten Hof sehr schön in* ***Barcomi's Deli*** *(s. S. 110) auf einen Kaffee mit Kuchen einkehren.*

Wo die Sophienstraße in die ***Große Hamburger Straße*** *85 mündet, steht direkt vor Kopf, mit rotem Klinker geschmückt, das St. Hedwigskrankenhaus. Dort links in die Große Hamburger eingebogen, folgen das Jüdische Gymnasium (s. S. 111), daneben der nicht mehr existierende älteste* ***Jüdische Friedhof Berlins*** *86 und ihm gegenüber* ***The Missing House*** *87. Noch einen Katzensprung von dort das Trottoir hinunter hat man die Oranienburger Straße [L4] erreicht.*

Rechts in die Oranienburger eingebogen, fällt der Blick auf den ***Monbijoupark*** *[L4] als kleine grüne Lunge der Spandauer Vorstadt und im Hintergrund die berühmten Bauten auf der Museumsinsel. Zu fortgeschrittener Stunde wird man dann neben „Pubcrawlern" (zum Zweck von Trinkgelagen von Bar zu Bar geführten Touristengruppen) am Straßenrand auch mancher Bordsteinschwalbe begegnen: Die Oranienburger Straße ist traditionell ein Revier der käuflichen Liebe.*

Weiter geht der Spaziergang zur ***Neuen Synagoge*** *89 mit ihrer weithin sichtbaren goldenen Kuppel, gefolgt von den* ***Heckmannhöfen*** *90 und dem* ***Post-***

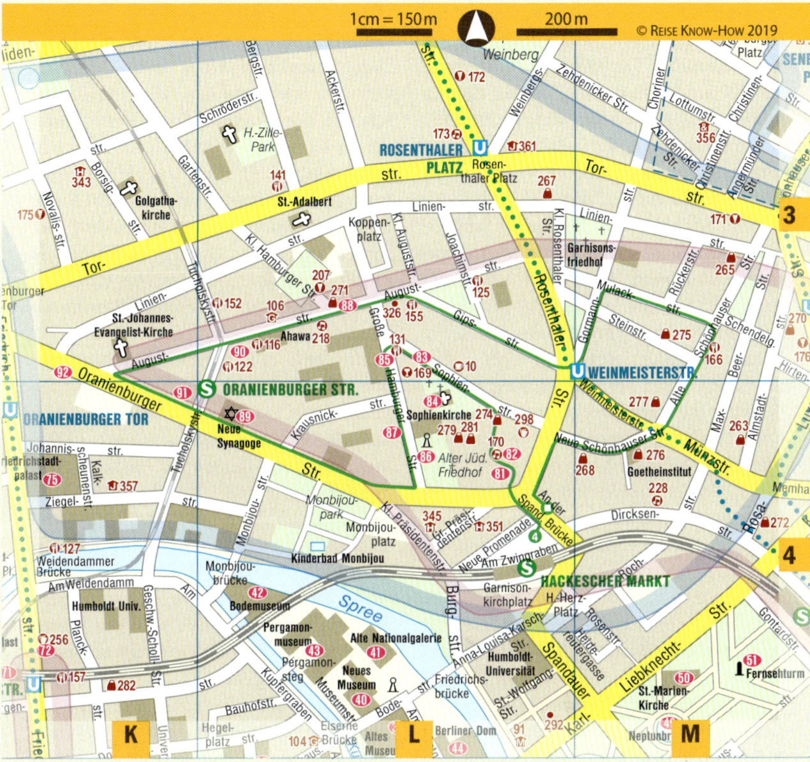

40 [L4] Neues Museum S. 61
41 [L4] Alte Nationalgalerie S. 63
42 [L4] Bode-Museum S. 63
43 [L4] Pergamonmuseum S. 64
50 [M4] St. Marienkirche S. 74
51 [M4] Fernsehturm S. 75
72 [K4] Admiralspalast S. 95
75 [K4] Friedrichstadt-Palast S. 96
81 [L4] Hackesche Höfe S. 108
82 [L4] Haus Schwarzenberg S. 109
83 [L3] Sophienstraße S. 110
84 [L4] Sophienkirche S. 110
85 [L3] Große Hamburger Straße S. 111
86 [L4] Jüdischer Friedhof S. 111
87 [L4] The Missing House S. 111
88 [L3] Auguststraße S. 112
89 [L4] Neue Synagoge und Centrum Judaicum S. 113
90 [L3] Heckmannhöfe S. 114
91 [K4] Postfuhramt S. 115
92 Künstlerruine Tacheles S. 116

Alle weiteren Karteneinträge s. S. 375.

fuhramt (91), *bis man kurz vor Ende der Oranienburger Straße links auf die* ***Künstlerruine Tacheles*** (92) *stößt. Zwei Jahrzehnte lang war das Tacheles als prominente Off-Kultur-Einrichtung zugleich ein Touristenmagnet. Jetzt ist das Areal an einen solventen Investor veräußert, geräumt, umzäunt und Baustelle.*

Vom Tacheles aus führt der Spaziergang schräg gegenüber in die ***Auguststraße*** (88) *hinein. Man könnte sie ebenso „Galerie-Straße" nennen, denn zahlreiche Kunstgalerien prägen ihr Bild. Ecke Tucholskystraße [L3] springt rechts, efeuumrankt, eines der letzten unsanierten Gebäude weit und breit ins Auge. Dank eines moderaten Pachtvertrags über ein Vierteljahrhundert hinweg kann sich das Haus mit der Konzertkneipe „Zosch" bis heute halten und weiterhin muntere Sprüche wie „Spekulieren auf eigene Gefahr" oder „Gewinnsucht ist heilbar!" über die Tür hängen.*

Nach der Kreuzung weiter die Auguststraße entlang folgt sogleich auf der rechten Straßenseite der rückwärtige Eingang der Heckmannhöfe, danach das Areal mit der ehemaligen ***Jüdischen Mädchenschule*** *und dem ehemaligen* ***Jüdischen Krankenhaus*** *(s. S. 112). Gegenüber residiert die renommierte* ***Kunstgalerie KW – Institute for Contemporary Art*** *(s. S. 246), die die Auguststraße alle zwei Jahre in ein Zentrum der Berlin Biennale für zeitgenössische Kunst verwandelt.*

Die nächste Wegmarke, unsaniert und deshalb augenfällig, ist ***Clärchens Ballhaus*** *(s. S. 271), im Sommer mit nettem Biergarten. Auf der anderen Straßenseite in die Sackgasse zum Sportplatz hinein kann man sich in der kleinen Lokalität* ***Strandbad Mitte*** *(s. S. 113) zum Latte die Sonne auf den Pelz brennen lassen. An der nächsten Straßenecke mündet die Gipsstraße ein. In diese rechts eingeschwenkt (auf Höhe Joachimsstraße, leicht zu übersehen, liegt der rückwärtige Eingang zu den Sophie-Gips-Höfen) spaziert man sie bis zur Rosenthaler Straße hinab, quert dort die Kreuzung und biegt danach links am Platz in die Gormannstraße [M3] ein.*

Mit dem Schritt über die Rosenthaler hat man die historische Grenze vom Sophienviertel ins ***Scheunenviertel*** *passiert (s. S. 107). Allerdings erinnert nichts mehr an die Ganovenhochburg, die das Scheunviertel mit Kaschemmen und halbseidenen Läden in den 1920er- und 1930er-Jahren war. Folgt man der Gormannstraße und geht dann die zweite rechts in die Mulackstraße hinein, wird man vielmehr feststellen, dass das Viertel heute zu den führenden internationalen Modeadressen gehört.*

Von der Mulackstraße rechts in die die Alte Schönhauser gebogen, schließt sich, Läden und Lokale bunt durcheinander gemischt, ein weiterer hübscher – und auch wieder erschwinglicherer – Schaufensterbummel an. Am U-Bahnhof Weinmeisterstraße angelangt, geht es geradeaus in die Neue Schönhauser Straße, durch diese hindurch anschließend links über die Rosenthaler Straße zu den Hackeschen Höfen und von dort zum S-Bahnhof Hackescher Markt, dem Ausgangspunkt dieses Spaziergangs, zurück.

Östlich der Rosenthaler Straße wanderten im Kiez zwischen Tor- und Karl-Liebknecht-Straße [M3/4] nach den Judenpogromen in Ost- und Südosteuropa Anfang des 20. Jahrhunderts bis in die 1920er-Jahre Zehntausende meist bitterarme orthodoxe Juden in die niedrigen Häuschen und schmalen Gassen des **Scheunenviertels** ein. Auf ihrer Flucht in die USA oder in das Gelobte Land strandeten viele in diesem Berliner Viertel, das seinen Namen einer Feuerordnung von 1672 verdankt: Zur Eindämmung der Brandgefahr mussten seinerzeit sämtliche Scheunen und Lagerschuppen mit brennbaren Materialien vor die Stadttore verlegt werden.

Mit anbrechendem 20. Jahrhundert vernahm man im Scheunenviertel dann überwiegend Jiddisch, gemischt mit dem Rotwelsch der ballonmützenbeschirmten Hehler, Schieber und Kleingauner und dem deftigen berlinischen Platt aus dem Mund der Zuhälter und Huren. Im zwielichtigen Schummer der Rotlichtlokale waren die Münz- und die Mulackstraße die Zentren der käuflichen Liebe. Charlotte von Mahlsdorf (1928–2002) beschrieb sie folgendermaßen: „Hier war Armut, hier war Enge, aber auch Schönheit, Menschlichkeit und ein Hauch von Poesie. Hier trug das Leben keine Schminke."

In dieser Art gibt es das Scheunenviertel heute freilich nicht mehr. Die engen, niedrigen Häuschen sind alle längst abgerissen und bereits Ende der 1920er-Jahre einer neuen Bebauung gewichen.

Verblieben ist dagegen die 1913/14 nach einem Plan von Oskar Kaufmann errichtete **Volksbühne am Rosa-Luxemburg-Platz** (s. S. 278), das erste moderne Theater Berlins. Dank der an den Theaterkassen entrichteten Obolusse und der Spargroschen der Mitglieder des Volksbühnenvereins (ein als Zweig der Arbeiterbildungsvereine gegründeter Theaterbesuchsverein) konnte die Spielstätte 1914 eröffnen. Zehn Jahre später stand ihr bis 1927 ebenso kurz wie umstritten der für seinen quasidokumentarischen, politisch kontroversen Stil legendäre Erwin Piscator (1893–1966) vor.

Anders als zahlreiche andere Quartiere blieb die Spandauer Vorstadt von den Bomben **im Zweiten Weltkrieg weitgehend verschont** – zählte aber bis zum Ende der DDR zu den vernachlässigten Innenstadtvierteln. Nach der Wiedervereinigung konnte es – über Jahrzehnte dem Verfall preisgegeben – dank der Billig- oder Garnicht-Mieten kurzzeitig zum „Wilden Osten" aufblühen, wo in ehemaligen Läden, Kaufhauskellern und Kriegsbunkern eine schillernde kreative Kunst-Klub-Kultur-Kommune sehr viel kiffte, rauschende Feste feierte und gelegentlich ein paar Kupferrohre zu einem Kunstwerk zusammenschweißte. Auch das gibt es schon lange nicht mehr.

Bei einer in etwa gleich gebliebenen Einwohnerzahl fand von Sanierungsbeginn im Jahr 1993 bis heute ein **annähernd kompletter Bevölkerungsaustausch** statt. Der Trash ist einer Szene aus schicken Lokalen gewichen, in denen sich eine Gesellschaft groovender

Verkehrsanbindung

- S Hackescher Markt oder OranienburgerStraße
- U6 Oranienburger Tor
- U8 Weinmeisterstraße
- Tram M1, M6

VIPs, Hipster, Yuppies, Kultis und Touris trifft. Rund 1,2 Milliarden Euro flossen in die Sanierung der Spandauer Vorstadt und haben sie zu **einem der attraktivsten und teuersten Berliner Innenstadtwohnpflaster** gemacht.

Sophienviertel

In den Straßen rund um den Hackeschen Markt [L4] pulsiert das Leben. Shoppen, Bummeln oder sich in einem Café auf dem gepflasterten Markt vor dem S-Bahn-Bogen niederlassen sind angesagt. Immer samstags 10–18 Uhr findet inmitten der Labelläden- und Gastronomieszenerie ein **Wochenmarkt** statt, auf dem man sogar echte Lebensmittel – Wurst, Fleisch, Fisch, Käse, Obst und Gemüse – kaufen kann.

Hof-Labyrinth mit Kultstatus – die Hackeschen Höfe zählen zu den bekanntesten Sehenswürdigkeiten Berlin

81 Hackesche Höfe ★★ [L4]

Den einen gilt die Sanierung von Deutschlands größtem geschlossenen Hofareal als Sündenfall der „Schickimickisierung" der Spandauer Vorstadt, für die anderen ist sie eine Erfolgsstory. 1997 waren die umfangreichen Restaurierungs- und Modernisierungsarbeiten in den Hackeschen Höfen beendet und sie stiegen mit Kino, Theater, Gastronomie neben Wohnungen, Galerien und Ateliers zum **neuen Touristenmagnet** auf.

Bereits bei ihrem Erstbezug Anfang des 20. Jahrhunderts waren die acht Wohn-, Geschäfts- und Gewerbehöfe eine kleine Sensation. Zwar folgte die 9200 Quadratmeter umfassende Gewerbe-, Fabriketagen- und Wohnhofanlage der seinerzeit üblichen Berliner Mischung aus Wohnen und Arbeiten unter einem Dach. Doch neu an den Hackeschen Höfen war, dass man die Arbeiterfamilien nicht länger in dunkle enge Hinterhofbutzen pferchte, sondern 80 beheizbare Wohnungen mit Innentoiletten

065be Abb.: kj

für sie baute. Darüber hinaus standen den Menschen im Viertel im ersten Hof Festsäle für Vereins- und Familienfeiern zur Verfügung.

Der Haupteingang befindet sich nur wenige Schritte vom S-Bahnhof Hackescher Markt entfernt in der Rosenthaler Straße 40/41. Hinter der großen Tordurchfahrt begrüßt einen gleich im ersten Hof eine von farbigen Glasursteinen geschmückte Fassade mit Anklängen an Jugendstil und Art déco. Das Chamäleon-Varieté spielt hier auf und das **Oxymoron** serviert im gediegenen 1920er-Jahre-Style Frühstück, Business Lunch und abends leichte, feine europäische Küche.

In den weiteren Höfen sind **Kino, Boutiquen, Buch- und Schmuckläden** untergebracht. **Galerien und Cafés** laden zum Verweilen ein, und sind die acht Höfe durchwandert, ist die Sophienstraße erreicht.

› **Hackesche Höfe,** Rosenthaler Str. 40/41

82 Haus Schwarzenberg ★ [L4]

In direkter Nachbarschaft bietet das selbst verwaltete Haus das Kontrastprogramm zu den Hackeschen Höfen. Als **eines der letzten unsanierten Relikte** zeigt es mit seinen Höfen, wie die Spandauer Vorstadt bis Mitte der 1990er-Jahre einmal aussah: kleinteilig parzelliert, mit schmaler Tordurchfahrt durch das Vorderhaus hindurch zu weiteren verwinkelten Höfen mit Wohn- und Fabrikgebäuden. Das für Berlin typische Nebeneinander von Wohnen und dichter Gewerbeüberbauung zeigt sich im Haus Schwarzenberg noch in seiner mittlerweile selten gewordenen authentischen Form.

Ob es so erhalten bleiben würde, war lange Zeit ungewiss. Da sich die Grundstückseigner nicht einigen konnten, stand die Zwangsversteigerung an, mit der das Haus voraussichtlich den Weg vieler anderer Immobilien in der Spandauer Vorstadt gegangen wäre: erst die Sanierung, dann die Kommerzialisierung. Im Sommer 2004 erwarben schließlich eine Berliner Wohnungsbaugesellschaft und die Stiftung Deutsche Klassenlotterie den Gebäudekomplex, um in Zusammenarbeit mit den Bewohnern seinen Fortbestand als alternatives Kulturzentrum sicherzustellen.

Verkehrsanbindung
› S1, S2 Oranienburger Straße, U6 Oranienburger Tor
› S Hackescher Markt

Neben Galerien und Ateliers haben hier ein Programmkino und die Bar-Klub-Institution Eschloraque Rümschrümp (s. S. 265) ihr Zuhause, mittags ab 14 Uhr mit „Kaffeekaschemme" für lecker Kaffee und Kuchen. Das **Anne Frank Zentrum,** Partnerorganisation des Anne Frank Hauses in Amsterdam, widmet sich mit einer Ausstellung dem Leben von Anne Frank. Das **Museum Blindenwerkstatt Otto Weidt** zeichnet in den Originalräumlichkeiten das mutige Engagement des Kleinfabrikanten Otto Weidt nach, der im Nationalsozialismus jüdische und nichtjüdische Gehörlose und Blinde vor der Deportation rettete.

› **Haus Schwarzenberg,** Rosenthaler Str. 39
› **Anne Frank Zentrum,** www.annefrank.de, Di.–So. 10–18 Uhr, Erw. 5 €, erm. 3 €
› **Museum Blindenwerkstatt Otto Weidt,** www.museum-blindenwerkstatt.de, tgl. 10–20 Uhr, freier Eintritt

83 Sophienstraße ★ [L3]

Die Sophienstraße entstand ab 1712 in Verbindung mit dem Bau der Sophienkirche. Ihre **Wohnhäuser aus dem 18. und 19. Jahrhundert** wurden mit Blick auf die Berliner 750-Jahr-Feier Teil des großen Sanierungsprogramms, das die DDR-Regierung bis 1987 für die Hauptstadt auflegte, und unter dem Motto „Kunst, Handwerk, Tradition" auf hübsche altmodische Art wieder hergestellt.

In den **Sophiensälen** (Haus Nr. 18), heute international renommierte Stätte für zeitgenössischen Tanz, sprachen 1918 Karl Liebknecht und Wilhelm Pieck. Das historische Gemäuer war der Versammlungsort des 1844 gegründeten Handwerkervereins, einer Keimzelle der Berliner Arbeiterbewegung.

Unter der Hausnummer 21 firmieren die im letzten Drittel des 19. Jahrhunderts erbauten **Sophie-Gips-Höfe.** Der über drei Höfe reichende Gebäudekomplex beherbergte einst Wohnungen, Gewerbe und Fabriken unter einem Dach. 1995 vom Kunstsammlerehepaar Hoffmann gekauft und saniert, öffnen sich seitdem immer samstags die Hoffmannschen Privaträume, und das staunende Publikum wird durch die **Sammlung Hoffmann** geführt, die in vier Jahrzehnten erworbene Kollektion der Gegenwartskunst mit Werken von Nan Goldin, Frank Stella, Andy Warhol und anderen namhaften Künstlern.

389be Abb.: kj

Zu Cheesecake, Cupcakes, Sandwiches und hausgeröstetem Kaffee lädt anschließend drinnen auf zwei Etagen und draußen im Hof **Barcomi's Deli** ein.

› **Sammlung Hoffmann**, Sophie-Gips-Höfe, Aufgang C, Sophienstr. 21, Führungen samstags zwischen 11 und 16 Uhr nach Voranmeldung, www.sammlung-hoffmann.de, Tel. 28499120, Eintritt 10 €

10 [L3] **Barcomi's Deli,** in den Sophie-Gips-Höfen, Mo.–Sa. ab 9, So. ab 10 Uhr

84 Sophienkirche ★ [L4]

1712 wurde das Gotteshaus zwischen Sophienstraße und Großer Hamburger Straße von Königin Sophie Luise für die Spandauer Vorstadt gestiftet, 1713 geweiht. Die Besonderheit des Gebäudes, einer der berlinweit seltenen **Barocktürme**, kam 1732 hinzu. Das Innere der Sophienkirche zeigt sich vergleichsweise schlicht, so wie es sich für eine protestantische Kirche gehört. Auf dem kleinen, der Sophienstraße zugewandten Kirchhof liegen der Komponist und Leiter der Berliner Singakademie Carl Friedrich Zelter (1758–1832) und der Historiker Leopold von Ranke (1795–1886) begraben.

85 Große Hamburger Straße ★★ [L3]

Die Straße, in der bis zum Beginn der nationalsozialistischen Herrschaft jüdische, katholische und protestantische Einrichtungen einträchtig beieinander lagen, wurde deshalb früher auch **„Toleranzstraße“** genannt. Nach der evangelischen Sophienkirche aus dem 18. Jahrhundert, deren Portal leicht zurückgesetzt zwischen zwei neubarocken Häusern zu sehen ist, öffnete 1854 das katholische **St.-Hedwigs-Krankenhaus** seine Tore. Der rote Klinkerbau nimmt einen großen Teil der nördlichen Großen Hamburger Straße ein. Der Jüdische Friedhof, der sich südlich erstreckt, wurde sogar schon 1672 geweiht.

1863 zog die knapp hundert Jahre vorher gegründete jüdische Freyschule in die Große Hamburger Straße um. 1905/06 erhielt die Knabenschule ein neues Gebäude, so wie es heute noch steht. An der Fassade des seit 1993 wieder bestehenden **Jüdischen Gymnasiums** (Hausnummer 27) ist eine Gedenktafel für den Philosophen, Aufklärer und Begründer der ersten jüdischen Schule Berlins, Moses Mendelssohn (1729–1786), angebracht. „Nach Wahrheit forschen, die Schönheit lieben, Gutes wollen, das Beste tun“ lautet die Inschrift.

Dem räumlichen Miteinander der drei Bekenntnisse setzte die Nazizeit ein jähes Ende. Im Frühjahr 1942 wurde die Schule geschlossen und zusammen mit dem benachbarten, 1945 zerstörten Jüdischen Altenheim zur Sammelstelle für den Abtransport der jüdischen Berliner in die Vernichtungslager gemacht. 55.000 Menschen wurden von der Großen Hamburger Straße zum Bahnhof Grunewald transportiert, dort in Viehwagen gesperrt und in die Todeslager nach Theresienstadt oder Auschwitz deportiert.

◁ Das alternative Haus Schwarzenberg 82 mit Cafés, Museen und Galerien ist eines der letzten unsanierten Relikte im Herzen Berlins

86 Jüdischer Friedhof ★ [L4]

Bereits 1672 geweiht, ist der Jüdische Friedhof in der Großen Hamburger Straße der **älteste jüdische Gottesacker Berlins.** 1943 schändete und zerstörte die Gestapo die Anlage, zwei Jahre später wurde sie zum Massengrab für die im wütenden Kampf um Berlin gefallenen Soldaten und Zivilisten. Anschließend wuchs Gras über den Friedhof. Und was an alten jüdischen Grabsteinen noch erhalten geblieben war, räumte das Ostberliner Stadtgartenamt zusammen mit den Holzkreuzen für die Kriegsopfer in den 1970er-Jahren ab.

Von den einmal fast 2800 jüdischen Grabstätten und den vermutlich 3000 Kriegstoten bleibt nur die Erinnerung. Für den großen Philosoph und Aufklärer des 18. Jahrhunderts, **Moses Mendelssohn**, der 1786 auf dem alten Gottesacker beigesetzt worden war, errichtete man ein schlichtes Gedenkgrab. Außerdem mahnen **ein aus zerstörten Grabsteinen geformter Sarkophag** und vor dem Friedhof eine von Will Lammert 1957 geschaffene **Figurengruppe** die furchtbaren Geschehnisse an.

87 The Missing House ★ [L4]

Zwischen den Gebäuden mit der Adresse Große Hamburger Straße 15 und 16 klafft anstelle des Vorderhauses eine Lücke. Auf den an sie angrenzenden Brandmauern prangen Tafeln mit den Namen der ehemaligen Bewohner: Der Sprengmeister Feldhaus, die Direktrice Thomas, der Amtsrat Jordan und viele andere lebten im Vorderhaus, bis es im Februar 1945 in Schutt und Asche versank. Die Installation „The Missing House“ stammt von Christian Boltanski und wurde, **um das Verschwundene sichtbar zu machen**, 1990 am Haus angebracht.

88 Auguststraße ★ [L3]

Zahlreiche Galerien haben sich in der Auguststraße niedergelassen, darunter das **KW – Institute for Contemporary Art** (s. S. 246), das mit spannenden Wechselausstellungen und der Berlin Biennale für zeitgenössische Kunst (s. S. 294) große Aufmerksamkeit auf sich zieht.

Den KW-Kunstwerken gegenüber erheben sich zwei weitere stumme Zeugen der Vernichtung jüdischen Lebens während der Nazi-Zeit. Unter der Hausnummer 11–13 firmiert die ehemalige **Jüdische Mädchenschule.** 1927–1930 wurde der neusachliche Klinkerbau von Alexander Beer (1873–1945, im KZ Theresienstadt ermordet) errichtet. In seiner Nachbarschaft steht das 1856–1861 zeitgleich mit der Neuen Synagoge von den Architekten Knoblauch und Hähnel erbaute ehemalige **Jüdische Krankenhaus** (Nr. 14–16). Ende des Ersten Weltkriegs richtete man in seinen Mauern ein Kinderheim ein, die **Ahawah**, hebräisch für „Liebe“. Nach der Machtergreifung der Nationalsozialisten gelang es der Leiterin, einem Teil der Kinder die Flucht nach Palästina zu ermöglichen, wo die Ahawa als Einrichtung noch heute besteht. 1941 machte die Gestapo ein Sammellager für sogenannte „Alterstransporte“ daraus. 15.000 jüdische Männer und Frauen wurden von hier aus in die Vernichtungslager verschleppt. Zu DDR-Zeiten war in der Ahawa eine Schule untergebracht.

Nach langem Leerstand im Zuge einer fast 20-jährigen juristischen Auseinandersetzung mit der Jewish Claim Conference erhielt die Jüdische Gemeinde den Gebäudekomplex 2009 zurück. Bis 2012 wurde die Jüdische Mädchenschule umfassend saniert, seitdem beherbergt sie Kunstgalerien, das **Kennedy-Museum** mit einer Sammlung von Privatgegenständen, Fotografien und Originaldokumenten der Familie Kennedy, ein Deli sowie das Sterne-Restaurant **Pauly Saal** (s. S. 252) und die zugehörige Bar. Die Zukunft der Ahawa ist dagegen weiterhin ungewiss.

› www.maedchenschule.org
› **Kennedy-Museum,** Tel. 20653570, www.thekennedys.de, Di.–Fr. 10–18, Sa./So. 11–18 Uhr, Erw. 5 €, erm. 2,50 €

Oranienburger Straße

Lange Zeit war die Querverbindung von der nördlichen Friedrichstraße zum Hackeschen Markt als beliebteste Berliner Ansammlung von Lokalen absolut angesagt. Nach Leerstand und Verfall zu DDR-Zeiten kam nach der Wiedervereinigung ein bunter Mix von Künstlern und Studenten, der sich in der preisgünstigen Morbidität niederließ. In ihrem Gefolge öffneten Kneipen, denen immer mehr Lebensmittelgeschäfte und Bäckereien wichen, bis schließlich ein schillerndes buntes Ausgehviertel entstanden war. So aufgewertet und viel besucht, in bester Lage nur einen Steinwurf von der Museumsinsel entfernt, folgte ein Tross von Investoren und Immobilienentwicklern und mit ihnen die Vermarktung der bald darauf aufwendig sanierten Gebäude. Die Szeneklubs und Alternativkneipen mussten Flagship-Stores, Restaurantketten und schließlich Flatrate-Trinkeinrichtungen weichen. Die legendäre Alternativmeile im Herzen Berlins, die nach der Wende entstanden war, gibt es nicht mehr. Der Straße treu gebliebenen sind dagegen die Bordsteinschwalben, die zwischen Restaurantbesuchern und Partygängern auf dem Trottoir traditionell ihre sexuellen Dienste anbieten.

89 Neue Synagoge und Centrum Judaicum ★★ [L4]

Schon von Weitem sind die **maurisch geschwungenen Goldkuppeln** der Neuen Synagoge in der Oranienburger Straße zu sehen. Ab 1859 wurde das prachtvolle Gotteshaus von Eduard Knoblauch erbaut und nach dessen Erkrankung 1862

KLEINE PAUSE

Pause im Viertel

Nahebei kann man sich im **Strandbad Mitte** (Kleine Hamburger Straße 16, tgl. ab 9 Uhr) bei Kaffee oder kühlem Gerstensaft im Strandkorb aalen oder in **Clärchens Ballhaus** (s. S. 271) zu Tango, Standard und Latein das Tanzbein schwingen. Nicht weit entfernt lädt August-/Ecke Tucholskystraße die orthodoxe israelische Synagogengemeinde Adass Jisroel im **Beth-Café** (s. S. 257) zu koscheren Speisen ein.

Die goldglänzenden Kuppeln der Neuen Synagoge an der Oranienburger Straße sind weithin sichtbar

066be Abb.: kj

von Friedrich August Stüler bis 1866 vollendet. Eine erste Planung beabsichtigte zunächst, das Bauwerk etwa 90 Meter hinter der Straße frei stehend zu errichten. Doch die Gemeinde wollte keine Synagoge im Hinterhof, weshalb Knoblauch zusätzlich zur prunkvollen Hauptsynagoge eine mit Eingangshalle, Herrenvestibül und Trausaal versehene, **repräsentative Vorsynagoge** an der Straßenfront schuf. 1943 wurde das Gotteshaus durch Bomben stark beschädigt, 1958 sprengte man die Hauptsynagoge. Nur die unmittelbar an der Straße gelegenen Gebäudeteile blieben als Ruine bestehen.

1988 begann nach der Gründung der Stiftung „Neue Synagoge Berlin – Centrum Judaicum" der Wiederaufbau der Vorsynagoge. Eine vollständige Rekonstruktion war nicht vorgesehen, die Hauptsynagoge wurde nicht wieder aufgebaut. An ihrer Stelle klafft heute eine mit weißem Kies gestaltete leere Fläche, hinter der sich dort, wo einst der Thoraschrein stand, im Halbrund eine schlichte Stelenreihe erhebt. Am 7. Mai 1995 erfolgte die feierliche Eröffnung des Centrum Judaicum, das in den Räumen der Vorsynagoge mit seiner **ständigen Ausstellung „Tuet auf die Pforten"** die Geschichte des Hauses und das mit ihm verbundene jüdische Leben in Berlin nachzeichnet. Im Obergeschoss befinden sich der Repräsentantensaal, die Jüdische Galerie und Räumlichkeiten für Wechselausstellungen. Zusätzlich kann im Sommerhalbjahr die Kuppel besichtigt werden.

› Oranienburger Straße 28–30,
Tel. 88028300, www.centrumjudaicum.de,
April–Sept. Mo.–Fr. 10–18, So. 10–19 Uhr,
Okt.–März So.–Do. 10–18, Fr. 10–15 Uhr,
Erw. 7 €, erm. 4 €

90 Heckmannhöfe ★ [L3]

Sie sind ein weiteres schönes Beispiel für die **typische Berliner Hofarchitektur** der Gründerjahre. Nur wenige Schritte von der Neuen Synagoge entfernt, bieten die Heckmannhöfe **Gastronomie, Ateliers und Boutiquen.** Die **Bonbonmacherei** im ersten Hof im Kellergeschoss ist mit ihrer Auswahl besonders für Kinder ein Spaß. In der Küche kann man mit ein bisschen Glück beim Bonbonmachen zuschauen.

Die mutigen Frauen in der Rosenstraße

Es gibt keinen Grund mehr, von der Rosenstraße [M4] zu sprechen. Sie ist ein unscheinbares Stückchen Innenstadt, eingeklemmt zwischen den zur DDR-Zeit in Plattenbauweise errichteten Häuserschluchten, von wo aus die Läden an der Karl-Liebknecht-Straße beliefert werden, und neuen Hotelbauten.

*Aber es gibt viele Gründe, sich an die Rosenstraße zu erinnern. Auf der kleinen Grünfläche, dort wo sich einst eine Synagoge befand, steht heute ein **Denkmal aus Stein,** mehrteilig, zur Hälfte Skulptur, zur anderen Relief, das berührt. Von Ingeborg Hunzinger geschaffen und 1993 zum 50. Jahrestag der Ereignisse der Öffentlichkeit übergeben, erinnert es an die sogenannte **„Fabrikaktion"** am 27./28. Februar 1943, mit der die SS-Schergen die deutsche Hauptstadt vollends „judenfrei" machen wollten. Die Deportationen aus Berlin in die Konzentrationslager hatten bereits im Oktober 1941 begonnen und schon im Januar 1942 war auf der berüchtigten „Wannseekonferenz" die*

› Oranienburger Str. 32
› **Bonbonmacherei,** www.bonbonmacherei.de, Mi.–Sa. 12–19 Uhr (Juli/Aug. Sommerpause)

91 Postfuhramt ★ [K4]

Ecke Tucholskystraße wartet das ehemalige Hauptpostfuhramt mit einer für einen Behördenbau ebenso zierreichen wie kuriosen Formgebung auf. Dank seiner achteckigen Tambourkuppel und reich geschmückten Fassade wirkt der 1875–1881 errichtete Klinkerpalast wie eine **steingewordene wilhelminische Hutschachtel.**

Im Innenhof des ehemaligen Hauptpostfuhramts waren in den Stallungen einst über 200 Postkutschenpferde untergebracht, erst im Jahr 1995 gab die Post das Gebäude auf. Heute fungiert es als Repräsentanz eines Medizintechnikherstellers.

„Endlösung der Judenfrage" organisiert worden. Insgesamt 55.000 jüdische Berlinerinnen und Berliner wurden in den Lagern ermordet.

Doch gab es noch die Juden aus den „privilegierten Mischehen", so der Nazijargon, die „nur" zur Zwangsarbeit verpflichtet wurden. Aber auch damit war es im Februar 1943 vorbei. Es begann die Zeit der großen Razzien, während derer die Menschen direkt aus den Betrieben geholt und bis zu ihrem Abtransport in die Vernichtungslager eingesperrt wurden. So auch in der Rosenstraße im Gebäude der Sozialverwaltung, vor dessen Tür dann jedoch etwas für diese Zeit sehr Ungewöhnliches geschah: ***Auf der Straße protestierten die christlichen Ehefrauen und Mütter*** *tagelang lauthals gegen die Internierung ihrer Männer und Söhne.*

„Wir wurden in das Lager Rosenstraße gebracht", ist in den Erinnerungen von Ernst Gross (Berlin 1905–1984 Jerusalem) nachzulesen, „dort waren wir eine Woche und niemand wusste, was mit uns werden würde. Sie wollten uns offenbar auch abtransportieren. Aber damals haben die Frauen gemeutert. Das ist wohl das einzige Mal, dass sowas vorgekommen ist. Da haben die christlichen Frauen tagelang vor dem Gebäude der Rosenstraße Skandal gemacht, und schließlich haben sie es erreicht, und sie haben uns wieder freigegeben."

Weshalb die Nazis nichts gegen den Straßenprotest unternahmen, bleibt den Historikern ein Rätsel. Vielleicht hatte es mit Stalingrad zu tun, das einen Monat vorher „verloren" gegangen war, und wahrscheinlich mit den verheerenden alliierten Bombardierungen Berlins, die am 1. März einsetzten. Beides ließ die Moral der Bevölkerung unter den Nullpunkt sinken. Am 6. März 1943 notierte Propagandaminister Goebbels in sein Tagebuch, dass man die Unruhe in der Rosenstraße momentan nicht gebrauchen könnte und deshalb die Deportation der Gefangenen verschoben hätte.

Die Erinnerungen eines Opfers und die Tagebuchnotiz eines Massenmörders und Verbrechers gegen die Menschlichkeit – bis zu Ingeborg Hunzingers Denkmal war es das einzige, was an die mutigen Frauen in der Rosenstraße erinnerte. 2003 wurde ihre Geschichte unter dem Titel „Rosenstraße" von Margarethe von Trotta verfilmt.

92 Künstlerruine Tacheles ★ [K3]

Die Straßenseite gegenüber nimmt die legendäre Künstlerruine Tacheles ein. 1908/1909 von Franz Ahrens als **Passagen-Kaufhaus** erbaut, erstreckte sich dieses einst mit 14 Eingängen, neun Höfen und zehn Treppenaufgängen über das gesamte Karree Oranienburger Straße/Friedrichstraße. Ab 1928 diente der Gebäudekomplex der AEG als **„Haus der Technik"**, im Dritten Reich quartierten sich NS-Dienststellen ein, in den 1930er-Jahren wurde von hier die erste Fernsehübertragung der Welt ausgestrahlt.

Im Bombenhagel des Zweiten Weltkriegs fiel der Komplex in Schutt und Asche, ein kleiner verbliebener Teil überdauerte als Ruine die DDR-Jahre. 1990 verhinderten Hausbesetzer ihre Sprengung, zu einer Zeit, als schon Bäumchen aus dem Mauerwerk wuchsen. Die neuen Bewohner richteten in den zugigen, damals teils wand- oder deckenlosen Räumen das **alternative Kulturprojekt „Tacheles"** (jiddisch für „Klartext") ein. Mit dem neuen Eigentümer, der dort in bester Citylage Wohn- und Bürogebäude errichten wollte, einigten sich die Künstler im Haus 1998 über die weitere Nutzung. So blieb ihnen die **Kulturruine** bei einer symbolischen Monatsmiete von 50 Cent erhalten. 30 Künstlerateliers, ein Programmkino, die Bier- und Konzertlokalität „Zapata" und im Hof ein Skulpturengarten trugen dem Tacheles einen weithin bekannten Ruf in der **Off-Szene** ein.

Doch der „Kampf zwischen Hinterhauskreativität und globalisiertem Kapital, zwischen David und Goliath", wie die taz 2010 formulierte, war noch lange nicht ausgefochten. 2008 übernahm eine Gläubigerbank das **wertvolle Grundstück.** Den Tacheles-Mietern wurde gekündigt – nicht ohne dass ihnen die Bank, soeben erst selbst mit Milliarden Steuergeldern vor der Pleite gerettet, für 2009 rund 108.000 € als ausstehende „Nutzungsentschädigung" in Rechnung stellte. Das Tacheles musste Insolvenz anmelden. 2011 begann die Räumung. Ein jahrelanger Leerstand schloss sich an.

Nun wird auf dem weitläufigen Areal bis 2020 ein **neues Quartier** mit unterschiedlichen Wohnungstypen und gewerblicher Nutzung entstehen. Für das städtebauliche Konzept zeichnen die Elbphilharmonie-Baumeister Herzog & de Meuron verantwortlich. Ins denkmalgeschützte Tacheles sollen nach der Sanierung wieder Kunst und Kultur einziehen.

› S1, S2 Oranienburger Straße, U6 Oranienburger Tor

390be Abb.: kj

◁ Am Ort der legendären Künstlerruine Tacheles wird in den kommenden Jahren ein neues Luxusquartier entstehen

Tiergarten – Potsdamer Platz und Kulturforum

Spektakulär war der Potsdamer Platz schon immer: in den 1920er-Jahren der verkehrsreichste Platz Europas, während der Berliner Teilung das wohl am meisten besichtigte Niemandsland, nach der Wiedervereinigung die größte Baustelle des Kontinents und heute eine beliebte Adresse des Neuen Berlin. Das benachbarte Kulturforum mit seinen berühmten Museen und der weltbekannten Philharmonie gehört zu den kulturellen Hotspots der Stadt.

93 Potsdamer Platz ★★★ [J6]

„Ich kann den Potsdamer Platz nicht finden!", hörte man lange Zeit nicht nur den alten Mann in Wim Wenders Film „Der Himmel über Berlin" jammern. Auf der Suche nach einem verlorenen Platz wanderte man bis 1989 durch ödes Brachland immer an der Mauer entlang. Später dehnten sich vor den Augen am südöstlichen Tiergartenrand die Gruben der **größten innerstädtischen Baustelle Europas** aus und schließlich wuchs ein Kranwald in den Himmel hinauf.

Spätestens seit der Eröffnung der Daimler-City 1998 sind markante Wegweiser gesetzt. Schon aus der Ferne ist der grün leuchtende Würfel auf dem debis-Hochhaus am Reichpietschufer auszumachen. Am Sony Center erheben sich unübersehbar der 103 Meter hohe, verglaste Büroturm, nördlich davon die weißen Bauten des Beisheim Centers und südlich das klinkergeschmückte Hochhaus des Star-Architekten Hans Kollhoff. So ist der Potsdamer Platz gar nicht zu verfehlen – oder zumindest das Areal, das man gemeinhin so nennt: die Daimler-City, das Sony Center, das Beisheim Center und die Park Kolonnaden. Denn was man vor der Zerstörung im Zweiten Weltkrieg als Potsdamer Platz bezeichnete, war nicht mehr und nicht weniger als eine imposante Straßenkreuzung vor dem Leipziger Platz.

› S1, S2 und U2 Potsdamer Platz

94 Daimler-City ★★ [J6]

68.000 Quadratmeter oder knapp zehn Fußballfelder groß ist die 19 Gebäude, zehn Straßen und zwei Plätze umfassende Privatstadt, die den Namen eines bekannten Autokonzerns trägt. Als die damalige Daimler-Benz AG das Gelände vom Westberliner Senat im Frühjahr 1989 für ein Handgeld erwarb, rechnete kaum jemand damit, dass die Mauer so bald fallen würde. Kurz darauf begann ein internationales **Architektenteam unter der Federführung von Renzo Piano** mit der Planung der neuen Ministadt. 1994 war Grundsteinlegung, 1998 wurde sie mit zwei Filmtheatern, einem Musicaltheater, der größten deutschen Spielbank, Luxushotels, Luxuswohnungen, Cafés und Restaurants sowie der Shoppingmall **Potsdamer Platz Arkaden** eingeweiht. Das einzige aus alter Zeit noch verbliebene Gebäude, das **Weinhaus Huth**, das dank seiner Stahlbetonskelettbauweise den Zweiten Weltkrieg überdauerte, wurde saniert und in die neue Stadt integriert.

Orientierungspunkte bilden Pianos sienafarbenes **debis-Hochhaus** am Reichpietschufer und Hans Kollhoffs mit weinrotem Klinker geschmückter Büroturm an der nordöstlichen Cityspitze, nach seinem Architekt **Kollhoff-Hochhaus** ge-

127be Abb.: kj

Das Sony Center am Potsdamer Platz: Die Kuppel besteht aus 24 Membranbahnen und ist in der Form Japans heiligem Berg Fuji nachempfunden

EXTRATIPP

Boulevard der Stars

Nach dem Vorbild von Hollywoods *Walk of Fame* baut sich Berlin seinen eigenen „Weg des Ruhms". Auf dem Mittelstreifen der Potsdamer Straße zwischen Daimler-City und Sony Center werden deutsche Filmschauspieler und Regisseure mit Sternen geehrt. Die fünfzackigen Messingplatten sind in einen roten Asphaltteppich eingelassen und geben mit Name, Beruf, Lebensdaten und Autogramm Auskunft über den Filmstar. Den Anfang machte Marlene Dietrich, ihr Stern wurde zur 60. Berlinale 2010 enthüllt. Im September selben Jahres auf 40 Sterne komplettiert, folgen jedes Jahr zehn weitere. Wer als Star auf dem Boulevard Einzug halten darf, entscheidet eine Jury.

nannt. Im 25. Stock des Gebäudes bieten **Panorama-Café und Sonnenterrasse** einen luftigen Überblick über das Areal und fast ganz Berlin. Zur fantastischen Aussicht trägt einen der **schnellste Fahrstuhl Europas** mit Tempo 30 in 20 Sekunden hinauf.

› **Panorama-Café und Sonnenterrasse** im Kollhoff-Hochhaus, Potsdamer Platz 1, www.panoramapunkt.de, tgl. 10–20 Uhr, im Sommer bei herrlichem Sonnenuntergang auch einmal länger, im Winter 10–18 Uhr, Erw. 7,50 €, erm. 6 €, bis 6 Jahre frei

95 Sony Center ★★★ [J6]

Unverkennbar durch den 103 Meter hohen gläsernen **Sony-Turm** schließt es sich nördlich der Daimler-City zum Tiergarten hin an. Das aus sieben Bauwerken bestehende Ensemble aus Stahl und Glas nach einem Entwurf des deutsch-amerikanischen Architekten Helmut Jahn umfasst Büros, Geschäfte, Gastronomie, Eigentumswohnungen, Kinos u. v. m. Im Zentrum des Super-Centers wölbt sich über den 40 Meter hohen gläsernen Fassaden eine **Zeltdachkonstruktion** aus 24 Membranbahnen. Sie überspannt ein 4000 Quadratmeter großes **Forum** und ermöglicht den Besuchern, unabhängig von Wetter und Jahreszeit imaginär open air an ihrem Cappuccino zu nippen.

Nach der ersten Berlinale im Februar 2000 im Sony Center zogen im Spätherbst des Jahres die „Freunde der Deutschen Kinemathek" in den Glaspalast ein und eröffneten die **Deutsche Kinemathek – Museum für Film und Fernsehen** (s. S. 242). 100 Jahre deutsche Film- und Fernsehgeschichte in Kulissen, Dokumenten und Objekten werden gezeigt, dazu rund 1000 Filme, der Nachlass von Fritz Lang, Heinz Rühmann

Extrabild 19 (s. S. 10): Leipziger Platz und Straße um 1925

und – als besondere Attraktion – von Marlene Dietrich. Nicht zu vergessen das große Defilee der Stars während der **Internationalen Filmfestspiele,** die alljährlich im Februar schwerpunktmäßig im Sony Center stattfinden.

Großes Aufsehen erregte 1996 die **Verschiebung des prächtigen wilhelminischen Kaisersaals,** den man heute an der Nordseite des Forums im Sony Center findet. An seinem ursprünglichen Ort stand der denkmalgeschützte Speisesaal in der Kriegsruine des Hotels Esplanade dem Straßenbau nach der Wende im Weg. In einer ingenieurtechnisch einmaligen Aktion wurde der Gebäudetrakt deshalb komplett angehoben, auf eine luftkissenartige Rollkonstruktion gesetzt und um 75 Meter verrückt.

Der alte **Esplanade-Frühstückssaal** musste ebenfalls seinen Platz räumen. Er wurde in 500 Teile zerlegt, in Kisten gepackt und zur Restaurierung nach Gotha gebracht. Zwei Wände des neubarocken Prunksaals verblieben am Ursprungsort und sind nun an der nördlichen Außenfassade des Sony Centers hinter Glas zu bewundern. Der Rest wurde nach Abschluss der Restaurierung neben dem Kaisersaal wiederaufgebaut und findet sich mit dem ebenfalls aus dem alten Esplanade-Hotel herrührenden Palmenhof und Silbersaal nordöstlich im Forum vitrinenartig ausgestellt. In die kronleuchterschweren Säle ist eine gehobene Gastronomie eingezogen.

Die Kleinen werden im Sony Center vor allem im **Legoland Discovery Center** (s. S. 290) auf ihre Kosten kommen. Berliner Sehenswürdigkeiten, eine Dschungelexpedition, ein Feenschloss und anderes mehr sind dort mit Millionen von Legosteinen nachgebaut.

96 Beisheim Center ★ [J6]

Als jüngstes Ensemble am Potsdamer Platz erheben sich nordöstlich vom Sony Center die beiden weißen Hochhäuser des Beisheim Centers. Im Auftrag des Metro-Gründers Otto Beisheim eröffnete hier 2004 das elegante **Quartier im Stil der amerikanischen Frühmoderne** mit Hotels, Büros und Luxusapartments. Für das Fünfsternehotel **Ritz-Carlton** und die darüber gelegenen Wohnungen sowie für das Bürogebäude an der Auguste-Hauschner-Straße zeichnet das Architektenteam Hilmer & Sattler und Albrecht verantwortlich, das auch den städtebaulichen Masterplan für den Potsdamer Platz entwickelte. Mit dem Entwurf für das benachbarte Mariott Hotel wurde der Berliner Professor Bernd Albers betraut. Die schicken Parkside Apartments am Tiergartenrand entwarf der Londoner Stararchitekt David Chipperfield.

Bei so vielen Glanzleistungen sind die **Park Kolonnaden** östlich der Daimler-City ein wenig aus dem Blickfeld gerückt. Der 180 Meter lange Gebäudekomplex wurde nach Plänen des Architekten Giorgio Grassi errichtet und umfasst noch mehr Büros, Geschäfte und Restaurants.

97 Kulturforum ★★★ [I6]

Auch wenn das Kulturforum zwischen Landwehrkanal und Potsdamer Platz in seiner Gesamtheit eher einer städtebaulichen Ödnis als einem Tempelbezirk für die Musen gleicht, zählt es von der Neuen Nationalgalerie über die Staatsbibliothek und die Gemäldegalerie bis hin zur Philharmonie zu den **weltbedeutenden Standorten der schönen Künste.** Hunderttausende Menschen pilgern alljährlich hierher, nicht nur um die ikonenhaften Bauwerke von Mies van der Rohe über Hans Scharoun bis Hillmer & Sattler aus der Westberliner Mauerzeit in Augenschein zu nehmen, sondern noch viel mehr, um in den Gebäuden Musik zu genießen, zu lesen oder Kunst zu betrachten. Einzig verbliebenes Zeugnis der Vorkriegszeit auf dem Gelände ist die 1844–1846 nach Plänen Friedrich August Stülers erbaute **St. Matthäuskirche** am Matthäikirchplatz. Das kriegszerstörte neoromanische Gotteshaus wurde zwischen 1956 und 1960 wieder aufgebaut, anschließend begannen beiderseits der Potsdamer Straße die Arbeiten an dem Westberliner Kulturforum.

Es sollte nach einer von Hans Scharoun (1893–1973) entwickelten Konzeption als ein **Pendant zur Museumsinsel** in Mitte, damals Hauptstadt der DDR und quasi unerreichbar für Westberliner, entstehen: Philharmonie und Kammermusiksaal, Staatsbibliothek und Neue Nationalgalerie, die als Solitäre am Rande Westberlins vor der Mauer emporwuchsen, würden im Fall einer Wiedervereinigung als Kulturband von West nach Ost die Stadt wieder miteinander verbinden. So lautete die Idee, die mit der Errichtung von Philharmonie und Kammermusiksaal ab Anfang der 1960er-Jahre allmählich Gestalt annahm und 1998 mit der Eröffnung der Gemäldegalerie ihren Abschluss fand.

› S1, S2 und U2 Potsdamer Platz, Bus M48 Kulturforum, Bus 200, 347 Philharmonie

98 Philharmonie und Kammermusiksaal ★★ [I6]

Die 1960–1963 von Hans Scharoun erbaute Philharmonie ist das älteste Bauwerk am Kulturforum. Von außen zeichnet es sich keineswegs durch reine

Mythos Potsdamer Platz

Wo in der Stille des Todesstreifens hinter der Mauer einst Jeeps oder höchstens einmal ein einsamer Panzer den Boden durchpflügten, bebt heute wieder die Erde rund um den Potsdamer Platz. Ein ohrenbetäubender Verkehrslärm erschüttert Häuser und Menschen und verschlägt selbst den Tiergartener Karnickeln den Atem. Fast so wie damals in den 1920er-Jahren, als der Potsdamer Platz der ***verkehrsreichste Verkehrsknotenpunkt ganz Europas*** *war. 1924 knatterte die für das damalige Kfz-Aufkommen aberwitzige Zahl von 2700 Fahrzeugen stündlich über die riesige Kreuzung, weshalb man dort noch im Oktober jenen Jahres* ***eine der ersten Ampelanlagen*** *Europas installierte. Dazu kamen unterirdisch die U-Bahn und überirdisch 26 Straßenbahn- und 5 Buslinien.*

Sie beförderten zahllose Gäste und Angestellte ringsum in die Hotels, Restaurants und Vergnügungsbetriebe, von denen manch eines schon zu Lebzeiten Legende war. Das ***„Haus Vaterland“*** *beispielsweise, mit Ungarischer Weinstube, „Cowboytänzen und Neger-Jazzbands“ in der Wild-West-Bar und den berühmten „Rheinterrassen“, die eine Rheinlandschaft imaginierten – mit echtem Gewitter mit Blitz, Donner und Regen einmal pro Stunde. Stattliche 9 Stockwerke mit jederzeit veränderbarer Innenraumaufteilung zählte das von Erich Mendelsohn 1931/32 erbaute* ***Columbushaus*** *am Platz.*

Den Zweiten Weltkrieg und die nachfolgenden Abrissorgien überdauerten nur zwei Zeitzeugen: das in die Daimler-City integrierte ***Weinhaus Huth*** *aus dem Jahr*

1912, in dessen Vorgänger schon Theodor Fontane becherte, und die in das Sony Center einbezogene, restaurierte Ruine des einst hochherrschaftlichen ***Hotels „Esplanade“****. Von 1961 bis 1989 ragte neben diesen beiden einzig verbliebenen Oldtimern im öden Gestrüpp rund um den Potsdamer Platz im Schatten der Mauer nur gelegentlich eine Aussichtsplattform mit Blick in den Osten hinauf - bis die DDR im November 1989 plötzlich ihre Grenzübergänge öffnete.*

Nur wenige Jahre später tanzten am Potsdamer Platz schon die Kräne. Für eine unterirdische Verbindung zwischen U-Bahnhof und Einkaufspassage bekam das Weinhaus Huth vier Meter unter seinem alten ein neues Fundament verpasst, den „Kaisersaal“ der Esplanade-Ruine hob man auf eine Rollkonstruktion und verschob ihn um 75 Meter. Die Spree wurde aus ihrem Flussbett geholt und umgeleitet, Baggerseen und Schuttgebirge entstanden. Binnen kürzester Zeit hatte sich die trostlose Brache vor der Mauer im ehemaligen Niemandsland in die größte innerstädtische Baustelle Europas verwandelt, aus der schrittweise ein neuer Stadtraum emporwuchs.

Am 4. Oktober 1998 strömten über eine halbe Million Neugierige zur Eröffnung der Daimler-City auf den Marlene-Dietrich-Platz und in die Potsdamer Platz Arkaden. Im benachbarten Sony Center fanden im Februar 2000 erstmals die Internationalen Berliner Filmfestspiele statt und die Schönen, Reichen und Berühmten ebenso wie Cineasten aus aller Welt kamen in Scharen.

Richtungsweisend, zukunftsorientiert? Längst räumen auch die Skeptiker ein, dass trotz der in der Tat offensichtlichen Künstlichkeit dieser am Reißbrett entwickelten Ministädte ***das Leben an den Potsdamer Platz zurückgekehrt*** *ist - wobei der Verkehrslärm nur eine unter den vielen bemerkenswerten Erscheinungen ist.*

Wahrzeichen des modernen Berlin: der Potsdamer Platz 93

Schönheit aus. Im Inneren triumphiert das Gebäude dafür umso mehr mit seiner Gestalt gewordenen Idee einer **„Musik im Mittelpunkt“**: Die Zuhörerplätze steigen terrassenförmig um ein Musikpodium herum an und bieten somit von jedem Punkt des Konzertsaals aus eine **meisterhafte Akustik.** Scharouns Philharmonie wurde zum Vorbild vieler anderer Konzerthäuser auf der Welt.

Der mit der Philharmonie verbundene Kammermusiksaal entstand ab 1984 unter seinem Schüler Edgar Wisniewski und konnte zur 750-Jahr-Feier Berlins 1987 eingeweiht werden.

› Herbert-von-Karajan-Str. 1, Tel. 254880, www.berliner-philharmoniker.de

99 Musikinstrumenten-Museum ★★ [I6]

Edgar Wisniewski war es auch, der 1979–1984 das ebenfalls an die Philharmonie grenzende Musikinstrumenten-Museum nach einem Scharoun-Entwurf realisierte. **3500 Musikinstrumente und Objekte** aus dem 16. bis 20. Jahrhundert können unter seinem Dach bewundert werden, darunter eine **Mighty-Wurlitzer-Kinoorgel** der 1920er-Jahre, die immer im Mittwochskino zu Stummfilmklassikern erklingt.

392be Abb.: fo © spuno

100 Staatsbibliothek ★ [I6]

Mit einer Ausdehnung von 19.400 Quadratmetern erreicht die 1967–1978 nach Plänen von Hans Scharoun (1893–1972) errichtete Staatsbibliothek gut drei Viertel der Fläche des gesamten Sony Centers. **Eine Stadt nur für Bücher.** Etwa acht Millionen Titel finden in dem vielgliedrigen Bauwerk Platz. Nach der Wiedervereinigung wurden sie mit den Beständen der Staatsbibliothek Unter den Linden 19 zusammengelegt und bilden seitdem die größte wissenschaftliche Universalbibliothek Deutschlands.

› Potsdamer Str. 33, Tel. 2660, http://staatsbibliothek-berlin.de, Mo.–Fr. 9–21 Uhr, Sa. 10–19 Uhr

101 Neue Nationalgalerie ★★★ [I6]

Nach Philharmonie und Staatsbibliothek gesellte sich als Dritter im Bunde am damals kriegsverödeten Ort vor der Mauer unmittelbar am Landwehrkanal 1965–1968 die Neue Nationalgalerie hinzu. Die **grazile, nahezu schwebende Stahl-Glas-Konstruktion** mit stützenfreier, lichtdurchfluteter Haupthalle war das letzte Bauwerk, das **Ludwig Mies van der Rohe** (1886–1969) verwirklichte, und das einzige, das er nach seiner Emigration 1938 vor den Nazis in die USA jemals noch für Deutschland entwarf. Im Oktober 1968 eröffnete es mit einer Piet-Mondrian-Ausstellung und bietet seitdem **Raum für die Kunst des 20. Jahrhunderts** sowie herausragende Wechselausstellungen.

‹ Die Berliner Philharmonie – mit dem Konzept der „Musik im Mittelpunkt“ wegweisend für die moderne Konzerthausarchitektur

Spaziergang 5: vom Potsdamer Platz durch den Tiergarten zum Zoo

Der Spaziergang beginnt am ***Potsdamer Platz*** *93, wo ein morgendlicher Frühstückstermin unter dem Zeltdach im Sony Center 95, eine Fahrt mit dem schnellsten Fahrstuhl Europas hinauf auf das Kollhoff-Hochhaus oder ein kleiner Sightseeing-Bummel durch die wenigen schmalen Straßen der Daimler-City 94 den Auftakt für einen Tag mitten in der Stadt im Grünen bilden.*

Für Kunstliebhaber bietet sich an, anschließend über die breite Potsdamer Straße zum ***Kulturforum*** *97 weiterzuziehen, um sich in der Gemäldegalerie oder der Neuen Nationalgalerie 101 (derzeit geschlossen) der Betrachtung alter oder moderner Meisterwerke zu widmen. Hans Scharouns Philharmonie 98 samt Kammermusiksaal und Staatsbibliothek 100 dort am Platz lohnen ebenfalls einen längeren Blick.*

Nach so viel Kunst und Kultur geht es am Kemperplatz [I6], wo der Tiergartentunnel wieder ans Tageslicht kommt, in den grünen ***Tiergarten*** *105 hinein. Schnurgerade führt die Bellevueallee die Fußgänger durch den Park zur* ***Straße des 17. Juni*** *(s. S. 130), der vielspurigen Ost-West-Achse, die den Tiergarten in eine Nord- und eine Südhälfte teilt. In den 17. Juni links eingebogen fällt bereits – das Brandenburger Tor im Rücken – der* ***Große Stern mit der Siegessäule*** *106 in den Blick. Möchte man, bevor man die „Goldelse" erklimmt, noch einen Abstecher zum* ***Schloss Bellevue*** *107 machen, dem Sitz des Bundespräsidenten, folgt man einfach der Bellevueallee über die Straße des 17. Juni hinweg bis zu ihrem Ende kurz vor dem Schloss. Links und rechts der kleinen Fußgängerallee war in der schönen Jahreszeit lange Zeit Multikulti-Grillen angesagt. Berliner Familien aus allen Ländern der Welt verwandelten den Park vor dem Schloss in eine riesige Bratwurstwolke. Deshalb erließ der Bezirk Mitte 2011, sehr zur Empörung der Hauptstädter, ein Grillverbot.*

Zurück an der Siegessäule eröffnet sich von ihrer schmalen Aussichtsplattform eine herrliche Panoramasicht. Wieder zu ebener Erde ist keine zehn Spazierminuten später am Ufer des Neuen Sees 109 das ***Café am Neuen See*** *(s. S. 269) erreicht. Mit Biergarten und Ruderbootverleih lädt es zur Siesta ein, und so ausgeruht lässt sich die Etappe zum Zoologischen Garten gut bewältigen.*

Der Weg führt weiter über die Rosa-Luxemburg-Brücke mit dem ***Rosa-Luxemburg-Denkmal*** *108 auf das Südufer des Landwehrkanals. Von dort folgt man, rechts eingeschwenkt, der Umzäunung des* ***Zoologischen Gartens*** *110, bis man auf den Schleusenkrug stößt. An der Schleuseninsel, wo die* ***Tiergartenschleuse*** *den Ausflugsschiffen ihre weitere Passage ermöglicht, besteht im* ***Schleusenkrug*** *(s. S. 270) mit großem Biergarten eine letzte Einkehrmöglichkeit, bevor es am Bahndamm entlang hinunter zum Hardenbergplatz [F6] geht. Am großen Platz vor dem* ***Bahnhof Zoo*** *111 haben zahlreiche Buslinien Endstation. Gegenüber am Löwentor als einem der beiden Haupteingänge in den Zoologischen Garten geht es in Deutschlands ältesten Tierpark hinein.*

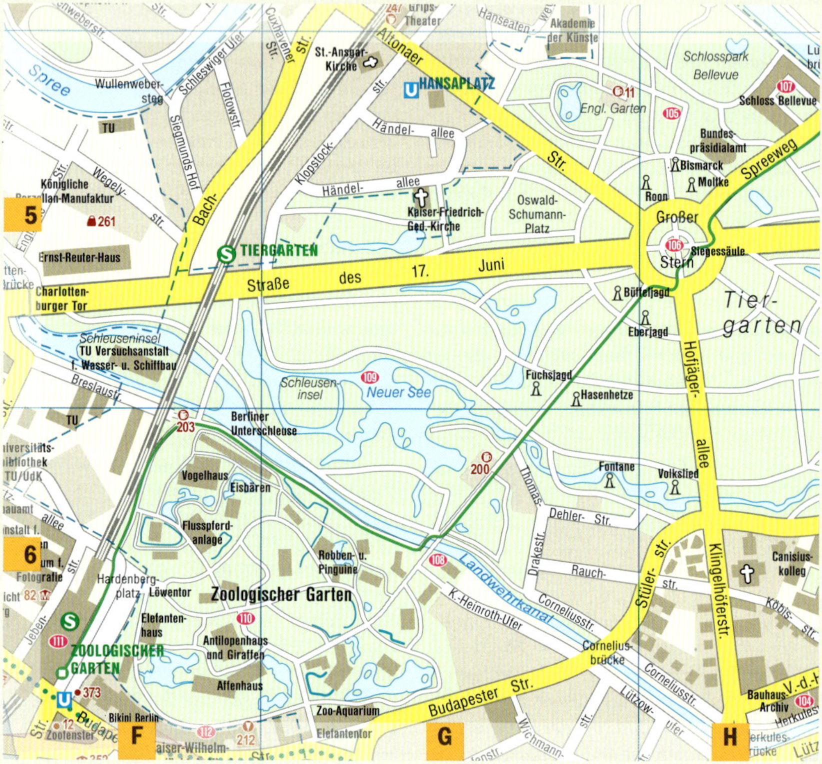

❽ [J5] Sowjetisches Ehrenmal S. 36

93 [J6] Potsdamer Platz S. 117

94 [J6] Daimler-City S. 117

95 [J6] Sony Center S. 118

96 [J6] Beisheim Center S. 119

97 [I6] Kulturforum S. 119

98 [I6] Philharmonie und Kammermusiksaal S. 120

99 [I6] Musikinstrumenten-Museum S. 122

100 [I6] Staatsbibliothek S. 122

101 [I6] Neue Nationalgalerie S. 122

102 [I6] Kulturforum S. 127

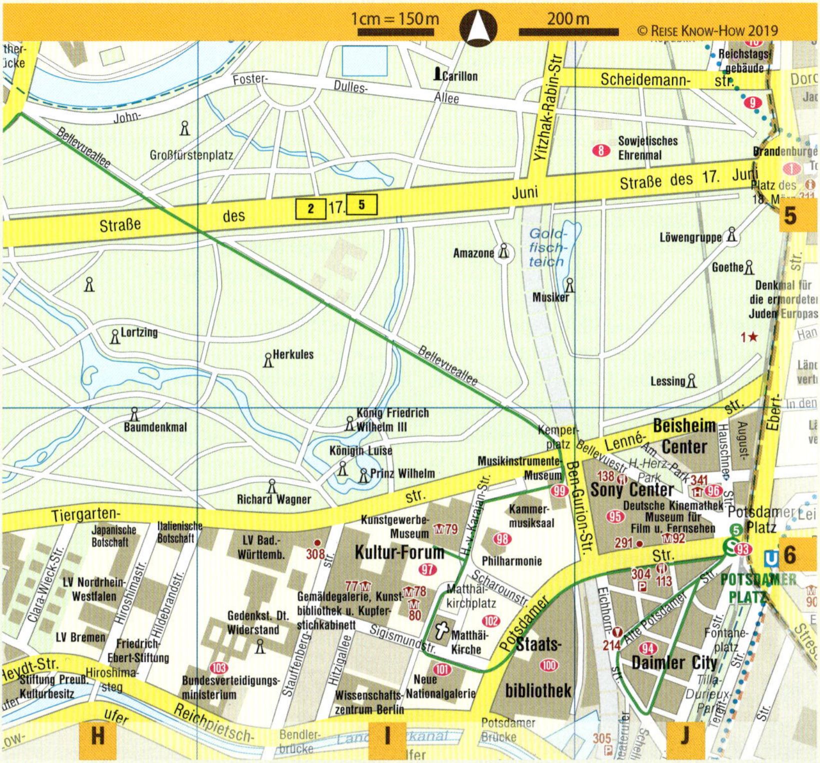

⓵⓪⓷ [I6] Bendlerblock S. 127

⓵⓪⓸ [H6] Bauhaus-Archiv/ Museum für Gestaltung S. 127

⓵⓪⓹ [H5] Tiergarten S. 128

⓵⓪⓺ [H5] Siegessäule S. 131

⓵⓪⓻ [H5] Schloss Bellevue S. 131

⓵⓪⓼ [G6] Rosa-Luxemburg-Denkmal S. 131

⓵⓪⓽ [G5] Neuer See S. 132

⓵⓵⓪ [F6] Zoo Berlin/Zoologischer Garten S. 132

⓵⓵⓵ [F6] Bahnhof Zoo S. 134

Alle weiteren Karteneinträge s. S. 375.

Staatliche Museen am Kulturforum

- **Gemäldegalerie,** Matthäikirchplatz 4/6, Di./Mi./Fr. 10–18, Do. 10–20, Sa./So. 11–18 Uhr, Erw. 10 €, erm. 5 €. Weltbedeutende Sammlungen europäischer Malerei vom 13. bis 18. Jh.
- **Kunstbibliothek,** Matthäikirchplatz 8, Di.–Fr. 10–18, Sa./So. 11–18 Uhr, Eintritt frei. Rund 400.000 Schriften zur Kunst und Architektur von der Spätantike bis zur Gegenwart.
- **Kunstgewerbemuseum,** Matthäikirchplatz 4/6, Di.–Fr. 10–18, Sa./So. 11–18 Uhr, Erw. 8 €, erm. 4 €. Europäisches Kunsthandwerk aller nachantiken Stilepochen.
- **Kupferstichkabinett,** Matthäikirchplatz 8, Di.–Fr. 10–18, Sa./So. 11–18 Uhr, Erw. 8 €, erm. 4 €. Über 110.000 Zeichnungen, Aquarelle, Pastelle, Ölskizzen und nicht weniger als 500.000 Druckgrafiken von Botticelli und Dürer über Picasso bis Andy Warhol.
- **Musikinstrumenten-Museum,** Ben-Gurion-Str. (gegenüber Sony Center), www.sim.spk-berlin.de, Di./Mi./Fr. 9–17 Uhr, Do. 9–20 Uhr, Sa./So. 10–17 Uhr, Erw. 6 €, erm. 3 €
- **Neue Nationalgalerie** (101), Potsdamer Str. 50. **Wegen Sanierung für mehrere Jahre geschlossen.**

Außerdem gehört noch zum Standort:

- **Hamburger Bahnhof – Museum für Gegenwart** (79): zeitgenössische Kunst
- **Informationen:** Besucherservice-Tel. 266424242 (Mo.–Fr. 9–16 Uhr), www.smb.museum
- Für den Besuch mehrerer Museen am Standort am selben Tag lohnt sich der Kauf einer **Bereichskarte:** Erw. 12 €, erm. 6 €. Für Menschen unter 18 Jahre, Sozialgeld- und ALG-II-Bezieher ist der Eintritt kostenlos.

068be Abb.: kj

102 Kulturforum ★★ [I6]

Als jüngster Musentempel am Platz entstand ein Kulturforum im engeren Sinne. Der Plan von vier eigenständigen, durch eine gemeinsame Eingangshalle miteinander verbundenen Museen datierte bereits auf das Jahr 1968 und stammte aus der Feder von Rolf Gutbrod. 1978 war Baubeginn, 1985 konnte das **Kunstgewerbemuseum** als erstes der Gebäude eingeweiht werden. Bereits im Jahr zuvor, 1984, hatten die Architekten Heinz Hilmer und Christoph Sattler die Planung übernommen. Unter ihrer Federführung eröffneten im Jahr 1993 das **Kupferstichkabinett** und die **Kunstbibliothek** sowie im Juni 1998 die von Architekturkritikern wie Kunstliebhabern gleichermaßen gefeierte **Gemäldegalerie.**

Unter ihrem Dach wird auf rund 7000 Quadratmetern auf einem fast zwei Kilometer langen Rundgang in 72 Sälen und Kabinetten eine der weltweit bedeutendsten Sammlungen **europäischer Malerei vom 13. bis zum 18. Jahrhundert** gezeigt, darunter Werke von Pieter Brueghel d.Ä. und d.J., Caravaggio, Canaletto, Dürer, van Eyck, Gainsborough, Pesne, Raffael, Rubens, Rembrandt, Tizian, Vermeer und Watteau.

103 Bendlerblock ★ [I6]

Nur wenige Minuten von der Gemäldegalerie entfernt, erhebt sich hinter dem in fröhlichen hellblau und roséfarbenen Streifen angemalten Wissenschaftszentrum am Reichpietschufer der geschichtsträchtige Bendlerblock. Der mächtige Gebäudekomplex, seit 1993 **Dienstsitz des Bundesverteidigungsministeriums,** wurde 1911–1914 errichtet und anschließend von verschiedenen militärischen Einrichtungen genutzt. Im Nationalsozialismus waren dort Abteilungen des Oberkommandos des Heeres, der Wehrmacht und der Kriegsmarine untergebracht.

Vom Bendlerblock aus plante eine Gruppe von Offizieren um Claus Schenk Graf von Stauffenberg das missglückte Attentat auf Hitler am 20. Juli 1944. Noch in derselben Nacht wurden Stauffenberg, Werner von Haeften, Albrecht Ritter Mertz von Quirnheim und Friedrich Olbricht im Innenhof des Gebäudes erschossen. Am historischen Ort erinnert die **Gedenkstätte Deutscher Widerstand** daran.

› **Gedenkstätte Deutscher Widerstand,** Stauffenbergstraße 13–14, S1, S2 und U2 Potsdamer Platz, U1, U3 Kurfürstenstraße, Bus M29, M48, Mo.–Mi./Fr. 9–18 Uhr, Do. 9–20 Uhr, Sa./So. 10–18 Uhr, Führungen So. 15 Uhr, freier Eintritt

104 Bauhaus-Archiv/ Museum für Gestaltung ★ [H6]

Am Reichpietschufer ziehen die markanten Sheddächer des Museums für Gestaltung die Blicke auf sich. Nach umgearbeiteten Entwürfen von Walter Gropius 1976–1978 errichtet, birgt es eine **umfangreiche Sammlung zur Bauhaus-Geschichte,** darunter Werke und Dokumente der Bauhaus-Gruppe von 1919–1933 und einen Teil des Gropius-Nachlasses.

› **Das Bauhaus-Museum in der Klingelhöferstr. 14 ist für die nächsten Jahre wegen Sanierung geschlossen.** Es gibt ein Ausweichquartier (The temporary bauhaus-archiv, s. S. 241).

◁ St. Matthäuskirche am Kulturforum

Vom Tiergarten in die West-City

Kurfürstendamm, Europa-Center, Kaiser-Wilhelm-Gedächtnis-Kirche. Seit der Wiedervereinigung sind die Attraktionen im alten Berliner Westen ein wenig ins Hintertreffen geraten. Gleichwohl sieht die Zukunft des ehemaligen „Schaufensters des Westens" rosig aus. Viele Tausende Spaziergänger flanieren stündlich an den Kaufhäusern und Boutiquen in der Tauentzienstraße vorbei, die nach wie vor die Nr. 1 unter den Bummelmeilen in der Spree-Metropole darstellt.

105 Tiergarten ★★ [H5]

Von Spree und Landwehrkanal umzogen, erstreckt sich das grüne Herz der Stadt zwischen Zoologischem Garten und Brandenburger Tor. Mit Hotelmeile und Diplomatenviertel zeigt sich der Tiergarten mal blasiert und herausgeputzt, dann wieder hochambitioniert wie am Kulturforum, american-styled wie am Potsdamer Platz oder auch staatstragend wie zwischen Reichstag und Bundeskanzleramt und gleich nebenan plötzlich als Wildnis im Miniaturformat.

Als „wiesenwachs bey der Lützen gelegen" wird er 1540 in der „Preußisch Brandenburgischen Repositura" genannt. Zu jener Zeit befand sich der **dichte, wildreiche Spreeauenwald** vor den Stadtmauern Cöllns bereits im dreizehnten Jahr im Besitz der brandenburgischen Kurfürsten. Sie hatten ihn dem Rat der Stadt Cölln Stück für Stück abgeluchst, um in den Spreeauen ungestört auf die Pirsch gehen zu können.

Zum erfolgreichen Halali ließ Kurfürst Johann Sigismund 1611 Hasen aussetzen und den Tiergarten einhegen, damit der Braten nicht stiften gehe. Eine Tradition, die der Große Kurfürst Friedrich Wilhelm weiterführte, indem er Mitte des 17. Jahrhunderts Geflügel und Wild ansiedelte, ausgesuchte Bäume anpflanzte und die ganze Anlage mit Staketenzäunen umziehen ließ.

393be Abb.: kj

Die erste große Narbe wurde dem Tiergarten anschließend unter dem ersten Preußenkönig geschlagen. Um vom Stadtschloss 45 aus das 1695–1699 erbaute Lustschloss bei der Feldmark Lietzow (Charlottenburg 119) bequemen Fußes erreichen zu können, ließ Friedrich I. eine breite Schneise durch den Wald schlagen und die Straße Unter den Linden in westlicher Richtung weiterführen.

Friedrich der Große öffnete den Tiergarten nach seinem Regierungsantritt 1740 für das Volk, ließ die Zäune niederreißen und den „wiesenwachs“ durch **Georg Wenzeslaus von Knobelsdorff** in einen Park im damaligen Barockgeschmack umwandeln. 1833–1840 gestaltete ihn der Gartenbaumeister **Peter Joseph Lenné** als **Landschaftspark nach englischem Vorbild.**

Am südlichen Tiergartenrand erbauten derweil begüterte Berliner Bürger **hochherrschaftliche Stadtvillen,** später auch vornehme Mietshäuser, sodass zwischen Tiergartenstraße und Landwehrkanal allmählich ein exklusives Wohnviertel entstand. „Der Thiergarten gehört vorzugsweise den höheren Ständen“, berichtet Robert Kaisers Cicerone 1876. „Eine steife Scheere des Anstandes und der Controlle hält das Volk zurück ... Dagegen fühlen sich die Reichen und Vornehmen hier ganz behaglich.“

Das gemeine Volk drängte sich unterdessen in engen dunklen Mietskasernen, die jenseits der Spree in **Moabit** aus dem Boden schossen. Seinen Namen erhielt der Ortsteil mit großer Wahrscheinlichkeit von den aus Frankreich geflohenen Hugenotten, die König Friedrich Wilhelm I. zu Beginn des 18. Jahrhunderts nördlich der Spreebögen ansiedelte. Die ungestrafte Ausübung ihres religiösen Bekenntnisses muss ihnen wohl wie ein Leben im biblischen Moabiter Land erschienen sein. In der zweiten Hälfte des 19. Jahrhunderts setzte dort eine stürmische Industrialisierung ein. Brauereien, Häfen und Bahnhöfe wurden gebaut. Borsig eröffnete das Moabiter Eisenwalzwerk, der Landwehrkanal wurde schiffbar gemacht und der Reichstag entstand.

1873 weihte man auf dem Königsplatz (Platz der Republik) vor dem Reichstag mit ordentlich preußischem Tschingderrassabumm die **Siegessäule** ein. Zahllose weitere Denkmäler wurden im Tiergarten aufgestellt, darunter

KLEINE PAUSE

Englisches Teehaus

Abseits vom Trubel wartet im Englischen Garten das reetgedeckte Englische Teehaus auf einen Besuch. Garten wie Gebäude im Cottage-Stil wurden den Berlinern 1952 von den Briten geschenkt. Anders als der Name sagt, wird drinnen am Kamin und draußen im Biergarten nicht nur Tee serviert, sondern es kommen internationale Gerichte und zum kühlen Bier Deftiges vom Grill auf den Tisch. An neun Sommersonntagen gibt es dazu um 16 und 19 Uhr open air und kostenlos Livemusik (Pop, Jazz, Weltmusik u. v. m.).

11 [G5] **Teehaus,** Altonaer Straße 2, Tel. 39480400, https://das-teehaus.jimdo.com, Di.–Sa. ab 12, So. ab 10 Uhr

Tiergartenidylle am Neuen See 109: Bei gutem Wetter wird es im „Café am Neuen See“ schnell voll

Extrabild 20 (s. S. 10): Der Tiergarten Anfang des 20. Jahrhunderts

357be Abb.: kj

Von den Berlinern wird die geflügelte Siegesgöttin Viktoria auf der Siegessäule einfach nur „Goldelse“ genannt

die 1898–1901 unter herzlichem internationalen Gelächter aufgezogene **Siegesallee.** Sie führte über reichlich einen halben Kilometer vom Reichstag südwärts zum Kemperplatz und präsentierte alle naselang einen lebensgroßen, marmorierten preußischen Recken, Halbgott oder Vorvater von „SM“ Wilhelm II. Die Berliner nannten die Siegesallee die „Puppenallee“, wenn sie, oft von weit her kommend, hier zum Spaß „bis in die Puppen“ spazierten.

Zwischen den beiden Weltkriegen ließen sich in den vornehmen Villen am südlichen Tiergartenrand mehr und mehr Auslandsvertretungen nieder, sodass zwischen Klingelhöfer- und Hildebrandstraße [H6] ein **Diplomatenviertel** entstand. Bis auf die im Dritten Reich errichtete Italienische und Japanische Botschaft versank es wie das Regierungsviertel nebenan in der Wilhelmstraße im Bombenhagel des Zweiten Weltkriegs – und ist seit Mitte der 1990er-Jahre als neues Botschaftsviertel wiedererstanden.

Einen maßgeblichen Eingriff ins Tiergartengrün nahmen die Nationalsozialisten 1937 vor, als sie im Zuge ihrer Umbaupläne Berlins zur Welthauptstadt „Germania“ die **große Ost-West-Achse,** die den Tiergarten in eine Nord- und eine Südhälfte teilt, von 27 auf 53 Meter verbreiterten. Zur Erinnerung an den Volksaufstand in der DDR am 17. Juni 1953 trägt sie den Namen **„Straße des 17. Juni“.**

In den bitterkalten Wintern nach dem Zweiten Weltkrieg wurde der Park von den Berlinern komplett abgeholzt und verheizt, konnte dank der Baumspenden zahlreicher Städte aber schon bald darauf wieder aufgeforstet werden und stieg zwischen 1961 und 1989 zum wichtigen Naherholungsgebiet der eingemauerten Westberliner auf.

Nach der Wiedervereinigung nagten die neuen Regierungsbauten an seinen grünen Rändern. Durch den Bau des **Tiergartentunnels** 1995–2006 zwischen Potsdamer Platz und Hauptbahnhof, der eine asphaltierte Nord-Süd-Verbindung durch das Areal überflüssig machte, erhielt der Park jedoch auch ein altes Stück Grün zurück.

106 Siegessäule ★★★ [H5]

„Goldelse" wird die von Friedrich Drake geschaffene Siegesgöttin Viktoria von den Berlinern genannt. 1873 wurde sie als **Nationaldenkmal der Einigungskriege** auf dem Königsplatz (heute Platz der Republik) vor dem Reichstag 10 feierlich eingeweiht und 1938/39 im Rahmen des Hauptstadtumbaus durch die Nationalsozialisten an den auf 200 Meter Durchmesser verbreiterten Großen Stern im Herzen des Tiergartens verpflanzt. Seitdem hält Madame ihren Lorbeerkranz über dem autolärmenden, fünfstrahligen Kreisverkehr in den Himmel über Berlin.

Ihre **üppigen Maße** können sich sehen lassen: 8,3 Meter hoch und 35 Tonnen schwer ist die vergoldete Bronzeplastik, knapp 2000 Quadratmeter Sandsteinoberfläche umfassen Sockel und Säule. Man kann der Goldelse unter den Rock klettern, 285 Stufen führen zur schmalen **Aussichtsplattform** hinauf, die einen herrlichen Blick weit über die Stadt bietet. Mittels einer Fußgängerunterführung unter dem Kreisverkehr ist die insgesamt 69 Meter hohe Siegessäule gefahrlos zu erreichen.

› Bus 100, 106, 187

› **Siegessäule am Großen Stern,** April–Okt. tgl. 9.30–18.30 Uhr, Nov.–März tgl. 9.30–17.30 Uhr, Erw. 3 €, erm. 2,50 €

107 Schloss Bellevue ★ [H5]

Nördlich der Siegessäule erhebt sich das dreiflügelige, mit einer strahlend weißen, frühklassizistischen Fassade gezierte Schloss Bellevue. 1785 für den jüngsten Bruder König Friedrichs II. als **Sommerpalais** erbaut und nach seiner Zerstörung im Zweiten Weltkrieg wiedererrichtet, diente es dem Bundespräsidenten bis zu seinem Umzug vom Rhein an die Spree als repräsentativer Amtssitz während der Berlin-Aufenthalte. Seit 1994 ist der „Spreeweg 1" nun die feste erste Wohn- und Arbeitsadresse des bundesrepublikanischen Staatsoberhaupts. Es kann deshalb nicht besichtigt werden.

› Bus 100, 187

108 Rosa-Luxemburg-Denkmal ★ [G6]

Südlich der Siegessäule haben sich im Tiergarteneck zwischen Klingelhöferstraße, Stülerstraße und Landwehrkanal die Nordischen Botschaften und die CDU-Parteizentrale niedergelassen. In deren Nachbarschaft steht an der Lichtensteinbrücke über den Landwehrkanal das kleine Rosa-Luxemburg-Denkmal.

Die Sozialdemokratin und Anführerin des Spartakusbundes Rosa Luxemburg (1870–1919) wurde in der Nacht zum 15. Januar 1919 nach einem peinvollen Verhör im damaligen Hotel Eden in der Budapester Straße auf der Straße erschossen und ihre Leiche in den Landwehrkanal geworfen. Das Denkmal in Form einer schräg ins Wasser stürzenden, **gusseisernen Platte** mit Rosa Luxemburgs Namenszug sowie eine **Gedenktafel** an der Mauer zum Tiergarten-Pumpwerk erinnern an sie und auch ihren Mitstreiter Karl Liebknecht (1871–1919), den man nach der Folter im Eden-Hotel in jener Nacht am Neuen See im Tiergarten umbrachte.

› Bus 200 Corneliusbrücke

109 Neuer See ★ [G5]

Den südwestlichen Tiergartenzipfel zwischen der Straße des 17. Juni, der Hofjägerallee und der Hotelmeile an der Budapester Straße nimmt der Neue See **mit romantischen Uferwegen** um seine weitverzweigten Gewässer ein. An der Lichtensteinallee verleiht das **Café am Neuen See** Ruderboote und lädt mit großem Biergarten und Terrasse über dem Wasser zum Verweilen ein (s. S. 269). Ist im Winter der See zugefroren, steht für die Schlittschuhläufer eine Eisbar bereit. Ein weiteres beliebtes Einkehr- und Ausgucklokal ist der **Schleusenkrug** (s. S. 270) an der **Tiergarten-Schleuse.** Obwohl die Schifffahrt heute keine große Bedeutung auf dem Kanal mehr hat, ziehen immer noch genügend Ausflugsdampfer vorbei, denen man von der Terrasse des Ausflugslokals aus während der Schleusenpassage zuschauen kann.

Vereinzelt haben Hausboote am Ufer festgemacht, hinter denen sich auf der Kanalinsel die gewaltigen rosa und lila Röhren der **Versuchsanstalt für Wasserbau und Schiffbau** winden, die in direkter Nachbarschaft zur Technischen Universität in diesem größten Wasserumlauftank der Welt die Hydrodynamik von Schiffsmodellen testet.

› S und U2, U9 Zoologischer Garten, Bus 100, 200

> EXTRATIPP
>
> **Sehenswertes im Blick durch die Linse**
>
> Dem Werk Helmut Newtons widmet sich das **Museum für Fotografie** (s. S. 240) gegenüber vom Bahnhof Zoo 111. 1938 musste der wohl wichtigste Mode- und Aktfotograf des 20. Jahrhunderts vor den Nazis emigirieren. Kurz vor seinem Tod 2004 vermachte er seine Arbeit seiner Heimatstadt Berlin.
>
> Im Amerikahaus in der Nachbarschaft, 1957 als U.S.-Kultur- und Informationszentrum eingeweiht, zeigt die Fotogalerie **C/O Berlin** (s. S. 242) Bildkunst. Neben hochkarätigen Koryphäen wie Will McBride oder Annie Leibovitz werden Fotografie-Stars von morgen ausgestellt.

110 Zoo Berlin/ Zoologischer Garten ★★ [F6]

Der Ausflug in den Zoo Berlin, besser unter dem Namen „Zoologischer Garten“ bekannt, beginnt für die meisten Besucher in der Budapester Straße am Eingang **Elefantentor**, dem 1899 errichteten markanten Wahrzeichen. Das reich mit ostasiatischen Malereien und Schnitzereien verzierte, von zwei vier Meter hohen Elefanten aus Elbsandstein getragene Eingangsportal wurde nach seiner Zerstörung im Zweiten Weltkrieg 1984 originalgetreu rekonstruiert. Seitdem empfängt es wieder die Besucher, die den knapp 20.000 Tieren (bei 1400 Tierarten) im Zoo Hallo sagen möchten.

Der Vorgänger des Zoos, der Ende des 18. Jahrhunderts auf der Pfaueninsel eröffnet wurde, zählte bereits 850 Tiere, die zweimal pro Woche besichtigt werden konnten. Zusammen mit der im

Tiergarten gelegenen Fasanerie schenkte König Friedrich Wilhelm IV. die Tiere der Berliner Bevölkerung, woraufhin der Zoo in den Südwesten des Tiergartens in Stadtnähe verlegt wurde. Am 1. August 1844 öffnete er seine Tore, damit ist er der **älteste Tierpark Deutschlands**. Im Jahr 2007 sorgte der Zoologische Garten mit dem niedlichen **Eisbärbaby Knut**, das mit der Flasche aufgezogen wurde, für großes Aufsehen. Nur vier Jahre später starb Deutschlands Lieblingseisbär unverhofft an einer Virusinfektion. Ein Bronzedenkmal erinnert an ihn.

Neue Publikumslieblinge sind seit 2017 das putzige **Panda-Pärchen** Meng Meng („Träumchen") und Jiao Qing („Schätzchen"). China hat die knopfäugigen Bambusfresser für 15 Jahre an Berlin ausgeliehen.

Dem Zoo angeschlossen ist das **Aquarium**, wo auf drei weitläufigen Etagen vom farbenprächtigen Traumkaiserfisch bis hin zum Hai über 5000 Fischarten bestaunt werden können, außerdem Amphibien, Reptilien sowie in der Krokodilhalle die urtümlichen grünen Panzerechsen. Neben dem Elefantentor befindet sich ein zweiter, weniger frequentierter Eingang in den Zoo direkt am Hardenbergplatz am Bahnhof Zoologischer Garten.

› **Zoo Berlin,** Hardenbergplatz 8 (Eingang Löwentor) und Budapester Str. 32–36 (Eingang Elefantentor), www.zoo-berlin.de, Tel. 254010, April–Sept. tgl. 9–18.30 Uhr, März/Okt. tgl. 9–18 Uhr, im Winter tgl. 9–16.30 Uhr, Erw. 15,50 € (mit Aquarium 21 €), erm. 10,50 € (mit Aquarium 15,50 €), 4 bis 15 Jahre 8 € (mit Aquarium 10,50 €)

› S und U2, U9 Zoologischer Garten (Eingang Löwentor) bzw. Bus 200 (Eingang Elefantentor)

West-City und Charlottenburg

Seit der Wiedervereinigung sind die früheren Touristenmagneten in der West-City, wie man das alte Westberliner Stadtzentrum nennt, etwas ins Hintertreffen geraten, und auch die klassischen Postkartenansichten sind ein wenig aus dem Blickfeld gerückt: das Europa-Center mit der Ruine der Kaiser-Wilhelm-Gedächtnis-Kirche, das Kaufhaus des Westens (KaDeWe) am Wittenbergplatz, der platanengesäumte Kurfürstendamm mit seinen Straßencafés, Schaufenstern, Vitrinen und schicken Boutiquen, der Funkturm auf dem Messegelände. Nichtsdestotrotz gibt es im alten Westen nach wie vor viel zu entdecken. Die Großstadt, die sich zwischen Wittenbergplatz, Ku'damm und Schloss Charlottenburg erstreckt, ist garantiert mehr als einen Bummel wert.

Sie entwickelte sich aus dem winzigen Flecken Lietzow am grünen Strand der Spree, wo ab 1695 für Kurfürstin Sophie Charlotte die Lietzenburg, das spätere **Schloss Charlottenburg**, entstand. Damals konnte das kurfürstliche Residenzdörfchen Lietzow auf gerade mal 100 Einwohner verweisen, 200 Jahre später zählte die Stadt Charlottenburg über 100.000, Anfang des 20. Jahrhunderts mehr als 300.000 Bürgerinnen und Bürger. Mietskasernen wuchsen empor, in denen die armen Leute hausten, so wie sie der „Milljöh"-Zeichner Heinrich Zille porträtierte und damit ihrem Elend Ausdruck verlieh.

Derweil rückte von Osten her die aus allen Nähten platzende Reichshauptstadt Berlin an die Charlottenburger

Stadtgrenzen heran. Unter der Devise „go West“ entflohen vornehmlich begüterte Herrschaften der lärmenden Metropole und ließen sich ihre Domizile stadtnah im Grünen errichten.

„Im Grunewald ist Holzauktion ... links um die Ecke rum, rechts um die Ecke rum, überall ist große Holzauktion.“ Diesen von Otto Teich in Wort und Weise ausgeheckten Gassenhauer sangen die Berliner, wenn sie am Wochenende vom Bahnhof Grunewald aus zur Landpartie ins „Jrüne“ zogen, während der Wald östlich des Bahnhofs gerade „plattjemacht“ wurde. Rund um den Königs- und den Dianasee wich er einer Wohngegend für „bessere Kreise“, der **Villenkolonie Grunewald** im Neuen Westen, die ab 1889 auf Anregung des Reichskanzlers Bismarck Gestalt annahm.

Drei Jahre vorher hatte man auf Bismarcks Vorschlag bereits mit dem **Ausbau des Kurfürstendamms** 117 zu einem repräsentativen Boulevard begonnen. In den 1920er-Jahren – Charlottenburg gehörte mit Inkrafttreten des „Gesetzes über die Bildung einer neuen Stadtgemeinde Berlin“ seit 1920 zur deutschen Hauptstadt – stand der Kurfürstendamm mit Kabaretts, Restaurants und Kaffeehäusern, vornehmen Hotels und zweifelhaften Kaschemmen der Friedrichstraße nicht nach. Bis auf einen ebenso kleinen wie feinen Unterschied: Er war stets ein Fünkchen mondäner, einen Touch mehr unkonventionell und allzeit „très chic“.

313be Abb.: kj

Im Bombenhagel des Zweiten Weltkriegs wurde Charlottenburg, der Stadtmitte gleich, nahezu vollständig in Trümmer gelegt, aber anders als die bedeutenden friderizianisch-preußischen Bauten in der späteren Hauptstadt der DDR nur teilweise wieder aufgebaut. Im Gegenteil, Westberlin wurde als **„Schaufenster des Westens“** im Stil modernster Wirtschaftswundermanier ostentativ ausstaffiert. Schließlich war die eingemauerte Insel im Roten Meer stets „eine Reise wert“ und musste deshalb auch Wertvolles bieten. Selbst in den 1980er-Jahren lag noch der Kitzel der Frontstadt in der Luft. Er mischte sich insbesondere rund um den Ku'damm im Herzen des ungewollt neuen Stadtzentrums Berlin-West mit einer Prise *élégance parisienne* und verdichtete sich so zu dem einzigartigen Berlin-Flair, das man nach wie vor schnuppern kann.

111 Bahnhof Zoo ★ [F6]

Der Name ist Legende. 1884 eröffnet, stieg der Bahnhof Zoo nach dem Mauerbau 1961 zum zentralen An- und Abfahrtsort für Westberliner Bahnreisende auf – zum heimlichen Hauptbahnhof in der eingemauerten Teilstadt. Am Bahnhof Zoo war Endstation. Drogenhandel, Beschaffungskriminalität und Babystrich rund um eine düstere Halle, von deren Wänden die Kacheln fielen, zählten für viele, die das erste Mal auf dem Schienenweg nach Westberlin kamen, zu den schockierenden Eindrücken. Spätestens mit dem autobiografischen Junkie-Roman von Christiane F. („Wir Kinder vom Bahnhof Zoo", 1978) gelangte die Gleisstation zu traurigem Ruhm.

Mit seiner Sanierung Mitte der 1990er-Jahre legte der „Zoo" sein Schmuddelimage ab und ist seither ein Bahnhof wie jeder andere.

› S und U2, U9 Zoologischer Garten, Bus 100, 200 und zahlreiche weitere Buslinien

112 Bikinihaus ★ [F6]

Auf 200 Metern Länge trennt das Bikinihaus den Zoologischen Garten vom Breitscheidplatz. Es ist Teil des 1957 fertiggestellten damaligen „Zentrums am Zoo", zu dem außerdem das Berlinale-Kino Zoo Palast, das Hochhaus am Hardenbergplatz und die kleinere Hochhausscheibe nahe dem Zoo-Aquarium mit der Monkey Bar (s. S. 271) zählen. Den Namen verdankt das denkmalgeschützte Bikini seiner ursprünglichen Architektur: Mit einem säulengetragenen Luftgeschoss war das Gebäude – wie bei einem Bikini – in oben und unten geteilt. 2014 wurde das zugige Stockwerk geschlossen, anschließend zogen Gastronomie und schicke Läden ein. Größte Attraktion ist die **weitläufige Dachterrasse**, von der aus man auf das kunterbunte „Wildlife" im Affengehege des Zoos schauen kann.

EXTRATIPP

Türme des Westens

Zwei herausragende Sichtmarken stellen den Bahnhof Zoo seit einiger Zeit in den Schatten. Knapp 120 Meter ragt das **Zoofenster** mit heller Natursteinfassade hinauf. 2009 war Grundsteinlegung für das Hochhaus, das nach Plänen des Architekturprofessors Christoph Mäckler entstand. 2012 war Eröffnung. Einen Teil seiner 32 Etagen nimmt das Luxushotel Waldorf-Astoria ein.

Nebenan ist seit 2013 das weißsilber glänzende **Upper West** auf 118 Meter emporgewachsen. 2017 nach einem Entwurf des Berliner Architekten Christoph Langhof eingeweiht, belegt das Motel One – Upper West (s. S. 355) 18 Etagen der 33 Stockwerke. Vom Rooftop der „One Lounge"-Bar aus lassen sich Long Drinks und ein fantastischer Ausblick auf den „guten alten Westen" genießen.

•12 [F6] **Zoofenster**
•13 [F6] **Upper West**

407be Abb.: kj

◁ *Einkaufs- und Gastrotempel: das Bikinihaus*

△ *Upper West heißt eines der jüngsten Hochhäusern Berlins*

Spaziergang 6: über Ku'damm und Tauentzien

- ⓫⓪ [F6] Zoo/Zoologischer Garten S. 132
- ⓫⓵ [F6] Bahnhof Zoo S. 134
- ⓫⓶ [F6] Bikinihaus S. 135
- ⓫⓷ [F6] Kaiser-Wilhelm-Gedächtnis-Kirche S. 139
- ⓫⓸ [F7] Europa-Center S. 139
- ⓫⓹ [F7] Tauentzienstraße S. 139
- ⓫⓺ [G7] Kaufhaus des Westens (KaDeWe) S. 140
- ⓫⓻ [E7] Kurfürstendamm S. 140
- ⓫⓼ [E7] Fasanenstraße S. 140

Alle weiteren Karteneinträge s. S. 375.

Startpunkt für den Bummel ist der U-Bahnhof Wittenbergplatz [G7], wo man sich in der berühmten Schlemmeretage im ***KaDeWe*** *⓫⓺ für den anstehenden Shop-Marathon von Veggie über Weißwürste und kulinarische Spezialitäten aus aller Welt bis zum kleinen Sektfrühstück erst einmal ausgiebig stärken kann. Über 100 Köche, mehr als drei Dutzend Bäcker und Konditoren stehen in der „Fressetage", wie der Berliner lapidar sagt, dafür bereit. Darüber hinaus warten im KaDeWe gut 380.000 verschieden Artikel darauf, bestaunt und gekauft zu werden. Und wer angesichts dieser Überfülle nicht beschließt, seinen Tagesausflug einfach auf die sechs Kaufhaus-des-Westens-Etagen zu beschränken, der folge dem Motto „go west" aus der Warenhaustür hinaus und die weitere Kaufhausparade an der* ***Tauentzienstraße*** *⓫⓹ entlang.*

Als Wegmarke dient das weithin sichtbare Europa-Center ⓫⓸, das keine 500 m weiter den Breitscheidplatz östlich abschließt. Ihm gegenüber am Platz fällt der Blick auf die Turmruine der ***Kaiser-Wil-***

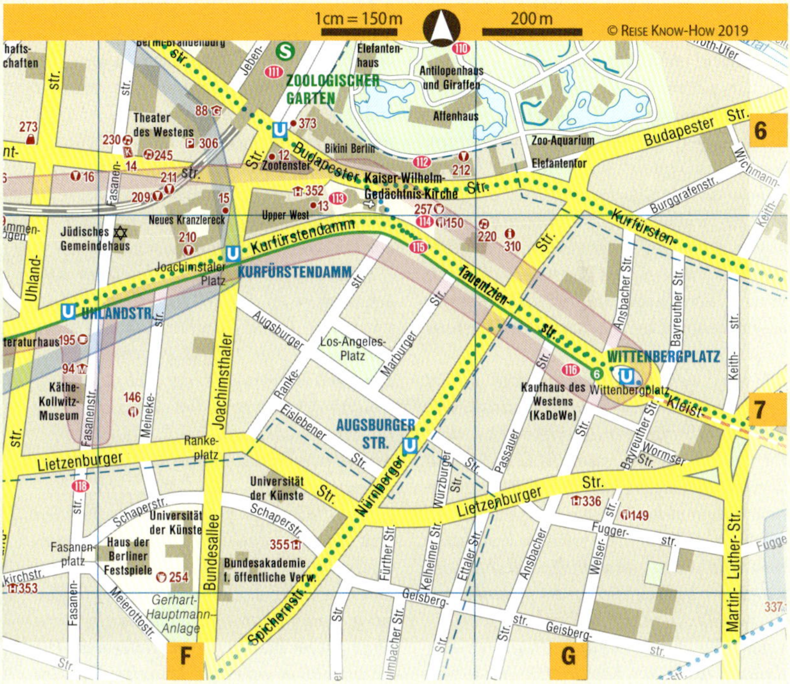

helm-Gedächtnis-Kirche *113 und nördlich, über die Budapester Straße hinweg, auf das* ***Bikinihaus*** *112. Der in den 1950er-Jahren erbaute Gebäuderiegel trägt diesen lustigen Namen, weil sich inmitten seiner Etagen ein Luftgeschoss mit Durchblick zum Zoologischen Garten 110 befand. 1978 wurde die Sicht geschlossen; sie wurde jetzt, mit Verglasung, wieder geöffnet. Wer den Zoo nicht nur kurz sehen, sondern ausgiebig erleben möchte, geht vom Bikini-Haus wenige Schritte die Budapester Straße ostwärts und steht sogleich vor dem Elefantentor, dem markanten Haupteinlass zum Zoologischen Garten.*

Die Kaiser-Wilhelm-Gedächtnis-Kirche auf dem Breitscheidplatz, die wie kein anderes Wahrzeichen die Westberliner Nachkriegsgeschichte symbolisiert, wird neuerdings von den Hochhäusern Zoofenster und Upper West (s. S. 135) in den Schatten gestellt. Nächster Stopp auf dem Bummel ist das ***Kranzler-Eck*** *an der Kreuzung Ecke Joachimsthaler Straße, wo die Tauentzienstraße endet und der*

Kurfürstendamm (117) *beginnt. Der Name rührt vom traditionsreichen Café Kranzler her, das bereits seit 1893 am Ort seine Tortenkunst präsentiert. Daran, dass hier nicht erst seit heute der Verkehr braust, erinnert das denkmalgeschützte kleine Ensemble mit Kiosk und Verkehrskanzel gegenüber am Platz. In der Kanzel konnte ein Polizist bei Bedarf die Ampelanlage per Hand schalten. 1955 eröffnet, war sie sieben Jahre später schon wieder außer Betrieb. Hinter dem anschließenden gläsernen Neuen Kranzler-Eck kann man in der Kantstraße bereits das türmchengeschmückte* ***Theater des Westens*** *(s. S. 276) erspähen.*

Weiter den Ku'damm entlang kreuzt bald darauf die noble ***Fasanenstraße*** (118)*, links hinab mit dem Literaturhaus, dem Käthe-Kollwitz-Museum (s. S. 243) und daran anschließend der Villa Grisebach, einem bedeutenden Kunstauktionshaus, und in dessen Gefolge ausgesuchten Kunstgalerien und Antiquitätenläden. Rechts vom Ku'damm befindet sich in der Fasanenstraße das Jüdische Gemeindehaus (s. S. 141).*

Es folgt die Kreuzung Uhlandstraße, danach wird der Kurfürstendamm teuer. Fortan begleiten einen Armani, Bulgari, Escada & Co. in exquisiten Vitrinen und Schaufensterauslagen. Der mittlere Ku'damm ist die ***Luxusmeile*** *der Berliner West-City. Wem nun der Sinn nach einem leckeren Mittagstisch steht, biegt rechts in die Knesebeckstraße [E7] ein und erreicht unter dem Stadtbahn-Viadukt hindurch bald darauf den* ***Savignyplatz*** *[E6] mit rundum einer stattlichen Anzahl an Lokalen (s. S. 141). Anschließend durch die kleine Gasse am Else-Ury-Bogen hindurch, geht es links in die Bleibtreustraße hinein. Neben hübschen Shops und Boutiquen bietet sich eine weitere nette Auswahl an Cafés, Kneipen und Restaurants. Es lohnt sich aber auch einfach nur so, hier zu schlendern und zwischen den herrschaftlichen Gründerzeitbauten ein bisschen entspannte Charlottenburger Atmosphäre zu schnuppern. Wenige Minuten später ist der Ku'damm wieder erreicht.*

Dort wartet zwischen Bleibtreu- und Schlüterstraße das 2012 wiedereröffnete, vornehme ***Haus Cumberland*** *auf seine Würdigung. 1911/1912 errichtet, diente der Gebäudekomplex, der sich über fünf Innenhöfe erstreckt, im Verlauf seiner Geschichte als Luxushotel, Musentempel und Behördensitz. Heute lädt dort neben edlen Geschäften das Café „Grosz" zwischen Stuckverzierungen, Marmorsäulen und Prunkspiegeln zur Ku'damm-Bummelpause ein – bevor es, mit Yves Saint Laurent oder Louis Vuitton als Begleitung, unter Platanen an Schaufenstern ohne Preisschilder vorbei weitergeht. Die letzen 500 m von der Leibnizstraße bis zum U-Bahnhof Adenauerplatz geschlendert, lohnt abschließend noch ein kurzer Blick auf das* ***Handtuchhaus*** *(Kurfürstendamm 70) – einen Glaspalast wie das Sony Center. Und tatsächlich, es stammt ebenfalls aus der Feder des Architekten Helmut Jahn. 50 m hoch, aber schmal wie ein Handtuch, nämlich im Erdgeschoss nur 2,50 m tief, ist es das schmalste Bürogebäude Berlins.*

113 Kaiser-Wilhelm-Gedächtnis-Kirche ★★★ [F6]

Mit seiner markanten Turmruine wurde das Gotteshaus nach dem Zweiten Weltkrieg zum Mahnmal und herausragenden Wahrzeichen Westberlins.

1895 eingeweiht, fiel der neoromanisch-wilhelminische Sakralbau, den Franz Schwechten entworfen hatte, 1943 im Bombenhagel bis auf den Kirchturmstumpf in Schutt und Asche. Bald nach dem Krieg setzte eine über zehnjährige Debatte um die Wiedererrichtung ein, bis man sich 1956 schließlich auf einen Neubau einigte. Den Architektenwettbewerb gewann Egon Eiermann (1904–1970) mit seinem Entwurf eines gläsernen Achtecks, so wie es heute auch steht. Der verbliebene Vorkriegsturm sollte dagegen abgerissen werden – woraufhin sich ein gewaltiger Proteststurm erhob. So blieb der „Hohle Zahn" den Berlinern als Ruine erhalten, nun als Mahnmal gegen Krieg und Zerstörung.

In der Eingangshalle, seit 1987 Gedenkhalle, erzählen Schaubilder von der Geschichte des Gotteshauses. Außerdem ist das **Nagelkreuz von Coventry** ausgestellt, das man 1987 von England nach Westberlin überbrachte – aus Nägeln geformt, die man in der Asche der beim deutschen Bombenangriff 1941 zerstörten Kathedrale von Coventry fand.

Als jüngstes Gedenkzeichen erinnert der **goldene Riss**, der an der Nordseite der Gedächtnis-Kirche über die Gehwegplatten verläuft, an den **Terroranschlag auf den Weihnachtsmarkt am 19. Dezember 2016.** 12 Menschen wurden getötet und über 60 verletzt, als ein Attentäter einen LKW mitten in die Menschenmenge steuerte.

- S und U2, U9 Zoologischer Garten, U1, U2, U3 Wittenbergplatz
- www.gedaechtniskirche-berlin.de, tgl. 9–19 Uhr (außer bei Gottesdiensten und Konzerten)

114 Europa-Center ★★ [F7]

Gegenüber erhebt sich am Breitscheidplatz, 22 Stockwerke hoch, das Europa-Center als ein weiteres Westberliner Wahrzeichen. Mit seinem Eröffnungsjahr 1965 ist das denkmalgeschützte Hochhaus mit dem Mercedes-Stern obenauf **eine der ältesten Shoppingmalls Deutschlands** und nicht nur zum Einkaufen, sondern auch architekturhistorisch interessant.

Dem Europa-Center zu Füßen gurgelt am Platz der „Wasserklops", wie Joachim Schmettaus 1983 aus rotem Granit geschaffener **Weltkugelbrunnen** auf Berlinerisch heißt.

- S und U2, U9 Zoologischer Garten, U1, U2, U3 Wittenbergplatz
- www.europa-center-berlin.de. Das Europa-Center selbst ist rund um die Uhr geöffnet, die einzelnen Shops haben unterschiedliche Öffnungszeiten.

115 Tauentzienstraße ★★ [F7]

Drei Westberliner Wahrzeichen – Kaiser-Wilhelm-Gedächtnis-Kirche 113, Europa-Center 114 und KaDeWe 116 – sowie eine Fülle an Einkaufsgelegenheiten geben den Ton am „Tauentzien" an, wie die östliche Ku'damm-Verlängerung bis zum Wittenbergplatz heißt. Der „Tauentzien" mit seinen zahlreichen Warenhäusern ist das **vitale Herzstück der West-City.**

1902 wurde der U-Bahnhof am Wittenbergplatz eingeweiht, der an der ersten Berliner U-Bahn-Linie zwischen

Extrabild 21 (s. S. 10): Blick von der Hardenbergstraße zur Gedächtniskirche, um 1927

Warschauer Brücke und dem heutigen Ernst-Reuter-Platz lag und somit die Großstadt mit dem Neuen Westen verband. Die vornehme Anwohnerschaft hatte vorher dafür gesorgt, dass die Hochbahnlinie westlich vom Nollendorfplatz in den Untergrund geführt werden musste, damit ihre empfindsamen Seelen nicht unter dem „unästhetischen" Anblick dieses proletarischen Massenverkehrsmittels litten.

› S und U2, U9 Zoologischer Garten, U1, U2, U3 Wittenbergplatz

116 Kaufhaus des Westens (KaDeWe) ★★ [G7]

Auf acht Etagen bietet der 1907 eröffnete, **größte Konsumtempel Europas** (beinahe) alles zum Kaufen an, was man sich vorstellen kann. Die im sechsten Geschoss befindliche legendäre „Fressetage", wie die Berliner sagen, präsentiert die größte Schlemmer- und Feinkostabteilung des Kontinents. Von der Futtertheke zur Feinschmecker-Lounge lassen sich (fast) alle Köstlichkeiten der Welt probieren. Großer Beliebtheit erfreuen sich dort auch die Champagnerbars als samstägliche Kontaktanbahnungstheken der gehobenen Gesellschaft.

› U1, U2, U3 Wittenbergplatz

› www.kadewe.de, Mo.-Do. 10-20 Uhr, Fr. 10-21 Uhr, Sa. 9.30-20 Uhr

117 Kurfürstendamm ★★ [E7]

Seine Geschichte beginnt als Reitweg der Kurfürsten zu ihrem Jagdschloss im Grunewald. 1886 wurde er auf Geheiß des Reichskanzlers Otto von Bismarck vornehm ausgebaut und wetteiferte in den Jahren der Weimarer Republik mit der berühmten Friedrichstraße darum, die noch eleganteren Hotels, noch besseren Restaurants, beliebteren Kaffeehäuser und frequentierteren Amüsierbetriebe sein Eigen zu nennen. Nach der Zerstörung im Zweiten Weltkrieg im zeitgenössischen Wirtschaftswunderstil als **„Schaufenster des Westens"** wieder aufgebaut, stieg der Boulevard zu Mauerzeiten zur ersten Westberliner Geschäftsadresse und beliebtesten Flaniermeile auf.

Die Dame von Welt shoppt am Ku'damm zwischen Bleibtreustr. und Olivaer Platz und seinen Nebenstraßen mit edlen Boutiquen, fashionablen Stylisten, hochkarätigen Juwelieren, Antiquitätenläden und Galerien neben den exklusiven Häusern von Escada, Versace, Gaultier, Laura Biagiotti, Prada u.a. Breite Trottoirs laden zum Flanieren ein. Sehen und mit tausend Tüten Gesehenwerden lautet die Devise. So viele Male wurde Westberlins Nobelmeile seit der Wiedervereinigung totgesagt. Dennoch ist sie längst nicht passé. Im Gegenteil: Am Ku'damm und in den Seitenstraßen sind rund 4000 Geschäfte ansässig – viermal so viel wie in Berlins neuer Mitte. Die Immobilienpreise bewegen sich ebenfalls auf Spitzenniveau und die Ladenmieten übertreffen die in der Friedrichstraße. Eine Glasvitrine auf dem Trottoir, in der maximal acht Designerschuhpaare platziert werden können, kostet etwa die Monatsmiete einer Vierzimmerwohnung im Wedding.

Im Jahr 2011 feierte der Kurfürstendamm sein 125-jähriges Jubiläum.

118 Fasanenstraße ★ [E7]

Bald nach dem Kranzler-Eck kreuzt die elegante Fasanenstraße den Kurfürstendamm. Zahlreiche **prachtvolle Stadtvillen der Gründerzeit** säumen ihr Pflaster, darunter südlich vom Ku'damm das 1889

Extrabild 22 (s. S. 10): Luftbild des Wittenbergplatzes, Aufnahme aus dem Jahr 1920

EXTRATIPP

Kranzler Eck

Der traditionsreiche Bummelseinstieg am Übergang vom „Tauntzien" zum Kurfürstendamm ist nach dem weithin bekannten **Café Kranzler** benannt. Nach dem Umbau des denkmalgeschützten 1950er-Jahre-Gebäudes musste die Torten-Institution Ende 2000 von ebener Erde mit Straßencafé ins Obergeschoss umziehen und büßte ihren Kultstatus ein. Seit 2001 wird das kleine Haus mit der rotweißen Rotunde obenauf vom 60 Meter hohen **Neuen Kranzler Eck** überragt, einer Stahl-Glas-Konstruktion des Chicagoer Stararchitekten Helmut Jahn, der auch für das Sony Center 95 am Potsdamer Platz verantwortlich zeichnet.

•**15** [F6] **Kranzler Eck,**
U1, U9 Kurfürstendamm

erbaute **Literaturhaus Berlin.** Seit 1986 fungiert es als renommierte Stätte für Autorenlesungen, literarische Symposien und Veranstaltungen von internationalem Rang. Ihm angeschlossen sind eine Buchhandlung und das **Café Wintergarten im Literaturhaus** (s. S. 268), das seine Gäste mit Wiener-Kaffeehaus-Charme und einer kleinen Gartenidylle begrüßt.

In der Nachbarschaft ist in dem schön restaurierten, ältesten Gebäude der Fasanenstraße das **Käthe-Kollwitz-Museum** (s. S. 243) untergebracht. Es präsentiert Leben und Werk der Wahlberlinerin, Pazifistin und großen Künstlerin Käthe Kollwitz (1867–1945).

› U1 Uhlandstraße, U1, U9 Kurfürstendamm
› **Literaturhaus Berlin,** Fasanenstr. 23,
Tel. 8872860, www.literaturhaus-berlin.de

In der Straßenhälfte nördlich vom Ku'damm firmiert unter der Hausnummer 79 das **Jüdische Gemeindehaus.** In die Hausfassade wurde das alte Eingangsportal der in der Reichspogromnacht 1938 zerstörten Synagoge integriert.

Vom Zoo zum Savignyplatz

Quasi um die Ecke vom Bahnhof Zoo verläuft die Kantstraße [D–F6] als Ost-West-Magistrale. Dort fällt unmittelbar nach der Eisenbahnbrücke das 1896 erbaute, mit Zuckergusstürmchen geschmückte **Theater des Westens** (s. S. 276) ins Auge. Unter der künstlerischen Leitung von Helmut Baumann (*1939) avancierte es zwischen 1980 und 1990 zu einer der erfolgreichsten deutschen Musicalbühnen. In seiner Nachbarschaft schlägt das altehrwürdige **Delphi-Kino** die Cineasten seit Jahrzehnten in Bann. Und der Jazzkeller „Quasimodo" nebenan (s. S. 274) ist eine nicht minder gerühmte Einrichtung.

K **14** [F6] **Delphi-Kino,** Kantstr. 12a,
Tel. 3121026, www.delphi-filmpalast.de

Lokale am Savignyplatz [E6]

In der Kantstraße trifft man auf dem Weg zum Savignyplatz auf Lokale, die seit Jahrzehnten aus dem **Bar- und Kneipenleben des guten alten Westens** nicht wegzudenken sind. Nicht weit entfernt vom Theater des Westens liegt die **Paris Bar,** Treff von Stars aus Film, Funk und Fernsehen. Wenige Schritte weiter Richtung Savignyplatz lockt das **Schwarze Café** (s. S. 268). Im stuckverzierten, denkmalgeschützten Gründerzeitbau herrscht 24 Stunden am Tag Ausgehbetrieb.

Rund um den Savignyplatz **und in den Seitenstraßen** reiht sich schließlich ein Lokal ans andere: zwischen Carmer Straße und Knesebeckstraße mit kleinem Biergarten und spanischer Küche das

Mar y Sol, während am Platz mit dem **Zwiebelfisch** (s. S. 269) auch eine echte Charlottenburger Kneipenlegende aufwartet.

Am S-Bahn-Bogen in der südlichen Grolmanstraße serviert in der legendären Künstler- und Studentenkneipe **Terzo Mondo** der „Lindenstraßen"-Wirt Kostas Papanastasiou rustikale griechische Küche. Gegenüber sollte man sich auf keinen Fall von der Schmuddelfassade abhalten lassen, im legendären Berliner Urgewächs **Diener** (s. S. 255) wird seit über 100 Jahren prima Hausmannskost auf den Tisch gebracht.

› S und U2, U9 Zoologischer Garten, S Savignyplatz, Bus M49

16 [E6] **Paris Bar** €€-€€€, Kantstr. 152, www.parisbar.net, tgl. 12–2 Uhr

17 [E6] **Mar y Sol** €€-€€€, Savignyplatz 5, www.marysol-berlin.de, So.–Do. 11.30–24, Fr./Sa. 11.30–1 Uhr

18 [E7] **Terzo Mondo**, Grolmanstr. 28, www.terzomondo.de, tgl. ab 18 Uhr

Vom Zoo zum Schloss Charlottenburg

Ernst-Reuter-Platz [E5]

Viele Wege führen zum Schloss Charlottenburg, dem „deutschen Versailles". Einer von ihnen beginnt am Bahnhof Zoologischer Garten und geht über die Hardenbergstraße – rechter Hand nach der Fasanenstraße die **Universität der Künste** – zunächst zum nachkriegsgestalteten, mit nüchternen Gebäuden der Technischen Universität umgebenen Ernst-Reuter-Platz. Bis 1954 nannte man den heute gewaltigen Verkehrskreisel schlicht **„Knie"**, da man hier, auf der schnurgeraden Charlottenburger Chaussee (heute Straße des 17. Juni) von der Stadtmitte her, zum Schloss Charlottenburg hin einen Knick nach rechts machen musste, um von dort zum Luisenplatz vor dem Schloss zu gelangen.

119 Schloss Charlottenburg ★★★ [C4]

Neben der Museumsinsel zählt das majestätische Schloss Charlottenburg – Berlins schönste und bedeutendste barocke Anlage – zu den größten Besuchermagneten in der Spree-Metropole.

Seine Ursprünge gehen auf das Jahr 1695 zurück, als man im Weiler Lietzow westlich der Residenzstadt Berlin zum ersten Spatenstich für die barocke **Sommerresidenz der Kurfürstin Sophie Charlotte** ansetzte. Die Gemahlin des prunksüchtigen Friedrich III., der sich 1701 als Friedrich I. eigenhändig zum ersten „König in Preußen" krönte, sollte ihre eigenen vier Wände bekommen. So entstand die neue Hohenzollernresidenz in nur vierjähriger Bautätigkeit bis 1699 nach Entwürfen von Johann Arnold Nehring.

Schon bald nach der Königskrönung 1701 zeigte sich das kleine bescheidene Schloss Lietzenburg den zunehmend repräsentativen Aufgaben nicht mehr gewachsen. Unter der Leitung des schwedischen Baumeisters Eosander von Göthe begannen die Ausbauarbeiten. Der zentrale Mittelbau wurde durch Seitenflügel ergänzt, sodass eine prachtvolle Dreiflügelanlage mit Ehrenhof **nach dem Vorbild Versailles'** entstand.

Damit waren die Schlosserweiterungen aber noch lange nicht abgeschlossen. 1709 bis 1712 folgten unter der Federführung Eosander von Göthes der **markante Kuppelturm** über dem Mittel-

bau des **Alten Schlosses** und westlich die an die Dreiflügelanlage angeschlossene Kapelle und die **Große Orangerie.** Diese zweite Erweiterung erlebte Sophie Charlotte nicht mehr. Die schöngeistige, hochgebildete Königin, die in ihrer Sommerresidenz einen Kreis der herausragenden Dichter und Denker ihrer Zeit um sich versammelte, starb 1705 mit 36 Jahren an einer Lungenentzündung. Noch im selben Jahr wurde die Lietzenburg, unterdessen in ganz Europa als ein Musenhof bekannt, ihr zu Ehren in Schloss Charlottenburg umbenannt.

Preußisches Versailles – das Schloss Charlottenburg

Unter Friedrich dem Großen wurde die Bautätigkeit erneut aufgenommen. Unmittelbar nach seinem Regierungsantritt 1740 begannen die Arbeiten am **Neuen Flügel.** Der östlich ans Alte Schloss grenzende Flügel, nach seinem Baumeister Georg Wenzeslaus von Knobelsdorff auch „Knobelsdorffflügel" genannt, stellte gewissermaßen das Gegenstück zum älteren Westflügel mit der Orangerie dar. Mit seiner Vollendung 1746 war die Gesamtsymmetrie der Schlossanlage wiederhergestellt.

Insgesamt dauerten die Erweiterungsarbeiten bis zum Ende des 18. Jh., ständig wurde unter der Leitung von Knobelsdorff und anschließend Carl Gotthard Langhans geklopft und gehämmert. Als letzter Baukörper kam als Verlängerung der Orangerie das von Langhans entworfene **Schlosstheater** hinzu. 1791 konnte der „Langhansbau" eingeweiht werden. Nach einer fast hundertjährigen Bauzeit war die **Schlossfront nun über 500 Meter lang** – weshalb Napoleon, als er 1806 mit seinem Heer in Berlin einmarschierte, entzückt ausrufen konnte: „Hier finde ich mein Versailles wieder!"

Nach der Zerstörung im Zweiten Weltkrieg wurde Schloss Charlottenburg originalgetreu wiederaufgebaut. Auch das **Reiterstandbild des Großen Kurfürsten,** das 1698 Andreas Schlüter schuf, ist längst restauriert. Allerdings steht es nicht mehr an seinem ursprünglichen Ort. 1943 wurde es vom Sockel vor dem Berliner Stadtschloss geholt und vor den Bomben der Alliierten in Sicherheit gebracht. Auf seinem Rücktransport drei Jahre später versank es im Tegeler See und konnte 1950 wieder aus dem Wasser gefischt werden. Seitdem schmückt es den Ehrenhof vor dem Schloss.

Innen birgt das heute größte Hohenzollerndomizil in Berlin-Brandenburg einen prunkvollen Rausch königlicher Repräsentationsräume, darunter im Alten Schloss die Gemächer Friedrichs I. und Sophie Charlottes, die Kapelle, Silberkammer, Kronkabinett und das berühmte **Porzellankabinett** sowie im Neuen Flügel das von Schinkel gestaltete Schlafzimmer der Königin Luise, die Erste Wohnung und die Zweite Wohnung Friedrichs des Großen, die Wohnungen Friedrich Wilhelms II. und Friedrich Wilhelms III. sowie als Höhepunkt jeder Schlossbesichtigung den **Thron- und Speisesaal Friedrichs des Großen** und die **42 Meter lange Goldene Galerie,** die zu den prachtvollsten Rokokosälen in Deutschland zählt.

› **Schloss Charlottenburg,** Spandauer Damm 10–22, Tel. 03319694200, www.spsg.de, April–Okt. Di.–So. 10–17.30, Nov.–März Di.–So. 10–16.30 Uhr, Eintritt **Altes Schloss** sowie **Neuer Flügel** jeweils Erw. 10 €, erm. 7 €. Günstiger ist das „Ticket charlottenburg+", das Zugang zu allen Anlagen im Bereich des Schlossparks Charlottenburg gewährt: Erw. 17 €, erm. 13 €.

› S41, S42 Westend, U2 Sophie-Charlotte-Platz, U7 Richard-Wagner-Platz, Bus M45, 109, 309

120 Schlosspark ★★★ [C4]

Hinter dem Schloss schließt sich auf 55 Hektar der Schlosspark an. In seinem ältesten, ursprünglich von 1697 stammenden Teil zeigt er sich **streng symmetrisch im Stil des französischen Barock,** so wie er einst für Königin Sophie Charlotte angelegt wurde. Die übrige Fläche

KLEINE PAUSE

Zur Kastanie

Die angestammte Charlottenburger Gastwirtschaft mit kleinem Biergarten, nur etwa 500 Meter südlich vom Schloss gelegen, ist garantiert busgruppenfrei. Neben Frühstück und wechselnden Tagesgerichten verzeichnet die Karte leckere kleine Speisen wie Weißwürste, Leberkäse, Spätzle und Quiche. Auf dem Mittelstreifen der Schloßstraße wird schon seit den 1960er-Jahren Boule gespielt. So lässt sich drinnen und draußen in der „Kastanie" ebenso wie davor auf der Straße eine gemütliche Kugel schieben.

19 [C5] **Zur Kastanie,** Schloßstr. 22, U2 Sophie-Charlotte-Platz, www.kastanie-berlin.de, Tel. 3215034, tgl. 10–1 Uhr

der Anlage folgt der Umgestaltung von Peter Joseph Lenné 1816 in einen **Landschaftspark nach englischer Art**, heute im Norden bereichert durch Liegewiesen und Kinderspielplätze.

Nordöstlich ist im **Belvedere**, dem 1788 von Baumeister Langhans errichteten ehemaligen Teehaus, eine Fülle an kostbaren Werken aus Berliner Porzellanmanufakturen ausgestellt. Im klassizistischen **Neuen Pavillon** vermitteln Möbel, Gemälde und Skulpturen einen Eindruck vom blaublütigen Lebensstil im frühen 19. Jahrhundert. Das von Karl Friedrich Schinkel 1824 im östlichen Parkzipfel erbaute Haus diente König Friedrich Wilhelm III. als Sommervilla.

Einem dorischen Tempel nachempfunden ist das 1810–1812 errichtete **Mausoleum**, in dem neben König Friedrich Wilhelm III., Kaiser Wilhelm I. und seiner Gemahlin Augusta die von Volk wie Adel gleichermaßen geliebte Königin Luise ruht. Ihr marmorner Sarkophag stammt vom Bildhauer Christian Daniel Rauch.

› **Belvedere:** April–Okt. Di.–So. 10–17.30 Uhr, Erw. 4 €, erm. 3 € oder „Ticket charlottenburg+“
› **Mausoleum:** April–Okt. Di.–So. 10–17.30 Uhr, Eintritt 3 € oder „Ticket charlottenburg+“
› **Neuer Pavillon:** April–Okt. Di.–So. 10–17.30 Uhr, Nov.–März Di.–So. 12–16 Uhr, Erw. 4 €, erm. 3 € oder „Ticket charlottenburg+“

121 Museen am Standort Charlottenburg ★★ [C4]

Der Straßenfront von Schloss Charlottenburg zugewandt zieren zwei 1851–1859 errichtete, identisch erscheinende Palais die Ecken zum Spandauer

Messe Berlin

Wo heute Reisebusse aus aller Welt stoppen, stand auf dem Gelände des Zentralen Omnibusbahnhofes (ZOB) bereits 1914 eine kleine Messehalle. Anlässlich einer Autoausstellung Anfang der 1920er-Jahre folgten weitere und auch die ***erste Rennstrecke Deutschlands*** *wurde gebaut. Auf knapp 20 km Länge verband die* ***AVUS*** *(Automobil-, Verkehrs- und Übungsstrecke, heute A 115) die Nordkurve am Messegelände mit der Südkurve bei Nikolassee zu einem Rundkurs. Bei ihrer Einweihung im September 1921 erreichte der Rennwagen von Fritz von Opel mit 128,8 km/h die höchste Durchschnittsgeschwindigkeit aller Automobile im Wettbewerb. An der Nordkurve – bis zu ihrer Entschärfung 1967 eine der berüchtigtsten Schikanen auf deutschen Rennstrecken – blieb eine Zuschauertribüne erhalten.*

Heute umfasst das Messegelände 26 Hallen mit insgesamt 180.000 m² Ausstellungfläche. Die ältesten noch erhaltenen Hallen stammen aus den 1930er-Jahren, ebenso wie das elegante ***Palais am Funkturm*** *am Messeeingang Masurenallee. Östlich davon erhebt sich direkt am Autobahnkreuz, durch einen Brückenübergang mit dem Messegelände verbunden, das* ***Internationale Kongresszentrum (ICC).*** *Von 1973 bis 1979 wurde der silberglänzende Koloss nach einem Entwurf der Berliner Architekten Ralf Schüler und Ursulina Schüler-Witte erbaut.*

› *S41, S42 Messe Nord, U2 Kaiserdamm*

KLEINE PAUSE

Mittags zu Rogacki
Einkaufsladen, Deli, Schlemmerimbiss – mittags pilgert halb Berlin zu Rogacki, seit 1928 im Familienbetrieb. Zwischen Hunderten Käse-, Wurst-, Fleisch- und Fischsorten knubbelt man sich rund um die Mittagstheken, die von deftig bis delikat, von Austern bis Eintopf allerlei Köstlichkeiten anrichten. Gegessen wird im Stehen an Bistro-Tischen.

20 [D5] **Rogacki,** Wilmersdorfer Straße 145/146, U2, U7 Bismarckstraße, Tel. 3438250, www.rogacki.de, Mo.–Mi. 9–18, Do. 9–19, Fr. 8–19, Sa. 8–16 Uhr

Damm. Sie stammen aus der Hand des Schinkel-Schülers August Stüler, der die Zwillingsbauten als Unterkünfte für die Offiziere der königlichen Leibgarde entwarf.

Im **westlichen Stülerbau** hat die gefeierte **Sammlung Berggruen**, „Picasso und seine Zeit", ihr adäquates Zuhause. Sie umfasst **hochkarätige Werke der Klassischen Moderne,** darunter Arbeiten von Paul Klee, Henri Matisse, Alberto Giacometti und Pablo Picasso, die der 2007 verstorbene Kunstsammler und Mäzen Heinz Berggruen der Stiftung Preußischer Kulturbesitz übereignete. Für weitere kostbare Leihgaben der Familie Berggruen und bedeutende Neuerwerbungen wurde die Ausstellungsfläche um das benachbarte historische **Kommandantenhaus** ergänzt und über einen gläsernen Gang mit dem Stülerbau verbunden. Nach zweijähriger Umbauzeit fand 2013 die Einweihung statt.

Im **östlichen Stülerbau** ist das **Museum Scharf-Gerstenberg** untergebracht. Es präsentiert in seinen Räumlichkeiten herausragende Gemälde und Skulpturen des Surrealismus von Piranesi, Goya und Redon bis zu Dalí, Magritte und Max Ernst.

Kurz vor der Einmündung der Schloßstraße in den Spandauer Damm wartet das **Bröhan-Museum** auf einen Besuch. Nach seinem Gründer, dem leidenschaftlichen Kunstsammler Karl H. Bröhan (1921–2000) benannt, stellt es kostbare Werke des Jugendstils, des Art déco und des Funktionalismus aus.

- S41, S42 Westend, U2 Sophie-Charlotte-Platz, U7 Richard-Wagner-Platz, Bus M45, 109, 309
- **Museum Berggruen,** Schloßstr. 1, www.smb.museum, Di.–Fr. 10–18, Sa./So. 11–18 Uhr, Erw. 10 €, erm. 5 € (zusammen mit Museum Scharf-Gerstenberg), freier Eintritt unter 18 Jahren
- **Museum Scharf-Gerstenberg,** Schloßstr. 70, www.smb.museum, Di.–Fr. 10–18, Sa./So. 11–18 Uhr, Erw. 10 €, erm. 5 € (zusammen mit Museum Berggruen), freier Eintritt unter 18 Jahren
- **Bröhan-Museum,** Schloßstr. 1a, www.broehan-museum.de, Di.–So. 10–18 Uhr, Erw. 8 €, erm. 5 €, jeden 1. Mi. im Monat kostenlos, bis 18 Jahre freier Eintritt

122 Funkturm auf dem Messegelände ★★ [A6]

Bereits seit 1926 ragt der „Lange Lulatsch" als Wegmarke auf dem Messegelände 150 Meter hoch in den Himmel hinauf. 1924 begann man den **kleinen Bruder des Eiffelturms** nach Plänen von Heinrich Straumer aufzubauen, 1929 wurden von seinem Turmmast die ersten, damals noch tonlosen TV-Bilder in den Äther ausgestrahlt. Vorwiegend diente die Stahlgitterkonstruktion jedoch den Berliner Radiosendern.

Seit der Einstellung des Funkbetriebs 1963 erfüllt sie nun touristische Zwecke. Von der **Aussichtsplattform** in 124 Metern Höhe genießt man einen atemberaubenden Panoramablick über das steinerne Berliner Häusermeer und im Westen das blaue Band der Havelseen. In exakt 51,5 Metern ü.N.N. bietet das Funkturm-Restaurant kulinarische Leckereien.

› Hammerskjöldplatz 1 an der Masurenallee, S41, S42 Messe Nord, U2 Kaiserdamm, www.funkturm-messeberlin.de, im Sommerhalbjahr Di.-Fr. 14-22, Sa./So. 11-22 Uhr, im Winter Di.-So. 10-20 Uhr, Erw. 5 €, erm. 3 €; Funkturm-Restaurant: Erw. 3 €, erm. 2 €, im Sommerhalbjahr Di.-Fr. 18-23, Sa./So. 11.30-23 Uhr, im Winter Di. 18-23 Uhr, Mi.-So. 11.30-23 Uhr

123 Haus des Rundfunks ★ [A6]

Gegenüber vom Palais am Funkturm bietet das Haus des Rundfunks an der Masurenallee ein schönes Beispiel für den **kühlen, sachlichen und doch ausdrucksstarken Stil**, in dem die fortschrittlichsten Architekten der 1920er- und 1930er-Jahre ihre Gebäude entwarfen. Der Sitz des ehemaligen Senders Freies Berlin und heutige Hauptstadtstandort des RBB (Rundfunk Berlin-Brandenburg) stammt aus der Feder von Hans Poelzig und wurde 1929–1931 als erstes deutsches Rundfunkhaus errichtet. Mit einer Bauzeit von 1961 bis 1971 kam zusätzlich für den Fernsehbetrieb ein Hochhaus am Theodor-Heuss-Platz hinzu.

› S41, S42 Messe Nord, U2 Kaiserdamm

124 Olympiagelände ★★

Vom Theodor-Heuss-Platz sind es nur zwei U-Bahn-Stationen zum Olympiagelände, dem einzigen heute insgesamt erhaltenen Zeugnis nationalsozialistischer Architektur in Berlin. Für die **Olympischen Spiele 1936** entstanden auf dem 131 Hektar großen „Reichssportfeld"-Areal innerhalb von zwei Jahren Olympiastadion, Eishockey- und Reitstadion, Schwimmhalle, Tennisplätze, das Maifeld mit Tribüne, Sportforum und Waldbühne. Die Entwürfe stammten ursprünglich von Werner March. Hitler und sein Architekt Speer wandelten sie jedoch ins Monumentale ab, um ihrer wahnwitzigen Vorstellung von einer „unbezwingbaren Kraft der deutschen Rasse" Ausdruck zu verleihen.

358be Abb.: kj

Der „Lange Lulatsch" ragt über dem Messegelände in den Berliner Himmel

Olympiastadion

Im Zentrum der sportlichen Wettkämpfe stand und steht das Olympiastadion mit seinem aus zwei 35 Meter hohen Türmen bestehenden, die fünf olympischen Ringe tragenden **Olympischen Tor.** Nach mehrfachen Umbauten (1966 die Installation einer Flutlichtanlage, 1974 eine Teilüberdachung) wurde die Sportarena bei laufendem Spielbetrieb zuletzt 2000–2004 nach Plänen der Hamburger Architekten Gerkan, Marg und Partner für die Fußball-WM 2006 denkmalgerecht saniert, modernisiert und mit einem neuen Dach – eine Stahlkonstruktion mit lichtdurchlässiger Membran – versehen.

Das Stadion dient als Austragungsort für Sportwettkämpfe und andere Großveranstaltungen und ist darüber hinaus die Heimspielstätte des Berliner Fußballklubs Hertha BSC.

Maifeld und Waldbühne

Westlich vom Olympiastadion dehnt sich die riesige Rasenfläche des **Maifelds** aus. 1935/1936 als Aufmarschgelände für Propagandamassenveranstaltungen geplant, war es nach dem Zweiten Weltkrieg britisches militärisches Sperrgebiet, auf dem man Polo-Turniere austrug und die alljährliche Geburtstagsparade zu Ehren der Queen abhielt. Im Westen wird das Maifeld vom 78 Meter hohen **Glockenturm** überragt, ehemals „Führerturm", der eine schöne Aussicht auf das Olympiagelände und die nahe gelegene Waldbühne bietet.

Als Arena für die olympischen Turn- und Boxwettkämpfe 1936 wurde die **Waldbühne** in Form eines Amphitheaters ins Grüne gebettet. Seit fast 60 Jahren finden nun in der schönen Jahreszeit auf ihrer Bühne Open-Air-Konzerte statt

401be Abb.: ds © Katatonia82

– darunter der legendäre Auftritt der Rolling Stones 1965, deren Songs das Publikum derart in Begeisterung versetzten, dass es das gesamte Waldbühnen-Mobiliar auseinandernahm.

Geschichtspfad auf dem Olympiagelände

Vom östlichen Olympiator über Stadion und Maifeld sowie Glockenturm bis zur Waldbühne erstreckt sich ein historischer Pfad, der mit 45 Tafeln über die bewegte Geschichte und Architektur des ehemaligen „Reichssportfelds" informiert. Darüber hinaus erläutern sie das heroische Skulpturenprogramm der Nazi-Bildhauer Wackerle, Thorak und Arno Breker, deren Werke „Stafettenläufer", „Faust- und Zehnkämpfer" und die zwei „Rosseführer" rund um das Olympiastadion stehen.

› S5, S75 und U2 Olympiastadion, Bus M49, 218, 104

› Eingang und Kasse am Besucherzentrum Osttor, Olympischer Platz 3, Tel. 25002322, www.olympiastadion-berlin.de, tgl. April–Okt. 9–19, Aug. 9–20, Nov.–März 10–16 Uhr (nicht an Spiel- und Veranstaltungstagen), Erw. 8 €, erm. 5,50 €, Kinder 6–14 Jahre 4 €

◁ Über 74.000 Zuschauer fasst das Olympiastadion. Ein jährlicher sportlicher Höhepunkt ist das DFB-Pokalendspiel der Fußball-Herren.

Prenzlauer Berg

Zugereiste, Neuankömmlinge und Gäste werden von den „Prenzlbergern" daran erkannt, dass sie zumeist „am Prenzlauer Berg" oder gar „auf dem Prenzlauer Berg" sagen, wo es doch – wie benachbart im Wedding – korrekt „im Prenzlauer Berg" heißt, zumal es überhaupt keinen Berg gibt. Die sanfte Steigung, die vom Berliner Urstromtal, in dem Mitte liegt, auf die Barnim-Hochfläche mit dem Prenzlberg führt, ist diese Bezeichnung zumindest nicht wert.

Also: Im Prenzlauer Berg, heute Stadtteil des Bezirks Pankow, gibt es vergleichsweise wenig kunst- oder kulturhistorisch herausragende Sehenswürdigkeiten. Der Bezirk entwickelte sich wie die anderen Arbeiterviertel, die nach der Reichsgründung im letzten Drittel des 19. Jahrhunderts entstanden und einen Gürtel von trostlosen Mietskasernen um die damalige Reichshauptstadt legten. Wie im Nachbarbezirk, dem „Roten Wedding", wurde auch im Prenzlberg traditionell links gewählt.

Zu DDR-Zeiten befand sich hier mit Schwerpunkt rund um die Gethsemane-Kirche nahe U- und S-Bahnhof Schönhauser Allee eines der wesentlichen **Zentren der künstlerisch-intellektuellen Opposition.** In den zerbröckelnden Gründerzeitbauten mit Schimmelpilz-Außentoilette auf halber Treppe lebte und wirkte die Avantgarde der sozialistischen deutschen Republik. Jurek Becker und Manfred Krug, Heiner Müller, Christa Wolf, Stephan Hermlin und viele weitere namhafte Schauspieler, Kunst- und Literaturschaffende der DDR hatten im Prenzlauer Berg ihr Zuhause. An ihren Mythos knüpfte **nach der Wende eine al-**

076be Abb.: kj

ternative junge Kulturszene an. Sie ließ sich in den heruntergekommenen Wohnungen nieder, schweißte schräge Skulpturen zusammen, malte schrullige Bilder, machte Musik, verfasste Gedichte und trug so zum neuen, postwendisch schillernden Image des Prenzlbergs bei.

Unterdessen hat sich das kreative Geschehen überwiegend nach Mitte bzw. zurück nach Kreuzberg verlagert, und auch die schummrigen Bierschwemmen, rauchwabernden Eckkneipen oder revolutionären Trash-Lokalitäten, die dem Bezirk einst den Ruf des „Kreuzbergs des Ostens" eintrugen, gibt es nicht mehr. In den 1990er-Jahren wurde der Prenzlauer Berg zum **größten Flächensanierungsgebiet Berlins,** wobei die Faustregel galt: Aus jedem sanierten Haus fliegt die Eckkneipe raus und eine Gastronomie mit gehobener Küche zieht ein.

So ist der Prenzlberg heute zur **beliebtesten Wohnadresse der „Bobos"** *(Bourgeois Bohemiens)* geworden. Einst konsumorientiert und partyverzückt, schicken sie sich als erfolgreiche Thirtysomethings nun an, das demografische Loch zu stopfen. Seit der Jahrtausendwende ist die Geburtenrate um ein Viertel gestiegen, weshalb die Prenzlberger heute berlinweit nicht nur mit zu den wohlhabendsten, sondern auch zu den fleißigsten Existenzgründern gehören. Der Buggy löst den Cabrio als Statussymbol ab und wo noch vor Kurzem sorgfältig gekleidete „Dinks" *(Double Income no Kids)* das Straßenbild dominierten, sitzen jetzt trendy Eltern mit ihren tauffrischen Erben in den Cafés. Mittlerweile zählt mancher Kiez im Prenzlauer Berg zu den teuersten innerstädtischen Wohnquartieren.

Beliebteste Tummelplätze für die Flaneure und Szenegänger, Frühstücker, Leckermäuler und Bar-Hocker sind die Kastanienallee [M2] und Oderberger Straße [M1] bis hin zum Mauerpark. In lässiger Gediegenheit zeigt sich das Publikum am schicken Kollwitzplatz und in der Nachbarschaft dem Kiez am Wasserturmplatz.

Bildnis der Käthe Kollwitz am Kollwitzplatz 125

125 Rund um den Kollwitzplatz ★ [N2]

Am schicken Kollwitzplatz gibt es eigentlich gar nichts zu sehen, aber dafür Atmosphäre zu schnuppern. Im Haus Knaackstraße/Ecke Kollwitzstraße lebte bis zur Zerstörung 1943 im Zweiten Weltkrieg die Bildhauerin **Käthe Kollwitz** mit ihrem Mann, der als Armenarzt tätig war. Denn so fein wie heute war der Kiez damals nicht. In wild wuchernden Mietskasernen drängelten sich die Arbeiter mit ihren Familien. Rund 30.000 Einwohner auf einem Quadratkilometer wurden in den 1920er-Jahren gezählt – das war Weltrekord.

Seit 1961 ziert eine Käthe-Kollwitz-Plastik den Platz, den Restaurants und Lokale umgeben. Nördlich mündet die **Husemannstraße** ein, die bereits zur 750-Jahr-Feier Berlins 1987 hübsch restauriert wurde. Eine stuckverzierte Bilderbuchidylle entstand mit nostalgischen Kramläden, Antiktrödeln und aufpolierten Gaslaternen.

Südlich erhebt sich am **Wasserturmplatz** der „Dicke Hermann", Berlins ältester Wasserturm von 1877, der dem Platz seinen Namen gab. Dort auf der Sonnenseite an der Knaackstraße finden sich weitere schöne Restaurants und Frühstückscafés.

› U2 Senefelder Platz

126 Synagoge ★ [N2]

Um die Ecke befindet sich am Anfang der Rykestraße **Deutschlands größte Synagoge**. 1904 wurde das von Johann Hoeniger entworfene, damals 2000 Gläubige aufnehmende Gotteshaus eingeweiht. In der Reichspogromnacht 1938 demolierten Nazis den Synagogenraum, schändeten die Thorarollen und verhafteten Rabbiner und Gemeindemitglieder. Dank der Lage, zurückgesetzt in einer Seitenstraße, blieb das Haus jedoch vor der völligen Zerstörung bewahrt. 1940 fand der letzte Gottesdienst statt, anschließend zog die Heeresstandortverwaltung ein.

Im August 1953 wurde die Synagoge für die Jüdische Gemeinde Ostberlin feierlich neu geweiht. Nach Jahren der Renovierung ist sie mit dem Einzug der Thorarollen am 1. September 2007 abermals wieder geöffnet. Nun fasst das Gotteshaus der liberal-konservativen Betergemeinschaft „nur" noch 1200 Gläubige und ist damit immer noch die größte Synagoge in Deutschland.

› Rykestr. 53, U2 Senefelder Platz, Tram M2 Knaackstraße. Die Synagoge ist nicht zu besichtigen.

127 Jüdischer Friedhof ★★ [M2]

Der Maler Max Liebermann, der Verlagsgründer Leopold Ullstein, der Komponist Giacomo Meyerbeer und viele weitere **bedeutende Persönlichkeiten** sind auf dem 1827 eingeweihten Friedhof an der Schönhauser Allee begraben. Von den Nazis geschändet und von den Bomben im Zweiten Weltkrieg schwer beschädigt, begannen 1990 umfangreiche Restaurierungsarbeiten. Die 150-jährigen Kastanien und Platanen wurden vom Wildwuchs befreit, die Wege gerichtet und die umgestürzten Grabmale, Stelen und Obelisken wieder aufgestellt. Da man jedoch nicht mehr alle zuordnen konnte, hat man am Eingang zum denkmalgeschützten Gottesacker ein **Lapidarium** eingerichtet, einen würdigen „Ort der Bewahrung".

Spaziergang 7: Prenzlberg – zwischen Lifestyle, Kult und Mauerweg

Start für den Spaziergang ist der U-Bahnhof Senefelder Platz [M3]. Den Fernsehturm 51 im Rücken und die Segenskirche im Blick, liegt wenige Schritte die Schönhauser Allee hinauf rechts der **Jüdische Friedhof** 127. Mit seinen altehrwürdigen, efeuumrankten Grabmalen ist er einen ausgedehnten Abstecher wert. Zum Ausgangspunkt zurückgekehrt, geht es von der Schönhauser Allee in die Kollwitzstraße. Sogleich umweht einen der typische Prenzlberg-Flair mit gehobener Öko- und Kreativszenerie, schicken Restaurants, stylischen Bars und exquisiten Geschäften. Wo zu DDR-Zeiten die subversive Ostberliner Kulturszene wirkte und sich nach der Wende mit Kneipen, Klubs und Off-Galerien ein Epizentrum der Berliner Subkultur entwickelte, dehnt sich heute rund um den Kollwitzplatz 125 eines der teuersten innerstädtischen Wohnviertel aus. Luxussanierte Altbauwohnungen und exklusive Neubauten säumen die Pflaster.

Am Kollwitzplatz rechts in die Knaackstraße eingeschwenkt, drängt sich im Hintergrund bereits der „Dicke Herrmann" am **Wasserturmplatz** (s. S. 151) in die Sicht. Vorher aber sollte man seine Aufmerksamkeit noch auf die Kollwitzstraße 56a lenken. Dort Ecke Knaakstraße lebte die **Bildhauerin Käthe Kollwitz** bis zur Zerstörung des Hauses 1943 im Krieg. Folgt man der Knaackstraße weiter Richtung Wasserturm, laden eine Reihe Cafés und Restaurants zur kleinen Pause ein. Danach um die Ecke gebogen steht gleich am Anfang der Rykestraße Deutschlands größte **Synagoge** 126, die allerdings nicht besichtigt werden kann. Ein weiteres Mal links eingeschwenkt, gelangt man über die Wörtherstraße wenige Schritte später wieder zum Kollwitzplatz.

Weiter geht der Spaziergang über die **Husemannstraße** (s. S. 151) und die nächste links eingebogen die Sredzkistraße zur **Kulturbrauerei** 128. Hat man das backsteinerne Areal mit seinen sechs Höfen durchwandert und ist an der Knaack-, Ecke Danziger Straße wieder hinausgelangt, geht es links in Richtung U-Bahnhof Eberswalder Straße. Das Hochbahn-Viadukt Ecke Schönhauser ist bereits auszumachen und dort angelangt kann man sich unter der Hochbahn, mitten im tosenden Kreuzungsverkehr, bei Berlins berühmter **Currywurstbude Konnopkes Imbiss** (s. S. 261) eine „Curry mit" oder „ohne" einverleiben.

Schräg gegenüber mündet die **Kastanienallee** [M2] ein. Auch hier wird umgebaut, aufgewertet und luxussaniert, doch ein wenig quirlige Prenzlberg-Atmosphäre lässt sich immer noch spüren. Die **Oderberger Straße** [M1], nach etwa 300 m die Kastanienallee hinab rechts eingebogen, steht dem nicht nach. Ihre sehr breiten Trottoirs, auf denen Gaststätten Tisch und Stuhl zum Spazierensitzen anbieten und kleine Läden ihre Sortimente ausladen, machen die „Oderberger" in der schönen Jahreszeit zum zweiten Wohnzimmer. Folgt man ihr, ist bald darauf die Bernauer Straße erreicht.

Dort dehnt sich links neben den Flutlichtmasten des Ludwig-Jahn-Stadions, schmal wie ein Handtuch, der **Mauerpark** (s. S. 156) aus. Hier hat man die Wahl: sich im Kultpark die Sonne auf den Pelz brennen lassen? Oder in die

Bernauer Straße einschwenken und dem ***Berliner Mauerweg*** *folgen? Bis 1989 ging der brutale Schnitt zwischen Ost- und Westberlin mitten durch die Bernauer Straße. Heute gehören die 1,4 km Bernauer Straße zwischen östlich dem Mauerpark und westlich dem Nordbahnhof mit ihren Installationen, Bauwerken und Mauerresten zur* ***Gedenkstätte Berliner Mauer*** *(80).*

(125) [N2] Rund um den Kollwitzplatz S. 151
(126) [N2] Synagoge S. 151
(127) [M2] Jüdischer Friedhof S. 151
(128) [M1] Kulturbrauerei S. 154
(129) [M2] Zionskirche S. 157

Alle weiteren Karteneinträge s. S. 375.

262be Abb.: fo © ArTo

› Eingang Schönhauser Allee 22, U2 Senefelder Platz, April–Sept. Mo.–Do. 8–17, Fr. 7.30–14 Uhr, Okt.–März Mo.–Do. 8–16, Fr. 7.30–13 Uhr

128 Kulturbrauerei ★ [M1]

Über das gesamte Areal zwischen Schönhauser Allee, Sredzki-, Knaack- und Danziger Straße erstreckt sich das Gelände der Mitte des 19. Jahrhunderts erbauten, **ehemaligen Schultheiß-Brauerei.** Bier gebraut wird dort bereits seit 1967 nicht mehr und bis zur Wende waren in den Gebäuden und Höfen ein Möbelhaus, ein Sportkasino und seit 1970 der legendäre „Franz-Klub" untergebracht, der mit Rock-, Pop- und Tanzmusik bald in der gesamten DDR von sich reden machte.

Nach der Sanierung 1998–2001 zog neben einem Kino und einem Discounter auch wieder das kulturelle Leben in die Kulturbrauerei ein. Eine Bierterrasse für Prenzlberg-Hipster, Kleinkunstbühnen und eine Konzerthalle im alten Kesselhaus, dazu zwei beliebte Tanzklubs, der Soda Club und die Alte Kantine, machen die alte Brauerei zu einem angesagten Veranstaltungsort. Aufmerksamkeit verdient auch das Museum in der Kulturbrauerei mit seiner Ausstellung „Alltag in der DDR", die die verschiedensten Aspekte der Lebensrealität in der Deutschen Demokratischen Republik aufzeigt.

› U2 Eberswalder Straße

M 21 [M1] **Museum in der Kulturbrauerei,** www.hdg.de, Di.–So 10–18 Uhr (Do. bis 20 Uhr), freier Eintritt

Berlin, Ecke Schönhauser, wo Hochbahn und Straßenbahn kreuzen – von jeher ein quirliger, bunter Ort

Gentrifizierung eines Stadtviertels

Am „Kolle“ ist der „Osten“ wohl am intensivsten verschwunden. Früher, als es die DDR noch gab, wohnte und wirkte in den Gründerzeitaltbauten mit Schimmelpilz-Klo auf halber Treppe die künstlerische Avantgarde der sozialistischen deutschen Republik. Jurek Becker, Manfred Krug, Heiner Müller, Christa Wolf, Stefan Hermlin und viele weitere namhafte Kunst- und Kulturschaffende hatten hier ihr Zuhause. Das „Zinnober“, das erste freie Theater der DDR, spielte am Kollwitzplatz auf, in den Eckkneipen waberten zu intensiven Debatten die Rauchschwaden, in den Mädchenkammern der Altbauwohnungen waren Fotolabore und Hektografierstätten eingerichtet, und sogar einen Fuhrmann mit echten Pferden gab es am Kolle.

Nach der Wiedervereinigung zogen junge Menschen von überall her bevorzugt in den Prenzlauer Berg, vor allem weil die dortige, frisch aus der Taufe gehobene Wohnungsbaugesellschaft so überfordert war, dass man eine leer stehende Wohnung einfach nur „knacken“ musste. Den Mietvertrag zum Spottpreis gab es dann wenig später. So entstand kurzzeitig der „Wilde Osten“, den ein Großteil der alteingesessenen Mieter – sprachlos wegen der neuen Sitten und schlaflos durch die Tag und Nacht quer durch die Höfe wummernden Techno-Bässe – in den kommenden Jahren verließ. Gleichzeitig wurde der Prenzlauer Berg zum größten Flächensanierungsgebiet Berlins. Im Anschluss ließen sich in den schön sanierten Altbauten zahlungskräftige junge „Dinks“ („double income, no kids“) nieder, die den Prenzlauer Berg in einen außerordentlich wohlhabenden und bald darauf auch einen der kinderreichsten Plätze Deutschlands verwandelten. Neben Bio-Märkten und schadstoffarmen Cabriolets prägt heute der ergodynamische Buggy das Straßenbild.

„Gentrifizierung“ nennt die Stadtsoziologie diese Entwicklung: den sozialen Umstrukturierungsprozess kompletter Stadtteile, wie er im alten Arbeiterbezirk Prenzlauer Berg und dort insbesondere rund um den Kollwitzplatz je nach Standpunkt berühmt oder berüchtigt geriet. Allemal handelt es sich um eine materielle Aufwertung des Wohngebiets. Um den Preis, dass viele Menschen ihre angestammte Heimat verlassen mussten, um Platz zu machen für eine neue urbane Mittelschicht.

Zwischen Schönhauser Straße, Kastanienallee und Mauerpark

„Berlin – Ecke Schönhauser“. Gerhard Kleins DEFA-Film von 1957 über eine Gruppe Jugendlicher und ihren täglich Treff unter der Hochbahn Ecke Schönhauser Allee erreichte schnell Kultstatus und machte die große Straßenkreuzung im Prenzlauer Berg [M1] weit über die Grenzen der DDR hinaus bekannt. Nur drei Jahre nach der Filmpremiere eröffnete Max Konnopke am selben Ort seinen Holzkiosk unter der Hochbahn. Seitdem brutzelt in **Konnopkes Imbiss** (s. S. 259) **Berlins berühmteste Currywurst** und empfiehlt sich als herzhafte Grundlage für eine Kneipenpirsch. Denn

KLEINE PAUSE

Stärkung am Wasserturm

22 [N2] **Gagarin,** Knaackstr. 22, Tel. 4428807, tgl. ab 9.30 Uhr. Russische Küche von Frühstück bis nachts über Blinis und Borschtsch bis Pelmenis, dazu Moskwa-Flaschenbier und Moskovskaya.

23 [N2] **Kaffeehaus SowohlAlsAuch,** Kollwitzstr. 88, www.tortenundkuchen.de, Tel. 4429311, tgl. ab 8 Uhr. Frühstück und köstlichste Kuchen und Torten, sowohl drinnen unter Kronleuchtern als auch draußen im Sonnenschein. Sehr beliebt. Ist mal kein Platz zu ergattern, kann man nach gegenüber zu **Anna Blume** ausweichen. Dort im Café-Blumenladen-Restaurant kommt ebenfalls Süßes aus der Konditorei SowohlAlsAuch auf den Tisch.

24 [N2] **Pasternak,** Knaackstr. 22/24, http://restaurant-pasternak.de, Tel. 4413399. Restaurantkneipencafé mit russischer Küche, tgl. ab 9 Uhr.

zahlreiche Cafés, Gastwirtschaften und kleine Läden säumen die quirlige Oderberger Straße ebenso wie die **Kastanienallee** [M2], Letztere *die* Szenemeile im Prenzlauer Berg und wegen ihrer In-Lokale, Nachwuchsdesigner-Labels, Off-Galerien und alternativen Filmproduktionsbuden auch „Castingallee" genannt.

Biergartenatmosphäre verströmt, wenige Schritte in die Kastanienallee hinein, der 1852 als erster Bierausschank damals weit vor den Toren der Stadt eröffnete **Prater** (s. S. 269). 1867 wurde eine Konzession für die „Aufführung von Lustbarkeiten" erteilt und heute ist die Freiluftinstitution unter Kastanien in der Kastanienallee mit gut 600 Sitzplätzen der größte Berliner Biergarten.

Gegenüber lässt sich vom Szenecafé An einem Sonntag im August (s. S. 268) aus das Treiben auf der Kreuzung Ecke Schönhauser vortrefflich beobachten, während man sich am beliebten, preisgünstigen Frühstücksbüfett gütlich tut und im Tagesverlauf allmählich zu Cocktails und kühlem Blonden übergeht.

Die **Oderberger Straße** [M1] säumen weitere kleine Läden, Frühstückscafés und Kneipen, an ihrem nördlichen Ende erreicht man die Bernauer Straße. Unübersehbar ragen dort die Flutlichtmasten im **Friedrich-Ludwig-Jahn-Sportpark** empor. Bereits seit 1904 befindet sich an diesem Ort eine Sportstätte. 1912/13 wurde sie erstmals erweitert, aus Anlass der Weltjugendfestspiele 1951 ein großes Stadion angefügt und die Anlage ein Jahr später zum 100. Todestag von „Turnvater" Jahn umbenannt.

Westlich schließt sich im ehemaligen Todesstreifen zwischen den Stadtteilen Wedding (Alt-Westberlin) und Prenzlauer Berg (Alt-Ostberlin) der **Mauerpark** [L1] an. Der schmale Rasenstreifen gehört zu den wenigen Grünflächen im näheren Umkreis und ist bei Freizeitkickern, Jongleuren und Hobbymusikern, Jugendlichen, Familien und Rentnern, Radlern, Boulespielern und Sonnenanbetern, kurz bei den Prenzlbergern, ungeheuer beliebt. Immer sonntags bei schönem Wetter verwandelt er sich mit einem Trödel-Angebot von Krempel bis Kunsthandwerk in den **Flohmarkt am Mauerpark** (s. S. 286), zu dessen kultigem Höhepunkt das **Open-Air-Karaoke** im Mauerpark-Amphitheater zählt. Dazu kredenzt das Kaffeehäuschen und Biergarten Mauersegler (s. S. 269) stilecht in Laubenpieperatmosphäre für Menschen von 0 bis 100 Jahre Latte und Kuchen, BBQ, Frischgezapftes und WLAN für Workaholics. (Zur Mauergedenkstätte s. S. 101.)

129 Zionskirche ★ [M2]

Nicht weit entfernt erhebt sich seit 1873 am Zionskirchplatz die neoromanische Zionskirche. 1931 wurde dort **Dietrich Bonhoeffer Gemeindevikar,** und die Arbeit im damaligen Arme-Leute-Bezirk prägte den Theologen der Bekennenden Kirche und Widerstandskämpfer gegen das NS-Regime nachdrücklich. Ab Anfang der 1980er-Jahre entwickelte sich die Zionskirche – zusammen mit der Gethsemanekirche weiter nördlich nahe S- und U-Bahnhof Schönhauser Allee – im Zuge der Auseinandersetzungen um die Umweltbibliothek zum **Zentrum der DDR-Opposition.**

› U2 Senefelderplatz, U8 Rosenthaler Platz, Tram M1, 12

130 Jüdischer Friedhof Weißensee ★★ [R1]

Ganz im Nordosten vom Prenzlauer Berg dehnt sich an der Grenze zum Stadtteil Weißensee der **größte jüdische Friedhof Europas** aus. Vor dem Holocaust lebte fast ein Drittel der deutschen Juden in Berlin. 1880 wurde der über 40 Hektar umspannende Gottesacker geweiht, rund 115.000 Grabstätten werden in seiner Umfriedung gezählt. Unter ihnen befinden sich die Gräber der Verleger Samuel Fischer und Rudolf Mosse, der Begründerin der Volksküchenbewegung Lina Morgenstern, des Komponisten Louis Lewandowski, des KaDeWe-Gründers Adolf Jandorf, des Gastronomen Berthold Kempinski und zahlreicher weiterer Persönlichkeiten des Berliner Geistes-, Kultur- und Gesellschaftslebens.

› Herbert-Baum-Str. 45, Tram M4, M13, 12 Antonplatz, April–Sept. Mo.–Do. 7.30–17, Fr. 7.30–14.30, So. 8–17 Uhr, Okt.–März Mo.–Do. 7.30–16, Fr. 7.30–14, So. 8–16 Uhr

131be Abb.: fo © York

In der Zionskirche predigte einst Dietrich Bonhoeffer

Friedrichshain-Kreuzberg

Multikulti, kunterbunt – Menschen aus aller Welt leben in Friedrichshain-Kreuzberg. 2001 wurde der Ost-West-Bezirk aus hüben Friedrichshain und drüben Kreuzberg zusammengeschweißt und ist durch die türmchengekrönte Oberbaumbrücke über die Spree miteinander vereint.

131 Karl-Marx-Allee ★ [P5]

Auf dem gut zwei Kilometer langen Straßenabschnitt zwischen Strausberger Platz und Frankfurter Tor erhebt sich **Deutschlands monumentalste Nachkriegsbebauung.** Im stalinistisch-klassizistischen Zuckerbäckerstil wuchsen die Gebäude nach sowjetischem Vorbild 1952–1960 an der 90 Meter breiten Magistrale aus den Kriegstrümmern empor. Für die Planung verantwortlich zeichnete ein Architektenkollektiv, dem u.a. die DDR-Stararchitekten Hermann Henselmann und Richard Paulick angehörten.

Das westliche Entree der Bebauung bildet der kreisrunde **Strausberger Platz** [O5], der 1952–1955 entstand. Am 16. Juni 1953 traten hier wegen einer Erhöhung der Arbeitsnorm die Bauarbeiter in den Ausstand. In rasantem Tempo wuchs sich der Streik zum DDR-weiten Volksaufstand aus, den sowjetische Panzer am 17. Juni niederkämpften. Das als europäisches Kulturdenkmal geschützte Rondell wird von den beiden 13-geschossigen Hochhäusern „Haus Berlin" und „Haus des Kindes" überragt.

Bereits im Dezember 1949 hatte man die alte Frankfurter Allee in Stalinallee umgetauft. Von September 1951 bis Januar 1952 folgte in nur 121 Tagen Bautätigkeit Henselmanns neungeschossiges **Hochhaus an der Weberwiese** (Marchlewskistraße 25 [P5]), das erste Wohnhochhaus der DDR, mit dem sein Erbauer ein programmatisches wie äs-

263be Abb.: jg

thetisches Zeichen für den Wiederaufbau rund um die Stalinallee setzte. Zentralheizung, fließend Warmwasser, Fahrstuhl und Müllschlucker machten es zu einem Vorzeigeobjekt. Und in der Tat mussten sich die Mieter verpflichten, ein Jahr lang ihre Wohnungen Neugierigen aus aller Welt offen zu halten.

1952 begann im Rahmen des „Nationalen Aufbauprogramms Hauptstadt Berlin" die Enttrümmerung der Gegend und der Bau der sieben- bis neungeschossigen, kachelverkleideten Wohnhäuser im Großmaßstab. Das **„Schaufenster des Ostens"** wurde von sogenannten „Aufbauhelfern" errichtet – Frauen sowie zahlreiche Werktätige, die nach der Arbeit noch drei „Aufbaustunden" dranhängten. Schon im Dezember 1952 konnten die ersten 148 von insgesamt 5000 Wohnungen bezogen werden, fast die Hälfte davon wurde unter den verdientesten Helfern verlost.

Dass die Bebauung der Magistrale auch anders hätte aussehen können – so wie sie Hans Scharoun 1949 für eine „Wohnzelle Friedrichshain" im Stil einer locker bebauten, funktionalistischen Stadt im Sinn hatte – demonstrieren die beiden **Laubenganghäuser** von Ludmilla Herzenstein (Karl-Marx-Allee 102/104 Höhe U-Bhf. Weberwiese und Hausnummer 126/128 kurz vor dem Frankfurter Tor). Da im April 1950 aber eine SED-Delegation zu Studienzwecken in die UdSSR gereist war, blieben sie gemäß den von dort importierten „Sechzehn Grundsätzen des Städtebaus" singulär und wurden fortan als „kosmopolitischer Ausdruck westlichen Bauens" diffamiert.

Von Hermann Henselmann stammen ferner die beiden weithin sichtbaren, 1960 fertiggestellten **Turmkuppelhäuser am Frankfurter Tor** [Q5], die die Monumentalbebauung im Osten abschließen. Ende 1961 wurde die Stalin-Allee in Karl-Marx-Allee umbenannt.

› U5 Strausberger Platz, Weberwiese und Frankfurter Tor

‹ Die beiden Turmkuppelhäuser am Frankfurter Tor bilden den Auftakt zur Karl-Marx-Allee

132 Volkspark Friedrichshain ★ [O3]

Nicht weit nördlich von der Karl-Marx-Allee stellt der Volkspark Friedrichshain, historisch betrachtet, den **Gegenentwurf zum vornehmen Tiergarten** dar. 1840 kam die Berliner Gemeindeverwaltung anlässlich des hundertjährigen Jubiläums der Thronbesteigung Friedrichs des Großen überein, auf einer Brachfläche östlich vom Alexanderplatz eigens für die Stadtbevölkerung einen Park einzurichten. Nicht nur zum Anschauen und Promenieren sollte er dienen, sondern vor allem benutzbar sein. Mit dem Projekt betraute man den Lenné-Schüler und späteren Berliner Stadtgartendirektor Gustav Meyer (1816–1877), der daraufhin auf 40 Hektar den Friedrichshain

KLEINE PAUSE

Volksparkpause

Für Speis und Trank im Volkspark sorgt das Café Schönbrunn mit wechselnder Tageskarte, Abendkarte und Biergarten mit Blick auf die Entchen im Großen Teich.

25 [O3] **Café Schönbrunn,** im Volkspark Friedrichshain, Tel. 453056525, www.schoenbrunn.net, tgl. ab 10 Uhr

298be Abb.: kj

anlegte – den ersten und damit ältesten der zahlreichen Berliner Volksparks.

Seit seiner Eröffnung 1846 steht der Großvater unter den Volksparks Groß und Klein zur Erholung oder aktiven Freizeitgestaltung zur Verfügung. 1913 gesellte sich zum ursprünglichen Park-Meublement der von Ludwig Hoffmann am Eingang Königstor erbaute **Märchenbrunnen** hinzu – ein Entree mit fontänenspuckenden Froschkönigen und anderen Tierfiguren und Szenen aus den Märchen der Brüder Grimm. Um die Aussicht auf die Dächer Berlins zu genießen, geht es auf den 78 Meter hohen **Großen Bunkerberg** hinauf, der wie sein kleiner Bruder, der **Kleine Bunkerberg** im Nordosten des Parks, keine natürliche Erhebung ist, sondern aus Trümmermassen des Zweiten Weltkriegs über einem gesprengten Bunker aufgetürmt wurde.

Das ehemalige Arbeiter-Badehaus auf dem RAW-Gelände ist heute eine heiße Berliner Klubadresse

Szene im Hain

Südöstlich der Karl-Marx-Allee dehnt sich im Altbaukiez zwischen Warschauer Straße [P7/Q6], Bahngleisen und Oberbaumbrücke 135 eine der beliebtesten Pisten der Berliner Gastwirtschaftswelt aus. Rund um den **Boxhagener Platz** [Q6], in der Grünberger, Krossener und Gabriel-Max-Straße sowie allen voran in der **Simon-Dach-Straße** [Q6] drängeln sich Pubs, Bars, Restaurants – laut und von Heerscharen junger Berlin-Gäste bevölkert. Zum Schutz der Anwohner, die nachts nicht mehr schlafen können, hat der Bezirk deshalb erstmals ab Frühjahr 2018 **eine Art „Sperrstunde"** für die Simon-Dach-Straße erlassen. Sie legt fest, dass die Gaststätten ihren Außenausschank um 23 Uhr schließen müssen.

Rund um den Boxhagener Platz ist also **der Hain**, wie die Alteingesessenen – die „Locals", wie sie jetzt heißen – ihr Viertel nennen. Der Tante-Emma-Laden ist hier ein „Späti" und vertreibt bis spät in die Nacht vornehmlich „Sterni" für unterwegs, auch „Wegbier" genannt. Zum **Wochenmarkt** auf dem „Boxi" herrscht samstags großes Getümmel, während sonntags am selben Platz auf dem **Flohmarkt** (s. S. 286) krempeln und stöbern angesagt ist. Dazu gibt es im Kiez neben Pizza und Pasta Global Food von Ara-

EXTRAINFO

Vorsicht vor Dieben!
Der Party-Kiez zwischen RAW-Gelände, Görlitzer Park und Kottbusser Tor ist nicht ungefährlich. Raub- und Gewaltdelikte haben empfindlich zugenommen. Gruppen meist junger Männer benutzen den Antanz- oder den Rempeltrick, um am liebsten Touristen um ihre Brieftaschen, Handys und Autoschlüssel zu bringen. Immer öfter kommen dabei auch vorgehaltene Messer ins Spiel.

Nehmen Sie deshalb keine unnötigen Wertsachen mit, tragen Sie ihr Geld unter der Kleidung am Körper, gehen Sie nicht in unbeleuchtete Ecken, lassen Sie sich nicht antanzen und gehen Sie nicht nachts in den Görlitzer Park.

bisch bis Yogi-Snack, und kleine Boutiquen sorgen für das passende Outfit. An der Simon-Dach-, Ecke Krossener Straße dröhnt „Paule's Metal Eck" (Lemmy-Kilmister-Büste und elf Biersorten vom Fass) – mit dem Eröffnungsjahr 1996 mittlerweile ein Gastro-Dinosaurier im schnelllebigen Party-Kiez.

› S und U1, U3 Warschauer Straße, U5 Frankfurter Tor

26 [Q6] **Paule's Metal Eck,** Simon-Dach-Str. 38, tgl. ab 17 Uhr

133 RAW-Gelände ★ [Q6]

Wenige Schritte von der Simon-Dach-Straße entfernt wartet das RAW-Gelände mit einer **bunten Mischung aus Klubs, Bars und Biergärten, Kletterturm, Skaterhalle, Kulturprojekten und Werkstätten** auf. Das Cassiopeia (Konzerte, Partys, Biergarten, Freiluftkino, s. S. 275) oder der Techno-Tempel Suicide Circus zählen zu den heißesten Berliner Locations. Ursprünglich diente das knapp acht Hektar große Gelände als „Königlich Preußische Eisenbahnwerkstatt", nach Gründung der Deutschen Reichsbahn 1920 als Reichsbahnausbesserungswerk, kurz RAW, und 1967 wurde es nach dem kommunistischen Reichstagsabgeordneten und Antifaschisten Franz Stenzer (1900–1933) benannt. Mit seinen morbiden Werkhallenruinen zwischen stillgelegten Gleisen gehört das RAW heute zu den **letzten innerstädtischen Berliner Brachen.**

› S und U1, U3 Warschauer Straße, U5 Frankfurter Tor

› RAW-Gelände, Revaler Str. 99. Das Gelände ist rund um die Uhr geöffnet.

134 Eastside Gallery ★★★ [P7]

Auf rund 1300 Metern erstreckt sich zwischen Spree und Mühlenstraße, zwischen Oberbaumbrücke und Ostbahnhof, das längste, noch verbliebene Stück der **Ostberliner Hinterlandmauer.** 1990 wurde sie von Künstlern aus 21 Ländern bemalt und damit zur **längsten Open-Air-Galerie der Welt.** Die stark verblassten, teils abgeblätterten Gemälde – darunter der berühmte „Bruderkuss" von Dmitrij Vrubel – wurden nach der Sanierung des Mauerstücks 2009 von den Künstlern neu aufgetragen. Ein privates **Mauermuseum** im ehemaligen Mühlenspeicher neben der Oberbaumbrücke am Anfang der Eastside Gallery zeichnet in Wort und Bild die deutsche Teilung vom Bau bis zum Fall der Berliner Mauer nach.

› S, U1, U3 Warschauer Straße, www.eastsidegallery-berlin.de

› **Wall Museum East Side Gallery,** Mühlenstraße 78–80, www.thewallmuseum.com, tgl. 10–19 Uhr, Erw. 12,50 €, erm. 6,50 €, Kinder bis 7 Jahre frei

265be Abb.: jg

135 Oberbaumbrücke ★★ [P7]

Seit 1896 verbindet die türmchengekrönte backsteinrote Oberbaumbrücke das östliche und westliche Spreeufer. Ihr Name erinnert daran, dass sich am Oberbaum **einst eine Zollstation** befand, die den Spreekähnen mit einem abgehängten Baumstamm die Durchfahrt versperrte und damit eine Art Stadttor zu Wasser war. Ab 1902 ratterte im Obergeschoss die U-Bahn über die Gleise. Während der Teilung Berlins, als die Spree zur schwer bewachten Staatsgrenze wurde, ruhte der Zugverkehr. Von DDR-Seite aus ließ man die Brücke verriegeln, nur ein streng kontrollierter Fußgängergrenzübergang blieb. Seit 1995 rollen die Züge nun wieder und tragen die Fahrgäste zwischen Friedrichshainer und Kreuzberger Ufer hin und her. Auf Rädern und Schusters Rappen gelangt man selbstverständlich ebenfalls über die Oberbaumbrücke, die mit der Zusammenlegung der beiden Stadtteile 2001 zum **Wahrzeichen des neuen Großbezirks Friedrichshain-Kreuzberg** aufstieg.

› S und U1, U3 Warschauer Straße, U1, U3 Schlesisches Tor

Szene rund um Osthafen und Oberbaumbrücke

Die Szene rund um die Oberbaumbrücke groovt. Am Friedrichshainer Ufer residieren im 1929 errichteten **Eierspeicher** Universal Music und in der benachbarten Lagerhalle der Musiksender MTV. Am Kreuzberger Ufer tanzt man bis morgens im Watergate (s. S. 272) über dem Wasser, lässt sich später gleich nebenan zum Gesang der quietschenden Hochbahn im Sonnenschein vor dem San Remo Upflamör (s. S. 266) nieder und zieht dann weiter in die Klubs, Cafés und Bars im **Wrangelkiez**, entweder durch die **Falckensteinstraße** [P7/8] – im Sommer ein großes Freiluft-Wohn-

EXTRATIPP

Punk in the City

1974 gegründet, die Songs extrem schnell, laut, simpel, werden die 2002 in die Rock and Roll Hall of Fame aufgenommenen **Ramones** als Pioniere des Punkrock gefeiert. Im weltweit ersten und einzigen Ramones Museum in der Krausnickstraße werden über 300 Erinnerungsstücke der legendären US-Kultpunkband gezeigt.

27 [P7 **Ramones Museum,** Oberbaumstraße 5 (U1, U3 Schlesisches Tor), Tel. 75528890, www.ramonesmuseum.com, tgl. 10–22 Uhr, Eintritt 4,50 €

Extrabild 23 (s. S. 10): Die Oberbaumbrücke um 1900

Spaziergang 8: kreuz und quer durch den Kreuzberger Kiez

Der Spaziergang durch das nordöstliche ***Kreuzberg 36,*** *so nach dem alten Postzustellbezirk „Südost (SO) 36" genannt, beginnt an der S- bzw. U-Bahnstation Warschauer Straße [Q7]. Hat man die S-Bahn für die Anfahrt gewählt, heißt es zunächst die Warschauer Brücke nach links in Richtung Kreuzberg zu überqueren. Hier bietet sich eine Aussicht auf reizlose Zweckbauten inmitten von Gleis- und Industrieanlagen, die zu den weniger attraktiven, aber dennoch nicht unspannenden Berliner Ansichten zählt. Am Brückenende, wo die U-Bahnlinie 1 am Endbahnhof Warschauer Straße ihre Fahrgäste entlässt, kann man „bergab" zur Spree hinab bereits die kuriosen Backsteintürme der* ***Oberbaumbrücke*** *135 erkennen, Wahrzeichen des Bezirks Friedrichshain-Kreuzberg.*

Noch auf der Friedrichshainer Seite der Spree ist die ***Eastside Gallery*** *134 einen Abstecher wert. Das längste noch erhaltene Berliner Mauerstück verläuft immer am Wasser entlang. Da die nächste Brücke erst nach 2,5 Kilometern kommt, ist es anzuraten, nach einem Gallery-Bummel kurzerhand wieder umzudrehen, um über die Oberbaumbrücke ans Kreuzberger Ufer zu wechseln.*

Auf dem türmgekrönten Brückenbauwerk kann man recht hübsch den Blick schweifen lassen: Flussabwärts funkelt schwer zu übersehen die silberne Kugel des Fernsehturms 51, flussaufwärts öffnet sich der ***Osthafen*** *mit seiner rundum groovenden Szene (s. S. 162) – im Hintergrund im Wasser die Metallgroßskulptur* ***Molecule Man.***

Am Kreuzberger Ufer angelangt, knickt man nicht mit der Hochbahntrasse ab, sondern läuft geradeaus weiter, unterquert die Hochbahn und auf gehts ins Getümmel. Links die Schlesische Straße [P7/8] hinunter lohnt sich vor allem im Sommer das ***Badeschiff*** *(s. S. 167). Hier, zwischen Spree und Landwehrkanal, an der Grenze von Kreuzberg nach Treptow, finden sich zahlreiche angesagte Konzertbuden, Bars und Klubs. Unterwegs dahin fällt auf der Schlesischen Straße der Blick links auf die von Bauzäunen versperrte* ***Cuvrybrache.*** *Das Gelände war bis zu seiner Räumung 2014 von Obdachlosen und Politaktivisten besetzt, die dort in Bretterbuden und Zelten lebten. Aktuell werden auf dem Areal Büros und hochpreisige Eigentumswohnungen errichtet.*

Alternativ spaziert man ab Kreuzberger Ufer gleich geradeaus weiter in die ***Falckensteinstraße*** *[P8] hinein: Partyzone, Futtermeile und Zweites Wohnzimmer zugleich.*

Zahlreiche Lokalitäten später ist am Ende der „Falcke" der ***Görlitzer Park*** *136 erreicht. „Oh ick wohn ja nu Görli Görli, in German we say 6- an' 30" – die Kreuzberg-Hymne von P. R. Kantate hat den „Görli" deutschlandweit bekannt gemacht. Keine hundert Meter in den Park hinein, geht es rechts auf die asphaltierte Hauptachse und durch das Rondell hindurch, an Grillern, Dealern und Musikkombos oder auch Schneeballschlachten und Schlittenfahrern vorbei, und hinter*

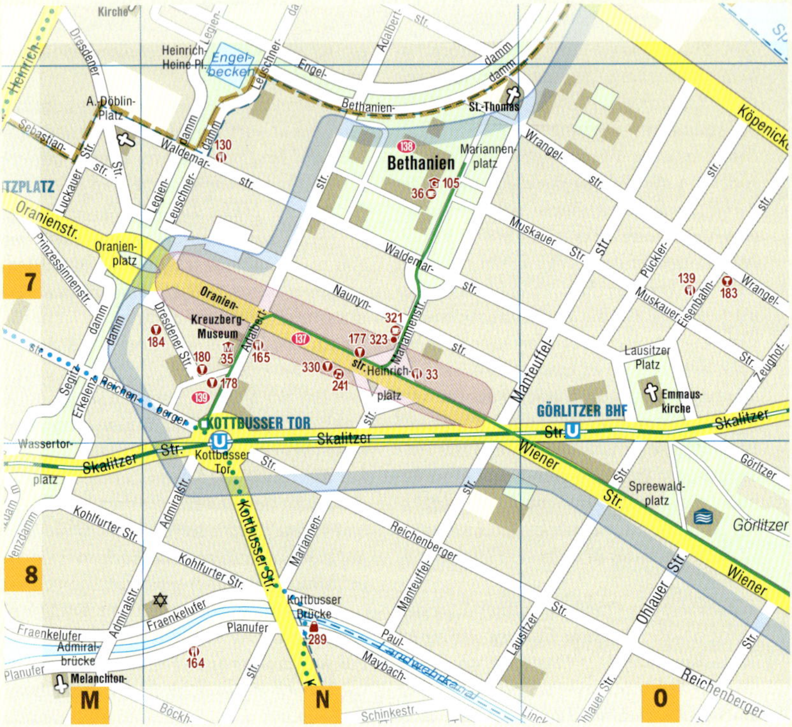

dem Sportplatz den nächsten Weg links aus dem Park zur Wiener Straße [O8] hinaus.

Die „Wiener" hinauf wartet keine 200 Meter später am ***Spreewaldplatz*** *[O8] die nächsten Bar- und Kneipenparade. Das U-Bahn-Viadukt bereits wieder in Sichtweite und auf Höhe des Görlitzer Bahnhofs abermals unterquert, zieht man sodann geradeaus weiter in die* ***Oranienstraße*** *137. Die Kreuzberger Mischung aus multikulti, autonom und alternativ lässt sich am schönsten in der „O-Straße" zwischen dem Kneipenrondell Heinrichplatz [N7] und der Adalbertstraße erkunden. Dazu passt atmosphärisch, nur einen Steinwurf vom Heinrichplatz entfernt, ein kurzer Schlenker zum* ***Kunstquartier Bethanien*** *138, das unter seinem Dach Kunstateliers, eine kommunale Kunstgalerie und ein soziokulturelles Zentrum beherbergt.*

Biegt man von der Oranienstraße links in die Adalbertstraße ein, wird man schon von Weitem vom Betonbügel des ***Neuen Kreuzberger Zentrums (NKZ)*** *139 begrüßt. Wieso es zu solch geballter Scheußlichkeit kommen konnte, kann man kurz vor dem NKZ im Friedrichshain-Kreuzberg Museum erfahren, bevor man – eine letzte Unterquerung auf diesem Spaziergang – unter dem NKZ-Betonbügel zum U-Bahnhof Kottbusser Tor gelangt.*

- 134 [P7] Eastside Gallery S. 161
- 135 [P7] Oberbaumbrücke S. 162
- 136 [O8] Görlitzer Park S. 168
- 137 [N7] Oranienstraße S. 168
- 138 [N7] Bethanien S. 169
- 139 [N7] Neues Kreuzberger Zentrum S. 170

Alle weiteren Karteneinträge s. S. 375.

zimmer –, zum Chillen und Grillen in den **Görlitzer Park** 136 oder ostwärts durch die **Schlesische Straße** mit ihren zahlreichen Gaststätten zur Lohmühleninsel. Hier kann man z. B. im **Chalet** im ehemaligen Steuerhaus der Königlichen Wasserinspektion zu Elektro-Tunes tanzen bzw. es sich nebenan bei **Birgit & Bier** im Rumpelbiergarten gemütlich machen, nach 22 Uhr mit Tanz. Trendsetter sind auch die **Bootshäuser am Flutgraben**, wo man im „Freischwimmer" (s. S. 266) oder im **Club der Visionäre**, hie von Brunch bis Fondue, da zu Turntables, auf Holzstegen über dem Wasser schwebt.

In der Nachbarschaft bietet das **Badeschiff** am Arena-Gelände im Sommer Schwimmvergnügen. Ufernah wurde dazu eigens ein Wasserbecken in die Spree eingelassen. Die **Arena** (s. S. 275) selbst – mit beliebter großer Konzerthalle – verwandelt sich immer am Wochenende in einen riesigen Trödelmarkt, auf dem man vom alten Alibertschrank über Kleider, Schuhe, Teppi-

Planet x-Berg

Mitte ist out, Kreuzberg in und seine Nächte sind immer noch lang! Neben Werbe- und Veranstaltungsagenturen, Musikunternehmen und Internetfirmen, die zunehmend den Spreegürtel bevölkern, neben Studenten in ihren Buden und gut situierten Altakademikern in großzügigen Dachterrassenwohnungen gibt es auch alle anderen noch: die Freaks und aus der Mode geratenen Alt-68er, die Hippies und Alkis, die Junks und die Punks, die Alten und Armen ebenso wie die zahlreichen Initiativen und Selbsthilfeprojekte, experimentierfreudigen Kooperativen, alternativen Denkfabriken und die türkische Community – bereichert um weitere über 160 Nationalitäten, die dicht an dicht zusammen in Kreuzberg leben.

Die erst mit den Eingemeindungen 1920 aus Teilen der alten Berliner Vorstädte – der südlichen Friedrichstadt, der Luisenstadt und der Tempelhofer Vorstadt – zusammengeschusterte neue Stadt ist immer noch Experimentierbude und Seismograf für Entwicklungen, nicht nur berlin-, sondern auch deutschlandweit. Denn Kreuzberg ist arm. Und wo kein Geld ist, muss eben die Fantasie Brücken bauen.

Zwar wurde die südöstliche Berliner Mitte im Krieg weniger zerstört als andere Gebiete im Zentrum der Spree-Metropole. Doch schnürte sie der Mauerverlauf fortan vom Leben ab, sowohl von Ost- als auch von Westberlin. Kreuzberg, insbesondere sein eingemauerter Nordosten (nach dem 1920–1945 geltenden Postzustellungsbezirk Südost 36 „SO 36" genannt), war buchstäblich Sackgasse, ein Dead End, in dem die amerikanischen Truppen bis in die 1970er-Jahre hinein zwischen Kriegsruinen, Abrissbirnen und öden Baugruben Häusernahkampf-Manöver abhielten.

Ganze Viertel waren für eine autogerechte Stadt zum Abriss vorgesehen. Spekulativer Leerstand und „Zwischenvermietungen" ohne Mieterschutz an Einwandererfamilien folgten. Wer seine Wohnung im Kahlschlagsanierungsgebiet nicht freiwillig räumen wollte, dem begegnete im Treppenhaus gelegentlich ein ge-

che bis zum Secondhand-Presslufthammer alles Mögliche aufstöbern kann. Bug voraus geht der Blick auf den 30 Meter hoch mitten im Spreewasser thronenden, ziemlich durchlöcherten **Molecule Man.** Die Metall-Großskulptur des amerikanischen Bildhauers Jonathan Borowski entstand im Auftrag der Allianz-AG, die sich quasi als Trendscout am Osthafen betätigte und dort bereits im Jahr 2000 einen schicken Büroturm als neue Firmenzentrale eröffnete.

› U1, U3 Schlesisches Tor, Bus 265

28 [Q8] **Chalet,** Vor dem Schlesischen Tor 3, www.chalet-berlin.de, Garten im Sommer bei gutem Wetter tgl. ab 17 Uhr, Klub Do.–Sa. 0–10 Uhr

29 [Q8] **Birgit & Bier,** Schleusenufer 3, http://birgit.berlin, geöffnet: Biergarten täglich ab 14 Uhr, Klub Fr./Sa. ab 23 Uhr

30 [Q8] **Club der Visionäre,** Am Flutgraben 1, www.clubdervisionaere.de, Mo.–Sa. ab 15, So. ab 12 Uhr

31 [Q8] **Badeschiff,** Eichenstr. 4, www.arena-berlin.de, Mai–Sept. tgl. ab 9 Uhr mit open end

dungenes Rollkommando. Andere Schikanen durch die überwiegend von „Wessi-Land“ aus agierenden Immobilienbesitzer waren die gefürchtete „heiße Entmietung“ (Brandstiftung) oder die Zerstörung von Dächern, Dachrinnen, Steig- und Fallrohren, bis das gesamte Haus unter Wasser stand. Dagegen entwickelte sich jene kunterbunte Mischung aus Alt-Kreuzberger Proletariern, türkischen Immigranten, westdeutschen Autonomen, Studis, Ökos, Hausbesetzern und Alternativlingen, die in den Bossen und Eigentümern einen gemeinsamen Gegner erblickten.

Im Gefolge der Hausbesetzungen, die im letzten Drittel der 1970er-Jahre in Kreuzberg begannen, setzte allmählich ein Umdenken in der Stadtplanung ein. „Sanfte Sanierung“ wurde zum Schlagwort der Stunde: Entkernung der Mietskasernen bei gleichzeitigem Erhalt der Kiezstruktur sowie Modernisierung auf einem für die eingesessenen Menschen bezahlbaren Niveau. So lebte man dann in Kreuzberg in schlicht sanierten Altbauten in ruhigen Straßen inmitten einer internationalen Community.

Bar jeder Sozialromantik verzeichnete der Bezirk jedoch auch traurige Rekorde: Bei der höchsten Berliner Bevölkerungsdichte zählte er zusammen mit Nord-Neukölln und Wedding lange Zeit die meisten Arbeitslosen, die meisten Arbeitslosengeld-II- und Sozialhilfebezieher. Wer konnte und aufsteigen wollte, kehrte Kreuzberg noch bis Ende der 1990er-Jahre den Rücken.

Gut 20 Jahre später hat sich dieser Trend ins Gegenteil verkehrt: Eine Kreuzberger Wohnadresse – Altbau, urban und verkehrsberuhigt, mit cooler Szene und etwas Grün drumherum – gilt heute als „state of the art“. Die Folge sind explodierende Mieten bzw. Wohnungsveräußerungen an potente Neuzuzügler – und die Verdrängung der alteingesessenen Kreuzberger. Man darf also gespannt sein, wohin die Reise in Berlins südöstlicher Mitte geht – und ob Kreuzberg auch ohne seine Kreuzberger weiterhin Kreuzberg bleibt.

136 Görlitzer Park ★ [O8]

Der „Görli"ist die **grüne Lunge im Kiez.** Zwischen Kinderbauernhof, Fußballern und Capoeiristas, Hundeauslauf, Drogenhändlern und Streuobstwiese wird in der schönen Jahreszeit im Park gegrillt, was die Holzkohle hergibt. Schmal wie ein Handtuch, umfasst das Gelände auf 14 Hektar den 1951 während der Berliner Teilung stillgelegten Görlitzer Bahnhof, von dem einst die Züge bis nach Breslau fuhren. In den 1980er-Jahren wurde die Brache unter **intensiver Beteiligung der Kreuzberger Bevölkerung** als Grün- und Freizeitanlage gestaltet. In der jüngsten Vergangenheit sorgte der Görlitzer Park als Drogenumschlagplatz für Schlagzeilen.

137 Oranienstraße ★ [N7]

Nördlich vom Bahn-Viadukt wartet die Oranienstraße mit einer **schillernden Alternativshop-Parade** auf. Secondhand- und Prêt-à-porter-Boutiquen für korrektes Kreuzberg-Outfit, Buch-, Platten-, Bio- und mediterrane Feinkostläden wechseln sich mit Kuruyemis-Theken, Brutzelbuden von Döner bis Sushi, Restaurants, Cafés, Bars und Kneipen ab. Am Kneipenrondell Heinrichplatz [N7] drängelt man sich drinnen und draußen bevorzugt im **Bateau Ivre** (s. S. 266). Die Shisha-Lounge **Rote Harfe** gegenüber verspricht den besten Ausblick auf die alljährlich rund um den Heinrichplatz stattfindende Erster-Mai-Keilerei. Die Konzert-Kultstätte **SO 36** (s. S. 275) bie-

266be Abb.: kj

tet Musikalisches von Elektro über Indie bis Punk und in der Nachbarschaft kehrt nachts das schwullesbische Publikum in die plüschige **Roses Bar** ein.

Am anderen Ende der Oranienstraße lässt die Kreuzberger Nachbarschaft in den **Prinzessinnengärten** am Moritzplatz Gemüse gedeihen. Gemeinschaftsgärtnern liegt voll im Trend und das bretterbudige Garten-Café bietet dazu regionale Biokost und lecker zubereitetes Selbstgezogenes.

› U1, U3 Görlitzer Park oder Kottbusser Tor, Bus M29

› **Roses Bar** (s. S. 346)

33 [N7] **Rote Harfe** €-€€, Oranienstraße 13, http://rote-harfe.de, tgl. ab 14 Uhr

•**34** [M7] **Prinzessinnengärten,** Moritzplatz (U8 Moritzplatz), April–Okt. tgl. 11–24 Uhr, http://prinzessinnengarten.net

138 Bethanien ★ [N7]

Um die Ecke erstreckt sich am Mariannenplatz der **Komplex des ehemaligen Diakonissenkrankenhauses Bethanien.** 1845–1847 wurden die Gebäude nach Plänen des Schinkel-Schülers und Baumeisters von König Friedrich Wilhelm IV., Ludwig Persius, errichtet. Nach der Stilllegung des Krankenhausbetriebs 1970 wurde im Jahr darauf ein Schwesternwohnheim auf dem Gelände besetzt, in **Georg-von-Rauch-Haus** umbenannt und durch den gleichnamigen Song der Band Ton Steine Scherben deutschlandweit bekannt. Die **Apotheke** im Haupthaus, in der 1848/1849 Theodor Fontane arbeitete, blieb original erhalten.

Der Görlitzer Park ist gleichermaßen berühmt, beliebt und berüchtigt

KURZ & KNAPP

Anschutz-Areal

Auf dem Areal zwischen Warschauer Straße, Eastside Gallery 134 und Ostbahnhof [O6], das lange Zeit Stadtraum für kunterbunte alternative Ideen war, entsteht zurzeit ein **Entertainmentviertel** im amerikanischen Stil. Nach der Wiedervereinigung erwarb der US-Milliardär Anschutz das weitläufige Trümmergelände und überplante es mit annähernd 850.000 Quadratmetern Bruttogeschossfläche – anderthalb Mal so viel wie am Potsdamer Platz.

„Spreeufer für alle!" lautete das Motto der Gegner, die sich in zahlreichen Initiativen versammelten und 2008 sogar einen Bürgerentscheid gegen die Bebauung gewannen. Geholfen hat es nicht. Noch im selben Jahr eröffnete die Anschutz-Arena, heute **Mercedes-Benz-Arena** [P6] mit Platz für 17.000 Besucher zu Mega-Sport- und Musikereignissen. Drumherum sind Hotels, Kinos, Restaurants, Bowling-Center etc. im Bau. Dazu gesellen sich neben einer neuen Shoppingmall die deutsche Mercedes-Benz-Vertriebs- und die Zalando-Zentrale. Sie alle wollen vom alternativen Spirit in Friedrichshain-Kreuzberg profitieren.

Zuletzt kam es 2013 zum internationalen Protest gegen den Luxusbau **Living Levels.** Für das weiße Hochhaus auf dem ehemaligen Todesstreifen – ein Projekt des erwiesenen Doppelagenten Maik Uwe Hinkel –, musste seinerzeit ein Stück der Eastside Gallery abgerissen werden. Zur Protestkundgebung flog unter dem Jubel der Demonstranten damals „The Hoff" David Hasselhoff („I've been looking for freedom") nach Friedrichshain-Kreuzberg ein.

Extrabild 24 (s. S. 10): Blick vom Kreuzberg, Aufnahme aus dem Jahr 1829

KLEINE PAUSE

Kaffee und Kuchen im Künstlerhaus

Wo früher im Kreuzgewölbesaal die Diakonissen speisten und draußen im idyllischen Bethanien-Garten lädt das Restaurant **Drei Schwestern** zu Kaffee, Kuchen und feiner deutscher Küche ein. Am Wochenende zusätzlich große Frühstückskarte.

36 [N7] **Drei Schwestern,** Mariannenplatz 2 (im Künstlerhaus Bethanien), Tel. 600318600, http://3schwestern.com, Mo.–Fr. 12–1, Sa./So. 11–1 Uhr

Heute teilen sich die Anlage kulturelle und nachbarschaftlich organisierte Projekte mit Ateliers, Musikschule sowie dem **Kunstraum Kreuzberg/Bethanien** (s. S. 246), der als nicht-kommerzielle kommunale Galerie Ausstellungen zeitgenössischer Kunst von internationalem Rang präsentiert.

› U1 Görlitzer Park oder Kottbusser Tor, Bus M29

139 Neues Kreuzberger Zentrum ★ [N7]

Am Kottbusser Tor erhebt sich mit dem gewaltigen Betonriegel, kurz „NKZ" genannt, eine **Sehenswürdigkeit der anderen Art.** Das Ungetüm, in den Zeiten der Kahlschlagsanierung 1969–1974 zwölf Stockwerke hoch mit 370 Wohnungen, 70 Läden und zwei Parkhäusern erbaut, ist heute sozialer Brennpunkt, Gegenstand zahlreicher stadtsoziologischer Sightseeingtouren und außerdem Hotspot des Berliner Ausgeh- und Partywesens. In seinem Schatten informiert das **Friedrichshain-Kreuzberg Museum** über die Geschichte des Stadtteils, insbesondere über die Hausbesetzer-Bewegung und die anschließende sanfte Stadtsanierung.

› U1, U3 Kottbusser Tor

35 [N7] **Friedrichshain-Kreuzberg Museum,** Adalbertstraße 95a, www.fhxb-museum.de, Tel. 50585233, Di.–Fr. 12–18, Sa./So. 10–18 Uhr, Eintritt frei

140 Kreuzberg 61 ★ [J9]

Nach den alten Postzustellbezirken wird Kreuzberg nördlich vom Landwehrkanal „SO 36" und südlich der künstlichen Wasserstraße „61" genannt. Vom 66 Meter hohen Kreuzberg im **Viktoriapark** [J9] aus kann man sich einen schönen Überblick über den Stadtteil verschaffen. Seit 1821 krönt ihn das Schinkelsche Nationaldenkmal mit einem Eisernen Kreuz obenauf, das zunächst dem Berg und schließlich dem ganzen Stadtteil seinen Namen gab.

Nahebei steht der **Bergmannkiez** zwischen Bergmannstraße, Marheineke- und Chamissoplatz an Gastrokultur der Oranienstraße in nichts nach, mit dem feinen Unterschied, dass es im südlichen Kreuzberg schon immer ein bisschen schnieker zuging. Zwischen sanierten Gründerzeitbauten schlendert es sich

Ein originaler „Rosinenbomber", der die Westberliner während der Berlin-Blockade 1948/1949 aus der Luft mit Lebensmitteln versorgte, schmückt heute die Fassade des Deutschen Technikmuseums

besonders schön über die quirlige **Bergmannstraße**, wo neben einer Vielzahl von Cafés, Kneipen und Restaurants auch Boutiquen, Trödelgeschäfte und Feinkostläden zum Stöbern und Schnabulieren einladen. Beliebtes Bummelziel ist die **Marheineke-Markthalle** am gleichnamigen Platz, unter deren Dach man sich durch allerlei Spezialitäten aller Kreuzberger Nationalitäten durchfuttern kann. Auf den **Friedhöfen am Mehringdamm** [K8] unweit vom Halleschen Tor ruhen die Dichter Adalbert von Chamisso und E. T. A. Hoffmann, der Komponist Felix Mendelssohn Bartholdy, der Baumeister Georg Wenzeslaus von Knobelsdorff, die Industriellen Ernst Schering und Carl von Siemens und viele weitere bedeutende Persönlichkeiten der deutschen Geschichte.

Südlich dehnt sich im Drei-Bezirke-Eck Kreuzberg/Neukölln/Tempelhof der **Flughafen Tempelhof** [L11] mit dem nach dem Pentagon größten zusammenhängenden Gebäudekomplex der Erde aus. 1923 eröffnete der erste Berliner Zentralflughafen, bis 2008 dauerte mit wenigen Unterbrechungen der Flugbetrieb. Davor erinnert am Platz der Luftbrücke das **Luftbrückendenkmal** – von den Berlinern „Hungerkralle" genannt – an die Blockade Westberlins 1948/49, als amerikanische „Rosinenbomber" die Bevölkerung aus der Luft mit Lebensmitteln versorgten. Das umzäunte Flugfeld steht den Berlinern und Gästen der Stadt seit 2010 als größte innerstädtische Freizeit- und Erholungsfläche offen (s. S. 326).

› U6 Mehringdamm und Platz der Luftbrücke, U7 Mehringdamm und Gneisenaustraße

141 Deutsches Technikmuseum ★★★ [J8]

Eine der legendären Douglas C 47 Skytrains, ein **„Rosinenbomber"** aus den Tagen der Luftbrücke, schwebt heute original vor der gläsernen Hauptfassade der **einzigartigen Technik-Museumsstadt.**

299be Abb.: kj

Auf dem Gelände des alten Anhalter Güterbahnhofs, nicht weit entfernt vom Potsdamer Platz 93, öffnete sie 1982 ihre Tore und zeigt seitdem beeindruckende Sammlungen alter Automobile, Dampfmaschinen, Bahnwaggons und Lokomotiven, Schiffsmodelle, Flugzeuge, Roboter und vieles mehr. Im Museumspark warten u. a. Lokschuppen sowie ein Windpark mit alter Hammerschmiede, Windmühlen und Windrädern auf ihre Besichtigung.

› **Deutsches Technikmuseum,** Trebbiner Str. 9, U1, U2 Gleisdreieck, Tel. 902540, www.sdtb.de, Di.–Fr. 9–17.30 Uhr, Sa./So. 10–18 Uhr, Erw. 8 €, erm. 4 €, Kinder unter 6 und unter 18 Jahren ab 15 Uhr freier Eintritt

142 Gleisdreieckpark ★ [I7]

Der neue Lieblingspark der Berliner, 2013 eingeweiht, erstreckt sich, durch die Bahngleise in einen West- und Ostpark geteilt, vom südlichen Kreuzberg bis fast zum Potsdamer Platz. In einem jahrelangen, teils reibungsvollen Prozess zwischen Behörden und Bürgerinitiativen wurde sein Charakter ausgehandelt und miteinander entwickelt. Dabei herausgekommen ist ein **grünes, innerstädtisches Kleinod**, das von Biotop über Laubenpieper bis Halfpipe auf vielfältige Art Natur, Erholung und Freizeitsport auf engen 26 ha miteinander vereint – und dafür inzwischen zahlreiche Preise einheimste. Kultiger Einkehrpunkt dort ist das **BRLO Brwhouse** in übereinandergestapelten Schiffscontainern mit Biergarten.

› U1, U2, U3 Gleisdreieck

37 [J7] **BRLO Brwhouse,** Schöneberger Straße 16, www.brlo-brwhouse.de, Di.–Fr. ab 17, Sa./So. ab 12 Uhr, Biergarten im Sommerhalbjahr tägl. ab 12 Uhr

Am neuen Gleisdreieckpark hat die Berliner Bevölkerung mitgeplant

374be Abb.: kj

Schöneberg

In Schöneberg gibt es nicht viel zu sehen, aber es lebt sich sehr angenehm. Die „Beautyberger“ Einwohnerschaft zeigt sich entspannt. Man hat es ein bisschen zu etwas gebracht, doch seine Studentenzeit noch nicht ganz vergessen und lebt häufig seit gut vier Jahrzehnten in seiner geräumigen, stuckverzierten Altbauwohnung.

Unmittelbar am **Nollendorfplatz** [H7] erhebt sich das 1905/06 erbaute **Metropol.** Wie sein Namensvetter, das Metropol-Theater, das in der Friedrichstraße im Admiralspalast seine Heimat hatte, schrieb auch das Metropol am Nollendorfplatz Bühnengeschichte. 1927/28 war das damalige „Neue Schauspielhaus“ Spielstätte für Erwin Piscators (1893–1966) Proletarisches Theater. In der Nachkriegszeit beherbergte das Metropol lange Zeit ein Kino, anschließend eine Diskothek und seit Anfang des dritten Jahrtausends wechselnde gastronomische Einrichtungen.

Wenige Schritte südlich geht es immer mittwochs und samstags zum Leckereien- und Blumeneinkaufen auf den **Winterfeldtmarkt** am Winterfeldtplatz (s. S. 287). Nach dem Viktualien-Cruising lässt man sich rituell in einem der zahlreichen Cafés nieder, die den belebten Platz rund um die St.-Matthias-Kirche säumen, darunter das Slumberland, der Oldtimer unter den Schöneberger Lokalitäten und, damit man stets weich vom Barhocker fällt, seit mittlerweile fast vier Jahrzehnten mit Sandboden unter den Füßen.

› U1, U2, U3 Nollendorfplatz

38 [H8] **Slumberland,** Goltzstr. 24, So.–Fr. ab 17 Uhr, Sa. ab 14 Uhr

143 Heinrich-von-Kleist-Park ★ [H8]

Am meist kurz „Kleistpark“ genannten Areal südlich vom Nollendorfplatz an der Potsdamer Straße befand sich Berlins erster Botanischer Garten, den man 1897 jedoch, als die Stadt sich ausdehnte, nach Dahlem verlegte. Die 1777–1780 von Carl von Gontard für die Königsbrücke am Alexanderplatz geschaffenen **Königskolonnaden** versetzte man 1910 in den nun verkleinerten Kleistpark, auf dessen Gelände bereits seit 1909 bis abschließend 1913 das neobarocke **Preußische Kammergericht** entstand.

Von August 1944 bis Januar 1945 tagte in seinen Räumlichkeiten der berüchtigte **Volksgerichtshof unter Roland Freisler.**

Nach Kriegsende 1945 zog der Alliierte Kontrollrat ein, um vom Kleistpark aus die Geschicke in den vier Berliner Besatzungszonen zu lenken. 1971 wurde im Kontrollratsgebäude das Viermächteabkommen über Berlin unterzeichnet. Heute ist es Sitz des Berliner Verfassungsgerichts.

› U7 Kleistpark

144 Rathaus Schöneberg ★ [G9]

Nicht weniger geschichtsträchtig ist das Rathaus Schöneberg am John-F.-Kennedy-Platz. Nach seiner Einweihung 1914 sollte der Sandsteinbau noch sechs Jahre lang der höchste Verwaltungssitz der 75.000 Einwohner zählenden Stadt Schöneberg sein, bis diese 1920 nach Groß-Berlin eingemeindet wurde. Von 1949 bis zur Wiedervereinigung war das Rathaus Westberliner Regierungssitz, Amtssitz des Regierenden Bürgermeis-

ters, der alliierten Verbindungsoffiziere sowie Versammlungsort des Abgeordnetenhauses und damit **politisches Epizentrum von Westberlin.**

Die Worte „Isch binn ain Bälinä“ des US-Präsidenten John F. Kennedy auf dem Platz vor dem Rathaus bewegten 1963 die Einwohner der eingemauerten westlichen Stadthälfte. Und die bereits 1950 nach dem Vorbild der „Liberty Bell“ in Philadelphia gegossene **„Freiheitsglocke“** im 70 Meter hohen Rathausturm wurde zum klingenden Zeichen für die Freiheit der Welt. Seit 2001 dienen die holzgetäfelten Räumlichkeiten als Sitz des Bezirksbürgermeisters und der Bezirksverordnetenversammlung von Tempelhof-Schöneberg.

› U4 Rathaus Schöneberg

Traditionell erklingt immer mittags um 12 Uhr die Freiheitsglocke im Turm des Rathaus Schöneberg

AUSSENBEZIRKE ENTDECKEN

007be Abb.: kj

Dahlem

Den Ortsteil des Bezirks Steglitz-Zehlendorf prägen etliche Villen, kleine Parks und Zehntausende Studenten. In Dahlem erstreckt sich der zentrale Campus der Freien Universität. Daneben wartet es mit dem Botanischen Garten auf, einem der bedeutendsten seiner Art weltweit.

Vom Mittelalter bis in die Neuzeit ein Rittergut und 1841 an den preußischen Domänenfiskus verkauft, wurde die königliche Domäne Dahlem ab 1912 zum vornehmen Villenvorort mit angegliedertem Wissenschaftsquartier ausgebaut, zum **„deutschen Oxford"**, wie man seinerzeit sagte. Zahlreiche Forschungsgebäude für die Institute der Kaiser-Wilhelm-Gesellschaft entstanden, die nach dem Zweiten Weltkrieg die Max-Planck-Gesellschaft und die Freie Universität übernahmen. Die Gründung der Freien Universität Berlin 1948 war die Antwort auf die zunehmend marxistisch-leninistische Ausrichtung der Berliner Universität (ab 1949 Humboldt-Universität 21) im sowjetischen Sektor.

145 Jagdschloss Grunewald ★★

1542/1543 wurde das Renaissanceschloss im Grunewald am Südostufer des Grunewaldsees wahrscheinlich nach einem Entwurf von Caspar Theiss erbaut. Kurfürst Joachim II. Hector hatte es in Auftrag gegeben, um für sich und seine Gesellschaften über ein **standesgemäßes Quartier während der Jagd** zu verfügen, und nannte es „Zum grünen Wald" – wonach der gesamte Grunewald seinen Namen erhielt.

Eine barocke Erweiterung unter König Friedrich I. wurde 1705–1708 ausgeführt. Aus jener Zeit stammen auch die kleineren Hofgebäude, die hufeisenförmig an das Schlossgebäude anschließen. Unter seinem Dach beherbergt es den **Cranach-Bestand** der Stiftung Preußische Schlösser und Gärten mit berühmten Werken von Lucas Cranach dem Älteren, Lucas Cranach dem Jüngeren und ihrer Werkstatt.

› Hüttenweg 100 (am Grunewaldsee), 14193 (Dahlem), www.spsg.de, April–Okt. Di.–So. 10–17.30 Uhr, Nov.–März Sa./So. 10–16 Uhr, Erw. 6 €, erm. 5 €

› Bus 115, X10, X83 Clayallee/Ecke Königin-Luise-Straße, von dort ca. 15 Minuten Fußweg durch den Grunewald

146 Domäne Dahlem ★ [B12]

Die Domäne erinnert noch heute daran, dass Dahlem bis zur Eingemeindung nach Groß-Berlin 1920 ein kleiner märkischer Flecken war. Wenige Schritte westlich vom U-Bahnhof Dahlem-Dorf dehnt sich das Domänen-Gelände aus. **Im Mittelalter ein ritterliches Lehnsgut**, von 1841–1945 preußische Domäne und danach Teil der Berliner Stadtgüter, ist es mittlerweile ein Bioland-Hof und zugleich höchst lebendiges **Freilichtmuseum.** Das Museum im 1560 erbauten **Herrenhaus** zeigt einen Kaufmannsladen aus den 1920er-Jahren, eine historische Fleischerei, ein Lebensmittellabor aus der Kaiserzeit u. v. m. Das **Culinarium** in den 1830 errichteten Pferdeställen präsentiert Spannendes zur Kulturgeschichte der Ernährung von 1850 bis heute.

Vorseite: Schloss Köpenick (siehe 157)

Auf dem Freilichtgelände gehen auf zwölf Hektar Betriebsfläche traditionelle Bewirtschaftung und modernste Technik Hand in Hand. In den Ställen sind **gefährdete alte Tierrassen** untergebracht: rauwollige Pommersche Landschafe, Thüringer Waldziegen oder Deutsche Sattelschweine.

Aufmerksamkeit verdienen auch der **Eiskeller** von 1709 auf dem Dorfanger, eine **Stellmacherei** aus dem frühen 19. Jahrhundert, eine 1907 gebaute **Remise** und das ehemalige **Wiegehäuschen** aus den Jahren um 1920. Alte Handwerksberufe wie Kunstschmied, Töpfer und Blaudrucker prägen den Hof und ein Landgasthaus stillt bei schönem Wetter Hunger und Durst. Im Hofladen kann man Bio-Erzeugnisse der Domänen-Landwirtschaft erstehen.

› **Freilichtmuseum Domäne Dahlem,** Königin-Luise-Straße 49, U3 Dahlem Dorf, Tel. 6663000, www.domaene-dahlem.de; Gelände Mai–Sept. 8–21, Okt.–April 8–19 Uhr, freier Eintritt; Culinarium und Museum im Herrenhaus Mi.–Fr. 14–17, Sa./So. 10–17 Uhr, Erw. 5 €, erm. 3 €, bis 18 Jahre Eintritt frei; Hofladen Mo.–Fr. 10–18, Sa. 8–14 Uhr; Ökomarkt Sa. 8–13 Uhr

147 Botanischer Garten und Botanisches Museum ★★★ [B12]

Ursprünglich ein Kräutergarten am Stadtschloss der preußischen Kurfürsten, wurde die Anbaufläche 1679 zunächst an den heutigen Kleistpark in Schöneberg 143 verlegt und diente ab Anfang des 19. Jahrhunderts zunehmend auch botanischen Forschungszwecken. 1809 wurde das **königliche Herbarium** der Universität Berlin unterstellt und zum wissenschaftlichen Botanischen Garten weiterentwickelt.

EXTRATIPP

Christmas Garden

Von Mitte November bis Anfang Januar verwandelt sich der Botanische Garten in ein Märchenland. Millionen Lichter funkeln dann auf dem Rundgang an verwunschenen Blumen, schwebenden Sternen und tanzenden Bäumen vorbei.

Ende des 19. Jh. zog es aus Platzgründen schließlich auf einen 43 Hektar großen Kartoffelacker der Domäne Dahlem um.

Zwischen 1897 und 1910 entstand dort unter Leitung des Gartendirektors Adolf Engler die neue Anlage. Bäume, Sträucher, Gräser, Blumen aus allen fünf Kontinenten wurden gepflanzt und Gewächshäuser errichtet, darunter 1907 das 25 Meter hohe, 1700 m² umfassende **Große Tropenhaus**, ein herausragendes Beispiel für die Glas-Stahl-Architektur jener Zeit.

Spaziergänge auf dem Freigelände führen einen in Concorde-Geschwindigkeit von der afrikanischen Savanne über die Lüneburger Heide ins Hochgebirge. Dioramen im Botanischen Museum präsentieren die prähistorische Welt und gegenwärtige Pflanzengemeinschaften vom inneren tropischen Regenwald über die Atlantikküste bis hin zur Vegetationszone an einem märkischen See. Insgesamt lassen sich rund 22.000 Pflanzenarten im Botanischen Garten betrachten. Damit zählt er zu den größten und artenreichsten botanischen Gärten der Welt.

› Königin-Luise-Str. 6–8, S1 Botanischer Garten, Bus M48, X83, 101, Tel. 83850100, www.botanischer-garten-berlin.de, tgl. 9–20 Uhr, Museum tgl. 10–19 Uhr. Die Gewächshäuser schließen jeweils eine Stunde früher. Erw. 6 €, erm. 3 €

Spandau

Spandau ist älter als Berlin! Schon 1232 bekam es die Stadtrechte verliehen und verlor erst 1920 mit der Eingemeindung nach Groß-Berlin seine Selbstständigkeit. Nirgends wurde der Protest dagegen energischer formuliert als in Spandau. Und bis heute meinen die fast 240.000 Spandauer, wenn sie davon sprechen, in die Stadt zu fahren, nicht etwa den Kurfürstendamm oder den Alexanderplatz, sondern ihre Altstadt am Zusammenfluss von Havel und Spree.

Im Gegenzug war Spandaus Name für die Berliner lange Zeit mit einer Ermahnung verbunden. „Hüt Er sich, dass Er nicht nach Spandau kömmt!", warnte schon Friedrich der Große manchen aufmüpfigen Untertan – denn **Spandau bedeutete Festungshaft.** „Ab in den Julio!" lautete ein Synonym für das Einsitzen im Juliusturm, wo in „zwei festen Behältnissen" kleine Schellen auf Kleinkriminelle und Ketten auf Schwerverbrecher warteten. So wurde die Spandauer Stadtchronik im Lauf der Jahrhunderte um einige berühmte „Einwohner" bereichert: darunter der im späten Mittelalter gefürchtete Raubritter Dietrich von Quitzow ebenso wie der wegen „demagogischer Umtriebe" arretierte Turnvater Jahn.

Im Jahr 1903 wurden die Bollwerke der stark befestigten Stadt geschleift. Von den **Festungsanlagen** blieben neben zwei Schanzen noch das Fort Hahneberg 150 und die Zitadelle 149 mit dem Juliusturm erhalten, Letztere eines der beeindruckendsten europäischen Festungsbauwerke der Hochrenaissance.

148 Altstadt Spandau ★ [Karte I]

Ein Spaziergang durch die Spandauer Altstadt bedeutet, wenn auch nicht eine Reise in eine andere Zeit, so doch ein Eintauchen in eine von Berlin **gänzlich verschiedene Atmosphäre.** Zur kopfsteingepflasterten Fußgängerzone umgestaltet, laden die Straßen rund um den Markt und St. Nikolai mit Läden und Cafés zum gemütlichen, stressfreien Bummel ein.

Bis Ende des 19. Jahrhunderts ragte, nicht weit vom 1913 eingeweihten **Rathaus Spandau** entfernt, im Karree zwischen der Haupteinkaufsmeile Carl-Schurz-Straße, Charlotten-, Jüden- und Moritzstraße das berüchtigte Spandauer Zuchthaus auf. Sein berühmtester Insasse war der Bonner Kunstgeschichteprofessor **Johann Gottfried Kinkel**, ein zu lebenslanger Haft verurteilter 1848er-Revolutionär, dem mithilfe seines Schülers Carl Schurz und republikanisch gesinnter Spandauer Bürger im November 1850 die Flucht gelang. Der beherzte **Carl Schurz** wanderte nach Amerika aus und brachte es dort 1877 zum US-Innenminister.

Aus der zweiten Hälfte des 15. Jahrhunderts stammt das **Gotische Haus** in der Breiten Straße 32, das zu den bedeutendsten spätgotischen Baudenkmälern im gesamten Berliner Raum gerechnet wird. Nach erheblichen Umgestaltungen im Lauf der Jahrhunderte wurde es 1987–1993 originalgetreu restauriert. In seinen mittelalterlichen Mauern ist heute die **Spandau-Information** untergebracht.

Bereits auf die erste Hälfte des 15. Jahrhunderts datiert die **dreischiffige Hallenkirche St. Nikolai** am Reformationsplatz. Unter ihrem mächtigen Satteldach ließ sich Kurfürst Joachim II. am 1.

November 1539 erstmals das Abendmahl nach evangelisch-lutherischem Ritus reichen, womit, wie damals üblich, zugleich ganz Berlin-Brandenburg zum protestantischen Glaubensbekenntnis übergetreten war. Im Inneren birgt die Reformationskirche als kostbarste Schätze ein bronzenes Taufbecken von 1398, eine Barockkanzel, die um 1700 ursprünglich für die Potsdamer Schlosskirche geschaffen worden war, sowie einen im Jahr 1582 vom Festungsbaumeister Rochus Graf zu Lynar (1525–1596) gestifteten, acht Meter hohen Renaissancealtar. Unter dem Altar befindet sich die Lynarsche Familiengruft, in der auch Baumeister Rochus bestattet ist. Von dem Spross eines alten florentinischen Adelsgeschlechts stammen u.a. das Dresdener Zeughaus (das spätere Albertinum), die Festung Peitz und die Spandauer Zitadelle. Vom 77 Meter hohen Kirchturm aus genießt man einen herrlichen Panoramablick auf Spandau, Berlin und das Havelland.

Auf der von Mühlgraben und Havel umflossenen nördlichen Landspitze liegt, durch die vielspurige Straße am Juliusturm von der Altstadt getrennt, **Spandaus ältester Siedlungskern.** Wo sich die Gassen **Kolk und Behnitz** mit niedrigen Fachwerkhäusern schmücken, befand sich schon im 12. Jahrhundert eine slawische Siedlung. Die klassizistische **St. Marienkirche** am Behnitz, nach Plänen des Schinkel-Schülers August Soller erbaut, wurde 1848 geweiht. Nach der St.-Hedwigs-Kathedrale in Mitte ist sie das älteste katholische Gotteshaus im Großraum Berlin.

› U7 Rathaus Spandau und Altstadt Spandau

40 [Karte I] **Spandau Information,** Breite Str. 32, 13597 (Spandau), Tel. 3339388, www.spandau-tourist-information.de, Mo.–Sa. 10–18 Uhr

★**41** [Karte I] **Kirche St. Nikolai,** Reformationsplatz, www.nikolai-spandau.de, Mo.–Fr. und So. 14–16 Uhr, Sa. 11–16 Uhr, Turmbesteigung April–Okt. jeden ersten Sa. und ersten, dritten und ggf. fünften So. im Monat 12.30 Uhr, Eintritt 2 €

080be Abb.: kj

Von St. Nikolai in Spandau breitete sich im 16. Jahrhundert die Reformation in Berlin-Brandenburg aus

149 Zitadelle ★★★ [Karte I]

Über die Juliusturmbrücke gelangt man zur Zitadelle, die mit wuchtigen Mauern, Bastionen und von Wassergräben umgeben in der Havel vor der Spandauer Altstadt liegt – eines der bedeutendsten erhaltenen Festungswerke der Hochrenaissance in Europa.

Kurfürst Joachim II. ließ die Zitadelle ab 1559 am Platz einer älteren Burg, unter Einbeziehung von deren mittelalterlichem Palas und des Juliusturms, von den Baumeistern Chiaramelle de Gandino und ab 1578 maßgeblich Rochus Graf zu Lynar in einer damals völlig neuartigen Militärarchitektur errichten: Die Batterietürme wurden durch weit **in den**

Karte I: Spandau

0 — 200 m
©Reise Know-How 2019

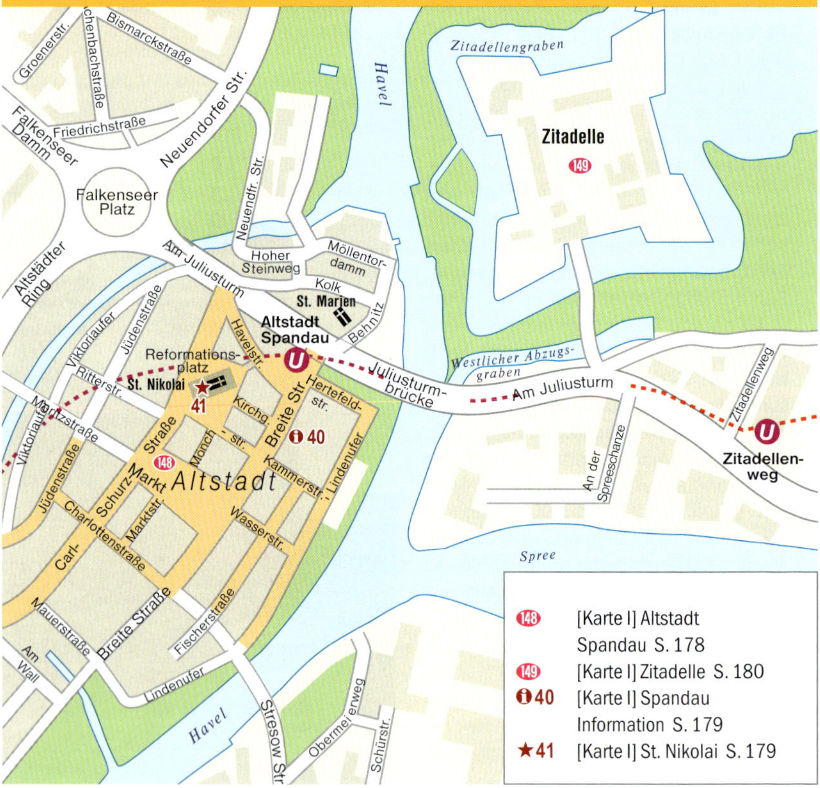

Festungsgraben vortretende, gewaltige Bastionen ersetzt, von denen herab man auf allen Fronten gleichzeitig Feuerschutz geben konnte. 1594 war der Bau der schier unbezwingbar erscheinenden Zitadelle vollendet.

Tatsächlich wurde sie – 1806 und 1945 kampflos übergeben – nur ein einziges Mal in ihrer Geschichte erobert. Und zwar 1813 von den eigenen Landsleuten, die im Verbund mit russischen Truppen die napoleonischen Soldaten aus Spandau vertrieben.

Nach dem Krieg gegen Frankreich im Jahre 1871 lagerten 120 Millionen Taler als Teil der französischen Reparationszahlung in den bis zu 3,60 Meter dicken Mauern des **Juliusturms.** Dieses älteste, wahrscheinlich schon um 1200 errichtete Wahrzeichen Spandaus diente im Lauf seiner Geschichte zunächst als Wohn- und Wehrturm und später als **Staatsgefängnis.** Von der 30 Meter hohen, zinnenbewehrten Aussichtsplattform bietet sich ein wunderschöner Blick über die Altstadt und bei klarer Sicht sogar bis „nach Berlin“, wie es in der altehrwürdigen Havelstadt selbstbewusst heißt.

Hunderte Helden der deutschen Geschichte – Überbleibsel der einstigen Puppenallee im Tiergarten 105 *– werden heute in der Spandauer Zitadelle gezeigt*

Im **Kommandantenhaus** wird anhand zahlreicher Ausstellungsstücke die Geschichte der Zitadelle aufgezeigt, im **Zeughaus** ist das Stadtgeschichtliche Museum Spandau untergebracht. Im **Proviantmagazin** lassen sich ausgediente Berliner Denkmäler bestaunen, darunter die Heldenstandbilder der historischen Siegesallee oder der Kopf des 1990 gefällten Lenin-Denkmals.

Die Räumlichkeiten im **Palas**, dem Hauptgebäude der Zitadelle, dienen kulturellen Veranstaltungen und im weitflächigen Zitadellenhof finden unter freiem Himmel Konzerte und andere große Festivitäten statt.

Ständige Bewohner der Kasematten sind heute die **Fledermäuse.** Um die 10.000 Exemplare der kleinen fliegenden Säugetiere sollen es sein, die in der Zitadelle ihr Winterquartier beziehen. Im Rahmen einer Führung kann man ihnen seine Aufwartung machen. Außerdem wartet im Haus 4 der Zitadelle ein Fledermauskeller mit rund 150 tropischen Fledertieren auf einen Besuch (tgl. 12–17 Uhr).

› **Zitadelle Spandau,** Am Juliusturm, S5, S7 Spandau, U7 Zitadelle, Bus X33, www.zitadelle-spandau.de, tgl. 10–17 Uhr, Erw. 4,50 €, erm. 2,50 €
› **Fledermausführungen,** Berliner Artenschutzteam e. V., Haus 4 in der Zitadelle, Termine für Führungen und obligatorische Anmeldung unter Tel. 36750061, www.bat-ev.de

150 Fort Hahneberg ★

Nach dem Deutsch-Französischen Krieg 1870/71 begann Spandaus Ausbau zu einer der stärksten Festungen Preußens. Ab 1880 verstärkte man **zur Sicherung der militärisch veralteten Zitadelle** – und damit indirekt auch Berlins – die Stadtumwallung und plante vier gegen Westen und Süden vorgeschobene Forts, von denen man 1882–1888 jedoch nur Fort Hahneberg im Stadtteil Weststaaken kurz vor der heutigen Berliner Landesgrenze realisierte.

Es wurde auch nicht mehr in Dienst gestellt, sondern nur als Kaserne genutzt und schlief während der Berliner Teilung auf seinem vorgezogenen Posten südlich des Grenzkontrollpunkts Heerstraße im „Schutzstreifen“ der Grenztruppen der DDR einen Dornröschenschlaf. Das vollständig erhaltene Zentrum der alten Festung wucherte mit Bäumen und Sträuchern, Dornen und Moosen zu, sodass allmählich eine halb von der Erde verschlungene, gewaltige „Raubritterburg“ entstand. Seit 1990 führt immer am Wochenende die „Arbeits- und Schutzgemeinschaft Fort Hahneberg“ durch das Gelände.

› Hahnebergweg, 13593 (Staaken), Bus M37, M49, X49 ab S9, S75 und U7 Rathaus Spandau, www.forthahneberg.de, Tel. 31951920, 90-minütige Führungen April–Okt. Sa./So. 14 und 16 Uhr, Erw. 7,50 €, 7–16 Jahre 2,50 €, unter 7 Jahre frei

Tegel

„Havelabwärts von Oranienburg, schon in der Nähe Spandaus, liegt das Dorf Tegel.“ So beginnt Theodor Fontanes Beschreibung seines Ausflugs zum **Humboldt-Schlösschen** in Tegel. Das alte Jagdschloss des Großen Kurfürsten gelangte 1765 in den Besitz Alexander Georg von Humboldts. Zwei Jahre später erblickte dessen Sohn Wilhelm, der Sprachwissenschaftler und Begründer

Karte II: Tegel

0 500 m
©Reise Know-How 2019

der Humboldt-Universität, das Licht der Welt, 1769 folgte Sohn Alexander, der Forscher und Weltreisende. Beide berühmten **Humboldt-Brüder** verbrachten im Schlösschen im Tegeler Schlosspark am Rande des Tegeler Forsts beinahe am Ufer des Tegeler Sees ihre Kindheit. 1820–1824 ließ Wilhelm von Humboldt das Anwesen durch Karl Friedrich Schinkel im klassizistischen Geschmack umbauen. Der letzte märkische Herrensitz in Berlin, der sich noch im Besitz der Nachkommen der früheren Bewohner befindet (keine Besichtigung möglich), duckt sich im Park und ist von nirgends her einsehbar.

Indessen ist das alte Dorf Tegel **längst der Großstadt gewichen.** Im Jahre 1920 teilte es das Schicksal Spandaus und wurde Groß-Berlin zugeschlagen. Die Stimmen, die danach riefen, es nach den berühmtesten Tegeler Söhnen in „Humboldtstadt" umzubenennen, fanden dagegen kein Gehör. Gottlob, hätte doch der Reim umgeschmiedet werden müssen, den sich die Berliner im 19. Jahrhundert auf ihr beliebtes Ausflugziel machten: „Mit Kind und Kegel raus nach Tegel!"

Am Tegeler See

Mit vier Kilometern Länge und bis zu einem Kilometer Breite ist der Tegeler See nach dem Müggelsee das zweitgrößte Berliner Gewässer. Am Scheitel der Großen Malche, einer Ausbuchtung des Sees, wartet die **Dicke Marie** auf ihre Besichtigung. Ungefähr 26 Meter ist die knorrige Eichendame hoch, ihr Umfang in Brusthöhe beträgt 6,65 Meter und zirka 900 Jahre ist sie inzwischen alt, damit **der älteste bekannte Baum Berlins.**

An der **Greenwichpromenade**, die ihren Namen nach der Tegeler Partnerstadt Greenwich in London trägt, warten am Schiffsanleger von April bis Oktober die **Dampfer der Stern und Kreisschifffahrt** für Ausflugsfahrten kreuz und quer über die Havelseen.

Am westlichen Seeufer nimmt das **Strandbad Tegel** am Rande des Tegeler Forsts etwa 300 Meter ein, gut 200 davon sind Sandstrand pur, 80 bis 100 Meter breit und mit einer kleinen Strandkorbparade geschmückt. Vorne am Wasser geht der Blick über den Sand auf das grüne östliche Havelufer und davor die **Insel Scharfenberg** und das Eiland Lindwerder. Auf Scharfenberg, der größten der

Ausflugsdampfer starten von Tegel aus über die Havelseen

375be Abb.: kj

sieben Inseln im Tegeler See, gründete der Reformpädagoge Wilhelm Blume 1922 die Schulfarm Scharfenberg, heute Internat und Gymnasium, das spätestens seit der Fernsehserie „Unser Lehrer Doktor Specht" auch über die Tegeler Seeufer hinaus Bekanntheit erlangte.

› U6 Alt-Tegel

S42 [Karte II] **Strandbad Tegel,** Schwarzer Weg, U Alt-Tegel, Bus 222 bis Falkenplatz, danach noch etwa 1200 Meter zu Fuß (derzeit geschlossen)

Pankow

151 Schloss Schönhausen ★★

Im Herzen des Pankower Stadtteils Niederschönhausen erhebt sich, vom Grün des kleinen Schlossparks umgeben, die ehemalige Sommerresidenz der Preußenkönigin Elisabeth Christine von Braunschweig-Wolfenbüttel-Bevern (1715–1797). Das im Kern bereits auf Mitte des 17. Jh. zurückgehende, u. a. von den Baumeistern Johann Arnold Nering, Eosander von Göthe und Johann Boumann d. Ä. gestaltete Barockschloss ist ein **bemerkenswertes Zeugnis friderizianischer Architektur.** Ursprünglich für die Gräfin Sophie Dorothea zu Dohna errichtet, ließ es Kurfürst Friedrich III. gegen 1690 komplett erneuern und bereitete von hier aus seine Krönung 1701 zum ersten preußischen König vor. Zwei Generationen später bezog im Krönungsjahr Friedrichs des Großen 1740 dessen ungeliebte Gemahlin Elisabeth Christine die Räumlichkeiten und verbrachte hier die Sommermonate bis zu ihrem Tod im Jahr 1797. Danach wurde Schloss Schönhausen nur noch sporadisch genutzt.

Die Nationalsozialisten bedienten sich seiner Mauern als Depot für die sogenannte „Entartete Kunst". Ab 1949 fungierte das Schloss als **Hauptsitz des ersten und einzigen DDR-Präsidenten Wilhelm Pieck,** schließlich 1964–1990 als **DDR-Staatsgästehaus.** Indira Gandhi und Ho Chi Minh, Fidel Castro, Michail Gorbatschow, François Mitterrand und zuletzt die niederländische Königin Beatrix weilten hier. Nach dem Zusammenbruch der DDR fanden in Schloss Schönhausen die Sitzungen des Zentralen Runden Tischs sowie die „Zwei-plus-Vier-Gespräche" über die deutsche Einheit statt.

Nach fünfjähriger aufwendiger Restaurierung steht das Schloss seit Dezember 2009 dem Publikum wieder offen. **Mehrere Ausstellungen** erinnern an seine wechselhafte Geschichte: Räumlichkeiten mit Originalmobiliar, Kunstwerken und anderen Objekten aus dem Besitz Elisabeth Christines widmen sich dem Leben der preußischen Königin, und auch den prächtigen Rokokosaal aus dem Jahr 1764 kann man in Augenschein nehmen. Die Sammlung der ostpreußischen Adelsfamilie Dohna-Schlobitten rekuriert auf die Anfänge der Schlossgeschichte. Die jüngste Vergangenheit 1949–1989 bleibt durch das authentische Arbeitszimmer von Wilhelm Pieck sowie ein Gästeapartment des DDR-Staatsgästehauses gegenwärtig. Der **Schlossgarten** zeigt 300 Jahre Gartenbaukunst – vom Barockgarten bis zu Blumenbeeten der 1950er-Jahre.

› Tschaikowskistr. 1, 13156 (Niederschönhausen), S2 und U2 Pankow, Bus 250, Tram M1, Tel. 4039492625, www.spsg.de, geöffnet: April–Okt. Di.–So. 10–17.30 Uhr, Nov.–März Sa./So. 10–16 Uhr, Erw. 6 €, erm. 5 €

Lichtenberg

152 Stasi-Museum ★

Alleine beim Anblick dieses schier endlos wirkenden Gebäudetrakts überkommt einen das Gefühl der Beklemmung. In dem gewaltigen Block zwischen Frankfurter Allee, Rusche-, Normannen- und Magdalenenstraße befand sich bis zum Untergang der DDR das 29 Gebäude und elf Höfe umfassende **Ministerium für Staatssicherheit (MfS)**. Erich Mielkes berüchtigte Kommandozentrale, von der aus der Minister für Staatssicherheit das Überwachungs- und Unterdrückungssystem der DDR dirigierte, war in **Haus 1** mit Zufahrt über die Ruschestraße untergebracht. Heute beherbergt Haus 1 das Stasi-Museum, das auf drei Stockwerken über Aufbau und Methoden der Stasi informiert und außerdem die **original erhaltene Mielke-Etage** zeigt.

› Ruschestr. 103, 10365 (Lichtenberg), U5 Magdalenenstraße, Tel. 5536854, www.stasi-museum.de, Mo.–Fr. 10–18 Uhr, Sa./So. 11–18 Uhr, Führungen Sa.–Mo. jeweils 13 Uhr, Erw. 6 €, erm. 4,50 €, Schüler ab 12 Jahren 3 €

153 Zentralfriedhof Friedrichsfelde ★★

Nordöstlich vom Bahnhof Lichtenberg dehnt sich der Zentralfriedhof Friedrichsfelde aus. Auf dem 1881 eröffneten, damals noch vor den Toren Berlins gelegenen Gottesacker ist **viel Prominenz des 20. Jahrhunderts** bestattet: die Künstler Käthe Kollwitz und Otto Nagel, die Schriftsteller Bruno Apitz, Irmtraud Morgner und Erich Weinert, die Wissenschaftler Friedrich Archenhold, Hermann Dunker und zahlreiche bedeutende Persönlichkeiten mehr.

Legendär war die Beisetzung des Sozialdemokraten Wilhelm Liebknecht im August 1900, die rund 150.000 Menschen begleiteten. Die Beerdigung von Liebknechts Sohn Karl und auch von Rosa Luxemburg folgte im Jahr 1919. Für die beiden Sozialistenführer und weitere Ermordete des Spartakus-Aufstands entwarf Ludwig Mies van der Rohe das Denkmal für Karl Liebknecht und Rosa Luxemburg, kurz „Revolutionsdenkmal" genannt. Es wurde 1926 enthüllt und im zweiten Jahr nach der NS-Machtergreifung 1935 abgerissen.

1951 weihte man statt seiner im Friedhofseingangsbereich die **Gedenkstätte der Sozialisten** ein. Dort befinden sich, von einer halbkreisförmigen Klinkermauer umrahmt, die Grab- und Gedenksteine der Arbeiterführer Karl Liebknecht, Rosa Luxemburg, Ernst Thälmann, Franz Mehring, John Schehr und Franz Künstler, der Sozialdemokraten Rudolf Breitscheid, Paul Singer, Hugo Haase und Theodor Leipart, der DDR-Staats- und Parteiführer Wilhelm Pieck, Otto Grotewohl, Walter Ulbricht sowie vieler weiterer Politiker, Gewerkschafter und Widerstandkämpfer gegen das NS-Regime.

› Gudrunstr. 20, 10365 (Lichtenberg), S5, S75 und U5 Lichtenberg, Bus 193, tgl. ab 8 Uhr bis zum Einbruch der Dämmerung

154 Tierpark ★★

Südöstlich im Bezirk Lichtenberg erstreckt sich der 1955 eröffnete Tierpark. Über 9000 Tiere, die fast 1000 Arten repräsentieren, haben auf dem weitläufigen Gelände ihr Zuhause. 160 Hektar ist der Zoo groß und **zählt zu Europas**

376be Abb.: kj

größten und schönsten Landschaftstierparks. Zu den besonderen Highlights gehören das Dickhäuterhaus – dort stellt sich bei den Elefanten mittlerweile bald jedes Jahr Nachwuchs ein – und auch die Affen- und Bärenanlagen, die Giraffen und Pinguine, Lemuren, Krokodile und andere Tiere mehr lassen die Herzen der Besucher höherschlagen.

Im Nordwestwinkel der Anlage erhebt sich das gegen Ende des 17. Jahrhunderts vermutlich nach Plänen Johann Arnold Nehrings erbaute, frühklassizistische **Schloss Friedrichsfelde.** In seinen Sälen und Räumlichkeiten wird anhand von Mobiliar und Dekorationsgegenständen die Geschichte einer vornehmen märkischen Residenz des 18. Jahrhunderts wieder lebendig.

- **Tierpark Berlin,** Am Tierpark 5, 10319 (Lichtenberg), U5 Tierpark, Tel. 515310, www.tierpark-berlin.de, April–Sept. tgl. 9–18.30, Okt.–Feb. tgl. 9–16.30 Uhr, März 9–18 Uhr, Erw. 14 €, erm. 9 €, bis 15 Jahre und ALG-II-Bezieher 6 €
- **Schloss Friedrichsfelde,** im Sommerhalbjahr Di.–So. 10–18, im Winter nur bis 16.30 Uhr. Der Tierparkeintritt gilt auch für den Besuch von Schloss Friedrichsfelde.

Marzahn

1979 wurde Marzahn als drittjüngster Bezirk Ostberlins aus der Taufe gehoben und mit der seinerzeit größten DDR-Großsiedlung zugebaut. Wer nun aber glaubt, der Berliner Nordosten würde ausschließlich aus Platte bestehen, für den hält der Stadtteil des heutigen Großbezirks Marzahn-Hellersdorf manche Überraschung bereit.

155 Gärten der Welt ★

Rund um den Erdball geht es auf ausgedehnten Spazierwegen in den Gärten der Welt. Auf 43 Hektar bietet die grüne Oase inmitten einer jahreszeitlich wechselnden Blütenpracht zwischen Liegewiesen und Spielplätzen zehn einzigartige Themengärten, die auf weiten Flächen die **Gartenbaukunst Europas, Asiens, Australiens und Lateinamerikas** präsentieren. So lockt zum Beispiel der „Garten

Schloss Friedrichsfelde im Tierpark

360be Abb.: kj

des wiedergewonnenen Mondes“, nach chinesischer Planung in enger Zusammenarbeit mit Berlins Partnerstadt Peking gestaltet und auf knapp drei Hektar zugleich der größte Chinesische Garten Europas, der koreanische „Seouler Garten“, ein Geschenk der Stadt Seoul an Berlin, oder auch der italienische Renaissancegarten „Giardino della Bobolina“, der den florentinischen Boboli-Gärten des 16. Jahrhunderts nachempfunden ist. Darüber hinaus laden acht **Gartenkabinette** aus allen fünf Kontinenten zu einer Weltreise ein.

2010 wurden die Gärten der Welt mit dem renommierten britischen „Green Flag Award“, dem **Park- und Garten-Oscar**, geadelt. 2017 waren sie Bestandteil der Internationalen Gartenschau (IGA) in Berlin, in deren Zusammenhang auch die **Seilbahn** montiert wurde, die seitdem vom Eingang am Blumberger Damm zur schönen Aussicht hoch auf den Kienberg gondelt.

› Haupteingang: Blumberger Damm 44, 12685 (Marzahn), S7 Mehrower Allee, Bus X69, Tel. 700906699, www.gruen-berlin.de, weiterer Eingang: Eisenacher Str. 99, S7 Marzahn, U5 Hellersdorf, Bus 195
› tgl. ab 9 Uhr bis zum Einbruch der Dunkelheit (Nov.–März geschlossen: Orientalischer, Koreanischer, Japanischer Garten sowie Gartenkabinett Libanon), Erw. 7 €, erm. 3 €, Nov.–März Erw. 4 €, erm. 2 €, mit Seilbahn Erw. 9,90 €, erm. 5,50 €, Nov.–März Erw. 6,90 €, erm. 4,50 €, Kinder bis 5 Jahre frei

Der Aufstieg zum „Wolkenhain“ auf dem Kienberg wird mit einem fantastischen Blick auf Berlin belohnt

Bequemer geht es mit der Kabinenseilbahn auf den Kienberg hinauf

156 Kienbergpark ★

2002 musste das flunderflache Berlin, das mit seiner höchsten natürlichen Erhebung auf gerade mal 115 Meter kommt, gemäß Brüsseler Anordnung ein Seilbahngesetz erlassen. Was damals Gelächter und Kopfschütteln auslöste, hat sich im Nachhinein als glücklicher Treffer erwiesen. Denn, voilà, mit der Eröffnung der Internationalen Gartenschau (IGA) im Frühjahr 2017 ging am Kienberg **Berlins erste und einzige Kabinenseilbahn** (Preise s. S. 188) in Betrieb.

Auf anderthalb Kilometer Gesamtlänge führt sie auf den rund 100 Meter hohen **Kienberg** hinauf und östlich wieder hinunter. Der niedrigste der sechs Berliner „Einhunderter" wurde als Trümmerberg aus Kriegs- und später Baustellenschutt der Plattenbausiedlung Marzahn aufgetürmt. 2017 war er Teil des IGA-Geländes und bietet seitdem obenauf vom **„Wolkenhain"** – Aussichtsbauwerk auf dem Kienberger Gipfel – eine grandiosen Panoramasicht über Berlin und das Brandenburger Umland.

361be Abb.: kj

Östlich, zu Füßen des Kienbergs, erstreckt sich das **Wuhletal,** das – vom kleinen Flüsschen Wuhle durchzogen – mit teils bestehenden, teils zur IGA neu angelegten Flachwasserzonen eine lebendige Auen- und Wiesenlandschaft darstellt.

Köpenick

Im Südosten Berlins dehnt sich mit vier Kilometern Länge und einer Breite von gut zwei Kilometern der Große Müggelsee aus, die „größte Badewanne Berlins". Das relativ seichte Gewässer – sein tiefster Punkt ist bei elf Metern erreicht – wurde in frühen Urkunden zuerst als „Miggel" erwähnt, worin das slawische Wort „mgla" für Nebel anklingt und an die slawische Besiedlung der Region durch die Sprewanen ab dem 8. Jahrhundert erinnert.

Der sprewanische Stammesfürst residierte in einer wohl schon um 825 erbauten Burg auf der Schlossinsel Köpenick. Nach der Eroberung der Region 1157 durch Albrecht den Bären wird „Copenic" 1210 erstmals urkundlich erwähnt.

Den **Spitznamen „Waschküche Berlins"** verdankt die Stadt am Zusammenfluss von Dahme und Spree den rund 4000 Wäschereien, die Anfang des 20. Jahrhunderts am Spreeufer standen. Fabriken und Großbetriebe siedelten sich von Rummelsburg spreeaufwärts an Fluss und Kanälen an, sodass Köpenick zu einem wichtigen Industriestandort wurde. 1920 nach Groß-Berlin eingemeindet, blieb die Stadt jedoch weiterhin die **grüne Lunge im Osten.** Das verdankt

Karte III: Köpenick

0 — 200 m
©Reise Know-How 2019

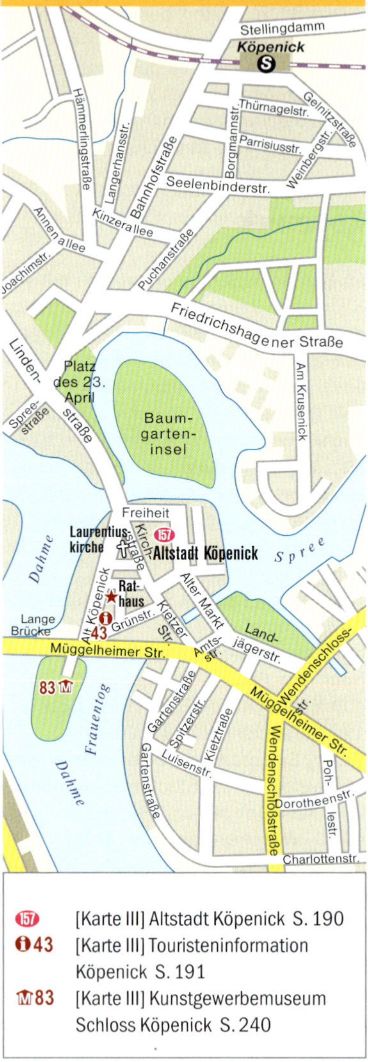

157 [Karte III] Altstadt Köpenick S. 190
43 [Karte III] Touristeninformation Köpenick S. 191
83 [Karte III] Kunstgewerbemuseum Schloss Köpenick S. 240

sie vor allem dem Müggelsee, der laut Fontane „mit zu den größten und schönsten unter den märkischen Seen zählt“.

157 Altstadt Köpenick ★ [Karte III]

Auf drei Seiten von Wasser umflossen, liegt die Altstadt von Köpenick auf einem Landzipfel zwischen Dahme und Müggelspree. Die roten Ziegeltürme der 1838–1841 erbauten **St. Laurentiuskirche** und des 1901–1904 in märkischer Backsteingotik errichteten **Rathauses** prägen die Silhouette.

Vor dem Rathauseingang begrüßt einen gleich rechts, in Bronze gegossen, der **Hauptmann von Köpenick,** der 1906 mit seiner „Köpenickiade“ die ganze Welt zum Lachen über die obrigkeitshörigen Preußen brachte. Im Rathaus erzählt eine kleine Hauptmann-Ausstellung seine Geschichte (siehe Exkurs S. 191).

Nur einen Steinwurf entfernt thront auf der Schlossinsel, durch einen Wassergraben von der Altstadtinsel getrennt, das 1677–1690 im Barockstil erbaute **Schloss Köpenick.** Nach zehnjähriger Restaurierung konnte es 2004 als **Kunstgewerbemuseum** wiedereröffnen und ermöglicht seitdem Einblicke in die bürgerlichen und höfischen Wohnmoden vom 16. bis zum 18. Jahrhundert. Neben kostbaren Tapisserien, Porzellanen und Silberbüfetts versetzen den Betrachter prachtvolle holzvertäfelte Salons, Deckengemälde, Stuckaturen sowie das Spiegelkabinett aus Schloss Wiesentheid oder die mit kostbaren Intarsien versehenen Zimmervertäfelungen der Schlösser Höllrich und Haldenstein in Erstaunen.

In nördlicher Richtung konnte sich kurz vor der Altstadt-Inselbrücke am Platz des

23. April das **Mahnmal Köpenicker Blutwoche** aus der sozialistischen in die neue Zeit hinüberretten. Von Walter Sutkowski entworfen und 1969 enthüllt, erinnert es an die Ereignisse im Juni 1933, als Rollkommandos der SA 500 Sozialdemokraten, Gewerkschafter und Kommunisten verhafteten, folterten und zum Teil ermordeten.

› S3 Köpenick, Bus 164, 167, Tram 27, 60, 61, 62, 67

🛈 **43** [Karte III] **Touristeninformation Köpenick,** Alt Köpenick 31–33 (am Schlossplatz), 12555 (Köpenick), Tel. 6557550, www.tkt-berlin.de, Mai–Sept. Mo.–Fr. 9–18.30, Sa. 10–16 Uhr, Okt.–April Mo.–Fr. 9–18, Sa. 10–13 Uhr

› **Hauptmann-von-Köpenick-Ausstellung,** im Rathaus, geöffnet zu den üblichen Bürodienstzeiten, freier Eintritt

› **Kunstgewerbemuseum Schloss Köpenick** (s. S. 240), Schlossinsel, April–Sept. Di.–So. 11–18, Okt.–März Do.–So. 11–17 Uhr, Erw. 6 €, erm. 3 €

082be Abb.: kj

Der markante rote Rathausturm dominiert die Altstadt von Köpenick

Der Hauptmann von Köpenick

1906 trug sich die Geschichte zu, die Köpenick weit über Preußen hinaus bekannt machte. Der Schuster Wilhelm Voigt, nach über 30 Jahren aus dem Gefängnis entlassen, stand arbeits- und obdachlos, vorbestraft und ohne Pass auf der Straße. Um ein Dach über dem Kopf zu finden, war Arbeit nötig, um Arbeit zu finden, brauchte man einen Pass, und ohne Pass wiederum wurde man nirgends eingestellt. Also entsann Schuster Voigt, um dem Teufelskreis zu entkommen, eine Hochstapelei. In einer ausrangierten Offiziersuniform rekrutierte er eine Handvoll Soldaten, zog mit ihnen ins Rathaus Köpenick ein, verhaftete den Bürgermeister und ließ sich die Stadtschatulle aushändigen. Einen Pass, den der falsche „Hauptmann von Köpenick" sich erhoffte, bekam er dagegen nicht. Denn den stellten nur Landratsämter aus und Köpenick hatte keins. Kurze Zeit später saß Schuster Voigt wieder ein, nun allerdings als Berühmtheit. Denn überall auf der Welt lachte man über die obrigkeitshörigen Preußen, die vor lauter Respekt vor einer Uniform einem armen Schelm auf den Leim gegangen waren.

Friedrichshagen

Der Stadtteil von Köpenick wurde 1753 von Friedrich dem Großen als Spinnerei- und Besenbinderdorf für böhmische und Pfälzer Glaubensflüchtlinge gegründet. Seit Ende des 19. Jahrhunderts ist er eine **beliebte Berliner Sommerfrische** und lockt mit Badestellen, Restaurants, Biergärten und einer Dampferanlegestelle auf der äußersten nordwestlichen Müggelsee-Landnase kurz vor dem Austritt der Müggelspree aus dem Müggelsee.

Unter dem Wasser hindurch führt seit 1926 der 120 Meter lange **Spreetunnel** zum westlichen Seeufer. In die entgegengesetzte Richtung wartet das **Museum im Alten Wasserwerk** am Nordufer des Müggelsees auf interessierte Besucher. Es ist in einem der Schöpfmaschinenhäuser der zwischen 1890 und 1893 errichteten, backsteinneugotischen Anlage untergebracht und zeigt die Geschichte der Berliner Wasserversorgung und Abwasserentsorgung.

› S3 Friedrichshagen, Tram 60

44 [Karte IV] **Museum im Alten Wasserwerk,** Müggelseedamm 307, Tel. 63220388, www.berliner-unterwelten.de, April–Okt. Fr./Sa. 10–17, So. 10–16 Uhr, Nov.–März Fr.–So. 11–16 Uhr, Erw. 5 €, erm. 3 €, Kinder 7–13 Jahre 2,50 €, unter 7 Jahren frei

158 Strandbad Müggelsee ★ [Karte IV]

Beinahe zwölf Hektar umfasst die **Berliner „Volksbadewanne"** bei Rahnsdorf am nordöstlichen Müggelseeufer. Und ebenso wie sein Pendant an der Havel, das Strandbad Wannsee, gilt es als wegweisend in der Geschichte der modernen Architektur. Nachdem ein 1912 eröffneter Vorgängerbau abgebrannt war, entstand 1929/30 nach einem Entwurf Martin Wagners – die Britzer Hufeisen-

Am Ausgang der Müggelspree aus dem Müggelsee

Karte IV: Am Müggelsee

0 200 m

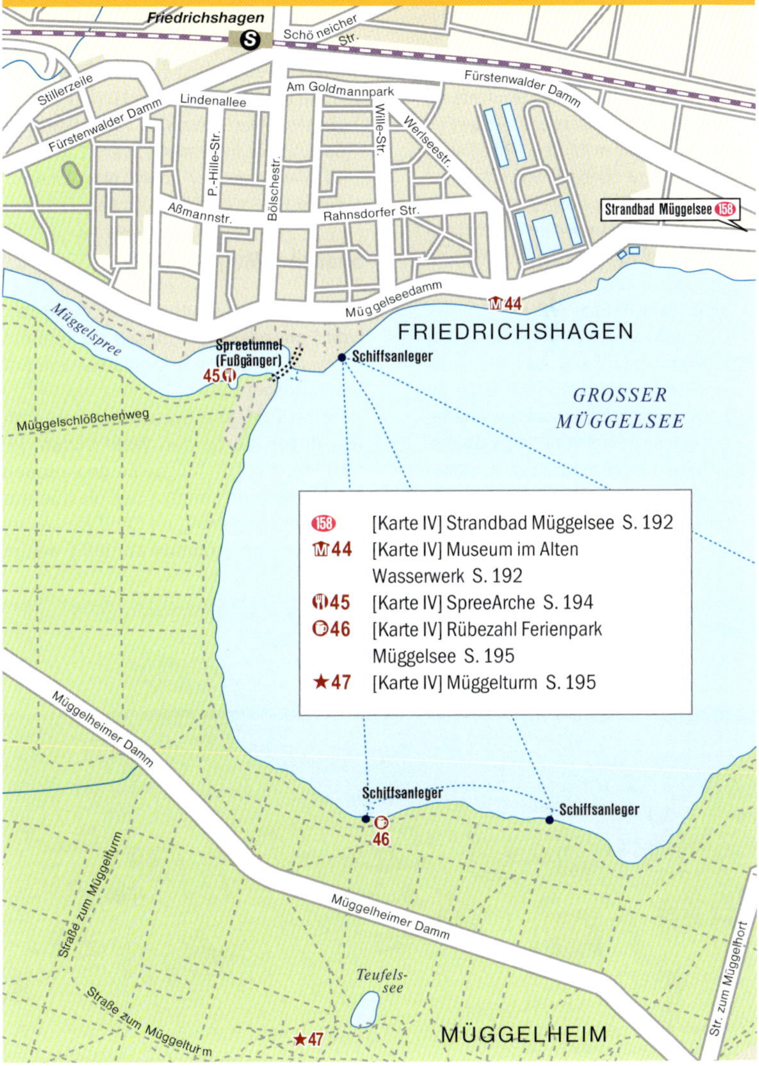

KLEINE PAUSE

SpreeArche

Lauschiger lässt es sich kaum tafeln. Am Ausfluss der Müggelspree aus dem Müggelsee schwimmt das hölzerne Blockhaus-Restaurant SpreeArche im Wasser. An Bord kommen auf den Sonnenterrassen regionale Gerichte und frischer Fisch aus dem eigenen Rauch auf den Tisch. Romantische Sonnenuntergänge, die die Spree funkeln lasssen, gibt es gratis dazu. Übergesetzt wird mit dem hauseigenen Floß vom Bootsteg am Müggelschlößchenweg.

45 [Karte IV] **SpreeArche** €-€€, Müggelschlößchenweg, Tel. 0172 3042111, www.spreearche.de, April–Okt. tgl. ab 12, Nov.–März Sa./So. ab 12 Uhr. Bei schönem Wetter ist sommers eine Reservierung empfohlen. Von Friedrichshagen geht es zu Fuß durch den Spreetunnel, dann rechts am Ufer entlang. Nach 300 m ist der Bootsteg erreicht.

siedlung, die Wagner zusammen mit Bruno Traut schuf, ist seit 2008 Weltkulturerbe – das kurvenförmige, zweigeschossige **Servicegebäude im Stil Neuer Sachlichkeit.** Eine Freitreppe führt von dort zum Seeufer mit einem ebenso breiten wie langen Sandstrand hinunter.

› Fürstenwalder Damm 838, 12589 (Rahnsdorf), S3 Friedrichshagen, Bus 161, Tram 61, Mai–Sept. tgl. 9–20 Uhr, bei schönem Wetter Fr./Sa. bis 21.30 Uhr, freier Eintritt

Südliches Müggelseeufer

Am südlichen Seeufer wartet der **Rübezahl Ferienpark Müggelsee** mit großem Biergarten, Marina und Bootsverleih auf einen Besuch.

Keine fünfzehn Spazierminuten südlich davon durch den Wald bilden die 115 Meter hohen **Müggelberge** zwischen Müggelsee und Langem See die höchste natürliche Erhebung im Land Berlin. Jedem, der einmal einen wahrhaftig weiten

083be Abb.: kj

Rundumblick über die Millionenmetropole und ihr Umland genießen möchte, sei empfohlen, die 126 Stufen auf den knapp 30 Meter hohen **Müggelturm** hinauf zu erklimmen.

Bereits in den 1880er-Jahren ließ der Köpenicker Wäschereibesitzer und Industrielle Carl Spindler am Ort einen ersten Müggelturm errichten. 1890 wich dieser, ebenfalls auf Spindlers Initiative, einem pagodenförmigen Turm, welcher 1958 Opfer einer Feuersbrunst wurde. Dank zahlreicher Spenden konnte schon drei Jahre später der neue Müggelturm eingeweiht werden.

Das benachbarte verfallende Ausflugslokal soll restauriert und in näherer Zukunft wieder in Betrieb genommen werden. Bis es soweit ist, sorgt eine Bude am Müggelturm für die Wegzehrung und verwahrt außerdem den Müggelturmschlüssel zur schönen Aussicht.

› Bus X69

46 [Karte IV] **Rübezahl Ferienpark Müggelsee,** Müggelheimer Damm 143, Tel. 6566168811, www.ruebezahl-berlin.de, Restaurant Mi.–So. 11.30–21, im Winterhalbjahr Mi.–So. 12–19.30 Uhr

★47 [Karte IV] **Müggelturm,** Straße zum Müggelturm, tgl. 10–18 Uhr, Erw. 2 €, erm. 1 €

Müggelsee: Sonne, Sand und das blaue Müggelseeband, am Horizont geschmückt von den Müggelbergen

An der Havel entlang zur Glienicker Brücke

Die Havel fließt von Norden her ins Stadtgebiet ein und erweitert sich sogleich zu herrlichen Seen. Nachdem sie bei Spandau die Spree geschluckt hat, begleitet sie ein ganzes Stück weit der Grunewald, durch den stets in Ufernähe auf zehn Kilometer Länge die Havelchaussee führt. Die schönste, längste und kurvenreichste Uferstraße Berlins ist gleichermaßen bei Fußgängern, Radlern und Skatern beliebt. Sie teilen sich das Tempo-30-Asphaltband mit Ausflugsbussen und Sonnenanbetern, die es an die Strände bei der Lieper Bucht, am Grunewaldturm oder im viel besungenen Strandbad Wannsee zieht.

159 Grunewaldturm ★

Weithin sichtbar ragt der backsteinrote Turm auf dem Karlsberg über dem Havelufer empor. 1897 begann man aus An-

KLEINE PAUSE

Tafeln im Grunewald

Zu Füßen des Grundewaldturms serviert das Restaurant am Grunewaldturm verfeinerte deutsche Küche. Gegenüber kommen im gutbürgerlichen Ausflugsrestaurant Waldhaus drinnen und draußen im Schatten der Bäume herzhafte Wildspezialitäten auf den Tisch.

48 **Restaurant am Grunewaldturm** €€, Havelchaussee 61, Grunewald, Tel. 41720001, www.restaurant-grunewaldturm.de, tgl. ab 10 Uhr

49 **Ausflugsrestaurant Waldhaus** €€, Havelchaussee 66, 14193 (Grunewald), Tel. 3040595, tgl. 10.30–22 Uhr

084be Abb.: kj

lass des 100-jährigen Geburtstags von Kaiser Wilhelm I. (1797–1888) mit seiner Errichtung, 1899 war der Bau nach einem Entwurf von Franz Schwechten fertiggestellt. Seitdem bietet der 55 Meter hohe neugotische Turm eine **fantastische Aussicht** über Wasser und Land. 204 Stufen führen hinauf.

Vom grünen Grunewald eingerahmt, breitet sich wenig nordwestlich vom Grunewaldturm unterhalb an der Havel ein feinsandiger kleiner Badestrand aus.

› Havelchaussee 61, Bus 218

Der Grunewaldturm bietet einen grandiosen Panoramablick

160 Strandbad Wannsee ★★ [Karte V]

„Pack die Badehose ein!" heißt es nicht erst, seit die kleine Conny Froboess 1951 den Ohrwurm schmetterte und den Großen Wannsee damit in ganz Deutschland bekannt machte. Schon seit 1907, jenem Jahr, in dem der Berliner Freibäderverein das Strandbad Wannsee gründete, taucht man im Südwesten Berlins in die Fluten.

Noch Anfang des 20. Jahrhunderts pflegte berittene Polizei die Wannseegestade nach „verdorbenen Naturen" abzusuchen, die es wagten, unsittliche Bäder im Freien abzuhalten. Nachdem die Behörden auf Druck der Bevölkerung schließlich 200 m Sandstrand zum Baden freigeben mussten, öffnete das Strandbad in Form einer Damen- und einer Herrenbadeanstalt seine Tore. Ende der 1920er-Jahre, nachdem die S-Bahn mit Anschluss Wannsee in Betrieb gegangen war, drohte das Bad vor lauter Badegästen aus allen Nähten zu platzen. Also wurde 1929/1930 eine neue Anstalt nach Plänen von Richard Ermisch und Martin Wagner in den Uferhang gebaut: vier zweigeschossige Pavillons, die ein vorgelagerter Wandelgang miteinander verbindet und deren Dächer als Sonnendecks nutzbar sind. Der **im Stil der Neuen Sachlichkeit** errichtete, durch Treppen zum Strand hin gegliederte Komplex steht heute ebenso unter Denkmalschutz wie oberhalb das Gebäude im Eingangsbereich.

Im Jahr 2007 feierte das **größte Binnenseebad Europas** seinen 100. Geburtstag – und das ist beileibe nicht der einzige Superlativ. 130.000 Quadratmeter Wasserfläche, 225.000 Quadratmeter Land, davon fast 1,3 Kilometer lang und zwischen 50 und 80 Meter breit der

395be Abb.: kj

herrliche Sandstrand, haben das Wannseebad zur Legende gemacht.

› **Strandbad Wannsee,** Wannseebadweg 25, www.berlinerbaeder.de/baeder/strandbad-wannsee, S1, S7 Nikolassee, Bus 218, Mai–Mitte Juli Mo.–Fr. 10–19, Sa./So. 8–20 Uhr, Mitte Juli–Ende Aug. Mo.–Fr. 9–20, Sa./So. 8–21 Uhr, Sept. tgl. 10–19 Uhr, Erw. 5,50 €, erm. 3,50 €

161 Liebermann-Villa ★ [Karte V]

Garten und Villa des Berliner Malers und bis 1933 Präsident der Akademie der Künste, Max Liebermann (1847–1935), werden als **„Gesamtkunstwerk aus Malerei, Architektur und Gartenkunst“** gerühmt. Die Villa selbst ist Museum und thematisiert Leben und Werk des von den Nazis verfemten Meisters des Impressionismus.

Seit Anfang des 20. Jh. ist das Strandbad ein Synonym für Badevergnügen

› Colomierstr. 3, Bus 114 ab S-Bahnhof Wannsee, Tel. 80585900, www.liebermann-villa.de, April–Sept. Mi.–Mo. 10–18 Uhr, Okt.–März Mi.–Mo. 11–17 Uhr, Erw. 8 €, erm. 5 €, bis 14 Jahre freier Eintritt

162 Haus der Wannseekonferenz ★★ [Karte V]

In der prächtigen Villa am Wannseeufer wurde im Januar 1942 auf der berüchtigten Wannseekonferenz die organisatorische Durchführung der sogenannten **„Endlösung der Judenfrage“** verhandelt. Das Haus ist heute **Gedenkstätte** und widmet sich mit Ausstellungen der Bedeutung der Konferenz sowie den an der Organisation und Ausführung des Völkermords beteiligten Ämtern und Personen.

› **Gedenkstätte Haus der Wannseekonferenz,** Am Großen Wannsee 56–58, 14109 (Zehlendorf), Bus 114 ab S-Bahnhof Wannsee, Tel. 8050010, www.ghwk.de, tgl. 10–18 Uhr (außer an gesetzlichen Feiertagen), freier Eintritt

Karte V: Vom Wannsee zur Glienicker Brücke

160 [Karte V] Strandbad Wannsee S. 196

161 [Karte V] Liebermann-Villa S. 197

162 [Karte V] Haus der Wannsee-konferenz S. 197

164 [Karte V] Blockhaus Nikolskoe und St.-Peter-und-Paul-Kirche S. 201

165 [Karte V] Schloss und Park Glienicke S. 202

166 [Karte V] Jagdschloss Glienicke S. 205
167 [Karte V] Glienicker Brücke S. 206
★50 [Karte V] Schloss S. 201
51 [Karte V] Wirtshaus Pfaueninsel S. 201
52 [Karte V] Wirtshaus Moorlake S. 202
364 [Karte V] DJH-Jugendgästehaus S. 357
⚠367 [Karte V] Campingplatz S. 358

163 Pfaueninsel ★★★ [Karte V]

Eine „Oase, ein Blumenteppich inmitten der Mark" nannte Fontane schwärmerisch die vom Havelwasser umspülte Pfaueninsel.

1793 erwarb König Friedrich Wilhelm II. das anderthalb Kilometer lange und 500 Meter breite Eiland für sich und seine Geliebte und ließ auf dem südwestlichen Zipfel 1794–1797 ein **schneeweißes Schloss** in der damals modischen Form einer romantischen Ruine errichten. Die Inneneinrichtung ist original erhalten, vom Hammerklavier bis zum echten, in jenen Tagen von den Dienern je nach Bedürfnis durch die Burg getragenen Königs-WC.

Unter König Friedrich Wilhelm III. verwandelte Gartenbaumeister Peter Joseph Lenné die Pfaueninsel ab 1822 in einen **märchenhaften Landschaftspark.** Eine Menagerie wurde eingerichtet und mit 850 Tieren bevölkert, die sich im Lauf der Zeit als Geschenke befreundeter Herrscherhäuser an die Hohenzollern angesammelt hatten. Zweimal pro Woche durften sie sogar vom gemeinen Volk bestaunt und besichtigt werden, bis Friedrich Wilhelm IV. 1842 die Menagerie auflöste und die Tiere der Residenzstadt Berlin übereignete – der Grundstock für den Zoologischen Garten 110 am Tiergartenrand. Bildschönes Überbleibsel der ehemaligen Menagerie sind die **zahlreichen frei stolzierenden Pfauen.** In der Inselmitte liegt das von Karl Friedrich Schinkel umgestaltete **Kavalierhaus**, nordöstlich davon erhebt sich der kleine **Luisentempel** zum Andenken an die jung verstorbene Gemahlin Friedrich Wilhelms III., die von Volk wie Hochadel gleichermaßen geliebte Königin Luise. Am nördlichen Ende der Insel wartet die 1795 im Stil einer gotischen Klosterruine errichtete **Meierei** auf einen Besuch.

Zusammen mit den Potsdamer Schlössern und Parks sowie Schloss und Park Glienicke gehört die Pfaueninsel seit 1990 zum **Weltkulturerbe.** Eine Personenfähre pendelt kontinuierlich zwischen Eiland und Festland, wo das **Wirtshaus zur Pfaueninsel** mit schönem Biergarten hinter dem Schilf zur zünftigen Einkehr einlädt.

› Bus 218 ab S1, S7 Wannsee
› **Fähre:** Mai–Aug. tgl. 9–20 Uhr, März/Okt. tgl. 9–18 Uhr, April/Sept. tgl. 9–19 Uhr, Nov.–Feb. tgl. 10–16 Uhr, Erw. 4 €, erm. 3 €
★**50** [Karte V] **Schloss.** Wegen Sanierung bis auf Weiteres geschlossen.
› **Meierei,** April–Okt. Sa./So. 10–17.30 Uhr, Erw. 3 €, erm. 2 €
51 [Karte V] **Wirtshaus zur Pfaueninsel** €, Pfaueninselchaussee 100, Tel. 8052225, www.pfaueninsel.de, tägl. ab 10 Uhr (im Winter Mi.–Mo.)

164 Blockhaus Nikolskoe und St.-Peter-und-Paul-Kirche ★ [Karte V]

Nicht weit südlich der Pfaueninsel mag sich mancher wundern, weshalb in der preußischen Mark ein **Blockhaus im russischen Stil** und in der Nachbarschaft ein **zwiebelturmgeschmücktes russisches Gotteshaus** das baumgekrönte Steilufer zieren. Die Geschichte hat eine Erklärung dafür: Prinzessin Charlotte von Hohenzollern vermählte sich 1817 mit dem späteren russischen Zar Nikolaus. Ein Jahr nach der Hochzeit besuchte sie ihr Vater, König Friedrich Wilhelm III., in St. Petersburg und hielt sich dort u. a. in einem der für die Region typischen Holzblockhäuser

0855be Abb.: kj

auf. Es muss ihm wohl so gut gefallen haben, dass er zurück in Berlin den Auftrag zum Bau eines solchen Blockhauses hoch über dem Havelufer erteilte. 1819 war es rechtzeitig zum Gegenbesuch von Tochter Charlotte mit Schwiegersohn fertiggestellt und erhielt diesem zu Ehren den Namen „Nikolskoe", zu deutsch „dem Nikolaus eigen". 1834–1837 folgte der Bau der St.-Peter-und-Paul-Kirche ebenfalls im russischen Stil. Im Blockhaus und draußen auf der großen Aussichtsterrasse lässt es sich mit tollem Blick über die Havel herzhaft speisen.

› **Blockhaus Nikolskoe,** Nikolskoer Weg 15, Bus 218 ab S-Bahnhof Wannsee, Tel. 8052914, www.blockhaus-nikolskoe.de, im Sommer tgl. 11–23 Uhr, im Winter Fr.–Di. 11–19 Uhr (von der Bushaltestelle etwa 10–15 Minuten Fußweg)

Königliches Liebesnest anno 1800 – die romantische Schlossruine an der Südspitze der Pfaueninsel

KLEINE PAUSE

Wirtshaus Moorlake

Das nach Plänen von Ludwig Persius (1803–1845) im oberbayerischen Stil erbaute Landhaus – König Friedrich Wilhelm IV. war seit 1823 mit einer bayerischen Prinzessin verheiratet – diente den Hohenzollern bei ihren Jagdausflügen als Unterkunft. 1896 verpachtete das preußische Königshaus das Gebäude und seit jenem Jahr wird es bereits als Gastwirtschaft genutzt. Heute werden drinnen im rustikalen Ambiente und draußen im großen Biergarten unmittelbar an der romantischen Moorlake regionale Spezialitäten und Herzhaftes aufgetischt.

52 [Karte V] **Wirtshaus Moorlake** €, Moorlakeweg 6, Bus 218, 316 ab S-Bahnhof Wannsee, Tel. 8055809, www.moorlake.de, im Sommer tgl. 10–21 Uhr, Nov.–März Mi.–So. ab 11 Uhr (von der Bushaltestelle etwa 30 Minuten Fußweg)

377be Abb.: kj

165 Schloss und Park Glienicke ★★★ [Karte V]

Die Landspitze Krughorn, die sich westlich der Moorlake in die Havel schiebt, markiert den nördlichen Anfang des Schlossparks Klein-Glienicke. 1814 erwarb der preußische Staatskanzler Karl August Fürst von Hardenberg das damalige Gut und beauftragte den **Gartenkünstler Peter Joseph Lenné** mit seiner Gestaltung. Ein „Pleasureground", eine Art als Sommerwohnung unter freiem Himmel dienender Gartenbereich nach englischem Vorbild entstand – Lennés erstes seiner zahlreichen Werke im Potsdamer Raum.

Nach Hardenbergs Tod erwarb der Bruder des künftigen Königs Friedrich Wilhelm IV., Prinz Carl von Preußen, 1824 das Anwesen. Im Jahr zuvor war der Prinz begeistert von einer Italienreise zurückgekehrt und beschloss daraufhin, seinen **italienischen Traum daheim an der Havel** Wirklichkeit werden zu lassen. Dazu bestellte er Karl Friedrich Schinkel, Ludwig Persius und Ferdinand von Arnim als Architekten ein. Für die Gestaltung der Grünanlagen wurde abermals Lenné verpflichtet, nach dessen Plänen allmählich ein ausgedehnter Landschaftspark entstand.

Ein bereits vorhandenes Gutshaus wurde 1825–1829 von Schinkel zum dreiflügeligen **Schloss Glienicke** im klassizistischen römischen Landhausstil umgeformt. Auch die Innengestaltung entspringt von der Farbgebung bis hin zum kostbaren Mobiliar den Entwürfen des großen preußischen Baumeisters, da-

087be Abb.: kj

runter der Festsaal oder die Gemächer des Prinzen Carl und seiner Gemahlin, die man besichtigen kann. Im Westflügel präsentiert das **Hofgärtnermuseum** die Geschichte der preußischen Gartenkunst.

Die Schlossfront zur Königsstraße hin schmückte Schinkel 1838 mit der **Löwenfontäne.** 1825/26 erfolgte dort außerdem der Umbau eines alten Gartenhäuschens zur **Kleinen Neugierde,** einem Teepavillon, von dem aus man die zwischen Berlin und Potsdam auf der Königstraße pendelnden königlichen Kutschen vortrefflich beobachten konnte. Die Errichtung der **Großen Neugierde,** des größeren Aussichtspavillons fast bei der Glienicker Brücke, wurde 1835 in Angriff genommen.

Bereits 1824/1825 verwandelte Schinkel am Havelufer ein älteres Billardhaus in ein von weinumrankten Pergolen umstandenes **Casino,** das fortan als königliches Gästehaus diente. Seine klassizistischen Räumlichkeiten kann man im Rahmen von Sonderausstellungen in Augenschein nehmen. Den **Jägerhof** im Norden des Parks, der mit seinen Zin-

Schloss Glienicke mit der Löwenfontäne

Malerische Sitzgelegenheit: das Stibadium im Schlosspark Glienicke

nen und Tudorbögen Stilformen der englischen Gotik zitiert, ließ der Baumeister 1828 errichten.

Ein weiterer großer Name, der mit Schloss und Park Glienicke verbunden ist, ist der des Schinkel-Schülers Ludwig Persius. Nach seinen Plänen entstanden 1838/39 das **Hofgärtnerhaus** und das **Maschinenhaus,** mit dessen Hilfe Wasser für die Brunnen und künstlichen Seen im Park aus der Havel gepumpt wurde, 1839 die **Orangerie** sowie 1840 das **Stibadium**, das als erhobener Sitzplatz unter dem zeltartigen, auf kleinen dorischen Säulen ruhenden Holzdach gute Aussicht bot.

1850 folgte zwischen Casino und Schloss abschließend der romantische **Klosterhof**, den viele als das **schönste Bauwerk der gesamten kunstvollen Anlage** bezeichnen. Ob Prinz Carl persönlich den Entwurf skizzierte und vom Persius-Schüler Ferdinand von Arnim ausführen ließ oder ob nicht vielmehr König Friedrich Wilhelm IV. seinem Architekten Stüler diesen Auftrag erteilte, lässt sich nicht mehr mit Sicherheit sagen. Gewiss ist jedoch, dass die Mauern des Klosterhofs Stein für Stein aus originalen Architekturteilen eines römisch-byzantinischen, 1840 abgerissenen Kartäuserklosters bei Venedig stammen.

An weiterer Parkausstattung sei noch die **Teufelsbrücke** genannt, die Persius 1838 über eine künstliche Schlucht spannte. Zusammen mit dem gotisierenden Jägerhof, den Havelsteilufern und einem wildromantisch zu Tal stürzenden Wasserfall stellte der nördliche Parkteil das kühlere „Deutschland" vor, während der Süden der Anlage mit ihren Bauten nach der Idee der Architekten „Italien", das Land der Sehnsucht, symbolisierte.

Seit 1990 zählen Schloss und Park Glienicke als Bestandteil des bau-, kunst- und kulturgeschichtlichen Ensembles der Potsdamer Schlösser und Gärten zum **Weltkulturerbe** der Menschheit.

Im **Restaurant Remise** von Schloss Glienicke wird sowohl in den eleganten Sälen als auch auf der Sonnenterrasse und im Innenhof gehobene deutsche Küche serviert.

› Bus 316 ab S-Bahnhof Wannsee, Tram 93 ab Potsdam HBF
› **Schloss Glienicke,** Königstr. 36, April–Okt. Di.–So. 10–17.30, Nov./Dez. und März Sa./So. 10–16 Uhr, Besichtigung nur mit Führung, Erw. 6 €, erm. 5 €
› **Hofgärtnermuseum,** April–Okt. Di.–So. 10–17.30 Uhr, Nov./Dez. und März Sa./So. 10–16 Uhr, Erw. 6 €, erm. 5 €
› **Lutter & Wegner Schloss Glienicke Restaurant Remise & Weinhandlung** €€, Tel. 8054000, www.schloss-glienicke.de, Mi.–So. 12–22 Uhr

166 Jagdschloss Glienicke ★ [Karte V]

Das Schloss auf der Südseite der Königsstraße wurde zwischen 1682 und 1693 von Charles Philipe Dieussart im Auftrag des Großen Kurfürsten erbaut und unter König Friedrich I. 1701 im Stil des Barock erweitert. Anschließend war es jedoch schon wieder vorbei mit der Karriere als Adelssitz. Soldatenkönig Friedrich Wilhelm I. richtete in den Mauern ein Lazarett für sein Garderegiment ein, unter Friedrich dem Großen wurden im Haus ab 1763 Wachstuchtapeten fabriziert und ab 1832 diente es als Waisenhaus.

Prinz Carl von Preußen kaufte das Schloss und ließ es für seinen Sohn vom

129be Abb.: wk

Hofarchitekten Ferdinand von Arnim im barockisierenden Stil umgestalten. 1889 kam noch ein Turm hinzu, Ende des Ersten Weltkriegs begann der Verfall.

Nach dem Ende des Zweiten Weltkriegs engagierte sich der Berliner Oberbürgermeister Ernst Reuter für die Sanierung des Jagdschlosses, das sich nun unmittelbar an der Zonengrenze befand. In den Jahren 1963/1964 erfolgte ein Umbau durch Max Taut zur Jugendbegegnungsstätte, und in dieser Funktion wurde das Schloss noch bis 2003 genutzt. Der Südflügel der Anlage, der 2003 einem Brand zum Opfer fiel, wurde seit 2005 wieder aufgebaut. Heute dient das Jagdschloss Glienicke dem Sozialpädagogischen Fortbildungsinstitut Berlin-Brandenburg. Wie gegenüber Schloss Glienicke zählt es zum **Weltkulturerbe.**

Lernen in schöner Umgebung: Das Jagdschloss Glienicke beherbergt heute das Sozialpädagogische Fortbildungsinstitut Berlin-Brandenburg

› **Jagdschloss Glienicke,** Königstr. 36b, Bus 316 ab S-Bahnhof Wannsee, Tram 93 ab Potsdam HBF, Tel. 484810

086be Abb.: kj

167 Glienicker Brücke ★ [Karte V]

Durch die Glienicker Brücke sind die deutsche Hauptstadt und die brandenburgische Landeshauptstadt Potsdam über eine Havelenge hinweg miteinander verbunden. Dass die 1907/1908 erbaute, vergleichsweise schlichte Brücke Weltbekanntheit erlangte, rührt aus den Zeiten der deutschen Teilung her, als die feindlichen Militärblöcke zwischen ihren schmiedeeisernen Brückenköpfen in spektakulären Aktionen **Spione und politische Häftlinge austauschten.**

Heute bietet sich die Glienicker Brücke vor allem als **schöner Aussichtspunkt** auf die Potsdamer Schlösser- und Gartenlandschaft an: im Süden auf Park und Schloss Babelsberg 190, im Westen auf die Ausläufer des Neuen Gartens 186, im Norden bis zur Sacrower Heilandskirche (s. S. 230) und in Berlin auf Schloss und Park Glienicke 165.

› Bus 316 ab S-Bahnhof Wannsee, Tram 93 ab Potsdam HBF

Auf der Glienicker Brücke wurden zuletzt 1986 Spione zwischen den Militärblöcken ausgetauscht. Heute herrscht freie Bahn zwischen Berlin und Potsdam

POTSDAM ENTDECKEN

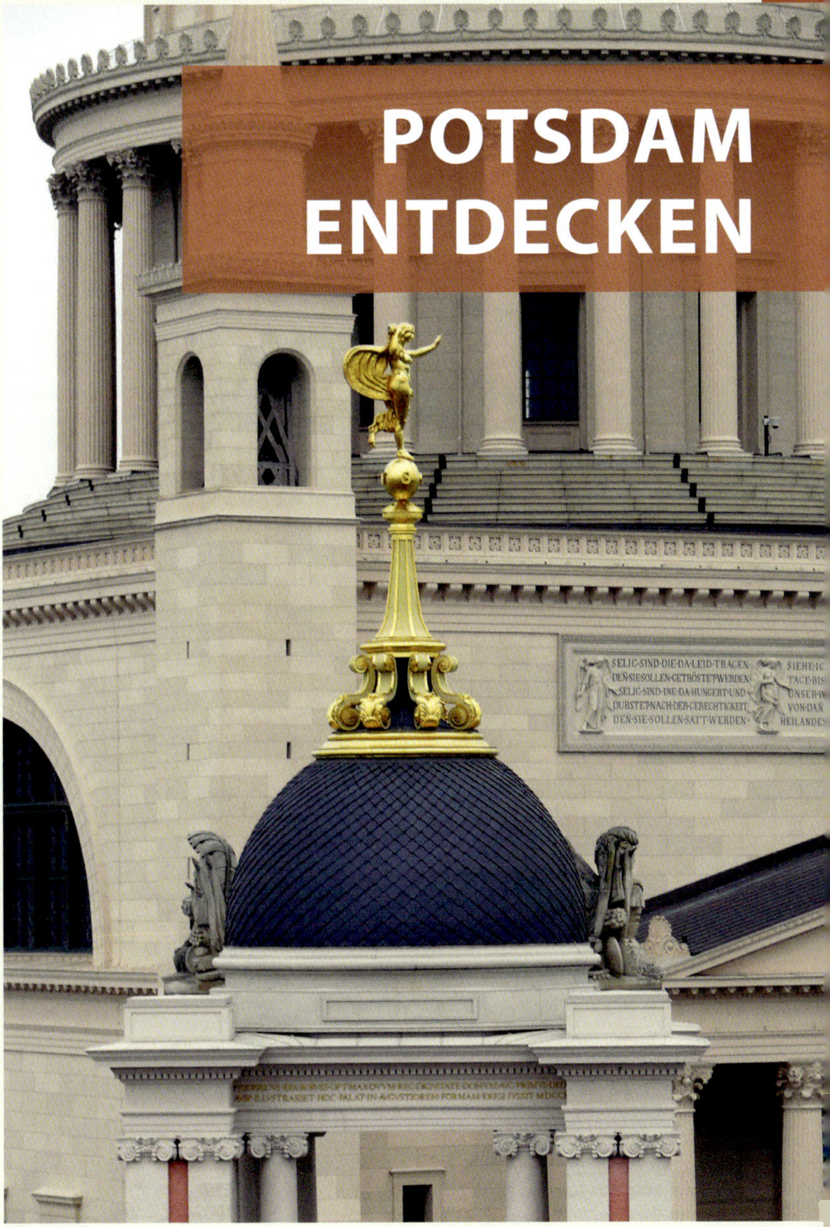

269be Abb.: kj

Potsdam – Perle der Mark

Eingebettet in ein märchenhaftes Mosaik aus Wasser und Land, zählt die brandenburgische Landeshauptstadt zu den schönsten Städten in Deutschland. Brandenburgische Kurfürsten, preußische Könige und deutsche Kaiser ließen in der Havel-Metropole prunkvolle Schlösser errichten.

Bereits der Große Kurfürst Friedrich Wilhelm (1620–1688) entdeckte das winzige, erstmals 993 als slawische Ansiedlung erwähnte Fischer- und Bauernnest – „jottwehdeh“ (janz weit draußen) – und machte es **zur zweiten Hohenzollernresidenz** neben Berlin.

„Sans souci“ – ohne Sorge – nannte König Friedrich der Große sein verspieltes Rokokoschloss, das ab 1745 auf einem terrassierten Weinberg vor Potsdams Stadttoren entstand und den Grundstock bildete für den mit einem atemberaubenden Park-Meublement aus Tempeln, Galerien, Belvederes und weiteren Schlössern ausgestatteten **Park Sanssouci** 172. Fast jeder preußische Monarch hinterließ seine Spuren in dieser berühmtesten aller Potsdamer Anlagen. Ein „preußisches Arkadien“ entstand, dessen Schlösser- und Gartenlandschaft – darunter neben Sanssouci der Neue Garten 186 und der Park Babelsberg 190 – seit 1990 zum **Weltkulturerbe der Menschheit** gehört.

Kaum weniger eindrucksvoll zeigen sich die barocke und klassizistische **historische Innenstadt** sowie die **Viertel der Einwanderer:** der Hugenotten, Holländer und Böhmen, die seit dem Toleranzedikt von Potsdam 1685 als protestantische Glaubensflüchtlinge in die Preußenresidenz kamen. Das Holländische Viertel, die Webersiedlung Alt Nowawes oder auch die Russische Kolonie Alexandrowka erzählen die Erfolgsgeschichte der Havel-Metropole als Einwandererstadt.

Und noch in einer anderen Hinsicht schrieb Potsdam Geschichte, namentlich **Filmgeschichte.** Im Stadtteil Babelsberg lernten Anfang des 20. Jahrhunderts die Bilder laufen und entwickelte sich das seinerzeit größte Filmstudio in Europa.

Mit dem Studio Babelsberg als bedeutender internationaler Filmproduktionsstätte sowie der Hochschule für Film und Fernsehen ist die brandenburgische Landeshauptstadt heute ein **wichtiger Film- und Medienstandort.** Universität, Fachhochschule sowie bald drei Dutzend Institute und Forschungseinrichtungen machen sie zu einem international renommierten Wissenschaftsstandort. Darüber hinaus lockt ein **reiches Kulturangebot,** und Mäzene wie der Fernsehstar Jauch, die Versandhausfamilie Otto, Modedesigner Joop oder der Softwaremogul Plattner tragen mit großzügigen Spenden zur Veredelung des schönen Stadtbilds bei. **Potsdam wächst,** wirtschaftlich und – selten in Ostdeutschland – sogar demografisch, von knapp 140.000 Einwohnern 1992 auf rund 175.000 im Jahr 2017.

◁ Vorseite: Die Kuppel der Nikolaikirche (s. S. 211) kann man erklimmen und von dort einen fantastischen Rundumblick auf Potsdam genießen

▷ Ob Bus oder Tram, mit den „Öffis“ gelangt man bequem zu allen Potsdamer Sehenswürdigkeiten. Hier im Hintergrund das rekonstruierte Stadtschloss 168.

Spaziergang durch die historische Innenstadt

396be Abb.: kj

Den Bummel beginnt man am besten am **Hauptbahnhof.** Busse und Straßenbahnen starten von hier in alle Himmelsrichtungen: östlich zum Park und Schloss Babelsberg (190), nördlich durch die Innenstadt zum Neuen Garten (186) mit dem Marmorpalais und Schloss Cecilienhof oder westlich zum Park und Schloss Sanssouci (172). Eine **Touristeninformation** im Bahnhofsgebäude (s. S. 233) bietet einen ersten Überblick über die Stadt und ein **Fahrradverleih** vermietet Drahtesel. Vor dem nördlichen Bahnhofausgang warten Busunternehmen auf Gäste für eine **Potsdam-Rundfahrt.**

Nur einen Katzensprung entfernt spannt sich die **Lange Brücke** [en] über

Potsdam mit Bus und Tram

Die Havel-Metropole lässt sich hervorragend mit öffentlichen Verkehrsmitteln entdecken. Eigens für die Besucher der Stadt sind mehrere Bus- und Tramlinien, ausgehend vom Hauptbahnhof, so eingerichtet, dass sie die größten touristischen Sehenswürdigkeiten unkompliziert miteinander verbinden.

Die rot gekennzeichnete **Schlösserlinie** (Bus 695 und an den Wochenenden zusätzlich Bus X15) führt ab Hauptbahnhof einmal quer durch die Altstadt über Schloss Sanssouci zum Neuen Palais. Die dunkelblau markierte **Krongutlinie** (Tram 92) chauffiert ihre Fahrgäste durch die Altstadt am Holländischen Viertel und der Siedlung Alexandrowka vorbei Richtung Ruinenberg und Krongut Bornstedt. Die gelbe **Cecilienhoflinie** (Bus 603 ab Platz der Einheit, am Wochenende ab Hauptbahnhof) verknüpft die Altstadt mit Schloss Cecilienhof im Neuen Garten. Die orangefarbene **Kulturlinie** (Tram 93) fährt durch die Berliner Vorstadt zur Glienicker Brücke, und die graue **Filmstadtlinie** (Bus 690 und 694) steuert über Park und Schloss Babelsberg den Filmpark Babelsberg an.

Der Einzelfahrschein mit 60 Minuten Gültigkeit kostet 2,10 € (erm. 1,50 €), die Tageskarte ist bereits für 4,20 € (erm. 3 €) zu haben. Tickets erhält man an Automaten in Tram und Bus sowie im Hauptbahnhof im **Kundenzentrum der ViP** (Verkehrsbetriebe Potsdam), das darüber hinaus über das Liniennetz und vieles Weitere informiert.

i **53** [fn] **ViP-Kundenzentrum,** im Hauptbahnhof Potsdam, Tel. 0331 6614275, www.vip-potsdam.de, Mo.–Fr. 7–19, Sa. 9–14.30 Uhr

die Havel, der zu Füßen am Hochhaushotel Mercure sich der **Anleger der Weißen Flotte** befindet. Die Ausflugsschiffe legen zu Dampferpartien über die Havelseen ab, beispielsweise zur Schlösserrundfahrt vom Neuen Garten über den Schlosspark Sacrow zur Pfaueninsel oder südlich über den Templiner See zum kurfürstlichen Schloss in Caputh und weiter zur Baumblütenstadt Werder.

168 Potdamer Stadtschloss ★★ [em]

Unmittelbar hinter der Langen Brücke erhebt sich, als sei es nie anders gewesen, das jüngst **wiedererrichtete Potsdamer Stadtschloss.** 2011–2013 ist es am historischen Ort im barocken Gewand neu entstanden, ebendort, wo sich bereits im 17. Jahrhundert eine erste Hohenzollern-Residenz befand. Diese hatte 1662–1669 der Große Kurfürst Friedrich Wilhelm anstelle einer alten Befestigungsanlage bauen lassen. In der Regierungszeit seines Sohnes, des ersten Preußen-Königs Friedrich I., wurde das Schloss kontinuierlich umgebaut und erweitert, wobei als herausragende Leistung des hugenottischen Baumeisters Jean de Bodt 1701 das Fortunaportal als festliche Hauptzufahrt entstand. Ihre endgültige Form erhielt die Anlage 1744–1751 im Auftrag Friedrichs des Großen durch seinen Freund, den Architekten **Georg Wenzeslaus von Knobelsdorff.**

Bei einem Bombenangriff der Alliierten im April 1945 ging das Stadtschloss in Flammen auf und wurde 1959/1960 gesprengt. Nach der Wiedervereinigung debattierten die Potsdamer anderthalb Jahrzehnte lang intensiv das Pro und Contra seiner Rekonstruktion. Da hatte der Wahlpotsdamer und TV-Moderator Günther Jauch bereits ein Zeichen gesetzt. Aus seiner Privatschatulle spendierte er den Wiederaufbau des Fortunaportals. 2002 war es fertiggestellt und fungierte gewissermaßen als Initialzündung für die Wiedererrichtung der gesamten prachtvollen Residenz.

2005 entschieden die Stadtväter: Das historische Potsdamer Stadtschloss sollte auf dem vierflügeligen barocken Knobelsdorff-Grundriss wieder Gestalt annehmen. Rund 120 Millionen Euro kostete die öffentliche Hand das stolze Projekt. Weitere 20 Millionen schoss der Software-Milliardär Hasso Plattner für die Barockfassade zu. Für den Gesamtentwurf zeichnete der Dresdener Architekt Peter Kulka verantwortlich, außen barock und innen zeitgenössisch – mit Plenarsaal, Sitzungsräumen und Fraktionsbüros. Denn neuer „Schlossherr" ist der Volkssouverän. 2014 zog der **Brandenburgische Landtag** in die neue alte Preußenresidenz ein.

Über das **Fortunaportal** sind der Innenhof, eine Caféteria im Erdgeschoss und die Landtagskantine im Dachgeschoss öffentlich zugänglich. Freitagnachmittags finden Führungen statt.

› **Landtag Brandenburg,** Besucherdienst, Alter Markt 1, Tel. 0331 9661260, www.landtag.brandenburg.de; Landtagsinnenhof tgl. 8–20 Uhr, Knobelsdorff-Treppenhaus, Ausstellungen im Landtag, Caféteria und Foyer mit interaktivem Gebäudemodell Mo.–Fr. 8–18 Uhr, Landtagskantine Mo./Fr. 8–14.30, Di.–Do. 8–10 und 13–14.30 Uhr, Dachterrasse Mo.–Fr 8–10 und 13–18 Uhr. Führungen durch den Landtag nach Voranmeldung beim Besucherdienst Freitag 16 Uhr (nicht an Plenartagen oder während parlamentarischer Veranstaltungen).

169 Alter Markt ★★ [em]

Der Alte Markt am Potsdamer Stadtschloss ist das historische Herz der ehemaligen Residenzstadt. Weithin sichtbar erhebt sich dort mit mächtiger Tambourkuppel die **St. Nikolaikirche.** Der zwischen 1830 und 1850 in mehreren Etappen unter der Aufsicht von Ludwig Persius und Friedrich August Stüler errichtete Sakralbau zählt zu den Meisterwerken des preußischen Klassizismus. Die Pläne dafür zeichnete Karl Friedrich Schinkel, der sich vom Pariser Pantheon und der Londoner St.-Pauls-Kathedrale inspirieren ließ.

Ende des Zweiten Weltkriegs schwer beschädigt, benötigte der Wiederaufbau des protestantischen Gotteshauses lange Zeit, erst 1981 konnte es wieder geweiht werden. Der außen quadratische Kirchenbau folgt innen der Form eines griechischen Kreuzes. Die Ausmalung der Apsis, Kanzel und Chorschranken, Altartisch und Taufstein gehen ebenfalls auf Schinkel-Entwürfe zurück. Man kann die Kuppel erklimmen und wird nach einem letzten Stück über eine sehr schmale steile Treppe mit einem fantastischen Rundumblick auf Potsdam belohnt.

Das Zentrum des Alten Markts ziert der 1753–1755 von Knobelsdorff geschaffene **Marmorobelisk.** 1979 wurde er rekonstruiert und zeigt seitdem nicht mehr die Bildnisse von vier preußischen Herrschern, sondern die der vier großen preußischen Baumeister Knobelsdorff, Gontard, Schinkel und Persius.

Östlich flankieren den Platz das **Alte Rathaus,** 1753–1755 durch Jan Bouman errichtet und von einer vergoldeten Atlas-Figur gekrönt, und benachbart das **Knobelsdorffhaus** (1750), das den Namen seines Baumeisters trägt. Nach Kriegszerstörung und Wiederaufbau fungierte das durch einen Zwischentrakt miteinander verbundene Gebäudeensemble ab 1965 als kommunales Veranstaltungsforum. Seit 2013 beherbergt es das **Potsdam Museum,** das 1000 Jahre Potsdamer Geschichte präsentiert.

Die Lücke zwischen Altem Rathaus und Stadtschloss schließt das 2013 bis 2016 rekonstruierte **Palais Barberini.** Es entstand ursprünglich 1771/1772 nach einem Entwurf Carl von Gontards, Vorbild war der römische Palazzo Barberini. Mitte des 19. Jahrhunderts um zwei Seitenflügel zur Alten Fahrt hin erweitert, wurde das schmucke Gebäude bei dem Luftangriff im April 1945 zerstört und seine Überreste 1948 abgetragen. Seit der Einweihung im Januar 2017 dienen die Räumlichkeiten als **Museum Barberini.** Gezeigt werden wechselnde hochkarätige Kunstausstellungen mit einem Schwerpunkt auf impressionistischen und zeitgenössischen Werken sowie Kunst der Moderne und der DDR. Den Grundstock bildet die Sammlung des Museumsstifters, Mäzens und Software-Milliardärs Hasso Plattner.

› **St. Nikolaikirche,** www.nikolai-potsdam.de, Kirche und Kuppel Mo.–Sa. 10–19, So. 11.30–19 Uhr, im Winter nur bis 17 Uhr, Kuppelaufstieg 5 €

› **Altes Rathaus – Potsdam Museum,** Alter Markt, www.potsdam-museum.de, Di./Mi./Fr. 10–17, Do. 10–19, Sa./So. 10–18 Uhr, Erw. 5 €, bis 18 Jahre freier Eintritt

M 54 [em] **Museum Barberini,** Alter Markt/Humboldtstraße 5–6, http://museum-barberini.com, Mi.–Mo. 10–19 Uhr, jeden 1. Do. im Monat bis 21 Uhr, Erw. 14 €, erm. 10 €, bis 18 Jahre frei

1cm = 300m 500m

Königswald
Schloss Sacrow
189
Sacrower Heilandskirche
Riesterhorn
Quappenhorn
Crystall- und Muschelgrotte
Jungfernsee
Volkspark
Klein-Glienicke
Schloss Cecilienhof
188
Grünes Haus
Rotes Haus
Pfingstberg
Belvedere
185
Pomona-Tempel
Jüd. Friedhof
NAUENER VORSTADT
Alexander-Newski-Kapelle
Kapellenberg
Neuer Garten
186
Eiskeller
Heiliger See
Marmorpalais
187
Schlossküche
Orangerie
Weißes Haus
Schwanenbrücke
Hasengraben
BERLINER VORSTADT
Glienicker Brücke
167
Orangerie
Schloss Glienicke
165
Königstr.
Glienicker Lake
Jagdschloss Glienicke
166
Russische Kolonie Alexandrowka
184
Gotische Bibliothek
Palais Lichtenau
Tiefer See
Schloss Babelsberg
190
Kleines Schloss
Universität Potsdam
Gerichtslaube
Matrosenhaus
Park Babelsberg
Flatowturm
Siegessäule
Strandbad
Kutscherhaus
Hofgärtnerei
Kindermannsee
Hans-Otto Theater
Nauener Tor
171
Holländisches Viertel
Klinikum Ernst-von-Bergmann
St. Peter u. Paul
Französ. Kirche
Havel
Nikolaikirche
170
169
168
Filmmuseum
Freundschaftsinsel
Lustgarten
Hauptbahnhof
DB S
ZENTRUM
OST
BABELSBERG
S
Lutherplatz
71
Max-Planck-Str.
Landtag
Staatskanzlei
Nedlitzer Str.
Am Schragen
Alleestr.
Reiterweg
Kurfürstenstr.
Hans-Thoma-Str.
Berliner Str.
Nuthestr.
Humboldtring
Friedrich-List-Str.
Friedrich-Engels-Str.
Breitscheidstr.
Großbeerenstr.
Rudolf-Breitscheid-Str.
Lange Brücke
Babelsberger Str.
Am Kanal
Schwanenallee
Mangerstr.
Allee nach Glienicke

1cm = 150 m
200 m

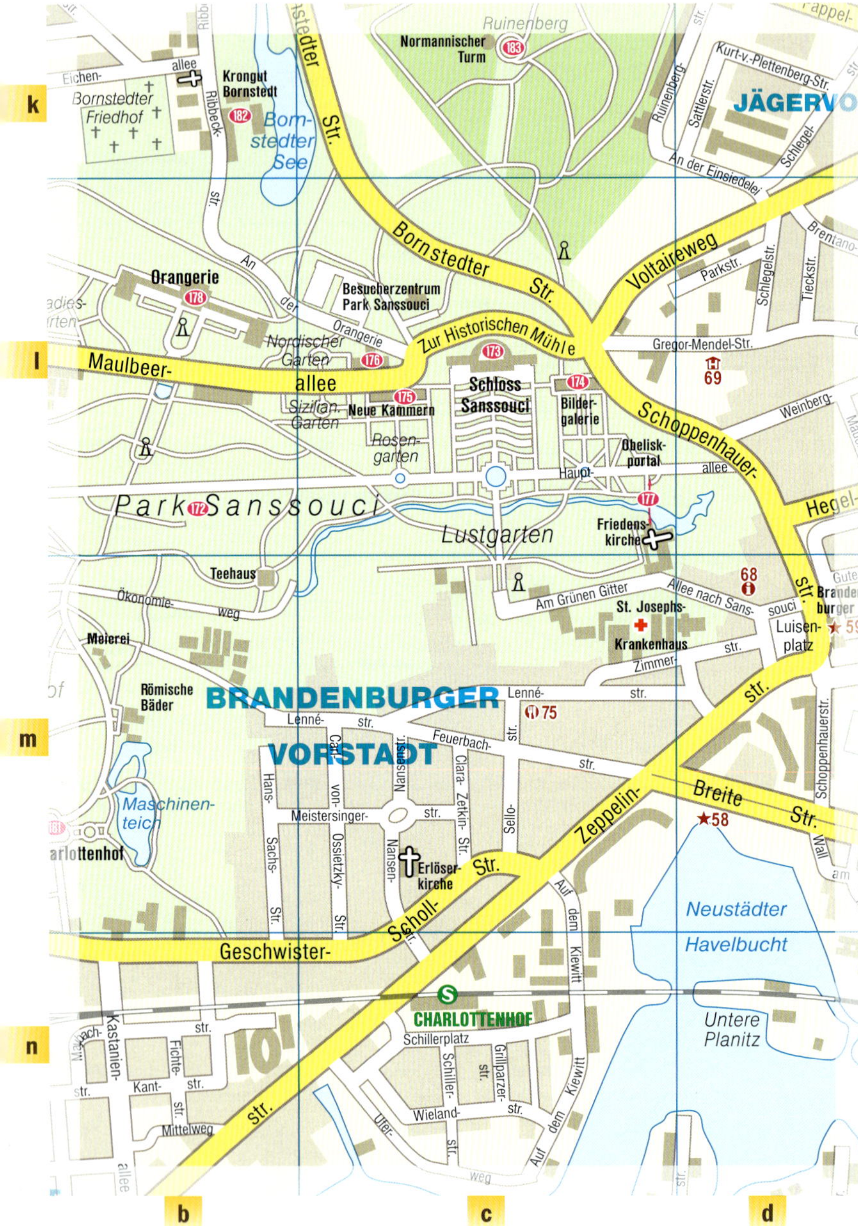

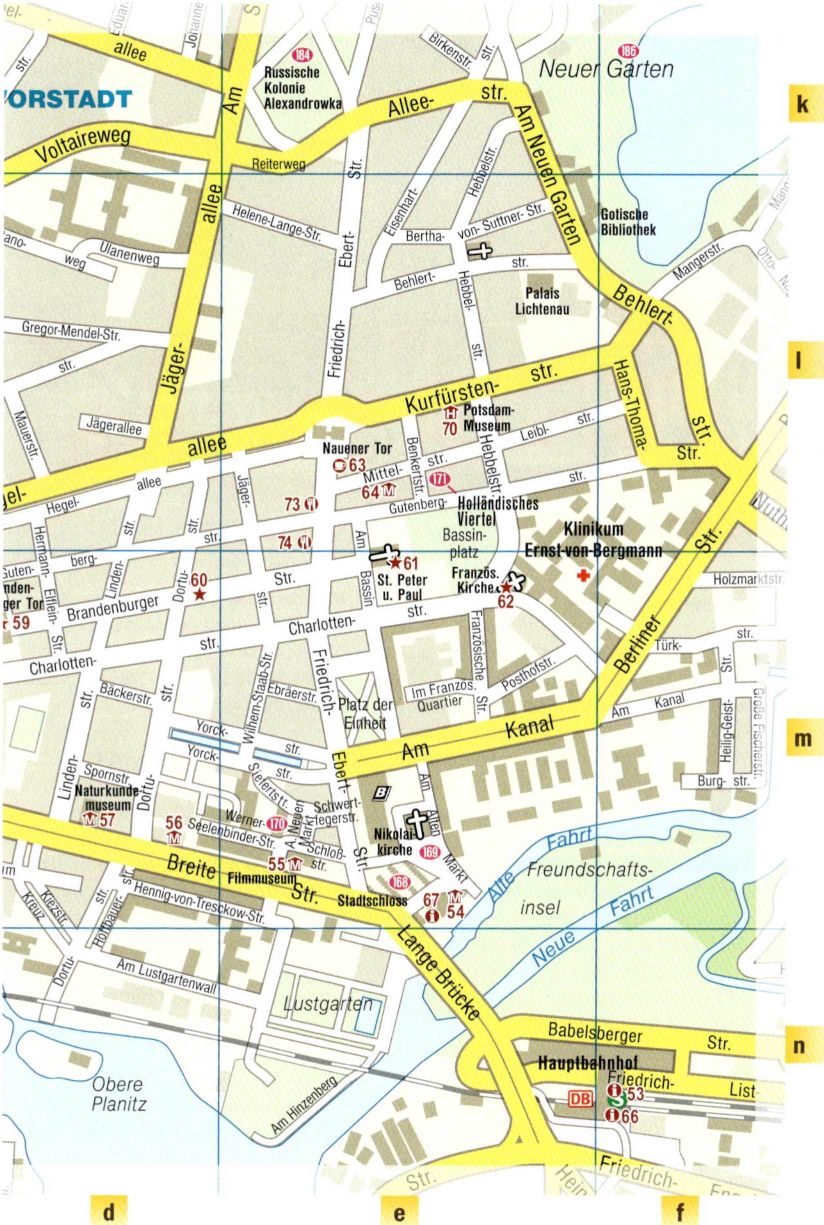

VORSTADT
Neuer Garten
Russische Kolonie Alexandrowka
184
186
Voltaireweg
Allee-str.
Am Neuen Garten
Reiterweg
Jägerallee
Helene-Lange-Str.
Friedrich-Ebert-Str.
Eisenhart-str.
Hebbelstr.
Bertha-von-Suttner-Str.
Gotische Bibliothek
Ulanenweg
Behlertstr.
Palais Lichtenau
Mangerstr.
Gregor-Mendel-Str.
Hans-Thoma-Str.
Kurfürsten-str.
Potsdam-Museum
70
Leibl-str.
Mauerstr.
Jägerallee
Nauener Tor
63
Mittelstr.
Benkertstr.
64
171
Holländisches Viertel
Hegelallee
Jägerstr.
73
74
Gutenbergstr.
Bassinplatz
Klinikum Ernst-von-Bergmann
Am Bassin
61
St. Peter u. Paul
Französ. Kirche
62
Holzmarktstr.
Brandenburger Str.
Dortustr.
60
Lindenstr.
Elfleinstr.
Hermann-Elflein-Str.
59
Charlottenstr.
Französische Str.
Berliner Str.
Türkstr.
Posthofstr.
Im Französ. Quartier
Bäckerstr.
Wilhelm-Staab-Str.
Ebräerstr.
Platz der Einheit
Am Kanal
Heilig-Geist-Str.
Große Fischerstr.
Yorckstr.
Burgstr.
Spornstr.
Naturkundemuseum
57
Siefertstr.
Schwertfegerstr.
Am Alten Markt
Am Neuen Markt
Werner-Seelenbinder-Str.
170
56
Nikolaikirche
169
Schloßstr.
55
Alte Fahrt
Freundschaftsinsel
Breite Str.
Filmmuseum
168
Stadtschloss
67
54
Kiezstr.
Hoffbauerstr.
Hennig-von-Tresckow-Str.
Lange Brücke
Neue Fahrt
Am Lustgartenwall
Lustgarten
Babelsberger Str.
Hauptbahnhof
Friedrich-List-Str.
DB
53
66
Obere Planitz
Am Hinzenberg
Friedrich-Engels-Str.
k
l
m
n
d
e
f

170 Neuer Markt ★★ [em]

Wenige Schritte westlich erstreckt sich jenseits der Friedrich-Ebert-Straße der Neue Markt. Bis ins 18. Jahrhundert hinein wurden hier Pferde geschirrt, danach entwickelte sich der Platz zur vornehmen Adresse. Als einziger im historischen Stadtkern hat er den Krieg nahezu unversehrt überstanden. Die Platzmitte nimmt die **ehemalige städtische Ratswaage** von 1875 ein, heute ein Restaurant. Im **Kabinettshaus**, Am Neuen Markt 1, erblickte 1770 der spätere König Friedrich Wilhelm III. das Licht der Welt. Die Westseite am Platz flankiert der ehemalige königliche Kutschstall. Ab 1787 in dreijähriger Bauzeit durch Andreas Ludwig Krüger errichtet, beherbergt er heute das **Haus der Brandenburgisch-Preußischen Geschichte**, das mit Ausstellungen 900 Jahre Landesgeschichte aufzeigt.

› **Haus der Brandenburgisch-Preußischen Geschichte,** Am Neuen Markt 9, Tel. 0331 6208550, www.hbpg.de, Di.–Do. 10–17, Fr.–So. 10–18 Uhr, Erw. 4,50 €, erm. 3,50 €, bis 18 Jahre Eintritt frei

Rund um den Neuen Markt

Nördlich grenzt die Yorckstraße mit einem rekonstruierten Teilstück des bis 1965 zugeschütteten **Stadtkanals** an. Der Soldatenkönig Friedrich Wilhelm I. hatte ihn ab 1722 nach dem Vorbild holländischer Grachten ausheben lassen. Auf anderthalb Kilometern durchzog er die Innenstadt und war mit geschwunge-

Im ehemaligen Marstall der preußischen Könige ist heute das Potsdamer Filmmuseum untergebracht

nen Brücken und schmiedeeisernen Geländern geschmückt.

Südlich vom Neuen Markt erstreckt sich neben dem Stadtschloss am Anfang der Breiten Straße der 1685 von Johann Arnold Nehring errichtete barocke **Marstall.** Das einzige noch original erhaltene Gebäude der ehemaligen Schlossanlage diente zunächst als Orangerie und ab 1715 als Pferdestall. 1746 verlieh ihm Baumeister Knobelsdorff seine heutige Gestalt. Seit 1981 beherbergt der Marstall das **Filmmuseum Potsdam**, das anhand von Fotos, Drehbüchern, Kostümen und vielem mehr die hundertjährige Geschichte der Filmstudios in Babelsberg zeigt.

An der Breiten Straße, Ecke Dortustraße fällt der Blick auf eine besondere Baustelle. Ein Gottesdienst und gleichzeitig laute Proteste begleiteten 2017 den Start zum Wiederaufbau der **Garnisonkirche.** Vom Soldatenkönig Friedrich Wilhelm I. in Auftrag gegeben und 1732 geweiht, brannte das Gotteshaus im Zweiten Weltkrieg aus und wurde 1968 als Sinnbild des preußischen Militarismus gesprengt. Es war die Begräbniskirche des Soldatenkönigs und Friedrichs des Großen und bildete nicht zuletzt deswegen 1933 die symbolträchtige Kulisse für den **„Tag von Potsdam“**, den pompös inszenierten Schulterschluss zwischen Hitler und Hindenburg, zwischen Nationalsozialisten und den restaurativen monarchistischen Kräften.

In einem ersten Schritt wird jetzt der **Kirchturm wieder aufgebaut.** Fast 90 Meter hoch soll er wie sein Vorgänger aus Ziegelstein aufgemauert werden, allerdings ohne Bauschmuck, denn dafür fehlt noch das Geld. 26 Millionen kostet der Turmbau, 12 Mio. kommen vom Bund, der Rest soll spendenfinanziert werden.

In der provisorischen „Nagelkreuzkapelle“ hinter der Baustelle informiert eine **Ausstellung** über die Geschichte der Garnisonkirche und das Wiederaufbauprojekt.

Nahebei ist in der Breiten Straße 13 im Ständehaus der Zauche, 1770 nach Plänen von Gottfried Christian Unger erbaut, das **Naturkundemuseum** untergebracht. Und spaziert man von dort die Breite Straße weiter hinunter, wartet kurz vor deren Ende eine kuriose Erscheinung. Am Ufer der Neustädter Havelbucht steht eine 1841–1843 von Ludwig Persius erbaute „Moschee“ – die tatsächlich ein **Dampfmaschinenhaus** ist, Pumpwerk für die Fontänen im nahen Park Sanssouci. „Nach Art der türkischen Moscheen mit einem Minarett als Schornstein“ wollte es Auftraggeber Friedrich Wilhelm IV. errichtet wissen. Bereits im Oktober 1842 wurde die Dampfmaschine erstmals in Gang gesetzt und ließ die große Fontäne vor dem Schloss Sanssouci auf fast vierzig Meter Höhe aufsteigen.

M **55** [em] **Filmmuseum Potsdam,** Breite Straße 1a, www.filmmuseum-potsdam.de, Tel. 0331 271812, Di.–So. 10–18 Uhr, Erw. 5 €, erm. 4 €, bis 9 Jahre frei

M **56** [dm] **Ausstellung Garnisonkirche,** Breite Str. 7, www.garnisonkirche-potsdam.de, tgl. 10–18 Uhr, im Winter tgl. 11–17 Uhr

M **57** [dm] **Naturkundemuseum Potsdam,** Breite Str. 13, Tel. 0331 2896707, www.naturkundemuseum-potsdam.de, Di.–So. 9–17 Uhr, Erw. 4 €, erm. 2 €, unter 12 Jahre 1 €, unter 6 Jahre frei

★ **58** [dm] **Dampfmaschinenhaus,** Breite Str. 28, www.spsg.de, nur bei Veranstaltungen geöffnet

KLEINE PAUSE

Tortenkunst für Leckerschlecker

Am Platz vor dem Nauener Tor wartet das traditionsreiche Café Heider auf Schleckermäuler. Im 1731 von einem holländischen Tischlermeister erbauten Haus befindet sich bereits seit 1903 eine Konditorei. In den 1960er-Jahren übernahm sie Karl Heider und machte das Café dank seiner Tortenbäckerkunst weit bekannt. 1991 wechselte es zwar seinen Besitzer, doch ist es mit seiner riesigen Tortenauswahl, leichter märkischer Küche und internationalen Gerichten immer noch eine Sünde wert.

63 [el] **Café Heider,** Friedrich-Ebert-Str. 29, Tel. 0331 2705596, www.cafeheider.de, Mo.–Fr. ab 8, Sa./So. ab 9 Uhr

Zwischen Brandenburger Tor und Nauener Tor

Im Zuge der beiden Stadterweiterungen durch Friedrich Wilhelm I. im ersten Drittel des 18. Jahrhunderts wuchs die kleine Residenz Potsdam nach Norden und nach Westen über den Stadtkanal hinaus und verdoppelte sich nahezu. Dementsprechend wurde die Stadtmauer versetzt und verlief nun zwischen dem Nauener Tor, dem Jägertor und dem Brandenburger Tor.

Mit seinem Vollendungsjahr 1770 ist das **Brandenburger Tor** [dm] am Luisenplatz älter als der bekannte Berliner Namensvetter. Auch darf sich das nach Art der römischen Triumphbögen geschaffene Tor gleich zweier Baumeister rühmen: Die stadtwärtige Seite stammt von Karl von Gontard, die üppig verzierte Feldseite von dessen Schüler Georg Christian Unger. Bereits 1744 wurde vor dem Tor der Luisenplatz angelegt. Von dort gelangt man in wenigen Minuten zum Grünen Gitter, einem der Eingänge in den Park Sanssouci.

Auf seiner anderen Seite bildet das Brandenburger Tor den Abschluss der **Brandenburger Straße.** Als Magistrale erstreckt sich die Fußgängerzone und Potsdamer Bummelmeile über 750 Meter ostwärts bis zur Kirche St. Peter und Paul und schmückt sich mit hübsch restaurierten historischen Häusern, Läden, Boutiquen, Restaurants und Straßencafés.

An ihrem östlichen Ende ragt am Bassinplatz der 64 Meter hohe Kirchturm von **St. Peter und Paul** in den Himmel. 1867–1870 wurde das Gotteshaus für die katholische Gemeinde nach Plänen von Friedrich August Stüler und Wilhelm Salzenberg im bunten Mix aus byzantinischen und romanischen Stilelementen erbaut. Als Vorbild für den Glockenturm diente der Campanile der Basilika San Zeno Maggiore in Verona. Wertvollste Exponate der Innenausstattung sind drei Gemälde von Antoine Pesne.

Südöstlich am Bassinplatz/Ecke Charlottenstraße steht der kleine ovale Kuppelbau der **Französischen Kirche.** Baumeister Knobelsdorff schuf das ovale Gotteshaus 1751–1753 für die französisch-reformierte Gemeinde. Das Innere wurde 1833 von Karl Friedrich Schinkel neu gestaltet, die restaurierte Grüneberg-Orgel geht auf das Jahr 1783 zurück.

★**59** [dm] **Brandenburger Tor**

★**60** [dm] **Brandenburger Straße**

★**61** [em] **Probsteikirche St. Peter und Paul,** Bassinplatz 2, www.peter-paul-kirche.de, Di.–Sa. 10–18 Uhr, So. 12–16 Uhr.

★**62** [em] **Französische Kirche,** Gutenbergstr. 77, www.reformiert-potsdam.de, geöffnet zu Gottesdiensten und Veranstaltungen

397be Abb.: kj

⊡ *Roter Backstein und geschwungene Giebel sind das Markenzeichen im Holländischen Viertel*

(171) Holländisches Viertel ★★ [el]

Von dort aus ist das **Holländische Viertel** als nächstes architektonisches Kleinod schnell erreicht. **134 rote Giebelhäuschen** im typisch holländischen Stil ordnen sich nördlich vom Bassinplatz in vier Karrees an Benkert- und Mittelstraße [el]. Weiße Fugen und weißgrüne Fensterläden schmücken die unverputzten Backsteinfassaden, so wie sie von 1734 bis 1742 unter der Leitung des Amsterdamer Jan Bouman Gestalt annahmen. Sie sollten viele tüchtige niederländische Handwerker aufnehmen, von denen sich König Friedrich Wilhelm I. Wirtschaftswachstum und Wohlstand versprach. Doch trotz vieler Privilegien kamen die Einwanderer nicht so zahlreich wie gewünscht, weshalb das Viertel letztendlich mit Soldaten bevölkert wurde. Zu DDR-Zeiten völlig heruntergekommen, ist es unterdessen sorgfältig restauriert und lädt mit Lokalen, Kunsthandwerks-, Mode- und Designerläden zum kleinen Bummel ein.

Das **Jan Bouman Haus** vermittelt im Vorderhaus, Hof, Hofgebäude und Garten viel Atmosphäre der Zeit um 1735 und zeigt außerdem eine Ausstellung über die Geschichte der Immigranten.

In unmittelbarer Nähe zum Holländischen Viertel thront an der Friedrich-Ebert-Straße das **Nauener Tor** [el]. Es ist das zweite Tor dieses Namens, das erste von 1733 ist nicht mehr vorhanden. Das Zweite wurde 1754/1755 im neugotischen Stil erbaut – eines der frühesten Beispiele neugotischer Architektur in Europa. Zinnenkronen und Spitzbogendurchfahrt entstammen der Umgestaltung 1868, die auf Geheiß König Wilhelms I. durchgeführt wurde.

M 64 [el] **Jan Bouman Haus,** Mittelstr. 8, www.jan-bouman-haus.de, Mo.–Fr. 13–18 Uhr, Sa./So. 11–18 Uhr, Erw. 3 €, erm. 2 €, bis 12 Jahre frei

172 Park Sanssouci ★★★ [bl]

Zu den Höhepunkten jeder Potsdam-Erkundung zählt der Besuch des Parks Sanssouci mit seinen Schlössern sowie von Schloss Sanssouci selbst, das dem Park seinen Namen gab. Seit 1990 gehört die fast 300 Hektar große Anlage mit ihren zahlreichen Bauwerken zum UNESCO-Weltkulturerbe.

173 Schloss Sanssouci ★★★ [cl]

Sanssouci, Schloss Sorgenfrei. – Im Sommer 1744, vier Jahre nach seinem Regierungsantritt, entwirft König Friedrich II. sein künftiges Sommerdomizil. 1745 folgt der erste Spatenstich auf dem „Wüsten Berg“ im Nordwesten von Potsdam und unter der Leitung des **Baumeisters Knobelsdorff** nimmt die **Perle des Rokoko** Formen an: eingeschossig, gut 100 Meter lang auf einem Terrassenhang, im Zentrum von einer Kuppel gekrönt.

Am 1. Mai 1747 wird Friedrichs Sommerresidenz eingeweiht, in der er, wenn er nicht reisen muss, vom Frühjahr bis in den späten Herbst seine Tage verbringt. In Schloss Sanssouci sammelt der König Gefährten um sich, darunter Voltaire, den Dichter und Philosophen der Aufklärung. Es wird **Zuflucht in schwierigen Zeiten** und zuletzt Friedrichs Sterbeort. In einer Gruft auf der obersten Weinbergterrasse wollte der König neben seinen Hunden die letzte Ruhestatt finden. Erst 1991 ging dieser Wunsch mit der Überführung seiner sterblichen Überreste vom schwäbischen Hohenzollernschloss Hechingen nach Potsdam in Erfüllung.

Im Rahmen einer **Führung** kann man die original erhaltenen **Schlossräumlichkeiten** besichtigen und dabei eintauchen ins friderizianische Rokoko: Bibliothek, Konzertzimmer und Marmorsaal, östlich davon die Gemächer Friedrichs II. und westlich die Gästezimmer – allesamt Glanzpunkte der Ausstattungskunst des 18. Jahrhunderts.

› **Schloss Sanssouci,** nur mit Führung, April–Okt. Di.–So. 10–17.30 Uhr, Nov.–März Di.–So. 10–16.30 Uhr, Erw. 12 €, erm. 8 €. Der Andrang, vor allem im Sommerhalbjahr, ist groß. Es empfiehlt sich deshalb, die Eintrittskarte frühzeitig online unter https://tickets.spsg.de zu buchen oder sie möglichst früh am Tag des Besuchs zu erwerben, am besten gleich bei Öffnung der Kasse um 10 Uhr, auch wenn man anschließend womöglich noch einmal weggehen muss und erst an einer Führung beispielsweise um 13 Uhr teilnehmen kann. Die **Schlossküche** (Erw. 4 €, erm. 3 €) öffnet April–Okt. Di.–So. 10–17.30 Uhr.

174 Bildergalerie ★★★ [cl]

Die 1755–1764 nach Plänen von Johann Gottfried Büring entstandene Bildergalerie schließt östlich an Schloss Sanssouci an. Von außen vergleichsweise schlicht, entfaltet sie innen mit **Marmorböden, barocken Skulpturen und Goldornamentik** eine umso größere Pracht. Zu den Höhepunkten der Gemäldesammlung, deren Grundstock einst Friedrich der Große legte, zählt Malerei des italienischen und niederländischen Barock, darunter so berühmte Werke wie Anton van Dycks „Pfingsten“ oder Caravaggios „Ungläubiger Thomas“.

› Mai–Okt. Di.–So. 10–17.30 Uhr, Erw. 6 €, erm. 5 €

175 Neue Kammern ★★★ [cl]

Die 1747 nach Knobelsdorff-Plänen errichteten Neuen Kammern westlich von Schloss Sanssouci dienten ursprünglich als Orangerie. 1771–1774 erfolgte ihr Umbau unter der Leitung von Georg Christian Unger zum königlichen Gästehaus. Das Innere schmücken im reichen Rokoko ausgestattete Gemächer und Festsäle, unter denen der mit edlen Steinen ausgeschmückte **Jaspissaal** oder die **Ovidgalerie** zu den prunkvollsten zählen.

› April–Okt. Di.–So. 10–17.30 Uhr, Erw. 6 €, erm. 5 €

176 Historische Mühle/ Besucherzentrum ★ [cl]

Hinter den Neuen Kammern fällt die Historische Mühle ins Auge. 1787–1791 ließ sie Friedrich Wilhelm II. anstelle einer älteren Bockwindmühle errichten. Jene war im 18. Jahrhundert weit über die Grenzen Preußens hinaus zu Berühmtheit gelangt – denn ihr Klappern störte den König. Man versuchte es im Guten, man drohte dem Müller, man bot ihm Geld, vergeblich, weshalb Friedrich der Große schließlich einen Prozess gegen seinen Untertan anstrengte – und verlor. Beispiellos im Zeitalter des Absolutismus. Bei der Mühle in ihrer heutigen Gestalt handelt es sich um eine Rekonstruktion der unter Friedrich Wilhelm II. errichteten, im Zweiten Weltkrieg ausgebrannten Holländermühle. Eine **Mühlenausstellung mit Mahlwerk** lädt zur Besichtigung ein. Von der umlaufenden Galerie eröffnet sich eine schöne Sicht auf die Potsdamer Parklandschaft.

In direkter Nachbarschaft zur Historischen Mühle befindet sich ein **Besucherzentrum**, das mit umfassenden Informationen zu allen Potsdamer Schlössern und Gärten aufwartet.

› **Historische Mühle,** April–Okt. tgl. 10–18 Uhr, Nov. und Jan.–März Sa./So 10–16 Uhr, Erw. 3 €, erm. 2 €, unter 14 Jahre 1,50 €

› **Besucherzentrum** an der Historischen Mühle, An der Orangerie 1, 14469 Potsdam (Postanschrift: Postfach 601462, 14414 Potsdam), Tel. 0331 9694200, www.spsg.de, März–Okt. tgl. 8.30–17 Uhr, Nov.–Feb. tgl. 9–16 Uhr

378be Abb.: kj

Die Historische Mühle im Park Sanssouci kann heute noch in Betrieb gesetzt werden

177 Obeliskportal und Friedenskirche ★★★ [cl]

Schloss Sanssouci und seine Nachbarbauwerke bilden den Ursprung der **fast 300 Hektar großen Anlage.** Gut 70 Kilometer Gesamtlänge zählen die Wege, auf denen man an Fontänen, Lauben, Skulpturen, Pagoden, Tempeln vorbei den Park durchschreiten kann. Zur Orientierung dient dabei die **„Hauptallee"**, die schnurgerade über zweieinhalb Kilometer als Ost-West-Magistrale verläuft.

Nicht weit entfernt vom 1747 erbauten **Obeliskportal** am östlichen Parkeingang geht der Blick rechterhand zur 1751–1757 nach einem Knobelsdorff-Entwurf ausgeführten **Neptungrotte,** die der von zwei Najaden flankierte Wassergott Neptun krönt.

Linkerhand erhebt sich die **Friedenskirche.** Anlässlich des 100. Geburtstags von Sanssouci wurde 1845 der Grundstein zu der dreischiffigen Säulenbasilika gelegt. Auf Grundlage von Entwürfen Königs Friedrich Wilhelm IV., des tief religiösen „Romantikers auf dem Thron", entwickelte sie Hofarchitekt Ludwig Persius mit frei stehendem Glockenturm, Kreuzgang und Säulenhof nach dem Vorbild des frühchristlichen Gotteshauses San Clemente in Rom. Nach Persius' Tod 1848 wurde die Friedenskirche bis 1854 durch Friedrich August Stüler und Ludwig Ferdinand Hesse vollendet. Ihre Apsis ziert ein wertvolles Originalmosaik aus dem 13. Jahrhundert, das sich ursprünglich im Gotteshaus San Cipriano in Venedig befand. In einer Kirchengruft sind Friedrich Wilhelm IV. und seine Gemahlin zur letzten Ruhe gebettet. Im 1888–1890 hinzugefügten **Mausoleum** stehen die Sarkophage des „99-Tage-Kaisers" Friedrich III. und seiner Gattin Victoria sowie seit seiner Überführung 1991 von der schwäbischen Hohenzol-

379be Abb.: kj

lernburg nach Potsdam außerdem der Sarkophag des Soldatenkönigs Friedrich Wilhelm I.

› **Friedenskirche,** Mitte März–Mitte Okt. tgl. 10–18 Uhr

178 Orangerie ★★★ [bl]

Wenige Spazierminuten westlich der Neuen Kammern wurde zwischen 1851 und 1864 die Orangerie erbaut. Wie die Friedenskirche ist sie der Italiensehnsucht Friedrich Wilhelms IV. geschuldet. Und ebenso wie das Gotteshaus wurde die Orangerie nach Skizzen des kunstsinnigen Königs von den Architekten Persius, Stüler und Hesse realisiert. Die Entwürfe für das über 300 Meter lange Bauwerk mit Pflanzenhallen für die Überwinterung und zentralem Orangerieschloss orientierten sich am **Vorbild italienischer Renaissancevillen.**

Der beeindruckende **Raffael-Saal** im Zentrum des Mittelbaus, der zahlreiche Kopien von Gemälden des italienischen Meisters präsentiert, erscheint wie die Sala Regia (Königssaal) im römischen Vatikan. Vom **Orangerieaussichtsturm** aus genießt man einen sehr schönen Blick auf den Park.

› **Orangerie und Aussichtsturm,** April Sa./So. 10–17.30 Uhr, Mai–Okt. Di.–So. 10–17.30 Uhr, Turm 3 €, erm. 2 €, Besichtigung nur mit Führung, Sa./So. (außer April) auch ohne Führung, Erw. 6 €, erm. 5 €

Die Orangerie zählt zu den beeindruckenden Bauwerken, die im Auftrag König Friedrich Wilhelms IV. entstanden, des „Romantikers auf dem Thron"

179 Drachenhaus und Belvedere ★ [al]

Von der oberen Terrasse der Orangerie führt eine Lindenallee über das 1770 erbaute Drachenhaus zum Belvedere auf dem Klausberg. Karl von Gontard entwarf das **Drachenhaus** im Geschmack der damaligen Chinamode **in Form einer Pagode** als Quartier zunächst für den Winzer seiner Majestät und – nach einer miserablen Weinlese – ab 1771 für den Reviergärtner. Heute serviert das Restaurant & Café Drachenhaus im historischen Ambiente neben Kaffee und Kuchen verfeinerte saisonale Küche von regionalen Produkten.

Im selben Jahr 1770 erfolgte auch die Grundsteinlegung für das nahe **Belvedere auf dem Klausberg.** Binnen Zweijahresfrist war Georg Christian Ungers zweigeschossiger, mit zwei Altanen versehener graziler Rundbau fertiggestellt, der – nomen est omen – eine herrliche Aussicht auf Potsdams Schlösser und Gärten verspricht.

› **Restaurant & Café Drachenhaus,** www.drachenhaus.de, April–Okt. tgl. 11–19 Uhr, Nov.–März Di.–So. 12–18 Uhr, Jan./Feb. nur am Wochenende

› **Belvedere auf dem Klausberg,** nur während Veranstaltungen geöffnet

180 Neues Palais ★★★ [al]

Unterhalb thront am westlichen Ende der Hauptallee das imposanteste Schloss im Park, das Neue Palais. Im Auftrag Friedrichs II. wurde das **seinerzeit kostspieligste europäische Bauwerk** von 1763 bis 1769 nach Plänen mehrerer Baumeister errichtet: Johann Gottfried Büring, Heinrich Ludwig Langer, J. L. Le-

112be Abb.: sk

geay sowie Carl von Gontard machten den dreiflügeligen Prunkbau mit mächtiger Tambourkuppel möglich. Unter seinen über 300 Räumen stechen der zwei Stockwerke hohe **Marmorsaal** und die **Marmorgalerie**, ein **Rokokotheater** mit 300 Plätzen und schließlich der **kuriose Grottensaal** hervor. Letzterer war ursprünglich mit Glasschlacken, Muscheln und Korallen ausgelegt, im 19. Jahrhundert wurden diese durch wertvolle Steine, Mineralien und Fossilien ersetzt.

Der weitläufige Park Sanssouci zählt zu den größten Besuchermagneten in Potsdam

Bauherr Friedrich der Große bewohnte das Neue Palais so gut wie nie. Die Königswohnung, die er sich im Südflügel einrichten ließ, blieb meistens ungenutzt. Erst der letzte deutsche Kaiser, Wilhelm II., erwählte das Neue Palais bis zu seiner Abdankung 1918 als bevorzugten Aufenthaltsort.

Hinter dem Schloss liegen die **Communs**, 1769 nach dreijähriger Bautätigkeit fertiggestellt. Die an Prachtentfaltung dem Neuen Palais kaum nachstehenden Wirtschaftsgebäude werden heute von der Universität Potsdam genutzt.

› **Neues Palais,** April–Okt. Mi.–Mo. 10–17.30 Uhr, März Mi.–Mo. 10–16.30 Uhr, Erw. 8 €, erm. 6 €
› **Besucherzentrum am Neuen Palais,** April–Okt. Mi.–Mo. 9–18 Uhr, Nov.–März Mi.–Mo. 10–17 Uhr

181 Schloss und Park Charlottenhof ★★★ [bm]

1825 erwarb König Friedrich Wilhelm III. ein südwestlich an den Park Sanssouci grenzendes Gelände mit barockem Gutshaus und schenkte es seinem Sohn und Thronerben Friedrich Wilhelm IV. Dieser ließ das Haus 1826–1829 von **Karl Friedrich Schinkel** in ein von römischen Villen inspiriertes **klassizistisches Traumschlösschen** umbauen. Für viele zählt das kleine Schloss Charlottenhof mit den ebenfalls von Schinkel entworfenen Innenräumen und Möbeln zu den schönsten Werken des preußischen Baumeisters. Den es umgebenden Landschaftspark als südlichen Teil des Gesamtkunstwerks Sanssouci schuf der Gartenbauarchitekt Peter Joseph Lenné.

Eingebettet in den Park spiegeln sich nahebei die **Römischen Bäder** im Wasser eines künstlichen Maschinenteichs. Erste Entwürfe für das Gebäudeensemble aus Landhaus, griechischem Tempel, Arkadenhalle und Baderaum stammen bereits von 1826 aus der Feder von Schinkel und Persius. 1829 begannen die Bauarbeiten, 1840 war das von lauschigen Ruheplätzen umgebene, mit mediterranen Pflanzen dekorierte „Mini-Italien" im Auftrag Friedrich Wilhelms IV. fertiggestellt.

Von den Römischen Bädern gelangt man schnell zum **Chinesischen Haus**, einem der bedeutendsten Beispiele für die im 18. Jahrhundert herrschende China-Liebhaberei. 1754–1764 entstand der auf kleeblattförmigem Grundriss mit Palmsäulen und vergoldeten Figurengruppen geschmückte Tambourkuppelbau nach Plänen von Johann Gottfried Büring. Im Inneren ist Porzellan des 18. Jahrhunderts ausgestellt.

› **Schloss Charlottenhof,** Mai–Okt. Di.–So. 10–17.30 Uhr, Erw. 6 €, erm. 5 €
› **Römische Bäder,** Mai–Okt. Di.–So. 10–17.30 Uhr, Erw. 5 €, erm. 4 €
› **Chinesisches Haus,** Mai–Okt. Di.–So. 10–17.30 Uhr, Eintritt 4 €, erm. 3 €

EXTRATIPP

Ticket-Tipps zu Potsdams Schlössern und Gärten

› **Der Eintritt in die berühmten Weltkulturerbe-Parks ist kostenlos.** Die Besichtigung der Schlösser und Herrschaftsbauten ist gebührenpflichtig und in der Regel an eine Führung gebunden. Informationen zu den einzelnen Eintrittspreisen finden sich im Reiseführer im jeweiligen Abschnitt.

› Möchte man mehrere Schlösser an einem Tag besuchen, lohnt sich der Kauf des **Tickets sanssouci+.** Es gewährt Einlass in alle Potsdamer Schlösser an einem Tag (außer Schloss Sacrow, Jagdschloss Stern und Sonderausstellungen; ermäßigter Eintritt für das Belvedere auf dem Pfingstberg) und kostet für Erw. 19 €, erm. 14 €. Dieselben Vorteile ermöglicht das **Ticket sanssouci+ Familie,** das für zwei Erwachsene und bis zu vier Kinder unter 18 Jahren gilt. Kostenpunkt: 49 €.

› Die Eintritskarten bucht man **online** unter https://tickets.spsg.de oder erwirbt sie an den einzelnen **Schlosskassen** bzw. in den Besucherzentren (s. S. 221 und S. 224).

› **Weitere Informationen** zu den Sehenswürdigkeiten, Ausstellungen und Veranstaltungen der Stiftung Preußischer Kulturbesitz gibt es unter Tel. 0331 9694200 oder www.spsg.de und in den Besucherzentren.

Vom Krongut Bornstedt zur Russischen Kolonie Alexandrowka

182 Krongut Bornstedt ★ [bk]

Nicht weit nördlich von Sanssouci liegt das Krongut Bornstedt am Bornstedter See. Beim Anblick des **Ensembles klassizistischer Gebäude** rief der italophile König Friedrich Wilhelm IV. Mitte des 19. Jahrhunderts aus: „Nun habe ich endlich mein italienisches Dörfchen!" 1664 gelangte das Gut in Besitz des Großen Kurfürsten, schon seit 1689 wird im Gebäude neben dem Herrenhaus ein „vortreffliches Braunbier" gebraut, später noch komplettiert um eine Brennerei.

Der schöne **Rosengarten**, den Kronprinzessin Victoria nach 1867 anlegte, ist mittlerweile rekonstruiert. Ebenso erstrahlen die Gebäude des zum **UNESCO-Weltkulturerbe** zählenden Kronguts nach umfassender Restaurierung 1999–2002 wieder im überlieferten Glanz. Traditionelle Kunsthandwerke sind eingezogen, die Hofbäckerei und das „Brauhaus" sorgen für das leibliche Wohl, und wer Miniaturen liebt, dem werden im **Potsdamer Zinnfiguren Museum** die Augen übergehen. Über 25.000 historische Zinnfiguren in zahlreichen Dioramen sind in verschiedenen Räumlichkeiten des Kronguts zu sehen.

Die **Bornstedter Kirche** gegenüber, mit frei stehendem Campanile, entstand 1854–1856 im italienischen Stil nach einem Entwurf von Friedrich August Stüler. Auf dem angeschlossenen **Bornstedter Friedhof** liegen die großen Baumeister und Lieblingsarchitekten von König Friedrich Wilhelm IV., Friedrich Ludwig Persius, Ferdinand von Arnim und der berühmte Landschaftsplaner Peter Joseph Lenné, begraben.

› **Krongut Bornstedt**, Ribbeckstraße 6/7, Tel. 0331 550650, www.krongut-bornstedt.de, Gelände frei zugänglich, Shops tgl. 10–19 Uhr (im Winter bis 18 Uhr), Restaurant Brau- und Brennhaus tgl. ab 11 Uhr, im Winter Do.–So. ab 12 Uhr

› **Zinnfiguren Museum**, tgl. 11–19 Uhr, im Winter nur bis 18 Uhr, Eintritt frei

183 Ruinenberg ★ [ck]

Nahebei erhebt sich der Ruinenberg, eine Anhöhe, auf der 1748 zur Bewässerung der Fontänen im Park Sanssouci ein **Wasserreservoir in Gestalt einer antiken Theaterruine** entstand. Dieser sollte ein Jahrhundert später nach Persius-Plänen ein zinnenbewehrter **Normannischer Turm** hinzugefügt werden. Nach dem frühen Tod des Baumeisters 1845 erfolgte der Bau 1846 unter Leitung von Ferdinand von Arnim. Die knapp 23 Meter Turmhöhe kann man erklimmen und über die Zinnen hinweg rundum seinen Blick weit über Potsdams Schlösser- und Gartenlandschaft schweifen lassen.

› Die Freilichtanlage kann man rund um die Uhr besichtigen, der Normannische Turm ist zurzeit leider nicht zugänglich.

⊡ Typisches Holzblockhaus in der Russischen Kolonie Alexandrowka

035be Abb.: kj

184 Russische Kolonie Alexandrowka ★ [ek]

Über den „antiken“ Ruinenberg mit „normannischem“ Turm gelangt man vom „italienischen Dorf“ Bornstedt zur Russischen Kolonie Alexandrowka. König Friedrich Wilhelm III. ließ die **zwölf mit kunstvollen Schnitzereien verzierten Holzblockhäuser** 1826/1827 nach russischer Art errichten. Er liebte die russische Volksmusik und hoffte, die zwölf Sänger eines russischen Soldatenchors auf diese Weise am preußischen Hof halten zu können. Damit sie sich wie zu Hause fühlten, ließ er sogar die zwiebeltürmchengekrönte russisch-orthodoxe **Alexander-Newski-Kapelle** auf dem Kapellenberg bauen.

Die Blockhäuser werden bewohnt. Russische Kolonie Nr. 2 beherbergt ein **Privatmuseum,** das sich der Geschichte der Alexandrowka von ihrer Entstehung bis heute widmet. Unter dem Dach von Russische Kolonie Nr. 1 ist ein Restaurant untergebracht, das zu russischen Klängen Spezialitäten wie Borschtsch oder Plinsen und dazu geistige Getränke aus den Ländern der ehemaligen Sowjetunion auftischt. Insgesamt ein einzigartig erhaltenes Beispiel „romantischer russischer Bauernhäuser“, befand die UNESCO und setzte die Kolonie Alexandrowka 1999 auf die **Weltkulturerbe-Liste.**

› **Museum Alexandrowka,** Russische Kolonie 2, www.alexandrowka.de, Di.-So. 10-18 Uhr, im Winter bis 17 Uhr, Erw. 3,50 €, erm. 3 €, unter 14 Jahre freier Eintritt

185 Belvedere auf dem Pfingstberg ★★★ [ej]

Hinter dem Kapellenberg steigt der Pfingstberg an. Am 1743 geweihten Jüdischen Friedhof und dem kleinen **Pomonatempel** vorbei – Erstlingswerk 1801 des damals 19-jährigen Karl Friedrich Schinkel – erhebt sich kurz darauf die **bildschöne Doppelturmanlage** des Belvedere auf dem Pfingstberg, heute ebenfalls **UNESCO-Weltkulturerbe.** Mitte des 19. Jahrhunderts schufen die Baumeister Persius, Stüler und Hesse die im Stil italienischer Renaissancevillen auf dem Pfingstberg thronende „Schöne Aussicht".

Von 1945 bis 1993 war das gesamte Areal unzugänglich, denn es lag in direkter Nachbarschaft zur „Verbotenen Stadt", der Deutschlandzentrale des KGB, und hätte darüber hinaus eine Sicht weit über die DDR-Grenzanlagen hinweg nach Westberlin möglich gemacht. Dass man diesen fantastischen Blick seit 2001 wieder genießen kann, ist vor allem der Arbeit des Fördervereins Pfingstberg e. V. zu verdanken. Unermüdlich setzte er sich für die Sanierung des in DDR-Zeiten verfallenen Bauwerks ein. 2005 war die Sanierung abgeschlossen. Und der Aufstieg lohnt! Der **Panoramablick weit über Potsdam und das Havelland hinweg** ist atemberaubend. Im Sommerhalbjahr dient das Belvedere außerdem als romantische **Kulisse für Konzert- und Theateraufführungen.**

- **Pomonatempel,** www.spsg.de, Ostern–Okt. Sa./So. 14–17 Uhr, Eintritt frei
- **Belvedere auf dem Pfingstberg,** www.spsg.de, März/Nov. Sa./So. 10–16, April–Okt. tgl. 10–18 Uhr, Erw. 4,50 €, erm. 3,50 €, 6 bis 16 Jahre 2 €, unter 6 Jahren frei

Einst für russische Sänger errichtet: die Alexander-Newski-Kapelle (s. S. 227)

Vom Neuen Garten bis zum Filmpark Babelsberg

186 Neuer Garten ★★★ [fj]

Östlich vom Pfingstberg dehnt sich, umrahmt vom Jungfernsee und dem Heiligen See, der Neue Garten aus. Der Wörtlitzer Gartenarchitekt Johann August Eyserbeck legte den über 100 Hektar großen Park ab 1787 im Auftrag von König Friedrich Wilhelm II. an. Es war der erste an englischen Gärten orientierte Landschaftspark der preußischen Herr-

Der im Stil englischer Landschaftsgärten angelegte Neue Garten vermag immer wieder durch neue Perspektiven zu bezaubern, hier der Blick auf das Marmorpalais

scher und darin gewissermaßen der **Kontrapunkt zur im Kern barocken Anlage von Sanssouci.**

1816 wurde der Neue Garten von **Peter Joseph Lenné** grundlegend überarbeitet. Dabei legte der Gartenbaukünstler unter anderem Blickverbindungen zu den in jener Zeit im Entstehen begriffenen Schlössern und Parks an den gegenüberliegenden Seeufern in Sacrow, Babelsberg und auf der Berliner Seite in Glienicke an.

187 Marmorpalais ★★★ [fk]

Zeitgleich zum Park nahmen auch seine Bauwerke Gestalt an. Als königliche Sommerresidenz entstand am Ufer des Heiligen Sees nach Entwürfen von Karl von Gontard und Karl Gotthard Langhans 1787–1793 das frühklassizistische Marmorpalais. Seine prunkvollen königlichen Wohnräume, Konzertsaal und Grottensaal machen es zu einem

KLEINE PAUSE

Bierausschank in der Meierei

Wer es zünftig mag, ist keine 200 Meter entfernt in der Meierei am Ufer des Jungfernsees richtig. Im 1790–1792 errichteten, 1844 von Ludwig Persius erweiterten Gebäude wurde einst gebuttert und gekäst. Später beliebtes Ausflugslokal und zu DDR-Zeiten verfallen, wurde es Anfang des dritten Jahrtausends umfangreich restauriert. Seit der Wiedereröffnung 2004 als Gasthausbrauerei fließt drinnen wie draußen im Biergarten direkt am Wasser hausgebrauter Gerstensaft in allen möglichen Typen und Variationen. Dazu wird Deftiges serviert.

65 [fi] **Meierei im Neuen Garten,** Im Neuen Garten 10, Tel. 0331 7043211, www.meierei-potsdam.de, April–Okt. Di.–Fr. ab 12, Sa./So. ab 11 Uhr, im Winter Di.–So. ab 12 Uhr

110be Abb.: kj

besonderen **Juwel unter den Potsdamer Schlössern.** Von 1881 bis zur Fertigstellung von Schloss Cecilienhof 1917 fungierte es als sommerliches Domizil für das Kaiserpaar Wilhelm II. und Auguste Viktoria.

Die zum Marmorpalais gehörenden Zweckbauten wurden nach dem damals bevorzugten Geschmack exotisch gestaltet. So erscheint die **Schlossküche** als eine halb vom Erdreich verschüttete antike Tempelruine. Die **Gotische Bibliothek,** ein Pavillon am südlichen Parkende, diente der Büchersammlung Friedrichs Wilhelm II. Der **Eiskeller** zur Kühlung der Lebensmittel gleicht einer Pyramide und die **Orangerie** schmückt sich mit einem von einer Sphinx bewachten Ägyptischen Portal. Aus jenen Jahren stammt ferner auch die **Crystall- und Muschelgrotte** im Norden des Parks am Jungfernsee. Nach einem Entwurf des Oberhofbaurats Andreas Ludwig Krüger geschaffen, diente der Grottenbau, innen mit drei Kabinetten, als Aufenthaltsort für sommerliche Abendvergnügen.

› **Marmorpalais,** April Sa./So. 10–17.30 Uhr, Mai–Okt. Di.–So. 10–17.30 Uhr, Jan.–März Sa./So. 10–16 Uhr, Erw. 6 €, erm. 5 €

188 Schloss Cecilienhof ★★ [fj]

Krönender Abschluss und zugleich jüngstes Bauwerk im Neuen Garten ist Schloss Cecilienhof nahe dem Jungfernsee. 1913–1917 hatte Kaiser Wilhelm II. das romantische **Fachwerkschloss im englischen Landhausstil** für seinen Sohn, Kronprinz Wilhelm, und dessen Ehefrau Cecilie in Auftrag gegeben, noch bis Kriegsende 1945 war es von den Hohenzollern bewohnt.

Nur wenige Wochen später geriet es als Tagungsort der **Potsdamer Konferenz** in den Blick der Weltöffentlichkeit. Vom 17. Juli bis zum 2. August 1945 handelten die alliierten Staats- und Regierungschefs Truman (USA), Stalin (UdSSR) und Churchill bzw. Attlee (Großbritannien) auf Schloss Cecilienhof die Weltnachkriegsordnung aus. Ihre Beschlüsse, darunter Entnazifizierung, Entmilitarisierung und die Abtretung deutscher Grenzregionen, die Aufteilung Deutschlands in Besatzungszonen und Berlins in Sektoren, gingen als „Potsdamer Abkommen“ in die Geschichte ein. Die **historischen Konferenzräume** sind heute Museum und auch **die Privaträume des Kronprinzenpaars** können im Rahmen einer Führung besichtigt werden.

› April–Okt. Di.–So. 10–17.30 Uhr, Nov.–März Di.–So. 10–16.30 Uhr, Räume der Potsdamer Konferenz: Erw. 8 €, erm. 6 €, Privaträume des Kronprinzenpaars: Erw. 6 €, erm. 5 €, Kombiticket (inkl. Marmorpalais): Erw. 10 €, erm. 7 €

189 Sacrow ★★ [hi]

Auf der schmalen Landbrücke zwischen Jungfernsee und Sacrower See liegt das **kleine Schloss Sacrow im Sacrower Garten.** Ursprünglich 1773 im Barockstil erbaut, erwarb es König Friedrich Wilhelm IV. unmittelbar nach seiner Thronbesteigung 1840 und ließ es von Ludwig Persius erweitern und umgestalten. Die Neugestaltung der gut 26 Hektar großen Grünanlage erfolgte durch Peter Joseph Lenné.

Direkt am Seeufer erhebt sich die klassizistische **Sacrower Heilandskirche,** die 1840–1844 nach einem Persius-Entwurf Gestalt annahm. Von der Wasserseite her wirkt der nach der Art frühchristlicher Basiliken errichtete Saalbau mit frei stehendem Campanile wie ein vor Anker liegendes Schiff. Von der Landseite aus erblickt man gegenüber am östlichen Ufer des Jungfernsees die Glienicker Schlossanlagen 165, die Glienicker Brücke 167 und den Park Babelsberg 190 sowie westlich den Neuen Garten 186. Damit schließt sich in Sacrow am nördlichen Ufersaum der Reigen der im 19. Jahrhundert entstandenen Potsdamer Schlösser- und Gartenlandschaften rund um den Jungfernsee. Und wie die benachbarten Ensembles zählt auch der Sacrower Garten mit seinen Bauwerken zum **Weltkulturerbe.**

Nach dem Mauerbau 1961 befand sich die Anlage **im unmittelbaren Grenzbereich.** Schloss Sacrow bezogen Grenzsoldaten der Nationalen Volksarmee und ab 1973 der DDR-Zoll, in der Grünanlage baute man Trainingseinrichtungen für die Zollhunde auf. Die Heilandskirche stand, von Grenzanlagen umzingelt, hinter dem Mauerstreifen im Niemandsland und waren dem Verfall preisgegeben.

Die viele Jahre dauernde Kirchenrestaurierung konnte im Juni 2009 mit der Einweihung der neuen Orgel vollendet werden. Das Innere ziert im Chor ein monumentales Fresko von Adolf Eybel mit einer Darstellung Christi und der Apostel. Schloss Sacrow ist heute im Rahmen von Ausstellungen und Veranstaltungen geöffnet.

› **Schloss Sacrow,** Infos zu Ausstellungen unter www.spsg.de
› **Sacrower Heilandskirche,** Fährstr., Potsdam-Sacrow, Tel. 0331 293170, www.heilandskirche-sacrow.de, Mai–Aug. Di.–Do. 11–16, Fr.–So 11–17, März/April und Sept./Okt. Di.–So. 10–15.30, im Winter Sa./So. 10–15.30 Uhr

190 Park und Schloss Babelsberg ★★★ [hl]

Der Park Babelsberg am Ostufer des Tiefen Sees ist der vergleichsweise unspektakulärste Park in der Potsdamer Schlösser- und Gärtenlandschaft. Weder in Sanssouci, wo bereits morgens vor Öffnung der Schlösser die ersten Reisebusse ankommen, noch im Neuen Garten am Heiligen See wird man so ungestört lustwandeln können.

Die Gestaltung der über 120 Hektar großen Anlage rund um den 78 Meter hohen Babelsberg begann 1833 unter Peter Joseph Lenné. Im selben Jahr fand auch die Grundsteinlegung zu **Schloss Babelsberg** statt, der Sommerresidenz Wilhelms I. und seiner Gemahlin Augusta, die in einem ersten Bauabschnitt bis 1835 entstand. Ab 1840 wurde das mit zahlreichen Erkern und Türmen geschmückte Schloss im **neugotisch-englischen Geschmack** zunächst von Karl Friedrich Schinkel, nach dessen Tod 1841 von Ludwig Persius und 1845 bis 1849 von Johann Heinrich Strack umgebaut und erweitert. Mit zauberhaftem Blick auf die Glienicker Lanke ist es seitdem das Herzstück des Babelsberger Landschaftsparks. Seine großenteils ursprünglich erhaltenen Innenräume mit historischem Mobiliar kann man wegen Sanierung zurzeit leider nicht besichtigen.

Ab 1843 wurden die Gartenbauarbeiten wieder aufgenommen, die zehn Jahre vorher begonnen hatten. Unter der Hand des Landschaftsarchitekten und legendären Lebemanns Fürst Hermann von Pückler-Muskau entstanden bis 1867 zahlreiche neue Pflanzungen, Terrassen, Spazierwege und andere Gar-

380be Abb.: kj

tenkleinode. Unweit vom Havelufer hatte Baumeister Persius bereits 1841/42 ein schlichtes Gartenhaus zum sogenannten **Kleinen Schloss** umgestaltet. Das weiße Gebäude in englischer Tudor-Gotik bewohnte zunächst Preußenprinz Friedrich Wilhelm, später diente es als Gästehaus, heute ist dort ein Restaurant untergebracht.

Ebenfalls von Ludwig Persius stammt das **Dampfmaschinenhaus**, das 1845 am nördlichen Parkende fertiggestellt wurde. Zum Park Babelsberg gehören außerdem das mit hohen gotischen Giebeln versehene **Matrosenhaus** (1842) und die backsteinrote **Gerichtslaube** auf der Lennéhöhe, 1871 unter Einbeziehung von Originalteilen der Berliner Gerichtslaube aus dem 13. Jahrhundert vollendet. Die Pläne für beide Gebäude lieferte Johann Heinrich Strack. Baumeister Strack war es auch, der dem Park Babelsberg seinen baulichen Höhepunkt schenkte. Ab 1853 wurde nach seinen Plänen auf einem Hügel der 46 Meter hohe, weithin sichtbare **Flatowturm** errichtet. Als Vorbild diente der mittelalterliche Turm des Eschenheimer Tors in Frankfurt am Main, 1856 war der Wohnturm mit Wehrgang und Spitzhelm vollendet. Seine Räumlichkeiten sind teils noch original ausgestattet. Von der Aussichtsplattform bietet sich ein **wunderbarer Panoramablick** auf die Dächer von Potsdam, die Havelseen und die umliegende Parklandschaft.

› **Schloss Babelsberg,** wegen Sanierung **geschlossen.**
› **Flatowturm,** Mai–Okt. Sa./So. 10–17.30 Uhr, Eintritt: Erw. 4 €, erm. 3 €

191 Filmpark Babelsberg ★

Weltweit wird der Name Babelsberg mit Filmkunst verbunden. Auf dem Gelände des **Studios Babelsberg** wurde Filmgeschichte geschrieben. Im Februar 1912 fiel hier die erste Klappe zum Asta-Nielsen-Streifen „Der Totentanz", mit dem der Aufstieg zum größten europäischen Filmstudio begann. Bis 1945 unter UFA- und zu DDR-Zeiten unter DEFA-Regie, ist die Produktionsstätte mit insgesamt 21 Studios und Außenkulissen auf über 156.000 Quadratmetern heute noch der **größte zusammenhängende Studiokomplex in Europa.** Fernsehserien wie auch große internationale Kinoproduktionen werden in den Hallen realisiert.

Während einer Tour durch den Filmpark Babelsberg erhält man zwar weniger Einblick in die Filmherstellung, bekommt dafür aber umso mehr Abenteuer, Fantasy, Liveshow und Action geboten.

› Besuchereingang: Großbeerenstraße 200, Potsdam-Babelsberg, Tel. 0331 7212750, www.filmpark.de. Die Öffnungszeiten von April bis Anfang November können produktionsbedingt variieren, deshalb bitte der Website entnehmen. Erw. 22 €, 4 bis 16 Jahre 15 €, unter 4 Jahre freier Eintritt

Schloss Babelsberg 190 thront neugotisch über dem Tiefen See in der Potsdamer Schlösser- und Gartenlandschaft

Praktische Infos zu Potsdam

Info

› **Potsdam Touristeninformation,** Tel. 0331 27558899, www.potsdamtourismus.de

66 [fn] **Touristeninformation im Hauptbahnhof,** Bahnhofspassagen (neben Gleis 6), geöffnet: Mo.–Sa. 9.30–18 Uhr

67 [em] **Touristeninformation am Alten Markt,** Humboldtstraße 1–2, Mo.–Sa. 9.30–19, So. 10–16 Uhr

68 [dm] **Touristeninformation am Luisenplatz,** Luisenplatz 3, April–Okt. Mo.–Sa. 9.30–18, So. 10–16 Uhr

Unterkunft

69 [dl] **Hotel Villa Monte Vino** €€-€€€, Gregor-Mendel-Straße 27, 14469 Potsdam, Tel. 0331 2013339, http://hotelvillamontevino.de. **Ein italienischer Traum:** romantische historische Turmvilla im italienischen Stil nahe Schloss Sanssouci, elegante Ausstattung, exzellenter Service.

70 [el] **Das kleine Apartmenthotel-Holländerhaus** €€, Kurfürstenstraße 15/16, 14467 Potsdam, Tel. 0331 279110, http://hollaenderhaus.potsdam.de. **Idyllisch, ruhig und charmant:** Unterkunft in zwei benachbarten historischen Holländerhäusern und einer Remise rund um einen lauschigen Innenhof. Die geräumigen Zimmer sind geschmackvoll designt.

71 [hn] **Jugendherberge Potsdam** €, Schulstr. 9, 14482 Potsdam, Tel. 0331 5813100, www.jugendherbergen-berlin-brandenburg.de, Ü/F bis 26 Jahre p.P. 24 €, ab 27 Jahre 28 €, Kinder 3–5 Jahre 12 €, ab 6 Jahren 24 €, vier Zimmer rollstuhlgerecht.

⚠72 [bn] **Campingpark Sanssouci,** An der Pirschheide 41, 14471 Potsdam, Tel. 0331 9510988, www.camping-potsdam.de, geöffnet Mitte März bis Anfang Januar. Herrliche Lage in der Pirschheide am Templiner See, fünf Kilometer südwestlich vom Stadtzentrum. Die Sanitäranlagen teils behindertengerecht, große Badewiese, Restaurant, SB-Laden, Internetcafé, Fahrrad- und Kanuverleih. Hunde erlaubt.

Essen und Trinken

73 [el] **Hafthorn** €, Friedrich-Ebert-Straße 90, Tel. 0331 2800820, www.hafthorn.de, Mo.-Fr. ab 18, Sa./So. ab 13 Uhr. Szenekneipe mit schönem Biergarten, großer Bierauswahl und günstigen leckeren Kneipengerichten wie Pasta, Burger, Chicken Wings, Tagessuppe.

74 [el] **Klosterkeller** €€, Friedrich-Ebert-Straße 94, Tel. 0331 291218, www.klosterkeller-potsdam.de, tgl. 12-22.30 Uhr. Jahrhundertealtes Traditionslokal, eventuell muss man etwas länger warten. Serviert wird Deftiges von Rostbratwurst über Kutschers Leibgericht bis Störtebeckers Bierfleisch und Krustenbraten.

75 [cm] **Quendel** €€€, Sellostraße 15a, Tel. 0331 95140188, http://quendel-potsdam.de, Di.-Do. 17-22, Fr.-So. 12-23 Uhr. Am Südrand vom Park Sanssouci, nicht so groß, behaglich, persönlich, die Küche kreativ, leicht, lecker, regional und saisonal.

76 [bn] **Restaurant Friedrich Wilhelm im Hotel Bayrisches Haus** €€€€, Im Wildpark/Elisenweg 2, 14471 Potsdam, Tel. 0331 55050, www.bayrisches-haus.de, Mi.-Sa. 19-22 Uhr. Herrschaftlich tafeln im historischen Landhaus der Königin Elisabeth von Preußen. Im Restaurant des heutigen Spitzenhotels verleiht Chefkoch Alexander Dressel exquisiten regionalen Kompositionen eine mediterrane Note. Der Guide Michelin gibt einen seiner begehrten Sterne dafür.

Stadttouren

- **Dreistündige Schlösserrundfahrt** mit dem Potsdammobil „Alter Fritz", Abfahrt ab Hauptbahnhof/Ausgang Babelsberger Str., tgl. 10.30, 11.15 und 14.15 Uhr, Nov.-Mitte März tgl. 11-15.15 Uhr, Tel. 0331 974376, www.schloesserrundfahrten.de
- **Potsdam City Tour:** Mitte März bis Mitte November zwölfmal täglich im 30-Minuten-Takt rund 100-minütige Stadterkundung mit Liveguide im Doppeldeckerbus. Man kann auf der Rundfahrt beliebig oft unterbrechen und später wieder zusteigen. Der erste Bus startet um 9.55 Uhr ab Luisenplatz bzw. 10.10 Uhr vor dem Hauptbahnhof/Ausgang Babelsberger Straße; Tel. 0331 974376, www.potsdam-city-tour.de.
- **Potsdam per Pedales:** Leihräder und geführte Radtouren durch Potsdam und das Havelland, im Hauptbahnhof am Eingang Babelsberger Straße, Tel. 0331 88719917, www.potsdam-per-pedales.de, Mo.-Fr. 7-19, Sa./So. 9.30-19 Uhr, im Winter Mo.-Fr. 8-19, Sa. 9.30-19 Uhr
- **Weiße Flotte und Potsdamer Wassertaxi:** Ausgangspunkt für Schlösserrundfahrten, Inselfahrten und Havelseenkreuzfahrten mit den Schiffen der Weißen Flotte ist der Hafen Potsdam an der Langen Brücke. Im Linienbetrieb verkehren die Wassertaxis und verbinden Potsdams berühmteste Sehenswürdigkeiten mit 13 Haltestellen vom Wasser aus. Lange Brücke 6, 14467 Potsdam, Tel. 0331 2759210, www.schifffahrt-in-potsdam.de und www.potsdamer-wasser taxi.de.

BERLIN ERLEBEN

003be Abb.: kj

Berlin für Kunst- und Museumsfreunde

Eine auf den ersten Blick verwirrende Vielfalt prägt die Berliner Museumslandschaft. Über 170 Museen und rund 500 Galerien können besucht und besichtigt werden. Unbedingt einplanen sollte man einen Besuch in den wichtigsten **Staatlichen Museen zu Berlin**, die rund 6000 Jahre Kunst und Kulturgeschichte der Menschheit präsentieren. Rund zwei Milliarden Euro kostet allein die aufwendige Restaurierung der Museumsinsel im Herzen der Stadt bis zum Jahr 2023. Im Dezember 1999 wurde das Glanzstück der Berliner Museumslandschaft von der UNESCO zum Weltkulturerbe der Menschheit erklärt.

Nicht weniger spektakulär sind z. B. das Deutsche Historische Museum, das Jüdische Museum oder das Deutsche Technikmuseum. Und wer sich für die Berliner Stadt- und Kulturgeschichte interessiert, darf auf keinen Fall die Museen unter dem Dach der Stiftung Stadtmuseum Berlin verpassen.

Stiftungen/Informationen

Die berühmten Häuser auf der Museumsinsel – das Alte Museum, die Alte Nationalgalerie, das Bode-Museum, das Pergamonmuseum und das Neue Museum – gehören zu den **Staatlichen Museen zu Berlin** (SMB), die in der **Stiftung Preußischer Kulturbesitz** zusammengefasst sind. Neben der Museumsinsel im Stadtzentrum sind die Staatlichen Museen an drei weiteren Standorten zu finden: am Kulturforum Potsdamer Platz/Tiergarten, in Charlottenburg rund um das Schloss Charlottenburg und im Südosten in der Altstadt von Köpenick.

Das **Ethnologische Museum** und das **Museum für Asiatische Kunst** am ehemaligen Standort Dahlem sind **geschlossen**. Sie werden voraussichtlich ab Ende 2019 im Humboldt-Forum (45) (neues Stadtschloss) auf der Schlossinsel im Berliner Zentrum zu sehen sein.

Die Vielzahl großer und kleiner Landesmuseen sowie die Museen der Berliner Stadt- und Kulturgeschichte haben unter dem Dach der **Stiftung Stadtmuseum Berlin** eine Heimat gefunden.

In der **Stiftung Preußische Schlösser und Gärten** sind die meisten Berliner und Potsdamer Schlösser und Parks vereint, darunter Schloss Sanssouci und Schloss Charlottenburg.

Informationen zu mehr als 200 Berliner und Brandenburger Museen, Gedenkstätten und Archiven, zu Ausstellungen, Führungen, Programmen, Museumsfesten und Veranstaltungen, Öffnungszeiten und Eintrittspreisen gibt es kostenlos bei der **MuseumsInformation Berlin:**

› **MuseumsInformation Berlin,** Tel. 24749888, Mo.–Fr. 9–16, Sa./So. 9–13 Uhr, www.museumsportal-berlin.de

Das **MuseumsJournal** berichtet vierteljährlich über die Berliner und Potsdamer Schlösser und Museen und informiert seine Leser über Sonderausstellungen und Veranstaltungen, Neuerwerbungen und den aktuellen Forschungsstand. Dem Journal angehängt ist ein Info-Kalender mit den aktuellen Terminen, An-

◁ *Vorseite: Bei beliebten Open-Air-Events kann es auf den Straßen Berlins sehr voll werden*

025be Abb.: kj

geboten, Adressen und Öffnungszeiten. Es ist für 6,90 € im Buchhandel und in den großen Berliner Museen erhältlich.

Staatliche Museen zu Berlin

An vier Standorten befinden sich die Staatlichen Museen zu Berlin (SMB) mit ihren bedeutenden Kunstschätzen.

- **Informationen:** Tel. 266424242 (Mo.–Fr. 9–16 Uhr), **www.smb.museum**
- **Tickets: Hauskarten** kosten zwischen 6 € und 12 €, ermäßigt 3–6 €. Günstiger sind **Standortkarten** zwischen 12 € und 18 €, ermäßigt 6–9 €, die mit wenigen Ausnahmen für alle Museen an einem Standort am Tag des Besuchs gelten (nicht für Sonderausstellungen). Für Menschen unter 18 Jahre, Sozialgeld- und ALG-II-Bezieher ist der Eintritt frei.

Das Alte Museum 38 *bildet den baulichen Auftakt der weltberühmten Museumsinsel*

EXTRATIPP

Kultur-Nacht

Ein einzigartiges Erlebnis für Museumssurfer ist seit 1997 die **Lange Nacht der Museen.** Einmal im Jahr halten in einer schönen Sommernacht eine Vielzahl der bedeutendsten Berliner Museen von 18 bis 2 Uhr für Nachtschwärmer ihre Tore offen. Dabei wird ein Rahmenprogramm von Führungen, Lesungen, Musik und Tanz geboten. In diesen zwei festlichen, nicht ausschließlich musealen Nächten sind Shuttlebusse der BVG und eine Schiffslinie auf den Museumsrouten eingerichtet.

- **Aktuelles Programm:** Tel. 24749888, www.lange-nacht-der-museen.de

Standort Museumsinsel

- **Adresse und Verkehrsanbindung:** Bodestr. 1–3, 10178 (Mitte), S Hackescher Markt, Bus TXL, 100, 200

38 [L4] **Altes Museum,** Museumseingang: Am Lustgarten. Nach Plänen Karl Friedrich Schinkels erbaut, 1830 als erster Musentempel auf der Museumsinsel eröffnet. Weltweit

EXTRAINFO

Besondere Einlass-Regelungen

Bei spektakulären **Sonderausstellungen** mit großem Andrang können je nach Museum unterschiedliche **Zeitfenster-Verfahren** zur Anwendung kommen. Beispielsweise wird mit dem Ticketerwerb an der Tageskasse eine individuelle Einlassnummer vergeben, deren Fortschritt man in der „virtuellen Schlange" im Internet mitverfolgen kann. Oder es wird rechtzeitig per SMS-Service über die persönliche Einlasszeit informiert. Oder der Kauf einer Eintrittskarte ist nur online für einen ausgewählten Tag mit einem bestimmten Einlass-Zeitfenster möglich. Welches Verfahren zur Anwendung kommt, hängt letztlich vom Museum, der Ausstellung und dem Publikumsandrang ab. Deshalb ist es in jedem Fall ratsam, sich rechtzeitig zu informieren.

› **Info-Tel.** 266424242 (Mo.–Fr. 9–16 Uhr), www.smb.museum

bedeutende Antikensammlung mit Skulpturen, Schmuck, Bronzen, Vasen der griechischen, etruskischen und römischen Epoche (s. S. 60).

41 [L4] **Alte Nationalgalerie,** Museumseingang: Am Lustgarten. Das 1866–1876 von Friedrich August Stüler geschaffene Bauwerk birgt deutsche und europäische Malerei und Skulptur des 19. Jahrhunderts (s. S. 63).

42 [L4] **Bode-Museum,** Museumseingang: Monbijoubrücke. 1897–1904 unter Ernst Eberhard von Ihne errichtet, beherbergt es neben dem Münzkabinett und dem Museum für Byzantinische Kunst mit einer hochrangigen Sammlung spätantiker und byzantinischer Werke eine Skulpturensammlung, die weltweit zu den größten Sammlungen für ältere Plastik zählt (s. S. 63).

32 [L5] **Friedrichswerdersche Kirche,** Werderscher Markt, wegen Bauschäden bis auf Weiteres geschlossen. Deutsche Bildhauerkunst des frühen 19. Jahrhunderts, insbesondere Werke der Berliner Meister Johann Gottfried Schadow und Christian Daniel Rauch; außerdem eine Dokumentation zu Leben und Werk von Karl Friedrich Schinkel, der mit der Friedrichswerderschen Kirche ein Hauptwerk der deutschen Neugotik schuf (s. S. 53).

40 [L4] **Neues Museum,** Museumseingang: Am Lustgarten. Der Mitte des 19. Jh. errichtete Stüler-Bau beheimatet das Ägyptische Museum mit Kunstwerken des alten Ägypten inklusive Papyrussammlung, besonders sehenswert ist die berühmte Büste der Nofretete; außerdem im Neuen Museum: das Museum für Vor- und Frühgeschichte mit archäologischen Sammlungen der Alten Welt von der Steinzeit bis ins Mittelalter, darunter Heinrich Schliemanns Troja-Ausgrabungen (s. S. 61).

43 [L4] **Pergamonmuseum,** Zugang über den Hof neben dem Neuen Museum (ausgeschildert). Unter dem Dach des nach Entwürfen von Alfred Messel erbauten, 1930 eröffneten und damit jüngsten Museumsbaus auf der Museumsinsel befinden sich die Antikensammlung mit griechischen und römischen Skulpturen sowie, besonders eindrucksvoll, dem Pergamonaltar und dem römischen Markttor von Milet. Zum Pergamonmuseum gehören außerdem das Vorderasiatische Museum mit dem Ischtartor und der Prozessionsstraße von Babylon als den Hauptattraktionen und das Museum für Islamische Kunst, in dem die Prunkfassade des jordanischen Wüstenschlosses „Mschatta" besticht. Wegen abschnittsweiser Sanierung kann es bis 2023 zur zeitweiligen Schließung einzelner Abteilungen kommen. Solange sind Teile des Pergamonaltars gegenüber in einem temporären Museumsneubau zu sehen (s. S. 64).

Standort Kulturforum Potsdamer Platz/Tiergarten

> **Adresse und Verkehrsanbindung:** Matthäikirchplatz, 10785 (Tiergarten), S1, S2 und U2 Potsdamer Platz, Bus M48, M85 Kulturforum, 200, 347 Philharmonie

M77 [I6] **Gemäldegalerie,** geöffnet: Di./Mi./Fr. 10–18, Do. 10–20, Sa./So. 11–18 Uhr. Eine der weltweit bedeutendsten Sammlungen europäischer Malerei vom 13. bis 18. Jahrhundert, darunter Meisterwerke von Bruegel, Caravaggio, Dürer, Gainsborough, Pesne, Raffael, Rubens, Rembrandt u. a., auf rund 7000 Quadratmetern in 72 Sälen und Kabinetten.

79 [J3] **Hamburger Bahnhof – Museum für Gegenwart.** Mit der berühmten Sammlung von Erich Marx als Grundstock glänzt das um viele Exponate der Staatlichen Museen erweiterte Museum für Gegenwartskunst. In den Räumen des Hamburger Bahnhofs sowie in den benachbarten Rieck-Hallen ist außerdem die umstrittene „Flick Collection" zu sehen, die umfangreiche Privatsammlung von Kunst des 20. und 21. Jahrhunderts des NS-Großindustriellen-Erben Friedrich Christian Flick (s. S. 101).

EXTRATIPP

Schaulustig

Um nicht für jedes Museum bzw. jeden Museumsstandort erneut eine Eintrittskarte lösen zu müssen, bietet der **Museumspass Berlin** für 29 € (ermäßigt 14,50 €) eine praktische und preiswerte Alternative. An drei aufeinanderfolgenden Tagen gewährt er freien Eintritt in rund 30 Berliner Museen, darunter die Berliner Stadtmuseen, das Deutsche Technikmuseum, das Jüdische Museum und die Staatlichen Museen zu Berlin auf der Museumsinsel.

026be Abb.: kj

Die Neue Nationalgalerie 101: Heimstatt für die Moderne Kunst und spektakuläre Wechselausstellungen

M 78 [I6] **Kunstbibliothek,** Di.–Fr. 10–18, Sa./So. 11–18 Uhr. Rund 400.000 Schriften zur bildenden Kunst und Architektur von der Spätantike bis in die Gegenwart.

M 79 [I6] **Kunstgewerbemuseum,** Di.–Fr. 10–18, Sa./So. 11–18 Uhr. Europäisches Kunsthandwerk aller nachantiken Stilepochen im ältesten deutschen Museum seiner Art.

M 80 [I6] **Kupferstichkabinett,** Di.–Fr. 10–18, Sa./So. 11–18 Uhr. Über 110.000 Zeichnungen, Aquarelle, Pastelle, Ölskizzen und nicht weniger als 500.000 Druckgrafiken von Botticelli und Dürer über Picasso bis Andy Warhol.

99 [I6] **Musikinstrumenten-Museum.** 3500 Musikinstrumente und Objekte vom 16. bis 20. Jh. Immer samstags im Rahmen der Führung ab 11 Uhr erklingt Punkt 12 Uhr die „Mighty Wurlitzer", eine beeindruckende Theaterorgel aus den 1920er-Jahren (s. S. 122).

101 [I6] **Neue Nationalgalerie.** Nach Plänen Ludwig Mies van der Rohes 1968 als erstes Museum am Kulturforum eröffnet. Gezeigt werden weltweit bedeutende Werke der klassischen Moderne bis zur Kunst der 1960er-Jahre von Dalí, Dix, Feininger, Grosz, Kandinsky, Miro u. a. sowie spektakuläre Wechselausstellungen. **Wegen umfassender Sanierung mehrere Jahre geschlossen** (s. S. 122).

Standort Charlottenburg

M 81 [B4] **Gipsformerei,** Sophie-Charlotte-Str. 17–18, 14059 (Charlottenburg), S41, S42 Westend, Bus M45, 309, 139, Mo.–Fr. 9–16, Mi. 9–18 Uhr. Gips- und Bronzeabgüsse von berühmten Werken der Antike, des Mittelalters, der Neuzeit und der Moderne.

120 [C4] **Museum Berggruen.** Hochkarätige Werke der Klassischen Moderne mit über 100 Exponaten des Schaffens Picassos und rund 60 Bildern von Paul Klee, außerdem Matisse, Braque und Giacometti, die der 2007 verstorbene Kunstsammler und Mäzen Heinz Berggruen der Stiftung Preußischer Kulturbesitz übereignete, ergänzt um weitere Leihgaben (s. S. 145).

M 82 [F6] **Museum für Fotografie – Helmut Newton Stiftung,** Jebenstr. 2, 10623 (Charlottenburg), S und U2, U9 Zoologischer Garten, Di.–So. 11–19, Do. bis 20 Uhr. Weltberühmte Sammlung des Fotokünstlers Helmut Newton, außerdem Fotografie vom 19. bis 21. Jh.

121 [C4] **Museum Scharf-Gerstenberg.** Gemälde, Skulpturen und Arbeiten auf Papier, Surrealismus von Piranesi, Goya und Redon bis zu Dalí, Magritte und Dubuffet (s. S. 145).

Standort Köpenick

M 83 [Karte III] **Kunstgewerbemuseum Schloss Köpenick,** Schloßinsel 1, 12557 (Köpenick), S3 Köpenick, Bus 164, 167, Tram 60, 61, 62, 67, April–Sept. Di.–So. 11–18, sonst Do.–So. 11–17 Uhr. Repräsentationskultur des 16. bis 18. Jh., Kunstgewerbe aus Barock, Renaissance und Rokoko, darunter das Spiegelkabinett aus Schloss Wiesentheid, ein Turiner Chinesenzimmer, vertäfelte Salons, Tapisserien und vieles mehr im prachtvoll restaurierten Barockschloss Köpenick.

Museen der Stiftung Stadtmuseum Berlin

› **Informationen:** Info-Tel. 24002162, www.stadtmuseum.de

54 [M5] **Ephraim-Palais.** Interessante Wechselausstellungen zur Berliner Kunst- und Kulturgeschichte im 1762–1766 erbauten Rokokopalais (s. S. 77).

53 [M5] **Knoblauchhaus.** Berliner Wohnkultur des Biedermeier im großbürgerlichen, im 18. Jahrhundert errichteten Haus der Familie Knoblauch sowie Wechselausstellungen zur Kulturgeschichte des 19. Jh. (s. S. 77).

M84 [M5] **Märkisches Museum,** Am Köllnischen Park 5, 10179 (Mitte), U2 Märkisches Museum, Di.-So. 10-18 Uhr, Erw. 7 €, erm. 4 €, unter 18 Jahren sowie für alle jeden 1. Mi. im Monat freier Eintritt. Berlins Stadt- und Kulturgeschichte von 60.000 v. Chr. bis Anfang des 20. Jahrhunderts im Haupthaus der Stadtmuseen. Besondere Attraktionen sind die Gotische Kapelle mit einer Sammlung mittelalterlicher Skulpturen, der Zunftsaal und die Waffenhalle.

52 [M5] **Nikolaikirche.** Informationen über die Bau- und kirchengeschichtliche Bedeutung der Nikolaikirche sowie über berühmte Persönlichkeiten, die im ältesten Berliner Gotteshaus wirkten (s. S. 76).

Weitere bedeutende Museen

M85 **Alliierten-Museum,** Clayallee 135, 14195 (Zehlendorf), U3 Oskar-Helene-Heim, Bus X83 und 115, www.alliiertenmuseum.de, Tel. 8181990, Di.-So. 10-18 Uhr, Eintritt frei. Kriegsgerät sowie Fotos, Filme, Alltagsgegenstände und andere Dokumente zum Leben der alliierten Truppen in Berlin. 1998 zum 50. Jubiläum der Berliner Luftbrücke im ehemaligen Kino der Amerikaner „Outpost" eröffnet.

M372 [E6] **the temporary bauhaus-archiv,** Knesebeckstr. 1-2, 10623 (Charlottenburg), U2 Ernst-Reuter-Platz, Tel. 2540020, www.bauhaus.de, Mo.-Sa. 10-18 Uhr. Das 1976-1978 nach umgearbeiteten Entwürfen von Walter Gropius errichtete Bauhaus-Archiv in der Klingelhöferstraße ist wegen Sanierung für mehrere Jahre geschlossen. Am Ausweichstandort in der Knesebeckstraße erhält man Einblick in die Vergangenheit und die Zukunft des Museums.

314be Abb.: kj

Skulptur an der Alten Nationalgalerie 41

M86 [L7] **Berlinische Galerie – Landesmuseum für Moderne Kunst, Architektur und Fotografie,** Alte Jakobstr. 124-128, 10969 (Kreuzberg), U1, U3, U6 Hallesches Tor, U6 Kochstraße, Bus M29, 248, Tel. 78902600, www.berlinischegalerie.de, geöffnet: Mi.-Mo. 10-18 Uhr, Erw. 8 €, erm. 5 €, jeden 1. Mo. im Monat 4 €, bis 18 Jahre freier Eintritt. Dada, Neue Sachlichkeit, osteuropäische Avantgarde, Kunst des geteilten und wiedervereinigten Berlin sowie zeitgenössische internationale Berliner Künstler in einer ehemaligen Glaslagerhalle in Kreuzberg.

147 [B12] **Botanischer Garten und Botanisches Museum.** Ursprünglich ein Lust- und Kräutergarten am Stadtschloss der preußischen Kurfürsten, wurde der Garten zunächst an den heutigen Kleistpark und 1910 schließlich nach Dahlem verlegt. Auf 43 Hektar geht es gewissermaßen in Concorde-Geschwindigkeit aus der afrikanischen Savanne über die Lüneburger Heide ins Gebirge. Dioramen im Botanischen Museum präsentieren die prähistorische Welt sowie gegenwärtige Pflanzengemeinschaften vom inneren tropischen Regenwald auf Sumatra über die

027be Abb.: kj

Atlantikküste bis hin zur Vegetationszone an einem märkischen See (s. S. 177).

121 [C4] **Bröhan-Museum.** Kunsthistorische Sammlung Prof. Karl Bröhans mit Glas, Keramik, Gemälden, Möbeln des Jugendstils, Art déco und Funktionalismus (s. S. 145).

M87 **Brücke-Museum,** Bussardsteig 9, 14195 (Dahlem), Bus 115, Tel. 8312029, www.bruecke-museum.de, geöffnet: Mi.–Mo. 11–17 Uhr, Erw. 6 €, erm. 4 €. Werke der expressionistischen Künstlergruppe „Die Brücke".

G88 [F6] **C/O Berlin,** Hardenbergstraße 22–24 (im Amerika-Haus), 10623 (Charlottenburg), S und U2, U9 Zoologischer Garten, Tel. 284441662, www.co-berlin.org, geöffnet: tgl. 11–20 Uhr, Erw. 10 €, erm. 6 €, bis 18 Jahre frei. Die renommierte Galerie präsentiert wechselnde Ausstellungen bedeutender internationaler Fotografen.

Deutsche Geschichte in Bildern und Zeugnissen ist im barocken Zeughaus Unter den Linden 36 *zu sehen*

M89 [P5] **Computerspielemuseum,** Karl-Marx-Allee 93a, 10243 (Friedrichshain), U5 Weberwiese, Tel. 60988577, www.computerspiele.de, tgl. 10–20 Uhr, Erw. 9 €, erm. 6 €. Nicht nur für Nerds! 60 Jahre Gaming-Geschichte mit über 300 Ausstellungsstücken vom legendären Pong-Automaten bis zum aktuellen 3-D-Spiel.

M90 [J6] **Dalí-Museum,** Leipziger Platz 7, 10117 (Tiergarten), S1, S2 und U2 Potsdamer Platz, www.daliberlin.de, Tel. 0700 3254237546, Juli/Aug. tgl. 10–20, sonst 12–20 Uhr, Erw. 12,50 €, erm. 9,50 €, Kinder bis 6 Jahre frei. 400 Werke, überwiegend Grafiken, Illustrationen, Skulpturen und Arbeitsmappen des berühmten spanischen Surrealisten.

M91 [L4] **DDR-Museum,** Karl-Liebknecht-Str. 1 (im Souterrain DomAquarée gegenüber vom Berliner Dom), 10178 (Mitte), S Hackescher Markt, Bus TXL, 100, 200, Tel. 847123731, www.ddr-museum.de, tgl. 10–20, Sa. bis 22 Uhr, Erw. 9,50 €, erm. 6 €. So war die DDR, vom Sandmann über Pionierausweis, Trabi und Brigadearbeiterschrank bis zum Campingglück an der Ostsee, von Plaste & Elaste über Intershops bis zum Überwachungssystem, alles auf engstem Raum im DDR-Museum zum Anfassen, Auffassen, Erleben. Der Großteil der über 10.000 Exponate wurde von ehemaligen DDR-Bürgern gespendet.

M92 [J6] **Deutsche Kinemathek – Museum für Film und Fernsehen,** Potsdamer Str. 2 (im Filmhaus im Sony Center am Potsdamer Platz), 10785 (Tiergarten), S1, S2 und U2 Potsdamer Platz, Tel. 3009030, www.deutsche-kinemathek.de, geöffnet: Mi.–Mo. 10–18, Do. bis 20 Uhr, Erw. 7 €, erm. 4,50 €, Schüler 2 €. Hundert Jahre deutsche Filmgeschichte in Kulissen, Dokumenten, Objekten, dazu rund tausend Filme, der Nachlass von Fritz Lang, Heinz Rühmann und – besondere Attraktion – von Marlene Dietrich, außerdem in der „Ausstellung Fernsehen" die Sternstunden der deutschen TV-Geschichte.

36 [L5] **Deutsches Historisches Museum.** In den Räumlichkeiten des 1695–1730 errichteten Zeughauses zeigt das Deutsche Historische Museum die Dauerausstellung „Deutsche Geschichte in Bildern und Zeugnissen". Mit über 8000 ausgewählten Exponaten wird ein lebendiges Bild von 2000 Jahren deutscher Geschichte gezeichnet. Der angeschlossene Neubau des chinesisch-amerikanischen Stararchitekten I. M. Pei beherbergt Wechselausstellungen (s. S. 55).

141 [J8] **Deutsches Technikmuseum.** Alte Automobile, Lokomotiven, Dampfmaschinen, Schiffsmodelle, Flugzeuge, Roboter u. v. m. am ehemaligen Anhalter Güterbahnhof, außerdem Ausstellungen zu Schienen- und Straßenverkehr, Schiff- und Luftfahrt, Film-, Foto-, Nachrichten-, Haushalts- und Textiltechnik. Im „Spectrum" warten 250 Experimente darauf, spielerisch-technisch begriffen zu werden. Im Museumspark: Lokschuppen und Energiepark mit alter Hammerschmiede, Windmühlen, Windrädern und moderner Solaranlage. Die Museumsanlage ist behindertengerecht ausgestattet. Ein integratives Leitsystem ermöglicht auch blinden und sehbehinderten Menschen den Besuch des Freigeländes (s. S. 171).

M93 [M5] **Historischer Hafen,** Märkisches Ufer/Ecke Inselstr., 10178 (Mitte), S und U8 Jannowitzbrücke, U2 Märkisches Museum, www.historischer-hafen-berlin.de, geöffnet: Hafen tgl. Mai–Oktober, Ausstellungskahn Di.–So. 11–18 Uhr. Zahlreiche immer noch fahrtüchtige historische Binnenschiffe im größten Museumshafen Deutschlands legen Zeugnis von 200 Jahren märkischer Binnenschifffahrt ab. Wechselausstellungen auf dem Kahn Renate-Angelika.

64 [L7] **Jüdisches Museum.** 2001 eröffneter, von Architekturkennern aus aller Welt gefeierter Museumsneubau des Architekten Daniel Libeskind. Thema der Ausstellungen ist die jüdische bzw. deutsch-jüdische Geschichte und Kultur von der Vertreibung aus Judäa über das Mittelalter bis in die Gegenwart (s. S. 90).

M94 [E7] **Käthe-Kollwitz-Museum,** Fasanenstr. 24, 10719 (Charlottenburg), U1 Uhlandstraße, www.kaethe-kollwitz.de, Tel. 8825210, geöffnet: tgl. 11–18 Uhr, Erw. 7 €, erm. 4 €. Das Museum bietet einen Überblick über das Schaffen der Künstlerin und stellt ihr bildhauerisches Werk aus.

M95 **Kindermuseum Labyrinth,** Osloer Str. 12, 13359 (Wedding), S Bornholmer Straße, U8, U9 Osloer Straße, Tel. 800931150, www.kindermuseum-labyrinth.de, unterschiedliche saisonale und ferienbedingte Öffnungszeiten, Kinder ab 2 mit Erw. 6,50 €, Familien 19 €. Wechselnde Ausstellungen für Kinder zum Anfassen, Ausprobieren und Neues entdecken in der Fabrik Osloer Straße. Socken oder Hausschuhe mitbringen.

M96 [N1] **Machmit! Museum für Kinder,** Senefelder Str. 5, 10437 (Prenzlauer Berg), S Prenzlauer Allee, U2 Eberswalder Straße, Tram M10, www.machmitmuseum.de, Tel. 74778200, geöffnet: Di.–So. 10–18 Uhr, Erw. 7 €, erm. 3,50 €. Unter dem Motto „Gegenstände zum Anfassen und Ausprobieren" erarbeiten Kinder und Jugendliche in Projektwochen ihre eigenen Ausstellungen.

67 [J6] **Martin-Gropius-Bau.** Herausragende Wechselausstellungen (s. S. 92).

M97 [K6] **Mauermuseum am Checkpoint Charlie,** Friedrichstr. 43–45, 10969 (Kreuzberg), U6 Kochstraße, Tel. 2537250, www.mauer-museum.de, geöffnet: tgl. 9–22 Uhr, Erw. 14,50 €, erm. 9,50 €, 7–18 Jahre 7,50 €, bis 6 Jahre freier Eintritt. Geschichte und Ereignisse an der Mauer, Zeugnisse gelungener DDR-Fluchten.

M98 [K6] **Museum für Kommunikation Berlin,** Leipziger Str. 16, 10117 (Mitte), U2 Mohrenstraße, U2 und U6 Stadtmitte, Tel. 202940, www.mfk-berlin.de, geöffnet: Di. 9–20, Mi.–Fr. 9–17, Sa./So. 10–18 Uhr, Erw. 5 €, erm. 3 €, bis 17 Jahre freier Eintritt. Das 1872 als „Erstes Postmuseum der Welt" gegründete Haus zeigt Ausstellungen zur Geschichte, Gegenwart und Zukunft der Kommunikation, eine Medienwerkstatt und Kommunikationsgalerie sowie in der Schatzkammer die wohl berühmteste Briefmarke der Welt, die „Blaue Mauritius".

78 [J3] **Museum für Naturkunde.** 1810 gegründet und mit über dreißig Millionen Objekten das älteste, größte und bedeutendste naturhistorische Museum Deutschlands. Umfangreiche mineralogische, geologische, paläontologische und zoologische Sammlungen. Im Sauriersaal ist das mit 13,27 Metern weltweit höchste Skelett eines *Brachiosaurus brancai* ausgestellt (s. S. 100).

89 [L4] **Neue Synagoge Berlin – Centrum Judaicum.** Die ständige Ausstellung in der Neuen Synagoge zeichnet die Geschichte des Hauses und die mit ihm verbundenen mannigfaltigen Formen des Berliner jüdischen Lebens nach. Die Ausmaße des ehemaligen Synagogenhauptraums lassen sich auf der Freifläche hinter den restaurierten Gebäudeteilen im Rahmen einer Führung entdecken (s. S. 113).

M99 [P11] **Puppentheater-Museum,** Karl-Marx-Str. 135, 12043 (Neukölln), U7 Karl-Marx-Straße, Tel. 6878132, www.puppentheater-museum.de, geöffnet: Mo.–Fr. 9–15, So. 11–16 Uhr, 5 €, erm. 4 €. Fantastische Märchenwelt in Berlins einzigem Puppentheater-Museum mit über 300 Handpuppen und Marionetten, Stab-, Flach- und Schattentheaterfiguren aus verschiedenen Kulturkreisen Europas, Afrikas und Asiens.

152 **Stasi-Museum.** Ausstellung zu Aufbau und Arbeitsweise der DDR-Staatssicherheit im Gebäudekomplex des ehemaligen Ministeriums für Staatssicherheit. Zu sehen sind u. a. Erich Mielkes original erhaltene Diensträume (s. S. 186).

M100 [M5] **Zille-Museum,** Propststr. 11, 10178 (Mitte), U2 Klosterstraße, Bus M48, Tel. 24632500, www.zillemuseum-berlin.de, tgl. 11–18 Uhr (April–Okt. bis 19 Uhr), Erw. 7 €, erm. 5 €. Skizzen, Lithografien und Entwürfe sowie sozialkritische dokumentarische Fotografien des berühmten „Milljöh"-Zeichners Heinrich Zille.

Gedenkstätten

7 [J5] **Denkmal für die ermordeten Juden Europas.** Im Herzen der Hauptstadt dehnt sich auf 19.000 Quadratmetern das Stelenfeld der zentralen Holocaust-Gedenkstätte Deutschlands aus. Es erinnert an die sechs Millionen jüdische Opfer des nationalsozialistischen Terrors. Dem offenen Gelände angeschlossen ist ein unterirdischer Ort der Information (kostenloser Eintritt), der sich der Herkunft, dem Leben und dem Schicksal der Opfer widmet (s. S. 35).

9 [J5] **Denkmal für die im Nationalsozialismus ermordeten Sinti und Roma Europas,** rund um die Uhr zugänglich auf dem Grünstreifen südlich des Reichstags, fast vor dem Brandenburger Tor. Das kreisrunde, mit Wasser gefüllte Becken erinnert an die rund 500.000 von den Nazis ermordeten Sinti und Roma. Texttafeln liefern Informationen (s. S. 36).

› **Denkmal für die im Nationalsozialismus verfolgten Homosexuellen** (s. S. 37). Schlichter Betonquader mit Gedenktafel am Rande des Tiergartens.

80 [K2] **Gedenkstätte Berliner Mauer.** Freilicht-Gedenkstätte am ehemaligen Mauerstreifen entlang der Bernauer Straße. Auf

1,4 Kilometern Wegstrecke wird an zahlreichen Stationen die Geschichte der Berliner Teilung thematisiert. Startpunkt ist das Besucherzentrum am S-Bahnhof Nordbahnhof, auf der Höhe der Ackerstraße befinden sich das Dokumentationszentrum und das Mauerdenkmal, Endpunkt ist der Mauerpark an der Grenze zwischen den Stadtteilen Wedding und Prenzlauer Berg, ehemals West- und Ostberlin (s. S. 101).

M 101 **Gedenkstätte Berlin-Hohenschönhausen,** Genslerstr. 66, 13055 (Hohenschönhausen), Bus 256, Tram M5, M6, Tel. 98608230, www.stiftung-hsh.de, Ausstellung tgl. 9–18 Uhr, Eintritt frei, Besichtigung der Gefängnisanlage im Rahmen einer Führung: März–Okt. tgl. stdl. 10–16 Uhr, Nov.–Feb. Mo.–Fr. 11, 13, 15 Uhr, Sa./So. stdl. 10–16 Uhr ab Besucherservice in der Genslerstraße 13a (gegenüber der Gedenkstätte), Erw. 6 €, erm. 3 €, Schüler 1 €. Nach Ende des Zweiten Weltkriegs befand sich hier das sowjetische Internierungslager „Speziallager Nr. 3", ab 1946 das zentrale sowjetische Untersuchungsgefängnis in der SBZ/DDR und 1951–1989 die zentrale Untersuchungshaftanstalt des Ministeriums für Staatssicherheit (MfS) der DDR. Heute mahnt der Ort eindrucksvoll diesen Teil unserer Geschichte an.

103 [I6] **Gedenkstätte Deutscher Widerstand.** Am historischen Ort des missglückten Umsturzes vom 20. Juli 1944 befindet sich im „Bendler-Block", dem ehemaligen Oberkommando der Wehrmacht, die Gedenkstätte und Ausstellung „Widerstand gegen den Nationalsozialismus" (s. S. 127).

028be Abb.: kj

Das Denkmal für die ermordeten Juden Europas ist Mahnmal und Zeichen der Versöhnung zugleich

162 [Karte V] **Gedenkstätte Haus der Wannseekonferenz.** Im Januar 1942 fand in der Villa am Wannsee die berüchtigte Wannseekonferenz statt, auf der die organisatorische Durchführung der sogenannten „Endlösung der Judenfrage" verhandelt wurde. Eine Ausstellung dokumentiert die Konferenz und den Völkermord an den Juden (s. S. 197).

M 102 [E1] **Gedenkstätte Plötzensee,** Hüttigpfad, 13627 (Charlottenburg), www.gedenkstaette-ploetzensee.de, S41, S42, S46 Beusselstraße, Bus 123, März–Okt. tgl. 9–17 Uhr, Nov.–Feb. tgl. 9–16 Uhr, Eintritt frei. Ort des Gedenkens für die Opfer des Nationalsozialismus in der ehemaligen Hinrichtungsstätte auf dem Gelände der früheren Strafanstalt Plötzensee.

M 103 **Gedenkstätte und Museum Sachsenhausen,** Straße der Nationen 22, 16515 (Oranienburg), Tel. 03301 2000, www.stiftung-bg.de, geöffnet: 15. März–14. Okt. tgl. 8.30–18 Uhr, 15. Okt.–14. März tgl. 8.30–16.30 Uhr, Eintritt frei, Verkehrsverbindung ab Berlin-Zentrum: Regionalbahn RE 5 ab Berlin-Hbf. bis Bahnhof Oranienburg bzw. RB 12 ab Berlin-Bhf. Lichtenberg oder S1 (Wannsee-Oranienburg) bis Bahnhof Oranienburg, von dort Bus 804 (fährt stdl.) und Bus 821 oder zwanzig Minuten ausgeschilderter Fußweg. 30 Kilometer nördlich von Berlin liegt bei Oranienburg das ehemalige Konzentrationslager Sachsenhausen. Von der Errichtung 1936 bis zur Befreiung 1945 waren hier über 200.000 Menschen inhaftiert. Mehrere Zehntausend wurden ermordet oder kamen durch Hunger, Krankheit und Misshandlung ums Leben. Die meisten Gebäude wurden in den 1950er-Jahren abgerissen, eine Ausstellung und zahlreiche verbliebene authentische Zeugnisse zeigen den Horror im „Konzentrationslager der Reichshauptstadt“ auf.

65 [K6] **Topographie des Terrors.** Auf dem „Prinz-Albrecht-Gelände“, ehemals Sitz von Gestapo, SS und Reichssicherheitshauptamt, wird der Terror der NS-Zeit mit ihren Überwachungs- und Verfolgungsapparaten aufgezeigt, sowohl *open air* im Ausstellungsgraben und entlang freigelegter Gebäudereste auf dem Gelände als auch im neu erbauten, am 6. Mai 2010 eröffneten Dokumentationszentrum (s. S. 91).

Kunstgalerien

Schätzungsweise 500 Kunstgalerien gibt es zurzeit in Berlin. Damit zählt die deutsche Hauptstadt international zu den wichtigsten Märkten für die zeitgenössische Kunstproduktion.

Eine Reihe renommierter Galerien sind im **Landesverband Berliner Galerien** zusammengeschlossen, dessen Internetseiten einen entsprechenden Ausschnitt der Berliner Galerienlandschaft präsentieren:

› www.berliner-galerien.de

Als Besucherlieblinge in der Hauptstadt haben sich beispielsweise in den letzten Jahren etabliert:

G 104 [L4] **Contemporary Fine Arts (CFA),** Grolmanstraße 32/33, 10623 (Charlottenburg), U1 Uhlandstraße, Tel. 88777167, www.cfa-berlin.de, Di.–Sa. 11–18 Uhr. Der „Rockstar“ unter den Berliner Galerien verschafft vielen bedeutenden Künstlern ihre Berliner Ausstellungsadresse.

G 105 [N7] **Kunstraum Kreuzberg/Bethanien,** Mariannenplatz 2, 10997 (Kreuzberg), U1, U3 Kottbusser Tor, Tel. 902981455, www.kunstraumkreuzberg.de, tgl. 11–20 Uhr. Exzeptionelle, nicht-kommerzielle kommunale Galerie im Bethanien-Haus mitten im Kreuzberger Kiez, gezeigt werden Gruppen- und Themenausstellungen zeitgenössischer Kunst von internationalem Rang.

G 106 [L3] **KW Institute for Contemporary Art,** Auguststr. 69, 10117 (Mitte), S1, S2 Oranienburger Straße, U6 Oranienburger Tor, Tel. 2434590, www.kw-berlin.de, geöffnet: Mi.–So. 11–19, Do. bis 21 Uhr. Präsentation diskursorientierter Kunst am Puls der Zeit, aktuelle Entwicklungen in der nationalen und internationalen Kunst- und Kulturszene. Die Kunst-Werke (KW) Berlin sind außerdem Gründer und Organisator der gefeierten Berlin Biennale für zeitgenössische Kunst.

Sightseeing mit den Buslinien 100 und 200

*Start der **Linie 100** ist der Hardenbergplatz vor dem **Bahnhof Zoologischer Garten** 111. Sobald der Bus seine Türen öffnet, empfiehlt es sich, rasch die Treppe zum Oberdeck hinaufzusteigen und die besten Plätze vorn am Panoramafenster zu besetzen. Sie garantieren einen einmaligen Ausblick. Vom Bahnhof aus fährt der Bus mit Blick auf die Ruine der **Kaiser-Wilhelm-Gedächtnis-Kirche** 113, das vielgeschossige **Europa-Center** 114 und das chinoise Elefantentor am **Zoo Berlin** 110 in den Tiergarten hinein. An der goldenen **Siegessäule** 106 am Großen Stern, dem Bundespräsidialamt, dem **Schloss Bellevue** 107 als Sitz des Bundespräsidenten und dem geschwungenen Dach der alten Kongresshalle, heute **Haus der Kulturen der Welt** 13, vorbei, geht die Fahrt quer durch den Tiergarten zum **Reichstag** 10, dem von Norman Foster mit einer gewaltigen Glaskuppel überwölbten Sitz des Bundestags, und zum **Brandenburger Tor** 1.*

*Das in seiner jetzigen Form Ende des 18. Jahrhunderts errichtete Tor, einst eines von vierzehn Stadttoren und ab 1961 wie kein anderes Bauwerk Symbol für die tödliche deutsch-deutsche Grenze, ist heute das Wahrzeichen schlechthin für das ungeteilte Berlin. Obenauf thront die Quadriga mit der Siegesgöttin Viktoria. Den Reichstag zu ihrer nördlichen Seite, ruht der Blick der geflügelten Dame auf der östlichen **Prachtstraße Unter den Linden** (während der Bauarbeiten Friedrichstraße/Unter den Linden dort mit leicht geänderter Streckenführung). Ein Schüler des Baumeisters Schadow fertigte das Reiterstandbild Seiner preußischen Majestät, das vor der **Humboldt-Universität** 21 steht. Es folgen Baumeister Knobelsdorffs 1741–43 errichtete **Staatsoper Unter den Linden** 27, Schinkels **Neue Wache** 34, seit 1969 Mahnmal für die Opfer von Faschismus und Gewaltherrschaft, sowie das prachtvolle **Zeughaus** 36, einer der wenigen Barockbauten Berlins.*

*Hat der Bus die Schloßbrücke passiert, schließen sich Lustgarten und **Museumsinsel** an sowie der gründerzeitliche **Berliner Dom** 44. Dahinter erheben sich am östlichen Spreeufer kurz vor dem Alexanderplatz der Turm der **St. Marienkirche** 50, ihr zur Seite der Backsteinturm des **Roten Rathauses** 48, Sitz des Berliner Senats, und dahinter die silberne Kugel des **Fernsehturms am Alexanderplatz** 51. Das mit 365 Metern höchste Bauwerk der Stadt verfügt über ein Café-Restaurant und eine Aussichtsplattform in 200 m Höhe. Am Alexanderplatz endet die Route der Linie 100.*

*Die Doppeldecker der **Linie 200** starten ebenfalls am Hardenbergplatz vor dem Bahnhof Zoo. Vorbei an der Kaiser-Wilhelm-Gedächtnis-Kirche, Europa-Center und Zoo Berlin fährt der Bus Richtung **Botschaftsviertel, Kulturforum** 97 mit Neuer Nationalgalerie und Gemäldegalerie über die gelb leuchtende **Philharmonie** 98 zum **Potsdamer Platz** 93, leicht anhand der markanten Glas-Stahl-Konstruktion des Sony Centers und des orangefarbenen debis-Turms in der Daimler City zu erkennen. Von dort geht es weiter über die **Friedrichstraße** 61 bis Ecke Unter den Linden. Dort schwenkt der Bus in den Prachtboulevard ein und folgt diesem wie die Linie 100 zum Alexanderplatz.*

Berlin für Architekturinteressierte

Von der Zeit der großen preußischen Baumeister wie Knobelsdorff, Langhans, Schinkel und Stüler bis hin zur zeitgenössischen internationalen Stararchitektengilde, deren Namen von Alvar Aalto über Hilmer & Sattler bis Franco Stella Berliner Bauwerke schmücken, war die Stadt stets ein Tummelplatz für planerische wie architektonische Experimente. Seit Jahrhunderten wird an der Spree aufgebaut, umgebaut, abgerissen und wieder neu gebaut.

Permanent wurden neue Visionen einer anderen Metropole entwickelt, sei es die preußische Residenzkultur oder wilhelminische Kaiserarchitektur, sei es die Stadt der Moderne oder Hitlers „Germania" und schließlich – weltweit einzigartig – das durch eine tödliche Mauer getrennte **Nachkriegsnebeneinander zweier Millionenstädte:** Westberlin als Schaufenster des kapitalistischen Westens und Ostberlin, Hauptstadt der DDR, als steingewordene Manifestation des sozialistischen Aufbruchs. Immer war die Berliner Architektur auch ein Spiegel der Stadtgeschichte – und ist es bis heute.

Viele der älteren Schichten Berlins hat der **Zweite Weltkrieg mit seinen immensen Zerstörungen** allerdings zum Verschwinden gebracht. Anders als beispielsweise in London, Paris oder Rom kann man an der Spree kaum noch irgendwo durch authentische historische Gemäuer wandeln. Bei fast allen bedeutenden historischen Bauwerken, die man heute zwischen Brandenburger Tor und Museumsinsel zu sehen bekommt, handelt es sich um **Rekonstruktionen.** Preußens Glanz und Gloria, so wie es sich heute vom Gendarmenmarkt und der Straße Unter den Linden bis hin zur Museumsinsel und dem Berliner Dom präsentiert, verdankt sich der großartigen Wiederaufbauleistung – ausgerechnet der sozialistischen DDR.

Rund um den historischen Stadtkern entstand ab Mitte des 19. Jahrhunderts, als Berlin infolge der Industrialisierung innerhalb weniger Jahre zur Millionenstadt aufstieg, ein **Ring gründerzeitlicher Wohnquartiere:** im Westen gutbürgerlich

029be Abb.: kj

Mit ihrer Mischung aus Gastronomie, Shopping, Theater und Kinos zählt die Daimler-City am Potsdamer Platz (93) heute zu den Attraktionen des Neuen Berlin

sowie von Nord über Ost bis Südost mit Wedding und Moabit, Prenzlauer Berg, Friedrichshain und Kreuzberg in Form proletarischer Mietskasernen.

Nach den Eingemeindungen 1920, mit denen Berlin auf knapp 880 Quadratkilometer Fläche anwuchs, bot sich die Möglichkeit, der dunklen Enge und Stickigkeit dieser Kasernenwohnblöcke zu entkommen und ihnen einen hellen, lichten, grünen **Reformwohnungsbau** entgegenzusetzen. Sechs solcher Berliner Reformsiedlungen zählen heute, wie die Museumsinsel in Mitte, zum Weltkulturerbe.

Die **totalitäre Planung der Nationalsozialisten** schlug anschließend gewaltige Schneisen in die Innenstadt; der Zweite Weltkrieg brachte ihre Zerstörung. Nach Kriegsende entwickelte sich in der Teilungszeit dort, wo einst das städtische Leben pulsierte, am Mauerstreifen entlang Biotope, während links und rechts davon die neuen Zentren von Berlin-Ost und Berlin-West aufgebaut wurden.

Nach der Wiedervereinigung war dann die „**Kritische Rekonstruktion**" das Motto der Stunde. Vom Potsdamer Platz über den neu gestalteten Pariser Platz auf dem einstigen Todesstreifen am Brandenburger Tor bis hin zur Friedrichstraße entstand in diesem Sinne das „Neue Berlin", im Spreebogen komplettiert durch einen neuen Hauptbahnhof 14 und rund um den Reichstag 10 mit seiner weithin sichtbaren Glaskuppel ein neues Regierungsviertel. So werden Architekturliebhaber auf der relativ kurzen Strecke zwischen Potsdamer Platz 93 und Alexanderplatz 56 ein steingewordenes Defilee der städtebau-, architektur- und herrschaftspolitischen Vorstellungen der vergangenen 200 Jahre in Deutschland besichtigen können.

Jenseits dieser zentralen Berliner Wege sei auf die – nach den preußischen Schlössern und Gärten des 18. und der Museumsinsel aus dem 19. Jh. – seit 2008 dritten Berliner UNESCO-Weltkulturerbestätten hingewiesen: die bereits erwähnten, zwischen 1913 und 1934 von Architekten der Klassischen Moderne wie Bruno Taut, Hans Scharoun und Walter Gropius erbauten **Reformsiedlungen** („**Siedlungen der Berliner Moderne**"). Als neuer Typ des sozialen Wohnungsbaus, raus aus den düsteren Hinterhöfen hin zum Wohnen mit Luft, Licht und Sonnenschein zu bezahlbaren Mieten auch für ärmere Bevölkerungsschichten, wurden die Siedlungen zu **Wegweisern für eine moderne Stadtarchitektur.**

- **107 Gartenstadt Falkenberg,** 1913–1916 von Bruno Taut, im Bezirk Treptow-Köpenick, Ortsteil Bohnsdorf (S8 Grünau)
- **108 Siedlung Schillerpark,** 1924–1930 von Bruno Taut, im Bezirk Mitte, Ortsteil Wedding (U6 Rehberge)
- **109 Hufeisensiedlung,** 1925–1930 von Bruno Taut, im Bezirk Neukölln, Ortsteil Britz (U7 Blaschkoallee und Parchimer Allee)
- **110 Wohnstadt Carl Legien,** 1928–1930 von Bruno Taut, im Bezirk Pankow, Ortsteil Prenzlauer Berg (S Prenzlauer Allee)
- **111 Weiße Stadt,** 1929–1931 unter der Leitung von Stadtbaurat Martin Wagner von den Architekten Otto Rudolf Salvisberg, Bruno Ahrends und Wilhem Büning geplant, im Bezirk Reinickendorf (U8 Paracelsus-Bad)
- **112 Großsiedlung Siemensstadt,** 1929–1934 unter der Leitung von Martin Wagner, städtebaulicher Entwurf: Hans Scharoun, Architekten: Hans Scharoun, Walter Gropius, Otto Bartning, Fred Forbat, Hugo Häring und Paul R. Henning, in den Bezirken Charlottenburg-Wilmersdorf und Spandau, Ortsteil Siemensstadt (U7 Siemensstadt)

Berlin für Genießer

Mit der eingeborenen Berliner Kochkunst konnte sich über viele Jahrzehnte kein Gastwirt mit Ruhm bekleckern, höchstens mit wabbeligem Eisbein und Erbspüree, Bulette (Frikadelle) und Curryketchup in Berlin-West sowie Broiler (Hähnchen), eingebrannter Mehlsoße und Sättigungsbeilage in Berlin-Ost. Die Stadt hüben wie drüben war Feinschmecker-Notstandsgebiet, in dem nur sehr wenige geschmackvolle Essensadressen wie selige Inselchen aus der Einheitssoße herausragten.

Glücklicherweise sind **diese Zeiten inzwischen lange vorbei.** Seit der Wiedervereinigung wurden beständig neue kulinarische Zeichen gesetzt und sogar „Hamwanich!" (Ost) und „Kannstmichma!" (West) verschwanden nahezu aus dem gastronomischen Sprachgebrauch. Ja, man kann es förmlich überall schnuppern: Die Hauptstadt kocht auf! Insgesamt 28 Michelin-Sterne funkeln mittlerweile über den spreeathenischen Kochtöpfen (sieben Restaurants mit zwei Sternen, 14 mit einem) – womit sich Berlin auch zur **kulinarischen Hauptstadt der Republik** aufgeschwungen hat.

Vor allem die junge Generation experimentierfreudiger Küchenchefs sorgt mit ihren Restaurants für eine Revolution in den Kochtöpfen. Kreationen aus klassischer Grande Cuisine mit leichter Aromenküche, schnörkellose Melangen der französischen, deutschen und mediterranen Küche oder Liaisons von Regional und International erfreuen die Feinschmeckergaumen. Im Trend sind **Produkte aus der Umgebung:** Bärlauch und Pilze aus den brandenburgischen Wäldern, Havel-Zander und glücklich aufgewachsenes Biofleisch von Höfen in der Region, Beelitzer Spargel, Teltower Rübchen und Spreewälder Gurken werden neu komponiert.

Freilich muss man dafür wie überall, wo es keine Convenience-Produkte aus der Tiefkühltruhe sein sollen, tief in die Tasche greifen. Doch sind im Vergleich zu anderen internationalen Metropolen

018be Abb.: kj

die Berliner **Preise** für ein Menü selbst von Meisterhand noch **vergleichsweise moderat.** Oft zahlt man hier im Spitzenrestaurant für ein 3-Gänge-Menü nur wenig mehr als in London oder Paris allein für den Nachtisch.

Auch in **Cafés und Kneipen** muss niemand verhungern, ein kräftiges Frühstück ebenso wie ein Teller leckere schwäbische Maultaschen oder Käsespätzle kostet in einer Gaststätte durchschnittlich 5–10 €.

Die meisten Cafés bieten ab morgens 9 Uhr **Frühstück** an, entweder à la carte oder vom Büfett. Nach Restaurants mit **Mittagstisch** muss man ebenfalls nicht lange Ausschau halten. In der Regel zwischen 11.30 Uhr und 14.30 Uhr servieren sie leichte Speisen für 5–10 €. Darüber hinaus halten in der Innenstadt an jeder Straßenecke mindestens zwei passable Pizzerien oft palästinensischer Provenienz sowie indische, chinesische und türkische **Schnellrestaurants**, Bistros und Hähnchengrills, Bagel-, Fritten-, Sushi- und Döner-Imbisse bis spät in die Nacht ihre Türen offen.

Ab wann am späteren Abend die Küche kalt ist, bleibt Gastwirt wie Chef de Cuisine selbst überlassen. Da es in Berlin keine Sperrstunde gibt, sind die Küchenzeiten recht unterschiedlich und werden deshalb im Folgenden bei den Gastronomietipps mit aufgeführt.

Ob Edelrestaurant, Terrasse am Wasser oder Kiezküche – in Berlin ist für jeden Geschmack etwas dabei

Von Meisterhand

113 [J6] **Facil** €€€€, Potsdamer Str. 3, 10785 (Tiergarten), S1, S2 und U2 Potsdamer Platz, Tel. 590051234, www.facil.de, geöffnet: Mo.–Fr. 12–15 Uhr und 19–23 Uhr. Die fünfte Etage im Mandala Hotel am Potsdamer Platz ist dem Genießen im zwanglosen Understatement gewidmet. Dazu kreiert Küchenchef Michael Kempf moderne Spitzenkochkunst aus überwiegend regionalen Produkten, ohne viel Schnickschnack, zugleich von einer geschmacklichen Tiefe, für die der Guide Michelin zwei Sterne verleiht.

115 [K7] **Nobelhart & Schmutzig** €€€€, Friedrichstraße 218, 10969 (Kreuzberg), U6 Kochstraße, Tel. 25940610, www.nobelhartundschmutzig.com, geöffnet: Di.–Sa. ab 18.30 Uhr. „Brutal lokal" nennen Deutschlands Top-Sommelier Billy Wagner und Küchenchef Micha Schäfer ihr Konzept einer radikal saisonalen Regionalküche. Auf die Theke rund um die offene Küche kommt, was Wasser, Land und Luft der Region an Spitzenqualität in den vier Jahreszeiten bescheren. Heimische Kräuter und Gemüse spielen die wichtigste Rolle und im Winter helfen

EXTRATIPP

Vegetarische Spitze

Vegetarier müssen nicht länger auf Spitzenküche verzichten. Raffinierte Gerichte in der Liga der 1-a-Gastronomie genießt man im **Cookies Cream,** 2018 als erstes fleischloses deutsches Restaurant mit einem Michelin-Stern gekrönt. Vom abenteuerlichen Zugang durch einen dunklen Hinterhof sollte man sich nicht beeindrucken lassen.

114 [K5] **Cookies Cream** €€€€, Behrenstraße 55 (U6 Französische Straße), Berlin-Mitte, Tel. 27492940, www.cookiescream.com, Di.–Sa. ab 18 Uhr

Restaurantkategorien

€€€€	über 25 €
€€€	20–25 €
€€	15–20 €
€	unter 15 €

(Preis für ein Hauptgericht)

Gastro- und Nightlife-Areale

Bläulich hervorgehobene Bereiche in den Karten kennzeichnen Gebiete mit einem dichten Angebot an Restaurants, Bars, Klubs, Discos etc.

Konservierungsmethoden wie Einwecken, Säuern, Salzen, Trocknen und Pökeln. Serviert wird ein Zehngängemenü mit schnörkellosem, essenziellen Geschmack – ausgezeichnet mit einem Michelin-Stern.

116 [L3] **Pauly Saal** €€€€, Auguststraße 11–13, 10117 (Mitte), S1, S2 Oranienburger Straße, U6 Oranienburger Tor, Tel. 33006070, www.paulysaal.com, geöffnet: Di.–Sa. 12–14 und 18–21.30 Uhr, Bar bis 2.30 Uhr. Restaurant, Hofgarten und Bar in der ehemaligen Jüdischen Mädchenschule. Die alte Turnhalle glänzt als schicker Fine-Dining-Hotspot, in dem sich Berlins Galerie- und Kreativszene trifft. *Chef de Cuisine* Arne Anker kredenzt ein Menü aus bis zu neun Gängen, modern, leicht, regional, von der deutschen und österreichischen Küche inspiriert. Dafür gab es vom Guide Michelin einen Stern.

117 [K3] **Reinstoff** €€€€, Schlegelstr. 26c, 10115 (Mitte), U6 Naturkundemuseum, Tel. 30881214, www.reinstoff.eu, geöffnet: Di.–Sa. ab 19 Uhr. Im Frühjahr 2009 eröffnet, stieg der Szene-Gourmettempel in den Edisonhöfen binnen Jahresfrist in die Berliner Spitzenrestaurant-Liga auf. Für seine regionale „essbare Kleinkunst" (Wolfram Siebeck) aus biologischem Anbau wird Daniel Achilles seit 2011 mit zwei Michelin-Sternen gekürt.

118 [K3] **Rutz** €€€€, Chausseestr. 8, 10115 (Mitte), U6 Oranienburger Tor, Tel. 24628760, www.rutz-weinbar.de, geöffnet: Di.–Sa., Weinbar ab 16 Uhr, Restaurant ab 18.30 Uhr. Aufsteiger des Jahres 2005, kurz darauf 16 Punkte im Gault Millau, 2007 ein Michelin-Stern und 2016 der zweite Michelin-Stern – so lautet die rasante Karriere des jungen Potsdamers Marco Müller, der im Rutz die Gaumen mit kreativer globaler Aromenküche verwöhnt. Dazu gibt es erlesene Weine aus deutschsprachigem Raum sowie kostenlos hohen Promi-Auftrieb.

119 [K6] **Tim Raue** €€€€, Rudi-Dutschke-Straße 26, 10969 (Kreuzberg), U6 Kochstraße, Tel. 25937930, www.tim-raue.com, Lunch: Mi.–Sa. 12–13 Uhr (geöffnet bis 15 Uhr), Dinner: Di.–Sa. 19–21 Uhr (geöffnet bis 24 Uhr). Kreuzberger Gang-Kid macht Kochkarriere und kehrt sternegekrönt nach Kreuzberg zurück. Neben zwei Michelin-Sternen hat sich Tim Raue 2012 mit seinen raffinierten, asiatisch inspirierten Gerichten erstmals 19 von 20 möglichen Gault-Millau-Punkten erkocht und zählt seitdem zur Weltspitze der Meisterköche.

Tafelfreuden

120 [L8] **Altes Zollhaus** €€€, Carl-Herz-Ufer 30, 10961 (Kreuzberg), U1, U3, U6 Hallesches Tor, www.altes-zollhaus-berlin.de, Tel. 6923300, geöffnet: Di.–Sa. ab 18 Uhr. Das Restaurant, untergebracht in einem Fachwerkhaus, liegt malerisch am Landwehrkanal. Die Küche von Maître Günter Beyer ist eine elegante Liaison von regional/international, der Klassiker des Hauses: Brandenburgische Bauernente aus dem Rohr mit Wirsinggemüse und Kartoffelpuffer.

121 [K5] **Lutter & Wegner** €€€, Charlottenstr. 56, 10117 (Mitte), U2, U6 Stadtmitte oder U6 Französische Straße, Tel. 20295415, www.l-w-berlin.de, geöffnet: tgl. 11–24 Uhr. 1811 gegründetes Traditionslokal und königlicher Wein-Hoflieferant, in dem seinerzeit E. T. A. Hoffmann und der Hofschauspieler Ludwig Devrient Stammgäste waren. Die Weinkarte verzeichnet gut 1000 Positionen, gespeist wird nach österreichischer Art.

122 [L3] **Night Kitchen** €€-€€€, Oranienburger Straße 32, 10117 (Mitte), S1 und S2 Oranienburger Straße, U6 Oranienburger Tor, Tel. 23575075, www.nightkitchenberlin.com, tgl. ab 17 Uhr. Gemütliche Küche-Bar-Restaurant-Wohnzimmer-Symbiose. Gilad Heimann hat sein Erfolgskonzept aus Tel Aviv nach Berlin mitgebracht und bringt zusammen mit Shaul Margulies in der Remise in den Heckmannhöfen köstlichste und fantasievolle mediterrane Fine-Dining-Fusions auf die hohen Holztische.

123 [O8] **Restaurant Volt** €€€€, Paul-Linke-Ufer 21, 10999 (Kreuzberg), U8 Schönleinstraße, Tel. 338402320, www.restaurant-volt.de, geöffnet: Di.–Sa. 18–24 Uhr. Am Landwehrkanal werden im ehemaligen Kreuzberger Umspannwerk deutsche und Berliner Traditionsgerichte von Küchenchef Matthias Gleiß leicht, modern und raffiniert neu interpretiert. 2016 gab es dafür einmal mehr 16 Punkte im Gault Millau.

124 [P7] **Riogrande** €-€€€, May-Ayim-Ufer 9, 10997 (Kreuzberg), U1, U3 Schlesisches Tor, Tel. 61074981, www.riogrande-berlin.de, tgl. 10–1 Uhr. Aug' in Aug' mit dem Wasserspiegel der Spree und mit Blick auf die Oberbaumbrücke genießt man drinnen in den Katakomben und draußen auf dem Kai einer ehemaligen Schiffsanlegestelle alpenländisch inspirierte Gourmetküche. Frühstück, mittags günstiges 3-Gang-Lunch sowie Kaffee und Kuchen gibt's auch. Tisch am Fenster reservieren!

Angesagt

125 [L3] **Al Contadino Sotto le Stelle** €€€, Auguststr. 36, 10119 (Mitte), U8 Weinmeisterstraße oder Rosenthaler Platz, Tel. 2819023, www.alcontadino.com, geöffnet: Mo.–Sa. ab 18 Uhr. Das Al Contadino ist eines der besten italienischen Restaurants in Berlin. In einer kleinen Ladenwohnung verwöhnt der „Bauer unter den Sternen" seine Gäste mit köstlicher süditalienischer Küche. Monatlich wechselnde Karte. Unbedingt reservieren!

126 [K5] **Borchardt** €€€, Französische Str. 47, 10117 (Mitte), U6 Französische Straße, Tel. 81886262, www.borchardt-restaurant.de, geöffnet: tgl. 11.30–24 Uhr. Fine-Di-

273be Abb.: jg

Orte zum Speisen finden sich in der Innenstadt an (fast) jeder Ecke

403be Abb.: kj

ning-Institution: Zu Loup de Mer an Sprossengemüse treffen sich mittags Manager und Verbandsfunktionäre und abends Politprominenz.

127 [K4] **Grill Royal** €€€€, Friedrichstraße 105b, 10117 (Mitte), S und U6 Friedrichstraße, Tel. 28879288, www.grillroyal.com, geöffnet: tgl. ab 18 Uhr. Gegrilltes auf Top-Niveau, seit Jahren beliebt. Austern und Kaviar gibt es auch. Für den Blick auf die Spree und dafür, dass hier auch Promis tafeln, zahlt man mit.

128 [P7] **Michelberger Restaurant** €€, Warschauer Straße 39, 10243 (Friedrichshain), S und U1, U3 Warschauer Straße, Tel. 29778590, http://michelbergerhotel.com, Di.–Sa. 18.30–23 Uhr. Regional-globale Freestyle-Bioküche in weiß gekacheltem Industrial Chic, an den langen Tischen internationales Partyvolk, aber auch Berliner Familien. Der Kracher-Hot-Spot für Casual Dining – „in enger Zusammenarbeit mit Jägern, Sammlern und Bauern aus Brandenburg", wie die Speisekarte verrät.

In Clärchens Ballhaus (s. S. 271) werden zum Schwof drinnen im Ballsaal und draußen im Garten leckere Speisen kredenzt

Deutsch

Der eingeborene Berliner liebt seinen Döner und seine Currywurst in allen Variationen. Auf Platz drei der Gaumenkitzel knuspert der **Broiler**, auf Westdeutsch auch Grillhähnchen genannt. Und geht man weiter in die traditionelle Gerichtegeschichte zurück, stößt man auf den **Berliner Klops** (von fr. *escalope* = Schnitzel) und die **Bulette** (Frikadelle), die die Hugenotten im 17. Jahrhundert in ihrer neuen Heimat bekannt machten.

Zum deftigen **Hackepeter** (rohes Gehacktes) mit Petersilie und Zwiebeln gibts **Schrippe** (Brötchen) und **Molle mit Strippe** (Bier und Korn). Die **Berliner Weiße** (ein mit Milchsäurebakterien angesäuertes Weizenbier) versüßt man sich mit Waldmeister- oder Himbeersirup zur erfrischenden „Weiße grün" oder „Weiße rot". Nicht zu vergessen das typischste aller traditionsreichen Berliner Gerichte: **Eisbein mit Erbspüree,** wozu man Salzkartoffeln und Sauerkraut reicht.

129 [E7] **Diener** €, Grolmanstr. 47, 10623 (Charlottenburg), S Savignyplatz, Tel. 8815329, www.diener-berlin.de, tgl. 18 Uhr bis ultimo. Berliner Urgewächs, 1954 vom ehemaligen deutschen Boxmeister Franz Diener eröffnet, seitdem urige Künstlerkneipe. Zum kühlen Pils vom Fass kommt deftige Hausmannskost auf den Tisch.

130 [N7] **Henne** €, Leuschnerdamm 25, 10999 (Kreuzberg), U8 Moritzplatz, Bus M29, Tel. 6147730, www.henne-berlin.de, geöffnet: Di.–So. ab 17 Uhr. Typisch Altberliner Wirtshaus mit Originaleinrichtung von 1907. Auf der Karte steht knuspriges Hähnchen und nichts als Hähnchen, dafür eines der leckersten der Stadt, dazu gibt es Krautsalat und z. B. ein Klosterschwarzbier.

131 [L3] **Schank- und Speisewirtschaft Sophieneck** €, Große Hamburger Str. 37, 10115 (Mitte), S Oranienburger Straße oder Hackescher Markt, U8 Weinmeisterstraße, Tel. 2834065, www.sophieneck-berlin.de, geöffnet: tgl. ab 12 Uhr, Küche Fr./Sa. bis 1 Uhr, sonst bis 0 Uhr. Urige Speisegaststätte zwischen Hackeschen Höfen und Oranienburger Straße, täglich frische regionale Küche, vom Berliner Matjessalat über Schollenfilet bis zur Kohlroulade, dazu ein umfangreiches Wein- und Fassbiersortiment.

132 [M5] **Zur Gerichtslaube** €€, Poststraße 28, 10178 (Mitte), S und U2, U5, U8 Alexanderplatz, Tel. 2415697, www.gerichtslaube.de, geöffnet: tgl. ab 11.30 Uhr. Unter dem Kreuzgewölbe der ursprünglich um 1270 errichteten Gaststätte lässt man sich Altberliner Schweinebraten, Eisbein mit Erbsenpüree oder eine „Preußische Schlachteplatte" schmecken.

Weltküche

Bereits an den althergebrachten Leckerbissen lässt sich erkennen, dass das Charakteristische der Berliner Speisenkarte ihre **fortwährende Bereicherung durch Einwanderer** ist. Neben Klops und Bulette führten die Hugenotten im 17. Jahrhundert auch bis dahin unbekannte Gemüse wie Spargel, Bohnen, Erbsen, Blumenkohl und Blattsalat ein. Im 18. Jahrhundert ordnete König Friedrich der Große den Anbau der genügsamen, aus Amerika stammenden Kartoffel auf den kargen märkischen Böden an. Schlesier, Pommern, Ostpreußen und Polen auf Arbeitssuche brachten im 19. Jahrhundert ihre Rezepte mit, Anfang des 20. Jahrhunderts folgten die traditionellen Gerichte der russischen Revoluti-

EXTRATIPPS

Der vegane Fleischer

Vegane Würstchen und anderes für Pfanne, Bräter und Röhre gibt es bei L'herbivore in Friedrichshain. Die Seitan-Lupinen-Spezialitäten kann man gleich im Bistro kosten (in Form von Burgern, Sandwiches und kleinen Tellergerichten):

134 [Q4] **L'herbivore – Vegane Spezialitäten** €, Petersburger Straße 38, 10249 (Friedrichshain), Tram M10 Straßmannstraße, http://lherbivore.de, Di./Mi. 11.30–20, Do.–Sa. 11.30–21 Uhr

EXTRATIPP

Schnabulieren und ausprobieren

Die **Markthalle Neun** in Kreuzberg ist Kult. Donnerstags von 17 bis 22 Uhr strömt die Szene zum Street Food Thursday – regional, saisonal, ökologisch –, freitags und samstags zum Wochenmarkt. Hohe Hipster-Dichte!

139 [O7] **Markthalle Neun** €, Eisenbahnstraße 42/43, 10997 (Kreuzberg), U1, U3 Görlitzer Bahnhof, www.markthalleneun.de

onsflüchtlinge und aus Osteuropa geflohener Juden.

In den 1970er-Jahren eröffneten türkische, italienische, griechische und spanische Gastarbeiter in Westberlin die ersten Einkaufsläden und Restaurants. Für neue Genüsse wie Spätzle und Maultaschen sorgten außerdem westdeutsche Studenten und Bundeswehrflüchtlinge. Heute leben Menschen aus **über 180 Nationen** miteinander am Ufer der Spree, eine einmalige Gelegenheit, sich einmal um die ganze Welt zu futtern.

Amerikanisch

135 [D7] **Juleps New York Bar & Restaurant** €€, Giesebrechtstr. 3 (Charlottenburg), U7 Adenauerplatz, Tel. 8818823, www.juleps-berlin.de, tgl. ab 17 Uhr. Das All-American-styled-Restaurant wartet mit Steaks, Ribs, Burgern, Cocktails und kalifornischen Weinen vom Feinsten auf.

Äthiopisch

137 [K8] **Blue Nile** €, Tempelhofer Ufer 6, 10963 (Kreuzberg), U1, U3, U6 Hallesches Tor, Tel. 25294655, www.blueniIeberlin.de, tgl. 15–0 Uhr. Lamm, Rind, Huhn und Vegetarisches zum Insherabrot (äthiopisches Fladenbrot), auf dem *Mesob*, einem kleinen runden Basttischchen, serviert und mit den Händen im Brotfladen verzehrt.

Australisch

138 [J6] **Corroboree** €, Bellevuestr. 5 (im Sony Center am Potsdamer Platz), 10785 (Tiergarten), S1, S2 und U2 Potsdamer Platz, Tel. 26101705, http://corroboree.info, tgl. ab 9 Uhr. Salate, Wraps, Burger und BBQ-Gerichte vom Rind, Krokodil und Känguru.

Chinesisch

140 [E6] **Good Friends** €-€€, Kantstraße 30, 10623 (Charlottenburg), S Savignyplatz, Tel. 3132659, www.goodfriends-berlin.de, tgl. 12–1 Uhr. Berliner Traditionslokal, große Speisekarte mit wahlweise europäisierter oder authentischer kantonesischer Hausmacherküche. Meist rappelvoll, da einfach nur lecker!

Französisch

141 [L3] **3 Minutes sur Mer!** €-€€, Torstraße 167, 10115 (Mitte), U8 Rosenthaler Platz, Tel. 67302052, www.3minutessurmer.de, Di.–Sa. 18–23, So. 10–23 Uhr. *Et voilà* – Tartar, Weinbergschnecken, Wachteleier, Bouillabaisse u. v. m. vom Feinsten. Wer es noch exquisiter haben möchte, geht direkt nebenan zum großen Bruder ins Sternerestaurent „Bandol sur Mer".

142 [K6] **Entrecôte** €€-€€€, Schützenstr. 5, 10117 (Mitte), U6 Kochstraße oder Stadtmitte, Tel. 20165496, www.entrecote.de, Mo.–Fr. 11.30–24, Sa./So. 17.30–24 Uhr. Tafeln im typisch französischen Brasserie-Ambiente. Als Vorspeise bspw. Weinbergschnecken, gefolgt vom rosa gebratenen Lammkarree oder einem – wie der Restaurantname schon sagt – Entrecôte vom Lavagrill.

Georgisch

143 [P8] **Schwiliko** €-€€, Schlesische Straße 29, 10997 (Kreuzberg), U1, U3 Schlesisches Tor, Tel. 61623588, www.schwiliko-berlin.de, tgl. ab 17 Uhr. Rusudan Gorgiladze, früher Präsidentenberaterin von Eduard Schewardnadse, und ihre Tochter Inga Akhvlediani erweitern Berlins globale Aromenküche. Kräuter, Knoblauch, Walnüsse und chutney-artige Soßen bilden die Basis georgischer Gerichte. Am besten man bestellt einfach „Supra", die festliche Tafel, die von Khachapuri bis Pelamushi mit verschiedenen Gängen und Speisen durch Georgiens lukullischen Himmel führt.

Indisch

144 [E7] **Calcutta** €-€€, Bleibtreustr. 17, 10623 (Charlottenburg), S Savignyplatz, Tel. 8836293, www.calcutta-berlin.de, tgl. 12–23.30 Uhr. Ältestes indisches Restaurant Berlins mit einem original Tandoori-Lehmofen.

145 [N2] **Khushi** €, Kollwitzstraße 37, 10405 (Prenzlauer Berg), U2 Senefelder Platz, Tel. 48493790, www.khushi-berlin.de, tgl. 12–24 Uhr. Das beliebte Restaurant bietet einen köstlichen Querschnitt der indischen Küche von den nordindischen Tandoori-Gerichten bis zu den scharfen Currys Südindiens.

Italienisch

146 [F7] **Mine Wine** €€€, Meinekestraße 10, 10719 (Charlottenburg), U1 und U9 Kurfürstendamm, Tel. 88926363, www.minerestaurant.de, tgl.17.30–24 Uhr. Gaumenschmaus und Augenweide – im stylischen Shabby-Chic-Ambiente bietet Maestro Mikhail Mnatsakanov klassische *cucina italiana* auf Feinschmeckerniveau.

149 [G7] **Trattoria à Muntagnola** €€-€€€, Fuggerstr. 27 (Schöneberg), U1, U2, U3 Wittenbergplatz, Tel. 2116642, www.muntagnola.de, tgl. 17–24 Uhr. Lieblingsitaliener vieler Berliner, zu süditalienischen Spezialitäten werden Weine aus der Basilicata und 18 verschiedene Olivenöle der Region serviert.

Japanisch

150 [F7] **Daitokai** €€€-€€€€, Tauntzienstr. 9–12 (in der 1. Etage im Europa-Center), 10789 (Charlottenburg), U1, U9 Kurfürstendamm, Tel. 2618090, www.daitokai.de, tgl. 12–14 Uhr und 18–22 Uhr. Seit 1973 am Platz und damit der Klassiker unter den Berliner Edel-Japanern. Hummer, Ente und andere Delikatessen werden vor den Augen der Gäste zubereitet.

151 [E7] **Mrhai Kabuki** €-€€, Olivaer Platz 9, 10707 (Charlottenburg), Bus M19, M29, X10, Tel. 88628136, www.mrhai.de, tgl. 12–24 Uhr. Die Kombination aus Tradition, Kochkunst und kreativen Ideen macht zusammen eine der besten Berliner Sushi-Adressen.

Jüdisch

152 [L3] **Beth-Café** €, Tucholskystr. 40, 10117 (Mitte), S1, S2 Oranienburger Straße, U6 Oranienburger Tor, Tel. 2813135, www.adassjisroel.de, geöffnet: So.–Do. 12–20

EXTRATIPP

Schokoladig

Süßschnäbeln werden in Rauschs Schokoladenladen die Augen übergehen. Schokokunstwerke, Trüffel und Pralinés made in Berlin und im Café feinste hausgemachte Törtchen sind gleich mehrere Sünden wert.

147 [K6] **Rausch Schokoladenhaus** €, Charlottenstr. 60, 10117 (Mitte), U2 Stadtmitte, www.rausch.de, Tel. 757880, Mo.–Fr. 9–18 Uhr

Gaumenkitzel à la Berlin: Currywurst und Döner

Sag mir, was du isst, und ich sag dir, wer du bist ... Wenn dieses Sprichwort an der Spree Gültigkeit hätte, müssten die Berliner allesamt etwas wurstig und abgebrüht, erhitzbar, gegrillt und durchgedreht sein. Rund 25.000 Kilo Dönerkebab, kurz Döner genannt, verspeisen die Hauptstädter tagtäglich. Jährlich werden etwa 100 Millionen der in Fladenbrotvierteln mit Salat und Soße über die Theke gereichten türkischen Fleischpäckchen verdrückt, gefolgt von der Currywurst im Pappdeckel auf Platz 2 in der Hitliste der Leib-und-Magen-Gerichte mit immer noch fetten 70 Millionen Portionen. Currywurst und Dönerkebab sind aus dem Berliner Kulturleben gar nicht wegzudenken.

Dabei handelt es sich sowohl als auch um ***relativ junge Erfindungen.*** *Um 1970 eröffneten türkische Einwanderer in Westberlin die ersten, damals noch recht exotisch anmutenden Dönerbuden. Der Dönerkebab selbst, der übersetzt so viel wie „drehender Braten" heißt und aus Anatolien stammt, ist schätzungsweise 130 bis 160 Jahre alt. Zu jener Zeit hatte man die Idee, den traditionell am Spieß über dem Feuer gegarten Hammel gewissermaßen wieder auf die Beine zu stellen, indem man das Fleisch senkrecht der Hitze aussetzte. Doch war der Aufbau des Drehspießes so arbeitsintensiv, dass er meist nur für große Festlichkeiten vorgenommen wurde, zumal das Fleisch noch am selben Tag verzehrt werden musste.*

Heute produziert man den Drehbraten für eine riesige Fangemeinde im großen Maßstab. Bis zu 20 Tonnen Fleisch am Tag werden allein in der Produktionsstätte in Schönwalde im Norden Berlins verarbeitet. Dennoch hat sich am ***Herstellungsverfahren*** *nicht allzu viel geändert. Der Aufbau des Drehspießes erfordert nach wie vor Zeit und Geschick: Nachdem das Fleisch vom Knochen gelöst, von den Sehnen befreit und in breite dünne Scheiben geschnitten wurde, legt man es 15 bis 20 Stunden je nach Rezept entweder in eine Zwiebel-Gewürz-Mischung oder in Milch ein und knetet es anschließend mit Kräutern, Öl und Zwiebelsaft durch. Die Gewürzmischungen bleiben dabei das Geheimnis jedes einzelnen Erzeugers. Die für den Spieß ungeeigneten kleinen Fleischstücke werden zu Hackfleisch verarbeitet, das man zwischen einige Lagen des diagonal auf dem Spieß aufgeschichteten Fleisches presst. Zusätzlich fügt man noch Schicht für Schicht Lammnetzfett hinzu, welches den Kegel oben schließlich auch abschließt. Das überstehende Fleisch wird kurzerdings abgesäbelt.*

Um im zunehmenden Dönerboom – Ende der 1980er-Jahre gab es in Berlin 400 Verkaufsstände, heute soll die deutsche Hauptstadt mehr Dönerbuden als Istanbul zählen – Panschern das Handwerk zu legen, trat auf Initiative des Vereins türkischer Kaufleute im Juni 1989 die „Festschreibung der Berliner Verkehrsauffassung für das Fleischerzeugnis Dönerkebap" in Kraft, eine Art ***Döner-Reinheitsgebot,*** *das 1991 bundesweit übernommen wurde und Folgendes festschreibt: Zur Herstellung darf nur Fleisch vom Kalb, Rind oder Schaf verwendet werden. Das Hackfleisch mit höchstens 20 Prozent Fett wird gewolft und gemengt, aber nicht gekuttet, und darf am Kegel höchstens 60 Prozent betragen. Brühwurstbrät und*

Kutterhilfsmittel wie Phosphate oder Citrate sind ebenso verboten wie Stärke oder stärkehaltige Bindemittel. Alles in allem ist ein Dönerkebab also ein ziemlich gesundes Produkt.

Davon kann bei der ***Currywurst,*** *gleich ob mit oder ohne Darm, überhaupt keine Rede sein. Das geliebte Brühwurstbrät besteht nur zur Hälfte aus Fleisch vom Rind oder Schwein, der Rest sind 30 Prozent schieres Fett und 20 Prozent Wasser. Und wird gar eine falsche „Curry", namentlich eine Bockwurst, Wiener oder Frankfurter, in die Pfanne oder Fritteuse gesenkt, bilden sich bei der Hitze aufgrund des Nitritpökelsalzes krebserzeugende Nitrosamine. Praktischerweise muss sich ein Berliner ohnehin keine Gedanken über eine gesunde Wurstwahl machen, denn wenn er sich etwas Gebratenes gönnt, bestellt er traditionshalber stets eine „ohne", also eine in der Regel nicht gepökelte Wurst ohne Darm.*

Ende der 1940er-Jahre, als in Berlin die erste Currywurst zubereitet wurde, hatte dies jedoch wenig mit Gesundheitsbewusstsein zu tun, sondern war schlicht ***aus der Not geboren.*** *Im Nachkriegsberlin gab es kaum Därme zum Wursten, weshalb man ein Brühwurstbrät austüftelte, das auch ohne Haut seine Form nicht verliert und bei der Zubereitung obendrein nicht zusammenschrumpft, sondern sich aufbläht. Im Gegensatz zur ursprünglichen Frankfurter Brühwurst, die im 17. Jahrhundert die Hugenotten mit an die Spree brachten, ist das Brät „ohne" also eine echte Berliner Erfindung. Den krönenden Klecks setzten schließlich die amerikanischen Alliierten auf dieses Erfolgsrezept, als sie Ketchup und asiatische Currygewürzmischungen mit nach Deutschland brachten.*

Wie beim Dönerkebab die äußerste Schicht gut durchgegrillt und die Fleischstreifen schön dünn abgeschnitten werden müssen, das Brot und der Salat stets frisch sein sollten, so gibt es auch bei der Currywurst Wesentliches zu beachten: Der echte Berliner isst sie ganz - die vorgeschnittene Curry entspräche dagegen wohl eher einem hektischen Lebensstil auf der Überholspur - und wie beim Döner die Joghurt-Knoblauch- oder scharfe Soße, ist bei der Currywurst der Ketchup entscheidend. Die besten Buden machen ihn selbst, wobei auch hier die Rezeptur ein jeweils streng gehütetes Geheimnis ist. Auf jeden Fall sollte der Ketchup angewärmt (niemals kalt!) über die in viel Fett gebratene (nicht frittierte!) Wurst gegeben werden, darüber kommt dann das Currypulver, das wahlweise scharf, schön scharf oder extra scharf ausfallen darf.

Kulinarischer Budenzauber

Längst kein Geheimtipp mehr, sondern inzwischen weltberühmt ist die Currywurst von Konnopke. Mit dem Geburtsjahr 1930 ist der Familienbetrieb ein Urgestein unter den Berliner Wurstmaxen, seit 1960 brutzelt man in der Bude unter der Hochbahn im Prenzlauer Berg. TV-Koch Tim Mälzer und Kochrebell Anthony Bourdain verneigten sich bereits vor Konnopkes Currywurst-Kunst.

156 *[M1]* ***Konnopkes Imbiss,*** *Schönhauser Allee 44a (unter der Hochbahn), 10435 (Prenzlauer Berg), U2 Eberswalder Straße, www.konnopke-imbiss.de, Mo.-Fr. 10-20, Sa. 11.30-20 Uhr*

Uhr. Das Restaurant der orthodoxen Synagogengemeinde zu Berlin bereitet koschere Speisen wie Gefillte Fisch (gefüllter Fisch) oder Tscholent (Fleisch-Bohnen-Eintopf) zu, mit lauschigem kleinen Hofgarten.

153 [N2] **Masel Topf** €€, Rykestraße 2, 10405 (Prenzlauer Berg), Tel. 44317525, www.restaurant-maseltopf.de, Mo.–Sa. 11–24, So. 10–24 Uhr. Leckere jüdische Gerichte in gemütlichen, im Stil der 1920er-Jahre gehaltenen Räumlichkeiten nahe der Synagoge Rykestraße. Nicht koscher.

Libanesisch

154 [O3] **Qadmous** €, Am Friedrichshain 1, 10407 (Prenzlauer Berg), Tram M4, Tel. 4246255, www.qadmous.de, Mo.–Do. 12–24 Uhr, Fr./Sa. 12–1 Uhr, So. 11–24 Uhr. Stattliche Auswahl kalter und warmer *Mäsa* (Vorspeisen), z. B. Makanek (gebratene Rindfleischwürstchen) oder Sardin Meklim (gebratene Sardinen an Sesamsoße) und eine Vielfalt köstlicher orientalischer Fisch- und Fleischgerichte. Auch in Berlin eine Seltenheit: libanesische Weine.

In der schönen Jahreszeit wird fast jeder Grünstreifen gastronomisch genutzt

Marokkanisch

155 [L3] **Kasbah** €-€€, Gipsstr. 2, 10119 (Mitte), U8 Weinmeisterstraße, Tel. 27594361, www.kasbah-berlin.de, Di.–So. 18–0 Uhr. Marokkanische Couscous-Variationen, orientalisch gefülltes Huhn und Geschmortes vom Fisch oder Fleisch im Ambiente wie aus Tausendundeiner Nacht.

Mexikanisch

157 [K4] **Tex Mex Cantina** €, Georgenstraße 198, 10117 (Mitte), S und U6 Friedrichstraße, Tel. 2010417, tgl. 11–24 Uhr. Einfache, typische Tex-Mex-Kneipe am Bahnhof Friedrichstraße mit Tortillas, Burritos, Empanadas, Churros, Reispfannen, Steaks und Huhn – stets frisch, lecker und zu vernünftigen Preisen.

Österreichisch

158 [L9] **Austria** €€, Bergmannstr. 30, 10961 (Kreuzberg), U7 Gneisenaustraße, Tel. 6944440, www.austria-berlin.de, Mo. 18–24, Di.–So. 12–24 Uhr. Alpenländische Spezialitäten im Kreuzberger Bergmann-Kiez. Eine Legende: das Wiener Schnitzel, dazu Erdäpfel- und ein klassischer Gurkensalat.

Panafrikanische Küche

159 [N1] **Massai Berlin** €€, Lychener Straße 12, 10437 (Prenzlauer Berg), U2 Eberswalder Straße, Tel. 48625595, www.massai-berlin.de, Mo.–Do. 16–24, Sa./So. 13–24 Uhr. Kulinarische Reise durch den afrikanischen Kontinent von *Couscous* und *Tajine* (Nordafrika) über *Cassava* und *Fufu* (Westafrika) oder *Injera* und *Sayouva* (Ostafrika) bis zu *Kudu*, Strauß und *Capetown Seafood* (Südafrika). Gerichte mit Zebra-, Krokodil- oder Python-Fleisch sind auch im multikultiverwöhnten Berlin eine Seltenheit.

Peruanisch

160 [E7] **Serrano** €€, Pfalzburger Straße 83, 10719 (Charlottenburg), U1 Uhlandstraße, Tel. 88929244, www.restaurante-serrano.de, tgl. 17–24 Uhr. Traditionelle peruanische Küche, die für europäische Geschmacksnerven noch weitgehend unbekannt ist, z. B. *Ceviche de Bacalao Fresco:* mariniertes Kabeljaufilet mit Chilli und Koriander an Süßkartoffeln, das peruanische Nationalgericht.

Russisch

161 [E8] **Grüne Lampe** €, Uhlandstraße 51, 10719 (Wilmersdorf), U1 Kurfürstendamm, U2 Hohenzollernplatz, Tel. 88719393, www.gruene-lampe.de, Mo.–Fr. 12–22, Sa./So 10–22 Uhr. Ob Bliny, Tschebureki, Wareniki oder sonntags der berühmte Kaviar-Brunch – die russische Berliner Community weiß, wo man hervorragend isst.

Schluss mit dem blauen Dunst

In allen Berliner Restaurants, Bars, Cafés, Kneipen, Klubs und Diskotheken herrscht ***striktes Rauchverbot.*** *Einzige Ausnahme: Gequalmt werden darf in einem vom Gastraum abgetrennten Rauchzimmer mit verschließbarer Tür sowie in Ein-Raum-Kneipen bis 75 Quadratmeter, in denen keine vor Ort zubereiteten Speisen serviert werden dürfen und Minderjährige keinen Zutritt haben.*

Spanisch

162 [D6] **Borriquito** €-€€, Wielandstraße 6, 10625 (Charlottenburg), S Savignyplatz, Tel. 3129929, www.el-borriquito.de, tgl. 18–5 Uhr. Klassische spanische Spezialitäten, tolle Atmosphäre, je später am Abend, desto besser.

Thailändisch

163 [N2] **Mao Thai** €, Wörther Str. 30, 10405 (Prenzlauer Berg), U2 Senefelder Platz, Tel. 4419261, www.maothai.de, tgl. 12–23.30 Uhr. Beliebte Adresse, da leckere Currys, ausgezeichnete Ente, köstlicher Grillfisch u. v. m. Die Einrichtung stammt original aus Thailand.

Türkisch

164 [N8] **Defne** €-€€, Planufer 92c, 10967 (Kreuzberg), U1, U3, U8 Kottbusser Tor, Tel. 81797111, www.defne-restaurant.de, April–Sept. tägl. 16–24, im Winter 17–24 Uhr. *Defne*, zu Deutsch Lorbeer, bietet mehr als hervorragende türkische Kochkunst: Das Restaurant mit kleinem Sommergarten am Landwehrkanal ist Philosophie. Eines der besten türkischen Restaurants in Berlin!

381be Abb.: kj

165 [N7] **Hasir** €, Adalbertstr. 10, 10999 (Kreuzberg), U1, U3, U8 Kottbusser Tor, Tel. 6142373, www.hasir.de, Imbiss tgl. rund um die Uhr, Restaurant tgl. 12–24 Uhr. Döner und Sis Kebap entweder auf die Hand im kleinen, gemütlichen Gastraum oder im benachbarten stilvollen Restaurant.

Vietnamesisch

166 [M3] **Monsieur Vuong** €, Alte Schönhauser Straße 46, 10119 (Mitte), U8 Weinmeisterstraße, U2 Rosa-Luxemburg-Platz, Tel. 99296924, www.monsieurvuong.de, Mo.–Do. 12–23, Fr.–So. 12–24 Uhr. Der Klassiker unter Berlins Vietnamesen, kleine Karte mit wechselnden Köstlichkeiten, sehr beliebt.

Für angesagte „Food-Dealer"-Buden muss man sich manchmal auch in die Schlange stellen

Vegetarisch/Vegan

167 [N1] **Rawtastic** €, Danziger Straße 16, 10435 (Prenzauler Berg), U2 Eberswalder Straße, Tel, 0152 17028862, www.rawtastic.de, tgl. 12–22 Uhr. Rohvegane Power-Gerichte, glutenfrei, mit viel Fantasie und Kreativität köstlich zubereitet, z. B. gibt es knackiges geraspeltes Gemüse in Reispapier mit scharfer Mandelsauce.

168 [Q6] **The Bowl** €, Warschauer Straße 33, 10243 (Friedrichshain), Tel. 29771447, www.the-bowl.de, Mo.–Fr. 11.30–23, Sa./So. 10–23 Uhr. Über dem Vegan-Supermarkt an der Warschauer Brücke wird vom Frühstück bis zum Dinner „Clean Eating" serviert: 100 % bio, vegan, gluten-, laktose- und zuckerfrei.

Berlin am Abend

„A city that never sleeps" – in Berlin ist rund um die Uhr Ausgehbetrieb. Das Veranstaltungsprogramm kann sich sehen lassen, sei es Theater, Kabarett, Kleinkunst und Varieté, sei es Oper, Philharmonie oder Musical, Pop-, Rock- und Jazzkonzert oder auch Kneipe, Bar, Klub. Für jeden Geschmack ist etwas dabei.

Es gibt **keine Sperrstunde** und stadtweit über 15.000 gastronomische Einrichtungen, unter denen ausgewählt werden kann. Man könnte es sich also wahrlich zur Lebensaufgabe machen, 24 Stunden am Tag auf die Piste zu gehen. Ein Leben wie Bacchus in Spree-Athen könnte darum wie folgt aussehen: Morgens um 8 Uhr beim Chillen im Trend-Café der vergangenen Nacht Adieu sagen, danach in einem zweiten Café bis mittags frühstücken gehen. Anschließend ein Wechsel in Kneipe und Biergarten, danach ein gepflegtes Restaurant, gefolgt von Theater, Kino, Konzert und hinterher bis weit nach Mitternacht Treffen mit Freunden in einem netten Lokal, denn das Nachtleben beginnt in der Regel sehr spät. Klub oder Disco bis zum Morgengrauen, dann zunächst ein Absacker in einer ruhigeren Bar und ab morgens um 8 Uhr beim Chillen im Trend-Café der vergangenen Nacht Adieu sagen, dann in einem zweiten Café bis mittags frühstücken gehen, anschließend der Wechsel in Kneipe oder Biergarten ...

Regierungsgebäude an der Spree im abendlichen Glanz

Ausgehviertel

Die trendy Locations und „VIPstations" wechseln ebenso oft, wie das Berliner Nachtleben schnelllebig ist. Insgesamt lassen sich aber einige typische Ausgehviertel voneinander unterscheiden:

In **Mitte**, dem nach der Wiedervereinigung kurzzeitig „Wilden Osten", wo in Läden, Kellern und Bunkern eine kreative, schillernde Klub-Gemeinde rauschende Partys feierte und wo „Tresor" und „E-Werk" den Ruf Berlins als World-Techno-Kapitale begründeten, hat sich inzwischen eine kunterbunte Gesellschaft von groovenden Szene-VIPs, Hipsters, Kultis, Yuppies und Touris etabliert. Viele der Top-Adressen befinden sich im **Dreieck zwischen Oranienburger Tor, Rosa-Luxemburg-Platz und Alexanderplatz:** Touristisch die Oranienburger Straße [K/L4], auch bei den Berlinern angesagt die Hackeschen Höfe 81, und auch in den kleineren Straßen und Höfen gibt es jede Menge Interessantes zu entdecken.

In **Charlottenburg** im Einzugsbereich des **Savignyplatzes** [E6] trifft sich vom Maler und Schriftsteller über den Architekten in Designer-Jeans und schwarzem Kaschmir-Rolli bis zum Theatervölkchen die Kultur-Schickeria des alten Westens.

Der **Schöneberger Nollendorf-Kiez** bietet neben den traditionell schwulen Lokalen die legendären Musiker- und schickeren Szenekneipen des alten Westens. Die alteingesessenen „Beauty-Berger" sind inzwischen in die Jahre gekommen, ziehen aber immer noch mit.

In **Kreuzberg** pflegt man im **Multikulti-Kiez zwischen Kottbusser Tor und Schlesischem Tor** nach wie vor den trashigen Outlaw-Charme der vergangenen rebellischen Jahrzehnte, angereichert mit einer Prise Hipster-Schick. In **Friedrichshain,** von seinen studentischen Bewohnern liebevoll „Hain" genannt, schreitet die **„Ballermannisierung"** voran. Großlokale und „Spätis" (Tabak- und Alkoholverkaufsbuden) reihen sich aneinander, um die Jugendgruppen, die aus den zahlreichen Hostels strömen, mit „Weg-Bier" zu versorgen. Berühmt-berüchtigt ist der **„Party-Trail",** der ab dem RAW-Gelände in Friedrichshain über die Oberbaumbrücke in den Kreuzberger Wrangelkiez und weiter durch den Görlitzer Park nach **„Kreuzkölln"** führt (so werden die Kieze mit Kreuzberg-Flair genannt, die aber bereits südlich vom Landwehrkanal im Bezirk Neukölln liegen).

Im **Prenzlauer Berg** flanieren junge Start-ups und Web-Bohemiens über die „Latte-macchiato-Meile" im bunten **Kiez zwischen Kastanienallee, Mauerpark und U-Bahnhof Schönhauser Allee.** Östlich davon genießt das saturierte linksliberale Stadtbürgertum gehobene Ausgehfreuden in der Gastronomie rund um den Wasserturm und den **Kollwitzplatz** 125.

Cafés, Kneipen, Lounges

Mitte

169 [L3] **Cordobar,** Große Hamburger Straße 32, 10115 (Mitte), S Hackescher Markt, U5 Weinmeisterstraße, Tel. 27581215, www.cordobar.net, Di.–Sa. 19–2, So. 18–24 Uhr. Über 60 Weine im offenen Ausschank, preisgekrönte Sommeliers und kulinarische Köstlichkeiten verwandeln die deutsch-österreichische Weinbar in Bacchus' siebten Himmel.

In manchen Kiezen reiht sich Kneipe an Kneipe, was den besonderen Berlin-Flair ausmacht

170 [L4] **Eschloraque Rümschrümp,** Rosenthaler Str. 39 (2. Hinterhof), 10178 (Mitte), S Hackescher Markt, U8 Weinmeisterstraße, www.eschschloraque.de, tgl. ab 14 Uhr. In unmittelbarer Nachbarschaft zu den Hackeschen Höfen: groovy, kunstschrottig, alternativ im selbstverwalteten Haus Schwarzenberg, nachmittags Kaffee und Kuchen in der Kaffeekaschemme, abends ab 22 Uhr Turntabels und Livecombos.

171 [M3] **Kaffee Burger,** Torstr. 60, 10119 (Mitte), www.kaffeeburger.de, U2 Rosa-Luxemburg-Platz, tgl. ab 21 Uhr. Früher berühmtes DDR-Künstlerlokal, heute nicht weniger berühmter Salon, in dem sich u. a. Wladimir Kaminer seine ersten Sporen verdiente, außerdem Tanzwirtschaft, Filmvorführ- und Livekonzerthaus.

172 [L3] **KIM Bar,** Brunnenstraße 10, 10119 (Mitte), U8 Rosenthaler Platz, http://kimbar.com, geöffnet: Di.–Sa. ab 20 Uhr. Kleine, feine und stylische Bar auf der neuen Berliner Galeriemeile. Für die junge Kunst- und Galeristenszene legen die DJs vor allem Electro auf.

173 [L3] **Mein Haus am See,** Brunnenstraße 197–198, 10119 (Mitte), Tel. 27590873, www.mein-haus-am-see.club, rund um die Uhr geöffnet. Alte Couchgarnituren, wechselnde Ausstellungen und manchmal DJs, die auflegen. Beliebt!

174 [L3] **Nola's am Weinberg,** Veteranenstr. 9, 10119 (Mitte), U8 Rosenthaler Platz, www.nola.de, geöffnet: tgl. ab 10 Uhr. Schön zum Draußensitzen auf der Terrasse am Weinberg oder auch drinnen im 1950er-Jahre-Pavillon. Dazu gibts Schwizer Küche.

175 [K3] **Reingold,** Novalisstraße 11, 10115 (Mitte), U6 Oranienburger Tor, Tram M5 Torstraße, Tel. 28387676, www.reingold.de, Di.–Sa. ab 20 Uhr. Bar, Lounge, Klub, stylish und gleichermaßen behaglich. Im Stil klassischer amerikanischer Cocktailbars der 1920er-Jahre gehalten.

176 [M3] **Volksbar,** Rosa-Luxemburg-Straße 39, (10178) Mitte, U2 Rosa-Luxemburg-Platz, Tel. 74769592, www.volksbar-berlin.

300be Abb.: kj

de, Mo.–Fr. ab 17, Sa./So. ab 14 Uhr. Entspannte Wohlfühl-Bar gegenüber der Volksbühne, nachmittags Kuchen, abends Cocktails, an den Wochenenden ab 22 Uhr DJs (Easy Listening, Soul, Funk) und immer sonntags 20.15 Uhr „Tatort"-Gucken.

Kreuzberg

177 [N7] **Bateau Ivre,** Oranienstr. 18, 10997 (Kreuzberg), U1, U3, U8 Kottbusser Tor oder U1, U3 Görlitzer Bahnhof, tgl. von Frühstück ab 9 Uhr bis Tapas nachts um 3 Uhr. Laut, sehr laut und voll, voller, am vollsten, sommers auch draußen auf dem Trottoir.

› **Birgit & Bier** (s. S. 167). Im Biergarten herrscht urige Rummelplatzatmosphäre, zu essen gibt es frische Pasta, zu trinken diverse *Craft Beers.* Nach 22 Uhr legt der DJ Electro und 1980er-/1990er-Musik auf.

178 [N7] **Café Kotti,** Adalbertstraße 96, 10999 (Kreuzberg), U1, U3 Kottbusser Tor, geöffnet von irgendwann morgens bis nachts 3 oder 4 Uhr. Gemütliche Wohnzimmer-Atmosphäre in der kleinen Bar im großen Betonkoloss Neues Kreuzberger Zentrum (links die Betontreppe hoch im 1. OG) direkt am „Kotti". Multi-Kulti-Treffpunkt, es wird geraucht.

179 [Q8] **Freischwimmer,** Vor dem Schlesischen Tor 2, 10997 (Kreuzberg), www.freischwimmer-berlin.com, U1, U3 Schlesisches Tor, Bus 265, Mo.–Fr. ab 12, Sa./So. ab 10 Uhr. Im Bootshaus auf Stegen auf dem Seitenkanal kurz vor seiner Mündung in die Spree über dem Wasser schweben, dazu Kaffee, Wein, Bier und kleine Gerichte.

301be Abb.: kj

Im Café zu sitzen, gehört zum Berliner Lebensgefühl

180 [N7] **Möbel Olfe,** im Neuen Kreuzberger Zentrum (NKZ), Eingang Dresdener Str., 10999 (Kreuzberg), U1, U3, U8 Kottbusser Tor, www.moebel-olfe.de, Di.–So. ab 18 Uhr. Stets gut gefüllte, angesagte Trinkhalle im NKZ-Betonkoloss, LGBT-Publikum, es wird geraucht.

181 [M7] **Prince Charles,** Moritzplatz, 10969 (Kreuzberg), U8 Moritzplatz, http://princecharlesberlin.com, geöffnet: Do.–Sa. je nach Programm. Coole Mischung aus Klub und Bar in einem ausgemusterten Schwimmbecken im Aufbauhaus, Kreuzbergs Kreativzentrum am Moritzplatz. Mit Konzerten, Lesungen, Partynächten.

182 [P7] **San Remo Upflamör,** Falckensteinstr. 46, 10997 (Kreuzberg), U1, U3 Schlesisches Tor, tgl. ab 14 Uhr. Zweites Wohnzimmer für Wrangelkiez-Partyläufer, dazu Livequietschen von der Hochbahn.

183 [O7] **Schwarze Traube,** Wrangelstraße 24, 10997 (Kreuzberg), U1, U3 Schlesisches Tor, tgl. ab 19 Uhr. „Shabby Chic" mischt sich mit Backstein und floraler Barocktapete, dazu mixt der 2013 als bester deutscher Bartender geehrte Atalay Aktas leckere Drinks.

184 [N7] **Würgeengel,** Dresdener Str. 122, 10999 (Kreuzberg), U1, U3, U8 Kottbusser Tor, www.wuergeengel.de, tgl. ab 19 Uhr. Cocktailschlürf-Institution fürs gepflegte Versumpfen, spätestens ab 23 Uhr großes Gedrängel, Rauchen gestattet.

Friedrichshain

› **Café Schönbrunn** (s. S. 159), am Schwanenteich im Volkspark Friedrichshain. Traditionsreiches Kultcafé im Volkspark Friedrichshain, fast noch im original DDR-Stil. Von Frühstück über Lunch, Kaffee und Kuchen bis Dinner gibt es drinnen und draußen im Biergarten Gratisblick auf das Jogging- und Spaziergeh-Getümmel und die Entchen im Schwanenteich.

185 [Q6] **Cupcake,** Krossener Str. 12, 10245 (Friedrichshain), S und U1, U3 Warschauer Straße, www.cupcakeberlin.de, tgl. 10–20 Uhr. Die nach amerikanischer Art hergestellten kleinen Küchlein mit viel Buttercreme obenauf haben dem Laden seinen Namen gegeben. Ob Cheese- oder Carrotcake, mit Erdnussbuttercreme oder vegan – wer auf Diät ist, sollte besser einen weiten Bogen um die Krossener Straße machen.

186 [P5] **Jägerklause,** Grünberger Str. 1, 10243 (Friedrichshain), U5 Frankfurter Tor, www.jaegerklause-berlin.de, Biergarten tgl. ab 15, Bar tgl. ab 18 Uhr. Laute Metal-Musik, pampige Bedienung, lange Warterei auf Essen und Trinken – also echt Berlin! Mit urigem Biergarten, Billard, Kicker und Tischtennis.

Berliner Spätis

Je nachdem, ob man zu den Eulen oder den Lerchen zählt, müsste der „Späti" vielleicht auch „Frühi" heißen. Auf jeden Fall ist das Markenzeichen dieser Berlin-typischen Einrichtung zwischen Tante-Emma-Laden und Trinkhalle, dass die meisten rund um die Uhr geöffnet haben – und damit unverzichtbarer Teil der Kiez- und Lebenskultur sind.

Ursprünglich stammt die Idee noch aus DDR-Zeiten. Schichtarbeiter sollten in den „Spätverkaufsstellen" noch spätabends einkaufen können. Nach der Wende haben sich die Spätis dann in den Party-Kiezen verselbstständigt und verteidigen seitdem erfolgreich ihre Existenz außerhalb der gesetzlichen Ladenzeiten.

Gut 1000 Spätis gibt es inzwischen in der Spree-Metropole, meist dort, wo nachts viel los ist und wo vor allem Flaschenbier weggeht, das man, weil man es mit auf den Weg nimmt, auch „Wegbier" nennt.

Aber ein Späti ist mehr als nur „Touri-Tanke": Mit einem Sortiment von H-Milch über Klopapier bis Tiefkühlpizza versorgt er die Nachbarschaft außerhalb der regulären Geschäftszeiten. Er ist also auch Kiez-Minimarkt und mit der Bierbank vor dem Schaufenster außerdem Ankerpunkt und Quasselstation. Späti-Apps und ein Späti-Finder im Netz (www.spätifinder.de) bestätigen diese Erfolgsstory – gekrönt im Jahr 2017: Da hat es der Späti in den Duden geschafft.

EXTRATIPP

Schwarzes Café

Auf zwei Etagen rund um die Uhr frühstücken, Kaffee, Bier oder Wein trinken. Mit dem Geburtsjahr 1978 ein echter Berliner Kneipen-Opa und seitdem bei Nachtschwärmern ebenso wie bei Frühaufstehern oder Spazierensitzern ungebrochen beliebt. Täglich rund um die Uhr offen, außer dienstags 3–10 Uhr.

196 [E6] **Schwarzes Café,** Kantstr. 148, 10623 (Charlottenburg), S Savignyplatz, www.schwarzescafe-berlin.de

Prenzlauer Berg

188 [M1] **An einem Sonntag im August,** Kastanienallee 103, 10435 (Prenzlauer Berg), U2 Eberswalder Straße, www.an-einem-sonntag-im-august.blogspot.de, tgl. vom Frühstücksbüfett ab 9 Uhr bis zum letzten Cocktail irgendwann nachts. Café-Kneipe mit Probebühnenflair, großer Raucherbereich, kostenlos WLAN und Showgucken auf die „Castingallee".

› **Kaffeehaus SowohlAlsAuch,** Kollwitzstr. 88, 10435 (Prenzlauer Berg), U2 Eberswalder Straße. Kaffeehaus und Tortenkönigreich mit köstlichsten Backwaren und großer Kaffee- und Tee-Auswahl, abends warme europäische Küche (s. S. 156).

189 [N2] **Sorsi e Morsi,** Marienburger Straße 10, 10405 (Prenzlauer Berg), U2 Senefelder Platz, Bus M2, Tram M2, M4, 12, www.sorsiemorsi.de, Mo.–Sa. 18–1 Uhr. Italienische Weinbar im Winskiez, im lässigen Prenzlberg-Hangout genießt man edle italienische Tropfen und leckere Antipasti-Teller.

191 [N1] **Zu mir oder zu dir,** Lychener Str. 15, 10437 (Prenzlauer Berg), U2 Eberswalder Straße, www.zumiroderzudir.com, tgl. ab 20 Uhr. Chillige Sessel-Sofa-Lounge, leicht retro-styled, Selbstholer-Theke, dazu Elektro, Funk, House, Techno, Soul in so moderater Lautstärke, dass man sich noch unterhalten kann. Raucherhöhle.

Schöneberg

192 [H7] **Café Einstein,** Kurfürstenstr. 58, 10785 (Schöneberg), U1, U2, U3, U4 Nollendorfplatz, www.cafeeinstein.com, tgl. 8–24 Uhr. Die Jugendstilvilla mit leichter Patina ist Kultadresse bei allen, die zum Kaffeetrinken gerne schreiben und stundenlang eng bedruckte Zeitungen lesen.

193 [I7] **Kumpelnest 3000,** Lützowstr. 23, 10785 (Schöneberg), U1, U3 Kurfürstenstraße, www.kumpelnest3000.com, tgl. ab 19 Uhr. Szenig, kitschig, schwul, plüschig und ein irres Gedrängel im ehemaligen Puff. Rauchen erlaubt.

194 [I8] **Leydicke,** Mansteinstr. 4, 10783 (Schöneberg), S1, S2 und U7 Yorckstraße, www.leydicke.com, tgl. ab 19 Uhr, Sa. ab 17 Uhr. Seit 1877 Destille und heute eine Legende, Spirituosen total, darunter Fruchtweine und Liköre nach überlieferten Leydicke-Rezepten, an ausgewählten Wochenendnächten begleitet von Livebands.

Charlottenburg

195 [E7] **Café Wintergarten im Literaturhaus,** Fasanenstr. 23, 10719 (Charlottenburg), U1 Uhlandstraße, tgl. 9.30–24 Uhr, www.literaturhaus-berlin.de. Synthese von Literatur, Kunst, Architektur und gehobener Gastronomie, drinnen und draußen im kleinen Garten.

197 [E6] **Wirtshaus Wuppke,** Schlüterstraße 21, 10625 (Charlottenburg), S Savignyplatz, Bus M29, M45, M49, http://wirtshaus-wuppke.de, tägl. ab 11 Uhr. Altgediente rauchige Szenekneipe, in der schon die Alt-68er, der Jerry-Cotton-Autor Heinz Werner Höber oder die Kult-Band Ton Steine Scherben gebechert haben. Viele Stammgäste aus dem Kiez.

🅞**198** [H7] **Trompete,** Lützowplatz 9, 10785 (Tiergarten), U1, U2, U3, U4 Nollendorfplatz, Bus M29 und 100, www.trompete-berlin.de, Do. ab 19 Uhr, Sa. ab 21 Uhr. Keller-Lounge, Kultbar, Schwof- und Tanzinstitution von Schauspieler Ben Becker, donnerstags zunächst After-Work-, später DJ-Musik, samstags „MädchenMusik" (alles außer Schlager und Elektro).

🅞**199** [E6] **Zwiebelfisch,** Savignyplatz 7, 10623 (Charlottenburg), S Savignyplatz, www.zwiebelfisch-berlin.de, tgl. ab 12 Uhr bis ultimo. Seit Jahrzehnten eine Charlottenburger Kneipen-Institution – und immer noch rappelvoll. Gut gezapftes Bier, Tageskarte mit Hausmannsküche zu vernünftigen Preisen, dazu Jazz, viele Zeitungen und freie Sicht auf den Publikumsverkehr auf dem Savignyplatz. Bezahlung nur Cash, keine Kreditkarten.

Lauschige Biergärten haben im Hochsommer Hochsaison

Biergärten

🅞**200** [G6] **Café am Neuen See,** Lichtensteinallee 2, 10787 (Tiergarten), S und U2, U9 Zoologischer Garten, Bus 200, www.cafeamneuensee.de, Restaurant tgl. ab 9 Uhr, Biergarten in der schönen Jahreszeit Mo.–Fr. ab 12, Sa./So. ab 11 Uhr. Großer Biergarten im Tiergarten am Neuen See; ist dieser zugefroren, hat eine Eisbar für die Schlittschuhläufer geöffnet. Sonst mit Bootsverleih.

🅞**201** [L1] **Mauersegler,** Bernauer Str. 63, 13355 (Prenzlauer Berg), U2 Eberswalder Straße, www.mauersegler-berlin.de, Mai–Okt. tgl. ab 14 Uhr. Kaffeehäuschen und Biergarten für Menschen von 0 bis 100 Jahre mit Frühstück, Latte und Kuchen, BBQ, Frischgezapftem, WLAN für Workaholics; immer sonntags direkt nebenan ab 9 Uhr großer Trödelmarkt im Mauerpark.

🅞**202** [M1] **Prater,** Kastanienallee 7–9, 10435 (Prenzlauer Berg), U2 Eberswalder Straße, www.pratergarten.de, Biergarten April–Sept. bei schönem Wetter ab 12 Uhr, Gaststätte

(Hausmacherkost nach Berliner Art) Mo.–Sa. ab 18 Uhr, So. ab 12 Uhr, Tel. 4485688 (Reservierungen nur für den Innenbereich möglich). Prenzlberger Freiluftinstitution, seit 1837 unter Kastanien in der Kastanienallee. Keine EC- und Kreditkartenzahlung.

203 [F6] **Schleusenkrug,** Müller-Breslau-Str. (an der Schleuse), 10623 (Tiergarten), S und U2, U9 Zoologischer Garten, www.schleusenkrug.de, tgl. ab 10 Uhr, im Winter tgl. ab 11 Uhr. Biergarten plus Terrassen über der Tiergartenschleuse am Landwehrkanal. Absolut gerne besucht.

204 **Zenner** (Eierschale), Alt-Treptow 14–17, 12435 (Treptow), S Treptower Park, Bus 265, www.hauszenner.de, geöffnet: April–Ende Sept. bei schönem Wetter tgl. ab 12 Uhr. Traditionsreiches Ausflugslokal mit über 400-jähriger Geschichte. Umrahmt von Kuchen-, Getränke- und Würstchenbuden walzen zu Schrammelmusik oder Dixieland-Klängen von der Omi bis zum Mini alle durch den großen Garten am Spreeufer.

Strandbars

205 **Deck 5,** Schönhauser Allee 80, 10439 (Prenzlauer Berg), S und U2 Schönhauser Allee, www.freiluftrebellen.de, geöffnet: April–Okt. tgl. 10–24 Uhr. Berlins höchste Strandbar auf dem Parkdeck 5 der Schönhauser Allee Arcaden bietet leckere Cocktails und Grill-Snacks, 40 Tonnen Sand unter den Füßen und einen atemberaubenden Blick in die Sonne über den Dächern der Hauptstadt.

206 [O6] **Pampa,** Holzmarktstr. 25, 10243 (Friedrichshain), S und U8 Jannowitzbrücke, www.holzmarkt.com. Am Ort der legendären Bar 25, mit provisorisch gezimmertem Tresen, Bühnen, Bänken, Selbstgebautem, Selbstgepflanztem und kontemplativem Blick über den Fluss.

207 [L3] **Strandbar Mitte,** im Monbijoupark/Ecke Monbijoubrücke, 10178 (Mitte), S Hackescher Markt und S1, S2 Oranienburger Straße, www.monbijou-theater.de/strandbar-tanz.html, Mai–Sept. tgl. ab 10 Uhr. Im Liegestuhl unter Palmen, mit Blick auf Spree und Bode-Museum, abends Schwof unter dem Sternenhimmel.

208 [O6] **Yaam,** An der Schillingbrücke 3, 10243 (Friedrichshain), S Ostbahnhof, www.yaam.de, tgl. ab 11 Uhr. Bar, Grill, Strand, Konzertgelände, Reggae-Hochburg und Treffpunkt der afrikanischen Community, dazu Soulfood, Ballspielen, Tanzen oder einfach im Sand an der Spree Entspannen; die Atmosphäre ist familiär, Kinder sind willkommen.

Bars

209 [F6] **Bar Zentral,** Lotte-Lenya-Bogen 551, 10623 (Charlottenburg), S und U1, U2, U9 Zoologischer Garten, http://barzentral.de, tgl. ab 17 Uhr. Oben auf dem S-Bahn-Bogen rattern die Züge, unten genießt man im stylischen Backsteingewölbe exzellente All-Time-Klassiker.

210 [F7] **Grace Bar,** Kurfürstendamm 25, 10719 (Charlottenburg), U1, U9 Kurfürstendamm, www.grace-berlin.com, Di.–Do. 19–23, Fr.–So. 19–24 Uhr, Rooftop Mitte Mai–Ende Sept. Di.–Sa. 18–24 Uhr. Da gehen die Augen über, nicht nur wegen der Promidichte! Die Bar im Hotel Zoo glänzt im glamourösen Gatsby-Design der 1920er-Jahre, gemixt werden Cocktails und Longdrinks vom Feinsten, im Sommer auch auf der Rooftop-Bar-Terrasse mit 270-Grad-Panoramablick auf die Dächer Berlins (Zugang am Kranzler Eck).

211 [F6] **The Hat Bar,** Lotte-Lenya-Bogen 550, 10623 (Charlottenburg), S und U1, U2, U9 Zoologischer Garten, http://thehatbar.de, tgl.

ab 20 Uhr. Im S-Bahn-Bogen direkt neben der Bar Zentral, mit gänzlich anderem Konzept: lange Theke, Holzstühle, klassische Cocktails, Livejazz und Jamsessions.

212 [F6] **Monkey Bar,** Budapester Str. 40, 10787 (Charlottenburg), U1, U2, U3 Wittenbergplatz, U2 Zoologischer Garten, www.25hours-hotels.com, tgl. ab 12 Uhr. Panorama-Rooftop-Bar im Industrial-Stil auf dem Bikinihaus 112. Bei leckeren Cocktails kann man auf die Berliner West-City und das Affengehege im Zoo blicken.

213 [K7] **Solar,** Stresemannstr. 76, 10963 (Kreuzberg), S1, S2 Anhalter Bahnhof, U6 Kochstraße, Bus M41, M29, www.solarberlin.com, So.–Do. 18–2, Fr./Sa. bis 3 Uhr. Restaurant in der 16., Klublounge in der 17. Etage im Hochhaus gegenüber vom Anhalter Bahnhof. Tolle Panoramasicht. Auffahrt im gläsernen Fahrstuhl.

214 [J6] **Vox Bar,** Marlene-Dietrich-Platz 2 (im Hotel Grand Hyatt), 10785 (Tiergarten), www.vox-restaurant.de, S und U2 Potsdamer Platz, tgl. ab 18 Uhr. Mehrfach vom „Feinschmecker" zur besten Hotelbar gekürt. Über 300 verschiedene Whiskysorten erwarten den Kenner.

Klubs und Dancefloor

215 [M1] **Alte Kantine,** Knaackstr. 97 (in der Kulturbrauerei), 10435 (Prenzlauer Berg), U2 Eberswalder Straße, www.altekantine.de, Mi.–Mo. je nach Party ab 22 oder 23 Uhr, Funky Beats zwischen massigen Gewölbebögen. Ausnahme samstags: Da verwandelt sich der Klub mit dem „Kantinenlesen" immer ab 20 Uhr in eine der ersten Berliner Lesebühnen.

216 [P6] **Berghain,** Am Wriezener Bahnhof, 10234 (Friedrichshain), S Ostbahnhof, www.berghain.de, geöffnet: unterschiedlich je nach Programm (siehe Website). Techno, Electro, House, DJing, Vocals u. v. m. auf zwei Floors im alten Heizkraftwerk am Ostbahnhof. Im Dezember 2005 eröffnet und seither einer der Top-Tanzschuppen Europas. Strenge Einlasskontrolle.

› **Chalet,** Vor dem Schlesischen Tor 3, 10997 (Kreuzberg), U1, U3 Schlesisches Tor, Bus 265, www.chalet-berlin.de, Garten im Sommer bei gutem Wetter tgl. ab 17 Uhr, Klub Do.–Sa. 24–10 Uhr. Elektrotunes im Märchengarten, ab Mitternacht drinnen im Klubbereich (s. S. 167).

218 [L3] **Clärchens Ballhaus,** Auguststr. 24, 10117 (Mitte), S Oranienburger Straße, www.ballhaus.de, tgl. ab 10 Uhr. Mo. ab 21 Uhr

022be Abb.: fo © Maria Eleftheria

Der Leierkasten gehört zu Berlin wie die Spree

398be Abb.: kj

Salsa, Di. ab 21 Uhr Tango, Mi. ab 21 Uhr Swing, Do. ab 21 Uhr Standard und Latein, Fr./Sa. ab 20 Uhr Schwof, So. ab 15 Uhr Tanztee. Ob Ökolatsche oder Designersandale, hier wird das Tanzbein geschwungen, egal ob Oldie, Tango, Swing oder Schwof.

219 [H9] **Havanna,** Hauptstr. 30, 10827 (Schöneberg), U7 Kleistpark, Bus 104, 148, 204, www.havanna-berlin.de, Mi. ab 21 Uhr, Fr./Sa. ab 22 Uhr. Salsa und Latino auf mehreren Dancefloors, auch mit Tanzanleitung eine Stunde vo Einlass.

220 [G7] **Puro Sky Lounge,** Tauentzienstr. 9–11, 10789 (Charlottenburg), U1, U2, U3 Wittenbergplatz, U2 Zoologischer Garten, www.puroberlin.de, Do. ab 22, Sa. ab 23 Uhr (Electro, House, Hip-Hop, R'n'B). 1000 m²-Edellounge im 20. Stock des Europa-Centers, rundum verglast mit fantastischem Panoramablick über Berlin und Sonnenuntergang auf der Dachterrasse – Kult!

Einmal im Jahr, an einem Sonntag im Juni, spielt die Staatsoper Unter den Linden **27** *für die Berliner umsonst und draußen „Classic für alle"*

221 [N6] **Sage Club,** Brückenstr. 1, 10179 (Mitte), U8 Heinrich-Heine-Straße, www.sage-club.de, Do. ab 21 Uhr. Vier Areas, drei Dancefloors, Lounges, Bars, Chill-Zone und Grillgarten im umgebauten U-Bahnhof Heinrich-Heine-Straße, dazu Funk, Grunge, Rock, Electro, Indie, Industrial, Freestyle, Metal, Hardrock.

222 [R8] **Salon zur wilden Renate,** Alt-Stralau 70, 10245 (Friedrichshain), S Ostkreuz, www.renate.cc, Do.–Sa. ab 23 Uhr. In einem Altbau am Ostkreuz, schrill, eng, Electro.

223 [N6] **Tresor,** Köpenicker Straße 70, 10179 (Mitte), U8 Heinrich-Heine-Straße, http://tresorberlin.com, geöffnet je nach Programm (siehe Website). Die Legende unter den Techno-Tempeln, 1991 im Tresorraum des ehemaligen Wertheim-Kaufhauses in Mitte eröffnet, residiert seit 2007 im ehemaligen Heizkraftwerk in der Köpenicker Straße an der Grenze zu Kreuzberg.

224 [P7] **Watergate,** Falckensteinstr. 49, 10997 (Kreuzberg), U1, U3 Schlesisches Tor, www.water-gate.de, Mi.–Sa. ab 24 Uhr. Absolut House und Techno, dazu der fantastische Blick auf Oberbaumbrücke und Osthafen.

Musik- und Konzerthallen, Jazzkeller und Co.

Selten war Berlin eine Stadt, die von Haus aus epocheschreibende Komponisten und Interpreten hervorbrachte. Dafür verstanden es königliche Mäzene und Kulturmanager stets umso besser, die brillantesten Sänger, Tonsetzer und virtuosesten Instrumentalkünstler an die Spreeufer zu locken. Seit den Anfängen der musikalischen Tradition Berlins mit der Einweihung der Hofoper 1742, heute Staatsoper Unter den Linden, genießt die Hauptstadt den Ruf, eine herausragende Aufführungsstätte zu sein.

Nicht zu vergessen sind die Soundkreationen **Neue Deutsche Welle** Anfang der 1980er- und **Techno** in den 1990er-Jahren sowie ein weiteres Urberliner Eigengewächs: **Paul Lincke** (1866–1946), der Hauptvertreter der Berliner Operette, aus dessen „Frau Luna“ mit „Das macht die Berliner Luft, Luft, Luft“ die heimliche Berlin-Hymne stammt.

Klassisch

Das Angebot an **Orchestern und Chören** ist überwältigend. Neben den großen Sinfonieorchestern konzertieren die Klangkörper der Opernbühnen, drei renommierte und unzählige kleinere, ebenfalls hervorragende Kammerorchester, zehn Profichöre und über 100 sehr gute Laienchöre. Die nachfolgende Auflistung ist deshalb nicht vollständig, die Übersicht dient lediglich als erste Orientierung durch die Berliner Orchesterlandschaft. Ausführliche, aktuelle Informationen und Programmhinweise bieten die Stadt- und Programmzeitschriften.

98 [I6] **Berliner Philharmoniker,** Herbert-von-Karajan-Str. 1, 10785 (Tiergarten), S1, S2 und U2 Potsdamer Platz, Bus M48, 200, 347, www.berliner-philharmoniker.de, Tel. 254880. Das Flaggschiff unter den Klangkörpern, 1882 gegründet und Berlins berühmtestes Orchester.Die annähernd 130 Konzertmusiker und Solisten konzertieren in ihrem Stammhaus, der Philharmonie, und sind auf Gastspielreisen ebenso weltweit zu Hause. Mit Herbert von Karajan als künstlerischem Leiter von 1955 bis 1989 gelangte das Orchester endgültig zu Weltruhm. Auf Karajan folgte Claudio Abado, den im September 2002 der Brite Sir Simon Rattle als sechster und 2019 Kirill Petrenko als siebter Chefdirigent in der bald 140-jährigen Geschichte des weltberühmten Orchesters ablösten.

60 [K5] **Konzerthausorchester,** Gendarmenmarkt, 10117 (Mitte), U2 Hausvogteiplatz oder Stadtmitte, U6 Französische Straße oder Stadtmitte, www.konzerthaus.de, Tel. 203092101. Das Orchester wurde 1952 in Berlin/Hauptstadt der DDR gegründet und entwickelte sich zur Kapazität in Sachen russischer Musik, besonders für Schostakowitsch-Interpretationen. Nach der Wiedervereinigung wendete es sich vermehrt auch zeitgenössischen Werken zu. Stammhaus ist das 1819–1921 von Schinkel errichtete Schauspielhaus am Gendarmenmarkt, das seit 1984 als „Konzerthaus Berlin“ firmiert.

225 [K5] **Deutsches Symphonie-Orchester Berlin (DSO),** verschiedene Spielstätten, Besucherservice: Charlottenstr. 56, 10117 (Mitte), U2, U6 Stadtmitte, Tel. 20298711, www.dso-berlin.de. Zweimal wurde der 1946 von den Amerikanern in ihrer Besatzungszone als RIAS-Symphonie-Orchester gegründete Klangkörper in der Zeit nach der Wende umgetauft, und immer steht das Weltklasse-Orchester sehr zu Unrecht ein wenig im Schatten der Berliner Philharmoniker. Seit der Spielzeit 2017/2018 steht der junge Brite Robin Ticciati am Pult.

- **Orchester der Komischen Oper,** Behrenstr. 55–57, 10117 (Mitte), S1, S2, U55 Brandenburger Tor, U2 Französische Straße, Tel. 47997400, www.komische-oper-berlin.de. Bekannte Persönlichkeiten haben das 1947 gegründete Orchester dirigiert: Otto Klemperer, Rudolf Kempe, Arthur Grüber, Václav Neumann und Kurt Masur. Heute bietet das Orchester neben Opern- und Ballettaufführungen auch anspruchsvolle Konzertprogramme mit großem Anteil an zeitgenössischer Musik.
- **Staatskapelle Berlin,** Unter den Linden 7, 10017 (Mitte), Bus 100, 200, TXL, Tel. 20354555, www.staatsoper-berlin.de. Seit der Knobelsdorff-Bau 1742 eröffnete, haben dem Orchester der Staatsoper Unter den Linden im Verlauf seiner Geschichte so berühmte Namen wie Felix Mendelssohn-Bartholdy, Giacomo Meyerbeer und Richard Strauss vorgestanden. Neben Opern- und Ballettaufführungen veranstaltet die Staatskapelle regelmäßig Konzerte und Liederabende. Generalmusikdirektor ist seit 1992 Daniel Barenboim.

Jazz

Die Szene ist ebenso lebhaft wie vielfältig und deshalb nahezu unüberschaubar. Zu den bekanntesten und beständigsten Institutionen zählt das **JazzFest Berlin,** eines der ältesten und renommiertesten Jazzfestivals Europas, das bereits seit 1964 alljährlich die ersten grauen Novembertage mit heißen Rhythmen erfüllt. Etablierte Stars, experimentelle Insider-Acts und zunehmend Cross-overs zwischen lokalen Folks und globalen Klängen von Künstlern aus allen fünf Kontinenten verwandeln Berlin jedes Jahr im November in eine Hauptstadt des Jazz.

- **Infos** zu Programmen und Aufführungsorten: Berliner Festspiele, Schaperstr. 24, 10719 (Wilmersdorf), U3, U9 Spichernstraße, Tel. 254890, www.jazzfest-berlin.de

Über das ganze Jahr spielen eine Reihe von Klubs eine feste Rolle im Berliner Jazzleben. Von Dixie und Mainstream bis Avantgarde und Experimentellem bieten sie eine Bühne für die unterschiedlichsten Gigs und Konzerte. Die beliebtesten Adressen sind:

- **226** [E6] **A-Trane,** Bleibtreustr. 1, 10625 (Charlottenburg), S Savignyplatz, Tel. 3132550, www.a-trane.de
- **227** [F9] **Badenscher Hof,** Badensche Str. 29, 10715 (Wilmersdorf), U7 Blissestraße oder Berliner Straße, Bus 104, Tel. 8610080, www.badenscher-hof.de
- **228** [M4] **b-flat,** Dircksenstr. 40, 10178 (Mitte), U8 Weinmeisterstraße, Tel. 2833123, www.b-flat-berlin.de
- **229** [K3] **Kunstfabrik Schlot,** Chausseestr. 18, 10115 (Mitte), S Nordbahnhof, U6 Naturkundemuseum, Tel. 4482160, www.kunstfabrik-schlot.de
- **230** [F6] **Quasimodo,** Kantstr. 12a, 10623 (Charlottenburg), S und U2, U9 Zoologischer Garten, Tel. 31804560, www.quasimodo.de
- **231** [J8] **Yorckschlösschen,** Yorckstr. 15, 10965 (Kreuzberg), U6, U7 Mehringdamm, Tel. 2158070, www.yorckschloesschen.de

Experimentierfelder, Künstlerische Crossovers

An der Schnittstelle von U- und E-, alter und neuer, Minimalmusik und Worldtronic mit choreografischen Konzerten, Tanz, Theater und Literatur bieten das Haus der Kulturen der Welt am Tiergartenrand und das Radialsystem im alten Pumpwerk an der Spree in Friedrichshain internationale Programme und Veranstaltungsreihen von außergewöhnlichem Format.

- **13** [I4] **Haus der Kulturen der Welt**
- **232** [O6] **Radialsystem,** Holzmarktstr. 33, 10243 (Friedrichshain), S Ostbahnhof, Tel. 288788588, www.radialsystem.de

Rock, Pop, Folk, Funk, House, Electro, Hip-Hop, Techno …

Ob Punk im S-Bahn-Bogen oder Wildecker Herzbuben im Volkspark Friedrichshain, ob Rolling Stones im Olympia-Stadion oder Soundsystem-Tunes auf dem Müggelspree-Dub-Dampfer, die Auswahl ist mit mehreren Hundert Veranstaltungen an einem durchschnittlichen Wochenende riesig. Bitte in den Stadt- und Programmzeitschriften nachschlagen, Flyer, Prospekte und Plakatanschläge beachten! Wichtige Veranstaltungsorte:

- **233** [Q8] **Arena,** Eichenstr. 4, 12435 (Treptow), U1, U3 Schlesisches Tor, Bus 265, www.arena-berlin.de
- **234** [Q6] **Astra,** Revaler Str. 99, RAW-Tempel, 10245 (Friedrichshain), S und U1, U3 Warschauer Straße, www.astra-berlin.de
- **235** [P7] **Bi Nuu,** im U-Bahnhof Schlesisches Tor, 10997 (Kreuzberg), U1, U3 Schlesisches Tor, www.binuu.de
- **236** [Q6] **Cassiopeia,** Revaler Str. 99, RAW-Tempel Tor II, 10245 (Friedrichshain), S und U1, U3 Warschauer Straße, www.cassiopeia-berlin.de
- **237** [K10] **Columbiahalle,** Columbiadamm 13, 10965 (Kreuzberg), U6 Platz der Luftbrücke, www.c-halle.com
- **238** [N9] **Huxleys Neue Welt,** Hasenheide 107–113, 10967 (Neukölln), U7, U8 Hermannplatz, www.huxleysneuewelt.com
- **239** [K9] **Junction-Bar,** Gneisenaustr. 18, 10961 (Kreuzberg), U7 Gneisenaustraße, www.junction-bar.de
- **128** [M1] **Kulturbrauerei,** Knaackstr. 97, 10435 (Prenzlauer Berg), U2 Eberswalder Straße, www.kulturbrauerei.de. Konzerte im Kesselhaus und im Maschinenhaus.
- **240** [P8] **Lido,** Cuvrystraße 7, 10997 (Kreuzberg), U1, U3 Schlesisches Tor, www.lido-berlin.de
- **241** [N7] **SO 36,** Oranienstr. 190, 10999 (Kreuzberg), U1, U3 Kottbusser Tor oder Görlitzer Bahnhof, www.so36.de

Musiktheater

Oper

Berlin ist Opernstadt. Weltweit einmalig, verfügt die Stadt gleich über vier bedeutende Opernhäuser, in denen allabendlich über 4500 Plätze für Musiktheater- und Ballettvorstellungen sowie Sinfoniekonzerte reserviert sind.

- **242** [D5] **Deutsche Oper,** Bismarckstraße 35, 10627 (Mitte), U2 Deutsche Oper, Tel. 34384343, www.deutscheoperberlin.de. Unter dem langjährigen, im Dezember 2000 verstorbenen Generalintendant Goetz Friedrich profilierte sich die Westberliner Oper in der Bismarckstraße mit Programmschwerpunkten auf klassischen Werken italienischer und französischer Meister sowie Wagners „Ring der Nibelungen". Seit August 2009 ist der Wagner- und Strauss-Experte Donald Runnicles Generalmusikdirektor.
- **243** [K5] **Komische Oper,** Behrenstr. 55–57, 10017 (Mitte), S Unter den Linden, U6 Französische Straße, Tel. 47997400, www.komische-oper-berlin.de. 1947 von Walter Felsenstein (1901–1975) gegründet. Fast 28 Jahre leitete der österreichische Regisseur das Musiktheater in der Tradition der französischen Opéra Comique. 2015 wurde Intendant und Chefregisseur Barrie Kosky von der „Opernwelt" zum Regisseur des Jahres gekürt. Seit 2018 steht der lettische Dirigent Ainars Rubikis als Generalmusikdirektor am Pult.
- **244** [P11] **Neuköllner Oper,** Karl-Marx-Straße 131–133, 12043 (Neukölln), U7 Karl-Marx-Straße, www.neukoellneroper.de, Tel. 68890777. Der Benjamin unter den Berliner Opernbühnen (Geburtsjahr 1977) spielt von klassisch über volkstümlich bis

experimentell. Infolge der begrenzten Räumlichkeiten, die eine Einrichtung der Stücke für vergleichsweise kleine Instrumentalensembles erzwingen, wird die Aufführung zum hautnahen Erlebnis.

27 [L5] **Staatsoper Unter den Linden,** Unter den Linden 7, 10117 (Mitte), Bus 100, 200, TXL, Tel. 20354555, www.staatsoper-berlin.de. Das 1742 eingeweihte, nach Plänen des Baumeisters Knobelsdorff erbaute Haus ist gleichermaßen das Schmuckkästchen wie der Uropa der Berliner Musikbühnen. Weltberühmte Tonkünstler wie Giacomo Meyerbeer, Felix Mendelssohn-Bartholdy und Richard Strauss wirkten hier. Unter der Musikdirektion von Daniel Barenboim bilden neben dem klassischen Repertoire die Werke von Richard Wagner sowie vormozartäische Opern einen Schwerpunkt.

Leichte Muse

Folgende sehens- und erlebenswerte Musical-Tempel finden sich in der Spree-Metropole:

75 [K4] **Friedrichstadt-Palast,** Friedrichstr. 107, 10117 (Mitte), S Friedrichstraße oder U6 Oranienburger Tor, Tel. 2326 2326, www.show-palace.eu. In Europas größtem Revuetheater glänzt neben einer farbenfrohen Ausstattung und schillernden Kostümen besonders die klassische Girlreihe, die den Abend zum Augenschmaus macht.

245 [F6] **Theater des Westens,** Kantstraße 12, 10623 (Charlottenburg), S und U2, U9 Zoologischer Garten, Tel. 0180 54444, www.stage-entertainment.de. Just reif für das Altenteil, kam der Erfolg am 65. Geburtstag 1961 mit der deutschsprachigen Erstaufführung von „My Fair Lady“. Das prunkvoll ausgestattete Haus an der Kantstraße dient heute als Spielort der Stage Entertainment Company, die aktuell das Musical „Ghost“ präsentiert.

Theater

Über das **aktuelle Theaterprogramm** sowie die Veranstaltungen der Berliner Sprech-, Musik-, Kabarett- und Kleinkunstbühnen, von Varieté, Comedy, Zirkus und anderem mehr kann man sich in zahlreichen Magazinen und Prospekten informieren. In den Touristinformationen (s. S. 338) und in vielen Hotels liegen kostenlose Stadtmagazine, Programmprospekte verschiedener Bühnen und Veranstaltungsflyer aus. Detaillierte Auskünfte über das tägliche Programmangebot von A bis Z findet man darüber hinaus in den am Kiosk erhältlichen **Stadtzeitschriften „Zitty“ und „Tip“.**

Sprechtheater

Berlin blickt auf eine **lange, glänzende Theatertradition** zurück, die mit dem 1786 gegründeten **Deutschen Nationaltheater** am Gendarmenmarkt ihren Anfang nahm. Unter der Leitung des Schauspielers, Dramatikers und Theaterprinzipals **August Wilhelm Iffland** (1759–1814) entwickelte sich das Deutsche Nationaltheater rasch zu einer der bedeutendsten deutschsprachigen Bühnen.

Ende des 19. Jahrhunderts zählte die Stadt über 400 Theater, darunter manche Bühne von legendärem Ruf, wie die 1914 gegründete Volksbühne oder das bereits 1883 in der Schumannstraße 13a festlich eröffnete **Deutsche Theater.** 1905 übernahm **Max Reinhardt** (1873–1943) die Leitung des Deutschen Theaters und machte es mit seinen bahnbrechenden Neugestaltungen der antiken Dramen, Shakespeare-Inszenierungen und Aufführungen zeitgenössischer Auto-

ren zum viel diskutierten Mittelpunkt der internationalen Theatergemeinde.

Erwin Piscator (1893–1966) gründete 1922 das Proletarische Theater und wirkte 1924–1927 ebenso kurz wie umstritten erst an der Volksbühne am Rosa-Luxemburg-Platz und 1962–1966 dann an der Freien Volksbühne im Westteil der Stadt. 1954 gründete **Bertolt Brecht** (1898–1956) im Haus am Schiffbauerdamm in Ostberlin das weltberühmte Berliner Ensemble. Die große Zeit der Schaubühne begann 1970 mit **Peter Stein**.

Heute werben rund 30 große Bühnen und über 500 freie Theatergruppen, Klein- und Off-Theater um die Gunst des Publikums. Von Schauspiel über Kabarett, Kleinkunst und Revue, von Avantgarde bis Boulevard, von experimentell bis traditionell reicht das Programmangebot.

Die Volksbühne am Rosa-Luxemburg-Platz (s. S. 278) zählt bereits seit 1914 zu den Berliner Theaterinstitutionen

73 [K4] **Berliner Ensemble,** Bertolt-Brecht-Platz 1, 10117 (Mitte), S Friedrichstraße, Tel. 28408155, www.berliner-ensemble.de. 1954 von Bertolt Brecht gegründet, führte Heiner Müller die renommierte Staatsbühne der DDR nach der Wende zu weiteren großen Erfolgen. Nach dessen Tod zeichnete ab 1999 Claus Peymann verantwortlich, 2017 übernahm Oliver Reese die Intendanz.

74 [J4] **Deutsches Theater** und Kammerspiele, Schumannstr. 13a, 10117 (Mitte), S und U6 Friedrichstraße, Bus 147, Tel. 28441221, www.deutschestheater.de. Das 1883 in der Schumannstraße eröffnete Theater ist Inbegriff der Regie- und Schauspielkunst. Ab 1905 feierte es erstmals unter der Theaterlegende Max Reinhardt Erfolge.

246 [P1] **Die Schaubude Berlin,** Greifswalder Str. 81–84, 10450 (Prenzlauer Berg),

S Greifswalder Straße, Tel. 4234314, www.schaubude-berlin.de. Das 1954 gegründete Puppentheater spielt morgens Puppen- und Figurentheater für Kinder ab 4 Jahre, abends gibt es für Erwachsene im Marionetten- und Handpuppenspiel Klassisches wie Goethes „Faust" und Puppenopern sowie zeitgenössische Stücke.

247 [G4] **Grips Theater,** Altonaer Str. 22, 10557 (Moabit), U9 Hansaplatz, www.grips-theater.de, Tel. 39747477. Seit über vierzig Jahren ist der Klassiker unter den Kinder- und Jugendtheatern pfiffig und aktuell. Der konsequente Spielplan wie die hohe künstlerische Qualität der Inszenierungen wurden vielfach ausgezeichnet.

248 [K7] **Hebbel am Ufer (HAU),** drei Spielstätten: HAU 1: Stresemannstr. 29, HAU 2: Hallesches Ufer 32, HAU 3: Tempelhofer Ufer 10, alle in 10963 (Kreuzberg), U1, U3 Möckernbrücke oder U1, U3, U6 Hallesches Tor, Tel. 25900427, www.hebbel-am-ufer.de, Theaterkasse im HAU 2. Mit internationalen zeitgenössischen Koproduktionen und Avantgarde-Gastspielen hat sich das Hebbel-Theater seit seiner Wiedereröffnung 1989 zu einer der führenden europäischen Bühnen für modernes Sprech- und Tanztheater entwickelt.

35 [L5] **Maxim-Gorki-Theater und Studiobühne,** Am Festungsgraben 2, 10117 (Mitte), S Hackescher Markt, Tel. 20221115, www.gorki.de. Im 1823 bis 1827 nach Plänen von Karl Friedrich Schinkel errichteten Gebäude der Berliner Singakademie bildet postmigrantisches Theater den Schwerpunkt.

249 [E6] **Renaissance-Theater,** Knesebeckstr. 100, 10623 (Charlottenburg), U2 Ernst-Reuter-Platz, www.renaissance-theater.de, Tel. 3124202. Im 1922 eröffneten Haus wird überwiegend vergnügliche leichte Bühnenkost präsentiert.

250 [C7] **Schaubühne am Lehniner Platz,** Kurfürstendamm 153, 10709 (Wilmersdorf), U7 Adenauerplatz, Bus M19, M29, Tel. 890023, www.schaubuehne.de. Unter Peter Stein feierte das Haus in den 1970er-Jahren erstmals Triumphe, an die nach dem Umzug vom Halleschen Tor an den Kurfürstendamm 1981 insbesondere mit Inszenierungen von Botho-Strauß-Stücken durch Regiestars wie Luc Bondy, Peter Stein und Robert Wilson angeknüpft werden konnte.

251 **Theater an der Parkaue,** Parkaue 29, 10367 (Lichtenberg), S und U5 Frankfurter Allee, Tel. 55775252, www.parkaue.de. Größtes Kinder- und Jugendtheater Deutschlands. Neben Märchen und klassischen Kinderstücken stehen zahlreiche neue Inszenierungen auf dem Spielplan, viele davon sind Ur- oder deutsche Erstaufführungen.

252 [E7] **Theater und Komödie am Kurfürstendamm,** Ausweichquartier während des Neubaus der Spielstätte: **Schillertheater,** Bismarckstraße 110, 10625 (Charlottenburg), U2 Ernst-Reuter-Platz), Tel. 88591188, www.komoedie-berlin.de. 1921 gegründet, 1928–1932 unter der Leitung von Max Reinhardt, 1971–1974 vom Betonkloß des Ku'damm-Karrees umbaut, sind die beiden Urgesteine unter den Berliner Boulevardtheatern die Heimspielstätten von Winfried Glatzeder, Herbert Herrmann und – unvergessen – Brigitte Mira und Harald Juhnke.

253 [M3] **Volksbühne am Rosa-Luxemburg-Platz,** Linienstr. 227, 10178 (Mitte), U2 Rosa-Luxemburg-Platz, Tel. 24065777, www.volksbuehne-berlin.de. 1914 mit den Spargroschen von Mitgliedern des Volksbühnenvereins gegründet, sieht sich das Theater seither in der Tradition Erwin Piscators als Ort des politischen Denkens, der Kontroverse und der Innovation.

Kabarett, Kleinkunst und Varieté

Thalias historische Wurzeln liegen an der Spree in Kabarett, Kleinkunst und Varieté, musikalisch sind sie in den 1920er-Jahre-Revuen und den Liedern sowie Couplets von Paul Lincke (1866–1946), Walter Kollo (1878–1940) oder Friedrich Hollaender (1896–1976) zu finden. Stattliche 167 Brettlbühnen zählte man in den „Goldenen Zwanzigern" in Berlin. Für Max Reinhardts berühmtes literarisches Kabarett „Schall und Rauch" und die avantgardistische „Tribüne" spitzten Autoren wie Kurt Tucholsky, Erich Kästner und Walter Mehring die Feder. Im bereits 1887 als „vornehmstes Etablissement" Berlins im Hotel Central am Bahnhof Friedrichstraße eröffneten „Wintergarten" gaben sich Akrobaten, Schlangenmenschen und Clowns ein Stelldichein, darunter der „Akrobat schööön" Charlie Rivel. Im Kabarett „Linden" trällerte die „kesse Röhre" Claire Waldoff die Großstadtchansons von Tucholsky. Trude Hesterbergs „Wilde Bühne", Rosa Valettis „Größenwahn" und die Haller-Revuen im „Admiralspalast" standen an Verruchtheit dem „Kit Cat Club" nicht nach, der berühmt-berüchtigten Varieté-Bühne, der mit dem Musical „Cabaret" und ganz besonders in dessen Verfilmung mit Liza Minelli ein Denkmal gesetzt wurde.

In der bald nach dem Krieg geteilten Stadt stichelte im Osten die „Distel" gegen die Herrschenden an. Im Westen wurde das Nachkriegskabarett von den „Stachelschweinen" und den „Wühlmäusen" geprägt, nicht zu vergessen das legendäre Funkkabarett „Die Insulaner", das der Rundfunksender RIAS Berlin bis weit in die „Zone" hinein ausstrahlte, und den „Mann mit der Pauke", den satirischen Anarcho-Kabarettisten Wolfgang Neuss.

Nach der Wiedervereinigung erlebte die Stadt dann weit mehr als nur eine Renaissance, nämlich geradezu einen Siegeszug der urberlinischen Brettlkunst, dieser Mischung von Artistik und Akrobatik, Tanz und Revue, Couplet und Chansons, Klugem, Frechem und Frivolem mit einer ordentlichen Portion politisch-satirischer Berliner Schnauze.

- **72** [K4] **Admiralspalast,** Friedrichstraße 101, 10117 (Mitte), S und U6 Friedrichstraße, Tel. 22507000, www.mehr.de. Ab 1873 erbaut, 1922 zum illustren „Welt-Varieté" im Art-déco-Stil umgestaltet, seit 1953 Spielstätte des Kabaretts „Die Distel" und nach der Wende Spielball verschiedener Investoren, wurde das Traditionshaus der leichten Muse nach denkmalgerechter Sanierung 2006 feierlich neu eröffnet. Gezeigt wird ein buntes Programm aus Revue, Comedy, Musik- und Theatershow.
- **254** [F7] **Bar jeder Vernunft,** Schaperstr. 24, 10719 (Wilmersdorf), U9 Spichernstraße, www.bar-jeder-vernunft.de, Tel. 8831582. Seit 1992 ist das Spiegelzelt in der Schaperstraße eine der ersten Adressen für Kleinkunst und Kabarett. Anspruchsvolles und Innovatives geben sich mit Comedy, Quatsch und Klimbim ein Stelldichein. Die Berliner Lieblingsgeschwister Pfister sind hier zu Hause, und auch Max Raabe mit seinem Palastorchester sowie die begnadete, champagnertrunkene Diseuse Georgette Dee feiern im Spiegelzelt ihre Heimspiele.
- **255** [K8] **Berliner Kabarett Anstalt (BKA),** Mehringdamm 34, 10961 (Kreuzberg), U6, U7 Mehringdamm, Tel. 2022007, www.bka-theater.de. Unter einem Kreuzberger Dach seit 1971 der Spielort der Satire- und Komödiantenelite.

256 [K4] **Die Distel,** Friedrichstr. 101, 10117 (Mitte), S und U6 Friedrichstraße, Tel. 2044704, www.distel-berlin.de. 1953 gegründet, bildet die „Distel" seit DDR-Zeiten einen satirischen Stachel am Regierungssitz; mit aktuellem politischem Kabarett heute am Bahnhof Friedrichstraße im Admiralspalast 72.

257 [F6] **Die Stachelschweine,** Tauentzienstr. 6–9 (Europa-Center), 10789 (Charlottenburg), S und U2, U9 Zoologischer Garten oder U1, U2, U3 Wittenbergplatz, Tel. 2614795, www.diestachelschweine.de. 1949 in Westberlin gegründetes politisches Kabarett rund um den 2002 verstorbenen, beliebten Multimeckerer mit Schnauze und Herz, Wolfgang Gruner. Seit 1965 gibt die Truppe am Standort im Europa-Center ihre Politik- und Gesellschaftssatire zum Besten und ist dabei stets aktuell.

258 [I4] **TIPI am Kanzleramt,** Große Querallee 1 (zwischen Kanzleramt und Haus der Kulturen der Welt), 10557 (Tiergarten), S Hauptbahnhof, U55 Bundestag, Bus 100, Tel. 39066550, www.tipi-am-kanzleramt.de. Die Dependance der Bar jeder Vernunft (s. S. 279) nahe dem Kanzleramt. Brettln im Schatten der Macht.

259 **Die Wühlmäuse,** Pommernallee 2–4, 14052 (Charlottenburg), U2 Theodor-Heuss-Platz, www.wuehlmaeuse.de, Tel. 30673011. Das Kabaretttheater von Didi Hallervorden ist Spielort der deutschen Satireprominenz, z. B. Hans Scheibner, Ingo Appelt, Bruno Jonas und Mathias Richling.

KPM-Porzellan (s. S. 283) ist ein beliebtes Mitbringsel aus der Spree-Metropole

Berlin für Shoppingfans

Berlin geht mit den gesetzlich vorgegebenen Ladenschlusszeiten sehr liberal um, sodass man bis weit in die Abendstunden hinein shoppen kann. Dabei steht das Extravagante, Originelle meist ganz oben auf dem Einkaufszettel. Ob Designerlabel, Mall oder Trödelmarkt, die Spreemetropole hat ihren ganz eigenen Stil und je nach Pflaster reichen die Preise von günstig bis astronomisch.

Einkaufsmeilen

Berlin lässt sich in **mehrere große, bezirksübergreifende Einkaufsmeilen** aufteilen, in denen jeweils Konsumtempel unterschiedlichster Couleur ihre Ladentüren geöffnet halten: Im westlichen Citybereich locken der Kurfürstendamm 117 und die Tauentzienstraße 115, am Potsdamer Platz 93 werben die „Potsdamer Platz Arkaden" und ganz in der Nähe am Leipziger Platz die „Mall of Berlin" um Kunden. In der östlichen City zählen die Friedrichstraße 61, die Gegend rund um den Hackeschen Markt sowie der Alexanderplatz 56 mit großen Warenhäusern und Shoppingcenter zu den spannenden Bummelrevieren. Sie alle verbindet die U-Bahn-Linie 2 und darüber hinaus, dass hier in den Läden die ganze breite Palette an Konsumgütern feilgeboten wird, für die man wenige Cents bis unvorstellbare Summen ausgeben kann.

Kaufhäuser und Einkaufszentren, Bekleidungsketten, Filialgeschäfte und große Supermärkte halten in der Regel montags bis samstags 10–20 Uhr ihre Tore offen, manche bis 22 Uhr oder länger. Fachgeschäfte, Boutiquen und kleinere Läden schließen meistens nicht später als

310be Abb.: kj

20 Uhr. Ausnahme: In Szenevierteln mit hoher Ausgehdichte kann man abends oft noch bis 22 Uhr durch die Geschäfte bummeln, dafür öffnen sie am nächsten Tag nicht selten erst gegen Mittag.

West-City

Eindrucksvollste Shoppingattraktion in der West-City ist seit 1907 das **Kaufhaus des Westens (KaDeWe)** 116 am Wittenbergplatz. Als größtes Warenhaus Europas bietet es im Rahmen von spektakulären Produktpräsentationen nicht nur ein überbordendes Sortiment, sondern mit seiner 7000 m² umfassenden „Fressetage" im 6. Stock darüber hinaus die größte Schlemmer- und Feinkostabteilung des Kontinents. In unmittelbarer Nachbarschaft steht gegenüber der Gedächtniskirche am Breitscheidplatz das Mitte der 1960er-Jahre hochgezogene, vielgeschossige **Europa-Center** 114. Einst eines der Wahrzeichen Westberlins und neben dem KaDeWe Schaufenster der westlichen Wirtschaftskraft, ist es als eine der ältesten Malls in der BRD vor allem architekturhistorisch interessant. Nördlich davon trennt das denkmalgeschützte, aus den 1950er-Jahren stammende **Bikinihaus** 112 auf 200 Meter Länge den Breitscheidplatz vom Zoologischen Garten 110. Hier lohnen kreative Concept Stores und „Pop Up Boxes", begehbare Holzmodulkisten mit wechselnden Design- und Lifestyle-Sortimenten, einen Blick.

Ebenfalls spannend ist der Schaufensterbummel am **Kurfürstendamm** 117 zwischen Uhlandstraße und Olivaerplatz und durch seine Nebenstraßen mit ed-

Shoppingareale

Die wichtigsten Shoppingbereiche der Stadt sind im Kartenmaterial mit einer rötlichen Fläche markiert.

len Boutiquen, eleganten Minimalisten-Stylisten, hochkarätigen Juwelieren, Antiquitätenläden und Galerien neben den exklusiven Häusern von Bulgari, Escada, Versace, Gaultier u.a. Obwohl die meisten Geschäfte längst Filialen in der Friedrichstraße eröffnet haben, shoppt die Dame von Welt nach wie vor am Kurfürstendamm. Denn der prachtvolle Platanen-Boulevard genießt mit seinen breiten Trottoirs zum Flanieren und Cafés zum „Spazierensitzen“ den unbestrittenen Vorteil nicht nur des Sehens und Einkaufens, sondern auch die Garantie, mit seinen Einkäufen gesehen zu werden.

311be Abb.: kj

Potsdamer Platz und Leipziger Platz

Die „Potsdamer Platz Arkaden“ bieten die Auslagen der üblichen Handelsketten. Dank ihrer Lage inmitten der Daimler-City (94) zählt die Einkaufspassage dennoch zum touristischen Besuchsprogramm. Wenige Schritte entfernt präsentiert die elegante neue **Mall of Berlin** am Leipziger Platz Kaufrauschmöglichkeiten auf 76.000 Quadratmetern. Über 300 Modeläden auf vier Etagen lassen das Shopping-Herz höherschlagen.

Friedrichstraße

Die baumlose Straßenschlucht im zentralen Innenstadtbereich ist eine weitere Top-Einkaufsadresse. Mit dem französischen Bekleidungshaus **Galeries Lafayette**, dem **Quartier 206**, das exklusive Designer bevölkern, und dem **Quartier 207** mit H&M und Konsorten wurde sie nach der Wiedervereinigung als „Mekka“ für den besseren Einkauf konzipiert (siehe (62)). Hier trifft man auf den jungen dynamischen Businessman mit Aktentasche und Burlington-Socken und die Geschäftsfrau im Jil-Sander-Kostüm, die zwischen zwei Terminen noch schnell eine Bluse zum Wechseln von Donna Karan mitnehmen möchten.

In Kreuzberg gehört auch der Gemischtwarenladen für Revolutionsbedarf mit zum Shoppingprogramm

Sophienviertel und Scheunenviertel

Cooles und Schickes, Highstyle-Trendiges, wirklich Schönes und richtig Teures versammelt sich im **östlichen Innenstadtbereich** in den Läden zwischen dem Touristenmagnet Hackesche Höfe (81), Rosa-Luxemburg-Platz und Alexanderplatz, insbesondere entlang der Rosenthaler, Alten und Neuen Schönhauser, Weinmeister-, Mulack- und Münzstraße. Hier ist **Kult-Bummeln** mit Zwischenstopp in einem gepflegten Lokal angesagt.

Wer weniger dem verwirrend-kleinteiligen Boutiquenwesen und mehr einem Einkauf mit Überblick den Vorzug gibt, kommt gleich nebenan am **Alexanderplatz** (56) in großen Warenhäusern und Einkaufszentren auf seine Kosten.

Kreuzberg und Prenzlauer Berg

Den flippigen Gegenentwurf bieten die Boutiquen rund um die Kreuzberger Ausgehmeile Nummer eins, die **Oranienstraße** (137). Von kleinen Modelabels im Selbstausbeutungsbetrieb über Streetware- und Secondhandshops bis hin zum Kunsthandwerklichen aus der Blindenanstalt herrscht zwischen Döner, Sushi und Bioburger echtes Multikulti- und Streetware-Design. In den bunten Läden der Kreuzberger **Bergmannstraße** findet man neben Kneipen und Restaurants Erstöbernswertes von Trödel über Originelles bis hin zum Edel-Alternativen.

Nachwuchsdesigner, Kunstläden, Hutläden, Bioläden und andere Shops zum Bummeln, Gucken und Kramen gibts am Prenzlauer Berg in der **Kastanienallee** [M2] zu entdecken. Als angesagter Laufsteg der urbanen Web-2.0-Boheme firmiert die Straße unter dem Spitznamen „Castingallee" oder wird dank ihrer Cafés und Kneipen mit Frühstück bis 17 Uhr gerne auch „Latte-macchiato-Meile" genannt.

> EXTRATIPP
>
> **Ave Maria**
>
> Devotionalien und Anbetungsartikel von Altarkerzen über elektrisch beleuchtbare Marienfiguren bis hin zu einer großen Auswahl an Rosenkränzen und Weihrauchsorten – nicht nur für gläubige Katholiken, sondern längst auch für Klubgänger und Lifestyle-Aktivisten.
>
> **260** [I7] **Ave Maria,** Lützowstraße 23 (Tiergarten), U1, U3 Kurfürstenstraße, Tel. 2652284, www.avemaria.de, Mo.–Fr. 12–18, Sa. 12–15 Uhr

Angestammtes

Berlin wäre keine Shoppingmetropole, hätte es neben Gucci und Gaultier, Tommy Hilfinger oder Doc Martens nicht auch Angestammtes zu bieten. Exklusiv aus der Stadt stammt das Porzellan der 1763 von Preußenkönig Friedrich dem Großen ins Leben gerufenen **Königlichen Porzellan-Manufaktur (KPM).** In den Verkaufsgalerien auf dem Manufakturgelände, in der Friedrichstraße oder am Kurfürstendamm präsentiert die KPM ihre Porzellan-Klassiker aus allen Epochen, bereichert um ausgewählte zeitgenössische Artefakte.

Ein etwas weniger kostspieliges, dafür umso köstlicheres Berlin-typisches Mitbringsel sind die Schokoladen und Pralinenkreationen des **Traditionschocolatiers Erich Hamann.** 1916 gegründet, werden die Leckereien in den seit 1928 unveränderten Art-déco-Räumlichkeiten in der Brandenburgischen Straße angeboten.

261 [F5] **KPM Manufakturverkauf,** Wegelystr. 1 (Tiergarten), S Tiergarten, Tel. 39009215, www.kpm.de, Mo.-Sa. 10-18 Uhr. Weitere Filialen: Friedrichstraße 158 (Mitte), U6 Französische Straße, Mo.-Sa. 10-20 Uhr, Rosenthaler Straße 40/41 (in den Hackeschen Höfen, Mitte), S Hackesche Höfe, Mo.-Sa. 11-19 Uhr, und Kurfürstendamm 27 (Charlottenburg), U1 und U9 Kurfürstendamm, Mo.-Sa. 10-20 Uhr.

262 [D8] **Erich Hamann Schokoladen,** Brandenburgische Str. 17 (Wilmersdorf), U7 Konstanzer Straße, Tel. 8732085, www.hamann-schokolade.de

Extravagantes

263 [M4] **Esther Perbandt,** Almstadtstraße 3 (Mitte), U8 Weinmeisterstraße, http://estherperbandt.com. Ausnahmslos in schwarz und weiß fertigt Esther Perbandt avantgardistische Unisex-Kleidung für sie und ihn.

264 [I7] **Hutgalerie Fiona Bennett,** Potsdamer Straße 81 (Schöneberg), U1 Kurfürstenstraße, www.fionabennett.com. Exklusive maßgeschneiderte Modeschöpfungen für den Kopf, von dezent elegant bis bemerkenswert ausgefallen, nach alter Hutmacherkunst von Hand gefertigt.

265 [M3] **Lala Berlin,** Alte Schönhauser Straße 3 (Mitte), U2 Rosa-Luxemburg-Platz, www.lala-berlin.com. Frauenmode der Berliner Designerin Leyla Piedayesh: prächtige Muster, leuchtende Farben, spannende Kombinationen aus Kaschmir, Seide und edelsten Garnen, lässig und cool.

266 [M2] **Thatchers Berlin Fashion,** Kastanienallee 21 (Prenzlauer Berg), U2 Senefelder Platz, Eberswalder Straße, Tram M1 und 12, www.thatchers.de. Außergewöhnliche Kollektionen für junge Frauen von 20 bis 80 „made in Berlin", die auch auf Pariser Laufstegen Aufsehen erregen.

267 [L3] **Thone Negrón Store,** Linienstraße 71, 10119 (Mitte), U8 Rosenthaler Platz,

302be Abb.: kj

https://thonenegron.com. Bekleidungskunststücke der Berliner Designerin Ettina Berrios-Negrón: lange Kleider, feine Seidenblusen und Bundfaltenhosen, die Schnitte sind klassisch und fließend.

Fashion und mehr

268 [M4] **14 oz.,** Neue Schönhauser Str. 13 (Mitte), U8 Weinmeisterstraße, https://14oz.com. Ausgesuchte Denim- und Streetware des Berliner Modemessen-Papstes Karl-Heinz Müller, vor allem für Männer.

269 **Glamorous Berlin,** Stargarder Straße 78, 10437 (Prenzlauer Berg), S und U2 Schönhauser Allee, www.glamorous-berlin.de. Traumhafte Lady-Looks von Casual über Business bis zur Abendgala.

270 [M3] **International Wardrobe,** Almstadtstraße 50 (Mitte), U2 Rosa-Luxemburg-Platz, www.internationalwardrobe.com. Mehr als nur Folklore: surreal schöne Kleidung, Schmuck, Accessoires, Heimtextilien, Keramik, meist in der zweiten Hälfte des 20. Jh. in Osteuropa, Zentralasien und Fernost handgefertigt, dort gesucht und gefunden.

271 [L3] **Konk,** Kleine Hamburger Str. 15 (Mitte), S1 und S2 Oranienburger Straße, U6 Oranienburger Tor, U8 Weinmeister Straße und Rosenthaler Platz, www.konk-berlin.de. „Top, hip and new" – alle wichtigsten Berliner Avantgarde-Label unter einem kleinen Dach.

272 [M4] **Mykita,** Rosa-Luxemburg-Str. 6 (Mitte), U8 Weinmeisterstraße, www.mykita.com. Preisgekrönter Brillengestellladen, in dem auch Hollywoodstars wie Brad Pitt und Tom Cruise gerne einkaufen.

273 [E6] **Stilwerk,** Kantstr. 17 (Charlottenburg), U2, U9 und S Zoologischer Garten, www.stilwerk.de. Edelkaufhaus für exklusive Designermöbel, Lifestyleprodukte und erlesene Wohnzutaten.

Secondhand-, Vintage- und Trödelläden finden sich in Berlin an vielen Ecken; hier in der Oderberger Straße [M1] im Prenzlauer Berg

Vintage

274 [L4] **Glanzstücke,** Sophienstraße 7/ Hackesche Höfe (Mitte), S Hackescher Markt, www.glanzstuecke-berlin.de. Bildschöner Modeschmuck des 20. Jahrhunderts von Art déco bis 1960er-Jahre. In den Hackeschen Höfen direkt am Eingang Sophienstraße.

275 [M3] **Gunvor,** Steinstraße 4 (Mitte), U8 Weinmeisterstraße, www.gunvor.berlin. Exklusive Mode und Schmuck. Aus zweiter Hand bedeutet hier erste Wahl (bis Größe 40).

276 [M4] **Made in Berlin,** Neue Schönhauser Straße 19 (Mitte), U8 Weinmeisterstraße, http://kleidermarkt-vintage.de. Schätze heben, vom 1950er-Jahre-Fummel über die 1970er-Schlaghose bis hin zum Pulli der letzten Saison. Wer dort nicht fündig geworden ist, geht ein paar Schritte weiter zu Pick N Weight:

277 [M4] **Pick N Weight,** Alte Schönhauser Straße 30, http://kleidermarkt-vintage.de

Berlin-Souvenirs

278 [K5] **Ampelmann Shop (1),** Flagshipstore Unter den Linden 35, U6 Französiche Straße, www.ampelmann.de. Das DDR-Ampelmännchen ist als Mitbringsel Kult, auf Shirts und als Schlüsselanhänger, als Buchstütze, in der Tüte als Fruchtgummi und in anderer Form. Weitere Filiale:

279 [L4] **Ampelmann Shop (2),** in den Hackeschen Höfen, Rosenthaler Str. 40/41 (Mitte), S Hackescher Markt.

280 [K5] **Muddastadt Berlin,** Unter den Linden 40 (Mitte), Bus 100, 200, TXL, www.muddastadt-berlin.de. Ultimatives Andenken-Shoppen, über 3000 Souvenir- und Geschenkartikel mit Berlin-Bezug.

281 [L4] **Promobo,** Hackesche Höfe (Hof 3 und 5), Rosenthaler Straße 40/41 (Mitte), S Hackescher Markt, www.promobo.de. Junge Berliner Designer präsentieren ihre Arbeiten, die von Accessoires über Schmuck und Kleidung bis hin zu ausgefallenen Möblierungsideen reichen.

Märkte

Eine schöne Gelegenheit, sich unter die Spree-Athener zu mischen und echte Berliner Luft zu schnuppern, bieten die zahlreichen Trödel- und Wochenmärkte.

404be Abb.: fo © hanohiki

282 [K4] **Berliner Antikmarkt,** S-Bahnbögen Georgenstr. 190–203 (Mitte), S und U6 Friedrichstraße, www.antikmarkt-berlin.de, tgl. 11–18 Uhr. Beliebte touristische Stöberecke unter den S-Bahn-Bögen an der Georgenstraße nahe S Friedrichstraße, wo sich zwischen Tinnef und Trödel auch manche Kostbarkeit ausgraben lässt.

283 [Q6] **Flohmarkt am Boxhagener Platz,** Boxhagener Platz (Friedrichshain), U5 Samariterstraße, So. 10–18 Uhr. Studi-Trail, Family-Walk, Szene-Gang – beim Stöbern an den Ständen rund um den „Boxi" wird jeder fündig.

284 [L1] **Flohmarkt am Mauerpark,** Bernauer Str. 63/64 (Prenzlauer Berg), U8 Bernauer Straße, www.flohmarktimmauerpark.de, So. 9–18 Uhr. Bei schönem Wetter großes sonntägliches Freilufthappening mit einem Angebot von Krempel bis Kunsthandwerk, dazu viel Latte macchiato, Hobbymusiker und Prenzlberg-Szene. Legendär ist das Open-Air-Karaoke im Mauerpark-Amphitheater.

285 [Q8] **Hallentrödelmarkt Treptow,** Puschkinallee/Am Flutgraben (Treptow), U1, U3 Schlesisches Tor, S Treptower Park, Bus 265, www.hallentrödelmarkt-berlin-treptow.de, Sa./So. 10–18, im Winter bis 16 Uhr. In den Hallen an der Grenze zwischen Kreuzberg und Treptow, zwischen Flutgraben und Spree ist vom alten Alibert-Schrank über Couchgarnituren, alte Ölschinken, kaputte Wäschetrockner zum Ausschlachten, PCs der ersten Generation, Kleidung und Schuhe für alle Jahreszeiten, gebrauchte Badezimmergarnituren und Teppiche bis zum Secondhand-Presslufthammer alles zu finden. Nach dem Getümmel empfiehlt sich ein

Der Mauerpark auf dem ehemaligen Mauerstreifen ist ein beliebter Szenetreff

Bierchen in den Bootshauscafés über dem Flutgraben und zum Abschluss später am Abend ein Rockkonzert in der benachbarten „Arena“ (s. S. 275).

287 [L5] **Kunstmarkt am Zeughaus,** Mitte, S Hackescher Markt, Bus 100, 200, Tram M1, 12, www.kunstmarkt-berlin.com, Sa./So. 11–17 Uhr. Die Buden vor der Museumsinsel bieten Hübsches, ob Hand-, Kopf- oder Wandschmuck, Touristen sind gern gesehen.

286 [L9] **Marheineke-Markthalle,** Marheinekeplatz 15 (Kreuzberg), U7 Gneisenaustraße, www.meinemarkthalle.de, Mo.–Fr. 8–20 Uhr, Sa. 8–18 Uhr. Kiezleben live, dazu gibt es frische Lebensmittel, Feinkost und leckere Happen zu verputzen.

› **Markthalle Neun** (s. S. 256)

288 [F5] **Trödel- und Kunstmarkt** an der Straße des 17. Juni (Charlottenburg), S Tiergarten, www.berliner-troedelmarkt.de, Sa./So. 10–17 Uhr. Gewissermaßen die Freiluftveranstaltung des Berliner Kunst- und Antiquitätenkleingewerbes am Wochenende. Wer hier sucht, der findet auch.

289 [N8] **Türkischer Markt,** am Maybachufer (Neukölln), U8 Schönleinstraße, www.tuerkenmarkt.de, Di. und Fr. 11–18.30 Uhr. Politisch korrekt müsste er eigentlich „Markt der türkeistämmigen Berliner Einwohner“ heißen. Aber dieses Bandwurmwort würde ohnehin im Getümmel der zahlreichen Lebensmittel-, Gewürz- und Tuchhändler am Landwehrkanal-Ufer in „Kreuzkölln“ (an der Grenze von Kreuzberg zu Neukölln) untergehen.

290 [H8] **Winterfeldtmarkt,** am Winterfeldtplatz (Schöneberg), U1, U2, U3, U4 Nollendorfplatz, http://winterfeldtplatz.winterfeldtmarkt.de, Mi. 8–14 Uhr und besonders Sa. 8–16 Uhr. Nach Viktualien-Cruising und Blumeneinkauf lassen sich die Beauty-Bürger von Schöneberg rituell gegen frühen Nachmittag in einem der Cafés nieder, die den Marktplatz umgeben.

364be Abb.: kj

Berlin zum Träumen und Entspannen

Niemand wird ernsthaft erwarten, in einer Millionenmetropole außerhalb seiner eigenen vier Wände ein ruhiges Plätzchen für sich zu haben. Trotzdem lassen sich selbst in der Berliner Innenstadt ein paar verkrautete, zugewachsene Winkel finden, die einen, aus der Großstadt fort, in andere Welten entführen.

So beispielsweise das **Rhododendron-Wäldchen im westlichen Tiergarten** 105 nahe dem Neuen See, wo man im späten Frühling auf einer Parkbank mitten im mannshohen Blütenmeer die Seele baumeln lassen kann. Eine kontemplative Sicht auf die Stadt verspricht der **Blick vom Berliner Dom** 44. Der Aufstieg in die Kuppel ist im letzten Abschnitt im Gebälk steil und eng, weswegen sich nur wenige Menschen dort hinauf in die Höhe verirren.

Lauschig und eingewachsen: das kleine Café Eule im Gleisdreieckpark 142

303be Abb.: kj

Eines der jüngsten innerstädtischen Erholungsgebiete, noch völlig unentwickelt, ist der im Herbst 2008 stillgelegte **Flughafen Tempelhof** (s. S. 326). Mitten in der Stadt steht das fast 400 Hektar große Flughafengelände seit Mai 2010 in weiten Teilen Spaziergängern, Radfahrern und Skatern offen. Der größte öffentliche Park in der Stadt ist gleichwohl ein Park der anderen Art. Kein Baum ist zu sehen, kein Blumenbeet, keine gepflegte Rasenfläche. Nur wilde Wiese zwischen den Start- und Landebahnen. So sind den Flügen der Fantasie keine Grenzen gesetzt.

Mitten im Plattenbaubezirk Marzahn-Hellersdorf laden die **Gärten der Welt** 155 zum Entdecken und Erwandern einzigartiger Gartenbaukunst rund um den Erdball ein. Am schönsten lässt sich das 43 Hektar große Gelände von der Seilbahn aus überblicken. Die Gondeln führen zum „Wolkenkuckuckshain" auf den 100 Meter hohen Kienberg im angrenzenden **Kienbergpark** 156 hinauf – inklusive kontemplativer Aussicht weit über Berlin und das Brandenburger Umland hinweg (s. S. 188).

△ Das Wiesenmeer des stillgelegten Flughafens Tempelhof wird heute besonders gern von Lerchen angeflogen

▷ Mit Kind und Kegel unterwegs in Berlin. Der Neptunbrunnen 49 bietet dabei an heißen Sommertagen eine willkommene Erfrischung.

Berlin mit Kindern

Pulsierende Millionenstadt, Häusermeer und Asphaltdschungel. Kann das mit Kindern zusammengehen? Die Antwort lautet ja! Großstadt und Kinder müssen kein Widerspruch sein. Während Städtereisen Familien oft vor Probleme stellen, verfügt Berlin über viele abwechslungsreiche und unterhaltsame Angebote für Groß und Klein gemeinsam.

Über die umfangreichen Programme und Veranstaltungen tagtäglich vor Ort informieren die Stadtmagazine „Zitty" und „Tip".

Sehenswertes

Auch ohne weiterführendes Info-Futter sind zahlreiche Sehenswürdigkeiten in der **Innenstadt** von Alexanderplatz bis Zoologischer Garten für kleine Menschen spannend zu entdecken: durch den Zoo 110 und den Tiergarten 105 spazieren, von der Brücke über die Tiergartenschleuse herab den Fahrgästen auf den Ausflugsdampfern winken und die Siegessäule 106 erklimmen, mit dem schnellsten Personenaufzug Europas im Kollhoff-Gebäude am Potsdamer Platz 93 in 90 Meter Höhe brausen, sich vom Duft der Bratwürstchenstände verführen lassen und anschließend mit der Rikscha umherfahren (s. S. 359), zur Leierkastenmusik Unter den Linden Eis und Kuchen wegputzen, danach zwischen den steinernen Meeresgottheiten im Neptunbrunnen 49 ein erfrischendes kurzes Kneipp-Bad nehmen, schließlich mit dem Fahrstuhl zur Aussichtsplattform des Fernsehturms 51 hinaufsausen und durch das Fernrohr auf Berlin hinunterschauen, das einem in allen vier Himmelsrichtungen zu Füßen liegt. Das ist so recht etwas für kleine Stadtindianer, ebenso wie für ihre Erwachsenen und am

031be Abb.: kj

304be Abb.: kj

besten auf großer Fahrt mit den **Doppeldeckerbussen der Linien 100 und 200** (s. S. 348) zu erleben.

Alles zum Sehen und Staunen aus der Spree-Perspektive bieten die **Berliner Wassertaxis** (s. S. 350) ihren großen und kleinen Passagieren in einstündiger Wasserrundfahrt, vorbei an Museumsinsel, Schiffbauerdamm und Reichstag zum Haus der Kulturen der Welt und retour. Unterwegs werden die Attraktionen jenseits jeglichen Kunsthistorikerchinesischs lebhaft, live und mit viel Spaß dabei von einem Fremdenführer erläutert. Wenn der Kapitän gute Laune hat, beantwortet er den jüngeren Fahrensleuten, die ihn auf der Brücke besuchen, sämtliche Fragen und lässt sie – wenn er besonders gute Laune hat – auch mal ans Steuer.

Darüber hinaus gibt es viele faszinierende Dinge in den **Außenbezirken** zu entdecken: die Zitadelle und das Fort Hahneberg in Spandau, die Märchenschlösser an Havel und Spree, an heißen Sommertagen das Strandbad Wannsee 160 und vieles mehr.

Besondere Attraktionen

Dschungelexpedition, Feenschloss, Mini-Berlin mit Brandenburger Tor, Reichstag und Dom und vieles mehr aus Millionen von kleinen Legosteinchen zeigt auf 3500 Quadratmetern das **Legoland Discovery Center** im Sony Center am Potsdamer Platz.

•**291** [J6] **Legoland Discovery Center Berlin,** Potsdamer Str. 4, 10785 (Tiergarten), S1, S2, U2 Potsdamer Platz, Tel. 0180 66690110, www.legolanddiscoverycentre.com, geöffnet: tgl. 10–19 Uhr, letzter Einlass 17 Uhr, Eintrittspreise ab 11 €

Der Märchenbrunnen im Volkspark Friedrichshain 132 erfreut sich bei den Kleinen großer Beliebtheit

Tierisch geht es zu, von Ameisenbär über Tierfütterung und Tierkinder bis Wiesel und Zebra, mitten im Stadtzentrum im **Zoo Berlin** (110) und östlich im Bezirk Lichtenberg in Europas größtem Landschaftstiergarten, dem **Tierpark Berlin** (154).

Auf Unterwasserreise zu rund 4000 Meeresbewohnern von den Spreequellen über den Atlantik bis in tropische Gewässer geht es im **Sea Life Berlin** mit dem **AquaDom**, dem weltweit größten frei stehenden Aquarium.

•**292** [L4] **AquaDom & Sea Life Berlin,** Spandauer Str. 3 (gegenüber vom Berliner Dom), 10178 (Mitte), S Hackescher Markt, Bus 100, 200, TXL, Tel. 01805 66690101, www.visitsealife.com, tgl. 10–19 Uhr, Erw. ab 10,50 €, Kinder 3–15 Jahre 8,70 €

Eine ganze Stadt nur für Kinder auf 13.000 Quadratmetern und zugleich **Europas größtes Kinder-, Jugend- und Familienzentrum** ist das **FEZ** in der Wuhlheide. Badesee, Schwimm- und Sporthalle, Theater- und Konzertsäle, Kunstlabor, Kindermuseum, Kino und zahlreiche Spielplätze sowie ein kunterbuntes Mitmachangebot, nicht zu vergessen die Kinder-Parkeisenbahn, laden zu Spiel, Spaß und Freizeitvergnügen ein.

•**293** **FEZ,** Straße zum FEZ 2, 12459 (Köpenick), S3 Wuhlheide, Tel. 530710, www.fez-berlin.de, in der Schulzeit Mo.–Fr. 8.30–17 Uhr, Sa./So. 12–18 Uhr, in den Sommerferien Mo.–Fr. 10–17, Sa./So. 12–18 Uhr, in den Herbst-, Winter- und Osterferien Mo.–Fr. 10–18, Sa./So. 12–18 Uhr, Eintritt frei

Einmal hinter die Kulissen einer Traumfabrik schauen kann man im **Filmpark Babelsberg** (191) in Potsdam, wo Europas älteste Filmstudios stehen. Zum fünf- bis sechsstündigen Besichtigungsprogramm zählen zahlreiche Attraktionen wie Stuntshows, eine Filmtiershow und für die ganz Kleinen das Sandmannhaus.

Essen und Trinken

Auch am Ausgehen soll es nicht fehlen. Das **Theater & Restaurant Charlottchen** bietet neben Schauspiel- und Kleinkunstaufführungen fröhliche Gastronomie für die Familie. Es ist Theater mit Restaurant sowie Kultur- und Begegnungsstätte für Alte und Junge, Unversehrte und Behinderte zugleich. Die Kinderspeisekarte verzeichnet Gaumenfreuden wie Pommes und Spaghetti, und wenn die Erwachsenen am Tisch langweilige Gespräche führen, kann sich der Nachwuchs in den Spielraum mit Klötzen und Rutsche zurückziehen. Auf der Bühne gibt es für die Kleinen vom „Gestiefelten Kater“ über bunte Liederprogramme, Zauberer, Clowns und Puppenspieler bis hin zum Mitspieltheater allerlei zu erleben.

294 [C7] **Theater & Restaurant Charlottchen** €, Droysenstr. 1, 10629 (Charlottenburg), S Charlottenburg, U7 Wilmersdorfer Straße, Tel. 3244717, www.restaurant-charlottchen.de, Di.–Fr. ab 17, Sa./So. ab 10 Uhr. Der wechselnde Spielplan kann der Homepage entnommen werden.

Kulturelles

Das eigens auf Kinder zugeschnittene kulturelle Angebot ist erstaunlich. Mehrere nur für Kinder eingerichtete **Museen** laden zum spannenden Besuch ein: das Kindermuseum Labyrinth (s. S. 243) in der Fabrik Osloer Straße, das Machmit! Museum für Kinder im Prenzlauer Berg (s. S. 243) und das Alice Museum für Kinder im FEZ (s. S. 291).

Spannendes aus Natur- und Technik bieten das Deutsche Technikmuseum 141, die Nr. 1 bei Kids, die Eisenbahnen, Oldtimer und alte Flugzeuge lieben, das Museum für Naturkunde 78 mit dem größten Dino der Welt und der Historische Hafen (s. S. 243).

Digi-Tech für Groß und Klein, virtuelle Welten, Klassiker und Kurioses aus 60 Jahren Gaming-Geschichte, teils auch zum Anfassen und Mitmachen, zeigt das **Computerspielemuseum** (s. S. 242).

Museen, die in Uropis Zeiten oder in märchenhafte Zauberwelten entführen, sind die Sammlung Kindheit und Jugend des Stadtmuseums Berlin und das Puppentheater-Museum (s. S. 244).

Kindertheater mit Menschen veranstalten das Theater an der Parkaue, das Grips Theater, das bereits erwähnte Theater & Restaurant Charlottchen und viele andere (s. S. 276).

Kindertheater mit Puppen und Marionetten führen neben der Schaubude Berlin (s. S. 277) u. a. DAS WEITE THEATER und das Theater Mirakulum auf. Beim Puppentheater Firlefanz sind Märchen mit Handpuppen und Opern für Kinder

373be Abb.: kj

mit Marionetten, z. B. Mozarts „Zauberflöte“ in einer Bearbeitung für die Kleinen, fest im Programm. Im Puppentheater Berlin verzaubert mit Marionetten-, Schatten- und Puppenspiel, Masken, Papiertheater und Erzählungen die Puppenspielkunst von Hella und Ulrich Treu. **Musiktheater** für Menschen von 5 bis 105 gibt das ATZE Musiktheater zum Besten. Klassiker wie „Ronja Räubertochter“ oder „Momo“ stehen ebenso auf dem Programm wie klingende eigene Stücke.

295 ATZE Musiktheater, Max-Beckmann-Saal, Luxemburger Str. 20, 13353 (Wedding), U9 Amrumer Straße, Tel. 81799188, www.atzeberlin.de

296 DAS WEITE THEATER, Parkaue 23, 10367 (Lichtenberg), S und U5 Frankfurter Allee, www.das-weite-theater.de, Tel. 9917927

297 [C5] **Puppentheater Berlin,** Gierkeplatz 2, 10585 (Charlottenburg), U7 Richard-Wagner-Platz, www.puppentheater-berlin.de, Tel. 3421950

298 [L4] **Puppentheater Firlefanz,** Sophienstraße 10, 10178 (Mitte), S Hackescher Markt, U8 Weinmeisterstraße, Tel. 2833560, www.puppentheater-firlefanz.de

299 [L2] **Theater Mirakulum,** Brunnenstr. 35, 10115 (Mitte), U8 Bernauer Straße oder Rosenthaler Platz, www.mirakulum.de, Tel. 4490820

Magische Grüße sendet immer freitag-, samstag- und sonntagnachmittags das Zaubertheater Igor Jedlin mit „Zauberhits für Kids“, wo Häschen unter dem Umhang des Magiers hervorhopsen, Tauben und manchmal sogar die Kinder in die Luft fliegen.

300 [C7] **Zaubertheater Igor Jedlin,** Roscherstr. 7, 10629 (Charlottenburg), U7 Adenauerplatz, Bus M19, M29 Lehniner Platz, www.zaubertheater.de, Tel. 3233777

Zur richtigen Zeit am richtigen Ort

Ob Feste, Festivals oder Kulturtage, ob Straßenpartys, Umzugsparaden oder Sportgroßereignisse – der Berliner Festkalender ist prall gefüllt. Hier die wichtigsten, beliebtesten und renommiertesten Veranstaltungen.

Januar

› **Internationale Grüne Woche:** Größtes Fressfest in Deutschland, außerdem Leistungsschau von Ernährungswirtschaft, Landwirtschaft und Gartenbau. In den Messehallen unter dem Funkturm. Tel. 30380, www.gruenewoche.de.

Februar

› **Transmediale:** Festival für zeitgenössische Kunst und digitale Kultur, vier Tage Ende Januar/Anfang Februar. www.transmediale.de.

› **Internationale Filmfestspiele Berlin:** Das einzige deutsche A-Festival und nach Cannes und Venedig bedeutendste Filmfestival Europas, mit viel Prominenz auf dem roten Teppich im Sony Center am Potsdamer Platz. Tel. 259200, www.berlinale.de. (Programm und Online-Ticketverkauf unter www.berlinale.de, der reguläre Kartenvorverkauf beginnt in der Regel drei Tage vor Festivalbeginn an den Kassen der Berlinale-Kinos.)

Eine kunterbunte Puppenvielfalt, wie sie einmal zur Aufführung gekommen ist, gibt es im Neuköllner Puppentheater-Museum zu sehen (s. S. 244)

365be Abb.: kj

März

- **ITB:** Internationale Tourismusbörse und größter Reisemarkt der Welt. Tel. 30380, www.itb-berlin.de.
- **MaerzMusik:** Internationales Festival aktueller Musik mit Aufführungen neuer Werke der Orchester- und Kammermusik sowie experimentell und medienkünstlerisch orientierten Arbeiten. Tel. 254890, www.berlinerfestspiele.de.

Mai

- **MyFest:** legendär in Kreuzberg am 1. Mai. Früher autonome Krawalle, heute großes Party-Geknubbel zwischen Oranienplatz, Mariannenplatz und Görlitzer Park. www.myfest36.de.
- **Theatertreffen Berlin:** Zwei Wochen Gastspiele der führenden deutschsprachigen Bühnen. Tel. 254890, www.berlinerfestspiele.de.
- **Velothon Berlin:** Massenradrennen für jedermann, die über Distanzen von 60 und 120 Kilometern an allen wichtigen Berliner Sehenswürdigkeiten vorbeiführen. www.velothon-berlin.de.

Pfingsten

- **Karneval der Kulturen:** Kunterbunter Multikulti-Umzug und viertägiges Straßenfest mit viel Musik und Tanz. www.karneval-berlin.de.

Juni

- **Berlin Biennale:** Eines der wichtigsten Schaufenster für zeitgenössische Kunst, alle zwei Jahre mit Spannung erwartet (Turnus 2018, 2020 usw.). Tel. 2434590, www.berlinbiennale.de.

△ *Multikulti, kunterbunt: Der farbenprächtige Karneval der Kulturen ist die Lieblingsparade der Berliner*

- **Fête de la Musique:** Internationaler Open-Air-Tag der Rock- und Popmusik, immer zum Sommeranfang am 21. Juni umsonst und draußen auf zahlreichen Bühnen. www.fetedelamusique.de.

Juli

- **Classic Open Air:** Populäre Klassik unter dem Sternenhimmel in fünf warmen Sommernächten auf dem Gendarmenmarkt. Höhepunkt der Berliner Open-Air-Saison klassischer Musik. Tel. 01806 999000606, www.classicopenair.de.
- **Christopher-Street-Day-Parade:** fantasievolle, ausgelassene Umzugsparade der Berliner Homosexuellen durch die Innenstadt. Tel. 23628632, www.csd-berlin.de.
- **Wassermusik – Sommer-Open-Air-Festival:** drei Wochen lang gibt es spannendes Weltmusikprogramm, Filme und Wortveranstaltungen auf der Dachterrasse im Haus der Kulturen der Welt (13), Tel. 39787175, www.hkw.de.

August

- **Tanz im August:** Führendes Festival des zeitgenössischen Tanzes, Neuentdeckungen von jungen Choreografen und Compagnien sowie Wiederbegegnung mit Künstlern, die das internationale Tanzgeschehen entscheidend mitgeprägt haben. Tel. 25900427, www.tanzimaugust.de.
- **Lange Nacht der Museen:** Großes Kunst- und Kulturhappening mit Konzerten, Theater, Lesungen, Speis' und Trank bis 2 Uhr nachts in rund 80 Museen. www.lange-nacht-der-museen.de, Tel. 24749700.
- **Young.euro.classic:** 2½-wöchiges Klassikfestival mit internationalen Jugendorchestern im Konzerthaus am Gendarmenmarkt. www.young-euro-classic.de.

Karneval an der Spree

Auch wenn seit dem Bonner Regierungsumzug das närrische Februar-Treiben im märkischen Preußen allmählich Fuß fasst - der wahre Berliner Karneval, der ***Karneval der Kulturen,*** *findet* ***zu Pfingsten*** *statt! Zur* ***farbenfröhlichen Umzugsparade*** *aller Berliner Nationalitäten versammeln sich Pfingstsonntag in Kreuzberg über eine Million Besucher, um zusammen mit indonesischen Gamelanorchestern, balinesischen Tempeltänzerinnen, bayerischen Blaskapellen, Trommlergruppen aus Kamerun, brasilianischen Samba-Formationen, Neuköllner Breakdancern und vielen mehr Weltoffenheit, Vielfalt und Toleranz zu feiern.*

Umrahmt wird der Umzug von einem ***viertägigen Straßenfest*** *zwischen Blücherplatz und Waterloo-Ufer, wo zwischen den Buden auf den Bühnen fast 1000 Künstler aus aller Welt von Türkpop über Balkanbeat, Afroreggae, Limbo und Latin Berlin zum Swingen bringen.*

September

- **Berlin Art Week:** Fünf Tage lang werden Werke der zeitgenössischen Kunstszene präsentiert. www.berlinartweek.de.
- **Musikfest Berlin:** Internationale Spitzenorchester 19 Tage zu Gast in Berlin. Tel. 254890, www.berlinerfestspiele.de.
- **Internationales Literaturfestival:** Knapp zwei Wochen lang zeitgenössische Prosa und Lyrik, mit Autoren von Weltruhm und neuen internationalen Entdeckungen. Tel. 27878620, www.literaturfestival.com.

- **Internationale Funkausstellung (IFA):** Große Party der Fernsehanstalten Ende August und Anfang September unter dem Funkturm sowie Messe und Leistungsschau der Kommunikationsmedien und Unterhaltungselektronik. Tel. 30380, www.ifa-berlin.de
- **ISTAF:** Internationales Stadionfest und Leichtathletiktreffen im Olympiastadion, www.istaf.de.
- **Berlin Marathon:** Bei dem Großevent drängeln sich alljährlich über 40.000 Langstreckenläufer, Inlineskater, Rolli-Fahrer, Handbiker und Power-Walker durch das Brandenburger Tor. Tel. 30128810, www.bmw-berlin-marathon.com.

Oktober

- **Berlin Food Week:** Eine Woche lang präsentieren Spitzenköche, Gastronomen, Food-Entrepreneure und -Manufakturen bei Hunderten von kulinarischen Veranstaltungen Fine-Dining der Extraklasse. www.berlinfoodweek.de.
- **Deutschlandfest:** Umzug mit Präsentation der deutschen Bundesländer am 3. Oktober, dem Tag der Deutschen Einheit, rund um das Brandenburger Tor.
- **Festival of Lights:** Zwölf Nächte im Oktober verwandeln sich Berlins schönste Sehenswürdigkeiten in ein buntes Lichtermeer. Sehr atmosphärisch. Tel. 25002351, www.festival-of-lights.de.

November

- **JazzFest Berlin:** Vier Tage lang Jazzkonzerte von internationalen Gruppen und Solisten von Rang im Haus der Kulturen der Welt und an anderen Veranstaltungsorten. Tel. 254890, www.jazzfest-berlin.de.
- **Jüdische Kulturtage:** zahlreiche Kulturveranstaltungen (Filme, Musik, Lesungen, Diskussionen) der Jüdischen Gemeinde zu Berlin. www.juedische-kulturtage.org.

Dezember

- **31. Dezember:** Große Silvesterparty am Brandenburger Tor mit Livebands und Staraufgebot auf der Bühne, grandiosem Feuerwerkspektakel und über einer Million Besuchern, https://brandenburger-tor-berlin.de.

004be Abb.: kj

Berlin – ein Porträt

Berlin ist eine der faszinierendsten Städte Europas. Hochkarätige Kulturmetropole, kunterbuntes Szene-Mekka und Weltstadt mit Schnauze und Herz, die in jeder Beziehung ein atemberaubendes Tempo vorlegt. So rühmt sich die Spree-Metropole und so wird sie auch von den meisten Menschen erlebt: als Häusermeer, als Asphaltdschungel und pulsierende Millionenstadt, die einen ziemlich ruppigen Charme an den Tag legen kann.

Der Reiz von Berlin liegt nicht im Alltäglichen, sondern vielmehr **im Eckigen, Kantigen, Widersprüchlichen.** An der Spree paart sich Urbanität und Weltläufigkeit mit Piefkes geballter Gemütlichkeit, ein Vier-Sterne-Gourmettempel steht neben Currybude und Kiezküche, ein Schlosspark grenzt unmittelbar an ein Arme-Leute-Quartier. Multikulti und Laubenpieper, Berliner Schnauze und internationales Sprachengewirr, Luxusherbergen und Notunterkünfte – das alles beinhaltet diese wunderbare, schwierige, spannende Millionenstadt Berlin.

Preußische Residenzstadt, Hauptstadt des deutschen Kaiserreichs, Hauptstadt des Dritten Reichs, Trümmerstadt, Frontstadt, Mauerstadt und nun abermals deutsche Hauptstadt und Regierungssitz – Berlins Tradition ist der rasche Wandel, gelegentlich auch der radikale Umbruch, aus dem stets Neues entsteht. Seit dem Mauerfall und der Wiedervereinigung hat sich das Stadtbild völlig verändert und tut es immer noch, nicht nur am ehemaligen Mauerstreifen oder am Potsdamer Platz, wo komplett neue Citys entstanden sind. Zu Gründerzeitviertel, Platte und Zuckergussbau haben sich Glaspaläste gesellt und über immer wieder neuen gigantischen Baugruben wächst etwas noch Größeres, Moderneres, Spektakuläreres empor. Ein Reigen

◁ *Vorseite: Die begehbare gläserne Kuppel krönt das Reichstagsgebäude* ⑩

0033be Abb.: kj

▷ *Im Berliner Häusermeer ist der Fernsehturm* ㊶ *am Alexanderplatz mit seiner silbernen Kugel einsame Spitze*

internationaler Stararchitekten gibt sich an der Spree die Klinke in die Hand, um, je nach Blick auf die Dinge, kühne oder zu wenig mutige, aber in jedem Fall stets heiß umstrittene Projekte zu realisieren.

Kurzum, es ist eine unerschöpfliche Passion, Berlin zu entdecken, und es kommt sogar einer Lebensaufgabe gleich, es tatsächlich kennenzulernen. Deshalb auch gleich eine Warnung vorweg: Die Stadt ist ansteckend! Wer einmal die berühmte Berliner Luft, Luft, Luft geschnuppert hat, wird fortan stets einen Koffer in Berlin haben – dieser viel gehäuteten, schönsten, hässlichen, spannendsten Metropole Europas.

Geografisches

Größe

„Berlin ist schön, Berlin ist groß." So sah der Schriftsteller und Theaterkritiker Alfred Kerr die deutsche Hauptstadt im Jahr 1896. Das darauf folgende Jahrhundert brachte zwei Weltkriege, Teilung, Wiedervereinigung und zahlreiche städtebauliche Experimente. So lässt sich heute trefflich darüber streiten, ob Berlin das Prädikat „schön" noch verdient. Aber groß ist es in der Tat. **3,7 Millionen Menschen** leben in der Stadt, die einwohnermäßig zugleich das achtgrößte der 16 deutschen Bundesländer ist.

Bei maximal 38 Kilometern Länge und 45 Kilometern Breite dehnt es sich auf rund **890 Quadratkilometern** aus. Zusammen mit dem brandenburgischen Speckgürtel jenseits der 234 Kilometer langen Stadtgrenze bildet die deutsche Bundeshauptstadt einen der größten europäischen Ballungsräume.

Lage

Geografisch liegt Berlin mit den Koordinaten des Roten Rathauses 48 auf 52°31'12" nördlicher Breite und 13°24'23" östlicher Länge. Die Ortszeit liegt nur 6 Minuten 22 Sekunden hinter der Mitteleuropäischen Zeit (MEZ), die quasi einen Katzensprung von der Spree-Metropole entfernt im polnischen Trzęsacz auf dem 15. Meridian östlicher Länge eingestellt wird.

Administratives und Städtebauliches

Bezirke

Berlin ist in Ausdehnung und Einwohnerzahl die größte Stadt Deutschlands. Sie ist in **zwölf politisch und administrativ relativ eigenständige Bezirke** aufgeteilt, deren Grenzen im Wesentlichen auf das „Gesetz über die Bildung einer neuen Stadtgemeinde Berlin" im Jahr 1920 zurückgehen. Seinerzeit wurden die Städte Charlottenburg, Köpenick, Lichtenberg, Neukölln, Schöneberg, Spandau und Wilmersdorf sowie 59 Landgemeinden und 27 Gutsbezirke mit Berlin zum damals 878,35 Quadratkilometer zählenden Groß-Berlin zusammengelegt.

Ein jeder Bezirk ist eine selbstständige Stadt, die jeweils über ein Rathaus, Bürgermeister, Dezernenten und Bezirksparlament, Behörden, Schulen, Krankenhäuser, Dienstleistungszentren, Einkaufsboulevards und zentrale Märkte verfügt. Wenn beispielsweise der Spandauer sagt, er fährt in „die Stadt", hat er damit nicht etwa den Ku'damm oder die Friedrichstraße im Sinn, sondern die Spandauer Altstadt, ebenso wie der Schöneberger seine Hauptstraße oder der Neuköllner seine Karl-Marx-Straße meint.

Die Berliner Bezirke müssen den Vergleich mit anderen deutschen Großstädten nicht scheuen. So nimmt Pankow, wo rund 400.000 Menschen leben, nach Duisburg Rang 16 unter den deutschen Großstädten ein, dicht gefolgt vom Bezirk Mitte (370.000 Einwohner), dann der Stadt Wuppertal auf Rang 18 sowie den Bezirken Tempelhof-Schöneberg (348.000 Einwohner) und Charlottenburg-Wilmersdorf (335.000 Einwohner) als Nummer 19 und 20 der größten Städte in der Bundesrepublik. Weitere Berliner Bezirke oberhalb der 300.000er-Marke sind Neukölln (330.000) und Steglitz-Zehlendorf (305.000). Das Schlusslicht bildet Spandau, das 238.000 Einwohner zählt und damit als kleinster Berliner Bezirk etwas größer als die rheinland-pfälzische Landeshauptstadt Mainz oder die thüringische Landeshauptstadt Erfurt ist.

Am dichtesten ist die Besiedlung in Friedrichshain-Kreuzberg, wo sich 134 Menschen auf einem Hektar drängeln, gefolgt von Mitte mit statistisch 88 Köpfen pro Hektar und an dritter Stelle Neukölln mit 70 Einwohnern pro Hektar. Den größten Freiraum genießen die Spandauer im grünen Nordwesten (25 Einwohner/ha) und noch mehr die Köpenicker im grünen Südosten, die mit nur 15 Menschen je Hektar die Gegend rund um den Großen Müggelsee bevölkern.

Kiez

Nach Bezirk, Stadtteil und Ortsteil ist der Kiez die kleinste berlinerische Einheit, das **Wohnviertel** mit dem Einkaufsladen, dem Wochenmarkt und der Stammkneipe um die Ecke, in dem man zu Hause ist, wo man fast jeden kennt und das man deshalb nur notwendigerweise verlässt. Oder würde ein Frankfurter etwa unaufgefordert nach Wiesbaden fahren?

Städtebauliche Zonen

Entsprechend der geschichtlichen Stadtentwicklung lassen sich trotz Teilung und Wiedervereinigung bis heute drei städtebauliche Zonen voneinander unterscheiden: die **Innenstadt** mit dem Tiergarten und dem historischen Stadtkern Altberlin/Alt-Cölln sowie den ihn ringsum umgebenden, bis Mitte des 19. Jahrhunderts erbauten Vorstädten. Hier befindet sich der größte Teil der Berliner Sehenswürdigkeiten.

Die Innenstadt wird umschlossen von einem in wilhelminischer Zeit in Form von Mietskasernen nahezu kreisförmig entstandenen **Großstadtgürtel** mit den ehemaligen Arbeitervierteln Wedding und Prenzlauer Berg im Norden, Friedrichshain im Osten, Kreuzberg und Schöneberg im Süden sowie den überwiegend gutbürgerlichen Bezirken Wilmersdorf und Charlottenburg im Westen.

Um den Großstadtgürtel legt sich wiederum das grüne Band der **Außenbezirke** mit Villenvierteln, Gartenstädten, Dörfern, Wäldern und Seen, wie etwa in Reinickendorf, Steglitz-Zehlendorf oder Köpenick.

Natur

Reichlich die Hälfte Berlins ist mit Häusern, Betriebs- und Verkehrsflächen versiegelt, bei den anderen fünfzig Prozent Fläche handelt es sich um Parks und Grünanlagen, Felder, Wälder, Flüsse und Seen. Allein ein knappes Fünftel der Berliner Gesamtfläche ist von Wald bedeckt und jeder, der einmal mit dem Flugzeug von den Airports in Tegel oder Schönefeld gestartet oder gelandet ist, wird bestätigen, dass es kaum eine andere vergleichbar **grüne europäische Metropole** gibt.

034be Abb.: kj

☒ Die Grünstreifen an beiden Seiten des Urbanhafens [M8] sind ein beliebter Treffpunkt der Kreuzberger

Von den Berliner **Flüssen** ist die bei Spandau in die Havel mündende **Spree** mit 45 Kilometern der längste Fluss im Stadtgebiet, gefolgt von der Havel mit gut 27 Kilometern, der Panke mit 21 Kilometern sowie der Dahme und der Wuhle mit 16 bzw. 15 Kilometern.

Spree und Dahme folgen dem Verlauf des **Warschau-Berliner-Urstromtals**, einem gewaltigen Flussbett, das mit dem Abschmelzen der Gletschergebirge am Ende der letzten Eiszeit vor über 10.000 Jahren entstand und in jener fernen Zeit auch die Wassermassen von Oder und Weichsel zur Elbe führte. Als die beiden großen östlichen Ströme später einen weniger umständlichen Weg nach Norden hin fanden, hinterließen sie in dem trockengefallenen Bett neben einigen Dünen vor allem Sümpfe und riesige Sandflächen. Die gesamte heutige Berliner Innenstadt liegt im Urstromtal und ist bei einem extrem hohen Grundwasserspiegel überwiegend auf Sand gebaut.

Neben einigen Grundwasserseen bilden Havel, Dahme und Spree mit ihren Ausbuchtungen den größten Teil der Berliner **Seen.** Nach dem Müggelsee folgen der Tegeler See, der Lange See und an vierter Stelle der viel besungene Wannsee als die größten Gewässer im Stadtgebiet. Sie sind weitgehend von Wäldern umgeben, meist in Form einer **Kiefernheide**, einem auf den Sandböden gedeihenden, mit Birken und Eichen durchsetzten, sehr lichten, knorrigen Kiefernwald, dessen wundervoll duftender, dichter Nadelteppich bis auf Wacholder oder das bedürfnislose Heidekraut kaum Unterholz hochkommen lässt.

Größere Buchenbestände finden sich auf den ton- und kalkhaltigen Mergelböden der beiden **Hochflächen**, die im Norden und Süden sanft gewellt das Urstromtal begrenzen: nördlich der Barnim mit einer Höhe zwischen 50 und 60 Metern sowie südlich der 45 bis 55 Meter hohe Teltow. Die Hochebene und auch die höchsten natürlichen Erhebungen – die Müggelberge (114,7 m), der Schäferberg (103 m) und der Havelberg (97 m) – tragen wesentlich dazu bei, dass Berlin insgesamt auf einen stattlichen Durchschnitt von immerhin 35 Metern über dem Meeresspiegel kommt.

382be Abb.: kj

Die letzte Eiszeit hat den Berlinern im Stadtgebiet zahlreiche schöne Badeseen beschert

Von den Anfängen bis zur Gegenwart

Präludium

Erste Siedler

Um die Zeitenwende siedelt im Gebiet zwischen mittlerer Elbe und Oder der **germanische Stamm der Semnonen.** Nach 178 n. Chr. verlieren sich seine Zeugnisse für diesen Raum, denn während der **Völkerwanderung** verlassen die Germanen die Regionen östlich der Elbe. In diese menschenleeren Gebiete wandern etwa ab Mitte des 6. Jahrhunderts slawische Völker ein: ins Havelland westlich von Berlin vor allem **Heveller,** die Brennabor (Brandenburg) zu ihrem Hauptort machen, und östlich **Sprewanen,** deren Stammesfürst in einer um 825 erbauten Burg auf der Schlossinsel Köpenick residiert. Bereits anno 750 wird die vermutlich hevellische Burg Spandow (Spandau) errichtet, wohingegen von einem Ort namens „Berlin" zu dieser Zeit noch nirgends die Rede ist. Mit großer Wahrscheinlichkeit ist „Berlin" jedoch ebenfalls ein ursprünglich elbslawischer Name, genauer ein Gewässer- oder Flurname, der auf ein feuchtes, sumpfiges Gelände hindeutet.

Sieg über die Slawen

928/29 zieht der deutsche König Heinrich I. (um 875–936) mit seinem Heer gegen die Elbslawen, erobert Brennabor und weitere slawische Gebiete im Osten. Sein Sohn Otto der Große (912–973) richtet 936/37 zwei Grenzmarken gegen die Besiegten ein, macht sie bis zur Oder hin zinspflichtig und leitet ihre Christianisierung ein. Nur wenig später, im Jahr 948, werden die **Bistümer Havelberg und Brandenburg** gegründet, ab 968 sind sie dem Erzbistum Magdeburg unterstellt. Die slawischen Stämme antworten mit Aufständen.

Insgesamt wird über drei Jahrhunderte um das karge, sumpfige Sandland gerungen, bis im 12. Jahrhundert unter **Albrecht dem Bär** (1100–1170) aus dem Haus der Askanier die **Ost-Kolonisierung** ihren Anfang nimmt. 1134 belehnt Kaiser Lothar III. den Bären mit der Nordmark (der heutigen Altmark). 1136 gewinnt Albrecht die Prignitz hinzu und sichert sich durch eine freundschaftliche Verbindung mit dem Hevellerfürsten Pribislav von Brandenburg außerdem die Erbfolge im Havelland. Ein Waffengang nach Pribislavs Tod bleibt dennoch nicht aus: 1157 nimmt Albrecht die Brandenburg ein und nennt sich fortan Markgraf von Brandenburg.

Stadtluft macht frei

Entstehung von Cölln und Berlin

Die genauen Gründungsjahre der Orte Berlin und Cölln zu beiden Seiten der Spree (auf Höhe der heutigen Mühlendammbrücke) sind unbekannt. Lange Zeit nahm man an, dass diese Ereignisse um das Jahr 1230 stattfanden. Doch dann gruben Archäologen Anfang 2008 auf der südlichen Spreeinsel, einem der ältesten Orte Berlins, eine auf 1192 datierende Eichenbohle aus. Der Fund war eine kleine Sensation, denn er beweist: Die Stadt ist älter als bisher gedacht. 1237 wird **Cölln** auf der Spreeinsel erstmals in einer Urkunde erwähnt, sieben Jahre später taucht der Name **Berlin** das erste Mal in einem Schriftstück auf.

034be Abb.: kj

Mit Albrecht dem Bären beginnt die Geschichte der Mark Brandenburg

Ab 1251 genießt Berlin Zollfreiheit und „andere gewöhnliche Rechte unserer Städte“, Cölln wird 1261 erstmals als „civitas“, als Stadt bezeichnet. Gemeinsam kontrollieren sie die Spree-Furt und fungieren als Handelskontor am Kreuzpunkt wichtiger Handelsstraßen zwischen Flandern und Polen, der Ostsee und dem Mittelmeerraum.

Weitere Entwicklung

Kommunale Selbstverwaltung, die Freiheit der Bürger von der Fron und nicht zuletzt die Einrichtung einer Münzprägeanstalt 1280 fördern das **Wachstum.** Ende des 13. Jahrhunderts ist Berlin/Cölln der Hauptstapel- und Handelsplatz in der Mark und mit 3000 bis 4000 Einwohnern bereits größer als die älteren Nachbarstädte Spandau oder Köpenick.

1307 kommt es mit Verbindungen im Gerichtswesen, der kirchlichen Organisation sowie einer gemeinsamen Landesverteidigung zur **Union zwischen Cölln und Berlin.** Nur die Verwaltung der jeweils inneren Angelegenheiten und auch das jeweilige Stadtsiegel bleiben weiter eigenständig bestehen.

Brandenburgische Kurfürsten

Friedrich I.

Nach dem Aussterben der Askanier gerät die Mark Brandenburg 1320 als „erledigtes Reichslehen“ zunächst an die bayerischen Wittelsbacher und danach an das luxemburgische Herrschergeschlecht. Dessen herausragender Exponent, König Sigismund, in Personalunion zugleich Markgraf von Brandenburg, bestellt 1411 den Nürnberger Burggrafen **Friedrich VI. von Hohenzollern** (1371–1440) zum „rechten obersten und gemeinen Verweser und Hauptmann“ in der Mark. 1415 ernennt er ihn zum Kurfürsten und zwei Jahre später erfolgt mit viel Pomp und Zeremoniell Friedrichs feierliche Belehnung. Als **Friedrich I. von Brandenburg** wird er der **Stammvater** aller brandenburgischen Markgrafen und Kurfürsten, preußischen Herzöge, Könige und deutschen Kaiser bis 1918.

Friedrich II., „Eisenzahn"

Um ihre bürgerlichen Freiheiten gegen die neuen Landesherren zu wahren, kommt es 1432 zur **Vereinigung der beiden Städte Berlin und Cölln.** Indes, schon Friedrich II. (1413–1471), „Eisenzahn" genannt und entschlossen, die Privilegien der Bürger zu schleifen, kann die Berlin-Cöllner Ratsmitglieder entmachten. Die Bürger antworten 1447/48 mit dem **Berliner Unwillen,** doch der „Eisenzahn" kann den Aufstand niederwerfen. Zum Zeichen seines Herrschaftsanspruchs veranlasst er auf der Cöllner Seite der Spree den Bau eines Schlosses.

Um 1450 zählt Berlin 724 Häuser und Hausbuden und Cölln 312 Wohngebäude plus besagtes in Bau befindliches **Schloss,** das der Kurfürst 1451 bezieht. 1470 wird Berlin zur Residenzstadt der brandenburgischen Kurfürsten.

Joachim II.

Gut achtzig Jahre später, unter der Regentschaft Joachims II. Hektor (1505–1571), gehören zur **Residenzstadt Berlin-Cölln** bereits 1322 Feuerstellen. Der Kurfürst mit Hang zu Prunk und Festlichkeit lässt das alte Schloss seiner Vorgänger niederreißen und durch Baumeister Kaspar Theiß einen **prachtvollen Neubau** errichten. Dieses Schloss wird später noch vielmals umgebaut und erweitert und erst 1950 als Kriegsruine abgerissen werden. 1539 erfolgt der Übertritt Joachims II. zum protestantischen Glaubensbekenntnis. Zahlreiche **Gotteshäuser** entstehen, darunter St. Nikolai und die Marienkirche. 1569 wird Joachim II. mit dem Herzogtum Preußen (dem späteren Ostpreußen) mitbelehnt, 1618 erlangen die brandenburgischen Kurfürsten offiziell den Titel „Herzog von Preußen".

Im selben Jahr beginnt der **Dreißigjährige Krieg,** der erste furchtbare Krieg der Neuzeit, der vor allem die Nordhälfte Deutschlands in ein riesiges Schlachtfeld verwandelt. Die Verheerungen sind fürchterlich. Berlin-Cölln beklagt den Verlust der Hälfte seiner Einwohnerschaft. Nunmehr leben wieder nur 6000 Menschen im Residenzdorf an der Spree.

Friedrich Wilhelm

1640, acht Jahre vor Kriegsende, tritt der „Große Kurfürst" Friedrich Wilhelm (1620–1688) die Regentschaft an. Er zentralisiert die Verwaltung, schafft ein stehendes Heer und legt damit den Grundstein für den Aufstieg Brandenburg-Preußens zur europäischen Großmacht. In seine Zeit fällt die **erste große Erweiterung Berlins.** Die Straße Unter den Linden und der Marstall entstehen, vor der Stadt wird der Tiergarten angelegt.

Unter Leitung Gregor Memhardts (von dem auch der erste bekannte Berliner Stadtplan stammt) wird Berlin nach den leidvollen Erfahrungen des Dreißigjährigen Krieges ab 1658 **zur Festung ausgebaut.** Sogar Friedrichswerder, die erste der kurfürstlichen, von Berlin-Cölln unabhängigen Neustädte, wird in das Befestigungswerk mit einbezogen.

1685 erlässt Friedrich Wilhelm das **Edikt von Potsdam,** das Glaubensflüchtlingen aus aller Welt ein Niederlassungsrecht und freie Religionsausübung in Brandenburg gewährt. Die in Frankreich verfolgten Hugenotten stellen bald ein Fünftel der Stadtbevölkerung. Bereits 1671 wird die Jüdische Gemeinde gegründet. Die Stadt wächst ab 1650 von 6000 auf stattliche 55.000 Einwohner im Jahr 1700 (zum Vergleich: London zählt in jener Zeit über 700.000 Menschen).

Der Flötenspieler von Sanssouci – Friedrich der Große

Im armen Preußen, einem der zu jener Zeit rückständigsten deutschen Staaten, erblickt am 24. Januar 1712 in Berlin, der Residenzstadt dieses erst elf Jahre vorher gegründeten Königreichs, Baby Friedrich von Hohenzollern das Licht der Welt. Im Jahr darauf, 1713, besteigt sein Vater als König Friedrich Wilhelm I. den preußischen Thron. Fortan auch Landesvater, lehrt der „Soldatenkönig“, wie man ihn bald nennt, den Sohn wie das Volk gleichermaßen „Zucht und Ordnung“ sowie „unbedingten Gehorsam“ und baut das kleine Preußen zur viertstärksten Militärmacht Europas auf. Um seinen Sohn Friedrich in „wahrer Liebe zum Soldatenstand“ zu erziehen, ehrlich, reinlich und mit der Gesinnung, dass ein König „der erste Diener seines Staates“ sei, hagelt es zu jeder Gelegenheit Hiebe. Das ist oft mit größten Demütigungen verbunden, da der Vater es bevorzugt, Stockschläge und Beschimpfungen öffentlich vor Ministern, Generälen und Diplomaten auf den Kronprinzen niedergehen zu lassen. Dieser entwickelt sich indes zum ***zartgliedrigen Schöngeist,*** *der sich dem Spiel auf der Querflöte, der Philosophie, der Literatur und der französischen Sprache verschreibt. Die Vater-Sprache, das Deutsche, beherrscht er zeitlebens nur „wie ein Kutscher“.*

1730 misslingt dem mittlerweile 18-jährigen Thronfolger eine mithilfe seiner Freunde Katte und Keith geplante ***Flucht*** *nach England. Er wird verhaftet und auf Befehl seines Vaters als Deserteur in die Festung Küstrin verbracht. Keith kann entkommen, für den geliebten Katte gibt es dagegen kein Pardon. Vor den Augen Friedrichs wird er in Küstrin hingerichtet.*

Der Widerstand gegen den brutalen Vater ist damit gebrochen, Friedrich schwört, künftig „blindlings den väterlichen Willen zu befolgen“. Auf dessen Befehl hin erfolgt 1732 die Verlobung mit Elisabeth Christine von Bevern-Braunschweig, welche ihm die Entlassung aus der Küstriner Verbannung einbringt, und ein Jahr später die Heirat, wobei Friedrich zu diesem Zeitpunkt schon entschlossen ist, die ungeliebte Prinzessin nach dem Tode des Vaters zu verstoßen. Die Jahre von 1736 bis 1740 verlebt er unbeschwert im Freundeskreis auf Schloss Rheinsberg in der nördlichen Mark, wo auch die von einem vierzigjährigen Briefwechsel begleitete ***Freundschaft mit dem französischen Dichter und Philosophen Voltaire*** *beginnt.*

1740 stirbt der Soldatenkönig und hinterlässt seinem Sohn neben einer schlagkräftigen Armee ein effizientes, geordnetes Staatswesen mit randvoll gefüllten Truhen. Friedrich, nun König Friedrich II. von Preußen, führt das gestrenge Aufbauwerk seines Vaters fort, fortan um die ***Ideen der Aufklärung und die schönen Künste*** *bereichert. Freund Knobelsdorff beauftragt er mit dem Bau eines Opernhauses Unter den Linden und ruft Gelehrte aus aller Welt nach Berlin. Die Todesstrafe wird abgeschafft und die Zensur aufgehoben. In religiösen Fragen herrscht Toleranz, „denn hier muss ein jeder nach seiner Fasson selig werden“, wie Friedrich erklärt.*

Im gleichen Jahr stirbt in Wien der deutsche Kaiser Karl VI. ohne männlichen Nachfolger und halb Europa schickt sich an, seiner Tochter Maria Theresia die habsburgische Erbfolge streitig zu machen. Ohne Not und bar jeder Rechtsgrundlage marschiert Friedrich mit seinen Truppen in die Habsburgerprovinz Schlesien ein und entfesselt mit diesem Ersten Schlesischen Krieg (1740–1742) die ***österreichischen Erbfolgekriege.*** *Im Zweiten Schlesischen Krieg (1744/45) verteidigt der König seine Eroberung mit Erfolg. Preußen unter Friedrich dem Großen, wie man ihn nun nennt, ist dank dieser Siege* ***als europäische Militärmacht anerkannt.***

Die folgenden zehn Friedensjahre gehören der Innenpolitik und der ***Kultivierung des Landes.*** *Friedrich befiehlt den Anbau der Kartoffel, lässt die Sümpfe entwässern, Deiche und Kanäle bauen, das Land urbar machen und Dörfer errichten. Nach einer selbst gefertigten Skizze entsteht unter der Leitung von Knobelsdorff in Potsdam das verspielte* ***Sommerschloss Sanssouci,*** *„ohne Sorge“, in dem sich der König dem vertrauten Gespräch mit Voltaire, dem Flötenspiel, Komponieren und Verseschmieden hingibt. 1756, am Morgen des Siebenjährigen Kriegs, hat er seine eleganten Röcke nach neuestem Pariser Schick seit Jahren längst abgelegt und durch einen „Sterbekittel“, eine schlichte blaue Uniform, ersetzt, wie sie ähnlich schon der Vater trug. Der Krückstock ist der ständige Begleiter des 1,65 m kleinen Mannes aus Berlin, der inzwischen europaweit ein mächtiger und gefürchteter Herrscher ist.*

Um dem Angriff seiner Feinde auf Preußen zuvorzukommen, marschiert Friedrich ohne Kriegserklärung 1756 völlig überraschend in Sachsen ein. Der ***Siebenjährige Krieg*** *gegen Frankreich, Österreich und Russland beginnt, der Preußen nach anfänglichen Siegen endlich an den Rand des Untergangs führt. Das „Wunder von Preußen“ geschieht, als nach dem Tod der Zarin Elisabeth der glühende Friedrich-Verehrer Peter von Holstein-Gottorf als Peter III. den russischen Thron besteigt und zugunsten Preußens das Bündnis wechselt. Nach dem Frieden von Hubertusburg 1763 ist* ***Preußen endgültig Großmacht.***

Den letzten ungeheuerlichen Landraub begeht König Friedrich II. neun Jahre später gemeinsam mit Russland und Österreich. Mit Zarin Katharina II. und seiner ehemaligen Erzfeindin Maria Theresia im Bund verleibt er sich im Zuge der Ersten Polnischen Teilung 1772 Westpreußen, das Ermland und den Netzedistrikt ein.

„Fridericus Rex“, der große Friedrich, ist mit 51 Jahren ***einer der populärsten Herrscher Europas.*** *Insgesamt 350.000 Menschen aus aller Herren Länder wandern während seiner Regentschaft nach Preußen ein, in diesen in jener Zeit beispiellos aufgeklärten, modernen und zugleich merkwürdig altertümlichen Staat, der sich innerhalb eines Menschenlebens aus völliger Bedeutungslosigkeit zur europäischen Großmacht erhoben hat.*

Zugleich ist Friedrich der Große auch zum ***störrischen, misanthropen „Alten Fritz“*** *geworden. Von greisenhafter Statur und auf den Krückstock gestützt, die Uniform abgewetzt, die Weste vom Priemen bekleckert und der Zopf bis fast auf den Allerwertesten gewachsen, zeigt sich dieser verlotterte, früh gealterte Mann seinem Volk nur noch selten.*

Einsam stirbt der kinderlose Friedrich, mit einer verschlissenen Uniform bekleidet, am 17. August 1786 in den Armen seines Dieners Strützki in Sanssouci.

Preußische Könige

Erste Krönung

Der Friede von Oliva 1660 bestätigt die Souveränität des brandenburgischen Kurfürsten im Herzogtum Preußen, womit die Geschichte Preußens und damit der **Aufstieg Berlins zur europäischen Metropole** ihren Anfang nimmt. 1696 wird die Akademie der Künste gegründet, 1700 die Societät der Wissenschaften, 1701 beginnt man mit dem Bau des Deutschen und des Französischen Doms.

Im selben Jahr krönt sich Friedrich III. (1657–1713), Sohn des Großen Kurfürsten, in Königsberg eigenhändig zu **Friedrich I., König in Preußen.** Da die ostpreußische Hauptstadt formal nicht zum Deutschen Reich gehört, kann der Kaiser in Wien gegen die Krönung keinen Widerspruch einlegen.

1709 geht aus Berlin-Cölln und den Neugründungen Friedrichswerder, Dorotheenstadt und Friedrichstadt die zentralisierte Einheitsgemeinde und **königlich-preußische Residenzstadt Berlin** hervor.

Soldatenkönig

König Friedrich Wilhelm I. (1688–1740), der „Soldatenkönig", vollendet den Aufbau Brandenburg-Preußens zum effizient verwalteten **Militär- und Beamtenstaat.** Calvinistisch-fromm, streng und sparsam, saniert er in rastloser Arbeit die Staatsfinanzen und erzieht seine Untertanen zu unbedingtem Gehorsam. 1717 wird die Schulpflicht eingeführt und der Tiergarten für die Öffentlichkeit zugänglich gemacht. Drei Jahre später findet erstmals eine Volkszählung statt: Berlin hat 64.000 Einwohner. Abermals wandern Flüchtlinge ein, nun vor allem böhmische Protestanten.

Erste Textilmanufakturen entstehen und die sechs Meter hohe **Akzisemauer** (Zollmauer) wird errichtet, die nicht nur die Zollabgaben gewährleisten soll, sondern auch das Desertieren von Soldaten verhindert. Im Todesjahr Friedrich Wilhelms I. 1740 zählt Berlin 100.000 Einwohner, ein Fünftel davon sind Soldaten mit ihren Familien.

125be Abb.: fo © rekken78

Das Reiterstandbild (22) vor der Alten Nationalgalerie zeigt König Friedrich Wilhelm IV.

Friedrich der Große

Des Soldatenkönigs Sohn Friedrich der Große (1712–1786) zieht kurz nach seinem Regierungsantritt 1740 in den Krieg gegen Schlesien, die reichste Provinz der österreichischen Habsburger. Nach einem Zweiten Schlesischen Krieg 1744/1745 und anschließend dem Siebenjährigen Krieg (1756–1763) ist das Haus Habsburg entschieden geschwächt und Preußen endgültig **Großmacht.**

Friedrich II., der Große, ist **Feldherr, Staatsmann und Schöngeist zugleich,** betrachtet sich als „erster Diener des Staates" und führt das Land im Sinne eines auf das Heer gegründeten, aufgeklärten Absolutismus. Die brandenburgischen Sümpfe werden urbar gemacht, Straßen und Kanäle gebaut und rund 300.000 Menschen neu angesiedelt.

1742 eröffnet in Berlin das Opernhaus Unter den Linden als der erste Bau des vom König und seinem Architekten Knobelsdorff geplanten **Forum Fridericianum,** zu dem sich bis 1780 noch die Hedwigskirche, die Alte Bibliothek und das Prinz-Heinrich-Palais hinzugesellen. Ab 1770 wird die Straße Unter den Linden mit vornehmen Herrenhäusern zum Prunkboulevard ausgebaut.

Die **sozialen Spannungen** nehmen zu. 1774 öffnet das Berliner Armenhaus seine Tore. In den Seidenmanufakturen kommt es zu Streiks. Im Todesjahr Friedrichs II. zählt Berlin 147.388 Einwohner.

Reformen

In die Regierungszeit Friedrich Wilhelms II. (1744–1797), seit 1786 König von Preußen, fällt der Bau des Brandenburger Tors, heute Wahrzeichen par excellence von Berlin, die Inbetriebnahme der ersten Berliner Dampfmaschine und die Französische Revolution, die 1789 mit dem Sturm auf die Pariser Bastille beginnt. 1806 besetzt **Napoleon** mit seinen Truppen die preußische Hauptstadt, in der ein Jahr darauf der liberale Freiherr Karl von und zum Stein weitgreifende Reformen für Preußen einleitet. Darunter fällt auch die **Bauernbefreiung,** die eine massive Landflucht und ungebremste Ausdehnung Berlins nach sich zieht.

Unter Steins Nachfolger Fürst von Hardenberg erfolgt 1810 die Eröffnung der **Berliner Universität,** 1812 die **Judenemanzipation,** mit der die jüdischen Einwohner Preußens zu preußischen Staatsbürgern erklärt werden, und 1814 die Einführung der allgemeinen Wehrpflicht.

Sieg über Napoleon

1813 wird Berlin zum Brennpunkt der **„nationalen Erhebung"** gegen die Besetzung Preußens durch napoleonische Truppen. Im März ziehen russische Soldaten in die Stadt und verjagen die bereits versprengte französische Nachhut. Generalleutnant Blücher bringt die von Napoleon **geraubte Quadriga** aus Paris nach Berlin an ihren angestammten Platz auf dem Brandenburger Tor zurück, nun um den preußischen Adler und das von Baumeister Schinkel entworfene Eiserne Kreuz bereichert.

Die europäischen Großmächte beschließen 1814/15 auf dem Wiener Kongress die Neuordnung des nachnapoleonischen Europas, die vornehmlich aus der Wiederherstellung der alten Ordnung besteht. Die **Restaurationspolitik** mit Pressezensur, Überwachung, Vereins- und Versammlungsverbot bringt eine Zeit äußerer Ruhe (Biedermeierzeit).

Berlin um 1840

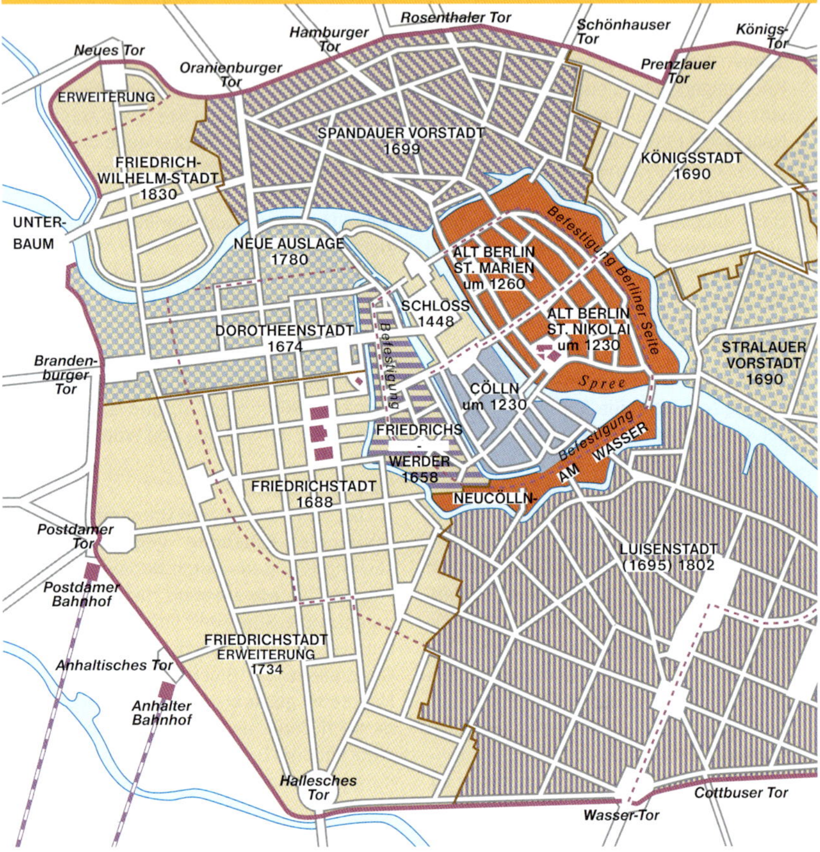

Architektur und Wirtschaft

1818 stellt der große Baumeister Preußens, **Karl Friedrich Schinkel** (1781–1841), mit der Neuen Wache Unter den Linden sein erstes bedeutendes Berliner Bauwerk fertig. Es folgen nach seinen Plänen das Schauspielhaus, das Alte Museum, die Bauakademie, die Friedrichwerdersche Kirche u. v. m. Der berühmte Park- und Gartenarchitekt **Peter Joseph Lenné** (1789–1866) zeichnet verantwortlich für zahlreiche Grünanlagen, darunter 1819 für die Neugestaltung des Tiergartens.

Bereits 1816 wird in Berlin die **erste deutsche Lokomotive** fertiggestellt. Im selben Jahr findet auf der Spree die Jungfernfahrt des ersten deutschen

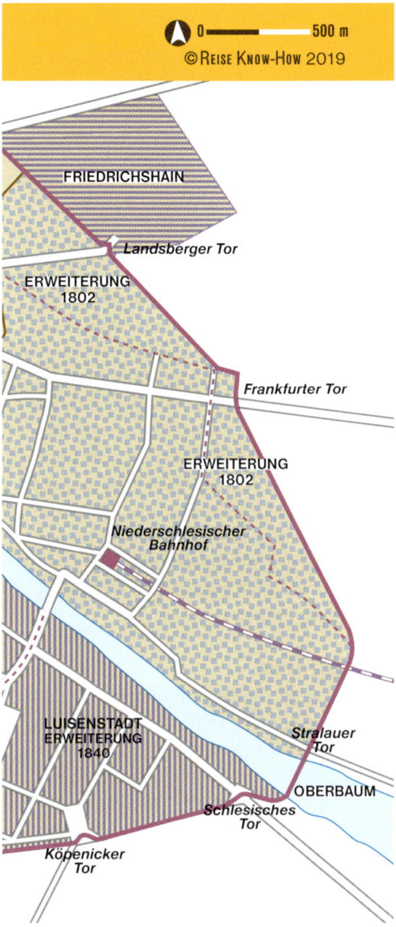

Dampfschiffs statt. 1820 werden vor dem Hamburger und dem Oranienburger Tor außerhalb der Stadtmauern Berlins erste **Mietskasernen** hochgezogen. 1844 eröffnet der Zoologische Garten, 1845–1850 wird nach Peter Jospeh Lennés Planung der Landwehrkanal erbaut, 1846 geht die erste **Pferde-Omnibuslinie** in Betrieb.

Berlin hat inzwischen über 400.000 Einwohner, nach den Eingemeindungen von Wedding, Gesundbrunnen, Moabit sowie dem Norden von Schöneberg und Tempelhof 1861 sind es über 500.000.

Revolutionen

Infolge der **Julirevolution 1830** in Paris kommt es auch in Berlin zu Ausschreitungen, woraufhin 1831 eine Städteordnung „zur Erhaltung der Ruhe in Deutschland" in Kraft tritt.

Im Revolutionsjahr 1848 wird Berlin zum Zentrum der **Märzrevolution.** Nach einem heißen Sommer zieht General von Wrangel am 10. November mit seinen Truppen in die preußische Hauptstadt ein. Zwei Tage später wird für die nächsten acht Monate der Belagerungszustand verhängt. Die Reaktion gewinnt wieder die Oberhand. Das allgemeine Wahlrecht wird im Jahr 1850 wieder abgeschafft und durch ein Dreiklassenwahlrecht ersetzt.

Deutsche Kaiser

Gründerjahre

1862 wird der erzkonservative Altmärker Otto von Bismarck (1815–1898) zum preußischen Ministerpräsidenten ernannt. Nach dem letzten der Deutschen Einigungskriege, 1870/71 gegen Frankreich, erfolgt am 18. Januar 1871 in Versailles die **Proklamation des Deutschen Reichs** mit dem preußischen König Wilhelm I. (1797–1888) als deutschem Kaiser an seiner Spitze. Das fast 830.000 Einwohner zählende Berlin wird **Hauptstadt** des Deutschen Reichs.

Beschleunigt durch die milliardenhohen „Kriegsschuldzahlungen" Frankreichs brummt die deutsche Wirtschaft in den Gründerjahren. **Berlin boomt.** Hunderte neuer Firmen und ganze Stadtviertel mit Mietskasernen entstehen. 1873 wird die Siegessäule auf dem Königsplatz (Platz der Republik) aufgestellt. 1877 überschreitet Berlin, auch durch den starken Zuzug aus dem verarmten Schlesien, die Millionenmarke. Die erste elektrische Straßenbahn der Welt, von Siemens & Halske entwickelt, unternimmt ihre Jungfernfahrt 1879 in Berlin. Drei Jahre später nimmt die Stadtbahn auf ihrer Hauptstrecke zwischen Charlottenburg und dem Schlesischen Bahnhof den regelmäßigen Verkehr auf und 1886 wird der Kurfürstendamm zum Prachtboulevard ausgebaut. Seit dem Austritt aus der Provinz Brandenburg 1883 ist Berlin ein selbstständiger Verwaltungsbezirk.

Im „Dreikaiserjahr" 1888 übernimmt nach dem Tod Wilhelms I. und Friedrichs III. Wilhelm II. (1859–1941) die Regierungsgeschäfte. Die pompöse Epoche des **Wilhelminismus** spiegelt sich im Bau des Berliner Doms (1893–1905), der 1895 eingeweihten Kaiser-Wilhelm-Gedächtnis-Kirche und nicht zuletzt im 1894 nach dem Entwurf Paul Wallots fertiggestellten Reichstags wider.

Groß-Berlin

1902 eröffnet die erste U-Bahn-Linie ihren Betrieb, 1905 zählt die Hauptstadt zwei Millionen Einwohner, sie ist nun die **am dichtesten besiedelte Metropole Europas.** Am 1. April 1912 tritt das Gesetz zur Schaffung des „Zweckverbandes Groß-Berlin" in Kraft, zu dem neben Berlin die Städte Charlottenburg, Wilmersdorf, Neukölln, Lichtenberg und Spandau sowie die Landkreise Niederbarnim und Teltow mit nun insgesamt 4,1 Millionen Einwohnern gehören.

Im Sommer 1914 beginnt der **Erste Weltkrieg**, an dessen Ende 1918 der Zusammenbruch des deutschen Kaiserreichs steht.

Republikaner und Nationalsozialisten

Novemberrevolution

Im November 1918 kommt es zur Revolution. Der Kaiser dankt ab, Philipp Scheidemann (1865–1939) ruft vom Balkon des Reichtags die **Republik** aus, während Karl Liebknecht (1871–1919) vom Stadtschloss eine „Freie sozialistische Republik" proklamiert. **Unruhen und Arbeitsniederlegungen** sind an der Tagesordnung, Arbeiter- und Soldatenräte bilden sich. Wegen der zahlreichen Ausschreitungen auf den Berliner Straßen eröffnet im Februar 1919 die Nationalversammlung in Weimar.

Zwanzigerjahre

1920 wird die Hauptstadt durch das „Gesetz über die Bildung einer neuen Stadtgemeinde Berlin" mit den Städten Charlottenburg, Köpenick, Lichtenberg, Neukölln, Schöneberg, Spandau, Wilmersdorf sowie 59 Landgemeinden und 27 Gutsbezirken zur 878,35 km² großen **Stadtgemeinde Groß-Berlin** zusammengelegt. In 20 Bezirken leben nun insgesamt 3,85 Millionen Menschen.

Es folgen die Jahre einer kurzen, aber nachhaltigen kulturellen Blüte: die **Goldenen Zwanziger.** Währenddessen steuern Wirtschaftskrise und Inflation auf ihren Höhepunkt zu. 1923, als der Flughafen Tempelhof in Betrieb geht und im Vox-Haus die erste Sendung des Berliner Rundfunks erklingt, kostet 1 Dollar 40 Milliarden Mark. Trotz **galoppierender**

Inflation findet 1924 die erste „Große Deutsche Funkausstellung Berlin" in den Messehallen statt und eine Volkszählung ergibt 4.024.165 Berliner, davon 2,3 Millionen Berufstätige.

Nazis an der Macht

Mit dem Ausbruch der **Weltwirtschaftskrise** 1929 verschärfen sich die Zusammenstöße und Schießereien zwischen Rechts- und Linksradikalen und der Polizei. 1932 sind in Berlin 636.000 Arbeitslose registriert, jeder dritte Berliner lebt von öffentlichen Zuwendungen.

Bei den Reichstagswahlen erhält die faschistische NSDAP knapp 38 Prozent der Stimmen. Ende Januar 1933 wird Adolf Hitler von Reichspräsident Hindenburg zum Reichskanzler ernannt. Am 27. Februar brennt der Reichstag, am 15. März wird in Oranienburg-Sachsenhausen wenige Kilometer nördlich von Berlin das erste Konzentrationslager eingerichtet. Neun Tage später erfolgt mit dem Ermächtigungsgesetz die **nationalsozialistische Gleichschaltung** Deutschlands. Der Boykott jüdischer Geschäfte beginnt. Auf dem Opernplatz verbrennt die SA „undeutsche Bücher". Im Sommer 1936 eröffnen auf dem eigens dafür angelegten Reichssportfeld die XI. Olympischen Sommerspiele. Kurz nach der von Goebbels organisierten Pogromnacht am 9. November 1938 („Reichskristallnacht") erfolgt die Beschlagnahmung allen jüdischen Eigentums.

Mit dem Einmarsch der deutschen Wehrmacht in Polen beginnt am 1. September 1939 der **Zweite Weltkrieg.** Zu diesem Zeitpunkt hat Berlin mit rund 4.354.000 Menschen seine jemals höchste Einwohnerzahl erreicht. Zwei Jahre später beginnen die Massendeportationen der Berliner Juden in die Konzentrations- und Vernichtungslager. Ende Januar 1942 organisieren NS-Spitzenvertreter auf der Wannseekonferenz die „Endlösung der Judenfrage".

Den Aufruf Goebbels im Berliner Sportpalast im Feb. 1943 zum „Totalen Krieg" beantworten die Alliierten mit verstärkten Luftangriffen. Mit Unterbrechungen hält „The Battle of Berlin", die **Flächenbombardierung** der Hauptstadt des Dritten Reichs, bis zum Frühjahr 1945 an. Am 2. Mai 1945 kapituliert das von sowjetischen Truppen besetzte, zerstörte Berlin.

Frontstadt – Geteilte Stadt

Teilung der Stadt

Während der **Potsdamer Konferenz** im Sommer 1945 im Schloss Cecilienhof teilen die Siegermächte Deutschland in vier Besatzungszonen und Berlin in **vier Sektoren** auf: französisch der Nordwesten der Stadt, britisch der Westen, amerikanisch der Südwesten und sowjetisch der Osten. Der **Kalte Krieg** beginnt. 1946 vereinigen sich in der sowjetischen Besatzungszone SPD und KPD zur Sozialistischen Einheitspartei Deutschlands (SED), die bei den Gesamt-Berliner **Wahlen** knapp 20 Prozent der Stimmen erhält. Die SPD gewinnt diese Wahl mit beinahe 49 Prozent aller Stimmen. 1947 wird der Sozialdemokrat Ernst Reuter (1889–1953) zum Oberbürgermeister gewählt, der sein Amt jedoch erst 1948 antreten kann, da der sowjetische Stadtkommandant sein Veto einlegt.

Wenige Tage nach der **Währungsreform** in den drei Westzonen Deutschlands und den drei Westsektoren Berlins im Juni 1948 führen die Sowjets in ihrer Zone die Ost-Mark ein und riegeln sämt-

liche Zufahrtswege nach Westberlin ab. Die **Blockade** beginnt, während der die Westberliner Bevölkerung bis Mitte Mai 1949 von den „Rosinenbombern" aus der Luft versorgt wird.

Am 23. Mai 1949 erfolgt die Gründung der **Bundesrepublik Deutschland mit (West-)Berlin** als einem Bundesland unter maßgeblichem Vorbehalt durch die Alliierten, am 7. Oktober gründet sich die **Deutsche Demokratische Republik mit (Ost-)Berlin** als Hauptstadt der DDR. Vier Jahre später wird Ostberlin am 17. Juni 1953 zum Zentrum des Volksaufstands gegen das SED-Regime. Sowjetisches Militär schlägt ihn nieder. Der UdSSR-Ministerpräsident Nikita Chruschtschow stellt 1958 das **„Berlin-Ultimatum"** mit der Forderung, Westberlin zu einer „Freien Stadt" zu erklären. Im August 1961 beginnt die DDR mit dem **Bau der Mauer,** die Berlin (West) bis auf wenige kontrollierte Übergänge hermetisch einschließt.

Nur noch wenige erhaltene Mauerreste erinnern an die fast 30 Jahre währende Teilung der Stadt

Jahre mit der Mauer

1967 wird in Berlin (West) bei Protesten gegen den Besuch des Schahs von Persien (Iran) der Student Benno Ohnesorg erschossen, 1968 wird der Anführer der **Außerparlamentarischen Opposition**, Rudi Dutschke, durch ein Attentat von einem Rechtsextremisten schwer verletzt.

Am Alexanderplatz entsteht 1969 mit dem Fernsehturm in der DDR das seinerzeit höchste deutsche Gebäude (368 m). Das **Viermächteabkommen** 1971 bringt Einreiseerleichterungen von Berlin (West) nach Berlin (Ost) und Erleichterungen im zivilen Transitverkehr von der Bundesrepublik nach Berlin (West), betont gleichzeitig aber auch, dass der Westteil der Stadt kein „konstitutiver Teil" der Bunderrepublik Deutschland sei.

1976 wird anstelle des 1950 abgerissenen Stadtschlosses der **Palast der Republik** als Tagungsort der DDR-Volkskammer eingeweiht. Neue Berliner Bezirke entstehen im Osten der Stadt: Ab 1979 bildet Marzahn den 21. Berliner Bezirk, 1986/87 kommen Hohenschönhausen und Hellersdorf als 22. und 23. Bezirk hinzu. 1987 findet in beiden Hälften der geteilten Stadt jeweils eine 750-Jahr-Feier statt.

Nach den **Wahlfälschungen** durch die SED bei der Kommunalwahl im Spätfrühling 1989 kommt es in der Hauptstadt der DDR verstärkt zu Protesten. Ungarn reißt seine Grenzzäune nieder. Viele DDR-Bürger stimmen mit den Füßen ab und setzen sich in den Westen ab. Elf Tage nach den Feierlichkeiten zum 40. Jahrestag der DDR am 7. Oktober 1989 tritt Erich Honecker als Staatsoberhaupt von allen seinen Ämtern zurück.

Am 4. November 1989 strömen auf dem Alexanderplatz rund eine halbe Million Menschen zur größten nicht-staatlich gelenkten Demonstration seit Bestehen der DDR zusammen. Am **9. November 1989** fällt die Berliner Mauer.

Wiedervereinigung

Das Ende der DDR

Am Tag der Einführung der D-Mark in der DDR am 1.7.1990 werden die Grenzkontrollen zwischen den beiden deutschen Staaten und den beiden Teilen Berlins eingestellt. Am 2. Oktober erfolgt die Suspendierung der alliierten Hoheitsrechte und am **3. Oktober der Beitritt der DDR** in den Geltungsbereich des Grundgesetzes. Das auf einer Fläche von rund 890 km² somit wiedervereinigte Berlin zählt 3,46 Millionen Einwohner, die in insgesamt 23 Bezirken leben.

036be Abb.: kj

Die Mauer

Auf rund 155 Kilometern verlief die unüberwindbare innerstädtische Grenze, die aus zirka 45.000 Betonelementen à 1,20 Meter Breite und 3,60–4,10 Meter Höhe aufgebaut war. Hinter der auf Westberliner Seite mit allerlei Malereien verzierten und verhältnismäßig ***harmlos wirkenden Vorlandmauer*** *erstreckten sich auf der DDR-Seite die* ***tödlichen Sperranlagen:*** *der Todesstreifen mit Metallgitterzäunen, Signaldrähten und Beobachtungstürmen, ein etwa zehn Meter breiter, hell erleuchteter Kontrollstreifen mit Hundelaufanlagen, auf dem bewaffnete Grenzsoldaten in Jeeps patrouillierten und gelegentlich auch Panzer postiert wurden, dahinter die zweite, kleinere Hinterlandmauer sowie ein gut 100 m breiter Sperrgürtel.*

So präsentierte sich der sogenannte ***„Antifaschistische Schutzwall“,*** *den die DDR-Regierung mit dem Einverständnis der Warschauer-Pakt-Staaten gegen die von ihr ausgemachten westlichen Störaktionen 1961 hatte errichten lassen und der auch der bis dato anhaltenden Massenauswanderung aus der DDR einen Riegel vorschob. Seit der zunehmenden Sicherung der DDR-Grenzen zur BRD ab 1952 war Berlin zu einem „Fluchtloch“ geworden. Gemäß dem Viermächtestatus musste die innerstädtische Sektorengrenze offen gehalten werden, was bis zum 13. August 1961 knapp anderthalb Millionen Menschen zur Flucht über Berlin in den Westen nutzten.*

Sonntag um 2 Uhr am 13. August sperrten Einheiten der Volkspolizei und Nationalen Volksarmee die Sektorengrenze nach Westberlin ab. Panzer, Soldaten und bewaffnete Betriebskampfgruppen bezogen Stellung. Im Morgengrauen waren bereits Straßensperren mit Stacheldraht und Spanischen Reitern errichtet, die Pflaster aufgerissen, Gräben gezogen und Betonpfähle aufgestellt. Den Bewohnern Ostberlins und der DDR wurde das Betreten Westberlins untersagt, binnen weniger Stunden wurden Familien und Freunde für die kommenden fast dreißig Jahre voneinander getrennt. Man unterbrach unverzüglich den U- und S-Bahn-Verkehr, ab 15. August wurden neben provisorischen Ziegelmauern die ersten Betonplatten aufgestellt und ab 21. August die Eingänge und Fenster der unmittelbar an Westberliner Gebiet angrenzenden Häuser zugemauert. Vorher war es ***zu spektakulären Fluchtaktionen*** *gekommen: Mit zusammengebundenen Laken seilten sich die Menschen aus den Fenstern zum „Sprung in die Freiheit“ ab, schwammen durch die Flüsse und Kanäle, nutzten unterirdische Versorgungsverbindungen oder gruben sich einen Tunnel.*

Fortan waren die Westberliner eingemauert, wurden aber moralisch und finanziell aus dem Westen unterstützt, wie die nicht eingemauerten Ostberliner Hauptstädter der DDR durch den Osten moralische und finanzielle Unterstützung erfuhren. Schon ein gutes Jahrzehnt später spielte die Mauer keine bemerkenswerte Rolle mehr. ***Die Tragödie war der Gewohnheit gewichen.*** *Für die Hauptstädter war Westberlin mittlerweile wörtlich zu einem weißen Fleck auf der Landkarte geworden, Ostberlin für die Einwohner des Westteils der Stadt zur Hauptstadt der belächelten „Täterä“, wie man die DDR nannte, und der man seit 1971 – mit den entschiedenen Reiseerleichterungen durch das Viermächte- und Transit-Abkommen – auf seiner Fahrt nach „Wessiland“ demonstrativ seine Rücklichter zeigte.*

Spätestens Anfang der 1970er-Jahre vollzog sich die ***Teilung*** *über das Räumliche hinaus auch* ***psychologisch und kulturell.*** *Während es im Westteil der Stadt seit den Studentenunruhen 1968 schrittweise zum Aufbruch der verkrusteten politischen und gesellschaftlichen Verhältnisse gekommen war, erfüllten sich auf der anderen Seite der Mauer die Hoffnungen nicht, die viele DDR-Bürger 1971 an den Wechsel vom Mauerbauer Walter Ulbricht zu Erich Honecker als Erster Sekretär des Zentralkomitees der SED geknüpft hatten. Anschließend igelte man sich ein in Ostberlin, zog sich in die „Innerlichkeit" zurück, wogegen die Westberliner „Insulaner" als üppig alimentierter Vorposten der freien Welt immer eingebildeter wurden und ihre Maueridylle wie den Umstand genossen, dabei gleichzeitig eine berühmte Weltstadt zu sein. Ja, dank dieser in der Tat einmaligen Wohnsituation galt man als Westberliner in aller Welt automatisch als Attraktion. Zumal: In keiner Stadt lebte es sich vergleichsweise ungeniert und frei wie im eingemauerten Westberlin.*

Dann öffneten sich nach dem Sommer 1989, als Zehntausende von DDR-Bürgern über Ungarn und die Tschechoslowakei in den Westen geflohen waren, am 9. November nach 28 Jahren plötzlich die innerstädtischen Grenzen. Über eine halbe Million Ostdeutsche erstürmten in den darauffolgenden Tagen den Westteil der Stadt. „Wahnsinn" war das Wort der Stunde, das die Ereignisse zwar in keiner Weise darstellen konnte, aber sie dennoch mit Abstand am besten beschrieb. Die Sektkorken knallten, die Tränen flossen in Strömen und Westberliner und Ostberliner lagen einander in den Armen.

In dieser Situation bestand keine Zeit mehr, die Mauer, dieses heillose Bauwerk, gebührend zu würdigen. Nicht nur ihre Öffnung, auch der ***Abriss*** *der Mauer geschah wie ihr Bau über Nacht. „Berlin, nun freue dich!", lautete der Imperativ, und welcher Berliner hätte angesichts der weltbewegenden Ereignisse gewagt, um der Erinnerung halber für ein kleines Stückchen Mauer und Todesstreifen zu bitten?*

Ebenso rasch, wie er damals errichtet wurde, verschwand der Betonwall wieder. Nur in der Niederkirchnerstraße am Martin-Gropius-Bau erheben sich, streng geschützt, noch wenige Hundert Meter ***original und unverfälscht erhaltene Vorderlandmauer*** *(siehe* 66*), an der Spree in Friedrichshain stehen noch 1300 Meter 1990 nachträglich angemalte Hinterlandmauer, die „Eastside Gallery"* 134*. Am Mauerpark Bernauer Straße/Ecke Eberswalder Straße haben nach 1989 Graffitikünstler hinter der Grünanlage auf dem ehemaligen Todesstreifen einen kleinen Betonrest besprüht und ebenfalls in der Bernauer Straße/Höhe Ackerstraße wurde zum 37. Jahrestag des Mauerbaus 1998 die „Gedenkstätte Berliner Mauer"* 80 *eingeweiht. Zusätzlich begann man an stark von Fußgängern frequentierten Straßen zwischen den Bezirken Mitte und Kreuzberg mit der* ***Markierung des ehemaligen Mauerverlaufs durch doppelläufige Großsteinpflasterreihen.*** *In Abständen sind gusseiserne Platten mit der Inschrift „Berliner Mauer 1961-1989" in das Pflaster eingelassen, die auf der Spurensuche behilflich sein sollen. Damit dieses obszöne Bauwerk nicht vollends in Vergessenheit gerät und mehr bleibt als nur der Gedanke: Stimmt ja, da war doch mal was.*

037be Abb.: kj

Berlin wird Regierungssitz

Im Juli 1991 beschließt der Deutsche Bundestag mit hauchdünner Mehrheit den Umzug des Bundestags, des Bundesrats und der Bundesregierung mit den wichtigsten Ministerien von Bonn nach Berlin. Das **Umzugsgesetz Berlin-Bonn** tritt am 10. März 1994 in Kraft, womit die Hauptstadt zum Regierungssitz im Wartezustand und ihr Zentrum in die größte Baustelle Europas verwandelt wird.

Nach jahrelangen hitzigen Debatten verpacken der Künstler Christo und seine Frau Jeanne-Claude 1995 den Reichstag, auf dem Kurfürstendamm findet mit rund 300.000 Ravern die erste **Love-Parade** statt. Im Jahr darauf sind es schon 750.000, die fröhlich durch den Tiergarten tanzen.

1998 beschließt das Berliner Abgeordnetenhaus umfangreiche Reformen, darunter die Verringerung der Bezirke von 23 auf 12 ab 2001. Ein Jahr später wird die Bundeshauptstadt mit dem Zusammentreten der Bundesversammlung zur Wahl des Bundespräsidenten am 50. Jahrestag des Grundgesetzes, dem 23. Mai 1999, **Regierungssitz.** Bundestag, Bundesregierung und Bundesrat nehmen in Berlin ihre Arbeit auf, knapp zwei Jahre später wird am 20. April 2001 feierlich das neue Bundeskanzleramt im Tiergarten eingeweiht.

Fotoausstellung an der Gedenkstätte Berliner Mauer 80 *an der Bernauer Straße*

Auf dem Weg in die Zukunft

Weitere wegweisende Bauwerke werden im ersten Jahrzehnt nach der Jahrtausendwende eröffnet, darunter der neue Hauptbahnhof (14). Er nimmt rechtzeitig vor der **Fußball-WM im Sommer 2006** den Betrieb auf, um Fußballfans aus allen vier Himmelsrichtungen zum WM-Finale ins Berliner Olympiastadion (s. S. 148) zu transportieren.

Seit den 2010er-Jahren wächst Berlin rasant. Jährlich zieht es bis zu 50.000 Neubürger in die Stadt. Es herrscht **Wohnungsnot**, die Mieten explodieren, die öffentliche Infrastruktur ist marode, Kita- und Schulplätze fehlen. Zu den zentralen Infrastrukturprojekten gehören neben dem Wohnungsneubau die Entwicklung des stillgelegten Flughafens Tempelhof (s. S. 326) und – sobald der unvollendete **Hauptstadtflughafen „Willy Brandt"** (BER, s. S. 328) einmal eröffnet sein wird – die Schließung und Bebauung des ausgedehnten Areals des Flughafens Tegel.

Seit 2013 laufen – trotz heftigem Widerstand – die Bauarbeiten an der **Weiterführung der Autobahn A 100** quer durch die östliche Innenstadt. Mit geplanten Kosten von 473 Millionen Euro für 3,2 km Asphaltpiste ist der Bauabschnitt 16 der Berliner Stadtautobahn das teuerste jemals in Deutschland erstellte Autobahnstück.

Leben in der Stadt

Die Berliner

Einwohnerzahl

3,7 Millionen offiziell gemeldete Menschen leben heute in der Spree-Metropole – Tendenz steigend. Nach der Wiedervereinigung sah das zunächst anders aus: Bis 2005 sank Berlins Einwohnerzahl stetig. Wer es sich leisten konnte, zog hinaus aus der Stadt ins brandenburgische Umland.

Danach wendete sich das Blatt. Seit Mitte der „Nullerjahre" wächst Berlin wieder, seit den „Zehnerjahren" sogar rapide. Zu verdanken ist das vor allem der **internationalen Attraktivität der deutschen Hauptstadt.** Neben dem Babyboom der Jungakademiker, die vor zehn Jahren als Studenten nach Charlottenburg, Friedrichshain-Kreuzberg und Prenzlauer Berg kamen und mittlerweile die neue urbane Mittelschicht bilden, sind es vor allem Menschen aus aller Welt, die Berlin wachsen lassen.

285be Abb.: kj

⊡ *In Berlin leben Menschen aus über 180 Staaten der Welt*

Insgesamt verließen seit dem Mauerfall über 1,7 Millionen Einwohner die Stadt. Noch weit mehr Menschen zog es seit der Wiedervereinigung an die Spree. In keiner anderen deutschen Stadt hat es seit 1990 einen so **massiven Bevölkerungsaustausch** gegeben.

Einwanderungen

Die zwölf Jahre nationalsozialistischer Terror 1933–1945 mit Vernichtungskrieg und dem Völkermord an den Juden wollen so gar nicht zu den Spree-Athenern passen, die **traditionell eher tolerant und multikulturell** eingestellt sind, da von Haus aus selbst ein kunterbuntes Bevölkerungsgemisch.

Im Jahre 1685 strömten nach dem „Edikt von Potsdam" (s. S. 305) Glaubensverfolgte aus halb Europa in das unfruchtbare östliche Sandland, in welchem ein im europäischen Machtpoker äußerst unwichtiger Kurfürst „jottwede" (janz weit draußen) über eine Handvoll Menschen regierte: Es kamen Böhmer und Holländer, Salzburger und französische Hugenotten. Die in Frankreich verfolgten **protestantischen Glaubensflüchtlinge** machten um 1700 ein Fünftel der Berliner Bevölkerung aus, d. h. jeder fünfte Berliner war ein Franzose. 1671 wurde die Jüdische Gemeinde gegründet.

Im Zeitalter der Industrialisierung bereicherten diese märkische Melange ungezählte deutsche und polnische Arbeitskräfte aus Pommern, Ostpreußen und insbesondere aus Schlesien sowie im Zuge der Russischen Revolution Emigranten aus dem entstehenden Sowjetreich. Nach dem Ersten Weltkrieg zählte die **russische Gemeinde** mit ihrem Brennpunkt in „Charlottengrad" annähernd 300.000 Menschen. Zur Zeit der deutschen Teilung wanderten nach Westberlin vornehmlich Südeuropäer, Kurden, Palästinenser und vor allem Türken und Schwaben ein, in Ostberlin kamen Thüringer, Angolaner, Vietnamesen und Sachsen hinzu.

Berliner heute

Heute leben **über 600.000 ausländische Mitbürger** aus mehr als 180 Staaten der Welt in der Bundeshauptstadt. Fast jeder dritte Berliner hat einen Migrationshintergrund, davon besitzen 42 % die deutsche Staatsangehörigkeit. Den Löwenanteil unter den internationalen Berlinern stellen die türkischstämmigen Einwohner, gefolgt von Menschen aus dem ehemaligen Jugoslawien und auf Platz 3 den polnischen Mitbewohnern. Stark vertreten sind außerdem Italiener, Russen, US-Amerikaner, Franzosen, Spanier, Griechen und Briten.

Summa summarum gibt es in Berlin also sehr viele Berliner. Gebürtige Berliner, echte Berliner, Neuberliner, Wahlberliner und Berliner mit oder ohne Wahlrecht, genau so, wie sie Wilhelm Lehmann in seiner mutigen Charakterstudie „Die schrecklichen Berliner" beschreibt: Geborene, Gestorbene, Hiesige, Auswärtige und Sonstige. Sie alle eint der Glaubenssatz, dem schon Präsident John F. Kennedy 1963 erlag: „Vor zweitausend Jahren", bemerkte er, „war der stolzeste Satz, den ein Mensch sagen konnte: Ich bin ein Bürger Roms. Heute ist der stolzeste Satz, den jemand in der freien Welt sagen kann: Ich bin ein Berliner."

⊡ Auch die Berliner Bären brauchen manchmal eine Verschnaufpause

Politisches

Berlin ist ein **Bundesland**, zugleich **Hauptstadt** der Bundesrepublik Deutschland und **Sitz des Bundespräsidenten.** Seit dem Zusammentreten der Bundesversammlung zur Wahl des Bundespräsidenten am 50. Jahrestag des Grundgesetzes, dem 23. Mai 1999, ist die Hauptstadt **Regierungssitz.** Bundestag, Bundesregierung und Bundesrat arbeiten in Berlin.

Die **Verfassung des Landes Berlin** aus dem Jahr 1950 gilt seit dem 1. Januar 1991 nicht mehr nur für West-, sondern für ganz Berlin. Sie wurde 1995 überarbeitet und per Volksabstimmung mit 75,1 % Zustimmung bestätigt. Zu den wesentlichen Neuerungen gehören u. a. die Möglichkeit der Bürger zum Volksbegehren und die Gleichstellung der Frau.

Die Berliner Volksvertretung ist das **Abgeordnetenhaus** von Berlin mit mindestens 130 Abgeordneten. Die Ausschüsse tagen öffentlich. Das Abgeordnetenhaus wählt den **Regierenden Bürgermeister** (RBm) – Oberbürgermeister der Stadt und zugleich Ministerpräsident des Landes –, der die Richtlinien der Politik bestimmt. Er ernennt und entlässt die Senatsmitglieder, deren Anzahl durch die Berliner Verfassung vorgegeben und seit der 14. Legislaturperiode neun Senatoren einschließlich RBm beträgt. Die Senatoren führen ihre Ressorts als Landesminister.

Bis Ende 2000 oblag dem Senat die ständige „Fachaufsicht" über die Bezirke. Seit Inkrafttreten der **Verwaltungsreform 2001**, mit der eine Zusammenlegung der 23 Berliner Bezirke auf nunmehr zwölf selbstverwaltete Großbezirke einherging, besitzt der Senat nur noch

038be Abb.: kj

ein „Eingriffsrecht" bei Beeinträchtigung der Gesamtinteressen Berlins. Die **zwölf Bezirke** arbeiten mit eigenem Teilhaushalt und eigener Verwaltung. Die Bezirksverordnetenversammlungen (Bezirksparlamente) wählen ihre Bezirksbürgermeister und Dezernenten.

Das Berliner Wappen ist der **Bär.**

Wirtschaft, Arbeit und Soziales

Wohl nirgends sind das Ausmaß und die Widersprüche des oft dramatischen **Strukturwandels**, den die Wirtschaft seit der Wiedervereinigung durchlaufen hat, besser und eindringlicher zu studieren als in der „Werkstatt der Einheit", wie Politiker in ihren Sonntagsreden die deutsche Bundeshauptstadt gerne nannten.

War Berlin vor dem Zweiten Weltkrieg einer der wichtigsten Wirtschaftsstandorte und die größte Industriemetropole Deutschlands und war später Ostberlin das bedeutendste Industriezentrum der DDR, so erwischte es nach der Wiedervereinigung vor allem das verarbeitende Gewerbe. Seit dem Mauerfall war ein drastischer **Abbau von Produktionskapazitäten und Arbeitsplätzen** in der Industrie zu beklagen, nicht nur in der ehemaligen Hauptstadt der DDR, sondern gleichermaßen hüben wie drüben.

Die Gründe für den ökonomischen Abbau Ost sind sattsam bekannt: Wegfall der osteuropäischen Absatzmärkte nach der Einführung der D-Mark, steinalte Fertigungsanlagen und nicht konkurrenzfähige Produkte. In nur einem Jahrzehnt wurden über 150.000 Arbeitsplätze im Ostteil der Stadt von vormals 187.000 Industriearbeitsplätzen abgebaut.

Die Ursachen für den Abbau West sind in der jahrzehntelangen isolierten Lage zu suchen. Infolge des Funktionsverlusts der eingemauerten Teilstadt bei gleichzeitig unsicherer Insellage mitten im kommunistischen „Roten Meer", wanderten die großen Betriebe nach Westdeutschland ab. Dem versuchte die BRD mit Steuervorteilen für Westberliner Unternehmen und Beschäftigte zu begegnen, ein letztes Mal 1990 mit 13 Milliarden DM Bundeshilfe und 9 Milliarden DM Berlinförderung – wodurch die Mauerstadt allmählich zur „verlängerten Werkbank" Westdeutschlands wurde, d. h., hier ließ man, oft mittels vorsintflutlicher Technologie, nur schrauben und löten, sofern saftige Prämien winkten. Nach dem **Wegfall der Westberlin-Subventionen** verlagerten viele Firmen ihre Herstellung folgerichtig in billiger produzierende europäische Regionen oder wanderten auch nur zu den neuen Fördertöpfen nach Ostberlin oder ins brandenburgische Umland ab. So halbierte sich von 1991 bis 2001 die Zahl der Beschäftigten im verarbeitenden Gewerbe. Dazu gesellte sich ein anhaltender Stellenabbau in Behörden, Ämtern und Dienststuben.

Die durchschnittliche **Erwerbslosenquote** lag 2006 bei knapp 18 Prozent. 2011 standen immer noch 13,3 Prozent der Berliner außer Lohn und Brot. 2016 unterschritt die Quote erstmals seit der Wiedervereinigung die 10-Prozent-Marke. Doch der wirtschaftliche Aufschwung, den die Spree-Metropole seit ein paar Jahren verbuchen kann, geht an den rund 500.000 Armen in der Hauptstadt vorbei. Fast jeder fünfte Berliner – Erwachsene wie Kinder – ist auf Hartz IV angewiesen. 22 Prozent sind von Armut bedroht. Ein erheblicher Teil der Bevölkerung bekommt von der anziehenden Konjunktur also nichts mit.

So fließt der überwiegende Teil des **Landeshaushalts** denn auch in den Sozialtransfer. Gleichzeitig hat die Stadt sagenhafte 59 Milliarden Euro Schulden angehäuft, und „Sparen bis es quietscht", wie es der ehemalige Regierende Bürgermeister Klaus Wowereit einmal formulierte, wurde zum geflügelten Wort.

Die **harte Sparpolitik** des Senats haben besonders schmerzlich die Bezirke zu spüren bekommen, die die bürgernahen Dienstleistungen erbringen, die Parks und Grünflächen pflegen, öffentliche Gebäude und das Straßenland unterhalten, für Gesundheit und Soziales, für Volkshochschulen und Bibliotheken, Kitas, Schulen und Jugendeinrichtungen zuständig sind und wegen fehlender Finanzmittel sowie Personalmangel ihren Aufgaben inzwischen teils nicht mehr nachkommen können. Schwarz auf weiß verdeutlichen die Situation der „Sozialstrukturatlas" und der Bericht „Monitoring Soziale Stadtentwicklung", die der Berliner Senat in regelmäßigen Abständen in Auftrag geben: Die Hauptstadt zerfällt immer weiter in arme und reiche Quartiere. Die Gegensätze verschärfen sich.

Nun aber zu den guten Nachrichten: Es gibt sie noch, die **traditionsreichen Unternehmen** des Berliner Maschinen- und Schienenfahrzeugbaus, der Elektrotechnik und chemischen Industrie. Namen wie Siemens und Borsig, DeTeWe, Schering und Schwartzkopff, wenn manche von ihnen auch nicht mehr unter dem angestammten Firmennamen und nur noch mit erheblich geschrumpfter Belegschaft produzieren. Insbesondere in den forschungsintensiven Industriezweigen wie Pharmazie und Biotechnologie, Elektro-, Medizin- und Nachrichtentechnik sind zahlreiche neue Unternehmen mit einem hohen Anteil an Forschungsarbeitsplätzen entstanden.

Als **Wissenschaftsstandort** kann die Stadt neben vier Universitäten auf sieben Fachhochschulen, vier Kunsthochschulen, zwei konfessionelle und mehr als 30 private Hochschulen verweisen, dazu auf über 60 außeruniversitäre Forschungs- und Entwicklungseinrichtungen, an denen insgesamt über 200.000 Menschen studieren und forschen. Gesundheitswirtschaft und Medizintechnik, Verkehrssystem-, Informations- und Kommunikationstechnik, Bio- und Umwelttechnologie made in Berlin sind weltweit führend. Internationale Spitzenunternehmen verlagerten ihre Deutschland- bzw. Europazentralen nach der Wiedervereinigung an die Spree, womit das Big Business Einzug hielt. Und auch als **Medienstandort** bietet die Hauptstadt Superlative: Nirgends werden deutschlandweit mehr Rundfunk- und Fernsehsender gezählt. Mit knapp 400 Verlagen ist Berlin die zweitgrößte deutsche Verlagsmetropole.

Die deutsche Hauptstadt holt also auf und hat sich zum Ziel gesetzt, in den kommenden Jahren zum Kraftzentrum einer wissensbasierten Ökonomie der Zukunft zu werden. Drei „Ts" bringt die Stadt dafür ein: **Talente, Technologie, Toleranz;** das bedeutet Wissenschaft, kulturelle Vielfalt und kreative Menschen aus aller Welt. Besonders vielversprechend entwickelt sich die **IT-Wirtschaft.** Innovative Gründungen im Zuge der „Vierten Industriellen Revolution" ziehen potente internationale Investoren an. Zehntausende Berliner arbeiten inzwischen für junge **Start-ups,** die ein Investitionsvolumen von über einer Milliarde Euro im Jahr auf sich vereinen. Bei Start-up-Niederlassungen landete die deutsche Hauptstadt 2017 auf Platz vier im weltweiten Vergleich von 85 Metropolen. Internetriesen wie Google und Zalando eröffnen ihre neuen Firmenzentralen im Kreuzberger Kiez – eben dort, wo vor nicht allzu langer Zeit noch die ärmsten Berliner lebten.

Längst hat sich die **Kreativwirtschaft** als feste Größe etabliert. Kunst und Kultur, Film und Musik, Mode, Design und andere Unternehmen der „Creative Industry" erwirtschaften mit ca. 300.000 Mitarbeitern einen jährlichen Umsatz von rund 23 Milliarden Euro.

Für die knapp 1,9 Millionen Berliner Beschäftigten, von denen stattliche

Eene kleene Abschweifung zu't Jemüt vonne balinüsche Einjesessene

„Es lebt aber [...] in Berlin ein so verwegener Menschenschlag beisammen, dass man mit der Delikatesse nicht weit reicht, sondern dass man Haare auf den Zähnen haben und mitunter etwas grob sein muss, um sich über Wasser zu halten."

Nee, hamwa det mit Bejeisterung uffjenommen, watter olle Joethe da üba uns Einjeborne vazappt hat!!! Nich dass wa mit unsere jottjejebene Muttawitz desterwejen gleich von Balin zu Prahlin übajewechselt wärn. Aba et schmeichelt doch zurückblicklich uff det Scheniale, wat wa nu ehmt ma ham. Un wie de Burchtheatadirex Laube anno 1837 noch eens drufforjelt mit die Aussaache „der Berliner ist grob", sachta, „zanksüchtig, ohne Sentimentalität, eitel," – da musset eem doch vor lauta Komplimentiererei direkt de Schamesröte inne Oochen treibn.

Nu, ohne det Eijenlob schtinkt, möcht ick doch saachen, de Balina träächt schließlich allet Menschenmöchliche mit bei, um sein miesen Charakta zu vafestijen. Woruff, wenn ick mir so zu behauptn erlaubn derf, zujejeben de janze Erdkujel neidisch uff unsaeens is. Wat ja janz im Eijentlichen vonne wahre balinüsche Jröße zeucht ... un wat bloß die uffällich jeistetzerüttete Indewiedjums nich direktemang inne Bulljongjlocke jehn will.

Ehr'nsache, uns kann keena! Oda, um mir vaständlich uff jut deutsch auszedrickn:

„Ick sitz am Tisch un esse Klops.
Uff eenmal klopt's.
Ick staune und verwundre mir.
Uff eenmal jeht se uff, de Dier.
Ick stehe uff un denk: nanu?

039be Abb.: kj

Jetzt isse uff, erst war se zu.
Ick jehe raus un kieke.
Wer steht draußen: Icke!"

Wat unsre olle Muse Berolina hia damit „unta Jänsekrätzchen" auseinanderposamentiern will, meint nüscht jeringeret als unsre uffet balinüsche Jemüt bezüchliche Filosofie: „Erst komm icke. Denn komm ick nochma. Denn kommt ne janze Weile jar nüscht, un denn kommste noch lange nich", wie et unlängst oochn Vizeprotokollheini von et Auswärtije Amt unta seine entzündeten Oochen jetreten is. „Ich erlebe es", sachta mitn vaärjerten Jesichtsfaltenwurf bein Besuch von sone ausländischen Staatskopp, wofür se disswejens eijens 'n Damm für abjesperrt ham, sachta: „dass Berliner Autofahrer, die durch unsere protokollarischen Wagenkolonnen gestoppt werden, mit Hupkonzerten reagieren oder schimpfend aussteigen. Das geht doch nicht!"
Echt knorke!

Wat üban Daumen jepeilt vonne Welt nu aba die jrößte Lobdudelei an uns Balina is, is von die italienische Aasgeige Cagliostro: „Berlin - ekelhafte Stadt! Kein Mensch glaubt einem was."

Nee, Jott, die Freude! Bei soville Blümekins wird eem ja jleich zweema menschenfreundlicha umme Zwirbeldrüse. Oda, wie wia jerüat uff balinüsch zu saachen pflejen: Da wirds eem janz melanchlöterisch inne Herzjejend.

Sehnse, all det is Balin. Se müssn nur ma den Kaviar aus Ihre Oochen puhlen un orntlich hinkieken un denn wer'n Se mit sehr jroßer Jewißheit ebenfalls zu diese oben anjefihrten vaninftije Übazeujungen jelangen.

› ***Buchtipp:*** *Entdecken Sie die erfrischende, humorvolle Mentalität der Berliner mit dem Kauderwelsch-Band 139* ***„Berlinerisch – das Deutsch der Hauptstadt"*** *aus dem Reise Know-How Verlag.*

1,6 Millionen im **Handel und Dienstleistungsbereich** tätig sind (bei nur 220.000 im produzierenden Gewerbe), sind in den vergangenen Jahren über 150.000 neue Jobs entstanden. Dienstleistung lautet das Zauberwort. Im bundesweiten Vergleich expandiert dieser Sektor überdurchschnittlich stark und macht den Löwenanteil der Berliner Einnahmen aus. Nicht zu vergessen die zahlreichen Tätigkeitsfelder bei Verbänden und Institutionen, die sich im Windschatten der Bundesregierung an der Spree niedergelassen haben.

Boomsektor Nummer 1 ist und bleibt aber der **Tourismus.** Das Gastgewerbe brummt! Hatte man bereits 2010 Rom vom dritten Platz auf der Beliebtheitsskala europäischer Reiseziele verdrängt, heißt es nun, Paris den zweiten Rang streitig zu machen. Mit über 31 Millionen Übernachtungen 2017 verzeichneten die Berliner Hotels gegenüber den Rekordjahren 2015 und 2016 eine weitere Steigerung – und der Boom reißt nicht ab. Weltweit hat sich die Spree-Metropole als „Place to be" etabliert.

Bei allen beliebt: Berlin als Touristenziel

Tempelhofer Feld – Wiesenmeer in der Steinwüste

Wo einst mitten in Berlin Flugzeuge abhoben, wird heute gegärtnert und man grillt Würstchen. Die Start- und Landebahnen des ehemaligen Flughafens Tempelhof dienen Skatern und Radlern als Betätigungsfeld und über dem stillgelegten Flugfeld steigen statt Düsenmaschinen bunte Drachen auf.

Von 1923 bis 2008 war der Flughafen Tempelhof in der südlichen Berliner Innenstadt in Betrieb. Wie sonst keiner der Berliner Airports ist er mit der wechselvollen Geschichte der Spree-Metropole im 20. Jahrhundert verknüpft. Die Namen der Flugpioniere Gustav und Otto Lilienthal sowie Orville Wright sind mit dem fast 400 Hektar großen Gelände verbunden, dessen Karriere als Exerzierfeld sogar schon auf das 18. Jahrhundert zurückgeht.

1923 eröffnete der erste Berliner Zentralflughafen und nahm den Linienverkehr auf. 1927 waren die ersten Flugzeughallen und ein Abfertigungsgebäude fertiggestellt – seinerzeit weltweit einzigartig mit U-Bahn-Anschluss. Es folgten Erweiterungen und mit Baubeginn 1936 ein abermals größerer kompletter Neubau. Nach Entwürfen des Architekten Ernst Sagebiel entstand bis 1941 das nach dem Pentagon flächengrößte Gebäude der Welt; in seiner Monumentalität zweifelsfrei Ausdruck des nationalsozialistischen Herrschaftswahns, in seiner Funktionalität gleichzeitig aber auch Prototyp eines Großflughafens moderner Prägung.

Nach Ende des Zweiten Weltkriegs wurde Tempelhof unter dem Namen **„Tempelhof Air Base“** amerikanischer Militärstützpunkt. Die Berlin-Blockade 1948/1949, während der die US-„Rosinenbomber“ mit Care-Paketen für die eingesperrte Westberliner Bevölkerung zeitweise im 90-Sekunden-Takt in Tempelhof landeten, machte den Flughafen weltweit bekannt. Ab 1950 durfte neben der militärischen Nutzung auch wieder zivil geflogen werden, und in dieser Funktion bildete Tempelhof bis zum Mauerbau 1961 für DDR-Flüchtlinge ein Ausfalltor in den Westen.

Im Jahr 2008 gingen schließlich die Lichter aus. Längst waren die kurzen Start- und Landebahnen den großen Verkehrsfliegern nicht mehr gewachsen. Darüber hinaus hatte sich die Kritik hinsichtlich der Lage mitten im Häusermeer und den damit verbundenen Gefahren für die Bevölkerung intensiviert. Zuletzt verbuchte der Flughafen ein jährlich zweistelliges Millionendefizit. Nur noch vier kleine Airlines flogen ihn an.

Bereits zwölf Jahre zuvor hatten Berlin, Brandenburg und der Bund den Bau eines neuen **Großflughafens Berlin-Brandenburg (BER)** im Südosten der Hauptstadt beschlossen. Damit einher ging die Entscheidung über die Stilllegung der innerstädtischen Flughäfen Tempelhof und Tegel. Klagen der Fluggesellschaften und ein von der Interessengemeinschaft City-Airport Tempelhof (ICAT) initiierter Volksentscheid 2008 schlossen sich an. Sie scheiterten beide: hier an Gerichtsurteilen, dort am Votum der Berliner Bevölkerung, die die Schließung von Tempelhof mit deutlicher Mehrheit begrüßte.

Hernach rang man jahrelang um die Nachnutzung des riesigen Flughafengeländes. Zwar waren sich alle Akteure einig, dass auf die besondere Historie des

126be Abb.: mr

Areals eingegangen werden sollte. Aber wie das im Einzelnen aussehen würde, darüber stritten der Berliner Senat, Aktivisten und Anrainer. So war ursprünglich eine Bebauung der Ränder vorgesehen und dort, wo sich aktuell etwa 300 Hektar wilde Grünfläche zwischen den Rollfeldern ausdehnt, die Gestaltung einer Parklandschaft.

Seit Mai 2010 ist das umzäunte Tempelhofer Feld für die **Berliner zugänglich** – und schnell eroberten sie das riesige Wiesenmeer mit **Imbiss, Biergarten** und **Liegestühlen, Picknick** und **Grillen,** zum **Gärtnern, Skaten, Radeln, Drachensteigen** lassen oder einfach **Spazierengehen.** Dass das so bleibt und die spektakuläre Weite mitten im Häusermeer nicht bebaut werden darf, erwirkte 2014 ein weiterer Volksentscheid. So kann man den Blick ungestört über Wiesen und Rollbahnen schweifen lassen. Kaum ein Baum ist zu sehen, nur Gras und Asphalt, im Hintergrund das Flughafengebäude – der nach dem Pentagon größte zusammenhängende Gebäudekomplex der Welt – und in der Ferne am Horizont rundherum die Silhouette der Großstadt.

●**301** [L11] **Flughafengelände,** https://gruen-berlin.de/tempelhofer-feld, März/Okt. 7–19, April/Sept. 6–20.30, Mai/Aug. 6–21.30, Juni/Juli 6–22.30, Feb./Nov. 7–18, Dez./Jan. 7.30–17 Uhr; Eingänge: Norden Columbiadamm (U6 Platz der Luftbrücke, U8 Boddinstraße, Bus 248, 104), Nordosten: Oderstraße (U8 Boddinstraße), Südwesten: Tempelhofer Damm (S, U6 Tempelhof).

› **Flughafengebäude:** Führung „Mythos Tempelhof" Mo.–Do. 16, Fr. 13/16, Sa./So. 12/15 Uhr, Führung „Verborgene Orte" Do.–Mo. 11 Uhr; jeweils Erw. 15 €, erm. 10 €, bis 14 Jahre 7 €, Tel. 200037441, www.thf-berlin.de

Die langen Rollbahnen sind ein Paradies für Biker, Skater oder Jogger – Piktogramme zeigen an, wie lange man bis ans andere Ende braucht

Der Unvollendete: Berlins Pannenflughafen

2006 hob man zum ersten Spatenstich an. 2 Mrd. Euro Baukosten waren geplant. 2011 sollte der **Hauptstadtflughafen Berlin „Willy Brandt" (BER)** an den Start gehen, Ostdeutschlands größtes Infrastrukturprojekt. Was dann folgte, war eine beispiellose Serie an Fehlplanungen, Fehlentscheidungen, Baupfusch, Missmanagement und auf der politischen Seite Verantwortungslosigkeit gepaart mit beharrlichem Ausblenden mahnender Stimmen. Mittlerweile ist eine Eröffnung des Airports für Herbst 2020 anvisiert, bei Baukosten von mindestens 6,5 Mrd. Euro. Doch auch diese Ansage bezweifeln Experten – während der Steuerzahler täglich 1,3 Millionen Euro für den Unterhalt der Dauerbaustelle hinblättert. Wie konnte es zu einem solchen **Desaster** kommen?

Die Geschichte beginnt mit der **Standortwahl.** Bereits kurz nach dem Mauerfall 1989 liefen erste Planungen für einen neuen Berliner Zentralflughafen an. Als Standort wurde stadtnah der Ausbau des Ostberliner Airports Schönefeld im Südosten der Stadt kurz hinter der brandenburgischen Landesgrenze diskutiert. Stadtferner wurden Standorte bis zu 100 Kilometer nördlich bzw. südlich von Berlin in Betracht gezogen. Gutachten favorisierten letztere Varianten, denn die Region Schönefeld ist sehr dicht besiedelt, birgt deshalb das höchste Sicherheitsrisiko und ist bei Bedarf nicht ausbaufähig. Dennoch entschied die Politik 1996 zugunsten von Schönefeld, keine 40 Kilometer vom Brandenburger Tor entfernt.

Mehrere Vergabeverfahren an private Konsortien scheiterten bis 2003. Statt, wie ursprünglich geplant, eines einzigen privaten Generalunternehmens für den Bau kamen nun Ausschreibungen für einzelne Gewerke zum Zug und die Länder Berlin, Brandenburg und der Bund wurden die Bauherren. **2008** und zahllose Klagewellen gegen den Standort später erfolgte die **Grundsteinlegung** zum Herzstück der Anlage, dem Flughafenterminal.

Im Juni 2010 kam es zum **„Sündenfall"**: Die für Herbst 2011 geplante Eröffnung musste verschoben werden. Die Brandschutzanlage, ein kilometerlanges Rauchgasabpumpsystem – intern als „Monster" bezeichnet – funktionierte nicht. Dafür sollte es dann im Juni 2012 soweit sein. Die Einladungen für die Einweihungsfeier waren bereits verschickt, mit der Bundeskanzlerin als Nummer 1 auf der Gästeliste, als auch dieser Termin abgesagt werden musste.

Längst ist der BER zur Katastrophenbaustelle geworden. Wirtschaftsprüfer von Ernst & Young attestierten 2012 ein **totales Organisationsversagen.** Die Aufsichtsräte, darunter der Regierende Berliner Bürgermeister und der brandenburgische Ministerpräsident, warfen daraufhin die Generalplaner raus, rund 300 Architekten, Planer und Ingenieure, die den kompletten Bauablauf managten. Die Folge war ein noch größeres Chaos. Im Berliner Abgeordnetenhaus nahm ein **BER-Untersuchungsausschuss** die Arbeit auf und hielt fest: „kollektive Verantwortungslosigkeit, strukturelle Schwäche der Flughafengesellschaft, kein Controlling, keine Nachsteuerung."

Die für 2013 anvisierte **Eröffnung musste verschoben werden**, ebenso

wie die für 2014, für 2015, 2016 ... Im Januar 2014 titelte die Bild-Zeitung: „Das ist die erste BER-Lachnummer für 2014! Die Ankündigung der Ankündigung der Eröffnungs-Ankündigung wird verschoben".

Ebenfalls 2014 stand im Raum, ob Abriss und Neubau des BER auf mittlere Sicht nicht die bessere Lösung sei. Ende des Jahres waren erst 15 Prozent der Baustelle abnahmefähig, außerdem musste das „Monster" komplett umgebaut werden. Darüber hinaus stellte man fest, dass der neue Großflughafen – wenn auch noch nicht in Betrieb – jetzt schon zu klein für das erwartbare Passagieraufkommen ist.

Im Sommer 2016 legte das Abgeordnetenhaus einen 1269-seitigen Untersuchungsbericht zum BER-Debakel vor. Das Fazit: „kollektiver Wirklichkeitsverlust". Mittlerweile ist auch bekannt, dass der Flughafen nicht nur zu klein ist, sondern dass die Betriebseinnahmen niemals seine Finanzierungskosten decken werden. Unter www.flughafen-berlin-kosten.de kann man sich anschauen, was der „Unvollendete" von Tag zu Tag an Euros verschlingt.

Aber der Berliner wäre nicht Berliner, wenn er nicht einen Witz machen würde. Der Neueste geht so: Orakel sagen die BER-Eröffnung noch im 21. Jh. voraus. 2070 wird der Bau allerdings eingestellt. Denn mittlerweile ist das Beamen erfunden und Flughäfen braucht keiner mehr.

⌃ *Wann er wohl fertig sein wird? Das beleuchtete Terminal der Hauptstadtflughafendauerbaustelle BER sieht schon mal ganz passabel aus.*

Berlin wächst – die Wohnungsnot auch

Über 3,7 Mio. Hauptstädter lebten Ende 2017 in der Spree-Metropole. Das sind eine viertel Million Menschen mehr als noch vor fünf Jahren - und jährlich kommen weitere rund 40.000 Neuberliner dazu. Sie alle benötigen Infrastruktur. Das bedeutet mehr Kitas, Schulen, Sportplätze, Bibliotheken, Busse und Bahnen u. v. m., und vor allem muss massenweise neuer Wohnraum entstehen. Bis 2030 werden 194.000 neue Wohnungen benötigt, schätzen Experten. Im nächsten Jahrzehnt muss in den Grenzen Berlins also eine komplette Großstadt neu gebaut werden.

Berlin ist attraktiv. Jahr für Jahr stellt die Stadt neue Rekorde bei touristischen Ankünften auf. Zunehmend beliebt bei Gästen sind Übernachtungen in vermeintlich authentischen Berliner Wohnungen. Durch kommerzielle Anbieter wurden dem Mietwohnungsmarkt in den letzten Jahren so etwa 20.000 Wohnungen entzogen und in Feriendomizile umgewandelt.

Berlin ist lukrativ. Im internationalen Metropolenvergleich ist die Stadt günstig, Investoren können mit Immobilien noch satte Gewinne einfahren. Dabei ist das Geschäftsmodell einfach: Mietshäuser kaufen, Mieter rausschmeißen - wenn nicht mit Rechtsmitteln oder exorbitanten Mieterhöhungen, dann mit Schikane - das Haus „entwickeln" und die Wohnungen für astronomische Summen verkaufen. Die Hauptstadt gilt zurzeit als einer der weltweit attraktivsten Immobilienmärkte.

Berlin ist traditionell eine Mieterstadt. Während die Wohneigentumsquote in anderen deutschen Großstädten bei gut 25 % und mehr liegt, beträgt sie an der Spree lediglich 15 %. Seit 2010 sind die Mieten drastisch gestiegen, im Durchschnitt um 60 %. Über ein Drittel bis fast die Hälfte des monatlichen Haushaltsnettoeinkommens geht an der Spree mittlerweile für den Mietzins drauf. Mehr als die Hälfte der Berliner hat Angst, wegen steigender Mieten in den nächsten Jahren die Wohnung zu verlieren, Angst, aus dem eigenen Zuhause verdrängt zu werden. Denn wohin könnte man gehen? Für Durchschnittsverdiener gibt es in Berlin keine bezahlbaren Wohnungen mehr. Auch im brandenburgischen Umland explodieren inzwischen die Preise. An der Demonstration gegen den „Mietenwahnsinn" im April 2018 nahmen rund 20.000 Menschen teil.

Es wird viel gebaut in der Hauptstadt. 14.000 Wohnungen 2016 und fast 16.000 2017. Das ist nicht wenig, bedeutet aber doch: Angesichts des tatsächlichen Bedarfs potenziert sich Jahr für Jahr die Wohnungsnot. Darüber hinaus wird am Bedarf vorbei gebaut, nämlich überwiegend Luxuswohneigentum. Gebraucht werden aber vor allem Sozialwohnungen mit durchschnittlich nicht mehr als 6,50 € Kaltmiete pro Quadratmeter. Freifinanzierte Neubauwohnungen lassen sich ab 13 € ergattern. Das können sich die meisten Berliner aber nicht leisten, denn in der Hauptstadt wird im Bundesvergleich nach wie vor unterdurchschnittlich verdient.

Immer mehr Menschen leben in Berlin auf der Straße. Neu in den Notunterkünften sind zunehmend wohnungslose Familien mit Kindern.

Ende Mai 2018 wurden das erste Mal seit Jahren in Berlin wieder Häuser besetzt.

PRAKTISCHE REISETIPPS

368be Abb.: kj

An- und Rückreise

Mit dem Auto

Alle Autobahnen führen auf den **Berliner Ring (A 10)**, der Berlin und Potsdam nahezu kreisförmig umschließt. Abzweigungen leiten von dort weiter in die Innenstadt und die Bezirke. Die Ausschilderung ist gut. Von West nach Ost münden im Uhrzeigersinn ein:

- **A 2:** Oberhausen – Hannover – Magdeburg – Berlin
- **A 24:** Hamburg – Schwerin – Berlin
- **A 11:** Szczecin (Stettin) – Berlin
- **A 12:** Frankfurt (Oder) – Berlin
- **A 113/13:** Dresden – Berlin
- **A 9:** München – Nürnberg – Hof – Leipzig – Berlin

Sofern man nicht nachts fahren möchte, gibt es keine günstigste **Reisezeit.** Ob der Berliner Ring und insbesondere die Einfallstraßen stadteinwärts gerade verstopft sind oder nicht, ist Glück oder Pech und hängt vom Wetter, Baustellen und anderen wenig kalkulierbaren Dingen ab. Dagegen gibt es Zeiten, die man möglichst meiden sollte: den **Berufsverkehr** morgens ca. 7–9 und nachmittags 15–17.30 Uhr, außerdem den Wochenendverkehr von Donnerstag bis Sonntagabend.

In der Berliner City zwischen Kurfürstendamm, Potsdamer Platz, Regierungsviertel und Alexanderplatz, wo sich die meisten und interessantesten Sehenswürdigkeiten befinden, sind die **Parkplätze teuer und knapp.** Eine Stunde seinen Wagen abstellen kostet je nach Parkzone zwischen ein und drei Euro.

◁ Als Sitz des Bundestags zeigt sich das Reichstagsgebäude **10** *fahnengeschmückt*

Zentrale große **Parkhäuser** befinden sich am Hauptbahnhof, Alexanderplatz beim Einkaufszentrum Alexa und v. a. am Potsdamer Platz in der Daimler-City:

P302 [I4] **Parkhaus Hauptbhf.,** 860 Plätze
P303 [N4] **Parkhaus Alexa,** 1600 Plätze
P304 [J6] **Parkhaus Potsdamer Platz/ Ludwig-Beck-Str.,** 2500 Plätze
P305 [J6] **Parkhaus Potsdamer Platz/ Reichpietschufer,** 2500 Plätze
P306 [F6] **Parkhaus am Zoo,** Kantstraße 8–10, 850 Plätze

Alternativ bieten sich **Park-and-Ride-Angebote** in der Peripherie Berlins an. Alle Parkpätze sind mit öffentlichen Verkehrsmitteln an die Innenstadt angebunden, die Fahrt ins Zentrum dauert jedoch von den meisten Plätzen aus recht lange. Eine Auflistung der Berliner P&R-Plätze findet sich unter www.vbbonline.de.

Seit 2008 herrscht in den Innenstadtbezirken ein **Fahrverbot für Autos ohne Umweltplakette** (s. Exkurs S. 333).

Mit der Bahn

Die reguläre Fahrt mit dem **InterCityExpress (ICE)** ist nicht die preisgünstigste, aber doch eine der schnellsten Anreisemöglichkeiten. Auf der Hochgeschwindigkeitsstrecke Hannover – Berlin beträgt die Fahrzeit z. B. zwischen der niedersächsischen Landeshauptstadt und der Spree-Metropole keine zwei Stunden, zwischen München und Berlin keine vier Stunden und von Frankfurt am Main mit dem „ICE-Sprinter“ dreieinhalb Stunden.

InterCitys (IC) verbinden überwiegend im Stundentakt Berlin mit zahlreichen anderen deutschen Großstädten. **Regional-Express (RE)** und **Regionalbahnen (RB)** verkehren im Radius zwischen 200

Stinker müssen draußen bleiben!

Zum Schutz vor gesundheitsschädlichem Feinstaub und Stickoxiden dürfen gemäß der EU-Feinstaubrichtlinie bestimmte Grenzwerte an nicht mehr als 35 Tagen im Jahr überschritten werden. Um diese Grenzwerte auch nur annähernd einhalten zu können, ist seit 2008 die ***gesamte Berliner Innenstadt Umweltzone.*** *Das bedeutet: Im Gebiet innerhalb des S-Bahn-Rings herrscht ein generelles Fahrverbot für Pkw, Busse und Lkw ohne Umweltplakette, und zwar gleichermaßen für Berliner wie für die Besucher der Stadt.*

Hinein darf, wer eine ***grüne Umweltplakette*** *erworben und sie gut sichtbar auf die Frontscheibe geklebt hat. Maßgeblich für den Erwerb ist die Emissionsschlüsselnummer im Fahrzeugschein, der zufolge Pkw der Schadstoffgruppe 4 (Euro-Abgasnorm 4) die Plakette erhalten. Hierunter fallen Benziner mit geregeltem Katalysator und Dieselfahrzeuge mit Erstzulassung ab 1. Januar 2006. Diesel älteren Datums müssen für eine grüne Plakette mit einem Partikelfilter nachgerüstet werden.*

Ausnahmen gelten für Autos von Schwerbehinderten und für Oldtimer (mit H-Kennzeichen).

Die Plaketten sind gegen Vorlage des Kfz-Scheins bundesweit beim TÜV, der DEKRA, den Zulassungsstellen und in allen großen Werkstätten erhältlich, die Abgasuntersuchungen durchführen. Ebenso unkompliziert lassen sie sich online bestellen. Sie kosten je nach Anbieter und Ausgabestelle 5 bis 20 Euro.

Wer ohne Plakette in der Umweltzone erwischt wird, muss ***80 € Bußgeld*** *bezahlen.*

Weitere Auskünfte sowie Möglichkeiten zur Onlinebestellung von Plaketten findet man unter:

- *www.berlin.de/umweltzone*
- *www.umwelt-plakette.de*
- *www.feinstaubplakette.de*

097be Abb.: kj

und 250 Kilometern von und nach Berlin. Wann man zu welchen Konditionen und Buchungsfristen das preisgünstigste Ticket für seine Zugreise erwirbt, hängt von unterschiedlichen, oft variierenden Faktoren ab. Grundsätzlich gilt: Kinder von 6 bis einschließlich 14 Jahren reisen in Begleitung ihrer Eltern oder Großeltern kostenlos mit, wenn sie vor Reiseantritt auf der Erwachsenen-Fahrkarte eingetragen worden sind bzw. bei einer Onlinebuchung mit angegeben werden. Kinder unter 6 Jahren fahren stets gratis und benötigen kein Ticket.

Fahrplanauskünfte erhält man in den örtlichen DB-Reisezentren, über den Reise-Service der Deutschen Bahn, Tel. 0180 6996633, und im Internet unter www.bahn.de.

Bus

Fernlinienbusse sind sehr preisgünstig, dafür dauert die Fahrt mitunter etwas länger als mit dem Zug. Start und Zielbahnhöfe der Fernbusse in Berlin sind der Alexanderplatz 56, der Ostbahnhof [O6] und der Zentrale Omnibusbahnhof (ZOB) am Messegelände unter dem Funkturm:

- **307** [A6] **Zentraler Omnibusbahnhof (ZOB),** Masurenallee 4, 14057 Berlin-Charlottenburg, Tel. 030 30100175, www.iob-berlin.de, Verkehrsanbindung: mehrere S-Bahn-Linien ab Messe Nord/Internationales Kongresszentrum (ICC), U-Bahn-Linie 2 ca. 300 Meter nördlich am Kaiserdamm, verschiedene Buslinien ab Messedamm/ZOB/ICC.

Viele günstige Verbindungen nach und von Berlin in die ganze Welt unterhält **FlixBus** (www.flixbus.de).

Mit dem Flugzeug

Viele deutsche und internationale Fluggesellschaften steuern die beiden Berliner Airports **Schönefeld (SXF)** und **Tegel (TXL)** an, darunter auch eine Reihe von Billigfliegern. Berlinflüge zu günstigen Preisen bieten z. B. easyJet (www.easyjet.com) und Eurowings (www.eurowings.com) an.

Zu den Berliner Flughäfen findet man Flugplanauskünfte, Service und Informationen unter der gemeinsamen Telefonnummer 030 60911150 sowie im Internet unter

› www.berlin-airport.de

Verkehrsanbindung Flughafen Schönefeld (SXF)

› **Airport-Express:** Regionalzüge der Linien RE7, RB14 und RB22 fahren täglich zwischen 4.30 Uhr und 23 Uhr im 30-Minuten-Takt ab Bahnhof Flughafen Berlin-Schönefeld; RE7 und RB14 Richtung Berlin-Ostbahnhof, Alexanderplatz, Hauptbahnhof, Zoo; RB 22 über Potsdam, Berlin-Wannsee/Zoo/Hbf. nach Berlin-Friedrichstraße.

› **S-Bahn:** Die S9 verkehrt täglich rund um die Uhr über S-Bahnhof Adlershof und S-Bahnhof Ostkreuz nach Pankow; die S45 täglich zwischen 5 und 22 Uhr über S-Bahnhof Adlershof, S- und U-Bahnhof Neukölln, S-Bahnhof Südkreuz und S-Bahnhof Schöneberg in die West-City; beide Linien fahren im 20-Minuten-Takt ab dem Bahnhof Flughafen Berlin-Schönefeld.

› Unmittelbar vor dem Terminal starten die folgenden **Buslinien:** Expressbus X7 via Rudow zur U-Bahn-Linie 7, Bus 163 und 164 Richtung S-Bahnhof Adlershof, Bus 171 über U-Bahnhof Rudow und S-Bahnhof Sonnenallee Richtung Hermannplatz (Umsteigemöglichkeiten in die U-Bahn-Linie 7).

› Ebenfalls vor dem Terminal starten die **Nachtbuslinien:** Bus N7 über Rudow, Neukölln, Kreuzberg, Schöneberg, Charlottenburg nach Berlin-Spandau, Bus N60 Richtung S-Bahnhof Adlershof.

Verkehrsanbindung Flughafen Tegel (TXL)

› **JetExpressBus** TXL über Berlin-Hauptbahnhof und Brandenburger Tor bis Alexanderplatz, **Expressbus** Linie X9 und **Bus** Linie 109 bis Zoologischer Garten, Bus Linie 128 in Richtung U-Bahnhof Osloer Straße.

Mitfahrzentralen

Gegen eine kleine Vermittlungsgebühr und Benzinkostenbeteiligung kann man bei einer Person mit demselben Reiseziel mitfahren. Die Kostenbeteiligung richtet sich nach der Anzahl der Mitfahrer und der Entfernung und unterliegt einer verbindlichen Obergrenze. Die Buchung erfolgt direkt über die Website:

› **www.blablacar.de**

› **www.mf24.de**

Im Berliner Hauptbahnhof 14 *verteilt sich der Zugverkehr auf mehrere Ebenen*

Barrierefreies Reisen

Von einer behindertenfreundlichen Stadt kann man bei Berlin eingeschränkt sprechen, behindertengerecht ist sie sicherlich nicht. Doch man macht allmählich mobil. So ist mittlerweile der Großteil der 173 U-Bahnhöfe und 165 S-Bahnhöfe mit **Aufzügen oder Rampen** versehen, die einen barrierefreien Zugang zu den Bahnsteigen ermöglichen. Fast alle Straßenbahnlinien sind mit Niederflur-Zügen ausgerüstet. Die Omnibusse der Berliner Verkehrsbetriebe (BVG) verfügen nahezu vollständig über eine absenkbare Rampe im Mittelzugang.

Im Berliner Hauptbahnhof erleichtern Blindenleitstreifen, Handlaufbeschriftungen und Informationsmonitore an den Aufzügen **blinden und sehbehinderten Fahrgästen** die Orientierung. Alle weiteren Berliner Fernbahnhöfe sind barrierefrei zugänglich und mit Blindenleitsystemen sowie Aufzügen ausgestattet.

Infos

- Die **Datenbank Mobidat** bietet unter **www.mobidat.net** ausführliche Informationen zu Zugänglichkeiten, Aufzügen, Bewegungsflächen, Sanitärräumen, technischen und Orientierungshilfen in öffentlichen und privaten Einrichtungen, Veranstaltungsorten, Museen und Sehenswürdigkeiten, Tipps zum barrierefreien Shopping, Essen und Trinken, Schlafen, Wohnen, Veranstaltungen u. v. m.
- Die **Berliner Verkehrsbetriebe (BVG)** unterhalten rund um die Uhr einen Informationsservice unter der Telefonnummer 030 19449. Im Internet findet man unter www.bvg.de, Stichwort „Service/Mobilitätshilfen" ausführliche Informationen zur barrierefreien Fahrt mit S-Bahn, U-Bahn, Bus- und Tram-Linien. Ebenfalls dort kann man sich den 16-seitigen Folder **„Berlin. Barrierefrei 2018"** herunterladen. Die Broschüre ist auch in den BVG-Verkaufsstellen erhältlich (s. S. 363).
- Ein **Rollstuhl-Pannendienst** steht rund um die Uhr unter www.rpd.berlin und der Servicenummer 0177 8335773 zur Verfügung. Er umfasst eine schnelle Vor-Ort-Reparatur und bei Bedarf auch einen Rollstuhlaustausch.
- Für **Sehbehinderte und Blinde** hat der Allgemeine Blinden- und Sehbehindertenverein Berlin (ABSV) reizvolle Kultur- und Freizeitangebote im Programm, Infos unter Tel. 030 895880 und www.absv.de.
- Für **Gehörlose** ist der Gehörlosenverband Berlin e. V. ein kompetenter Ansprechpartner in allen Belangen: Tel. 030 2517053, www.deafberlin.de.
- Die App **accessBerlin** bietet die Möglichkeit, die Hauptstadt auf ausgesuchten Routen barrierefrei zu entdecken: zu Wasser, zu Land und von den schönsten Aussichtspunkten (kostenlos für iOS und Android).
- Das **Museumsportal Berlin** bietet Führungen in über 200 Berliner Museen in Gebärdensprache, für Blinde und Sehbehinderte sowie für Rollstuhlfahrer. Programme finden sich unter www.museumsportal-berlin.de, Stichwort „Führungen".

Geführte Besichtigungstouren erfreuen sich bei Berlin-Besuchern großer Beliebtheit

Diplomatische Vertretungen

Bürger der Republik Österreich und der Schweiz können sich bei Verlust der Personalunterlagen an die Österreichische bzw. Schweizerische Botschaft wenden.

- •308 [I6] **Österreichische Botschaft,** Stauffenbergstr. 1, 10785 (Tiergarten), Tel. 030 202870, www.aussenministerium.at/berlin
- •309 [J4] **Schweizerische Botschaft,** Otto-von-Bismarck-Allee 4a, 10557 (Tiergarten), Tel. 030 3904000, www.eda.admin.ch/berlin

Informationsquellen

visitBerlin

Die Service-Agentur **visitBerlin** ist Ansprechpartnerin für fast alle den Berlin-Tourismus betreffenden Belange. Neben allgemeinen touristischen Informationen gibt sie Broschüren und Stadtpläne, ein Hotelverzeichnis und ein Berlin-Magazin sowie zahlreiche Special-Interest-Hefte heraus, unterhält die Touristinformationen, vermittelt Hotels und Pensionen, Gästeführer und Busse, Theater- und Messekarten sowie Tickets für verschiedene Events, organisiert den Berlin-Aufenthalt und vieles andere mehr.

› Für allgemeine touristische Informationen sowie die telefonische Ticket- und Hotelzimmerreservierung ist unter Tel. 030 25002333 ein **Info-Callcenter** eingerichtet, dessen kompetente und stets zuvorkommenden Mitarbeiterinnen und Mitarbeiter Mo.–Fr. 9–18 Uhr erreichbar sind.

› Touristische Berlin-Informationen von A bis Z, die Möglichkeit zur Hotelzimmer-Reservierung, Ticketbestellung und vieles mehr gibt es im Internet unter der Adresse **www.visitberlin.de.**

098be Abb.: kj

Touristinformationen

In einem Meer von Reklamezettelchen, Flyern, Postkarten, Prospekten, Veranstaltungsbroschüren und Berlinsouvenirs halten die **Berlin Tourist Infos von visitBerlin** allgemeine touristische Informationen, Stadtpläne und viele nützliche Tipps und Empfehlungen parat. Wie die visitBerlin-Zentrale vermitteln sie Zimmer in Hotels und Pensionen, reservieren Karten für Konzerte, Theater, Events, Rundfahrten und vieles andere.

- 310 [G7] **Berlin Tourist Info Europa-Center,** Tauentzienstraße 9 (im Erdgeschoss), S und U2, U9 Zoologischer Garten, U1, U2, U3, U4 Wittenbergplatz, Mo.–Sa. 10–20 Uhr
- 311 [J5] **Berlin Tourist Info im Brandenburger Tor,** Pariser Platz (südliches Torhaus), S1, S2, U55 Brandenburger Tor, tgl. 9.30–19 Uhr, Nov.–März bis 18 Uhr
- 312 [I4] **Berlin Tourist Info im Hauptbahnhof,** Eingang Europaplatz, im Erdgeschoss, S Hauptbahnhof, tgl. 8–21 Uhr
- 313 [M4] **Berlin Tourist Info im Hotel Park Inn/Alexanderplatz,** Alexanderplatz 7 (in der Hotellobby), S und U2, U5, U8 Alexanderplatz, Mo.–Sa. 7–21, So. 8–18 Uhr
- 314 **Berlin Tourist Info Flughafen Tegel,** Terminal A am Gate 1, tgl. 8–19 Uhr, Haupthalle tgl. 7–22 Uhr
- 315 [A6] **Berlin Tourist Info am Zentralen Omnibusbahnhof,** Masurenallee 4–6, S41, S42, S46 Messe Nord/ICC und U2 Kaiserdamm, Mo./Fr./Sa. 8–20 Uhr, Di.–Do. und So. 8–16 Uhr

In den Berlin Tourist Infos, an Automaten und Verkaufsstellen der Berliner Verkehrsbetriebe (BVG) und der S-Bahn, in vielen großen Hotels und online unter www.berlin-welcomecard.de erhalten Berlin-Besucher die **WelcomeCard.** Wahlweise zwei bis sechs Tage bietet sie freie Fahrt mit allen Bussen und Bahnen des Verkehrsverbunds Berlin-Brandenburg (VBB) entweder in den Berliner Innenbezirken (Tarifbereich A/B) oder in ganz Berlin und Potsdam (Tarifbereich A/B/C). Außerdem ermöglicht die Karte Preisnachlässe bis zu 50% bei ca. 200 touristischen und kulturellen Veranstaltungen und Unternehmungen wie Stadtrundfahr-

Berlin preiswert

Speisen und Übernachten, Ausgehen, Kunst und Kultur auf internationalem Spitzenniveau sind ***nirgends so günstig zu haben*** *wie in der Spree-Metropole. Keine andere europäische Großstadt ist im Vergleich preiswerter als Berlin. Selbst ein teures Pflaster wie den Gendarmenmarkt mit seinen Sterne-Restaurants rundum trennen keine zwei Straßenecken vom nächsten Low-Budget-Lokal. Und wer nicht im Adlon absteigt, sondern sich mit einem Schlafsaalbett in einem der zahlreichen Hostels zufriedengibt, übernachtet bereits ab 8 €.*

Sightseeing zum Preis eines Einzelfahrscheins bieten die ***Buslinien 100 und 200,*** *die zwischen Zoologischer Garten und Alexanderplatz an allen wichtigen Sehenswürdigkeiten vorüberziehen (s. S. 247).*

Zu empfehlen ist auch die ***WelcomeCard*** *(siehe rechts), die gegen ein relativ geringes Entgelt an drei bzw. fünf Tagen Berlin-Aufenthalt freie Fahrt mit dem ÖPNV sowie Preisnachlässe bis zu 50% für Sehenswürdigkeiten, in Museen, bei Festivals und Veranstaltungen, in Restaurants u. v. m. bietet.*

ten, Führungen, Museen etc., in Potsdam gibt es bis zu 25% Rabatt. Bis zu drei Kinder (6–14 Jahre) fahren auf einer Erwachsenen-WelcomeCard kostenlos mit; unter 6 Jahren zahlen sie grundsätzlich nichts.

Im Tarifbereich A/B kostet die WelcomeCard für zwei Tage 19,90€, für drei Tage 28,90€, für vier Tage 33,50 €, für fünf Tage 36,90€ und für 6 Tage 42,50€ pro Person. Im Tarifbereich A/B/C fallen für zwei Tage 22,90€ an, für drei Tage 30,90€, für vier Tage 35,90€, für fünf Tage 41,50€ und für sechs Tage 46,50€.

Freie Fahrt in den öffentlichen Verkehrsmitteln, bis zu 50 % Preisnachlass bei über 200 Berliner Attraktionen und freien Eintritt in die Museen der Museumsinsel bietet die **WelcomeCard Museumsinsel.** Sie gilt drei Tage lang und kostet für den Tarifbereich A/B 45€, für A/B/C 47€.

Vorverkaufsstellen

Folgende **Konzert- und Theaterkassen** befinden sich in der Innenstadt:

- •316 [M4] **Berliner Theater- und Konzertkassen,** Kaufhof am Alexanderplatz, 10178 (Mitte), S und U2, U5, U8 Alexanderplatz, Tel. 24743327, www.btk-berlin.de
- •317 [K5] **Interklassik,** Konzert- und Theaterkasse im Kulturkaufhaus Dussmann, Friedrichstr. 90, 10117 (Mitte), S und U6 Friedrichstraße, Tel. 26021272, www.interklassik.net

Konzertkarten in letzter Minute zum halben Preis gibt es bei Hekticket, entweder online unter www.hekticket.de oder in den Verkaufstellen:

- •373 [F6] **Hekticket am Zoo,** Hardenbergplatz 1, Bahnhof Zoo in der Kultur-Box, 10623 (Charlottenburg), S und U2, U9 Zoologischer Garten
- •374 [M4] **Hekticket am Alex,** Alexanderstraße 1 (ADAC-Haus gegenüber Park Inn Hotel), 10178 (Mitte), S und U2, U5, U8 Alexanderplatz

Fundbüros

- •318 [K10] **Zentrales Fundbüro,** Platz der Luftbrücke 6 (im Gebäude des Flughafen Tempelhof), 12101 (Tempelhof), U6 Platz der Luftbrücke, Tel. 902773101, Mo., Di. und Fr. 9–14, Do. 13–18 Uhr
- •319 [Q7] **Fundbüro von S-Bahn und Berliner Verkehrsbetrieben (BVG),** Rudolfstraße 1–8, 10245 (Friedrichshain), S und U1, U3 Warschauer Straße, Tel. 19449 www.bvg.de/fundbuero (BVG), www.sbahn.berlin/fundservice (S-Bahn), Tel. 29743333, Mo./Di./Fr. 9–18, Do. 9–20 Uhr
- › Verlorenes **online** suchen und hoffentlich wiederfinden kann man unter der Adresse: http://fundsuche02.kivbf.de.

Berlin im Internet

- › Unter **www.visitberlin.de** bietet Berlins offizielle Tourismusorganisation neben einem Hotelverzeichnis und verschiedenen Reiseangeboten die Möglichkeit zum Entdecken der wichtigsten Berliner Sehenswürdigkeiten, das aktuelle Berlin-Programm mit sämtlichen Veranstaltungen, außerdem Tipps für Kids, Teenies, Familien, Senioren, Special-Interest-Touristen auf den Spuren ihrer Geschichte, LGBT+, Partygänger, Kulturbeflissene u. v. m. Darüber hinaus kann man auf der Website Tickets und Hotelzimmer buchen.
- › Unter der offiziellen Hauptstadtadresse **www.berlin.de** findet man umfassende Berlin-Informationen, seien es touristische Infos über die Stadt, zu Kultur und Events oder Projekten und aktuellen Veranstaltungen, seien es Texte zur Geschichte der Stadt und virtuelle Spazier-

Meine Literaturtipps

- *Arnim, Bettina von:* ***„Dies Buch gehört dem König“.*** *1843 erschienene Schilderung der Armut in Berlin, die die Schriftstellerin an König Wilhelm IV. richtete. Sie ist in Briefform verfasst und Goethes Mutter Catharina Elisabeth in den Mund gelegt – eine der ersten Sozialreportagen in der deutschen Literatur.*
- *Döblin, Alfred:* ***„Berlin Alexanderplatz“.*** *Wie der kleine Mann Franz Biberkopf im Berlin der 1920er-Jahre mit seinem Versuch, „anständig zu sein“, scheitert und untergeht. Ein Berlin-Klassiker der Literatur der Moderne.*
- *Fischer-Fabian, Siegfried:* ***„Berlin-Evergreens“.*** *Amüsante Porträts über Berliner Originale, von Mutter Gräbert und Königin Luise bis August Borsig und Heinrich Zille.*
- *Fontane, Theodor:* ***„Irrungen, Wirrungen“.*** *Warum der Waschfrau Nimptsch Pflegetochter Lene und der junge Baron Botho aus dem feinen südlichen Tiergarten in Berlin nicht zusammenkommen können.*
- *Kerr, Alfred:* ***„Wo liegt Berlin?: Briefe aus der Reichshauptstadt“.*** *Die Berlin-Briefe des 1933 emigrierten Schriftstellers und Theaterkritikers.*
- *Ostwald, Hans:* ***„Der Urberliner“.*** *1911 erschienener Klassiker über den Berliner Humor.*
- *Reimann, Brigitte:* ***„Franziska Linkerhand“.*** *Die Geschichte einer jungen DDR-Architektin, die an der Errichtung einer Plattenbausiedlung beteiligt ist.*

gänge zu den interessantesten Sehenswürdigkeiten oder Seiten zu den Bezirken, Behörden und zur Berliner Verwaltung. Außerdem bietet die Website Links zu zahlreichen Unterkunftstipps mit der Möglichkeit zur Onlinebuchung. Ebenfalls direkt gebucht werden können Tickets für Events und Veranstaltungen.

- Aktuelles aus der Spree-Metropole berichtet **www.berlinonline.de,** ein Guide und Programmservice mit dem Neuesten zu Kino und Konzerten, Kunst und Kultur, Einkaufen und Ausgehen, Klubs und Partys, Klatsch und Tratsch und vielen Dingen mehr.
- **www.zitty.de** und **www.tip-berlin.de:** Onlineauftritte der wichtigsten Stadtmagazine, u. a. mit allen aktuellen Veranstaltungshinweisen
- Berlin für Fortgeschrittene: Auf **https://mitvergnuegen.com** bloggen Insider zu Stadtleben, Shoppen, Gastro, Kids, Kultur u.v.m.

Berlin-Apps

- **Die Berliner Mauer:** preisgekrönte App über den Mauerverlauf, angereichert mit historischen Filmen, Fotos und Tonaufnahmen (kostenlos für Android und iOS)
- **BVG FahrInfo Plus:** App der Berliner Verkehrsgesellschaft (BVG) mit Fahrplänen, Verspätungsalarm, Baustelleninfos, Routenplaner u. v. m. (kostenlos für iOS und Android)
- **komoot:** Mit der App lässt sich die Spree-Metropole gut erradeln. Man erfährt etwas über die Sehenswürdigkeiten am Wegesrand und Wissenswertes zum Straßenprofil (kostenlos für eine Region, für iOS und Android).
- **Going Local Berlin:** Der Service von visitberlin bietet rund 600 Tipps jenseits der gängigen touristischen Pfade in den zwölf Stadtbezirken (kostenlos für iOS und Android).
- **Top10 Berlin:** App mit den angesagtesten Tipps zu Unterkunft, Essen und Trinken, Ausgehen, Nightlife, Shopping, Wellness u. v. m. (kostenlos für iOS und Android)

Publikationen und Medien

Unter den Zeitschriften sind „**Zitty**“ und „**Tip**“ die beiden größten und wichtigsten Berliner Stadtmagazine. Sie erscheinen vierzehntägig und geben in ihren umfangreichen Programmteilen Auskunft über das tagtägliche Veranstaltungsangebot von Ausstellungen, Bühnen, Galerien, Kind & Kegel, Kino, Kunst, Literatur, Musik u. v. m.

Das „**Berlin Programm**“ mit dem Monatsprogramm für Oper, Theater, Konzerte, Ausstellungen sowie Ausflugs-, Kultur-, Restaurant- und Shoppingtipps erscheint jeweils am 15. des Vormonats. Es kann neben dem Ladenverkauf für 2,30 € online oder telefonisch direkt beim Verlag bestellt werden.

› **Rimbach-Verlag,** Karl-Hofer-Str. 11, 14163 Berlin, Tel. 8021071, www.berlin-programm.de

Jeden Donnerstag erscheint in der Berliner Tageszeitung „Tagesspiegel“ mit der Beilage „Ticket“ eine Veranstaltungsvorschau.

In den Touristinformationen, den meisten Hotels und vielen Kneipen liegt stets ein bunter Strauß kostenloser Broschüren, Flyer und Szeneblättchen mit den aktuellen Programmen der Berliner Bühnen bzw. Klub- und Partyevents aus.

Die wichtigsten Berliner Tageszeitungen sind der „**Tagesspiegel**“ (www.tagesspiegel.de), die „**taz**“ (www.taz.de), die „**Berliner Zeitung**“ (www.berliner-zeitung.de) und die „**Berliner Morgenpost**“ (www.morgenpost.de).

Zum Latte gibts free WLAN für Workaholics und die Web-3.0-Boheme

099be Abb.: kj

Internet

An Hotels und Hostels, Cafés und Kneipen mit **kostenlosem WLAN** besteht in Berlin kein Mangel. Im Gegenteil darf man sich glücklich schätzen, hier und da noch ein paar wenige netzfreie Orte zu finden. Der seitens des Berliner Senats initiierte Versuch, ein großräumiges öffentliches WLAN-Netz innerhalb des S-Bahn-Rings aufzubauen, steckt dagegen noch in den Kinderschuhen. Ein flächendeckendes Aufstellen der Router beispielsweise an Ampeln oder Straßenlaternen war aus technischen und oftmals auch denkmalschützerischen Gründen lange Zeit nicht möglich. Nun aber sollen zu den aktuell 700 Zugangspunkten in der Stadt bis Mitte 2019 weitere 1000 Hotspots hinzukommen.

Wer sich gerne in die Web-3.0-Schickeria einreihen und Café, Bar oder Kneipe in seinen Arbeitsplatz umwandeln möchte, muss also nicht verzichten.

› Einen Überblick über nichtkommerzielle Einwahlpunkte bieten die Websites **www.berlin.de/stadtplan/w-lan-hotspots** und **https://berlin.freifunk.net/network/map.**

Lesben

Treffpunkt

320 [I8] **Begine** €, Potsdamer Str. 139, 10783 (Schöneberg), U1, U3 Kurfürstenstraße, U2 Bülowstraße, U7 Kleistpark, Tel. 2151414, www.begine.de, geöffnet: Mo.–Fr. ab 17 Uhr, Sa. ab 19 Uhr. Women's classic für erste Kontakte, Café und Frauenzentrum zugleich.

321 [N7] **Marianne,** Mariannenstr. 6, 10997 (Kreuzberg), www.marianne-berlin.de, Mi.–So.11–20 Uhr. Gemütliches Frauenzimmer, klein und entspannt im Herzen von Kreuzberg. Zum Quatschen, Kaffee, Kuchen und Torten genießen, mit hübschem Hofgarten. Samstags Partys, sonntags Tatort-Gucken.

Kunst

322 [E6] **Das Verborgene Museum,** Schlüterstr. 70, 10625 (Charlottenburg), S Savignyplatz, www.dasverborgenemuseum.de, Tel. 3133656, geöffnet: Do./Fr. 15–19 Uhr, Sa./So. 12–16 Uhr. Das Museum erschließt und dokumentiert Kunst von Frauen mit dem Ziel, „die bislang verschollene Kunst der Frauen zu erforschen, ihr Lebenswerk der Öffentlichkeit zugänglich zu machen und den Museen weiterzuvermitteln."

Wellness

323 [N7] **Hamam,** Mariannenstr. 6 (im Hinterhaus), 10997 (Kreuzberg), U1, U3 Kottbusser Tor, Tel. 6151464, www.hamamberlin.de, geöffnet: Mo. 15–23 Uhr, Di.–So. 12–23 Uhr. Nur für Frauen ist das türkische Bad Hamam im Kreuzberger Frauenzentrum „Schokofabrik" mitten im Kiez.

Party

› **L-Tunes,** legendäre Lesben-Party in der Regel am letzten Samstag im Monat in wechselnden Locations. Pop, Rock und Electro auf verschiedenen Dancefloors mit den besten DJanes der Szene. http://l-tunes.com.

Infos, Beratung

› **Lesbenberatung,** Kulmer Str. 20a, 10783 (Schöneberg), www.lesbenberatung-berlin.de, Tel. 2152000, Mo./Mi./Fr. 14–17 Uhr, Di. 10–16 Uhr, Do. 15-18.30 Uhr

› **Frauenkrisentelefon,** Beratung unter Tel. 6154243, www.frauenkrisentelefon.de

Zeitschriften

- Informationen über die Berliner Szene erhält frau anhand der Zeitschrift **„Siegessäule“**, www.siegessaeule.de, die es in zahlreichen Cafés, Kneipen und Klubs, Kinos, Veranstaltungsorten, Buchläden und natürlich Kiosks zu kaufen gibt.
- Der **LGBTI*-Guide** von visitBerlin erscheint unter www.visit berlin.de/de/lgbti-gay-berlin und listet queere Hotels, Bars, Cafés, Restaurants, Partys, Shoppingtipps und Events auf, er enthält Kino-, Kiez-, Kultur-, Ausgehinfos und viele praktische Hinweise.

Notfälle

Notrufnummern

- **Polizei/Notruf:** Tel. 110
- **Ärztlicher Bereitschaftsdienst:** Tel. 116117
- **Apotheken-Notdienst:** www.akberlin.de
- **Berliner Krisendienst:** Tel. 39063-10 bis -90
- **Drogennotruf:** Tel. 19237
- **Feuerwehr/Rettungsleitstelle:** Tel. 112
- **Frauenkrisentelefon:** Tel. 6154243
- **Kindernotdienst:** Tel. 610061
- **Kreditkarten sperren:** Tel. 116116
- **Pannenhilfe ADAC:** Tel. 0180 2222222
- **Pannenhilfe (ACE):** Tel. 01802 343536
- **Schwules Überfalltelefon:** Tel. 2163336
- **Telefonseelsorge der Kirche:** Tel. 0800 1110111 und 0800 1110222
- **Zahnärztlicher Notdienst:** Tel. 89004333

Kartenverlust

Bei **Verlust der Debit/Giro-, Kredit-** oder **SIM-Karte** gibt es für Kartensperrungen eine **deutsche Zentralnummer** (unbedingt vor der Reise klären, ob die eigene Bank bzw. der jeweilige Mobilfunkanbieter diesem Notrufsystem angeschlossen ist). **Aber Achtung:** Mit der telefonischen Sperrung sind die Bezahlkarten zwar für die Bezahlung/Geldabhebung mit der PIN gesperrt, nicht jedoch für das **Lastschriftverfahren mit Unterschrift.** Man sollte daher auf jeden Fall den Verlust zusätzlich **bei der Polizei zur Anzeige bringen,** um gegebenenfalls auftretende Ansprüche zurückweisen zu können.

In **Österreich** und der **Schweiz** gibt es keine zentrale Sperrnummer, daher sollten sich Besitzer von in diesen Ländern ausgestellten Debit-(Giro-) oder Kreditkarten vor der Abreise bei ihrem Kreditinstitut über den zuständigen Sperrnotruf informieren.

Generell sollte man sich immer die **wichtigsten Daten** wie Kartennummer und Ausstellungsdatum **separat notieren,** da diese unter Umständen abgefragt werden.

- **Deutscher Sperrnotruf:** Tel. 116116
- **Weitere Infos:** www.kartensicherheit.de, www.sperr-notruf.de

Post

Eine Postfiliale mit längeren Öffnungszeiten befindet sich im Bahnhof Friedrichstraße 71 (Tabak- und Zeitschriftenladen Eckert, EG West, Ausgang Georgenstraße, Mo.–Fr. 6–22 Uhr, Sa./So. 8–22 Uhr).

Radfahren

In Anbetracht der schier endlosen Autoschlangen zu manchen Tageszeiten ist das Fahrrad das **ideale Fortbewegungsmittel** in Berlin. Die Stadt verfügt über ein **leidlich gut ausgebautes Radwegenetz.** Leider jedoch müssen „Radweg" und „Sicherheit" keineswegs gleichbedeutend sein, weshalb 1998 die generelle Fahrradwege-Benutzungspflicht aufgehoben wurde. Man darf also auch die Straßen beradeln, hat mithin die Wahl je nachdem, wo man sich besser gesehen glaubt.

Darüber hinaus stehen den Radlern auf den Straßen die **Busspuren** zur Verfügung, die sie sich mit Taxis und den Omnibussen des ÖPNV sowie des Reiseverkehrs teilen. Benutzungspflichtig sind nur die eigens mit einem Radwegeschild gekennzeichneten Fahrstreifen, und das sind nicht viele.

ADFC

Ansprechpartner schlechthin für alle Belange rund um das Fahrrad ist auch in Berlin der Allgemeine Deutsche Fahrrad-Club (ADFC). Er veranstaltet geführte Fahrrad-Ausflüge und gibt Touren- und Routenplaner heraus. Sie können über den Buch- und Infoladen des ADFC bezogen werden. Neben einer großen Auswahl an Literatur zum Thema Fahrrad fahren stehen dort die ADFC-Mitarbeiterinnen und -Mitarbeiter den Pedalrittern bei allen Fragen mit Rat und Tat zur Seite.

•324 [L2] **ADFC,** Brunnenstr. 28, 10119 (Mitte), Tel. 4484724, www.adfc-berlin.de

Radverleih

In Berlin gibt es eine große Anzahl von Radverleihern. Eine aktuelle Liste führt der ADFC unter seiner Adresse www.adfc-berlin.de, Stichwort „Service/Branchenbuch". Daneben macht sich ein immer größeres Angebot an **Sharing-Bikes** breit, seien es Lidl-Bikes, Nextbikes oder oBikes. Überall in den Innenbezirken stehen die schlichten Treter parat, meist ohne vernünftige Gangschaltung und

370be Abb.: kj

369be Abb.: kj

mit Vollgummireifen. Die Ausleihe erfolgt nach Registrierung einfach und preisgünstig über die entsprechende App auf dem Handy. Dabei werden Kundendaten gesammelt, die möglicherweise viel lukrativer sind als das Verleihgeschäft.

Ein bewährter seriöser Verleiher an zentralen Orten in den Innenbezirken ist die **Fahrradstation.** Von Mai bis September werden außerdem täglich geführte Fahrrad-Sightseeingtouren angeboten (April und Oktober am Wochenende).

- **325** [K4] **Fahrradstation Friedrichstraße,** Eingang Dorotheenstr. 30, 10117 (Mitte), S und U6 Friedrichstraße, Tel. 0180 5108000, www.fahrradstation.de, März–Okt. Mo.–Fr. 10–19.30, Sa. 10–18 Uhr, im Winter Mo.–Fr. 10–19, Sa. 10–16 Uhr

EXTRATIPP

Berliner Mauerweg

Auf den Spuren der ehemaligen DDR-Grenzanlagen führt ein rund 160 Kilometer langer, **ausgeschilderter Radweg** um die einstige Halbstadt Westberlin herum. Die Strecke ist in 14 Etappen zwischen 7 und 21 Kilometer Länge gegliedert und mit **über 40 Info-Stationen** bestückt, die jeweils am Ort des Geschehens von der Teilung Deutschlands und Berlins berichten. Anfangs- und Endpunkte aller Etappen lassen sich bequem mit S- und U-Bahn ansteuern (Fahrradmitnahme möglich).

› **Infos** beim ADFC Berlin, www.adfc-berlin.de, und unter www.berlin.de/mauer/mauerweg

Weitere Fahrradstationen:

- **326** [L3] **Fahrradstation Mitte,** Auguststraße 29a, U8 Weinmeister Straße
- **327** [K9] **Fahrradstation Kreuzberg,** Bergmannstr. 9, U7 Gneisenaustraße
- **328** [D6] **Fahrradstation Charlottenburg,** Goethestr. 46, U2, U7 Bismarckstraße

Es ist immer gut, den Verkehr rundum im Blick zu haben

Auch Fahrradparkplätze werden in Berlin allmählich knapp

Schwule

Berlin ist **eine der größten Schwulenmetropolen Europas.** Das Kultur- und Freizeitangebot ist umfassend und man lebt vergleichsweise unbehelligt.

Die spannenden Kieze sind traditionell das Viertel rund um die Kreuzberger **Oranienstraße** mit der Bar „Roses" und dem „SO 36" (s. S. 275) im Zentrum sowie am Kottbusser Tor „Möbel Olfe" (s. S. 266) und in Schöneberg das **„Rosa Dreieck"** zwischen Nollendorfplatz, Fuggerstraße, Motzstraße und dem Kleistpark [H8].

Legendär in der **Motzstraße** [G8]: „Toms Bar" und direkt nebenan die Bar „Hafen". Im **Schöneberger Kiez** wurde 1919 der erste Aufklärungsfilm zum Thema Homosexualität gedreht, an dem der Nestor der Schwulenbewegung, der Sexualwissenschaftler Magnus Hirschfeld, entscheidend beteiligt war. In der Nollendorfstraße 17 lebte in einer Pension ab 1929 der englische Schriftsteller Christopher Isherwood, der 1933 Deutschland wieder verließ und seine Erinnerungen in „Goodbye to Berlin" niederschrieb, das später zur Vorlage für den Musical-Welterfolg „Cabaret" wurde.

329 [G8] **Hafen,** Motzstr. 19, www.hafen-berlin.de, tgl. ab 20 Uhr

330 [N7] **Roses Bar,** Oranienstraße 187, U1, U3 Kottbusser Tor, tgl. ab 22 Uhr

331 [G8] **Toms Bar,** Motzstr. 19, U1, U2, U3, U4 Nollendorfplatz, www.tomsbar.de, tgl. ab 22 Uhr

Seit über 30 Jahren gehört das **„SchwuZ"** von Podiumsdiskussionen über Shows bis Partys zum queeren Berliner Leben. In den Räumen des SchwuZ sind viele homosexuelle Projekte aus der Taufe gehoben worden, so das Stadtmagazin „Siegessäule", der schwule Buchladen „Prinz Eisenherz" oder der erste Berliner Christopher Street Day 1979.

332 [O11] **SchwuZ,** Rollbergstraße 26, 12053 (Neukölln), U7 Rathaus Neukölln, www.schwuz.de, immer freitags und samstags ab 23 Uhr Party (Pop, Indie, R'n'B, Hip-Hop, All-Time-Favorites, House, Techno)

Fast schon als einen „Opi-Laden", weil bereits 1977 eröffnet und immer noch führend, könnte man das Café **„Neues Ufer"** (ehemals „Anderes Ufer") bezeichnen. Berühmt wurde es einst als „zweites Wohnzimmer" von Rio Reiser und David Bowie. Letzterer lebte in seinen fiebrigen Berliner Jahren, in denen die Alben „Low" und „Heroes" entstanden, zusammen mit Iggy Pop und dessen Freundin zwei Häuser weiter in der Hauptstraße 155 in Schöneberg. Am Haus erinnert eine Gedenktafel an den 2016 verstorbenen Künstler.

333 [H9] **Neues Ufer,** Hauptstr. 157, 10827 (Schöneberg), U7 Kleistpark, Bus M48, 187, Tel. 78957900, www.neuesufer.de, tgl. 14–2 Uhr. Hier wird neben Kaffee, Bier und später Schampus damals wie heute hausgebackener Käsekuchen serviert.

Infos

•**334** [H7] **Mann-o-Meter,** Bülowstr. 106, 10783 (Schöneberg), U1, U2, U3, U4 Nollendorfplatz, Tel. 2168008, www.mann-o-meter.de, Mo.–Fr. 17–22 Uhr, Sa. 16–20 Uhr. Erste Adresse und zentrale Anlaufstelle, Info- und Kontaktladen mit vielen Tipps, Info-Datenbank und Gay-Switchboard.

Museum

Das **Schwule Museum*** widmet sich mit vielen Tausend Exponaten der Erforschung und öffentlichen Darstellung schwulen Lebens und der Geschichte der Homosexuellen in Deutschland.

335 [H7] **Schwules Museum*,** Lützowstr. 73, 10785 (Tiergarten), U1, U2, U3, U4 Nollendorfplatz, U1, U3 Kurfürstenstraße, Bus M85, M48, M29, 187, 106, 100, www.schwulesmuseum.de, Tel. 69599050, geöffnet: tgl. außer Di. 14–18, Sa. 14–19 Uhr

Unterkunft

336 [G7] **Axel Hotel Berlin** €€, Lietzenburger Str. 13/15, 10789 (Schöneberg), U1, U2, U3 Wittenbergplatz, Tel. 21002893, www.axelhotels.com. Großes 4-Sterne-Gayhotel, hetero-freundlich edeldesigned, mit Spa, Restaurant, eleganter Bar und einer Sky Bar auf der Dachterrasse für warme Sommernächte, fünf Spazierminuten zum KaDeWe, zehn Minuten in den Schöneberger Kiez, DZ ab 120 € (Frühstück extra).

› **ebab (enjoy bed and breakfast),** www.ebab.de, Tel. 23623610. Gay-Zimmervermittlung.

337 [G8] **Gay Hostel** €-€€, Kalckreuthstraße 10, 10777 (Schöneberg), U1, U2, U3, U4 Nollendorfplatz, Tel. 21005709, www.gay-hostel.de. Gründerzeitbau im Herzen der Gay-Szene rund um den Nollendorfplatz, Men only, funktional eingerichtet.

Zeitschriften

› Berlins schwul-lesbisches Stadtmagazin **„Siegessäule“**, www.siegessaeule.de, erscheint monatlich und bietet neben vielen Programmadressen und Ausgehtipps einen umfassenden Überblick über die schwulen und schwul-lesbischen Veranstaltungen des Monats.

› Bei vistBerlin erscheint unter www.visitberlin.de/de/lgbti-gay-berlin ein **LGBTI*-Guide** mit queeren Hotels, Bars, Restaurants, Partys, Events, Shopping-, Kino-, Kiez-, Kultur- und Ausgehtipps u.v.m.

Sicherheit

2017 hat Berlin Frankfurt am Main als deutsche Hauptstadt des Verbrechens abgelöst. Dennoch bleibt die Spree-Metropole im internationalen Vergleich eine sichere Stadt. Für die persönliche Sicherheit gilt, wie überall auf der Welt, seine Papiere und Wertgegenstände weder im Auto liegen zu lassen noch sie offensichtlich spazierenzuführen. Gelegenheit macht Diebe! Geldbörsen, Ausweise, Smartphones, Kreditkarten etc. gehören nicht in die hintere Hosentasche und auch nicht im Rucksack ins griffnahe Reißverschlussfach. Sie sollten eng am Körper getragen werden.

Besondere Vorsicht gilt bei Gaunertricks wie „Abdecken“ oder „Antanzen“. Beim „Abdecken“ legt der Dieb beispielsweise einen Stadtplan über das Handy auf dem Bistrotisch und während ihm das freundliche Opfer noch den Weg erklärt, hat das Handy bereits den Besitzer gewechselt. Beim „Antanzen“ umkreisen die Täter das Opfer und kommen ihm näher. Dies kann kumpelhaft wirken als freundliche Ansprache, Abklatschen o.ä. und kann sich bis zur Körperverletzung steigern.

Explizite No-Go-Areas gibt es in Berlin nicht, aber durchaus Gegenden, wo erhöhte Aufmerksamkeit angebracht ist. Dabei gilt die Faustregel, dass Taschendiebe überall dort operieren, wo viele Menschen zusammenkommen: bei Großveranstaltungen, in öffentlichen Verkehrsmitteln, Umsteigebahnhöfen und ganz besonders in Party-Kiezen und touristischen Hotspots. Die Berliner Diebstahlbrennpunkte liegen hauptsächlich im **Stadtzentrum entlang der touristischen Sehenswürdigkeiten und Partymeilen.**

Umsicht ist auf dem Friedrichshain-Kreuzberger Klub-Trail zwischen Kottbusser Tor und RAW-Gelände 133 geboten, außerdem zwischen Alexanderplatz 56, Hackescher Markt und Brandenburger Tor 1 sowie in der West-City auf der Tauentzienstraße 115 und dem Kurfürstendamm 117.

Stadttouren

Stadtrundfahrten mit dem Bus

Bus-Stadtrundfahrten bieten verschiedene Unternehmen an. Sind die Busse mit dem „City-Circle-Tour"-Logo gekennzeichnet, bedeutet dies, dass an allen angefahrenen Sehenswürdigkeiten die Möglichkeit zum Aussteigen, Verweilen und späteren Wiederzusteigen besteht, und zwar mit einem Ticket insgesamt 24 Stunden lang. Die klassischen Bustouren mit Stadtbilderklärung dauern in der Regel zwei Stunden, kosten je nach Route zwischen 14 und 30 € für Erwachsene und die Hälfte für den Nachwuchs. Kinder unter sieben Jahren fahren kostenlos mit.

- **City Circle Sightseeing,** Mo.-Do., So. 10-18, Fr./Sa. 10-19 Uhr (im Winter tgl. 10-17 Uhr) im 10-Min.-Takt. **„City Circle Yellow"** zwischen Kurfürstendamm 220/Meinekestraße (U1, U9 Kurfürstendamm) und Berliner Dom (Bus TXL 100, 200) über Potsdamer Platz, Brandenburger Tor und Schloss Charlottenburg, Erw. 20 €, Kinder 10 €. **„City Circle Purple"** zwischen Alexanderplatz (S u. U2, U5, U8 Alexanderplatz) und Karl-Marx-Allee (U5 Frankfurter Tor) über Prenzlauer Berg und Friedrichshain-Kreuzberg, Erw. 14 €, Kinder 7 €. Die **„BigTicTour"** kombiniert beide Routen, Erw. 30 €, Kinder 15 €.

Infos unter

- **BBS Sightseeing,** Tel. 35195255, http://sightseeing.de
- **Bex Busunternehmen,** Tel. 8804190, https://bex.de
- **BVB.net,** Tel. 6838910, https://bvb.net

Linien 100 und 200

Eine der an Aussicht reichsten Möglichkeiten, sich einen ersten Überblick über Berlin zu verschaffen, ist eine Sightseeing-Partie mit den Doppeldeckerbussen der Linien 100 und 200 der Berliner Verkehrsbetriebe (BVG). Die Spree-Metropole für Einsteiger sozusagen, denn die Busse fahren im 5-Minuten-Takt an zahlreichen Sehenswürdigkeiten vorbei. Dabei ist aussteigen, sich umschauen und mit dem nächsten 100er oder 200er weiterfahren jederzeit möglich, mit einem Einzelfahrschein bis zu zwei Stunden lang und unbegrenzt mit einer Tageskarte, 7-Tage-Karte oder auch einer WelcomeCard (s. S. 338).

Einer kurze Tourenbeschreibung findet sich im Exkurs „Sightseeing mit den Buslinien 100 und 200" (s. S. 247). Die beste Sicht bieten die Plätze oben ganz vorne!

Mit dem Trabi

26 Pferdestärken, Viergang-Revolver-Handschaltung, wahlweise Standard-Stinkerchen, cooles Cabriolet oder zu besonderen Anlässen Stretch-Trabi – so geht es als Selbstfahrer im Konvoi auf **Trabi-Safari** durch das Berliner Stadtzentrum, oder dem ehemaligen Mauerverlauf folgend, quer durch die Stadt. Bis zu 30 km/h werden dabei erreicht! Vorneweg knattert der City-Guide, dessen Stadtbilderklärung man über Lautsprecher im Wagen empfängt.

› **Trabi-Safari,** ab Ballongarten an der Wilhelmstraße/Ecke Zimmerstraße (S1, S2, U2 Potsdamer Platz oder U6 Kochstraße), Tagesfahrten 10–18 Uhr (Nachtfahrten auf Anfrage), Voranmeldung nötig, Tel. 30201030, www.trabisafari.de. Angeboten werden die Touren **„Berlin Compact“** (1 Std. 15 Min.) an allen bedeutenden Sehenswürdigkeiten im Herzen Berlins vorbei (49 € p. P.) und **„Berlin XXL“** (2 Std. 15 Min.) am ehemaligen Mauerstreifen entlang über den Reichstag durch Mitte nach Prenzlauer Berg und über Friedrichshain-Kreuzberg und Potsdamer Platz in den alten Westen (79 € p. P.). Menschen bis 17 Jahre fahren kostenlos mit.

Mit dem Fahrrad

In der warmen Jahreszeit lässt sich Berlin besonders schön mit dem Drahtesel erkunden. Die Stadtführer von **Berlin on Bike** lenken ihre Gäste abseits der ausgetretenen Pfade zu den schönsten Berliner Sehenswürdigkeiten an allen Verkehrsstaus vorbei. Außerdem stehen thematische Touren wie „Mauertour“, „Berlin bei Nacht“ oder „Streetart Berlin“ auf dem Programm. Startpunkt ist in der Kulturbrauerei 128 (Eingang Knaackstraße/fast Ecke Danziger Straße).

› **Berlin on Bike,** Knaackstraße 97, 10405 (Prenzlauer Berg), U2 Eberswalder Straße, Tel. 43739999, https://berlinonbike.de, Mitte März–Mitte Nov. tgl. 8–20 Uhr, im Winter Mo.–Sa. 10–16 Uhr. Preis je Tour 24 € inkl. Leihrad.

Mit dem Schiff

Hunderte Wasserkilometer durchziehen Berlin. Was also böte sich besser an, als einmal die Perspektive zu wechseln und die Hauptstadt vom Wasser aus zu erleben? Klassische Stadtkernfahrten führen eine bis anderthalb Stunden durch die Mitte der Spree-Metropole. Brückenfahrten dauern drei bis vier Stunden und tragen einen auf Spree und Landwehrkanal quer durch das Stadtzentrum und drumherum. Havelfahrten kreuzen z. B. zwischen Spandau und Wannsee, Wannsee und Potsdam, Tegel und Müggelsee.

› Stadtkernfahrten kosten für Erwachsene um die 14 €, Brückenfahrten um die 22€, eine Havelfahrt je nach Strecke 7–24 €. Kinder zahlen in der Regel die Hälfte.

287be Abb.: jg

Mit dem Kult-Stinkerchen unterwegs auf Entdeckungstour

410be Abb.: fo © Tono Balaguer

- **Stern und Kreisschifffahrt,** Ende März–Anfang Nov., Fahrplanauskunft: Tel. 5363600, www.sternundkreis.de
- **Reederei Riedel,** Mitte März–Ende Okt., Fahrplanauskunft: Tel. 67961470, www.reederei-riedel.de
- **Berliner Wassertaxi,** Mitte März–Anfang Dez. (nur Stadtkernfahrten), Fahrplanauskunft: Tel. 65880203, www.berlinerwassertaxi.de

Thematische Stadtführungen

Themenspezifische Stadtrundgänge und Rundfahrten mit S- und U-Bahn, mit dem Fahrrad oder zu Fuß veranstalten **Statt-Reisen** und das **Kulturbüro.** Angeboten werden beispielsweise Rundgänge auf den Spuren von Brecht und Fontane, Spaziergänge am alten Mauerstreifen entlang, Touren für Kinder, Wege in das jüdische Berlin, Führungen zu Kunst und Kultur, Architektur, Gegenwart und Geschichte in Berlin, nächtliche Erkundungen und vieles andere mehr.

- **Kultur Büro Berlin – Zeit für Kunst e. V.,** Tel. 4400936, www.stadtverfuehrung.de
- **StattReisen Berlin e. V.,** www.stattreisenberlin.de, Tel. 4553028

In der Innenstadt herrscht rund um die Spreeinsel tagtäglich reger Schiffsverkehr – denn mit dem Schiff lässt sich Berlin noch einmal aus einer ganz anderen Perspektive erkunden

Über den Wolken

Nahe Checkpoint Charlie steigt der Weltballon 150 Meter hoch in die Lüfte und verharrt dort, mit mächtigen Stahlseilen im Boden verankert, für einen ausgiebigen Rundumblick auf die Dächer Berlins.

•**338** [K6] **Weltballon,** Air Service Berlin, Tel. 53215321, Wilhelmstraße/Ecke Zimmerstraße in Mitte, S1, S2 und U2 Potsdamer Platz, U6 Kochstraße, www.air-service-berlin.de, April–Sept. tgl. 10–22 Uhr, Okt.–März tgl. 11–18 Uhr, Preis: Erwachsene 23 €, erm. 18 €, Kinder 3 bis 10 Jahre 10 €

Unter der Erde

Abenteuerliche Abstiege in den Berliner Untergrund zu vergessenen Tunneln, Verkehrsanlagen, Gewölben und Bunkern unternimmt der Verein **Berliner Unterwelten,** z. B. in die Bunkeranlage am Weddinger Gesundbrunnen, in die Flakturmruine am Volkspark Humboldthain, in den ersten AEG-Versuchstunnel für elektrische Züge oder auch zu den Fluchttunneln der Berliner Mauerzeit. Für die in der Regel **90- bzw. 120-minütigen Touren** werden festes Schuhwerk und auch im Sommer warme Kleidung empfohlen. Kinder unter 7 Jahren dürfen grundsätzlich nicht mit, bei einigen Führungen müssen sie mindestens 14 Jahre alt sein, denn es werden oft hautnah Themen des Zweiten Weltkriegs und des Kalten Kriegs behandelt. Der Preis beläuft sich je nach Tour auf 12 bis 15 €, ermäßigt 10 bis 12 €.

› **Buchung** im Pavillon am U-Bahnhof Gesundbrunnen, Brunnenstraße 105, 13355 Wedding, April–Okt. Mo.–Fr. 10–16 Uhr, Sa./So. 9–16 Uhr, Nov. tgl. 10–16 Uhr, Dez.–Feb. Do.–Mo. 10–16, Di./Mi. 10–14 Uhr, März tgl. 10–16 Uhr, und unter www.berliner-unterwelten.de

307be Abb.: kj

☒ *Im Fesselballon erlebt man Berlin in 150 Meter Höhe aus gänzlich anderer Perspektive*

Unterkunft

Großstädte sind nirgends ein billiges Pflaster. Bedenkt man aber, dass Berlin Deutschlands Reiseziel Nr. 1 und mit der Zahl registrierter Übernachtungen pro Jahr zusammen mit London und Paris zu den Top-3-Städten Europas zählt ist die Spree-Metropole mit Angeboten von 70 bis 100 € für ein attraktives Doppelzimmer pro Nacht mit allem Komfort in zentraler Lage sogar **relativ günstig.**

Die Preise beinhalten in der Regel die Übernachtungssteuer für private Touristen, die Berlin erhebt. Die erfreulichen Summen aus dieser **City-Tax** – 2016 waren es knapp 45 Millionen Euro – fließen zweckgebunden ausschließlich in **Sport, Kultur und touristische Projekte,** z. B. in die Finanzierung eines Champions-League-Finales, in Künstler-Stipendien oder auch in die Errichtung der Touristeninformation am Zentralen Berliner Omnibusbahnhof.

Fündig wird man bei den üblichen **Buchungsportalen** wie booking.com, trivago.de, hrs.de, expedia.de u.v.m., außerdem bei **visitberlin.de.** Die offizielle Berliner Marketing-Organistation bietet von Luxus bis Low Budget auf ihrer Website außerdem familienfreundliche, fahrradfreundliche, barrierefreie, LGBTI*-, Natur- und viele weitere Special-Interest-Angebote. Darüber hinaus steht der Informations- und Reservierungsservice nach wie vor auch ganz altmodisch am Telefon zur Verfügung:

› www.visitberlin.de, Tel. 030 25002333 (Mo.–Fr. 9–18 Uhr)

Preiskategorien

€€€€	über 220 €
€€€	120–220 €
€€	80–120 €
€	unter 80 €

(Preis pro Nacht für zwei Personen im DZ inkl. Frühstück)

Unterkunftstipps

Die aufgeführten Unterkünfte (außer Campingplätze, Jugendherbergen und Jugendgästehäuser) befinden sich alle in zentraler Innenstadtlage. Die angegebenen Hotelpreiskategorien dienen zur Orientierung und gelten für eine Übernachtung von zwei Personen im Doppelzimmer mit Dusche/WC und Frühstück in den Hochreisezeiten, d. h. sie spiegeln überwiegend den Höchstpreis und dienen lediglich einem ersten Überblick.

Unter **Hochreisezeiten** versteht sich in Berlin nicht die übliche touristische Sommerhochsaison. Sie verteilen sich vielmehr über das ganze Jahr je nach Event, internationalem Messetermin oder Massenveranstaltung, wie beispielsweise „Grüne Woche" (zehn Tage im Januar), Internationale Filmfestspiele (zwei Wochen im Februar), Internationale Tourismusbörse (fünf Tage im März), Karneval der Kulturen (Pfingsten), Christopher Street Day (Juli-Wochenende), Berlin-Marathon (im September) und vieles andere mehr.

Außerhalb dieser stark frequentierten Termine gewähren die Hotels die unterschiedlichsten Preisnachlässe, Arrangements und Wochenendangebote, weshalb es sich immer lohnt, einen Preisvergleich anzustellen. Wer auf der Suche nach der Unterkunft seiner Wahl bei visit-

Berlin (s. S. 337) noch nicht fündig geworden ist, für den halten die offiziellen Seiten der Hauptstadt zahlreiche weitere Angebote zum Anschauen, Vergleichen und Reservieren parat:

- **www.berlin.de** (Stichwort „Tourismus/Hotels & Unterkünfte")

Luxus

Himmlische Preise ab 500 € bis in schwindelerregende Höhen lassen bei den meisten nicht einmal die Quartiernahme in einer dortigen Besenkammer in den Bereich der Vorstellung treten. Macht nichts! Folgende atemberaubend elegante Hotels sind Sehenswürdigkeiten für sich und lohnen zum Schauen und Atmosphäreschnuppern mindestens auf einen ausgedehnten Espresso in der Hotellobby.

Das Adlon – 5-Sterne-Hotel am Brandenburger Tor

339 [J5] **Hotel Adlon** €€€€, Unter den Linden 77, 10117 (Mitte), S1, S2, U55 Brandenburger Tor, Tel. 22610, www.hotel-adlon.de. **Quintessenz aus gediegenem Luxus und Tradition:** Das nach alten Plänen wiedererbaute, legendäre 5-Sterne-Hotel am Brandenburger Tor wurde 2013 vom renommierten New Yorker Reisemagazin „Travel + Leisure" zum „The World's Best Hotel" gekrönt.

340 [L5] **Hotel de Rome** €€€€, Behrenstr. 37, 10117 (Mitte), Bus TXL, 100, 200, Tel. 4606090, www.roccofortehotels.com. **Wenn Stil auf Geschichte trifft:** Mit dem im Oktober 2006 vom Tophotelier Sir Rocco Forte am Bebelplatz eröffneten 5-Sterne-Palast stieg Berlin in die Spitzenliga der europäischen Hotellerie auf. Das 1889 errichtete, denkmalgeschützte Gebäude, das bis 1945 als Dresdner-Bank-Zentrale fungierte, verbindet stilvolles Understatement und klassische Eleganz mit dem zeitgenössischen Design von Tommaso Ziffer. Es ist eines der wenigen Berliner Luxushotels, das kein Neubau ist, entsprechend gediegen die Atmosphäre.

341 [J6] **Hotel Ritz-Carlton** €€€€, Potsdamer Platz 3, 10785 (Tiergarten), S und U2 Potsdamer Platz, Tel. 337777, www.ritzcarlton.com. **Bei Stars beliebt:** Im Nobelhochhaus des Beisheim Centers am Potsdamer Platz steigen alljährlich zur Berlinale die Hollywoodgrößen ab. Auch sonst herrscht hier hoher Promi-Auftrieb.

Oberklasse

342 [N3] **ackselhaus/bluehome** €€€, Belforter Str. 21, 10405 (Prenzlauer Berg), U2 Senefelder Platz, Tel. 44337633, www.ackselhaus.de. **Apart im Prenzlauer Berg:** Im „ackselhaus" und dem zugehörigen „bluehome" zwei Häuser weiter gehen Gründerzeit, Kolonialstil und elegante zeitgenössische Linie eine Synthese ein, wenige Schritte vom schicken Kollwitzplatz entfernt.

343 [K3] **Honigmond** €€€, Tieckstr. 11, 10115 (Mitte), S1, S2 Nordbahnhof, U6 Naturkundemuseum, Tel. 2844550, www.honigmond.de. **Mit viel Liebe zum schönen Detail:** in zentraler Lage wenige Schritte nördlich vom Oranienburger Tor. Die Zimmer mit Stuck und Holzböden im denkmalgeschützten, 1845 erbauten Haus überzeugen mit einem behaglichen Mix aus zeitgenössischem Design, Sammlerstücken und Antiquitäten. Die Dependance „Garden Hotel" mit lauschigem Garten liegt ca. 250 m entfernt in der Invalidenstr. 11.

344 [M2] **Hotel Oderberger** €€€, Oderberger Straße 57, 10435 (Prenzlauer Berg), U2 Eberswalder Straße, Tel. 780089760, www.hotel-oderberger.berlin. **Industrial Chic:** 70 elegante Zimmer im 1902 errichteten Neorenaissance-Gebäude des historischen Stadtbads Oderberger Straße, in toller Lage im pulsierenden Herz von Prenzlauer Berg. Der Clou: Die originalgetreu restaurierte Schwimmhalle, die mit Stuck, Säulen, Bögen und einer altrömisch anmutenden Beletage besticht, steht nach langem Leerstand wieder der Öffentlichkeit zur Verfügung. Das Hotelrestaurant hat im ehemaligen Heizkeller des Stadtbads seinen Platz.

345 [L4] **Monbijou Hotel** €€€, Monbijouplatz 1, 10178 (Mitte), S Hackescher Markt, Tel. 61620300, www.monbijouhotel.com. **Schönes Boutique-Hotel in Berlins bester Lage:** Mittendrin am Hackeschen Markt wartet das „Monbijou" mit gediegener Eleganz im klassischen englischen „Club Style" auf, die Standardzimmer sind etwas klein. Ausgezeichnetes Frühstücksbuffet.

346 [Q7] **nhow Berlin** €€€, Stralauer Allee 3, 10245 (Friedrichshain), Tel. 2902990, www.nhow-hotels.com. **Top an der Oberbaumbrücke:** großer stylischer 4-Sterne-Design-Neubau an der Spree am Osthafen, durchkomponierte Zeitgeist-Ausstattung, große Zimmer, guter Service, mitten im angesagten Friedrichshain-Kreuzberger Kiez.

Mittelpreisig

347 [J4] **Arte Luise Kunsthotel** €€, Luisenstraße 19, 10117 (Mitte), U6 Friedrichstraße), Tel. 284480, www.luise-berlin.com. **Mit Liebe zur Kunst:** klassizistisches Stadtpalais von 1825 mit Erweiterungsbau von 2003 in Sichtweite von Reichstag und Spree. Jedes Zimmer wurde von einem anderen Künstler gestaltet. Günstigere Zimmer in der Mansarde mit Dusche/WC auf dem Gang.

348 [K4] **Hotel Albrechtshof** €€, Albrechtstr. 8, 10117 (Mitte), S und U6, Tel. 308860, www.hotel-albrechtshof.de. **100 Jahre Tradition nahe Bahnhof Friedrichsstraße:** 1913 von der Berliner Stadtmission eröffnet und bis heute in deren Besitz, bietet das Haus gepflegten Komfort in zentraler Lage. Angesichts der topaktuellen Designhotel-Welle muten die vergleichsweise geräumigen Zimmer schon beinahe altmodisch an.

349 [D7] **Hotel Art Nouveau** €€, Leibnizstr. 59, 10629 (Charlottenburg), S Savignyplatz, U7 Adenauerplatz, Bus M29, 101, www.hotelartnouveau.de, Tel. 3277440. **Elegant in Ku'damm-Nähe:** schöne Zusammenfügung von Alt (Stuckdecken, Holztäfelung und Antiquitäten) und Neu (sachlicher Chic und luftige Farben) im Jugendstilgebäude in der West-City. Die Zimmer sind recht großzügig bemessen. *Gay friendly.*

350 [L8] **Hotel Johann** €€, Johanniterstr. 8, 10961 (Kreuzberg), U1, U3, U6 Hallesches Tor, Bus M41, Tel. 2250740, www.hotel-johann-berlin.de. **Entspannt in Kreuzberg:** kleines, freundliches Hotel, gut geführt, in Kreuzberg in unspannender, ruhiger Lage nahe dem Landwehrkanal. Alles Sehenswerte und Angesagte liegt um die Ecke oder ist ein bis zwei U-Bahn-Stationen entfernt und somit gut zu erreichen.

351 [L4] **Hotel Zoe** €€, Große Präsidentenstr. 6–7, 10178 (Mitte), S Hackescher Markt, Tel. 21300150, www.amanogroup.de. **3-Sterne-Plus am Hackeschen Markt:** Das 2016 eröffnetes Design-Hotel der Amano-Group lässt an Chic und gehobenem Komfort nichts missen.

352 [F6] **Motel One Berlin – Upper West** €€, Kantstraße 163–165, 10623 (Charlottenburg), S und U2, U9 Zoologischer Garten, Tel. 322931900, www.motel-one.com. **Logieren in Berlins jüngstem Wolkenkratzer:** in prominenter Lage zwischen Kurfürstendamm und Zoologischem Garten. Zimmer mit Aussicht im gewohnt modischen Zeitgeistdesign der Motel-One-Kette.

308be Abb.: kj

Vom Mietbett bis zur Nobelherberge findet in Berlin jeder Gast sein bevorzugtes Dach über dem Kopf

Preiswert

353 [E7] **Hotel-Pension Bella** €, Ludwig-Kirch-Straße 10a, 10719 (Wilmersdorf), U1, U2, U3, U9, Tel. 8816704, www.pension-bella.de. **Klein und fein im Jugendstilhaus:** In bester Ku'damm-Nähe bietet die kleine Pension moderne Zimmer, freundlichen Service und leckeres Frühstück.

354 [Q6] **Hotel Comenius Garni** €, Grünberger Straße 22, 10243 (Friedrichshain), Tel. 27571535, www.hotel-comenius-berlin.de. **Einfach, nett und gemütlich:** Die ruhige Unterkunft im Altbauhotel in Friedrichshain, nicht weit von Eastside Gallery und Oberbaumbrücke, verfügt über alles, was man für den Berlin-Aufenthalt braucht.

355 [F7] **Hotel Metropolitan Hansa** €, Schaperstr. 36, 10719 (Wilmersdorf), U3 Augsburger Straße oder U9 Spichernstraße, Tel. 23607470, www.metropolitanhansa.com. Komfortables 3-Sterne-Hotel zum erstaunlichen Preis, in einem Gründerzeithaus fünf Minuten Fußweg vom Kurfürstendamm entfernt in einer ruhigen Seitenstraße gelegen.

356 [M3] **Pension Mädchenkammer** €, Lottumstr. 20, 10119 (Mitte), U2 Rosa-Luxemburg-Platz oder U8 Rosenthaler Platz, www.maedchenkammer.de, Tel. 22434633. Altbau in ruhiger Kopfsteinpflasterstraße im Kultkiez an der Grenze von Mitte zum Prenzlauer Berg, die Zimmer zweckmäßig und geschmackvoll, überwiegend mit Blick in den grünen Hinterhof, freies WLAN, kein Radio/TV. Keine Rezeption, man trifft sich bei Ankunft zur Schlüsselübergabe und zahlt sofort. Frühstück gibts in den zahlreichen Cafés rundum, Tee, Kaffee und Wasserkocher stehen aber bereit.

Hostels

357 [K4] **Baxpax Downtown Hostel,** Ziegelstr. 28, 10117 (Mitte), U6 Oranienburger Tor, Tel. 28390965, www.baxpax.de. Angenehmer Standard zum guten Preis in zentraler Lage, Rund-um-die-Uhr-Rezeption, Frühstücksbuffet, Dachterrasse mit tollem Blick über die Stadt. Unterschiedliche Preise je nach Jahreszeit, Saison, Event und Bettenzahl im Zimmer.

358 [M2] **East Seven Berlin Hostel,** Schwedter Str. 7, 10119 (Prenzlauer Berg), U2 Senefelder Platz, Tel. 93622240, www.eastseven.de. Vergleichsweise kleines Haus, sehr gepflegt im sanierten Altbau, mit schönem Garten im Hof, nahe der Prenzlberger Kneipenmeile zwei U-Bahn-Stationen vom Alex. Die Preise variieren je nach Jahreszeit, Saison, Event und Bettenzahl im Zimmer.

359 [P6] **Ostel DDR-Design-Hostel,** Wriezener Karree 5, 10234 (Friedrichshain), S Ostbahnhof, Tel. 25768660, www.ostel.eu. In einer Platte unverfälscht ostig am Ostbahnhof, innen vom Plaste-Eierbecher über „Honni"-Porträt und Stasi-Suite bis hin zum echten Ost-Toilettenpapier original DDR-Kitsch vom Feinsten. DZ ab 42 € ohne Frühstück.

360 [M3] **Pfefferbett Hostel,** Christinenstr. 18–19 (am Pfefferberg, Hof 4/Haus 6), 10119 (Mitte), U2 Senefelderplatz, Tel. 93935858, www.pfefferbett.de. An der Nahtstelle zwischen Mitte und Prenzlberg im historischen Industriebau auf dem Gelände der ehemaligen Pfefferbergbrauerei; schickes modernes Innendesign unter hohen Kappendecken. Unterschiedliche Preise je nach Anreisedatum und Bettenzahl im Zimmer.

361 [L3] **The Circus Hostel,** Weinbergsweg 1a, 10119 (Mitte), U8 Rosenthaler Platz, Tel. 20003939, www.circus-berlin.de. Modernisiert und frisch renoviert im Frühjahr 2010 am alten Ort im Szenekiez wiedereröffnet. Z. B. 3-Bett-Zimmer ab 27 €, 4- bis 5-Bett-Zimmer ab 23 €, 8- bis 10-Bett-Zimmer ab 19 €, DZ mit Bad ab 75 € (ohne Bad ab 58 €). Frühstück kostet extra.

Jugendherbergen und -gästehäuser

Die Häuser des Deutschen Jugendherbergswerk (DJH) in Berlin, von denen zwei im Zentrum, die anderen am Stadtrand im Grünen liegen, betreibt der DJH-Landesverband Berlin-Brandenburg e.V. Sie sind sehr beliebt und deshalb meistens belegt, weshalb sich eine frühzeitige Reservierung empfiehlt. Voraussetzung für die Übernachtung ist die Mitgliedschaft im DJH, die beantragt werden kann beim

› **DJH Mitgliederservice,** Leonardo-da-Vinci-Weg 1, 32760 Detmold, Tel. 05231 74010, www.jugendherberge.de.

362 [I7] **DJH-Jugendherberge Berlin International,** Kluckstr. 3, 10785 (Tiergarten), U1, U3 Kurfürstenstraße, Bus M29, Tel. 747687910, www.jugendherbergen-berlin-brandenburg.de. Mitten in der Stadt nahe Potsdamer Platz, dank der zentralen Lage gerne gebucht, viele Schulklassen, Ü/F bis 26 Jahre ab 24 € p. P, ab 27 Jahren 28 € p. P.

363 **DJH-Jugendherberge Ernst Reuter,** Hermsdorfer Damm 48, 13467 (Hermsdorf), U5 Alt Tegel, weiter mit dem Bus 125, Tel. 4041610, www.jugendherbergen-berlin-brandenburg.de. Am Rande des Tegeler Forsts nahe der nördlichen Stadtgrenze, mit Bus und U-Bahn ca. eine Stunde in die Innenstadt. Ü/F bis 26 Jahre ab 21,50 € p. P, ab 27 Jahren 25,50 € p. P.

364 [Karte V] **DJH-Jugendgästehaus am Wannsee,** Badeweg 1, 14129 (Zehlendorf), S1, S7 Nikolassee, www.jugendherbergen-berlin-brandenburg.de, Tel. 8032034. Unmittelbar am Großen Wannsee im Südwesten Berlins in direkter Nachbarschaft zum Strandbad Wannsee, knapp eine Stunde mit der S-Bahn in die Innenstadt, Ü/F bis 26 Jahre p. P. ab 24 €, ab 27 Jahren ab 28 € p. P., Kinder bis 2 Jahre frei, 3–5 Jahre 12 €.

365 **Jugendherberge Berlin-Ostkreuz,** Marktstraße 9-12, 10317 (Berlin-Lichtenberg), S Ostkreuz, Tel. 20050920, www.jugendherbergeberlinostkreuz.de, Ü/F 42 € (Einbettbelegung), 35 € (Zweibettbelegung), 29 € (3- bis 6-Bettbelegung). Mit 445 Betten Deutschlands größte Jugendherberge, im sanierten Altbau zentral am Ostkreuz an der Grenze von Lichtenberg nach Friedrichshain gelegen, rundum viele Cafés, Restaurants, Bars und Klubs, alle Zimmer mit Dusche/WC.

Buchungsportale

Neben Buchungsportalen für **Hotels** (z. B.: www.booking.com, www.hrs.de oder www.trivago.de) bzw. für **Hostels** (z. B: www.hostelword.de oder www.hostelbookers.de) gibt es auch Anbieter, bei denen man **Privatunterkünfte** mieten kann. Portale wie www.airbnb.de oder www.wimdu.de vermitteln Wohnungen, Zimmer oder auch nur einen Schlafplatz auf der Couch. Diese oft günstigen Übernachtungsmöglichkeiten sind vor allem in Städten mit großer **Wohnungsnot** umstritten, da kommerzielle Anbieter normale Wohnungen zur touristischen Nutzung zweckentfremden und somit dem Wohnungsmarkt entziehen. Etwa 20.000 Wohnungen sind den Berlinern dadurch schon verloren gegangen und verschärfen die Wohnungsnot (s. S. 330).

Seit 2014 gilt in Berlin das **Zweckentfremdungsverbots-Gesetz.** Es schützt Wohnraum vor Zweckentfremdung durch Leerstand, Abriss oder Umwandlung in eine Ferienwohnung. Eine Zweckentfremdung liegt laut Gesetz vor, wenn Wohnraum tage- oder wochenweise als Ferienimmobilie genutzt wird. Die **kommerzielle Vermietung von Wohnraum in Berlin ist also illegal** und wird mit Beträgen bis in hohe fünfstellige Bereiche bestraft.

Zimmervermietungen von privater Hand sind vom Verbot nicht betroffen. Gerade mit Blick auf die explodierenden Mieten bleibt den Berlinern damit weiter die Möglichkeit, durch die zeitweilige Vermietung eines Teils ihrer Wohnung an Feriengäste ihr Einkommen aufzubessern. Hier gilt die sogenannte **„50-Prozent-Regelung“.** Sie besagt, dass die Hälfte der eigenen Wohnung kurzfristig vermietet werden darf – die Erlaubnis des Wohnungsbesitzers natürlich vorausgesetzt.

Campingplätze

Die Campingplätze des Deutschen Campingclubs (DCC) in Berlin befinden sich in attraktiver Lage im Grünen, aber auch recht abgelegen. Die Fahrt in die Innenstadt dauert 1–1½ Stunden.

- ⚠366 **Campingplatz Gatow,** Kladower Damm 207–213, 14089 (Gatow), Tel. 3654340, www.dccberlin.de, ganzjährig geöffnet. Ver-/Entsorgung für Wohnmobile. Im Westen Berlins am Waldrand nahe der Havel gelegen.
- ⚠367 [Karte V] **Campingplatz Kladow,** Krampnitzer Weg 111–117, 14089 (Kladow), www.dccberlin.de, Tel. 3652797, ganzjährig geöffnet. Mit Lebensmittelladen und Restaurant. Schöner Waldplatz im Südwesten der Stadt am Sacrower See.

Der Berliner Campingclub (BCC) unterhält zwei Plätze in schöner Lage im Westen Berlins im Bezirk Spandau direkt an der Havel.

- ⚠368 **Campingplatz Bürgerablage,** Niederneuendorfer Allee 60/Papenberger Weg, 13587 (Spandau), Tel. 3354584, www.berliner-camping-club.de, geöffnet: April–Ende Sept. Waldcampingplatz mit Kiosk und Gaststätte, Spielplatz und kleinem Badestrand.
- ⚠369 **Campingplatz Breitehorn,** Breitehornweg 40, 14089 (Spandau), Tel. 3653408, www.berliner-camping-club.de, geöffnet: April–Ende Sept. Mit Gaststätte, Spielplatz und kleinem Badestrand.
- ⚠370 **Campingplatz Am Krossinsee,** Wernsdorfer Str. 38, 12527 (Schmöckwitzwerder), Tel. 6758687, www.campingplatz-berlin.de, April–Dez. Mit Gaststätte sowie April–Okt. zusätzlich mit Imbiss und Minimarkt. Ver-/Entsorgung für Wohnmobile, Bootsverleih. An der südöstlichen Stadtgrenze in schöner Kiefernheide direkt am Seeufer.

Verkehrsmittel

Auto

Das Auto ist die **teuerste und oft auch die langsamste aller Fortbewegungsmöglichkeiten** durch Berlin. Während in der Rushhour die Fußgänger auf dem Bürgersteig lächelnd an der Blechlawine vorüberziehen, braucht der eingekeilte Automobilist Nerven wie Stahlseile. An der Tagesordnung sind Umleitungen, Be- und Entladen in zweiter Spur, Hupkonzerte auf verstopften Straßenkreuzungen sowie Schneiden, Ausbremsen und Stinkefingerzeigen, gelegentlich auch eine Beule im Blech.

Allgegenwärtig sind auch die knöllchenschreibenden Damen und Herren vom Ordnungsamt. Wo der **knappe Parkraum** im Innenstadtbereich nicht bewirtschaftet wird, ist Parken in der Regel verboten. Die Parkgebühr beträgt je nach Lage 25 bis 50 Cent pro angefangene Viertelstunde, in viel frequentierten Zonen wie dem Potsdamer Platz sogar 75 Cent alle fünfzehn Minuten.

Taxi

Berliner Motordroschken dürfen die eigens für Radfahrer und den öffentlichen Personennahverkehr eingerichteten Busspuren mitbenutzen. Insofern gelangen sie zu Stoßzeiten besser durch die Stadt als der motorisierte Privatverkehr.

An Taxen herrscht in Berlin **kein Mangel.** Bis auf wenige Ausnahmen wie Großveranstaltungen, die Silvesternacht oder außergewöhnliche Fahrzeiten ist es im Innenstadtbereich deshalb nicht nötig, ein Taxi vorzubestellen oder zu einem Taxistand zu laufen, Herbeiwinken genügt.

105be Abb.: kj

Slow motion – in der Fahrrad-Rikscha lassen sich die Berliner Sehenswürdigkeiten ganz entspannt genießen

Auf Distanzen bis zwei Kilometer ist ein pauschaler **Kurzstreckentarif** von 5 € möglich, vorausgesetzt man sagt dem Taxifahrer vorher Bescheid, dass man eine Kurzstreckenfahrt wünscht.

› Die **aktuellen Tarife** findet man unter www.taxi-in-berlin.de.

Über die **Funkzentralen** können Tag und Nacht Taxis gerufen werden.

› **Funk Taxi Berlin,** Tel. 261026, www.funk-taxi-berlin.de
› **TaxiFunk,** Tel. 443322, www.taxifunk-berlin.de
› **Würfelfunk,** Tel. 210101, http://wuerfelfunk.de

Fahrradtaxi

„Mobilität dank Muskelkraft" lautet eine Attraktion unter den Berliner Personenbeförderungsdienstleistungen. Alljährlich von April bis Oktober täglich 12–20 Uhr radeln **Fahrrad-Rikschas** Einheimische und Berlin-Besucher durch die Stadt. Die flotten Umweltflitzer winkt man wie die gewöhnlichen Taxis einfach herbei. Der erste Kilometer kostet 7 €, jeder weitere 5 € für maximal zwei Personen und ein Kind bis 7 Jahre in der Radkutsche.

Die besten Möglichkeiten, ohne Vorbestellung eine leere Rikscha anzuhalten, bestehen rund um die zentralen Berliner Sehenswürdigkeiten:

› Brandenburger Tor
› Fernsehturm
› Berliner Dom
› Potsdamer Platz
› Breitscheid Platz (Europa-Center, Kaiser-Wilhelm-Gedächtnis-Kirche)
› KaDeWe

Bestellen kann man sie natürlich auch (3 € Vorbestellgebühr), und zwar unter Tel. 0178 8000041. Darüber hinaus lassen sich **individuelle Stadtführungen** zwischen ein bis drei Stunden buchen: Tel. 28031609, www.velotaxi.de.

Öffentlicher Personennahverkehr

Verkehrsverbund Berlin-Brandenburg (VBB)

Das Netz des Öffentlichen Personennahverkehrs in und um Berlin herum ist **feinmaschig und vergleichsweise günstig.** Es besteht ein gemeinsamer Tarif für Berlin und das Umland, den die Berliner Verkehrsbetriebe (BVG), die S-Bahn Berlin, die Deutsche Bahn (DB), der Verkehrsbetrieb Potsdam (ViP) und zahlreiche weitere Verkehrsgesellschaften im Verkehrsverbund Berlin-Brandenburg (VBB) miteinander ausgehandelt haben.

Die **Tarifbereiche** im Großraum Berlin sind in **drei Zonen** aufgeteilt:

- **A:** Innerer S-Bahn-Ring, der die Innenstadtbezirke umschließt.
- **B:** Äußerer S-Bahn-Ring, der der Berliner Landesgrenze folgt.
- **C:** Brandenburger Umland einschließlich Potsdam.

Die Zeitintervalle sind kurz. **S-Bahnen** (Schnellbahnen) fahren im Allgemeinen im 10-Minuten-Takt von morgens 4 Uhr bis nachts 1 Uhr, sonn- und feiertags im 20-Minuten-Takt.

U-Bahnen fahren ebenfalls zwischen 4 Uhr morgens und 1 Uhr nachts, in den Hauptverkehrszeiten meist alle dreieinhalb Minuten, sonn- und feiertags alle fünf Minuten. Darüber hinaus sind sie in den Wochenendnächten von Fr. auf Sa. und Sa. auf So. im 15-Minuten-Takt unterwegs (außer U4 und U55).

383be Abb.: kj

106be Abb.: kj

Wochentags nachts zwischen 1 und 4 Uhr verkehren anstelle der U-Bahn-Linien 1 bis 9 die **Nachtbusse** N1 bis N9 weitgehend entlang der entsprechenden U-Bahn-Strecken.

Auf wichtigen Verkehrsverbindungen, auf denen es keine S- oder U-Bahn gibt, sind die **Metrolinien von Bus und Tram** unterwegs. Die mit einem „M“ und einer zweistelligen Ziffer gekennzeichneten Linien fahren täglich mindestens 20 Stunden im 10-Minuten-Takt, häufig auch öfter.

Die schnellen **ExpressBus-Linien**, die an weniger Haltestellen als üblich stoppen, tragen die Kennzeichnung „X“. Der JetExpressBus TXL befördert die Fahrgäste in zwanzig bis vierzig Minuten je nach Verkehrsdichte vom Alexanderplatz zum Flughafen Tegel, der Expressbus X7 fährt zügig vom Flughafen Schönefeld zum U-Bahnhof Rudow (U7). Die noch verbliebenen Lücken füllen zahlreiche weitere **Busse** und **Straßenbahnen.** Über die Flüsse und Seen setzen **BVG-Fähren** über.

EXTRATIPP

Fahrten teilen

Im 24-Stunden-Betrieb rollt der **Rufbus „BerlKönig“**, den die BVG und Daimler auf den Weg gebracht haben. Das On-Demand-Ridesharing-Angebot bündelt Fahrten von bis zu sechs Passagieren im Mercedes-Van innerhalb des östlichen S-Bahn-Rings, also vor allem in Friedrichshain-Kreuzberg, Mitte und Prenzlauer Berg. Der Preis pro Person dieser spontanen Fahrgemeinschaften, die sich eine Strecke miteinander teilen, beträgt 1,50 €/km; 4 € zahlt man als Mindestpreis. Bucht man eine Fahrt für mehrere Personen, zahlen Mitfahrer die Hälfte des üblichen Fahrpreises.

Mit einer **Gratis-App** wählt man Start- und Zielort aus. Diese nennt den Fahrpreis und weist den Weg zum Einstiegspunkt, meist an der nächsten Straßenecke oder einer nahen Bushaltestelle. Achtung: Mit dem BerlKönig teilt man den Wagen. Es ist kein Taxi-Angebot.

› www.berlkoenig.de

Fahrkarten

Fahrkarten werden entweder am **Automaten** in den S- und U-Bahnhöfen oder der Tram gezogen, in den **Kundenzentren** der BVG und der S-Bahn erworben oder beim **Schaffner** gelöst (Bus, Fähre). Münzgeld parat zu halten ist in jedem Fall besser, als sich seine Banknote von einer Maschine auffressen zu lassen oder gar einen Busfahrer zu ärgern.

Das Berliner S- und U-Bahn-Netz ist gut ausgebaut

Um einen flotten Spruch sind die Berliner Verkehrsbetriebe nie verlegen – selbst wenn der nächste Bus und auch der übernächste mal wieder ausfallen sollten

Neben verschiedenen Angeboten für Wochen-, Monats-, Jahres- und Abonnementkarten gelten folgende allgemeine Fahrausweise (in der Regel werden die Preise alle ein bis zwei Jahre leicht erhöht):

- **Einzelfahrausweis für die Kurzstrecke:** 1,70 €, ermäßigt 1,30 €, für drei S- bzw. U-Bahn-Stationen oder sechs Bus- bzw. Straßenbahnhaltestellen
- **Einzelfahrausweis:** 2,80 € (erm. 1,70 €) für den Tarifbereich A/B, 3,10 € (erm. 2,20 €) für den Bereich B/C und 3,40 € (erm. 2,50 €) für den Tarifbereich A/B/C. Das Ticket berechtigt zu einer maximal zwei Stunden langen Fahrt mit beliebigem Umsteigen in Richtung Fahrziel. Innerhalb der Gültigkeitsdauer sind Fahrtunterbrechungen erlaubt, Rundfahrten oder Rückfahrten dagegen nicht.
- **Tageskarte:** Sie kann nach der Entwertung bis 3 Uhr des Folgetags für eine beliebige Anzahl von Fahrten genutzt werden und kostet für den Tarifbereich A/B 7 € (erm. 4,70 €), für B/C 7,40 € (erm. 5,10 €) und für A/B/C 7,70 € (erm. 5,30 €). Bis zu drei Kinder von 6 bis 14 Jahren fahren kostenlos auf dem Ticket mit.
- **Kleingruppentageskarte:** Gruppen von drei bis fünf Personen können mit diesem Fahrausweis ab Entwertung bis zum Folgetag 3 Uhr neben S- und U-Bahnen, Bussen, Straßenbahnen und Fähren auch Regionalbahnen und Regionalexpresszüge benutzen. Kostenpunkt: Tarifbereich A/B 19,90 €, B/C 20,60 €, A/B/C 20,80 €.
- **7-Tage-Karte:** Sie gilt ab dem Tag der Entwertung für sieben aufeinanderfolgende Kalendertage, ihre Gültigkeit endet am siebten Tag um 24 Uhr. Sie beinhaltet die kostenfreie

292be Abb.: fo © Denis Laubert

Mitnahme von bis zu drei Kindern vom vollendeten 6. bis zum vollendeten 14. Lebensjahr sowie zusätzlich einem Erwachsenen werktags ab 20 Uhr, samstags und sonntags ganztägig. Die Karte ist auf andere Personen übertragbar. Preise: Tarifbereich A/B 30 €, B/C 31,40 € und A/B/C 37,50 €.

- Für Informationen zur **WelcomeCard** siehe S. 338.
- Auf den **Fährlinien** der BVG gelten die normalen BVG-Tarife. Auf den **Omnibus-Ausflugslinien** der BVG gilt für Fahrgäste ohne Zeitkarte ein Sondertarif. **Kinder bis 6 Jahre** fahren generell **kostenlos** mit.

Sämtliche **Preisangaben** beziehen sich auf den Stand Ende 2018. Leichte Aufwärtsbewegungen sind jederzeit möglich. In der Regel werden die Fahrpreise alle ein bis zwei Jahre erhöht.

Infostellen

Fahrplan- und Tarifauskünfte rund um die Uhr erhält man unter Tel. 19449 und online unter **www.bvg.de.**

Verkaufs- und Informationsschalter der Berliner Verkehrsbetriebe (BVG) befinden sich in der Regel in den großen U-Bahn-Umsteigebahnhöfen, dort außerdem in den Reisemärkten und gelegentlich Bahnsteigkiosken. Service-Punkte für weiterführende Informationen, Fahrplan- und Tarifauskünfte betreibt die BVG in zentraler Lage, zum Beispiel:

- **Bahnhof Zoologischer Garten,** westlich am U-Bahnsteig der Linie U2 Richtung Pankow, Mo.-Fr. 6.30-21.30 Uhr, Sa./So. 10-18 Uhr
- **Bahnhof Alexanderplatz,** Kundenzentrum im Zwischendeck Richtung U8, S und U2, U5, U8 Alexanderplatz, Mo.-Fr. 6.30-21.30, Sa./So. 10-18 Uhr
- **371** [N5] **BVG-Kundenzentrum,** Holzmarktstr. 15, 10179 (Mitte), S und U8 Jannowitzbrücke, Mo.-Mi. 9.30-17 Uhr, Do. 9.30-17.45 Uhr, Fr. 9.30-14 Uhr

Fahrplan- und Tarifauskünfte zur **S-Bahn** erteilt die S-Bahn-Kundenhotline:

- Tel. 29743333, www.s-bahn-berlin.de

Verkaufs- und Informationsschalter der S-Bahn Berlin findet man meist bei den großen Umsteigebahnhöfen. Hier finden sich Kundenzentren in zentraler Lage:

- **Alexanderplatz** 56, S und U2, U5, U8 Alexanderplatz, Mo.-Fr. 6-21.30 Uhr, Sa. 7-20 Uhr, So. 10-19 Uhr
- **Friedrichstraße** 61, S und U6 Friedrichstraße, Mo.-Fr. 8-20 Uhr, Sa./So. 9-18.30 Uhr
- **Hauptbahnhof** 14 (im 1. OG neben dem Treppenaufgang zu den Gleisen 15 und 16), S Hauptbahnhof, U55, Mo.-Sa. 7-22 Uhr, So. 8-22 Uhr
- **Ostbahnhof** [O6] (im DB-Reisezentrum), S Ostbahnhof, Mo.-Fr. 8-20, Sa./So. 9-18.30 Uhr

EXTRAINFO

Tickets entwerten!

Achtung! Grundsätzlich müssen alle Ticket-Variationen vor Antritt der ersten Fahrt am Stempelautomaten entwertet werden. Die Entwerter befinden sich üblicherweise am Anfang und am Ende der Bahnsteige sowie in Tram und Bussen neben den Türen. Die Kontrolleure sind unerbittlich, sie betrachten eine nicht gestempelte Karte als ungültig und werten diesen Umstand als Schwarzfahren (Bußgeld 60 €).

< 2006 wurde der Hauptbahnhof eröffnet. Er ist der größte Kreuzungsbahnhof Europas.

384be Abb.: kj

Wetter und Reisezeit

Im Berliner Raum herrscht ein **kontinental beeinflusstes, recht trockenes Klima** vor. So kann sich die Luft bei allgemein schöner Großwetterlage im Sommer stark erwärmen. Heiße Tage, an denen das Thermometer bis zur 30-Grad-Marke hinaufklettert, sind keine Seltenheit. Die Winter geben sich etwas rauer als im gesamtdeutschen Durchschnitt. Schnee oder Schneematsch liegt meist nicht länger als drei bis vier Wochen. Ausnahmen bestätigen natürlich die Regel.

Berlin hat **zwölf Monate im Jahr Saison,** d.h. es gibt keine günstige oder ungünstige Reisezeit. Durchschnittlich 1,2 Mio. Touristen im Monat besuchen die Stadt. Voll ist es also eigentlich immer, wozu auch die zahlreichen Festivals und Großevents beitragen. Dazu kommen bedeutende kulturelle Veranstaltungen, aufsehenerregende Ausstellungen, außerdem Messen und Kongresse sowie nicht zu vergessen die angesagte Klub- und Pubszene und das politische Berlin mit seinen zahlreichen internationalen Konferenzen.

So richtet sich denn auch der Status „Hochsaison“ oder „Nullsaison“ nicht nach den vier Jahreszeiten, sondern nach dem aktuellen Veranstaltungskalender. Hochsaison, Tiefsaison oder Nullsaison können in Berlin von Tag zu Tag wechseln.

Durchschnitt	Wetter in Berlin											
Maximale Temperatur	3°	4°	9°	13°	19°	22°	24°	24°	19°	13°	7°	4°
Minimale Temperatur	–2°	–2°	1°	4°	9°	12°	14°	14°	11°	6°	2°	0°
Regentage	10	8	9	8	9	10	8	8	8	8	10	11
	Jan	Febr	März	Apr	Mai	Juni	Juli	Aug	Sept	Okt	Nov	Dez

ANHANG

010be Abb.: kj

Register

A

Adlon (Hotel) 30
Admiralspalast 95
Ägyptisches Museum 62
Akademie der Künste 31
Akzisemauer 89, 308
Albrecht der Bär 303
Alexanderhaus 81
Alexander-Newski-Kapelle 227
Alexanderplatz 79
Alliierten-Museum 241
Alt-Berlin 75
Alte Bibliothek 47
Alte Nationalgalerie 63
Alter Markt 211
Altes Museum 60
Altes Palais 45
Altes Stadthaus 78
Altstadt Köpenick 190
Altstadt Spandau 178
Amerikanische Botschaft 31
Anhalter Bahnhof 93
Anne Frank Zentrum 109
Anreise 332
Antikensammlung 61, 65
Apotheke 169
Apps 340
Archäologische Promenade 60
Architektur 248
Arzt 343
Asisi-Panorama 90
Aufklärung 306
Auguststraße 112
Ausgehviertel 263
Außerparlamentarische Opposition 315
Auswärtiges Amt 54
Autofahren 332

B

Babelsberger Filmstudios 233
Bahn 332
Bahnhof Friedrichstraße 94
Bahnhof Zoo 134
Barrierefreies Reisen 336
Bars 270
Bär (Wappen) 321
Bauhaus-Archiv 127
Behinderte 336
Behnisch, Günter 31
Beisheim Center 119
Belvedere auf dem Pfingstberg 228
Belvedere (Sanssouci) 223
Bendlerblock 127
BER 326, 328
Bergmannkiez 170
Berlinale 119, 293
Berlin Art Week 295
Berlin Biennale 294
Berlin-Blockade 314
Berliner Abgeordnetenhaus 93
Berliner (Bewohner) 319
Berliner Dialekt 324
Berliner Dom 66
Berliner Ensemble 96
Berliner Philharmoniker 273
Berliner Universität 309
Berlin Food Week 296
Berlinische Galerie 241
Berlin Tourist Infos 338
Berlin-Ultimatum 314
Berolinahaus 81
Bethanien 169
Bevölkerungs-austausch 107, 155
Bevölkerungsentwicklung 319
Bezirke 300
Biergärten 269
Bikinihaus 135
Bildergalerie (Sanssouci) 220
Bismarck, Otto von 311
Black Box
Kalter Krieg 90
Blockhaus Nikolskoe 200
Bode, Arnold Wilhelm 63
Bode-Museum 63
Bonhoeffer, Dietrich 157
Bornstedter Kirche 226
Botanischer Garten 177
Botanisches Museum 177
Botschaft der Russischen Föderation 44
Botschaften 337
Boulevard der Stars 118
Brandenburger Tor 27
Brandenburger Tor (Potsdam) 218
Brecht, Bertolt 96, 277
Bröhan-Museum 146
Brücke-Museum 242
Brunnen der Völkerfreundschaft 81
Bücherverbrennung 47
Bundeskanzleramt 40
Bundespräsident 131
Bürgermeister, Regierender 321
Bus 334, 361
Buslinien 100 und 200 247
Büste der Königin Nofretete 62

C

Cafés 264
Campingplätze 358
Centrum Judaicum 113
Centrum-Warenhaus 81
Charité 97
Charlottenburg 133
Checkpoint Charlie 89
Chipperfield, David 62
Christmas Garden 177
Christopher Street Day 295

Classic Open Air 295
Cölln 303
Columbushaus 120
Currywurst 258

D
Dahlem 176
Daimler-City 117
Dalí-Museum 242
Dampfmaschinenhaus 217
Dancefloor 271
DDR-Museum 242
DDR-Opposition 157
DDR-Staatsgästehaus 185
debis-Hochhaus 117
Debitkarte 343
Delphi-Kino 141
Denkmal für die ermordeten Juden Europas 35
Denkmal für die im Nationalsozialismus ermordeten Sinti und Roma Europas 36
Denkmal für die im Nationalsozialismus verfolgten Homosexuellen 37
Detlev-Rohwedder-Haus 99
Deutsche Demokratische Republik 314
Deutsche Kinemathek – Museum für Film und Fernsehen 242
Deutscher Bundesrat 93
Deutscher Dom 85
Deutsches Historisches Museum 55
Deutsches Reich 311
Deutsches Symphonie-Orchester Berlin (DSO) 273
Deutsches Technikmuseum 171
Deutsches Theater 96
Deutschlandfest 296
Dicke Marie 184
Diplomatenviertel 130
Diplomatische Vertretungen 337
Discos 271
Domäne Dahlem 176
Dom, Berliner 66
Dönerkebab 258
Dorotheenstädtischer Friedhof 97
Drittes Reich 313
DZ-Bank 31

E
Eastside Gallery 161
EC-Karte 343
Edikt von Potsdam 305
Einkaufen 280
Einkaufsmeilen 280
Einwanderung 320
Einwohner 299
Electro 275
Elser, Georg 99
Eosanderportal 69
Ephraim-Palais 77
Ernst-Reuter-Platz 142
Erster Weltkrieg 312
Essen 250
Europa-Center 139, 281
Events 293
Experimentelle Musik 274

F
Fahrkarten 361
Fahrrad 343
Fahrradtaxi 359
Fall der Berliner Mauer 315
Fasanenstraße 140
Fashion 285
Fernbusse 334
Fernsehturm 75
Festival of Lights 296
Festivals 293
Fête de la Musique 295
Filmmuseum Potsdam 217
Filmpark Babelsberg 233
Flatowturm (Babelsberg) 232
Fliegen 335
Flughafen 328
Flughafen Berlin-Brandenburg 326
Flughafen Schönefeld 335
Flughafen Tegel 335
Flughafen Tempelhof 171, 288, 326
Flüsse 302
Folk 275
Fort Hahneberg 182
Forum Fridericianum 45, 309
Foster, Norman 37
Frankfurter Tor 159
Franziskaner-Klosterkirche 78
Französische Kirche 218
Französischer Dom 85
Französischer Friedhof 97
Freiheitsglocke 174
Freilichtmuseum 176
Fremdenverkehrsamt, Berlin 338
Fremdenverkehrsamt, Potsdam 233
Friedrich I. (König) 308
Friedrich I. (Kurfürst) 304
Friedrich II. (der Große) 220, 306
Friedrich II., „Eisenzahn“ (Kurfürst) 305
Friedrich-Ludwig-Jahn-Sportpark 156
Friedrichshagen 192
Friedrichshain 158
Friedrichshain-Kreuzberg Museum 170
Friedrichstadt 82
Friedrichstadt-Palast 96
Friedrichstadtpassagen 88
Friedrichstraße 88, 282

Friedrichswerdersche Kirche 53
Friedrich Wilhelm (Kurfürst) 305
Friedrich Wilhelm I. (Soldatenkönig) 308
Friedrich-Wilhelm-Stadt 94
Fundbüros 339
Funkturm 146

G
Garnisonkirche 217
Gärten 287
Gärten der Welt 187
Gastronomie (Berlin) 251
Gastronomie (Potsdam) 234
Gedächtniskirche 139
Gedenkstätten 244
Gedenkstätte Berliner Mauer 101
Gedenkstätte Berlin-Hohenschönhausen 245
Gedenkstätte Deutscher Widerstand 127, 245
Gedenkstätte Plötzensee 245
Gedenkstätte und Museum Sachsenhausen 246
Geld 338
Gemäldegalerie (Kulturforum) 127, 239
Gendarmenmarkt 84
Gentrifizierung 107, 155
Georg-von-Rauch-Haus 169
Geschichte 303
Geschichtsmeile Wilhelmstraße 98
Geschichtspfad (Olympiagelände) 149
Gipsformerei 240
Getränke 255
Girocard 343
Gleisdreieckpark 172
Glienicker Brücke 206
Glockenturm (Olympiagelände) 148
Görlitzer Park 168
Göthe, Johann Eosander von 69
Gotisches Haus (Spandau) 178
Gouverneurshaus 45
Große Hamburger Straße 111
Grünanlagen 287
Grunewaldturm 195

H
Hackesche Höfe 108
Hackescher Markt 108
Hamburger Bahnhof – Museum für Gegenwart 101
Handy 343
Hauptbahnhof Berlin 41
Hauptbahnhof Potsdam 209
Hauptmann von Köpenick 191
Haus der Brandenburgisch-Preußischen Geschichte 216
Haus der Kulturen der Welt 40
Haus der Schweiz 44
Haus der Wannseekonferenz 197
Haus des Lehrers 81
Haus des Rundfunks 147
Haus Liebermann 31
Haus Pietsch 44
Haus Schwarzenberg 109
Haus Sommer 31
Haus Vaterland 120
Havel 195
Havelseenkreuzfahrten 234
Heckmannhöfe 114
Heinrich-von-Kleist-Park 173
Hines-Turm 82
Hip-Hop 275
Historischer Hafen 79, 243
Hochhaus an der Weberwiese 158
Hohenzollerngruft 67
Holländisches Viertel 219
Holocaust 313
Holocaust-Mahnmal 35
Hostels 356
Hotels (Berlin) 352
Hotels (Potsdam) 233
Hotel Adlon 30
Hotel de Rome 48
Hotel „Esplanade“ 121
Hotel Westin Grand 44
Humboldt, Alexander von 183
Humboldt-Forum 68
Humboldt-Schlösschen 182
Humboldt-Universität 45
Humboldt, Wilhelm von 46, 182

I
Iffland, August Wilhelm 276
Informationsstellen 337
Innenstadt Potsdam 209
Insel Scharfenberg 184
Internationale Filmfestspiele Berlin 119, 293
Internationale Funkausstellung (IFA) 296
Internationale Grüne Woche 293
Internet 342
Internettipps 339
Ischtar-Tor 65

J
Jagdschloss Glienicke 204
Jagdschloss Grunewald 176
Jakob-Kaiser-Haus 40
James-Simon-Galerie 60
Jan Bouman Haus 219

Jazz 274
JazzFest Berlin 296
Jazzkeller 273
Joachim II. 305
Judenemanzipation 309
Jüdische Kulturtage 296
Jüdische Mädchenschule 112
Jüdischer Friedhof (Schönhauser Allee) 111, 151
Jüdischer Friedhof Weißensee 157
Jüdisches Gemeindehaus 141
Jüdisches Gymnasium 111
Jüdisches Museum 90
Jugendherbergen 356
Juliusturm 181
Justizpalast 78

K

Kabarett 279
Kabarett Distel 95
Kabinettshaus (Potsdam) 216
Kaiser-Wilhelm-Gedächtnis-Kirche 139
Kalter Krieg 313
Kammermusiksaal 120
Karl-Marx-Allee 158
Karneval der Kulturen 294, 295
Kartensperrnummer 343
Kastanienallee 156
Käthe-Kollwitz-Museum 243
Kaufhaus des Westens (KaDeWe) 140, 281
Kavalierhaus 200
Kennedy, John F. 174
Kennedy-Museum 112
Kienberg 189
Kienbergpark 189
Kiez 301
Kinder 289
Kinderattraktionen 290
Kindermuseum Labyrinth 243
Kindertheater 292
Kirche St. Peter und Paul 218
Klassische Musik 273
Kleinkunst 279
Klima 364
Klubs 271
Kneipen 141, 160, 264
Knobelsdorff, Georg Wenzeslaus von 129, 220
Knoblauchhaus 77
Knut (Eisbär) 133
Kollhoff-Hochhaus 117
Kollwitz, Käthe 55, 151
Kollwitzplatz 151
Komische Oper 275
Königskolonnaden 173
Konnopkes Imbiss 259
Konzerthallen 273
Konzerthaus Berlin 85
Konzerthausorchester 273
Köpenick 189
Kreditkarte 343
Kreuzberg 158, 166
Kreuzberg 61 170
Kriminalität 347
Kritische Rekonstruktion 249
Krongut Bornstedt 226
Kronprinzenpalais 52
Küche, Berliner 250
Kulturbrauerei 154
Kulturforum 119
Kunst 236
Kunstbibliothek 127, 240
Kunstgalerien 246
Kunstgewerbemuseum Schloss Köpenick 240
Künstlerruine Tacheles 116
Kupferstichkabinett 127, 240
Kuppel (Reichstag) 37, 40
Kurfürsten, Brandenburgische 304
Kurfürstendamm 140, 281

L

Lange Brücke 209
Laubenganghäuser 159
Lenné, Peter Joseph 129, 200, 202, 229, 310
Lesben 342
LGBT+ 342, 346
Libeskind, Daniel 90
Liebermann, Max 197
Liebermann-Villa 197
Liebknecht, Karl 72, 132, 312
Lindencorso 44
Literaturfestival, Internationales 295
Literaturhaus Berlin 141
Literaturtipps 340
Lokale 251
Lokale (Friedrichshain) 160
Lokale (West-City) 141
Lounges 264
Love-Parade 318
Luftbrückendenkmal 171
Luisentempel 200
Lustgarten 61
Luxemburg, Rosa 131

M

Machmit! Museum für Kinder 243
MaerzMusik 294
Maestro-Karte 343
Mahnmal Köpenicker Blutwoche 191
Maifeld 148
Marathon 296
Marie-Elisabeth-Lüders-Haus 40
Marionettentheater 292
Märkisches Museum 241

Märkisches Ufer 78
Märkte 286
Markttor von Milet 65
Marmorpalais (Neuer Garten) 229
Marstall 217
Martin-Gropius-Bau 92
Marx-Engels-Forum 73
Marzahn 187
Mauerbau 314
Mauer, Berliner 92, 101, 161, 316
Mauermuseum am Checkpoint Charlie 90, 243
Mauerpark 156
Mauerweg 345
Maxim-Gorki-Theater 55
Medienstandort 323
Mendelssohn, Moses 111
Messe Berlin 145
Messegelände 146
Metropol 173
Mies van der Rohe, Ludwig 122, 186
Mietpreise 330
Mietskasernen 103
Mitfahrzentralen 335
Mitwohnzentralen 357
Mode 285
Molecule Man 167
Müggelberge 194
Müggelsee 192
Müggelturm 195
Mundart 324
Münzsammlung 64
Museen 236
Museum Alexandrowka 227
Museum Barberini 211
Museum Blindenwerkstatt Otto Weidt 109
Museum für Byzantinische Kunst 64
Museum für Fotografie – Helmut Newton Stiftung 240
Museum für Gestaltung 127
Museum für Islamische Kunst 65
Museum für Kommunikation 244
Museum für Naturkunde 100, 244
Museum für Vor- und Frühgeschichte 62
Museum im Wasserwerk 192
Museum Scharf-Gerstenberg 146
Museumsinsel 58, 237
Musical 276
Musikfest Berlin 295
Musikinstrumenten-Museum 122
Musiktheater 275, 293
MyFest 294

N
Nachtbusse 361
Nachtleben 263
Nagelkreuz von Coventry 139
Napoleon Bonaparte 309
Nationalsozialistische Herrschaft 313
Nationalsozialistischer Terrorapparat 91
Naturkundemuseum (Berlin) 244
Naturkundemuseum (Potsdam) 217
Nauener Tor (Potsdam) 219
Neptunbrunnen 74
Neue Nationalgalerie 122
Neue Reichskanzlei 99
Neuer Garten 228
Neuer Markt 216
Neuer See 132
Neues Kreuzberger Zentrum 170
Neues Museum 61
Neue Synagoge 113
Neue Wache 54
Nikolaikirche 76
Nikolaiviertel 75
Nofretete (Büste) 62
Nollendorfplatz 173
Notfälle 343
Notrufnummern 343
Novemberrevolution 312

O
Obeliskportal (Sanssouci) 222
Oberbaumbrücke 162
Olympiagelände 147
Olympiastadion 148
Olympische Spiele 1936 147
Oper 275
Opernpalais 52
ÖPNV (Berlin) 360
ÖPNV (Potsdam) 209
Orangerie (Sanssouci) 223
Oranienburger Straße 112
Oranienstraße 168, 283
Ostberlin 314
Osthafen 162

P
Palais am Pariser Platz 31
Palais Barberini 211
Palais Populaire 52
Palast der Republik 68
Pankow 185
Pariser Platz 29
Parken 332
Park and Ride 332
Park Babelsberg 231
Park Charlottenhof 225
Park Glienicke 202
Parks 287
Park Sanssouci 220
Parlamentsgebäude 40
Paul-Löbe-Haus 40
Pei, Ieoh Ming 56
Pergamonaltar 65
Pergamonmuseum 64
Pfaueninsel 200
Philharmonie Berlin 120

Piano, Renzo 117
Piscator, Erwin 277
Politik 321
Polizei 343
Pomonatempel 228
Popmusik 275
Porzellankabinett 144
Post 343
Postfuhramt 115
Potsdam,
Praktische Infos 233
Potsdamer
Konferenz 230, 313
Potsdamer Platz 117
Potsdamer Platz Arkaden 282
Potsdamer Wassertaxi 234
Prenzlauer Berg 149
Preußische Könige 308
Preußischer Landtag 93
Preußisches Herrenhaus 93
Preußisches
Kammergericht 173
Prinzessinnenpalais 52
Prinz-Heinrich-Palais 45
Publikationen 341
Puppentheater 292
Puppentheater-Museum 244

Q

Quadriga 27
Quarré 29
Quartier 207–205 88

R

Radfahren 343
Radverleih 344
Ramones Museum 162
Rathaus Schöneberg 173
Rathaus Spandau 178
Rauch, Christian Daniel 47
Rauchen 261
RAW-Gelände 161
Reformsiedlungen 249
Regierungsumzug 318
Regierungsviertel 26
Reichsluftfahrtministerium 99
Reichspräsidentenpalais 98
Reichstag 37, 38
Reichstagsbrand 38
Reichstagskuppel 40
Reinhardt, Max 96, 276
Reisezeit 364
Reiterstandbild
Friedrichs des Großen 47
Restaurants (Berlin) 251
Restaurants (Potsdam) 234
Restaurationspolitik 309
Revolutionen 311
Revolutionsdenkmal 186
Rock 275
Rosa-Luxemburg-
Denkmal 131
Rosenstraße 114
Rosinenbomber 171
Rotes Rathaus 73
Ruinenberg 226
Rundgang 18
Russische Kolonie
Alexandrowka 227

S

Sacrow 230
Sacrower Heilandskirche 230
Sammlung Berggruen 146
Sanssouci 220
Sanssouci,
Besucherzentrum 221
Sanssouci, Drachenhaus 223
Sanssouci,
Friedenskirche 222
Sanssouci,
Historische Mühle 221
Sanssouci,
Neue Kammern 221
Sanssouci, Neues Palais 223
Savignyplatz 141
S-Bahn 360
Scharoun, Hans 120
Scheunenviertel 107, 283
Schiffsrundfahrten 349
Schillerdenkmal 88
Schinkel,
Karl Friedrich 225, 310
Schinkelsche
Bauakademie 53
Schinkelsches
Schauspielhaus 85
Schloss Babelsberg 231
Schloss Bellevue 131
Schloßbrücke 57
Schloss Cecilienhof 230
Schloss Charlottenburg 142
Schloss Charlottenhof 225
Schloss Friedrichsfelde 187
Schloss Glienicke 202
Schloss Köpenick 190
Schlosspark
Charlottenburg 144
Schloss Sacrow 230
Schloss Sanssouci 220
Schloss Schönhausen 185
Schlüter, Andreas 69
Schöneberg 173
Schönhauser Allee 155
Seen 302
Sehenswertes für Kinder 289
Seilbahn 189
Shoppen 280
Sicherheit 161, 347
Siebenjähriger Krieg 309
Siegessäule 131
Skulpturensammlung 64
Sony Center 118
Sony-Turm 118
Sophie Charlotte
(Kurfürstin) 142
Sophie-Gips-Höfe 110
Sophienkirche 110
Sophienstraße 110
Sophienviertel 108, 283
Sophiesäle 110
Souvenirs 285
Sowjetisches Ehrenmal 36
Späti 267
Spandau 178

Spandauer Vorstadt 103
Speisen 250
Spartipps 338
Sperrnotruf 343
Sprechtheater 276
Spree 302
Staatliche Museen zu Berlin 237
Staatsbibliothek 45, 122
Staatskapelle Berlin 274
Staatsoper Unter den Linden 48
Staatsratsgebäude 72
Städtebau 301
Stadtkanal (Potsdam) 216
Stadtkommandantur 53
Stadtmagazine 341
Stadtmuseum (Berlin) 240
Stadtrundfahrten 348
Stadtschloss 68
Stadtschloss, Potsdamer 210
Stadtspaziergang 18, 32, 49, 86, 104, 123, 136, 152, 163
Stadtteil Mitte 26
Stadttouren 234, 348
Stasi-Museum 186
St.-Hedwigs-Kathedrale 48
St.-Hedwigs-Krankenhaus 111
Stiftungen 236
St. Laurentiuskirche (Köpenick) 190
St. Marienkirche 74, 179
St. Matthäuskirche 120
St. Nikolai (Spandau) 178
St.-Peter-und-Paul-Kirche 200
Strandbad Müggelsee 192
Strandbad Tegel 184
Strandbad Wannsee 196
Strandbars 270
Straße des 17. Juni 130
Strausberger Platz 158
Studio Babelsberg 233
Stüler, Friedrich August 61
Synagoge (Prenzlauer Berg) 151

T

Tagestrip 18
Tageszeitungen 341
Tanz im August 295
Tauentzienstraße 139
Taxi 358
Techno 275
Tegel 182
Tegeler See 184
Teilung der Stadt 313
Tempelhofer Feld 326
Termine 293
Theater 276
Theatertreffen Berlin 294
The Missing House 111
Tiergarten 128
Tierpark 186
Topographie des Terrors 91
Totentanz-Fresko 74
Touristinformationen (Berlin) 338
Touristeninformation (Potsdam) 233
Trabi-Safari 348
Tram 361
Transmediale 293
Trinken 255
Trödelmärkte 286

U

U-Bahn 360
Umweltplakette 333
Umweltzone 333
Universität der Künste 142
Universitätsklinikum 97
Unterkunft (Berlin) 352
Unterkunft (Potsdam) 233
Unterkunftstipps 352
Upper West 135
Urania-Weltzeituhr 81

V

Varieté 279
Vegetarische Küche 262
Velothon Berlin 294
Veranstaltungen 293
Verkehrsmittel (Berlin) 358
Verkehrsmittel (Potsdam) 209
Versunkene Bibliothek 47
Viermächteabkommen 315
Viktoria 27, 131
Viktoriapark 170
Vintage 285
Visa-Karte 343
visitBerlin 337
Völkerwanderung 303
Volkspark Friedrichshain 159
Vorderasiatisches Museum 65
Vorverkaufsstellen 339
Vorwahl 11

W

Waldbühne 148
Wannsee 196
Wannseekonferenz 197
Wassermusik – Sommer-Open-Air-Festival 295
Wasserturmplatz 151
Weigel, Helene 96
Weiße Flotte 234
WelcomeCard 338
Weltküche 255
Weltzeituhr 81
Westberlin 314
West-City 133
Wetter 364
Wiedervereinigung 315
Wilhelminismus 312
Wilhelmstraße 98
Wirtschaft 321

Wissenschaftsstandort 323
WLAN-Hotspots 342
Wochenendtrip 20
Wochenmärkte 286
Wohnungsnot 330

Y

Young.euro.classic 295

Z

Zahnärztlicher Notdienst 343
Zaubertheater 293
Zeitschriften 341
Zentralfriedhof Friedrichsfelde 186
Zeughaus 55
Zille, Heinrich 76
Zille-Museum 244
Zinnfiguren Museum 226
Zionskirche 157
Zitadelle Spandau 180
Zollernhof 44
Zoo 132
Zoofenster 135
Zoologischer Garten 132
Zug 332
Zur letzten Instanz (Gasthaus) 78
Zwanzigerjahre 312
Zweiter Weltkrieg 313

Berlin mit PC, Smartphone & Co.

QR-Code auf dem Umschlag scannen oder **www.reise-know-how.de/citytrip-plus/berlin19** eingeben und die **kostenlose Web-App** aufrufen (Internetverbindung zur Nutzung nötig)!

★ **Anzeige der Lage und Satellitenansichten aller** Sehenswürdigkeiten und wichtigen Orte
★ **Routenführung** vom aktuellen Standort zum gewünschten Ziel
★ **Exakter Verlauf** der Stadtspaziergänge
★ **Audiotrainer** der wichtigsten Wörter und Redewendungen
★ **Aktuelle Infos** nach Redaktionsschluss
★ **Historische Stadtansichten**

GPS-Daten zum Download

Die KML-Daten aller Ortsmarken können hier geladen werden: www.reise-know-how.de, dann das Buch aufrufen und zur Rubrik „Datenservice" scrollen.

Stadtplan für mobile Geräte

Um den Stadtplan auf mobilen Geräten nutzen zu können, empfehlen wir die App „Avenza Maps" von Avenza™. Der Stadtplan wird aus der App heraus geladen und kann dann mit vielen Zusatzfunktionen genutzt werden.

Die Web-App und der Zugriff auf diese über QR-Codes sind eine freiwillige, kostenlose Zusatzleistung des Verlages. Der Verlag behält sich vor, die Bereitstellung des Angebotes und die Möglichkeit der Nutzung zeitlich und inhaltlich zu beschränken. Der Verlag übernimmt keine Garantie für das Funktionieren der Seiten und keine Haftung für Schäden, die aus dem Gebrauch der Seiten resultieren. Es besteht ferner kein Anspruch auf eine unbefristete Bereitstellung der Seiten.

Die Autorin

Kristine Jaath, Jahrgang 1962, ist Berlinerin aus Leidenschaft. 1981 zog sie in den damals noch eingemauerten Westteil der Stadt und lebt seitdem bis auf einen Studienaufenthalt in Rom ununterbrochen am grünen Strand der Spree. Sie studierte Germanistik, Religionswissenschaft und Italienisch in Rom und Berlin, arbeitete anschließend mehrere Jahre beim bekannten Radiosender RIAS Berlin (seit 1990 DeutschlandRadio) und widmete sich danach ausschließlich der Reiseschriftstellerei. Sie schrieb Texte für zahlreiche Fotobildbände sowie Reiseführer über Deutschland, Italien und Polen. Im Reise Know-How Verlag sind von ihr außerdem die Reiseführer „CityTrip Berlin" und „Polen – Ostseeküste und Masuren" erschienen.

Schreiben Sie uns

Dieses Buch ist gespickt mit Adressen, Preisen, Tipps und Daten. Unsere Autoren recherchieren unentwegt und erstellen alle zwei Jahre eine komplette Aktualisierung, aber auf die Mithilfe von Reisenden können sie nicht verzichten. Darum: Teilen Sie uns bitte mit, was sich geändert hat oder was Sie neu entdeckt haben. Gut verwertbare Informationen belohnt der Verlag mit einem Sprachführer Ihrer Wahl aus der Reihe „Kauderwelsch".

Kommentare übermitteln Sie am einfachsten, indem Sie die Web-App zum Buch aufrufen (siehe Umschlag hinten) und die Kommentarfunktion bei den einzelnen auf der Karte angezeigten Örtlichkeiten oder den Link zu generellen Kommentaren nutzen. Wenn sich Ihre Informationen auf eine konkrete Stelle im Buch beziehen, würde die Seitenangabe uns die Arbeit sehr erleichtern. Unsere Kontaktdaten entnehmen Sie bitte dem Impressum.

Impressum

Kristine Jaath

CityTrip^PLUS Berlin

© Reise Know-How Verlag Peter Rump GmbH
1999, 2000, 2001, 2003, 2005, 2006, 2008, 2009, 2011, 2012, 2013, 2017
13., neu bearbeitete und aktualisierte Auflage 2019

ISBN 978-3-8317-3139-8

Druck und Bindung:
Media-Print, Paderborn

Herausgeber: Klaus Werner
Layout: amundo media GmbH (Umschlag, Inhalt), Wayan Rump (Umschlag)
Lektorat: amundo media GmbH
Karten: Ingenieurbüro B. Spachmüller, amundo media GmbH
Anzeigenvertrieb: KV Kommunalverlag GmbH & Co. KG, Alte Landstraße 23, 85521 Ottobrunn, Tel. 089 928096-0, info@kommunal-verlag.de
Kontakt: Osnabrücker Str. 79, 33649 Bielefeld, info@reise-know-how.de

---

Bildnachweis

Umschlagvorderseite: fotolia.com by adobe © jotily | Umschlagklappe rechts: katatonia | Umschlagrückseite: Kristine Jaath
Soweit ihre Namen nicht vollständig am Bild vermerkt sind, stehen die Kürzel an den Abbildungen für die folgenden Fotografen, Firmen und Einrichtungen. Kristine Jaath: kj | fotolia.com by adobe: fo | Jan Gerbach: jg | Michaela Raßloff: mr | Stefan Krull: sk | Wikipedia: wk | dreamstime.com: ds

Liste der Karteneinträge

1 [J5] Brandenburger Tor S. 27
2 [J5] Pariser Platz S. 29
3 [J5] Hotel Adlon S. 30
4 [J5] Akademie der Künste S. 31
5 [J5] DZ-Bank S. 31
6 [J5] Amerikanische Botschaft S. 31
7 [J5] Denkmal für die ermordeten Juden Europas S. 35
8 [J5] Sowjetisches Ehrenmal S. 36
9 [J5] Denkmal für die im Nationalsozialismus ermordeten Sinti und Roma Europas S. 36
10 [J5] Reichstag S. 37
11 [J4] Parlamentsgebäude S. 40
12 [I4] Bundeskanzleramt S. 40
13 [I4] Haus der Kulturen der Welt S. 40
14 [I4] Hauptbahnhof S. 41
15 [K5] Preußens Paradestraße – Unter den Linden S. 42
16 [K5] Unter den Linden/Ecke Friedrichstraße S. 44
17 [K5] Gouverneurshaus S. 45
18 [K5] Altes Palais S. 45
19 [K5] Staatsbibliothek S. 45
20 [L5] Forum Fridericianum S. 45
21 [L5] Humboldt-Universität – Prinz-Heinrich-Palais S. 45
22 [K5] Reiterstandbild Friedrichs des Großen S. 47
23 [K5] Alte Bibliothek S. 47
24 [L5] Versunkene Bibliothek S. 47
25 [L5] Hotel de Rome S. 48
26 [L5] St.-Hedwigs-Kathedrale S. 48
27 [L5] Staatsoper Unter den Linden S. 48
28 [L5] Prinzessinnenpalais S. 52
29 [L5] Kronprinzenpalais S. 52
30 [L5] Stadtkommandantur S. 53
31 [L5] Schinkelsche Bauakademie S. 53
32 [L5] Friedrichswerdersche Kirche S. 53
33 [L5] Auswärtiges Amt S. 54
34 [L5] Neue Wache S. 54
35 [L5] Maxim-Gorki-Theater S. 55
36 [L5] Zeughaus/Deutsches Historisches Museum S. 55
37 [L5] Schloßbrücke S. 57
38 [L4] Altes Museum S. 60
39 [L5] Lustgarten S. 61
40 [L4] Neues Museum S. 61
41 [L4] Alte Nationalgalerie S. 63
42 [L4] Bode-Museum S. 63
43 [L4] Pergamonmuseum S. 64
44 [L4] Berliner Dom S. 66
45 [L5] Stadtschloss – Palast der Republik – Humboldt-Forum S. 68
46 [L5] Staatsratsgebäude S. 72
47 [M5] Marx-Engels-Forum S. 73
48 [M5] Rotes Rathaus S. 73
49 [M4] Neptunbrunnen S. 74
50 [M4] St. Marienkirche S. 74
51 [M4] Fernsehturm S. 75
52 [M5] Nikolaikirche S. 76
53 [M5] Knoblauchhaus S. 77
54 [M5] Ephraim-Palais S. 77
55 [M5] Märkisches Ufer S. 78
56 [M4] Alexanderplatz S. 79
57 [K5] Gendarmenmarkt S. 84
58 [K5] Französischer Dom S. 85
59 [K5] Deutscher Dom S. 85
60 [K5] Konzerthaus Berlin/ Schinkelsches Schauspielhaus S. 85
61 [K6] Friedrichstraße S. 88
62 [K5] Quartier 207–205/ Friedrichstadtpassagen S. 88
63 [K6] Checkpoint Charlie S. 89
64 [L7] Jüdisches Museum S. 90
65 [K6] Topographie des Terrors S. 91
66 [K6] Berliner Mauer S. 92
67 [J6] Martin-Gropius-Bau S. 92
68 [J6] Berliner Abgeordnetenhaus/ Preußischer Landtag S. 93
69 [J6] Deutscher Bundesrat/ Preußisches Herrenhaus S. 93
70 [J7] Anhalter Bahnhof S. 93
71 [K4] Bahnhof Friedrichstraße/ Tränenpalast S. 94
72 [K4] Admiralspalast S. 95
73 [K4] Berliner Ensemble S. 96

74 [J4] Deutsches Theater S. 96
75 [K4] Friedrichstadt-Palast S. 96
76 [J3] Charité S. 97
77 [K3] Französischer und Dorotheenstädtischer Friedhof S. 97
78 [J3] Museum für Naturkunde S. 100
79 [J3] Hamburger Bahnhof – Museum für Gegenwart S. 101
80 [K2] Gedenkstätte Berliner Mauer S. 101
81 [L4] Hackesche Höfe S. 108
82 [L4] Haus Schwarzenberg S. 109
83 [L3] Sophienstraße S. 110
84 [L4] Sophienkirche S. 110
85 [L3] Große Hamburger Straße S. 111
86 [L4] Jüdischer Friedhof S. 111
87 [L4] The Missing House S. 111
88 [L3] Auguststraße S. 112
89 [L4] Neue Synagoge und Centrum Judaicum S. 113
90 [L3] Heckmannhöfe S. 114
91 [K4] Postfuhramt S. 115
92 [K3] Künstlerruine Tacheles S. 116
93 [J6] Potsdamer Platz S. 117
94 [J6] Daimler-City S. 117
95 [J6] Sony Center S. 118
96 [J6] Beisheim Center S. 119
97 [I6] Kulturforum S. 119
98 [I6] Philharmonie und Kammermusiksaal S. 120
99 [I6] Musikinstrumenten-Museum S. 122
100 [I6] Staatsbibliothek S. 122
101 [I6] Neue Nationalgalerie S. 122
102 [I6] Kulturforum S. 127
103 [I6] Bendlerblock S. 127
104 [H6] Bauhaus-Archiv/Museum für Gestaltung S. 127
105 [H5] Tiergarten S. 128
106 [H5] Siegessäule S. 131
107 [H5] Schloss Bellevue S. 131
108 [G6] Rosa-Luxemburg-Denkmal S. 131
109 [G5] Neuer See S. 132
110 [F6] Zoo Berlin/ Zoologischer Garten S. 132
111 [F6] Bahnhof Zoo S. 134
112 [F6] Bikinihaus S. 135
113 [F6] Kaiser-Wilhelm-Gedächtnis-Kirche S. 139
114 [F7] Europa-Center S. 139
115 [F7] Tauentzienstraße S. 139
116 [G7] Kaufhaus des Westens (KaDeWe) S. 140
117 [E7] Kurfürstendamm S. 140
118 [E7] Fasanenstraße S. 140
119 [C4] Schloss Charlottenburg S. 142
120 [C4] Schlosspark S. 144
121 [C4] Museen am Standort Charlottenburg S. 145
122 [A6] Funkturm auf dem Messegelände S. 146
123 [A6] Haus des Rundfunks S. 147
125 [N2] Rund um den Kollwitzplatz S. 151
126 [N2] Synagoge S. 151
127 [M2] Jüdischer Friedhof S. 151
128 [M1] Kulturbrauerei S. 154
129 [M2] Zionskirche S. 157
130 [R1] Jüdischer Friedhof Weißensee S. 157
131 [P5] Karl-Marx-Allee S. 158
132 [O3] Volkspark Friedrichshain S. 159
133 [Q6] RAW-Gelände S. 161
134 [P7] Eastside Gallery S. 161
135 [P7] Oberbaumbrücke S. 162
136 [O8] Görlitzer Park S. 168
137 [N7] Oranienstraße S. 168
138 [N7] Bethanien S. 169
139 [N7] Neues Kreuzberger Zentrum S. 170
140 [J9] Kreuzberg 61 S. 170
141 [J8] Deutsches Technikmuseum S. 171
142 [I7] Gleisdreieckpark S. 172
143 [H8] Heinrich-von-Kleist-Park S. 173
144 [G9] Rathaus Schöneberg S. 173
146 [B12] Domäne Dahlem S. 176
147 [B12] Botanischer Garten und Botanisches Museum S. 177
148 [Karte I] Altstadt Spandau S. 178
149 [Karte I] Zitadelle S. 180
157 [Karte III] Altstadt Köpenick S. 190

158 [Karte IV] Strandbad Müggelsee S. 192
160 [Karte V] Strandbad Wannsee S. 196
161 [Karte V] Liebermann-Villa S. 197
162 [Karte V] Haus der Wannsee-konferenz S. 197
163 [Karte V] Pfaueninsel S. 200
164 [Karte V] Blockhaus Nikolskoe und St.-Peter-und-Paul-Kirche S. 200
165 [Karte V] Schloss und Park Glienicke S. 202
166 [Karte V] Jagdschloss Glienicke S. 204
167 [Karte V] Glienicker Brücke S. 206
168 [em] Potdamer Stadtschloss S. 210
169 [em] Alter Markt S. 211
170 [em] Neuer Markt S. 216
171 [el] Holländisches Viertel S. 219
172 [bl] Park Sanssouci S. 220
173 [cl] Schloss Sanssouci S. 220
174 [cl] Bildergalerie S. 220
175 [cl] Neue Kammern S. 221
176 [cl] Historische Mühle/ Besucherzentrum S. 221
177 [cl] Obeliskportal und Friedenskirche S. 222
178 [bl] Orangerie S. 223
179 [al] Drachenhaus und Belvedere S. 223
180 [al] Neues Palais S. 223
181 [bm] Schloss und Park Charlottenhof S. 225
182 [bk] Krongut Bornstedt S. 226
183 [ck] Ruinenberg S. 226
184 [ek] Russische Kolonie Alexandrowka S. 227
185 [ej] Belvedere auf dem Pfingstberg S. 228
186 [fj] Neuer Garten S. 228
187 [fk] Marmorpalais S. 229
188 [fj] Schloss Cecilienhof S. 230
189 [hi] Sacrow S. 230
190 [hl] Park und Schloss Babelsberg S. 231

★1 [J5] Denkmal für die im Nationalsozialismus verfolgten Homosexuellen, S. 37
2 [I4] Zollpackhof S. 42
3 [L5] Pierre Boulez Saal S. 48
4 [M5] Altes Stadthaus S. 78
5 [M5] Franziskaner-Klosterkirche S. 78
6 [M4] Hotel Park Inn S. 81
7 [M4] Alexanderhaus S. 82
8 [M4] Berolinahaus S. 82
9 [N4] Haus des Lehrers S. 82
10 [L3] Barcomi's Deli S. 110
11 [G5] Teehaus S. 129
12 [F6] Zoofenster S. 135
13 [F6] Upper West S. 135
14 [F6] Delphi-Kino S. 141
15 [F6] Kranzler Eck S. 141
16 [E6] Paris Bar S. 142
17 [E6] Mar y Sol S. 142
18 [E7] Terzo Mondo S. 142
19 [C5] Zur Kastanie S. 144
20 [D5] Rogacki S. 146
21 [M1] Museum in der Kulturbrauerei S. 154
22 [N2] Gagarin S. 156
23 [N2] Kaffeehaus SowohlAlsAuch S. 156
24 [N2] Pasternak S. 156
25 [O3] Café Schönbrunn S. 159
26 [Q6] Paule's Metal Eck S. 161
27 [P7 Ramones Museum S. 162
28 [Q8] Chalet S. 167
29 [Q8] Birgit & Bier S. 167
30 [Q8] Club der Visionäre S. 167
31 [Q8] Badeschiff S. 167
33 [N7] Rote Harfe S. 169
34 [M7] Prinzessinnengärten S. 169
35 [N7] Friedrichshain-Kreuzberg Museum S. 170
36 [N7] Drei Schwestern S. 170
37 [J7] BRLO Brwhouse S. 172
38 [H8] Slumberland S. 173
39 [K3] Brecht-Weigel-Gedenkstätte S. 100
40 [Karte I] Spandau Information S. 179

★41 [Karte I] Kirche St. Nikolai S. 179
42 [Karte II] Strandbad Tegel S. 185
43 [Karte III] Touristeninformation Köpenick S. 191
44 [Karte IV] Museum im Alten Wasserwerk S. 192
45 [Karte IV] SpreeArche S. 194
46 [Karte IV] Rübezahl Ferienpark Müggelsee S. 195
★47 [Karte IV] Müggelturm S. 195
★50 [Karte V] Schloss S. 200
51 [Karte V] Wirtshaus zur Pfaueninsel S. 200
52 [Karte V] Wirtshaus Moorlake S. 201
53 [fn] ViP-Kundenzentrum S. 209
54 [em] Museum Barberini S. 211
55 [em] Filmmuseum Potsdam S. 217
56 [dm] Ausstellung Garnisonkirche S. 217
57 [dm] Naturkundemuseum Potsdam S. 217
★58 [dm] Dampfmaschinenhaus S. 217
★59 [dm] Brandenburger Tor S. 218
★60 [dm] Brandenburger Straße S. 218
★61 [em] Probsteikirche St. Peter und Paul S. 218
★62 [em] Französische Kirche S. 218
63 [el] Café Heider S. 218
64 [el] Jan Bouman Haus S. 219
65 [fi] Meierei im Neuen Garten S. 229
66 [fn] Touristeninformation im Hauptbahnhof S. 233
67 [em] Touristeninformation am Alten Markt S. 233
68 [dm] Touristeninformation am S. 233
69 [dl] Hotel Villa Monte Vino S. 233
70 [el] Das kleine Apartmenthotel-Holländerhaus S. 233
71 [hn] Jugendherberge Potsdam S. 233
△72 [bn] Campingpark Sanssouci S. 234
73 [el] Hafthorn S. 234
74 [el] Klosterkeller S. 234
75 [cm] Quendel S. 234
76 [bn] Restaurant Friedrich Wilhelm im Hotel Bayrisches Haus S. 234
77 [I6] Gemäldegalerie S. 239
78 [I6] Kunstbibliothek S. 240
79 [I6] Kunstgewerbemuseum S. 240
80 [I6] Kupferstichkabinett S. 240
81 [B4] Gipsformerei S. 240
82 [F6] Museum für Fotografie – Helmut Newton Stiftung S. 240
83 [Karte III] Kunstgewerbemuseum Schloss Köpenick S. 240
84 [M5] Märkisches Museum S. 241
86 [L7] Berlinische Galerie – Landesmuseum für Moderne Kunst, Architektur und Fotografie S. 241
88 [F6] C/O Berlin S. 242
89 [P5] Computerspielemuseum S. 242
90 [J6] Dalí-Museum S. 242
91 [L4] DDR-Museum S. 242
92 [J6] Deutsche Kinemathek – Museum für Film und Fernsehen S. 242
93 [M5] Historischer Hafen S. 243
94 [E7] Käthe-Kollwitz-Museum S. 243
96 [N1] Machmit! Museum für Kinder S. 243
97 [K6] Mauermuseum am Checkpoint Charlie S. 243
98 [K6] Museum für Kommunikation Berlin S. 244
99 [P11] Puppentheater-Museum S. 244
100 [M5] Zille-Museum S. 244
102 [E1] Gedenkstätte Plötzensee S. 245
104 [L4] Contemporary Fine Arts (CFA) S. 246
105 [N7] Kunstraum Kreuzberg/Bethanien S. 246
106 [L3] KW Institute for Contemporary Art S. 246
113 [J6] Facil S. 251
114 [K5] Cookies Cream S. 251
115 [K7] Nobelhart & Schmutzig S. 251
116 [L3] Pauly Saal S. 252
117 [K3] Reinstoff S. 252
118 [K3] Rutz S. 252
119 [K6] Tim Raue S. 252
120 [L8] Altes Zollhaus S. 252
121 [K5] Lutter & Wegner S. 253

122 [L3] Night Kitchen S. 253
123 [O8] Restaurant Volt S. 253
124 [P7] Riogrande S. 253
125 [L3] Al Contadino Sotto le Stelle S. 253
126 [K5] Borchardt S. 253
127 [K4] Grill Royal S. 254
128 [P7] Michelberger Restaurant S. 254
129 [E7] Diener S. 255
130 [N7] Henne S. 255
131 [L3] Schank- und Speisewirtschaft Sophieneck S. 255
132 [M5] Zur Gerichtslaube S. 255
134 [Q4] L'herbivore – Vegane Spezialitäten S. 255
135 [D7] Juleps New York Bar & Restaurant S. 256
137 [K8] Blue Nile S. 256
138 [J6] Corroboree S. 256
139 [O7] Markthalle Neun S. 256
140 [E6] Good Friends S. 256
141 [L3] 3 Minutes sur Mer! S. 256
142 [K6] Entrecôte S. 256
143 [P8] Schwiliko S. 257
144 [E7] Calcutta S. 257
145 [N2] Khushi S. 257
146 [F7] Mine Wine S. 257
147 [K6] Rausch Schokoladenhaus S. 257
149 [G7] Trattoria à Muntagnola S. 257
150 [F7] Daitokai S. 257
151 [E7] Mrhai Kabuki S. 257
152 [L3] Beth-Café S. 257
153 [N2] Masel Topf S. 260
154 [O3] Qadmous S. 260
155 [L3] Kasbah S. 260
156 [M1] Konnopkes Imbiss S. 259
157 [K4] Tex Mex Cantina S. 260
158 [L9] Austria S. 261
159 [N1] Massai Berlin S. 261
160 [E7] Serrano S. 261
161 [E8] Grüne Lampe S. 261
162 [D6] Borriquito S. 261
163 [N2] Mao Thai S. 261
164 [N8] Defne S. 261
165 [N7] Hasir S. 262
166 [M3] Monsieur Vuong S. 262
167 [N1] Rawtastic S. 262
168 [Q6] The Bowl S. 262
169 [L3] Cordobar S. 264
170 [L4] Eschloraque Rümschrümp S. 265
171 [M3] Kaffee Burger S. 265
172 [L3] KIM Bar S. 265
173 [L3] Mein Haus am See S. 265
174 [L3] Nola's am Weinberg S. 265
175 [K3] Reingold S. 265
176 [M3] Volksbar S. 265
177 [N7] Bateau Ivre S. 266
178 [N7] Café Kotti S. 266
179 [Q8] Freischwimmer S. 266
180 [N7] Möbel Olfe S. 266
181 [M7] Prince Charles S. 266
182 [P7] San Remo Upflamör S. 266
183 [O7] Schwarze Traube S. 267
184 [N7] Würgeengel S. 267
185 [Q6] Cupcake S. 267
186 [P5] Jägerklause S. 267
188 [M1] An einem Sonntag im August S. 268
189 [N2] Sorsi e Morsi S. 268
191 [N1] Zu mir oder zu dir S. 268
192 [H7] Café Einstein S. 268
193 [I7] Kumpelnest 3000 S. 268
194 [I8] Leydicke S. 268
195 [E7] Café Wintergarten im Literaturhaus S. 268
196 [E6] Schwarzes Café S. 268
197 [E6] Wirtshaus Wuppke S. 268
198 [H7] Trompete S. 269
199 [E6] Zwiebelfisch S. 269
200 [G6] Café am Neuen See S. 269
201 [L1] Mauersegler S. 269
202 [M1] Prater S. 269
203 [F6] Schleusenkrug S. 270
206 [O6] Pampa S. 270
207 [L3] Strandbar Mitte S. 270
208 [O6] Yaam S. 270
209 [F6] Bar Zentral S. 270
210 [F7] Grace Bar S. 270
211 [F6] The Hat Bar S. 270
212 [F6] Monkey Bar S. 271
213 [K7] Solar S. 271

214 [J6] Vox Bar S. 271
215 [M1] Alte Kantine S. 271
216 [P6] Berghain S. 271
218 [L3] Clärchens Ballhaus S. 271
219 [H9] Havanna S. 272
220 [G7] Puro Sky Lounge S. 272
221 [N6] Sage Club S. 272
222 [R8] Salon zur wilden Renate S. 272
223 [N6] Tresor S. 272
224 [P7] Watergate S. 272
225 [K5] Deutsches Symphonie-Orchester Berlin (DSO) S. 273
226 [E6] A-Trane S. 274
227 [F9] Badenscher Hof S. 274
228 [M4] b-flat S. 274
229 [K3] Kunstfabrik Schlot S. 274
230 [F6] Quasimodo S. 274
231 [J8] Yorckschlösschen S. 274
•232 [O6] Radialsystem S. 274
233 [Q8] Arena S. 275
234 [Q6] Astra S. 275
235 [P7] Bi Nuu S. 275
236 [Q6] Cassiopeia S. 275
237 [K10] Columbiahalle S. 275
238 [N9] Huxleys Neue Welt S. 275
239 [K9] Junction-Bar S. 275
240 [P8] Lido S. 275
241 [N7] SO 36 S. 275
242 [D5] Deutsche Oper S. 275
243 [K5] Komische Oper S. 275
244 [P11] Neuköllner Oper S. 275
245 [F6] Theater des Westens S. 276
246 [P1] Die Schaubude Berlin S. 277
247 [G4] Grips Theater S. 278
248 [K7] Hebbel am Ufer (HAU) S. 278
249 [E6] Renaissance-Theater S. 278
250 [C7] Schaubühne am Lehniner Platz S. 278
252 [E7] Theater und Komödie am Kurfürstendamm S. 278
253 [M3] Volksbühne am Rosa-Luxemburg-Platz S. 278
254 [F7] Bar jeder Vernunft S. 279
255 [K8] Berliner Kabarett Anstalt (BKA) S. 279
256 [K4] Die Distel S. 280
257 [F6] Die Stachelschweine S. 280
258 [I4] TIPI am Kanzleramt S. 280
260 [I7] Ave Maria S. 283
261 [F5] KPM Manufakturverkauf S. 284
262 [D8] Erich Hamann Schokoladen S. 284
263 [M4] Esther Perbandt S. 284
264 [I7] Hutgalerie Fiona Bennett S. 284
265 [M3] Lala Berlin S. 284
266 [M2] Thatchers Berlin Fashion S. 284
267 [L3] Thone Negrón Store S. 284
268 [M4] 14 oz S. 285
270 [M3] International Wardrobe S. 285
271 [L3] Konk S. 285
272 [M4] Mykita S. 285
273 [E6] Stilwerk S. 285
274 [L4] Glanzstücke S. 285
275 [M3] Gunvor S. 285
276 [M4] Made in Berlin S. 285
277 [M4] Pick N Weight S. 285
278 [K5] Ampelmann Shop (1) S. 285
279 [L4] Ampelmann Shop (2) S. 286
280 [K5] Muddastadt Berlin S. 286
281 [L4] Promobo S. 286
282 [K4] Berliner Antikmarkt S. 286
283 [Q6] Flohmarkt am Boxhagener Platz S. 286
284 [L1] Flohmarkt am Mauerpark S. 286
285 [Q8] Hallentrödelmarkt Treptow S. 286
286 [L9] Marheineke-Markthalle S. 287
287 [L5] Kunstmarkt am Zeughaus S. 287
288 [F5] Trödel- und Kunstmarkt S. 287
289 [N8] Türkischer Markt S. 287
290 [H8] Winterfeldtmarkt S. 287
•291 [J6] Legoland Discovery Center Berlin S. 290
•292 [L4] AquaDom & Sea Life Berlin S. 291
294 [C7] Theater & Restaurant Charlottchen S. 291
297 [C5] Puppentheater Berlin S. 293
298 [L4] Puppentheater Firlefanz S. 293
299 [L2] Theater Mirakulum S. 293
300 [C7] Zaubertheater Igor Jedlin S. 293
•301 [L11] Flughafengelände S. 327

302 [I4] Parkhaus Hauptbhf S. 332
303 [N4] Parkhaus Alexa S. 332
304 [J6] Parkhaus Potsdamer Platz/ Ludwig-Beck-Str S. 332
305 [J6] Parkhaus Potsdamer Platz/ Reichpietschufer S. 332
306 [F6] Parkhaus am Zoo S. 332
•307 [A6] Zentraler Omnibusbahnhof (ZOB) S. 334
•308 [I6] Österreichische Botschaft S. 337
•309 [J4] Schweizerische Botschaft S. 337
310 [G7] Berlin Tourist Info Europa-Center S. 338
311 [J5] Berlin Tourist Info im Brandenburger Tor S. 338
312 [I4] Berlin Tourist Info im Hauptbahnhof S. 338
313 [M4] Berlin Tourist Info im Hotel Park Inn/ S. 338
315 [A6] Berlin Tourist Info am Zentralen Omnibusbahnhof S. 338
•316 [M4] Berliner Theater- und Konzertkassen S. 339
•317 [K5] Interklassik S. 339
•318 [K10] Zentrales Fundbüro S. 339
•319 [Q7] Fundbüro von S-Bahn und Berliner Verkehrsbetrieben (BVG) S. 339
320 [I8] Begine S. 342
321 [N7] Marianne S. 342
322 [E6] Das Verborgene Museum S. 342
•323 [N7] Hamam S. 342
•324 [L2] ADFC S. 344
•325 [K4] Fahrradstation Friedrichstraße S. 345
•326 [L3] Fahrradstation Mitte S. 345
•327 [K9] Fahrradstation Kreuzberg S. 345
•328 [D6] Fahrradstation Charlottenburg S. 345
329 [G8] Hafen S. 346
330 [N7] Roses Bar S. 346
331 [G8] Toms Bar S. 346
332 [O11] SchwuZ S. 346
333 [H9] Neues Ufer S. 346
•334 [H7] Mann-o-Meter S. 346
335 [H7] Schwules Museum* S. 347
336 [G7] Axel Hotel Berlin S. 347
337 [G8] Gay Hostel S. 347
•338 [K6] Weltballon S. 351
339 [J5] Hotel Adlon S. 353
340 [L5] Hotel de Rome S. 353
341 [J6] Hotel Ritz-Carlton S. 354
342 [N3] ackselhaus/bluehome S. 354
343 [K3] Honigmond S. 354
344 [M2] Hotel Oderberger S. 354
345 [L4] Monbijou Hotel S. 354
346 [Q7] nhow Berlin S. 354
347 [J4] Arte Luise Kunsthotel S. 354
348 [K4] Hotel Albrechtshof S. 354
349 [D7] Hotel Art Nouveau S. 355
350 [L8] Hotel Johann S. 355
351 [L4] Hotel Zoe S. 355
352 [F6] Motel One Berlin – Upper West S. 355
353 [E7] Hotel-Pension Bella S. 355
354 [Q6] Hotel Comenius Garni S. 355
355 [F7] Hotel Metropolitan Hansa S. 356
356 [M3] Pension Mädchenkammer S. 356
357 [K4] Baxpax Downtown Hostel S. 356
358 [M2] East Seven Berlin Hostel S. 356
359 [P6] Ostel DDR-Design-Hostel S. 356
360 [M3] Pfefferbett Hostel S. 356
361 [L3] The Circus Hostel S. 356
362 [I7] DJH-Jugendherberge Berlin International S. 357
364 [Karte V] DJH-Jugendgästehaus am Wannsee S. 357
367 [Karte V] Campingplatz Kladow S. 358
371 [N5] BVG-Kundenzentrum S. 363
372 [E6] the temporary bauhaus-archiv S. 241
•373 [F6] Hekticket am Zoo S. 339
•374 [M4] Hekticket am Alex S. 339

Hier nicht aufgeführte Nummern liegen außerhalb der abgebildeten Karten. Ihre Lage kann aber wie die von allen Ortsmarken im Buch mithilfe der kostenlosen Web-App angezeigt werden (s. S. 373).

S U Bahn Berlin
Wittenberge RE6 RB55 Kremmen
Stralsund/Rostock RE5 RB12 Templin Stadt
Sachsenhausen (Nordb)
Oranienburg S1 RB20
Lehnitz
Borgsdorf
Birkenwerder S8
RE5-RB12
Vehlefanz
Bärenklau
Velten (Mark)
Hohen Neuendorf West
RB20
Hennigsdorf S25 RB55
Hohen Neuendorf
Bergfelde
Schönfließ
Heiligensee
Frohnau
Hermsdorf
Waidmannslust S26
Schulzendorf
Wittenau U8
Rathaus Reinickendorf
Wilhelmsruh
U6 Alt-Tegel
Tegel
Karl-Bonhoeffer-Nervenklinik
Borsigwerke
Holzhauser Str.
Eichborndamm
Alt-Reinickendorf
Schönholz
Otisstr.
Lindauer Allee
Scharnweberstr.
Paracelsus-Bad
Kurt-Schumacher-Platz
128
Residenzstr.
Tegel TXL
Afrikanische Str.
Franz-Neumann-Platz
Am Schäfersee
Osloer Str. U9
TXL 128
Rehberge
Seestr.
Nauener Platz
Pankstr.
X9 109
TXL
Amrumer Str.
Leopoldplatz
Zitadelle
Haselhorst
Paulsternstr.
Rohrdamm
Siemens-damm
Halemweg
Beusselstr.
Westhafen
Wedding
RE6 RE66 RB27
Gesundbrunnen
RE6-RB20
Nauen RB10 RB14
RE2 Wismar
Brieselang
Finkenkrug
Falkensee
Seegefeld
Albrechtshof
RE2-RE6-RB10-RB14
RB20
Rathenow RE4
Elstal
Dallgow-Döberitz
Wustermark RB13 RB21
RE4-RB13
Staaken
Altstadt Spandau
Jakob-Kaiser-Platz
S42 S41
Jungfernheide RB13
RE4-RE6-RB10
Reinickendorfer Str.
RE3-RE5-RE6
Humboldthain
Rathaus Spandau U7
Spandau S3 S9
RE2-RE4-RE6-RB10-RB13-RB14
RE4-RE6-RB10-RB13
Birkenstr.
Schwartzkopffstr.
RE3-RE4-RE5-RB10
Nordbahnhof
Oranienburger Str.
Stresow
Mierendorffplatz
Naturkundemuseum
Ruhleben U2
RE2-RB14
TXL
Turmstr.
Hauptbahnhof U55
Oranienburger Tor
Westend S46
Pichelsberg
Olympia-Stadion
X9
Richard-Wagner-Platz
Neu-Westend
109
Bundestag
Friedrichstr. RB21 RB22
Bellevue
Olympiastadion
Sophie-Charlotte-Platz
Bismarckstr.
Tiergarten
Brandenburger Tor U55
Kaiserdamm
Heerstr.
Theodor-Heuss-Platz
Messe Nord/ICC
Deutsche Oper
Ernst-Reuter-Platz
Hansaplatz
Potsdamer Platz
Französische Str.
Mohrenstr.
Messe ZOB
Wilmersdorfer Str.
Savignyplatz
Mendelssohn-Bartholdy-Park
Stadtmitte
Messe Süd
Zoologischer Garten
Priort
Westkreuz S5
Charlottenburg
U1 Uhlandstr.
Wittenbergplatz
Kurfürstenstr.
Anhalter Bhf
Halensee
Adenauerplatz
Kurfürstendamm
Gleisdreieck
Möckernbrücke
Grunewald
RE1-RE7-RB21-RB22
Nollendorfplatz U4
Bülowstr.
Augsburger Str.
Spichernstr.
Konstanzer Str.
Hohenzollernplatz
Viktoria-Luise-Platz
Yorckstr. Großgörschenstr.
Yorckstr.
Güntzelstr.
Fehrbelliner Platz
Berliner Str.
Kleistpark
Hohenzollerndamm
Blissestr.
Bayerischer Platz
Eisenacher Str.
RE3-RE4-RE5 RB10
Rathaus Schöneberg
Julius-Leber-Brücke
S41 S42
Heidelberger Platz
Marquardt
Rüdesheimer Platz
Bundesplatz
Innsbrucker Platz U4
Schöneberg
Südkreuz S45 RB10
Breitenbachplatz
Friedrich-Wilhelm-Platz
Podbielskiallee
Friedenau
Dahlem-Dorf
Walther-Schreiber-Platz
Priesterweg
Freie Universität Thielplatz
Feuerbachstr.
Oskar-Helene-Heim
Schloßstr.
Attilastr.
Onkel Toms Hütte
U9 Rathaus Steglitz
Südende
Schlachtensee
Krumme Lanke U3
Botanischer Garten
Lankwitz
Mexikoplatz
Lichterfelde West
Lichterfelde Ost
Golm
Nikolassee
S1 RB33 Wannsee
Zehlendorf
Sundgauer Str.
Brandenburg RE1
Magdeburg RE1
RB20-RB21-RB22
Park Sanssouci
Charlottenhof
Babelsberg
Griebnitzsee
RE1-RE7-RB21 RB22-RB33
Osdorfer Str.
RE3-RE4-RE5
Werder (Havel)
Potsdam Hbf S7 RB20 RB21 RB22 RB23
Medienstadt Babelsberg
Lichterfelde Süd
Pirschheide
Rehbrücke
RB22
Caputh-Geltow
Caputh Schwielowsee
Wilhelmshorst
S25 S26 Teltow Stadt
Teltow
Großbeeren
RB22
RE5-RB22
RB23
Michendorf RB23
Saarmund
Ludwigsfelde Struveshof
S2 Blankenfelde
Ferch-Lienewitz
Birkengrund
Seddin
Ludwigsfelde
Thyrow
Dessau RE7
RB33 Jüterbog
Jüterbog RE4 RE3 Lutherstadt Wittenberg/Falkenberg (Elster)
Elsterwerda RE5

Legende
Key to symbols
S-Bahn-/U-Bahn
urban rail/underground
Bahn-Regionalverkehr
regional rail
Einige Linien halten nicht überall
Some trains do not stop at all stations
Flughafen
airport
Fernbahnhof
mainline station
Zentraler Omnibusbahnhof
bus terminal
VBB-Tarifteilbereiche Berlin
VBB fare zones Berlin
Barrierefrei durch Berlin
Step-free access
Aufzug
lift
Rampe
ramp
nur zur S-Bahn
only to urban rail
nur zur U-Bahn
only to underground
nur zum Bahn-Regionalverkehr
only to regional rail
U55 Kein Zugverkehr
no service
05.06. - 11.12.2018
Stand: 7. Mai 2018
© Berliner Verkehrsbetriebe (BVG)
026-1-18.1-1
Groß Schönebeck (Schorfheide)
Stralsund/Schwedt (Oder)
Szczecin (Stettin)
Eberswalde
Schmachtenhagen
Wensickendorf
Zühlsdorf
Wandlitzsee
Wandlitz
Basdorf
Schönwalde (Barnim)
Schönerlinde
Rüdnitz
Bernau
Bernau-Friedenstal
Zepernick
Röntgental
Buch
Karow
Mühlenbeck-Mönchmühle
Blankenburg
Pankow-Heinersdorf
Pankow
Vollankstr.
Wartenberg
Hohenschönhausen
Gehrenseestr.
Ahrensfelde
Mehrower Allee
Raoul-Wallenberg-Str.
Marzahn
Poelchaustr.
Springpfuhl
Werneuchen
Seefeld (Mark)
Blumberg
Blumberg-Rehhahn
Ahrensfelde Nord
Ahrensfelde Friedhof
Strausberg Nord
Strausberg Stadt
Hegermühle
Strausberg
Petershagen Nord
Fredersdorf
Neuenhagen
Hönow
Louis-Lewin-Str.
Hellersdorf
Cottbusser Platz
Kienberg
Gärten der Welt
Kaulsdorf-Nord
Kostrzyn (Küstrin)
Vinetastr.
Bornholmer Str.
Schönhauser Allee
Prenzlauer Allee
Greifswalder Str.
Voltastr.
Bernauer Str.
Eberswalder Str.
Senefelderplatz
Rosa-Luxemburg-Platz
Rosenthaler Platz
Weinmeisterstr.
Hackescher Markt
Alexanderplatz
Schillingstr.
Strausberger Platz
Weberwiese
Frankfurter Tor
Samariterstr.
Landsberger Allee
Storkower Str.
Friedrichsfelde Ost
Magdalenenstr.
Friedrichsfelde
Lichtenberg
Nöldnerplatz
Tierpark
Biesdorf
Wuhletal
Kaulsdorf
Mahlsdorf
Birkenstein
Hoppegarten
Elsterwerdaer Platz
Biesdorf-Süd
TXL
Klosterstr.
Märkisches Museum
Jannowitzbrücke
Ostbahnhof
Frankfurter Allee
Warschauer Str.
Hausvogteiplatz
Spittelmarkt
Heinrich-Heine-Str.
Kochstr.
Checkpoint Charlie
Moritzplatz
Prinzenstr.
Schlesisches Tor
Ostkreuz
Görlitzer Bhf
Hallesches Tor
Kottbusser Tor
Schönleinstr.
Mehringdamm
Hermannplatz
Treptower Park
Rummelsburg
Betriebsbahnhof Rummelsburg
Karlshorst
Wuhlheide
Köpenick
Hirschgarten
Friedrichshagen
Rahnsdorf
Wilhelmshagen
Erkner
Fangschleuse
Frankfurt (Oder)
Eisenhüttenstadt
Gneisenaustr.
Südstern
Rathaus Neukölln
Platz der Luftbrücke
Boddinstr.
Karl-Marx-Str.
Paradestr.
Leinestr.
Sonnenallee
Tempelhof
Neukölln
Köllnische Heide
Plänterwald
Baumschulenweg
Alt-Tempelhof
Hermannstr.
Grenzallee
Oberspree
Spindlersfeld
Schöneweide
Kaiserin-Augusta-Str.
Blaschkoallee
Ullsteinstr.
Betriebsbahnhof Schöneweide
Westphalweg
Parchimer Allee
Alt-Mariendorf
Adlershof
Britz-Süd
Johannisthaler Chaussee
Grünau
rienfelde
Lipschitzallee
Altglienicke
Eichwalde
Wutzkyallee
Zeuthen
Buckower Chaussee
Grünbergallee
Wildau
Niederlehme
Zernsdorf
Kablow
Zwickauer Damm
Schichauweg
Rudow
Königs Wusterhausen
Zeesen
Lichtenrade
Cottbus
Senftenberg
Mahlow
Flughafen Berlin-Schönefeld
Schönefeld SXF
Waßmannsdorf
Dahlewitz
Rangsdorf
Flughafen Berlin Brandenburg Airport
Wünsdorf-Waldstadt
A
B
C
BVG
DB
S Bahn Berlin
Ein Verbund. Ein Tarif.
VBB

Zeichenerklärung

- Hauptsehenswürdigkeit
- Bar, Bistro, Treffpunkt
- Bibliothek
- Café, Eiscafé
- Denkmal
- Friedhof
- Galerie
- Geschäft, Kaufhaus, Markt
- Hotel, Unterkunft
- Imbiss, Bistro
- Informationsstelle
- Jugendherberge, Hostel
- Kino
- Kirche
- Krankenhaus
- Museum
- Musikszene, Disco
- Parkplatz
- Pension, Bed & Breakfast
- Polizei
- Pub, Biergarten
- Restaurant
- S-Bahn
- Schwimmbad
- Sehenswürdigkeit
- Sporteinrichtung
- Sonstiges
- Synagoge
- Theater, Zirkus
- Zeltplatz, Camping
- Turm
- Weinbistro
- U-Bahn
- ehem. Mauerverlauf
- Mauerreste
- Stadtbezirksgrenze
- Shoppingareal
- Gastro- und Nightlife-Areal

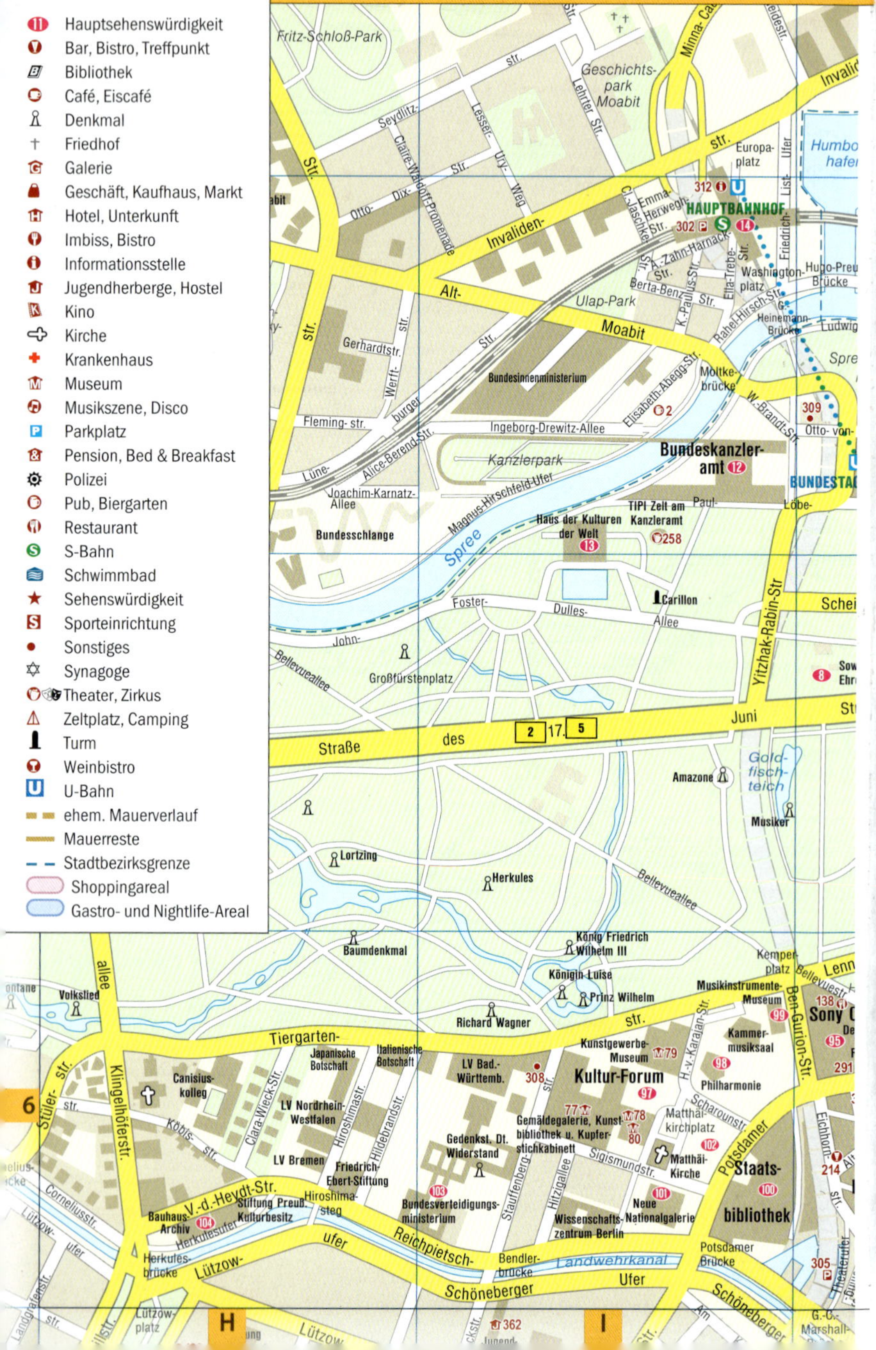